LEXIQUE COMPARÉ

DE LA

LANGUE DE MOLIÈRE

ET DES

ÉCRIVAINS DU XVIIe SIÈCLE,

SUIVI D'UNE LETTRE

A M. A. F. DIDOT,

SUR QUELQUES POINTS DE PHILOLOGIE FRANÇAISE,

PAR F. GÉNIN,

PROFESSEUR A LA FACULTÉ DES LETTRES DE STRASBOURG.

PARIS,
LIBRAIRIE DE FIRMIN DIDOT FRÈRES,
IMPRIMEURS DE L'INSTITUT,
RUE JACOB, 56.
—
1846.

À mon ami Amédée Daveluy

F. Génin

LEXIQUE COMPARÉ

DE LA

LANGUE DE MOLIÈRE.

PARIS. — TYPOGRAPHIE DE FIRMIN DIDOT FRÈRES,
RUE JACOB, 56.

A

J. P. DE BÉRANGER.

Voici un livre sur la langue du plus admirable écrivain qui jamais ait fait parler la raison et l'esprit en français. On vit chez lui, de niveau, le caractère de l'homme et le génie du poëte. La dédicace de cet ouvrage revenait de droit au dernier et plus proche parent de celui qui en a fourni la matière. Recevez-la donc, mon cher Béranger, comme l'hommage d'une sincère admiration et de l'affection la plus dévouée.

F. GÉNIN.

Du Bignon, 1er octobre 1846.

PRÉFACE.

Notre langue française présente une particularité curieuse, que je doute qui se rencontre dans aucune autre langue moderne : c'est qu'elle a été formée deux fois sur le même type, en suivant chaque fois un procédé différent. Depuis sa naissance, vers le xe siècle, jusqu'à la fin du xve, le français se transforma lentement du latin, par des règles constantes que j'ai essayé d'entrevoir ailleurs, et qui sans doute finiront par être saisies et mises complétement à découvert. Au xvie siècle, la ferveur de la renaissance méconnut, rejeta dédaigneusement tout ce qui s'était produit jusqu'alors; et l'esprit d'érudition, pour ne rien dire de pis, recommença la langue, mais sans garder aucune des règles et des lois qui avaient présidé jadis à sa naissance. Les savants renversèrent brusquement toutes les digues, pour laisser le latin et le grec faire irruption chez nous. Le déluge, à leur gré, ne pouvait jamais être assez prompt ni assez considérable. Ce flot turbulent jeta le désordre dans notre langue jusque-là si calme et si reposée; et elle éprouva de cette secousse un dérangement si profond, que jamais elle ne put reprendre son cours dans la direction précise où elle l'avait commencé.

Mais le peuple, qui n'a point l'impétuosité des savants; le peuple, qui s'était fabriqué, à force de sens et d'expérience, un langage excellent, plein d'unité, de logique, approprié surtout aux délicatesses de l'oreille et rompu à celles de la pensée, le peuple demeura fidèle à ses habitudes : il continua de parler comme par le passé, et laissa les savants écrire à leur guise ; de là deux espèces de langue française. Celle du peuple était la meilleure et la mieux faite, je n'en doute pas ; mais celle des savants était la plus complète : et comme après tout c'est la classe lettrée qui fait marcher les idées, il fallut bien, en recevant l'idée, recevoir aussi l'expression. Mais la résistance aux nouveautés ne cède chez le peuple qu'à la dernière extrémité, et tout ce qu'il a pu soustraire à l'influence moderne, il le retient, et refuse encore à cette heure de s'en dessaisir. Les lettrés eux-mêmes ont été, sur bien des points, obligés de plier à l'obstination du peuple, et de laisser debout, au milieu de leur langue reconstruite, une foule de vestiges de l'ancien usage. Ces débris isolés, ruinés, noircis par l'âge, n'offrent plus de sens aux générations modernes, qui passent et repassent sans y faire attention, ou n'y prennent garde que pour en rire et les mépriser : la sagesse des pères est devenue folie aux yeux de leurs enfants. Cette espèce d'impiété filiale traîne avec soi son châtiment : l'ignorance orgueilleuse de notre propre idiome. Et le mal n'est pas près de cesser : la tradition, qui perpétue les expressions de la première langue française, créée uniquement par ceux qui parlaient, tend chaque jour à s'affaiblir par l'influence de ceux qui écrivent. C'est un vrai malheur, car le génie natif du français est avec le peuple, et non avec les lettrés. Le XVIIe siècle, comme plus voisin que nous de la vieille et saine tradition, la laisse aussi paraître davantage dans ses œuvres, indépendamment du talent individuel des auteurs. Cela est si vrai, que, même les écrivains de second et de troisième ordre, portent dans leur style je ne sais quelle saveur particulière qui en révèle tout de suite la date. C'est ce que prétendait Courier lorsqu'il soutenait, avec une hyperbole évidente, que la cuisinière de madame de Sévigné écrivait mieux que pas un académicien de nos jours.

Mais on ne saurait le nier : ce que, par une heureuse expression, M. Nisard appelle l'excès de l'esprit académique, appauvrit notre langue sous prétexte d'élégance, l'enchaîne sous prétexte de correction, et l'enroidit sous prétexte de dignité. Les grammairiens se mêlant de l'affaire, ont achevé de tout gâter avec leurs décisions arbitraires, leurs distinctions, leurs finesses, et, s'il faut tout dire, en appelant sans cesse leur triste imagination au secours de leur ignorance, pour expliquer, définir, motiver ce qu'ils ne soupçonnent pas.

Il est donc urgent de retremper notre langue à ses sources antiques et populaires, si nous voulons sauver son génie agonisant. Pour nous y préparer, le premier soin à prendre, c'est de substituer à l'autorité usurpée des puristes qui ne sont pas autre chose, l'autorité des grands écrivains qui n'étaient pas puristes. Avec le même zèle que le xviie siècle mettait à réclamer les libertés gallicanes, réclamons les libertés de style du xviie siècle : les unes comme les autres sont fondées sur le droit et la raison.

C'est la pensée qui a inspiré ce Lexique : l'auteur s'y est proposé de recueillir toutes les expressions et les tournures qui constituent la langue de Molière ; de les relever, non pas une seule fois, mais autant de fois qu'elles se rencontrent. Cette méthode a paru nécessaire pour constater l'habitude ou l'intention du grand écrivain, et pour déterminer la portée réelle de son exemple.

L'autorité étant l'esprit de ce travail, j'ai cru devoir

fortifier à l'occasion celle de Molière par celle de ses plus illustres contemporains, la Fontaine, Pascal, Racine, Bossuet, la Bruyère; et je n'ai pas craint de les appuyer tous sur Montaigne, Rabelais, et les poëtes du moyen âge.

Obsequium vestrum sit rationabile. C'est pour me conformer à ce précepte de saint Paul, que je n'ai point négligé la discussion de l'autorité; car l'autorité ne mérite la confiance, mère de la soumission, qu'autant qu'elle représente la raison et la justice.

C'est pourquoi, aussi souvent que je l'ai pu, j'ai tâché de lui procurer ces deux bases solides dans les origines de notre langue et jusqu'au sein de la langue latine. J'ai poursuivi dans cet ouvrage le développement et la preuve des idées émises dans mon essai sur *les Variations du langage français*. J'aurais pu borner mon travail à une simple nomenclature; mais la discussion critique de divers points de philologie obscurs ou mal connus m'a semblé indispensable pour donner à ce livre toute son utilité. La question n'est pas seulement de savoir comment a parlé Molière, mais pourquoi il a parlé de la sorte, et quel droit il en avait. Le résultat doit montrer qu'il nous faut reprendre certaines tournures, certaines expressions; en bannir certaines autres ou les corriger, conformément à l'usage primitif. Le but de cet ouvrage est de seconder ceux qui déplorent de voir se resserrer chaque jour le domaine de notre langue, et voudraient lui restituer ses anciennes limites. En un mot, de Molière comme d'un point central et culminant, j'essaye de porter le regard sur toute l'étendue de la langue française. Cette contemplation attentive ne saurait, je m'assure, produire que d'heureux effets.

Ce travail, fruit d'une admiration bien vive pour l'auteur de *Tartufe* et du *Misanthrope*, pourrait cependant devenir une arme offensive aux mains d'un ennemi de Molière ; j'entends un ennemi de mauvaise foi (Molière en peut-il avoir d'autres?). En effet, je n'éclaire que la partie de son style ou défectueuse ou douteuse : ce sont des archaïsmes, des négligences, des expressions risquées, de mauvaises métaphores, des fautes à lui particulières, ou communes à toute son époque, etc., etc. Mais tant de sublimes beautés dont il foisonne n'obtiennent ici aucune mention ; la raison en est bien simple : le premier mérite de ces beautés, c'est d'être parfaitement correctes ; dès lors elles ne sont plus de mon domaine : la rhétorique peut les faire admirer, la grammaire n'a rien à y voir.

Ce qu'il y a de beau dans Molière frappe d'abord tous les regards ; au contraire, il faut un commentateur pour vous arrêter sur les endroits qui prêtent à l'épilogue. Mais il serait injuste d'en rien conclure ni contre Molière ni contre ce commentateur, de ne supposer dans l'un que des fautes, et dans l'autre que le sentiment de ces fautes.

Je me suis servi, pour mon travail, de plusieurs éditions, en ayant soin de les conférer avec les éditions originales des pièces séparées qui existent soit à la bibliothèque du Roi, soit dans celle de M. Ambroise-Firmin Didot, à qui j'en offre ici mes remercîments. Aussi ne devra-t-on pas s'étonner que certaines leçons données comme variantes n'aient pas été consignées dans ce recueil. Ce n'est point omission, ou qu'on ait méconnu l'importance de ces variantes : c'est qu'elles ne sont pas authentiques. Deux exemples suffiront.

Dans la fameuse scène du second acte des *Fourberies*

de Scapin, M. Auger a reçu partout dans son texte cette leçon : « Que diable allait-il faire A *cette galère ?* » et il met au bas de la page : « *Variante :* DANS *cette galère*, » sans indiquer d'où est prise la nouvelle leçon qu'il adopte. Mais on doit la supposer certaine, puisque, dans sa préface, M. Auger assure qu'il a donné partout le texte vrai, *le texte des éditions originales* (1).

Les *Fourberies de Scapin* furent représentées pour la première fois en 1671, le 24 mai. L'édition originale donnée par l'auteur est de la même année, chez Pierre Lemonnier. On lit à la suite du privilége : « Achevé « d'imprimer le 18 aoust 1671. » On ne peut douter que ce ne soit bien là la première édition. Eh bien ! dans la scène dont il s'agit, il y a partout, DANS *cette galère* (2).

Dans *Tartufe*, acte V, scène Ire :

ORGON.

Quoi ! *sur* un beau semblant de ferveur si touchante,
Cacher un cœur si double, une âme si méchante !

« Toutes les éditions, dit M. Auger, toutes les éditions *sans exception* portent *sur un beau semblant*. Cependant, *cacher un cœur double* SUR *un beau semblant* est une figure si peu exacte dans les termes, et il était si naturel d'écrire SOUS *un beau semblant*, qu'il est impossible de ne pas supposer une faute d'impression. »

La première édition de *l'Imposteur* est de 1669,

---

(1) « Un point sur lequel je m'exprimerai avec une entière assurance, « parce qu'il est un pur objet de patience et d'exactitude, c'est la correc- « tion du texte......... J'ai suivi ces éditions originales avec une exactitude « scrupuleuse. » (*Avertissement*, p. XVIII et XXII).

(2) Cette pièce est fort rare ; la bibliothèque du Roi ne la possède pas. Je dois à l'obligeance de M. A. F. Didot d'avoir pu faire cette vérification, et beaucoup d'autres non moins importantes.

et le titre porte cette note : *Imprimé aux despens de l'autheur* (1). Ainsi, pour le remarquer en passant, ce chef-d'œuvre du génie humain, qui devait faire la gloire éternelle de la France et la fortune de tant de libraires, *Tartufe*, à son apparition, ne put trouver un éditeur! l'auteur fut obligé de l'imprimer à ses dépens. Le trait m'a semblé digne d'être recueilli, ne fût-ce que pour la consolation de tant d'auteurs contemporains, qui, ayant déjà ce point de commun avec Molière, pourront rêver le reste, et se promettre dans la postérité l'achèvement de la ressemblance.

Je n'ai point examiné toutes les autres éditions de *Tartufe*; sur le témoignage de M. Auger, je crois volontiers qu'elles portent *sur un beau semblant*; mais je puis affirmer que l'édition de 1669, l'édition originale, donne sous *un beau semblant*.

Si j'ai relevé ces deux erreurs, ce n'est pas pour accuser mon prochain, mais plutôt pour me faire un droit à l'indulgence, en montrant combien, dans le travail même le plus soigné et le plus consciencieux, il est difficile de se garantir de toute inexactitude.

Les exemples ont été disposés dans l'ordre chronologique des pièces, afin qu'on puisse remarquer les progrès du style de Molière. J'ai pris soin d'indiquer le nom du personnage qui parle, toutes les fois que son caractère ou sa condition pouvait suggérer quelque doute sur la pureté de son langage, par exemple, si c'est un valet, un pédant, une précieuse, etc.

Pour faciliter les vérifications, je dois prévenir que

---

(1) De la bibliothèque de M. A. F. Didot.

lorsque je cite les œuvres de Voltaire, tel volume, telle page, il s'agit de l'édition de M. Beuchot;

Les *Pensées* de Pascal, c'est le texte donné par M. Cousin, et suivi d'un petit lexique qui m'a servi d'un utile auxiliaire;

Les fabliaux de Barbazan, c'est l'édition originale, en trois volumes in-12, et non celle de M. Méon, en quatre volumes in-8°;

Montaigne, c'est l'édition *Variorum* du Panthéon littéraire.

J'ai rencontré souvent l'occasion de toucher à des théories exposées dans mes *Variations du langage français*, soit pour m'en appuyer, soit pour les fortifier. Ces théories ne se trouvant point ailleurs, on me pardonnera, j'espère, comme une nécessité de position, d'y renvoyer quelquefois. Ce n'est pas pour la satisfaction puérile de me citer moi-même; c'est pour épargner le temps du lecteur.

VIE DE MOLIÈRE.

CHAPITRE PREMIER.

Naissance de Molière. — Ses études. — Il se fait comédien ambulant. — Il débute à Paris par *les Précieuses ridicules*.

L'histoire des grands écrivains est l'histoire de leurs ouvrages. C'est là que viennent se refléter, comme en un miroir, leur cœur et leur esprit, tout ce qu'il importe de connaître d'un homme.

Jean-Baptiste Poquelin, qui prit plus tard le nom de Molière, fut baptisé à Paris, dans l'église de Saint-Eustache, le 15 janvier 1622 (1). Le public, qui attache un grand prix aux circonstances matérielles de la vie des hommes illustres, a longtemps répété que Molière naquit sous les piliers des Halles. Des découvertes récentes constatent qu'en 1622 le père de Molière, tapissier, habitait, au coin de la rue des Vieilles-Étuves et de la rue Saint-Honoré, une maison appelée la

---

(1) On n'a point la date positive de la naissance de Molière, mais on a l'acte de mariage de ses père et mère, du 27 avril 1621. Tous les anciens biographes de Molière le font naître, par une erreur manifeste, en 1620 ou 1621. Il est probable qu'il fut baptisé le jour même de sa naissance; s'il en était autrement, l'acte de baptême l'indiquerait, selon l'usage constant du dix-septième siècle.

maison ou le pavillon des Singes, à cause d'un poteau sculpté placé à l'encoignure, et représentant des singes grimpés sur un pommier. Les amateurs de rapprochements et de présages ne perdront rien à transporter le berceau de notre poëte comique de la maison des Halles à la maison des Singes. Au reste, cette maison est aujourd'hui démolie, et une partie de l'emplacement a servi à élargir la voie publique. Cela n'empêche pas qu'une inscription officielle ne désigne comme maison natale de Molière une maison de la rue de la Tonnellerie. De même, dans le cimetière de l'Est, vous verrez un sarcophage décoré du nom de Molière, et un autre du nom de la Fontaine, bien que depuis longtemps les cendres de Molière et celles de la Fontaine aient été égarées ou dispersées. Ces monuments trompeurs sont destinés à amuser la curiosité publique; c'est, si l'on veut, une sorte d'hommage à d'illustres mémoires : mais, si l'on prend les choses au sérieux, il ne faut chercher à Paris ni le berceau ni la tombe de Molière.

Les Poquelin étaient tapissiers de père en fils, et même, depuis Louis XIII, tapissiers valets de chambre du roi. Jean-Baptiste, comme l'aîné de dix enfants, était réservé à ce glorieux héritage; il s'en créa par son génie un plus glorieux encore. Cependant, comme on ne peut, quelque chemin qu'on prenne, éviter complétement sa destinée, Molière porta plus tard le titre de valet de chambre du roi; seulement il n'en fut pas tapissier.

A cette époque, l'instruction était l'apanage exclusif de la noblesse et du clergé; les bourgeois, voués au commerce, n'étudiaient point. Le génie de Molière ne s'accommoda pas de l'ignorance traditionnelle; le besoin impérieux d'apprendre ne tarda pas à se révéler en lui, et M. Poquelin le père vit avec horreur, comme la famille Boileau, dans la poussière de sa boutique, *un poëte naissant*. Il fallut céder toutefois, et Jean Poquelin consentit à ce que son fils Jean-Baptiste fréquentât comme externe le collége de Clermont. Autre sujet de rapprochement : l'auteur futur de *Tartufe* étudiant chez les jésuites !

Molière à dix ans était orphelin de mère, et n'avait pour le *gâter* que son aïeul Nicolas Poquelin. De fortune, il se trouva que ce grand-père aimait le théâtre, et conduisait volontiers son petit-fils à la comédie. On la jouait à l'hôtel de Bourgogne, et les grands acteurs comiques de ce temps-là étaient Gautier-Garguille, Gros-Guillaume, et Turlupin. Les poëtes en renom s'appelaient Monchrétien, Hardy, Baro, Scudéry, Desmarets ; et à leur suite, fort éloigné de pouvoir lutter contre de tels maîtres, un jeune homme, natif de Rouen, nommé Pierre Corneille : mais celui-ci ne comptait pas. Ce fut l'école où Molière allait étudier l'art dramatique, et qui, sans doute, éveilla dans son sein les premières ardeurs du génie.

Il terminait en même temps de solides études. Son cours de philosophie, qu'il fit sous Gassendi avec Bernier, Hénault, Chapelle et Cyrano de Bergerac, eut cet avantage, observe Voltaire, que les élèves du bon prêtre de Digne échappèrent du moins à la barbarie scolastique. Molière étudia ensuite le droit et même la théologie, si l'on en croit le témoignage de Tallemant des Réaux. Tallemant veut que Molière, destiné par sa famille à l'état ecclésiastique, ait déserté la Sorbonne, et se soit fait comédien de campagne pour suivre la Béjart, dont il était amoureux. Mais c'est là une *historiette* au moins suspecte, comme bon nombre d'autres recueillies par le même auteur.

Le cardinal de Richelieu, passionné pour le théâtre, en avait généralement répandu le goût : la comédie bourgeoise était à la mode. Au commencement de la régence, nous retrouvons Molière à la tête d'un théâtre de société qui avait pris le nom pompeux de l'*Illustre Théâtre*. Bientôt les troubles politiques obligèrent les acteurs de cet *illustre théâtre* à quitter Paris, et à courir la province. Molière mena quelques années cette vie nomade et aventureuse, si plaisamment dépeinte par Scarron. A Bordeaux, il fait jouer une tragédie de sa façon, *la Thébaide*, dont plus tard il donnera le sujet au petit Racine; à Nantes, il lutte avec désavantage contre les marionnettes d'un Vénitien; Vienne le console par des applaudissements fructueux; puis il revient à Paris, et va faire la révérence au prince de Conti, son ancien camarade du collége de Clermont, désormais son fidèle protecteur; puis il repart pour Lyon, auteur, acteur, directeur, et, par-dessus le marché, amant tantôt heureux, tantôt rebuté, de Madeleine Béjart, de mademoiselle du Parc, et de mademoiselle de Brie. Il visite Avignon, Béziers, Pézénas, Narbonne, Montpellier, où il a l'honneur de divertir les états de Languedoc, tenus par le prince de Conti. Il échappe au poste éminent de secrétaire de son altesse, il garde son indépendance, qu'il promène d'Avignon à Rouen avec des fortunes diverses, sifflé dans un endroit, accueilli dans un autre, souvent malaisé, et toujours honnête homme.

Contre les écueils dont une pareille vie est semée, combien eussent fait naufrage ! Molière en sortit sain et sauf, parce que le ciel lui avait départi une droiture et une probité aussi extraordinaires que son génie. Grâce à cette libéralité peu commune de la nature, Molière se donna impunément la meilleure éducation que puisse recevoir un poëte comique : il eut de bonne heure l'expérience de la vie, et à peu près gratis, puisqu'il n'en coûta rien à son caractère, ni à ses mœurs.

Dans cette pratique de la philosophie qu'il avait apprise chez Gassendi, il atteignait la quarantaine. C'est alors qu'il rentra à Paris pour s'y fixer, pour utiliser son abondante récolte d'observations, et commencer cette éclatante carrière qui aurait pu se prolonger un demi-siècle, et qui se ferma au bout de treize ans!

Molière, arrivé à trente-huit ans, n'avait encore produit que quelques canevas informes, *le Docteur amoureux*, *la Jalousie de Barbouillé*, *le Grand benêt de fils*, et deux comédies régulières, *l'Étourdi* et *le Dépit amoureux*, toutes deux calquées sur les *imbroglios* italiens, mais où se font déjà remarquer des traits précieux de vérité qui décèlent Molière. La comédie moderne n'existait pas, ou n'existait que comme une imitation de la comédie antique, soit que cette imitation fût directe, soit qu'elle passât par l'intermédiaire de l'Espagne ou de l'Italie. Les poëtes, depuis la renaissance, avaient toujours tenu les yeux attachés sur les Romains et les Grecs; personne ne s'était encore avisé de regarder ses contemporains. Le poëte doué de l'originalité la plus puissante, Molière, à son début, suivit la route commune : il imita.

Les Précieuses ridicules (1659) ouvrirent une ère nouvelle. A partir de ce moment, Molière sentit qu'il avait trouvé sa voie. « Je n'ai plus que faire, dit-il, d'étudier Aristophane, Térence, ni Plaute. » Il n'avait, sans porter si loin ses regards, qu'à copier les ridicules qui vivaient et se mouvaient autour de lui. Désormais les anciens lui fourniront encore quelques détails accessoires, quelques procédés dramatiques, mais ils ne seront plus ses modèles. Ses modèles seront pris dans la société contemporaine.

Il est certain, quoi qu'en aient dit Voltaire et M. Rœderer après lui, que *les Précieuses* furent composées à Paris, et représentées pour la première fois à Paris. Il ne s'agit point là d'un ridicule de province, mais du ridicule de l'hôtel de Rambouillet. M. Rœderer, dans son *Histoire de la société polie*, a beaucoup insisté sur l'injustice prétendue de Molière, et sur les éminents services rendus au langage par la coterie de madame de Rambouillet. Cette thèse a fait fortune, par un air piquant et paradoxal. Que l'hôtel de Rambouillet ait exercé une grande influence sur la langue française, je ne prétends pas le nier; mais que cette influence ait été salutaire, c'est ce qui est très-contestable. Pour moi, je suis d'un avis opposé. Ce n'est pas ici le lieu de discuter ce point : je me contenterai de dire en bref que les précieuses ont réformé ce que, les trois quarts du temps, elles ne comprenaient pas; et qu'à la franche allure, à l'ampleur native de notre langue, elles ont substitué un esprit de circonspection étroite, des habitudes guindées, maniérées, en un mot, une *préciosité* qui est devenue son caractère essentiel, et dont il est à craindre qu'elle ne puisse jamais se débarrasser. C'est payer bien cher une douzaine de mots dont les précieuses ont enrichi le dictionnaire. Molière en écrivant s'est constamment affranchi de leur joug; autant en a fait la Fontaine: mais qui oserait aujourd'hui écrire la langue de la Fontaine et de Molière? Celle de Rabelais ou de Montaigne, il n'en faut point parler : ce sont trésors à jamais fermés; nous sommes condamnés à les admirer de loin sans en pouvoir approcher, condamnés à écrire et à parler *précieux*.

Molière, dans son instinct de vieux Gaulois, avait

parfaitement senti la portée de cette *société polie* et de son œuvre. Il l'attaqua dès son premier pas dans la lice; et lorsque la mort vint le surprendre, elle le trouva encore occupé à combattre les précieuses ou les femmes savantes (1).

CHAPITRE II.

Mariage de Molière. — Molière se brouille avec Racine. — Il est accusé d'inceste. — Louis XIV le protége.

Le 20 février 1662, qui était le jour du lundi gras de cette année, à la paroisse de Saint-Germain l'Auxerrois, Molière épousa Armande-Gresinde-Claire-Élisabeth Béjart, sœur et non pas fille de Madeleine Béjart, avec qui il avait entretenu une longue et intime liaison. Molière avait quarante ans, et sa femme dix-sept! Elle était charmante, remplie de grâces et de talents, chantant à merveille le français et l'italien; excellente actrice, et sachant animer la scène lors même qu'elle ne faisait qu'écouter; mais d'une coquetterie indomptable, qui fit le désespoir et le malheur de Molière, car il en fut, jusqu'à la fin de sa vie, éperdument amoureux. Madame ou plutôt mademoiselle Molière, comme l'on disait alors, n'était pas cependant une beauté accomplie : mademoiselle Poisson nous la représente petite, avec une très-grande bouche et de très-petits yeux (2). Il est vrai que mademoiselle Poisson était la camarade de mademoiselle Molière; mais Molière a tracé de sa

---

(1) *Les Précieuses ridicules* sont de 1659; *les Femmes savantes*, de 1672. Molière mourut au commencement de 1673.

(2) *Lettre sur la vie et les ouvrages de Molière*, dans le *Mercure* de mai 1740.

femme le même portrait, dans une scène du *Bourgeois gentilhomme* :

« Covielle. Vous trouverez cent personnes qui seront « plus dignes de vous. Premièrement, elle a les yeux « petits. — Cléonte. Cela est vrai, elle a les yeux pe-« tits; mais elle les a pleins de feu, les plus brillants, « les plus perçants du monde, et les plus touchants « qu'on puisse voir.—Elle a la bouche grande.—Oui; « mais on y voit des grâces qu'on ne voit point aux « autres bouches; et cette bouche, en la voyant, ins-« pire des désirs; elle est la plus attrayante, la plus « amoureuse du monde. — Pour sa taille, elle n'est « pas grande. — Non, mais elle est aisée et bien « prise (1), etc., etc. »

C'est ainsi qu'un amant dont l'ardeur est extrême
Aime jusqu'aux défauts des personnes qu'il aime.

Molière, comme l'on voit, avait pour l'objet de son amour d'aussi bons yeux qu'Alceste en a pour Célimène. Son malheur était de voir sa faiblesse, d'en rougir, et de ne pouvoir la surmonter. Toutes les fois qu'il peint des scènes de tendresse, de jalousie, de brouille et de raccommodement, c'est sa femme qu'il regarde, c'est sa propre histoire qu'il retrace. Il ne faut donc pas s'étonner de la vérité du tableau, mais plaindre le malheureux artiste.

Les torts d'Armande Béjart furent si répétés et ses infidélités si publiques, qu'après trois ans de mariage et la naissance de leur second enfant, il fallut en venir à une séparation. Seulement, par égard pour les bienséances, Molière exigea que sa femme n'allât point demeurer dans un autre logis que le sien; mais ils ne se voyaient plus qu'au théâtre. Molière avait une petite

(1) Acte III, scène 9.

maison à Auteuil, où il se réfugiait, au milieu de ses amis, contre le bruit de la ville et les chagrins domestiques. C'est dans une de ces réunions qu'eut lieu l'anecdote si connue du souper, attestée par Racine fils, qui la tenait de son père. Nous voyons qu'à cette époque déjà la santé de Molière était altérée, puisqu'il était au régime du lait pour sa poitrine, et dut à cette circonstance d'échapper à l'ivresse générale de ses convives.

L'École des maris, les Fâcheux, l'École des femmes, qui se succédèrent rapidement, avaient placé Molière très-haut dans l'estime du public, et commencé de lui donner part dans l'amitié du roi, cette amitié qui lui fut si utile, et lui servit de bouclier contre la rage envenimée de ses ennemis. Molière, bien venu à la cour, bien venu du surintendant Fouquet, lié avec Racine, Boileau, Chapelle et la Fontaine; Molière, admiré, fêté, il n'en fallait pas la moitié tant pour déchaîner l'envie. Molière jouait au Palais-Royal : Montfleury, l'homme important de la troupe rivale, qui jouait à l'hôtel de Bourgogne, osa présenter au roi une requête dans laquelle il accusait Molière d'avoir *épousé sa propre fille!* Molière n'eut pas de peine à repousser cette infâme calomnie, à laquelle personne n'ajouta foi un seul instant. Racine, pour qui Molière avait été un bienfaiteur, Racine, brouillé avec Molière pour un intérêt d'amour-propre, une misérable querelle de coulisses, Racine, écrivant cette indignité à son fils, ajoute froidement : *Mais Montfleury n'est pas écouté à la cour.* Il est triste d'être obligé de le dire, Racine n'avait pas une de ces âmes énergiquement trempées à la façon de Corneille ou de Molière; il n'était pas susceptible d'éprouver

> ..... ces haines vigoureuses
> Que doit donner le vice aux âmes vertueuses.

On sait comment il se retourna contre ses maîtres de Port-Royal. Racine était dévot et courtisan : dévot sincère, je le veux croire; et courtisan malhabile, cela est évident. En cette occasion, il ne devina pas la pensée du roi. Louis XIV ferma la bouche aux calomniateurs, en tenant sur les fonts de baptême le premier enfant de Molière; madame Henriette fut la marraine (1).

Louis XIV ne manqua jamais l'occasion de témoigner l'estime qu'il faisait de Molière. Il l'honorait d'une familiarité publique; il lui avait accordé les petites entrées; un jour il le fit manger dans sa chambre, et dit aux courtisans survenus : « Vous me voyez occupé de « faire manger Molière, que mes officiers ne trouvent « pas assez bonne compagnie pour eux. » On sait que le roi avait dansé un rôle d'Égyptien dans le ballet du *Mariage forcé*. Une autre fois il tança vertement le duc de la Feuillade, son impertinent favori, qui s'était permis envers Molière un outrage brutal. Enfin, Louis XIV aimait Molière, cela soit dit à l'éternel honneur de l'un et de l'autre; il l'aimait non par égoïsme, comme on l'a voulu dire, et pour le plaisir d'en être flatté. Si la vanité du monarque eût seule inspiré son affection, on l'eût vu en montrer une pareille à Lulli, à Racine, à tant d'autres, plus empressés courtisans que Molière; et il est certain que de tous les grands hommes de ce règne aucun ne posséda au même degré que Molière l'amitié de Louis XIV. Ne cherchons pas à rabaisser

---

(1) Le roi fut représenté par le duc de Créquy, premier gentilhomme de la chambre, ambassadeur à Rome; madame de Choiseul, maréchale du Plessis, représenta madame Henriette. L'acte est du 28 février 1664; il est rapporté dans l'*Histoire de la vie et des ouvrages de Molière*, par M. J. Taschereau, 3ᵉ édit., p. 237.

par une interprétation malveillante le prix d'un noble sentiment : Louis XIV aimait Molière en vertu de cette sympathie qui rapproche invinciblement les grandes âmes. Le roi s'est honoré en protégeant le poëte; aujourd'hui qu'ils sont entrés l'un et l'autre dans la postérité, les rôles sont intervertis, et c'est la mémoire du grand poëte qui protége à son tour la mémoire du grand roi.

Le moment est arrivé où Molière va le plus avoir besoin de l'appui de Louis XIV. Tourner en ridicule les petits marquis, c'était déjà passablement audacieux; mais attaquer les hypocrites !... Nous allons voir Molière préluder au coup terrible qu'il leur porta dans *Tartufe*.

CHAPITRE III.

Le *Don Juan* de Tirso de Molina et celui de Molière. — Fureur des hypocrites en voyant les *Provinciales* transportées sur le théâtre.

On jouait alors sur tous les théâtres de Paris, sans en excepter celui des Marionnettes, *le Festin de Pierre*, traduit ou imité de l'espagnol, de Tirso de Molina. Le héros de cette pièce, don Juan Tenorio, a véritablement existé. Les chroniques de Séville en font mention; il siégeait parmi ces magistrats ou administrateurs publics qu'on appelait les vingt-quatre; il enleva réellement doña Anna, et lui tua son père, sans qu'il fût possible à la famille outragée d'obtenir justice. Les franciscains résolurent de délivrer Séville d'un homme qui était l'effroi général. Ils trouvèrent moyen, par l'appât d'un rendez-vous, d'attirer don Juan, le soir, dans leur église, où était enterré le commandeur. Don Juan ne reparut jamais. Les moines répandirent sur son compte cette terrible et merveilleuse légende, qui est devenue la source de tant de poésie.

Un religieux de la Merci, Fray-Gabriel Tellez, qui, sous le nom de Tirso de Molina, a enrichi la scène espagnole de plusieurs chefs-d'œuvre, envisagea le sujet de don Juan avec l'œil du génie. Son drame est profondément empreint d'une horreur religieuse. Les scènes de la statue avec le débauché, le souper dans le sépulcre du commandeur, sont de nature à faire frissonner un auditoire populaire, surtout un auditoire espagnol. Çà et là étincellent de grands traits, des mots sublimes ; je n'en citerai qu'un. Dans la premiere scène entre don Juan et la statue du commandeur, le meurtrier demande à sa victime en quel état la mort l'a surpris, quel est son sort dans l'autre vie, en un mot s'il est sauvé ou damné. Le spectre ne répond pas à cette question ; mais à la fin de cette terrible scène, lorsque don Juan prend une bougie pour reconduire le commandeur, celui-ci l'arrête, et dit solennellement : « Ne m'éclaire pas ; JE SUIS EN ÉTAT DE GRACE ! » Quel mot ! et comme, après cette longue anxiété, l'auditoire catholique devait respirer ! Dans Molière la statue dit aussi : « On n'a pas besoin de lumière quand on est conduit par « le ciel. » Mais ici la révélation est indifférente et la phrase sans portée, parce qu'elle ne répond à rien. C'est une froide équivoque sur le mot *lumière* ; une maxime aussi convenable dans la bouche d'un philosophe que dans celle d'un revenant. Le don Juan espagnol n'a donc que les semblants de l'incrédulité ; c'est un fanfaron d'athéisme, et il n'en est que plus dramatique. Molière, pressé par sa troupe, qui voulait avoir aussi son *Festin de Pierre*, ne pouvait accepter complétement la donnée de Tirso. L'imagination n'était pas le caractère du XVIIe siècle, encore moins l'imagination fantastique : c'est la raison, tantôt austère, tantôt embellie par les charmes du langage, mais toujours la raison. Molière refit donc le caractère de don Juan ; c'est Molière qui a créé le don Juan adopté par les arts, sceptique universel, railleur de toutes choses, incrédule en amour comme en religion et en médecine; type du vice élégant et spirituel, qui cependant intéresse et s'élève à force d'orgueil et d'énergie, comme le Satan de Milton.

Il répandit ainsi une couleur philosophique sur sa pièce, et y intercala deux scènes excellentes : celle du pauvre et celle de M. Dimanche. La première fut jugée trop hardie, et supprimée à la seconde représentation; l'autre est d'un comique si parfait et si vrai, qu'on n'a pas le courage d'observer qu'elle est tout à fait hors des mœurs espagnoles, hors surtout du caractère altier de don Juan. Don Juan se transforme tout à coup ici en un marquis de la cour de Louis XIV, contraint de ruser et de s'assouplir devant un créancier importun. Mais M. Dimanche et son petit chien Brusquet sont demeurés proverbes.

Malheureusement cette philosophie et ces peintures de la société ne font que mettre mieux en relief l'absurdité de la fantasmagorie finale. Au moins dans le monde de Tirso tout est poétique, tout est impossible depuis le commencement jusqu'à la fin, actions et personnages : il y a unité. Le poëte ne demande à son spectateur que la foi, la foi aveugle. Molière demande au sien la foi et la raison tout ensemble. Il passe brusquement du monde réel et prosaïque, dans le domaine de l'imagination et de la poésie. C'est là le vice radical de sa pièce : aussi son malaise est-il sensible, et s'empresse-t-il de tourner court, lorsqu'après quatre actes d'une portée toute morale et philosophique, il lui faut se servir d'un dénoûment qui ne va qu'aux idées religieuses de Tirso. On a hasardé ces remarques pour montrer que les plus admirables natures ne sauraient s'affranchir de certaines règles dictées par le bon sens vulgaire et l'expérience. Cela n'empêche pas que le *don Juan* ne soit une des plus fortes conceptions de Molière, et de celles qui font le plus d'honneur à son génie.

Ce don Juan a tous les vices. Remarquez la progression : il est débauché, esprit fort, impie, enfin hypocrite. Lisez, dans la seconde scène du cinquième acte, cette longue tirade de don Juan en faveur de l'hypocrisie : « Il n'y a plus de honte maintenant à cela : l'hy- « pocrisie est un vice à la mode, et tous les vices à la « mode passent pour vertus. La profession d'hypocrite « a de merveilleux avantages, etc.... » Quelle vigueur. de coloris! quelle verve! quelle éloquence! Cléante n'en a pas davantage. « O ciel! s'écrie le bonhomme Sgana- « relle, qu'entends-je ici? Il ne vous manquait plus que « d'être hypocrite pour vous achever de tout point; et « voilà le comble des abominations! » Maintenant, si vous voulez savoir à qui tout cela s'adresse, tournez le feuillet : voyez dans la scène suivante don Juan, pressé par don Carlos, lui alléguer, pour toute réponse et toute explication, le ciel, l'intérêt du ciel! puis, lorsque don Carlos poussé à bout fait entendre quelques paroles de menaces, voyez de quel style don Juan le provoque en duel : — « Vous ferez ce que vous vou- « drez. Vous savez que je ne manque pas de cœur, et « que je sais me servir de mon épée quand il le faut. « Je m'en vais passer tout à l'heure dans cette petite « rue écartée qui mène au grand couvent; mais je vous « déclare, pour moi, que ce n'est point moi qui me « veux battre : le ciel m'en défend la pensée! et si vous « m'attaquez, nous verrons ce qui en arrivera. » — N'y êtes-vous pas encore ? Eh bien ! voyez donc dans la septième *Provinciale* en quels termes, et par quels artifices de direction d'intention, le grand Hurtado de Mendoza autorise l'acceptation du duel, « en se promenant armé dans un champ en attendant un homme, sauf à se défendre si l'on est attaqué... Et ainsi l'on ne pèche en aucune manière, puisque ce n'est point du tout accepter un duel, ayant l'intention dirigée à d'autres circonstances. Car l'acceptation du duel consiste en l'intention expresse de se battre, laquelle celui-ci n'a pas. »

Il est évident que Molière, en écrivant la scène de don Juan avec don Carlos, avait présent à la mémoire ce passage de Pascal. L'allusion ne pouvait échapper à personne. On ne sera donc pas étonné, connaissant ceux dont il s'agit, que des clameurs furibondes aient accueilli *le Festin de Pierre*. Un libelliste du parti osa implorer hautement l'autorité du roi contre *un farceur qui fait plaisanterie de la religion, et tient école de libertinage*, contre *ce monstre de Molière, qui est l'original de don Juan.*

Leur rage s'augmentait encore de la rumeur occasionnée par *le Tartufe*. Molière n'en avait encore composé que trois actes, qui avaient été joués au Raincy, chez le duc d'Orléans. Louis XIV, assailli de toutes parts, s'était vu forcé d'interdire ces représentations jusqu'à plus ample informé; mais il s'empressa de dédommager Molière en accordant à sa troupe le titre de comédiens du roi, avec une pension de sept mille livres. Molière avait d'ailleurs la permission de lire tant qu'il voulait *Tartufe* dans les sociétés, et, dit Boileau dans une note de ses Satires, tout le monde le voulait avoir.

La guerre était déclarée entre Molière et les hypocrites. Les hostilités furent suspendues (de son côté, non du leur) par les représentations du *Misanthrope*, joué le 4 juin 1666. Molière avait alors quarante-quatre ans; son génie était dans toute sa vigueur, les chefs-d'œuvre se succédaient à de courts intervalles : on vit paraître en 1665 *Don Juan;* en 1666, *le Misanthrope;* en 1667, *Tartufe;* en 1668, *l'Avare;* sans compter les petites pièces d'un ordre inférieur, *l'Amour médecin, le Médecin malgré lui, la Princesse d'Élide, le Sicilien, Mélicerte,* et *la Pastorale comique.*

CHAPITRE IV.

Le Misanthrope ; — critiqué par J. J. Rousseau. — Le *Timon* de Shakspeare.

La chute du *Misanthrope* à la première représentation est une anecdote reproduite par tous les commentateurs. Ce n'en est pas moins une erreur. Il paraît avéré que le public fut en effet la dupe du sonnet d'Oronte; mais que son dépit soit allé jusqu'à faire tomber la pièce, c'est une de ces fables dont les anciens biographes de Molière se sont plu à embellir leur récit. Les registres de la Comédie constatent que *le Misanthrope,* seul, sans petite pièce qui l'accompagnât, fut représenté vingt et une fois de suite, succès extraordinaire pour le temps, et procura d'excellentes recettes.

J. J. Rousseau, dans sa *Lettre à d'Alembert,* veut établir que le théâtre corrompt les mœurs. Prenons, dit-il, la meilleure de toutes les comédies, la plus morale; je vous prouverai qu'elle attaque la vertu, et il s'ensuivra *à fortiori* que toutes les autres sont également ou plus dangereuses, corruptrices et perverses. Il choisit pour cette expérience *le Misanthrope.* Pourquoi pas *Tartufe?*

C'est qu'il eût fallu prendre le parti des hypocrites contre la piété sincère; et, avec tout son talent pour le paradoxe, le citoyen de Genève aurait pu s'y trouver embarrassé. Au contraire, *le Misanthrope* lui fournit l'occasion d'entretenir le public de lui-même. Il s'identifie avec Alceste, et peu s'en faut qu'il ne regarde la pièce de Molière comme une personnalité contre Jean-Jacques. Sa longue argumentation n'est qu'un tissu de sophismes, de contradictions et de puérilités. Molière a composé *le Misanthrope* « pour faire rire aux dépens de la vertu, — pour avilir la vertu; » et cette intention, Molière ne l'a pas eue seulement dans *le Misanthrope*, mais *le Misanthrope* « nous découvre la véritable vue dans laquelle Molière a composé *tout son théâtre*. » — « On ne peut nier, dit-il, que le théâtre de Molière ne soit *une école de vices et de mauvaises mœurs*, plus dangereuse que les livres mêmes où l'on fait profession de les enseigner. » Peut-être, en écrivant ces dernières paroles, la pensée de Rousseau se reportait à *la Nouvelle Héloïse*. Qu'il y pensât ou non, la flétrissure est plus applicable à ce roman qu'au *Misanthrope* et à tout le théâtre de Molière.

Deux pages plus loin, vous lisez : — « Dans toutes les autres pièces de Molière,..... *on sent pour lui au fond du cœur un respect...*, etc. » Du respect pour un professeur de vices et de mauvaises mœurs! pour celui qui tâche constamment d'*avilir la vertu!* Jean-Jacques n'y pensait pas!

Si Molière a voulu, dans le personnage d'Alceste, avilir la vertu, il a bien mal réussi; car il n'est pas d'honnête homme qui, comme le duc de Montausier, ne fût charmé de ressembler au Misanthrope.

Le portrait que Rousseau se complaît à tracer du véritable Misanthrope est évidemment, dans son intention, le portrait de Jean-Jacques, c'est-à-dire, de l'homme parfait. « Le tort de Molière est d'avoir donné au Mi- « santhrope des fureurs puériles sur des sujets qui ne « devraient pas même l'émouvoir. » Eh! Jean-Jacques, rappelez-vous un peu la scène ridicule que vous-même vous jouâtes dans le salon du baron d'Holbach, lorsque le curé de Montchauvet y vint lire sa tragédie de *Balthazar!* Vous n'auriez pas dû vous émouvoir non plus des éloges perfides donnés à cet autre Oronte : cependant vous vous mîtes en fureur comme Alceste, et plus que lui; car, à partir de ce jour, vous rompîtes avec vos anciens amis, et ne voulûtes jamais les revoir. Avouez qu'Alceste est moins extrême et plus raisonnable. Mais c'est justement en quoi il vous déplaît. Vous vous plaignez de ses ménagements envers Oronte; vous voudriez qu'il lui parlât comme vous fîtes à l'auteur de *Balthazar :* « Votre pièce ne vaut rien, votre discours est une « extravagance; tous ces messieurs se moquent de vous. « Sortez d'ici, et retournez vicarier dans votre village (1). » En un mot, il aurait fallu que Molière devînt Rousseau, et fît son apologie anticipée en cinq actes; qu'au lieu d'Alceste et de Célimène, il peignît Jean-Jacques et Thérèse. C'est peut-être exiger beaucoup.

Shakspeare a fait, dans *Timon d'Athènes*, un misanthrope selon le cœur et le goût de Rousseau. Il nous montre d'abord Timon dans son palais, environné de luxe et d'un peuple de faux amis. Timon, ayant fini par les apprécier, les invite à un grand festin. On sert sur la table quantité de plats, tous remplis d'eau et de fumée. Tout à coup Timon se lève, les convives croient que c'est pour découper; point du tout! il leur jette les plats à la tête, en criant : « Fatale maison, que le feu

(1) *Mémoires* de l'abbé Morellet, II, 271.

« te consume! Péris, Athènes, péris; et que désormais « l'homme et tout ce qui a la figure humaine soit haï « de Timon! » Ce disant, il se sauve au fond des bois, et plante là ses convives, fort mal édifiés.

Dans la forêt, Timon rencontre un philosophe de son espèce. Ils ont ensemble une longue scène. Timon dit à Apémantus : « Tu es trop sale pour qu'on te crache « au visage; que la peste t'étouffe! — Apémantus. Tu « es trop vil pour qu'on te maudisse. — Timon. Hors « d'ici, enfant d'un chien galeux. La colère me trans- « porte de te voir vivant. Ta vue me soulève le cœur. « — Apémantus. Je voudrais te voir crever. — Timon. « Hors d'ici, ennuyeux importun. Je ne veux pas per- « dre une pierre après toi. — Apémantus. Bête sau- « vage! — Timon. Esclave! — Apémantus. Crapaud! « — Timon. Coquin! coquin! coquin (1)!... » M. W. A. Schlegel appelle cela *une scène incomparable* (2); mais il trouve *le Misanthrope* de Molière, sinon tout à fait mauvais, au moins bien médiocre!

Il est clair que le Timon de Shakspeare a le cerveau dérangé; dès lors ce qu'il dit comme ce qu'il fait est sans portée morale. Alceste, au contraire, est assez sage pour se juger lui-même intérieurement : la preuve, c'est qu'avec Oronte, comme dans la scène des portraits, il fait des efforts inouïs pour se contenir, et ne s'échappe que poussé à bout. Tout l'effet comique et l'effet moral du rôle consistent dans ce tempérament de caractère.

Mais le coup de maître est d'avoir fait Alceste amoureux, d'avoir courbé cette âme indomptée sous le joug

---

(1) Acte IV, scène 3.
(2) *Cours de littérature dramatique*, tome III, page 90.

de la passion, et montré par là surtout que le plus sage ne peut être complétement sage,

<blockquote>Et que dans tous les cœurs il est toujours de l'homme.</blockquote>

Ce vers renferme toute la pièce.

Avant Molière, on n'avait présenté l'amour sur la scène qu'à l'espagnole, c'est-à-dire, comme une vertu héroïque qui grandit les personnages. C'est ainsi que Corneille l'a employé dans *le Cid*, dans *Cinna*, partout. Molière le premier, d'après sa triste expérience, a peint l'amour comme une faiblesse d'un grand cœur. De là des luttes qui peuvent s'élever jusqu'au tragique; et Molière y touche dans la scène du billet : *Ah! ne plaisantez pas; il n'est pas temps de rire*, etc.

Racine tira de cette admirable scène une importante leçon. Il n'avait encore donné que *la Thébaïde* et *Alexandre*, et, dans ces deux pièces, il avait traité l'amour suivant le procédé de Corneille; mais, après avoir vu *le Misanthrope*, il rompit sans retour avec l'amour romanesque, et abandonna la convention pour la nature, que Molière lui avait fait sentir. Un an juste après *le Misanthrope* parut *Andromaque*, qui commence l'ère véritable du génie de Racine. Il y a plus : la position de Pyrrhus et d'Hermione n'est pas sans analogie avec celle d'Alceste et de Célimène. Quand Voltaire dit, « C'est peut-être à Molière que nous devons Racine, » il ne songeait qu'aux encouragements pécuniaires (1) et aux conseils dont le premier aida le second; mais ce mot peut encore être vrai dans un sens plus étendu.

---

(1) Racine, arrivant d'Uzès, vint soumettre à Molière son premier essai de tragédie, *Théagène et Chariclée;* Molière lui donna cent louis, et le sujet de *la Thébaïde*.

CHAPITRE V.

Tartufe.

Beaucoup de critiques d'une autorité imposante ont proclamé *le Misanthrope* le chef-d'œuvre de la scène française : on prend ici la liberté de n'être pas de leur avis. Quelque prodigieuse que soit cette œuvre, où Molière s'était fait comme à plaisir un sujet stérile et dénué d'action pour triompher ensuite des obstacles, *Tartufe*, soit que l'on considère le mérite de la difficulté vaincue, la perfection du style, ou la hauteur du but et l'importance du résultat, me paraît l'emporter sur *le Misanthrope*. Prenez-le philosophiquement, prenez-le au point de vue dramatique ou au point de vue purement littéraire, *Tartufe* est le dernier effort du génie.

Quelle admirable combinaison de caractères! Deux morales sont mises en présence : la vraie piété se personnifie dans Cléante, l'hypocrisie dans Tartufe. Cléante est la ligne inflexible tendue à travers la pièce pour séparer le bien du mal, le faux du vrai. Orgon, c'est la multitude de bonne foi, faible et crédule, livrée au premier charlatan venu, extrême et emportée dans ses résolutions comme dans ses préjugés. Le fond du drame repose sur ces trois personnages. A côté d'eux paraissent les aimables figures de Marianne et de Valère; la piquante et malicieuse Dorine, chargée de représenter le bon sens du peuple, comme madame Pernelle en représente l'entêtement; Damis, l'ardeur juvénile qui, s'élançant vers le bien et la justice avec une impétuosité aveugle, se brise contre l'impassibilité calculée de l'imposteur; Elmire enfin, toute charmante de décence, quoiqu'elle aille *vêtue ainsi qu'une princesse*. Quelle habileté dans cette demi-teinte du caractère d'Elmire, de la jeune femme unie à un vieillard! Si Molière l'eût faite passionnée, tout le reste devenait à l'instant impossible ou invraisemblable : la résistance d'Elmire perdait de son mérite; Elmire était obligée de s'offenser, de se récrier, de se plaindre à Orgon. Point :

> Une femme se rit de sottises pareilles,
> Et jamais d'un mari n'en trouble les oreilles.

Elle n'éprouve pour Tartufe pas plus de haine que de sympathie; elle le méprise, c'est tout. Ce sang-froid était indispensable pour arriver à démasquer l'imposteur. Elmire nous prouve quels sont les avantages d'une honnête femme qui demeure insensible sur la passion du plus rusé des hommes, de Tartufe. *Amour, Amour, quand tu nous tiens!*..... s'écrie le fabuliste.

Il n'est pas jusqu'à M. Loyal qui ne soit utile au tableau. M. Loyal, tout confit en patelinage, en bénignité doucereuse et dévote, est un reflet de ce bon M. Tartufe. Gageons que M. Tartufe a été son directeur? Derrière M. Loyal, j'aperçois Laurent : *Laurent, serrez ma haire avec ma discipline*. C'est une perspective d'hypocrisie à perte de vue. Molière fait entrevoir à quelle profondeur s'étendent les ramifications de la *société*, comme dit Pascal, de la *cabale*, comme l'appelle Cléante.

Tartufe parut dans un moment de crise. Aux guerres de la Fronde avaient succédé les querelles religieuses. Deux sectes célèbres étaient en lutte : Jansénius, accusé de schisme et d'hérésie; Molina, de relâchement et d'ambition. La morale de Port-Royal était austère avec sincérité, peut-être même avec excès; la morale des jésuites, au fond relâchée et sophistiquée, n'avait de la sévérité que les apparences. De quel côté pencherait un jeune roi, emporté par le goût des voluptés? L'éducation qu'il avait reçue de Mazarin n'était pas rassurante. Par les soins d'une politique corrompue, Louis XIV avait été élevé dans un oubli complet de ses devoirs, mais dans l'habitude de toutes les pratiques extérieures de la religion. Livré à l'ignorance et à ses passions, un moyen naturel s'offrait à lui de tout concilier, de satisfaire à la fois la vieille cour et la nouvelle : l'hypocrisie lui tendait les bras, il n'avait qu'à s'y jeter. En ce péril, Molière se dévoua pour sauver le roi et la nation. Le comédien entreprit de démasquer publiquement l'hypocrisie, à la veille peut-être de monter sur le trône; il résolut d'éclairer cette hideuse figure d'une telle lumière, qu'elle fît naître en même temps l'effroi, le dégoût, et l'envie de rire. Quel problème d'art ! Car il n'est peut-être pas, l'ingrat excepté, un seul caractère plus opposé que celui de l'hypocrite aux mœurs de la comédie ; et l'ingrat et l'hypocrite sont réunis dans le Tartufe.

L'audace vertueuse de Molière n'eut peur de rien, ne déguisa rien. Lorsque Cléante presse Tartufe de remettre en grâce Damis avec son père, et lui rappelle que la religion prescrit le pardon des injures, Tartufe échappe à l'argument par la direction d'intention : *Hélas ! je le voudrais, quant à moi, de bon cœur*, etc. La même théorie lui fournit un prétexte pour enlever à un fils son héritage : c'est de peur *que tout ce bien ne tombe en de méchantes mains*. Vous retrouvez la maxime favorite de Loyola : La fin justifie les moyens. Quand Elmire oppose le ciel aux vœux de Tartufe : *Si ce n'est que le ciel !* répond-il. Et tout de suite il lui développe cette précieuse doctrine de la direction d'intention :

> Selon divers besoins, il est une science
> D'étendre les liens de notre conscience,
> Et de rectifier le mal de l'action
> Avec la pureté de notre intention.

Il semble qu'on lise la neuvième Provinciale, fortifiée

du charme d'une versification nerveuse et facile. Et pourquoi Orgon a-t-il confié aux mains de Tartufe la cassette compromettante d'Argas? Il vous le dit : c'est par suite de la doctrine des restrictions mentales,

> Afin que pour nier, en cas de quelque enquête,
> J'eusse d'un faux-fuyant la faveur toute prête,
> Par où ma conscience eût pleine sûreté
> A faire des serments contre la vérité.

Orgon n'a point à se plaindre : il est puni par où il a péché. La société humaine ne subsiste que par la bonne foi : donc l'hypocrisie attaque la société dans sa base. C'est la moralité évidente de la pièce.

Ensuite Molière fait appel à tous les nobles instincts de la grande âme de Louis XIV; il sollicite son amour de la gloire et de la louange. Au dénoûment, cet éloge du roi, que Voltaire a blâmé comme un hors-d'œuvre (1), est tout ce qu'il y a de plus adroit et de plus équitable. Adroit, en ce que le conseil se glisse sous la forme de la louange, et que le poëte, par de fines allusions, lie, pour ainsi dire, le monarque, et lui fait contracter l'obligation de réprimer l'hypocrisie et de châtier les hypocrites. Équitable; sans Louis XIV est-ce que *Tartufe* eût jamais été représenté? Et qui sauva Molière en butte aux saintes fureurs de ceux qu'il dévoilait? Contre ce torrent d'injures, d'anathèmes, d'intrigues, de libelles, quel autre bras s'opposa que le bras de Louis XIV? quel autre s'y fût opposé efficacement? Une reconnaissance légitime, une affection réciproque excuserait encore Molière, s'il se fût avancé trop loin ; mais Molière n'a pas besoin d'excuse : il n'a jamais loué dans Louis XIV que ce qui était louable.

Aujourd'hui que le retour des mêmes intérêts nous

---

(1) Voyez dans *le Lexique* l'article IL.

fait assister aux mêmes violences, il est encore impossible de se figurer jusqu'où fut porté le déchaînement contre l'auteur du *Tartufe*. Un curé de Paris publia un libelle où il appelle Molière « un démon vêtu de « chair, habillé en homme; un libertin, un impie *digne d'être brûlé publiquement.* » Il serait dommage que la postérité ne sût pas le nom de ce bon prêtre; elle en aura l'obligation à M. J. Taschereau, qui a découvert qu'il se nommait Pierre Roullès, curé de Saint-Barthélemy; digne, comme on voit, de desservir l'autel placé sous cette invocation sinistre.

L'archevêque de Paris, Harlay de Champvallon, prêtre indigne, dont les mœurs dissolues déshonoraient publiquement le sacerdoce, donna un mandement dans lequel il *excommunie* quiconque lirait ou verrait jouer *Tartufe;* en quoi il faut avouer qu'il agit moins par ressentiment personnel que par esprit de corps, car il ne se donnait même pas la peine d'être hypocrite. C'est de lui que Fénelon écrivait à Louis XIV : « Vous avez un « archevêque corrompu, scandaleux, incorrigible, faux, « malin, artificieux, ennemi de toute vertu, et qui fait « gémir tous les gens de bien. Vous vous en accommo- « dez, parce qu'il ne songe qu'à vous plaire par ses flat- « teries. Il y a plus de vingt ans qu'en prostituant son « honneur, il jouit de votre confiance. Vous lui livrez « les gens de bien, et lui laissez tyranniser l'Église (1). » Voilà le saint personnage qui lance l'anathème contre Molière, parce que sa comédie, « sous prétexte de con- « damner la fausse dévotion et l'hypocrisie, donne lieu « d'en accuser ceux qui font profession de la plus so- « lide piété, et les expose aux railleries des libertins. » Le père Bourdaloue ne rougit pas de prêcher en chaire

---

(1) Lettre de Fénelon à Louis XIV, p. 32, éd. de M. Renouard.

contre Molière, ce qui revient à prendre en main la cause de Tartufe et de ses pareils. L'argument du jésuite est celui de l'archevêque : « Comme la véritable « et la fausse dévotion ont un grand nombre d'actions « qui leur sont communes, et comme les dehors de « l'une et de l'autre sont presque tout semblables, les « traits dont on peint celle-ci *défigurent celle-là* (1). »

Nullement. Molière, qui avait prévu et ce danger et ce reproche, s'est appliqué à les éviter, en traçant avec un soin religieux la ligne de démarcation entre le vrai et le faux zèle. C'est là, je le répète, le but principal de ce rôle éloquent de Cléante. Mais on veut l'ignorer, pour se ménager un prétexte de déclamations, et se livrer à son aise à des alarmes affectées.

Ainsi voilà, par le raisonnement de Bourdaloue, la plus cruelle ennemie de la piété, l'hypocrisie, rendue inviolable au nom de la religion! Il faudra, suivant Bourdaloue, ne toucher à aucun abus, de peur de nuire à l'usage, et respecter le mensonge par égard pour la vérité! Désormais le sanctuaire abritera au même titre les saints confondus avec les impies, ou plutôt les impies seront ceux qui tâchent de discerner les boucs des brebis, le crime de la vertu, l'hypocrisie de la piété! Parce qu'il y a des hommes qui aiment Dieu et veulent faire prospérer son culte, il faut assurer, non-seulement l'impunité, mais les honneurs de la vertu à ceux dont la conduite ferait détester la religion, et tend à la ruine du culte! C'est pourtant là l'argument unique que, depuis un siècle et demi, l'on veut faire prévaloir contre la comédie de Molière et les adversaires de la *tartuferie!* Combien plus sensé et plus judicieux est celui qui écrit : — « L'hypocrite est le plus dangereux des méchants, la

---

(1) *Sermon* pour le septième dimanche après Pâques.

« fausse piété étant cause que les hommes n'osent plus se
« fier à la véritable. Les hypocrites souffrent dans les en-
« fers des peines plus cruelles que les enfants qui ont
« égorgé leurs pères et leurs mères, que les épouses qui
« ont trempé leurs mains dans le sang de leurs époux,
« que les traîtres qui ont livré leur patrie après avoir violé
« tous leurs serments. » — Je reconnais le langage d'un
honnête homme et d'un chrétien : c'est celui de Fénelon (1).

Aussi Fénelon prit-il ouvertement le parti de Molière
et de sa comédie. Il n'hésita point à blâmer tout haut
la sortie de Bourdaloue : « Bourdaloue, disait-il, n'est
« point Tartufe ; mais ses ennemis diront qu'il est jé-
« suite (2). » Le mot est dur pour les jésuites.

On vit alors ce qui s'est renouvelé depuis, la violence
avec les dévots agresseurs, et la modération avec les laï-
ques offensés. Molière ne répondit que par ses *Placets*
au roi, et peut-être par la *Lettre sur l'Imposteur*, où
brille une si profonde entente de la scène, qu'il est permis de la lui attribuer, malgré les incorrections probablement préméditées d'un style qui se déguise.

Tartufe obtint un succès immense. Il est humiliant
pour l'esprit humain que *la Femme juge et partie* l'ait
contre-balancé par un succès égal, et que Montfleury
ait brillé un instant au niveau de Molière. Ces égare-
ments de l'opinion publique ne durent pas. L'unique
suffrage littéraire qui ait manqué au *Tartufe*, est celui
de la Bruyère ; mais, tandis que Tartufe soulève encore
d'implacables ressentiments, l'Onuphre de la Bruyère
n'a jamais offensé personne.

Qui ne connaît l'anecdote de Molière notifiant au public la défense qu'il venait de recevoir de représenter

---

(1) *Télémaque*, livre XVIII. — (2) D'Alembert, *Eloge de Fénelon*.

Tartufe? M. le premier président ne veut pas qu'on le joue. Le fait est aussi faux qu'il est accrédité. Sous un roi comme Louis XIV, une plaisanterie si déplacée, un si grossier outrage lancé publiquement par un comédien contre un magistrat, contre l'illustre Lamoignon, ne fût certainement pas resté impuni : Molière, aimé de Louis XIV, était d'ailleurs l'homme de France le plus incapable de blesser à ce point les convenances, sans parler des égards qu'il devait à Boileau, honoré de l'intimité de M. de Lamoignon. Ce conte, beaucoup plus vieux que Molière, a été ramassé dans les *Anas* espagnols, qui attribuent ce mot à Lope ou à Calderon, au sujet d'une comédie de *l'Alcade : L'alcade ne veut pas qu'on le joue.* Quelqu'un a trouvé spirituel de transporter cette facétie à Molière, et l'invention a fait fortune. La biographie des grands hommes est remplie de ces impertinences : c'est le devoir de la critique de les signaler, et d'en obtenir justice.

CHAPITRE VI.

Amphitryon, George Dandin, l'Avare. — Les farces de Molière. — Ses derniers ouvrages.

Amphitryon, George Dandin, l'Avare, parurent l'année suivante. De ces trois comédies, les deux premières ont encouru le reproche d'immoralité, et, toujours emporté par son amour du paradoxe, Jean-Jacques ne l'a pas épargné même à la troisième, à cause d'un mot : « *Je n'ai que faire de vos dons.* » Cette ironie de Cléante est criminelle, d'accord ; Molière l'entend bien ainsi : il veut montrer comment un père avare amène son fils à lui manquer de respect. Personne ne peut s'y méprendre. S'il était dit sérieusement, c'est alors que le mot serait immoral. C'est ce que M. Saint-Marc Girardin fait toucher avec autant de bon sens que de finesse, en traduisant *je n'ai que faire de vos dons* en style du drame moderne : « HARPAGON. Je te maudis ! CLÉANTE (*gravement*). Vous n'en avez plus le droit. Maudire, cela est d'un père; vous êtes mon rival. Maudire, cela est d'un prêtre ; mais où sont en vous les signes du prêtre, la colère vaincue et les passions domptées ? Vous n'êtes ni père ni prêtre : (*avec solennité et intention*) JE N'ACCEPTE PAS VOTRE MALÉDICTION ! »

« Quel est, demande ensuite M. Saint-Marc Girardin, quel est de ces deux mots le plus corrupteur ? Lequel met le plus en discussion le mystère de l'autorité paternelle ? » (*Cours de littérature dramatique*, page 325.)

Dans *Amphitryon*, l'éloignement des temps, des lieux, la différence des mœurs grecques avec les nôtres, l'intervention des personnages mythologiques, la banalité d'une légende connue même des enfants, mille circonstances, écartent le danger. *Amphitryon* est une étude d'après l'antique, et n'est pas plus immoral que la Diane chasseresse ou l'Apollon du Belvédère ne sont indécents.

George Dandin, c'est autre chose : « La coquet« terie de la femme, dit Voltaire, n'est que la pu« nition de la sottise que fait George Dandin d'épou« ser la fille d'un gentilhomme ridicule. » Soit; mais, en attendant, le vice d'Angélique joue le rôle avantageux, il triomphe, et les conséquences de ce vice sont plus funestes à la société que celles de la sottise de George Dandin. Toutefois, ce n'est pas à Rousseau à se plaindre et à déclamer si haut; car la récrimination serait facile contre lui. L'adultère de madame de Wolmar est d'un pire exemple que celui d'Angélique. Le vice d'Angélique n'est que spirituel; dans Julie, il est intéressant, ennobli par la passion ; il emprunte les dehors de la vertu, tout au plus est-il présenté comme une faiblesse rachetable. On ne peut s'empêcher de mépriser Angélique ; mais Rousseau prétend faire estimer Julie, Julie qui n'a pas, comme Angélique, l'excuse d'un mari sot, d'un George Dandin. Enfin, quand on a ri à la comédie de Molière, toutes les conséquences, ou à peu près, en sont épuisées, il n'en reste guère de trace ; au contraire, *la Nouvelle Héloïse* a fondé cette école de l'adultère sentimental, qui, de nos jours, a envahi le roman, le théâtre, et jusqu'à certaines théories philosophiques.

Mais *George Dandin* offre aussi son côté moral. Les bourgeois, en 1668, sont pris d'une manie qui va devenir épidémique : ils veulent sortir de leur sphère, monter, contracter de grandes alliances et de grandes amitiés ; ils se hissent sur leur coffre-fort pour atteindre jusqu'à l'aristocratie et s'y mêler. De son côté, l'aristocratie est fort disposée à se baisser, à descendre, à se mêler familièrement aux bourgeois pour puiser dans leur caisse, tout en raillant et en méprisant ceux qu'elle pressure. La roture opulente passant un marché avec la noblesse besogneuse, cette donnée qui a défrayé tout le théâtre de Dancourt et quelques-unes des meilleures comédies du dix-huitième siècle, c'est Molière qui le premier l'a trouvée. Molière, avant le Sage et d'Allainval, a châtié la sotte vanité des uns et la cupidité avilissante des autres. George Dandin et M. Jourdain sont les types du ridicule des bourgeois, et le marquis Dorante personnifie la bassesse de certains gentilshommes d'alors. Seulement M. Jourdain possède un travers de plus que le rustique Dandin : à l'ambition de la noblesse, il joint celle des belles manières et du savoir. Molière semble l'avoir créé tout exprès pour servir de preuve et de

commentaire à la pensée de Montaigne : « La sotte chose
« qu'un vieillard abecedaire ! on peut continuer en tout
« temps l'estude, mais non pas l'escholage. » Les trois
premiers actes du *Bourgeois gentilhomme* égalent ce que
Molière a produit de meilleur : quel dommage que l'impatience et les ordres de Louis XIV aient précipité les
deux derniers dans la farce ! Au reste, cette farce joyeuse
n'est pas si loin de la vérité qu'elle le paraît. L'abbé de
Saint-Martin, célèbre dans ce temps-là, justifie la réception du Mamamouchi : on lui fit accroire que le roi de
Siam l'avait créé mandarin et marquis de Miskou, et il
apposa sa signature à ces deux diplômes (1). Molière
n'est jamais sorti de la nature; ce n'est pas sa faute si
le vrai n'est pas toujours vraisemblable.

Ceux qui cultivent les lettres ou les arts ont souvent
à lutter contre des préjugés et des obstacles dont la postérité ne peut se faire d'idée. Croirait-on, par exemple,
que l'emploi de la prose, dans une comédie de caractère en cinq actes, compromit gravement le succès de
l'Avare? Le témoignage des contemporains, en particulier de Grimarest, confirmé par Voltaire, ne permet pas
d'en douter. Quant aux inculpations plus graves de
Rousseau, Marmontel y a répondu; et un sens droit, à
défaut de Marmontel, en eût fait justice. J'aime mieux
invoquer en faveur de la comédie de Molière le mot
connu d'un confrère d'Harpagon : « Il y a beaucoup à
« profiter dans cette pièce : on y peut prendre d'*excel-*
« *lentes leçons d'économie* (2). »

(1) On publia en trois volumes le récit de cette plaisanterie, sous le titre d'*Histoire comique du mandarinat de l'abbé de Saint-Martin.*

(2) Grandménil, qui jouait Harpagon au naturel, trouvait aussi la pièce fort bonne : il y avait pourtant remarqué une faute. — Laquelle ? C'est au sujet du diamant qu'au nom de son père Éraste fait accepter à Élise. Plus tard, au dénoûment, le mariage d'Harpagon est rompu, c'est Éraste

Diderot, avec son exagération habituelle, dit quelque part : « Si l'on croit qu'il y ait beaucoup plus d'hommes « capables de faire *Pourceaugnac* que de faire *Tartufe* « ou *le Misanthrope*, on se trompe. » Sans aller si loin, on peut dire que *Monsieur de Pourceaugnac, les Fourberies de Scapin* et *le Malade imaginaire* sont des farces où abondent des scènes de haute comédie, des farces remplies de verve, de sel, d'une intarissable gaieté, telles enfin qu'un génie supérieur pouvait seul les composer. Il faut se rappeler que Molière était directeur de spectacle, obligé, comme il le disait, de donner du pain à tant de pauvres gens, et que les connaisseurs au goût pur et austère ne forment, dans tous les temps, qu'une très-petite minorité.

Molière termina sa carrière comme il l'avait commencée, en immolant les précieuses, les pédants et les pédantes. *Les Femmes savantes* furent son dernier chef-d'œuvre, comparable au *Misanthrope* et au *Tartufe*, sinon par l'élévation du but, au moins par le style, par les détails, et l'art de féconder, d'étendre un sujet ingrat, stérile et borné. On a reproché à Molière d'avoir joué l'abbé Cotin en plein théâtre; Cotin, dit-on, en mourut de chagrin. On a prétendu de même que les satires de Boileau avaient rendu fou l'abbé Cassagne. Ces rumeurs ont été accueillies par Voltaire mal à propos. Il est prouvé que Cassagne mourut en pleine jouissance de son bon sens, tel que Dieu le lui avait départi, et que l'abbé Cotin survécut dix ans aux *Femmes savantes*. Il n'est pas moins prouvé que ces deux hommes avaient fait tout leur possible pour nuire à Despréaux et à Molière,

qui épouse Élise, et il n'est plus question de ce diamant! Harpagon devrait le réclamer. — L'art a beau être habile, la nature garde toujours sa supériorité.

et s'étaient attiré le rude châtiment auquel ils doivent d'être immortels.

CHAPITRE VII.

Caractère privé de Molière. — Sa mort. — Son talent comme auteur.

Qui jugerait du caractère des auteurs par celui de leurs ouvrages s'exposerait à des erreurs étranges. Les plus folles comédies de Molière furent composées à la fin de sa vie, lorsqu'il était tourmenté de souffrances morales. Molière réunissait deux dispositions d'esprit en apparence contradictoires, et que néanmoins on trouve souvent associées, l'enjouement des paroles et la mélancolie de l'âme : l'un résulte de la vivacité de l'esprit, l'autre de la tendresse du cœur. Personne ne fut meilleur que Molière, personne peut-être ne fut plus malheureux intérieurement. Il était très-porté à l'amour : sa passion pour Armande Béjart, passion qui sembla s'accroître par le mariage, empoisonna son existence. Les galanteries de mademoiselle Molière étaient publiques, tantôt avec Lauzun, tantôt avec le duc de Guiche, tantôt avec un autre grand seigneur ; car du moins elle n'*encanaillait* pas ses amours. Sa coquetterie ne se contint pas même devant le fils adoptif de Molière, le jeune Baron, que Molière chérissait paternellement, et se plaisait à former. Les bienfaits de cet infortuné grand homme tournaient contre lui : c'est ainsi qu'il s'était vu trahi par Racine, mais d'une façon pourtant moins sensible et cruelle. *La Fameuse comédienne*, biographie satirique de mademoiselle Molière, rapporte une longue conversation entre Molière et Chapelle, dans laquelle le premier expose à son ami la vivacité et la tyrannie de ce funeste amour. Les traits en sont désespérés, et cette peinture est à la fois si naïve et si véhémente, qu'il n'est guère possible qu'elle ne soit vraie. — « Mes bontés, « dit le pauvre Molière, ne l'ont point changée. Je me « suis donc déterminé à vivre avec elle comme si elle « n'était point ma femme; mais si vous saviez ce que « je souffre, vous auriez pitié de moi! Ma passion est « venue à un tel point, qu'elle va jusqu'à entrer avec « compassion dans ses intérêts ; et quand je considère « combien il m'est impossible de vaincre ce que je sens « pour elle, je me dis en même temps qu'elle a peut-« être la même difficulté à détruire le penchant qu'elle « a d'être coquette, et je me trouve plus de disposition « à la plaindre qu'à la blâmer. Vous me direz sans doute « qu'il faut être poëte pour aimer de cette manière; « mais, pour moi, je crois qu'il n'y a qu'une sorte d'a-« mour, et que les gens qui n'ont point senti de sem-« blables délicatesses n'ont jamais aimé véritablement... «. Quand je la vois, une émotion qu'on peut sentir, mais « qu'on ne saurait exprimer, m'ôte l'usage de la ré-« flexion. Je n'ai plus d'yeux pour ses défauts : il « m'en reste seulement pour ce qu'elle a d'aimable. » C'est exactement l'amour d'Alceste pour Célimène. Molière, devant ce même public qu'il avait tant réjoui aux dépens des maris trompés, voulut une fois épancher noblement la douleur qui navrait son âme. De là vient que *le Misanthrope*, sans action, est si intéressant : c'est le cœur du poëte qui s'ouvre, c'est dans le cœur de Molière que vous lisez, sans vous en douter; tout cet esprit si fin, cette délicatesse élevée, cette jalousie vigilante et confuse d'elle-même, cette fière vertu rebelle à la passion qui la dompte, c'est Molière, c'est lui qui se plaint, qui se débat, qui s'indigne; c'est lui que vous aimez, que vous admirez, de qui vous riez d'un rire si plein de bienveillance et de respect. Quel homme que celui qui, pour créer un tel chef-d'œuvre, n'a eu besoin que de se peindre au naturel! Et quel spectacle quand Molière jouait Alceste, et mademoiselle Molière Célimène! Ce n'était plus l'illusion, c'était la réalité. Lorsque vous verrez *le Misanthrope*, songez à Molière, à son infortune profonde; persuadez-vous bien que, sous le nom d'Alceste, c'est lui-même que vous avez devant les yeux, et vous sentirez quelle douleur amère se cache au fond de ce charmant plaisir.

Le cœur se serre de tristesse quand on entend Molière dire à son ami Rohault, le célèbre physicien : « Oui, mon cher monsieur Rohault, je suis le plus « malheureux des hommes, et je n'ai que ce que je mé- « rite (1). »

On lit toujours avec plaisir deux traits qui peignent la générosité du cœur de Molière.

Un pauvre comédien de campagne appelé Mondorge, qui avait jadis fait partie de la troupe de Molière, n'osant, à cause de son extrême misère, se présenter devant lui, fit solliciter par Baron quelques secours, afin de pouvoir rejoindre sa troupe. Molière, qui ne perdait pas une occasion d'exercer son élève, lui demande combien il fallait donner. Baron répond au hasard : « Quatre pistoles. — Donnez-lui, dit Molière, ces quatre pistoles pour moi; mais en voilà vingt qu'il faut que vous lui donniez pour vous, car je veux qu'il vous ait l'obligation de ce service. » Ce qui fut exécuté. Molière ne s'en tint pas là : il voulut voir son ancien camarade; il le consola et l'embrassa, dit Laserre (2), et mit le comble à ce bon accueil par le cadeau d'un magnifique habit de théâtre.

---

(1) Grimarest; *Vie de Molière.*

(2) *Mémoires sur la vie et les ouvrages de Molière.*

Une autre fois, un mendiant lui demanda l'aumône. Molière, qui était fort charitable, lui jette une pièce de monnaie; le mendiant court après la voiture où Molière s'entretenait avec Charpentier, qui composa la musique du *Malade imaginaire :* « Monsieur, dit le pauvre, vous n'aviez probablement pas dessein de me donner un louis d'or ; je viens vous le rendre. — Tiens, mon ami, dit Molière, en voilà un autre. » Et comme son génie était continuellement en sentinelle, il s'écria : « Où la vertu va-t-elle se nicher! »

Molière était taciturne, comme Corneille ; Boileau l'avait surnommé *le contemplateur.* Avec cette humeur sérieuse, il était obligé de représenter les personnages comiques ou ridicules, où il était, dit-on, incomparable. Ses rôles habituels étaient Mascarille, George Dandin, Scapin, Sganarelle, Pourceaugnac : il se dédommageait par des rôles d'un comique plus relevé, dans Arnolphe, Orgon, Harpagon, surtout dans Alceste et le bonhomme Chrysale ; mais peignez-vous le grave Molière jouant Sosie dans *Amphitryon*, Zéphire dans *Psyché*, ou Moron de *la Princesse d'Élide !* Encore s'il n'eût joué que ses ouvrages ! mais il était obligé de faire valoir en conscience toutes les platitudes, soit en vers, soit en prose, dont les auteurs ses rivaux voulaient bien gratifier son théâtre. Il est plus que probable que lorsqu'on représentait *Don Japhet*, *l'Héritier ridicule* et les *Jodelet* de Scarron, Molière remplissait le principal rôle de ces ignobles comédies, qui avaient encore l'honneur d'être jouées à la cour devant le roi. Apparemment aussi ces rôles donnèrent lieu à une foule de particularités concernant Molière, qui nous sembleraient bien piquantes si nous pouvions les savoir. Une seule anecdote, conservée par Grimarest, servira d'échantillon. Molière jouait Sancho dans le *Don Quichotte* de Guérin du Bouscal,

et se tenait dans la coulisse, monté sur son âne, guet-
tant le moment d'entrer. « Mais l'âne, qui ne savait pas
« son rôle par cœur, n'observa point ce moment, et dès
« qu'il fut dans la coulisse il voulut entrer en scène,
« quelques efforts que Molière employât pour qu'il n'en
« fît rien. Molière tirait le licou de toute sa force ; l'âne
« n'obéissait point, et voulait paraître. Molière appelait :
« *Baron! Laforêt! à moi!... ce maudit âne veut entrer!*
« Cette femme était dans la coulisse opposée, d'où elle
« ne pouvait passer par-dessus le théâtre pour arrêter
« l'âne ; et elle riait de tout son cœur de voir son maî-
« tre renversé sur le derrière de cet animal, tant il met-
« tait de force à tirer le licou pour le retenir. Enfin,
« destitué de tout secours et désespérant de vaincre l'o-
« piniâtreté de son âne, il prit le parti de se retenir aux
« ailes du théâtre, et de laisser glisser l'animal entre ses
« jambes, pour aller faire telle scène qu'il jugerait à
« propos. Quand on fait réflexion au caractère d'esprit
« de Molière, à la gravité de sa conversation, il est ri-
« sible que ce philosophe fût exposé à de pareilles aven-
« tures, et prît sur lui les personnages les plus comiques. »

Ce genre de vie, qui avait été la vocation de sa jeunesse, était devenu l'affliction de son âge mûr. Grimarest rapporte qu'un jour, s'en expliquant à un de ses
amis : « Ne me plaignez-vous pas, lui dit-il, d'être d'une
« profession si opposée à l'humeur et aux sentiments
« que j'ai maintenant? J'aime la vie tranquille, et la
« mienne est agitée par une infinité de détails communs
« et turbulents sur lesquels je n'avais pas compté, et aux-
« quels il faut que je me livre tout entier. » Et comme
cet ami cherchait à lui faire envisager certains côtés
moins tristes de sa condition, Molière ajouta : « Vous
« croyez peut-être qu'elle a ses agréments? vous vous
« trompez. Il est vrai que nous sommes en apparence

« recherchés des grands seigneurs; mais ils nous assu-
« jettissent à leurs plaisirs, et c'est la plus triste de tou-
« tes les situations que d'être l'esclave de leurs fantai-
« sies. Le reste du monde nous regarde comme des gens
« perdus, et nous méprise! »

Mais puisque Molière était si désenchanté de la comédie, que ne la quittait-il? Il l'aurait pu : sa fortune, sans être considérable, le lui aurait permis; sa santé délabrée se joignait à son goût pour l'engager au repos. L'Académie offrait même un fauteuil à l'auteur du *Misanthrope*, s'il voulait renoncer au métier de comédien. Boileau insistant sur cette nécessité, Molière lui objecta le point d'honneur : « Plaisant point d'honneur! s'écria
« le satirique, qui consiste à se barbouiller d'une mous-
« tache de Sganarelle, et à recevoir des coups de bâton! »
Molière avait un motif plus sérieux, qu'il ne dit pas cette fois-là; mais, le jour de la quatrième représentation du *Malade imaginaire*, Molière, qui faisait Argan, se trouvait si véritablement malade, que Baron et quelques autres personnes le pressaient de ne point jouer. « Et
« comment voulez-vous que je fasse? répondit Molière.
« Il y a cinquante pauvres ouvriers qui n'ont que leur
« journée pour vivre : que feront-ils, si on ne joue pas?
« Je me reprocherais d'avoir négligé de leur donner du
« pain un seul jour, le pouvant faire absolument. »

Voilà ce qui le retenait au théâtre : l'humanité.

Il joua donc, non sans de grandes douleurs et de grands efforts pour achever son rôle. Dans la cérémonie, en prononçant le *Juro*, il éprouva une convulsion qu'il parvint à déguiser. Rentré chez lui, sa toux le prit si violemment qu'il se vit en danger, et réclama les secours de la religion. Deux prêtres de Saint-Eustache refusèrent de venir; un troisième ecclésiastique, mieux instruit de ses devoirs, arriva lorsque Molière avait perdu l'usage de la parole. Il s'était rompu un vaisseau dans la poitrine, et il expira suffoqué par le sang, à dix heures du soir, le 17 février 1673, anniversaire de la mort de Madeleine Béjart, sa belle-sœur et son premier amour; il avait cinquante et un ans.

Le pieux Harlay de Champvallon ne manqua pas de s'opposer à ce que Molière fût inhumé en terre sainte. Un comédien ! La veuve du comédien présenta humblement requête au prélat *ennemi de toute vertu*, à qui Louis XIV *livrait les gens de bien, et laissait tyranniser l'Église.* Il ne fallut rien de moins qu'un ordre du roi ; Louis XIV donna cet ordre, et l'archevêque voulut bien y consentir, à condition que la cérémonie aurait lieu de nuit, et que le convoi ne serait pas escorté de plus de deux prêtres. Il s'y joignit une centaine de personnes, amis ou connaissances du défunt, chacune portant une torche. Molière fut enterré au coin de la rue Montmartre et de la rue Saint-Joseph, où est à présent le marché ; c'était alors un cimetière. Quant à l'archevêque, lorsque son tour vint, « il fut enterré pompeusement au « son de toutes les cloches, avec toutes les belles cé-« rémonies qui conduisent infailliblement l'âme d'un « archevêque dans l'Empyrée (1). ». Il est vrai qu'il avait béni le mariage clandestin de Louis XIV avec madame de Maintenon ; cela valait mieux que d'avoir fait *le Misanthrope* et *les Femmes savantes*.

L'histoire et les arts ont consacré le souvenir des deux sœurs de charité qui assistèrent Molière au moment suprême. Ces bonnes religieuses venaient tous les ans quêter à Paris à la même époque, et l'hospitalité leur était assurée chez l'auteur de *Tartufe*; mais, dans

---

(1) Voltaire, lettre à Chamfort, du 27 septembre 1769. Harlay de Champvallon mourut à Conflans en août 1695, *assisté* de Mme de Lesdiguières, comme plus tard le régent, de la duchesse de Phalaris.

cette scène touchante et solennelle, il n'est pas question de sa femme. Bussy-Rabutin nous apprend que cette indigne épouse reparut sur le théâtre *treize jours après la mort de son mari!* Molière avait eu d'elle trois enfants : deux garçons et une fille (1). Les garçons moururent en bas âge; la fille, après la mort de son père, épousa M. de Montalant, par qui elle avait été enlevée. Ils ne laissèrent point de postérité.

A la mort de Molière, son théâtre ferma pendant *six jours :* on rouvrit par *le Misanthrope;* Baron remplaça Molière dans le rôle d'Alceste.

On sera bien aise de connaître le portrait de Molière tracé dans le *Mercure de France* par une actrice de sa troupe, mademoiselle Poisson : — « Il n'était ni trop « gras, ni trop maigre; il avait la taille plus grande que « petite, le port noble, la jambe belle. Il marchait gra- « vement, avait l'air très-sérieux, le nez gros ; la bouche « grande, les lèvres épaisses, le teint brun, les sourcils « noirs et forts, et les divers mouvements qu'il leur « donnait lui rendaient la physionomie extrêmement « comique. »

Le Mercure galant, appréciant le jeu de Molière, le met au-dessus de Roscius : — « Il méritait le pre- « mier rang : il était tout comédien depuis les pieds « jusqu'à la tête. Il semblait qu'il eût plusieurs voix : « tout parlait en lui, et d'un pas, d'un sourire, d'un « clin d'œil et d'un remuement de tête, il faisait plus « concevoir de choses que le plus grand parleur n'au- « rait pu en dire une heure. »

(1) Louis, filleul du roi; né en 1664, l'année de la première apparition de *Tartufe;* — Esprit-Madeleine, née le 4 août 1665, qui fut madame de Montalant ; — et Jean-Baptiste-Armand, né en septembre 1672, l'année des *Femmes savantes,* cinq mois avant la mort de son père. Cet enfant, fruit d'un raccommodement tardif, ne vécut qu'un mois.

Ce témoignage, rendu sur la tombe récente de Molière, ne doit s'entendre sans doute que de l'acteur comique. Mais Molière jouait aussi la tragédie, pour laquelle il eut toute sa vie une singulière affection : cependant il n'y réussit jamais. Il jouait lui-même son *Don Garcie*, et y fut sifflé; il faisait *Nicomède*; *César*, dans *la Mort de Pompée*. Montfleury le fils l'a peint en caricature dans ce rôle : il le compare à ces héros qu'on voit dans les tapisseries :

> Il est fait tout de même ! il vient, le nez au vent,
> Les pieds en parenthèse et l'épaule en avant;
> Sa perruque qui suit le côté qu'il avance,
> Plus pleine de lauriers qu'un jambon de Mayence;
> Les mains sur les côtés, d'un air peu négligé;
> La tête sur le dos, comme un mulet chargé;
> Les yeux fort égarés; puis, débitant ses rôles,
> D'un hoquet éternel sépare ses paroles.
>
> (*L'Impromptu de l'hôtel Condé.*)

On sent la main d'un ennemi; cependant il peut y avoir du vrai dans ces détails. Le hoquet, par exemple, est mentionné par tous les historiens du théâtre. Molière, dit Grimarest, avait contracté ce tic en s'efforçant de maîtriser une excessive volubilité de prononciation; mais, dans la comédie, il dissimulait ce défaut à force d'art (1). Molière, en récitant des vers, n'employait pas cette espèce de mélopée si fort en honneur dans le XVIIIe siècle; son débit était simple, sans affectation, et devait offrir beaucoup d'analogie avec la manière de Talma, autant du moins qu'on en peut juger par celle de Baron, élève de Molière. « Baron, dit « Collé, ne déclamait jamais, même dans le plus grand « tragique; et il rompait la mesure de telle sorte que « l'on ne sentait pas l'insupportable monotonie du vers

---

(1) Voyez M. J. Taschereau, *Histoire de la vie et des ouvrages de Molière*, page 55, 3e édition.

« alexandrin. » Sans doute Baron tenait ce système de Molière, et c'est peut-être ce passage de Collé qui l'a transmis à Talma.

Molière, dans sa jeunesse, avait traduit en vers le poëme de Lucrèce, *De la nature des choses*. Il est certain que cette traduction existait encore en 1664 ; elle est aujourd'hui perdue. Les papiers de Molière, parmi lesquels devaient se trouver des esquisses et des fragments de comédies inachevées, ont été vendus et dispersés avec la bibliothèque du comédien Lagrange, héritier des manuscrits de son illustre camarade. On assure pourtant qu'en 1799 la Comédie française possédait encore quelques-uns de ces cahiers, mais qu'ils ont péri dans l'incendie de l'Odéon ; en sorte que l'on ne connaît aujourd'hui de la main de Molière que sa signature au bas d'un acte.

CHAPITRE VIII.

Du génie dramatique de Molière. — Du style de Molière.

Les comédies de Molière sont à présent, et, tout en réservant les chances de l'avenir, on peut croire qu'elles resteront le plus grand monument de la littérature française, l'éternel honneur du siècle et du pays qui les a vues naître. Personne n'est descendu plus avant que Molière dans le cœur humain. Il n'y a point de vices, de travers, de ridicules, auxquels il n'ait au moins touché, sur lesquels il n'ait laissé l'empreinte de sa main puissante ; en sorte qu'il semble avoir confisqué par anticipation l'originalité de tous ses successeurs.

On a tenté d'amoindrir la sienne en recherchant les sources où il avait puisé, en faisant voir qu'il avait emprunté une idée tantôt à Térence, tantôt à Aristophane; un caractère ou un bon mot à Plaute; à Cyrano le fond de deux scènes; *le Médecin malgré lui* à un fabliau du XIIIe siècle; *la Princesse d'Élide* à Augustin Moreto (il eût mieux fait de la lui laisser); un trait de *Tartufe* à Scarron. Et qu'importe? tout cela était enfoui, inconnu, méprisé, sans valeur. Reprocheriez-vous à un alchimiste d'avoir ramassé dans la rue un morceau de plomb, pour le changer en or? Ce que Molière a pris à tout le monde, personne ne le reprendra sur lui, et l'on ne lui arrachera pas davantage ce qu'il n'a pris à personne.

Il était toujours à la piste de la vérité, et, dans l'ardente recherche qu'il en faisait, il ne dédaignait pas d'aller s'asseoir au théâtre de Polichinelle, ni de s'arrêter devant les tréteaux de Tabarin; il en rapporta un jour la fameuse scène du sac, que Boileau lui a tant reprochée. Il furetait également les livres italiens et espagnols, romans, recueils de bons mots, facéties, etc. « Il n'est, dit l'auteur de *la Guerre comique*, *point de* « *bouquin qui se sauve de ses mains;* mais le bon usage « qu'il fait de ces choses le rend encore plus louable. » Et de Visé, dans sa rapsodie de *Zélinde*, dirigée cependant contre Molière : « Pour réussir, il faut prendre « la manière de Molière : lire tous les livres satiriques, « prendre dans l'espagnol, prendre dans l'italien, et « *lire tous les vieux bouquins*. Il faut avouer que c'est « un galant homme, et qu'il est louable de se servir de « tout ce qu'il lit de bon (1). »

---

(1) *Zélinde, ou la véritable critique de l'Ecole des femmes*, acte Ier, scène 7. — *La Guerre comique ou la Défense de l'Ecole des femmes*, par le sieur de Lacroix (1664), se compose d'un dialogue entre Apollon et Momus, suivi de quatre *Disputes*. Dans la dernière dispute on voit figurer le personnage de la Rancune, du *Roman comique*.

Le génie de Molière était si éminemment dramatique, qu'il a employé toutes les formes du drame, y compris celles que l'on croirait plus modernes ; tous les tons et toutes les nuances de la comédie, cela va sans dire ; la tragédie et le drame héroïque dans *Don Garcie de Navarre*, dont les meilleures scènes ont enrichi *le Misanthrope*; la tragédie lyrique dans *Psyché*; l'opéra-ballet dans *Mélicerte*, dans *la Princesse d'Élide*, et dans les nombreux intermèdes de ses autres pièces ; et jusqu'à l'opéra-comique dans *le Sicilien*, qui peut à bon droit passer pour le premier essai du genre.

Voltaire a reproché à Molière des dénoûments postiches et peu naturels, et cette opinion a trouvé de nombreux échos. Cette question, examinée de près, atteste, je crois, l'étude profonde que Molière avait faite de la nature et de l'art. En effet, il n'y a point de dénoûments dans la nature : j'entends de ces péripéties qui tout d'un coup placent un nombre donné de personnages, tous en même temps, dans une situation arrêtée, définitive, et qui ne laisse plus à s'enquérir de rien sur leur compte. Par rapport à l'art, une pièce de théâtre n'est point faite pour le dénoûment; au contraire, le dénoûment n'est qu'un prétexte pour faire la pièce. Quand vous sortez pour vous promener, est-ce le terme de la promenade qui en est l'objet véritable ? Nullement : le vrai but, c'est de parcourir lentement, curieusement, le chemin. L'art consiste à vous faire avancer par des sentiers dont les sinuosités et les retours ont été savamment calculés, embellis à droite et à gauche de toutes sortes de fleurs et d'agréments qui vous attirent : c'est là votre plaisir, et l'artifice du jardinier ou du poëte. Mais ce que vous trouverez à la fin, vous le savez d'avance, et c'est votre moindre souci. La preuve que la curiosité n'est ici pour rien, c'est que l'on reverra cent fois la même pièce. Il n'y a au théâtre que deux dénoûments : la mort dans la tragédie, dans la comédie le mariage. Le talent du poëte est d'accumuler au-devant des obstacles en apparence invincibles; et quand il les a fait disparaître un à un, ce qu'il a de mieux à faire, c'est de tourner court, et de disparaître lui-même. Il vous a donné ce que vous lui demandiez : le plaisir de la promenade. Quelles sont donc les conditions rigoureuses d'un bon dénoûment? C'est de satisfaire la raison, le jugement, les sympathies ou les antipathies excitées dans le cours de l'ouvrage; l'imagination n'a rien à y réclamer, elle a eu sa part. Considérés de ce point de vue, les dénoûments de Molière n'offrent plus rien à reprendre.

L'arrêt porté par Boileau est d'une sévérité qui va jusqu'à l'injustice :

> C'est par là que Molière, illustrant ses écrits,
> Peut-être de son art eût remporté le prix,
> Si, moins ami du peuple, en ses doctes peintures
> Il n'eût point fait souvent grimacer ses figures,
> Quitté pour le bouffon l'agréable et le fin,
> Et sans honte à Térence allié Tabarin.
> Dans ce sac ridicule où Scapin l'enveloppe,
> Je ne reconnais plus l'auteur du Misanthrope.

Que vous le reconnaissiez ou non, il n'en est pas moins cet auteur. Quand il s'agit d'apprécier et de classer définitivement un écrivain, on doit considérer non le point où il est descendu, mais le point où il s'est élevé. La raison en est simple : les bons ouvrages avancent l'art; les mauvais ne le font pas reculer. La postérité ne voit de Corneille que *le Cid*, *Horace*, *Cinna*, *Polyeucte*; quant à *Théodore*, *Agésilas*, *Attila*, *Suréna*, elle les ignore ou les oublie.

Boileau était le maître de choisir son public; il ne s'embarrassa de plaire qu'à Louis XIV, à un duc de

Beauvilliers, à un duc de Montausier, à Guilleragues, à Seignelay, aux esprits d'élite. C'est pour eux qu'il écrit, pour eux seuls. Molière subissait des conditions tout à fait différentes : il a travaillé tantôt pour la cour, tantôt pour le peuple, et il est arrivé que ses ouvrages ont été goûtés universellement. Est-il juste de lui en faire un crime? Mais, au contraire, cette austérité inflexible, ce puritanisme de goût qui bannit une certaine variété, sera toujours, aux yeux de beaucoup de gens, un titre d'exclusion contre Boileau.

Enfin, si Molière n'emporte pas le prix dans son art, qui l'emportera? à qui réserve-t-on ce prix?

A Shakspeare, à Caldéron, répond Schlegel. Nous n'opposerons à l'adoption de cette sentence qu'une petite difficulté : Schlegel, qui condamne Racine et méprise Molière, ne les entend pas assez; et il entend trop Caldéron et Shakspeare.

Saint-Évremond, cet esprit si fin, si juste, et en même temps si sobre dans l'expression, me paraît avoir, en deux lignes, jugé Molière mieux et plus complétement que personne : « Molière a pris les anciens pour mo« dèles, inimitable à ceux qu'il a imités, s'ils vivaient « encore. »

Le style de Molière a été déprécié par deux juges d'une autorité imposante : la Bruyère et Fénelon. Voici d'abord l'opinion de l'auteur du *Télémaque*, qui, fidèle à son caractère de mansuétude, s'exprime avec moins de dureté que l'auteur des *Caractères*.

« En pensant bien, il parle souvent mal. Il se sert « des phrases les plus forcées et les moins naturelles. « Térence dit en quatre mots, avec la plus grande sim« plicité, ce que celui-ci ne dit qu'avec une multitude « de métaphores qui approchent du galimatias. J'aime « bien mieux sa prose que ses vers. *L'Avare*, par exem-

« ple, est moins mal écrit que les pièces qui sont en
« vers. Il est vrai que la versification française l'a gêné...
« Mais, en général, il me paraît jusque dans sa prose
« ne point parler assez simplement pour exprimer toutes
« les passions. »   (*Lettre sur l'Éloquence.*)

La Bruyère ne fait que résumer ce jugement, en exagérant les termes presque jusqu'à l'injure :

« Il n'a manqué à Molière que d'éviter *le jargon et le*
« *barbarisme*, et d'écrire purement. »

(*Des ouvrages de l'esprit.*)

Incorrection, jargon, et barbarisme, voilà, suivant la Bruyère, les caractères du style de notre grand comique. Il ne laisse, lui, aucun refuge à Molière; il ne distingue pas entre la prose et les vers, et ne s'avise pas de demander aux difficultés de la versification une circonstance atténuante; il est impitoyable et brutal : *La mort, sans phrases!*

Sur cette distinction entre la prose et les vers de Molière, laissons parler d'abord un troisième juge, dont la compétence en matière de goût et de style est irrécusable :

« On s'est piqué à l'envi, dans quelques dictionnaires
« nouveaux, de décrier les vers de Molière en faveur de
« sa prose, sur la parole de l'archevêque de Cambrai,
« Fénelon, qui semble en effet donner la préférence à
« la prose de ce grand comique, et qui avait ses raisons
« pour n'aimer que la prose poétique : mais Boileau ne
« pensait pas ainsi. Il faut convenir que, à quelques né-
« gligences près, négligences que la comédie tolère, Mo-
« lière est plein de vers admirables, qui s'impriment
« facilement dans la mémoire. *Le Misanthrope, les Fem-*
« *mes savantes, le Tartufe,* sont écrits comme les satires
« de Boileau; *l'Amphitryon* est un recueil d'épigrammes

« et de madrigaux faits avec un art qu'on n'a point
« imité depuis. La poésie est à la bonne prose ce que la
« danse est à une simple démarche noble, ce que la
« musique est au récit ordinaire, ce que les couleurs
« sont à des dessins au crayon. »

(VOLTAIRE, *Siècle de Louis XIV*.)

A cette réponse sans réplique, on pourrait ajouter une autre observation, à quoi Fénelon ni Voltaire n'ont pris garde : c'est que *l'Avare*, comme plusieurs autres comédies en prose de Molière, est presque tout entier en vers blancs (1). Le rhythme et la mesure y sont déjà; il n'y manque plus que la rime. Une telle prose assurément ne peut se dire affranchie des contraintes de la versification, auxquelles Fénelon attribue le méchant style des vers de Molière. Ainsi l'exemple de *l'Avare* est très-malheureusement choisi; ce qu'il aurait fallu citer comme modèle de belle et franche prose, c'était le *Don Juan*, *la Critique de l'École des femmes*, ou *le Malade imaginaire*.

J'espère montrer, contre l'opinion de Fénelon et même de Voltaire, que beaucoup d'expressions des vers de Molière, qu'on regarde comme suggérées par le besoin de la rime ou de la mesure, parce qu'elles sont aujourd'hui hors d'usage, étaient alors du langage commun; et l'on n'en doutera point, lorsqu'on les retrouvera dans la prose de Pascal et dans celle de Bossuet.

Il ne s'agit point de comparer Molière à Térence, et de décider si le français de l'un est moins élégant et moins pur que le latin de l'autre. Térence, quand Fénelon lui donnait le prix, avait l'avantage d'être mort depuis longtemps, et aussi sa langue. Il est à craindre que l'heureux imitateur d'Homère n'ait trop cédé à

---

(1) Voyez l'article *VERS BLANCS*, du Lexique.

ses préoccupations en faveur des anciens. Nous devons croire à l'élégance et à la pureté de Térence, dont il y a tant de bons témoins; mais y croire d'une manière absolue, et sans nous mêler de faire concourir le poëte latin avec les écrivains d'un autre idiome. Nous avons un mémorable exemple du danger où nous nous exposerions, puisque le sentiment excessif des mérites de Térence a pu faire paraître *le Misanthrope, Tartufe,* et *les Femmes savantes*, des pièces *mal écrites* : « *L'Avare est moins mal écrit* que les pièces qui sont en vers. » Il faut ranger cette proposition de l'archevêque de Cambrai parmi les *Maximes des saints,* qui ne sont point orthodoxes.

Je ne sais si la simplicité des termes, et l'absence ou l'humilité des figures, est le caractère essentiel du langage des passions. J'en doute fort quand je lis Eschyle, Sophocle, et Homère lui-même. Je demanderai quelles passions Molière a mal exprimées, pour leur avoir prêté un langage trop chargé de figures : est-ce l'avarice, l'amour, la jalousie?

Sortons un peu des accusations vagues et des termes généraux. Molière, dit Fénelon, pense bien, mais il parle mal. C'est quelque chose déjà que de bien penser; et j'ajoute qu'il est rare, quand la pensée est juste, que l'expression soit fausse. Mais enfin, depuis Fénelon et la Bruyère, on a souvent fait à Molière ce reproche de ne pas écrire purement. Il ne faut qu'une délicatesse de goût médiocre et une attention superficielle pour sentir, dans le style de Molière, une différence avec les autres grands écrivains du xviie siècle, Racine, Boileau, Fénelon, la Bruyère, etc. Mais cette différence est-elle de l'incorrection?

Nous sommes accoutumés, nous qui regardons déjà de loin cette époque, à confondre un peu les plans du tableau, et à mêler les personnages : sous prétexte qu'ils ont vécu ensemble, nous faisons Molière absolument contemporain de Boileau, de Racine, de Bossuet et de Fénelon ; et ce que nous donnent les uns, nous pensons avoir le droit de l'exiger aussi de l'autre. C'est mal à propos. Molière enseigna tout ce monde, et les seuls vraiment grands écrivains dont l'exemple put lui servir furent Corneille et Pascal. Songez que Molière écrivit de 1653 à 1672, de l'âge de vingt et un ans à celui de cinquante. Durant cette période de vingt-neuf années, que se produisit-il ? Corneille était fini : *l'Étourdi* naquit la même année que *Pertharite* ; *OEdipe* en tombant vit le succès des *Précieuses*. Molière s'avança dans la carrière tout seul, ou à peu près, jusqu'en 1667, que Racine fit son véritable début dans *Andromaque*. La Fontaine venait de publier le premier recueil de ses contes ; on avait de Boileau son *Discours au roi*, plusieurs satires, et de la Rochefoucauld, le livre des *Maximes*. Voilà tout. Et Molière, où en était-il, lui ? Il avait déjà donné à la littérature française *Don Juan*, *le Misanthrope*, et *Tartufe !* De ce point jusqu'au moment où la tombe l'engloutit dans toute la force de son génie, Racine donna *les Plaideurs*, *Britannicus*, *Bérénice*, et *Bajazet* ; la Fontaine, un second volume de contes et les premiers livres de ses fables ; Boileau, trois épîtres ; Bossuet, deux oraisons funèbres : celle de la reine d'Angleterre, et celle de la duchesse d'Orléans.

La Bruyère, Fénelon, madame de Sévigné, Fontenelle, n'avaient point encore paru.

C'est seulement après la mort de Molière que nous voyons éclore tous ces illustres chefs-d'œuvre du xviie siècle : *Mithridate*, *Iphigénie*, *Phèdre*, *Esther*, et *Athalie* ; les six derniers livres des fables de la Fontaine ; les épîtres de Boileau, ses deux meilleures satires (X et XI), *l'Art poétique*, et *le Lutrin* ; dans un autre genre, l'oraison funèbre du prince de Condé, l'*Histoire des Variations*, et le *Discours sur l'histoire universelle*. Entre la mort de Molière et *Télémaque*, il y a neuf ans; et, pour aller jusqu'aux *Caractères* de la Bruyère, il y en a quatorze. Durant cet intervalle, la langue française changea beaucoup.

Je ne vois, dans le xviie siècle, que quatre hommes qui aient parlé la même langue : Pascal, la Fontaine, Molière, et Bossuet.

Le caractère essentiel de cette langue, c'est une indépendance complète, un esprit d'initiative très-hardi, sous la surveillance d'une logique rigoureuse. Le premier devoir de cette langue, c'est de traduire la pensée; le second, de satisfaire la grammaire : aujourd'hui la grammaire passe devant, et souvent contraint la pensée à plier. Du temps de Molière, l'esprit géométrique ne s'était pas encore rendu maître de la langue : elle ne souffrait d'être gouvernée que par son génie natif, reconnaissant les engagements pris à l'origine, mais aussi leur laissant leur plein effet. On écrivait le français alors avec la liberté de Rabelais et de Montaigne. Mais bientôt cette liberté reçut des entraves, qui chaque jour allèrent se resserrant; on accepta des lois tyranniques et des distinctions arbitraires : l'emploi de telle construction fut admis avec tel mot et proscrit avec tel autre, sans qu'on sût pourquoi : la langue tendait à se mettre en formules. On n'examina point si une locution était juste et utile; on dit : Elle est vieille, nous la rejetons ! Quantité de détails, dont on ne comprenait plus l'usage, eurent le même sort. Il fallut aux femmes et aux beaux esprits des modes nouvelles, où le caprice remplaçait la raison. Je ne dis pas qu'à ces épurations le style n'ait absolument rien gagné, mais je suis persuadé qu'en somme la langue y a perdu. Eh! que peut-on gagner qui vaille l'indépendance? quels galons, fussent-ils d'or, compensent la perte de la liberté?

Cependant la Bruyère félicite la langue de ses progrès. Le passage vaut d'être cité : « On écrit régulièrement *depuis vingt années*; on est esclave de la construction; on a enrichi la langue de nouveaux mots, secoué le joug du latinisme, et réduit le style à la phrase purement française. On a *presque* retrouvé le nombre que Malherbe et Balzac avaient les premiers rencontré, et que tant d'auteurs depuis eux ont laissé perdre; on a mis enfin dans le discours tout l'ordre et toute la netteté dont il est capable : cela conduit insensiblement à y mettre de l'esprit. »

On sent au fond de cette apologie la satisfaction d'une bonne conscience; mais la sincérité n'exclut pas l'erreur. Il paraît un peu dur de prétendre qu'on n'écrivait pas régulièrement avant 1667, et de reléguer ainsi, parmi les ouvrages d'un style irrégulier, les *Lettres provinciales*, *l'École des maris*, *l'École des femmes*, *Don Juan*, et même *Tartufe*, dont les trois premiers actes furent joués en 1664. La langue française étant une transformation de la latine, ne peut abjurer le génie de sa mère sans anéantir le sien. Ces mots, *réduire le style à la phrase purement française* (1), n'offrent donc point de sens; et cela est si vrai, que Bossuet, Fénelon et Racine sont remplis de latinismes. *On est esclave de la construction*, cela signifie qu'on emploie des constructions beaucoup moins variées; que l'inversion, par exemple, a été supprimée, dont nos vieux écrivains sa-

(1) Cette expression semble bizarre, surtout au moment où la Bruyère se glorifie de la *netteté* de son discours. Comment peut-on réduire le *style*, qui est un terme général, à *la phrase*, qui est un terme particulier? Le contraire se comprendrait mieux : on ramena la phrase au style français. C'est ce qu'a voulu dire la Bruyère.

vaient tirer de si grands avantages. C'est ce que la Bruyère appelle l'ordre et la netteté du discours, qui conduisent insensiblement à y mettre *de l'esprit*. Ce dernier trait est vraiment admirable! Avant 1667, il n'y avait dans le discours ni ordre, ni netteté, ni par conséquent d'esprit; les écrivains n'ont commencé d'avoir de l'esprit que depuis 1667.

Relisez maintenant cet éloge, et vous verrez qu'il ne s'applique exactement qu'au style d'un seul écrivain : c'est la Bruyère. Il n'en est pas un trait qui convienne aux quatre grands modèles, Pascal, Molière, la Fontaine et Bossuet. Il semble plutôt que ce soit une attaque voilée contre leur manière. Tout en paraissant louer son époque, la Bruyère ne loue en effet que les allures sèches et uniformes du style de la Bruyère. On donne trop d'autorité aux décisions de cet écrivain. Si le livre était lu davantage, l'auteur n'eût pas joui sans trouble, jusqu'à présent, d'une réputation consacrée par l'habitude, et protégée par l'indifférence. Pourquoi a-t-on crié tant et si fort contre Boileau? C'est que Boileau est dans toutes les mémoires. Je suis contraint de reconnaître avec ses ennemis, qu'il n'a point mis de sensibilité dans ses satires; et c'est une grande lacune sans doute. Mais je ne pense pas que le cœur se montre davantage dans la Bruyère, que personne pourtant n'a jamais inquiété pour ce fait.

Fénelon reproche à Molière des métaphores voisines du galimatias; la Bruyère, enchérissant sur Fénelon, l'accuse de jargon et de barbarisme. Il serait bien étrange que celui qui a passé sa vie à poursuivre le galimatias des pédants et le jargon des précieuses, eût été, à l'insu de tout le monde, atteint de la même maladie! Comment tant d'ennemis de Molière n'ont-ils pas su relever, dans ses œuvres, un ridicule qu'il relevait si bien dans les leurs? C'est que rien n'est plus opposé que le jargon et le galimatias au génie franc et naïf de Molière. Je ne prétends pas nier qu'on ne rencontre çà et là chez lui de mauvaises métaphores, quelque expression obscure ou peu naturelle. Moi-même j'ai pris soin de les signaler (1), car, malgré son divin génie, Molière après tout n'était qu'un homme : il a pu quelquefois se tromper au choix de ses sujets; et quand, par exemple, il se mit à *Don Garcie*, il n'eut pas le don d'habiller d'expressions vraies des sentiments faux et des aventures romanesques (2). Quand un ordre du roi l'attachait à des arguments tels que *Psyché* ou *Mélicerte*, ou bien lui faisait brusquer les deux derniers actes du *Bourgeois gentilhomme*, le désir de plaire à Louis XIV ne parvint pas toujours à suppléer au manque de temps, ni à l'ingratitude de la donnée. Mais il est souverainement injuste d'aller rechercher quelques détails perdus, pour en faire un caractère général de l'ensemble. La Bruyère n'a pas été plus heureux à juger le style de Molière qu'à refaire *Tartufe* sous le nom d'*Onuphre*. Un peintre de mœurs qui estime Tartufe un caractère manqué, où Molière a pris justement le contre-pied de la vérité, et qui entreprend de le rétablir au naturel, je ne veux pas affirmer que ce peintre-là soit aveuglé par la jalousie; mais que ce soit par la jalousie ou autrement, il m'est désormais impossible de croire à la justesse de sa vue, ni à l'infaillibilité de ses oracles.

Qu'entend-il, lorsqu'il regrette que Molière n'ait pas évité le barbarisme? Est-ce à dire qu'il y a des barbarismes dans Molière, ou que Molière écrit d'un style bar-

(1) Voyez les articles MÉTAPHORES VICIEUSES ; IL ; ON.
(2) Mais aussi voyez, au milieu de ses erreurs, quand il rencontre un filon de vérité, comment il en tire parti! La scène de jalousie de *Don Garcie* a passé dans *le Misanthrope*, où elle brille.

bare? Ni l'un ni l'autre n'est soutenable. La Bruyère se sauve ici par le laconisme. Quand le chartreux dom Bonaventure d'Argonne l'accusa lui-même de néologisme et de solécismes, à l'appui de ses assertions il cita des exemples qui permirent de vérifier sa critique, et d'en reconnaître, sinon la justesse constante, au moins la bonne foi. C'est tout ce qu'on peut exiger.

J'espère que je sens comme un autre le mérite des *Caractères*, et que l'injustice de la Bruyère envers Molière ne me rend point à mon tour injuste envers la Bruyère. Je rends pleine justice à la finesse des vues, et à la parfaite convenance du style avec les pensées. Tout cela ne m'empêchera point de dire que ce style est plus remarquable par l'absence des défauts que par la présence de grandes qualités ; tandis que c'est précisément l'inverse dans Molière. En pareil cas, le choix n'est pas douteux : le style de la Bruyère est le beau idéal de la réforme accomplie par les précieuses de l'hôtel de Rambouillet (1) ; réforme étroite et mesquine, ayant pour point de départ le mépris, c'est-à-dire, l'ignorance de la vieille langue, et qui résume et absorbe toutes les qualités en une misérable et vétilleuse correction. C'est dans cette école qu'on supprime une bonne pensée, quand on ne lui trouve pas une brillante vêture ; mais,

---

(1) Aussi l'historien de la société, c'est-à-dire, le panégyriste des *Précieuses*, met-il sans hésiter la Bruyère fort au-dessus de Molière : « Supérieur à Molière par l'étendue, la profondeur, la diversité, la sagacité, la moralité de ses observations, il est son émule dans l'art d'écrire et de décrire ; et son talent de peindre est si parfait, qu'il n'a pas besoin de comédien pour vous imprimer dans l'esprit la figure et le mouvement de ses personnages. » (*Hist. de la soc. pol.* p. 414, 415.)

On ne discute pas de tels jugements, encore moins les combat-on ; il suffit de les exposer. Pour avoir osé écrire celui-là, il faut que M. R. ait trouvé de grands rapports entre son propre talent et celui de la Bruyère.

e

au contraire, on n'hésite pas à lancer une pensée fausse, quand elle s'enveloppe d'une phrase coquette et bien tirée; en sorte que ce qu'on peut souhaiter de mieux, c'est que la phrase soit vide. De l'abondance autre que celle des mots, de l'élévation, du mouvement, de l'originalité, n'en demandez pas à cette école : ce sont choses qui troublent et risqueraient de déranger l'équilibre et la symétrie; voyez plutôt Bossuet! quel écrivain incorrect! Molière n'est pas pire, ni Pascal, ni Montaigne, ni Rabelais. Or, figurez-vous par plaisir ces esprits vifs, soudains, énergiques, obligés de se révéler dans cette belle langue perfectionnée, qui est esclave de la correction, qui a secoué le joug du latinisme, et qui réduit le style à la phrase purement française; figurez-vous Rabelais, Montaigne, Pascal et Molière, n'ayant à leur service d'autre instrument que cette langue effacée, délavée, cette langue de bégueule et de pédante : croyez-vous, avec la Bruyère, qu'elle les eût conduits *insensiblement* à mettre plus d'esprit dans leurs ouvrages ?

Nous avions autrefois une langue riche et souple, diverse et ondoyante, docile à recevoir l'empreinte de chaque génie, et fidèle à la conserver. Mais depuis que les grammairiens, progéniture de l'hôtel de Rambouillet, nous ont mis cette langue en équations, tous les styles se ressemblent. On croit assister à cet ancien bal de l'Opéra, célèbre pour sa monotonie, où tous les masques étaient affublés du même domino noir; moyennant quoi Thersite ne se distinguait pas de l'Apollon du Belvédère.

La langue des précieuses est meilleure pour l'étiquette; celle de Molière est meilleure pour les passions. La première a été une réaction contre la seconde : n'est-il pas temps que la seconde rentre dans ses droits, pour n'en plus être dépossédée? n'est-il pas temps que ce qu'on appelle *la langue française*, ce soit la langue des grands écrivains de la France?

Je demande pardon de la témérité de cette idée.

CHAPITRE IX.

De la moralité des comédies de Molière. — Attaques de Bossuet. — Sentiment de Fléchier sur la comédie et les comédiens.

La portée morale des comédies de Molière a été diversement estimée. J. J. Rousseau écrit en termes formels : « Les comédies de Molière sont l'école des « mauvaises mœurs ; » mais comme, un peu avant ou un peu après, il affirme qu'on ne peut les lire sans se sentir « pénétré de respect pour l'auteur, » ces deux propositions se neutralisent réciproquement, et ce n'est pas la peine de s'y arrêter.

Mais il est une opinion trop importante pour qu'il soit permis de la passer sous silence : c'est celle de Bossuet.

En 1686, treize ans après la mort de Molière, le père Caffaro, théatin, publia une dissertation en faveur de la comédie. Il déclarait ce plaisir innocent, d'autant que jamais, par la confession, il n'y avait reconnu aucun danger. Le scandale fut grand parmi les théologiens. On retira les pouvoirs au père Caffaro; Bossuet saisit sa redoutable plume, et s'en servit contre le théatin avec plus d'éloquence que de charité. Le pauvre père Caffaro se hâta de donner une rétractation empreinte de terreur. « J'assure Votre Grandeur, « devant Dieu, dit-il à Bossuet, que je n'ai jamais lu « aucune comédie ni de Racine, ni de Molière, ni de « Corneille; *ou au moins je n'en ai jamais lu une tout*

« *entière*. J'en ai lu quelques-unes de Boursault, de
« celles qui sont plaisantes, etc. » Peut-être le bon
théatin croyait-il ingénument la lecture de Boursault
une expiation suffisante de la lecture de Molière.

L'évêque de Meaux étendit la substance de sa lettre,
et en fit ses *Maximes et réflexions sur la comédie*. Rarement Bossuet a porté plus loin l'éloquence et la vigueur;
mais être fort ne dispense pas d'être juste, et souvent
rien n'est plus éloquent que la passion aveuglée par
son propre excès. Ce traité, qu'on lira toujours pour
admirer la puissance et l'énergie de l'auteur, offre partout une virulence de langage, une intolérance extraordinaire chez un homme de soixante et un ans, chez
un prélat. S'il parle de la profession de comédien, il
dit *leur infâme métier;* il déclare Corneille et Racine
dangereux à la pudeur; leurs ouvrages sont « *des infa-*
« *mies*, qui, selon saint Paul, ne doivent pas même
« être nommées parmi les chrétiens. » Si saint Paul
avait pu lire *Athalie*, *Esther*, *Polyeucte*, et même *Iphigénie*, il est permis de douter qu'il leur eût appliqué
de telles expressions. Bossuet se révolte et s'indigne
contre l'emploi de l'amour dans les ouvrages dramatiques. Dites-moi, s'écrie le fougueux prélat, que veut
un *Corneille* dans son *Cid?* etc. ; il ne tolère pas même
« l'inclination pour la beauté, qui se termine au nœud
« conjugal; » et voici son motif, sur lequel il insiste,
et qu'il reproduit sous vingt formes : « La passion ne
« saisit que son objet, et la sensualité est seule excitée. »
Le mariage final n'atténue pas le danger, parce que « le
« mariage présuppose la concupiscence, etc., etc. »

Après ces rigoureuses maximes, rien n'est plus fait
pour surprendre que la correspondance de Bossuet avec
la sœur Cornuau de Saint-Bénigne, où elles sont continuellement mises de côté. Ces lettres sont pleines d'un

mysticisme aussi exalté que celui de Fénelon et de madame Guyon ; il y est question sans cesse de l'époux, de s'abandonner aux désirs de l'époux, de baisers, d'embrassements, de caresses de l'époux, de pâmoisons amoureuses, etc. Bossuet conseille à sa pénitente de lire *le Cantique des cantiques*, et il lui écrit : « Ma chère « sœur, laissez vaguer votre imagination. » La recommandation était superflue ; sœur Cornuau la suivit si bien, qu'elle commença à avoir des extases, des visions. Elle rédigea par écrit celle de l'*Amour divin* (1), et l'adressa à Bossuet : ce n'est pas autre chose qu'une série d'images excessivement passionnées et voluptueuses, car rien ne ressemble à l'amour impur comme cet amour pur, rien n'est sensuel comme ce mysticisme. Cependant nous voyons Bossuet approuver l'écrit de la sœur Cornuau, et, peu de temps après, fulminer l'anathème contre le théâtre et les auteurs de comédies. Veut-on dire que ces écarts d'imagination soient excusés par le nom de Jésus-Christ ? Le père Caffaro essayait aussi de justifier l'emploi de l'*amour épuré* dans la comédie ; mais Bossuet lui répondait : « Croyez-vous que la sub« tile contagion d'un mal dangereux demande toujours « un objet grossier ?... Vous vous trompez..., la re« présentation des passions agréables porte naturelle« ment au péché, puisqu'elle nourrit la concupiscence, « qui en est le principe. » Ces réflexions ne peuvent frapper Corneille, Racine et Molière, sans frapper en même temps Bossuet et la sœur Cornuau ; et plus fortement, j'ose le dire, car on voit tout de suite combien le danger est plus grand d'une passion traitée dans une correspondance secrète, mystérieuse, que d'un amour

---

(1) Voyez ce curieux morceau dans le tome XI des *OEuvres de Bossuet*, in-quarto.

banal, exposé en théâtre public aux regards de plusieurs milliers de spectateurs.

Bossuet ne peut donc échapper au reproche d'inconséquence.

Il invoque contre la comédie l'autorité de Platon, qui bannit de sa république tous les poëtes, sans en excepter le divin Homère. Je ne sais si Platon y aurait souffert des mystiques comme la sœur Cornuau; en tout cas, l'autorité de Platon ne conclut rien, parce qu'on fait dire à Platon, comme à Aristote, tout ce qu'on veut. Platon fournira cent arguments en faveur de la comédie, quand on voudra les lui demander; par exemple, ce passage des *Lois*. — « On ne peut connaître
« les choses honnêtes et sérieuses, si l'on ne connaît les
« choses malhonnêtes et risibles; et, pour acquérir la pru-
« dence et la sagesse, il faut connaître les contraires, etc. »

Il est malheureusement trop clair que la rigueur de Bossuet contre le théâtre prend sa source dans les comédies de Molière. Sans Molière, Corneille et Racine seraient moins coupables; on ne pouvait séparer leurs causes : *Tartufe* a fait condamner le *Cid*. C'est surtout contre Molière que se déploie l'animosité de l'évêque de Meaux; c'est surtout à Molière qu'il en revient. —
« Il faudra donc que nous passions pour honnêtes *les*
« *infamies et les impiétés* dont sont pleines les comé-
« dies de Molière! » Était-ce à Bossuet à tomber dans ces exagérations, qui, si elles n'étaient de la passion, seraient de la mauvaise foi? était-ce à lui à voir dans *Tartufe*, dans la censure de l'hypocrisie, une impiété? — « Il
« faudra bannir du milieu des chrétiens les *prostitutions*
« qu'on voit encore toutes crues dans les pièces de
« Molière; on réprouvera les discours où ce rigoureux
« censeur des grands canons, ce grave réformateur des
« mines et des expressions de nos précieuses, étale

« cependant au plus grand jour les avantages d'une in-
« fâme tolérance dans les maris, et sollicite les femmes
« à de honteuses vengeances contre leurs jaloux. » Cela
passe les bornes du zèle légitime. On doit supposer que
Bossuet, avant de condamner Molière si impitoyable-
ment, avait pris la peine de le lire : où a-t-il vu Molière
exposer les avantages d'une infâme tolérance de la part
des maris, et provoquer les femmes à se venger de
leurs jaloux ? Ce n'est pas dans *George Dandin*, car
George Dandin est si loin de se prêter à son déshon-
neur, que c'est, au contraire, son désespoir et ses combats qui font le sujet de la pièce; ce n'est pas dans *l'É-
cole des maris*, ni dans *l'École des femmes*, puisque
Isabelle non plus qu'Agnès n'est mariée à son jaloux.
Ce n'est ni là, ni ailleurs. J'ai regret de le dire, mais
les dignités ecclésiastiques ne doivent pas offusquer la
vérité : Bossuet a calomnié Molière.

Les canons des marquis, les mines des précieuses,
dignes objets de l'aigreur et de l'ironie du dernier Père
de l'Église ! Mais la haine se prend à tout ce qu'elle
rencontre. Celle de Bossuet, longtemps mal contenue,
éclate enfin dans ces paroles odieuses et antichré-
tiennes : — « La postérité saura peut-être la fin de ce
« poëte comédien, qui, en jouant son *Malade imagi-
« naire* ou son *Médecin par force* (1), reçut la dernière
« atteinte de la maladie dont il mourut peu d'heures
« après, et passa des plaisanteries du théâtre, parmi
« lesquelles il rendit presque le dernier soupir, au tri-
« bunal de celui qui dit : *Malheur à vous qui riez,
« car vous pleurerez !* » Oui, Monseigneur, la postérité

---

(1) L'incertitude de Bossuet était-elle sincère ? Était-il si mal instruit de ce qui concernait la personne et les œuvres de Molière ? Molière n'a point fait de *Médecin par force*; Bossuet ignorait-il le titre du *Médecin malgré lui* ?

saura la fin déplorable de Molière, de ce poëte comédien, comme l'appelle Votre Grandeur; et elle saura aussi que l'évêque de Meaux, ce grand Bossuet, pouvait haïr jusqu'à souhaiter l'enfer au malheureux objet de sa haine, ou du moins triompher, du haut de la chaire évangélique, à l'idée de le voir éternellement damné.

Au langage fanatique de l'évêque de Meaux opposons celui d'un homme qui fut aussi un prélat célèbre, et l'égal de Bossuet en vertu, sinon en génie.

« Je ne suis point de ceux qui sont ennemis jurés de
« la comédie, et s'emportent contre un divertissement
« qui peut être indifférent lorsqu'il est dans la bien-
« séance. Je n'ai pas la même ardeur que les Pères de
« l'Église ont témoignée contre les comédies anciennes,
« qui, selon saint Augustin, faisaient une partie de la
« religion des païens, et qui étaient accompagnées de
« certains spectacles qui offensaient la pureté chré-
« tienne. Aussi je ne crois pas qu'il faille mesurer les
« comédiens comme nos ancêtres et les Romains, qui
« les méprisèrent, en les privant de toute sorte d'hon-
« neurs, et en les séparant même du rang des tribus....
« Je leur pardonne même de n'être pas trop bons ac-
« teurs, pourvu qu'ils ne jouent pas indifféremment
« tout ce qui leur tombe entre les mains, et qu'ils
« n'offensent ni la société, ni l'honnêteté civile (1). »

Voilà mes gens! voilà comme il faut en user!

Il n'est personne qui ne voie combien l'opinion de Fléchier est non-seulement plus humaine et plus sensée, mais même plus chrétienne que celle de Bossuet. Une

(1) FLÉCHIER, *Mémoires sur les Grands Jours* de 1665.

seule façon d'agir eût été plus chrétienne encore : c'était de prier Dieu pour celui qu'on supposait en avoir tant besoin. C'est ce que fit sans doute Fénelon, sans orgueil et sans bruit.

Saint-Évremond, après une longue vie passée tout entière dans le plus dur scepticisme, Saint-Évremond mourant écrit à un de ses amis : — « Je ne sais comment
« on a pu empêcher si longtemps la représentation de
« *Tartufe. Si je me sauve, je lui devrai mon salut.* La
« dévotion est si raisonnable dans la bouche de Cléante,
« qu'elle me fait renoncer à toute ma philosophie; et
« les faux dévots sont si bien dépeints, que la honte de
« leur peinture les fera renoncer à toute leur hypo-
« crisie. Sainte piété, que de bien vous allez apporter
« au monde (1) ! »

Ne semble-t-il pas que ce langage soit celui du prélat, et que les violences de Bossuet sortent de la bouche du vieil incrédule ?

Molière a répondu d'avance à Bossuet dans cette admirable préface de *Tartufe*, où la question morale du théâtre est traitée solidement, complétement, et qui suffirait seule pour mettre Molière au premier rang de nos écrivains. La réfutation est si exacte, qu'on dirait que l'auteur avait sous les yeux le plan de son adversaire. Entendons-le à son tour :

« Je sais qu'il y a des esprits dont la délicatesse ne
« peut souffrir aucune comédie; qui disent que les plus
« honnêtes sont les plus dangereuses, que les passions
« qu'on y dépeint sont d'autant plus touchantes qu'elles
« sont pleines de vertu, et que les âmes sont attendries
« par ces sortes de représentations. Je ne vois pas quel

---

(1) Voyez *le Conservateur*, avril 1758.

« grand crime c'est que de s'attendrir à la vue d'une
« passion honnête. C'est un haut étage de vertu que
« cette pleine insensibilité où ils veulent faire monter
« notre âme. Je doute qu'une si grande perfection soit
« dans les forces de la nature humaine, et je ne sais s'il
« n'est pas mieux de travailler à rectifier et adoucir les
« passions des hommes, que de vouloir les retrancher
« entièrement. »

Voilà, en dix lignes, toute la question. Le génie impétueux de Bossuet poursuit, en foulant aux pieds tous les obstacles, un résultat chimérique : la perfection absolue de l'homme par la religion. Molière ne demande aux hommes qu'une perfection relative, et tâche à tirer d'eux le meilleur parti possible par les leçons du théâtre.

CHAPITRE X.

D'une opinion très-particulière de l'historien de la société polie.

Qui croirait que, parmi nos contemporains, Molière a rencontré en France un censeur plus sévère, un adversaire à lui seul plus rigoureux que Bossuet, Bourdaloue et Jean-Jacques réunis? Dans un livre où les faits et les personnages du xviie siècle sont violentés, torturés de la manière la plus étrange, sous prétexte de faire l'histoire de la société polie, M. Rœderer n'a pas entrepris moins que la réhabilitation complète des *précieuses* et de l'hôtel de Rambouillet. Il fausse librement toutes les vues, toutes les données de l'histoire, pour les faire cadrer à son bizarre système. En voici un aperçu :

Selon M. Rœderer, la société polie ce sont les pré-

cieuses; la préciosité, la morale et la vertu, c'est tout un. Or M. Rœderer imagine un complot de quatre poëtes, ou plutôt quatre scélérats, ligués contre la morale publique et la vertu : ce sont Molière, Boileau, Racine, et la Fontaine. Dans quel intérêt, direz-vous? Dans l'intérêt, répond M. Rœderer, de plaire à Louis XIV en flattant ses penchants vicieux. Ces quatre poëtes travaillant sous la protection du roi, c'est ce que M. Rœderer appelle « *le quatrumvirat placé sous les créneaux de Louis XIV*. » Je ne m'étonne plus de la sympathie de M. Rœderer pour les précieuses. M. Rœderer nous peint les membres du *quatrumvirat* réunis et de concert « pour
« favoriser les mœurs de la cour, célébrer les maîtresses,
« exalter sous le nom de munificence royale des profu-
« sions ruineuses, au grand préjudice des mœurs géné-
« rales. On faisait tomber des ridicules, mais on les im-
« molait au vice; et l'honnêteté des femmes était traitée
« d'hypocrisie, comme si le désordre eût été une règle
« sans exception. » (*Société polie*, p. 206.)

Je ne voudrais pas jurer que M. Rœderer n'ait retrouvé le contrat d'association, tant il paraît sûr de son fait. Vainement lui ferait-on observer que Molière et Racine sont restés brouillés depuis la représentation d'*Andromaque*, c'est-à-dire, depuis le véritable début de Racine; que Louis XIV, loin de protéger la Fontaine, témoigna toujours contre le fabuliste et contre ses ouvrages une invincible antipathie ; M. Rœderer ne s'arrête pas à si peu :

« Le quatrumvirat placé sous les créneaux de Louis XIV
« obtint une victoire facile sur le ridicule; mais il suc-
« comba devant l'honnêteté, parce qu'elle était appuyée
« sur la haute société, qui joignait le bon goût à la dé-
« licatesse des mœurs. Cette société faisait cause com-
« mune avec la cour contre le mauvais langage et les

« mauvaises manières, et eut peut-être la plus grande part
« à *leur réprobation;* mais elle faisait cause commune
« avec les bonnes mœurs de la préciosité contre la li-
« cence de la cour et contre celle des écrivains nou-
« veaux, et elle eut la plus grande part à leur défaite. »
(P. 24.)

Certes, avant M. Rœderer personne n'avait soupçonné ni cette association de Molière, Boileau, la Fontaine et Racine contre les bonnes mœurs et l'honnêteté, ni surtout la défaite du *quatrumvirat.* Molière et Boileau défaits par les précieuses! Ceux qui aiment le nouveau, quoi qu'il coûte, auront ici lieu d'être satisfaits.

Et quel but pensez-vous que se proposât Molière dans *le Misanthrope?* Peindre la vertu, et la faire estimer et chérir jusque dans les excès comiques où elle peut s'emporter? Point du tout! La véritable intention de Molière était de servir les maîtresses de Louis XIV; et en cela il était soufflé par Louis XIV lui-même. Préparer le triomphe du vice, tel est le sens mystérieux du caractère d'Alceste :

« En considérant la position de Molière et le plaisir
« que le roi prenait à diriger son talent, on se persua-
« derait sans peine qu'en approchant l'oreille des ri-
« deaux du roi, on surprendrait quelques paroles dites
« à demi-voix pour désigner à Molière ce caractère qui,
« bien que respecté au fond du cœur, avait quelque chose
« d'importun pour les maîtresses, et pour les femmes qui
« aspiraient à le devenir. » (P. 219.)

Vous en seriez-vous douté? Non. C'est que vous n'avez pas, comme M. Rœderer, approché l'oreille des rideaux de Louis XIV.

Et *Amphitryon?* Vous croyez bonnement que c'est une imitation de Plaute; que les personnages de cette comédie sont Jupiter, Alcmène et Amphitryon? Pauvres gens! vues bornées! détrompez-vous : apprenez de M. Rœderer qu'il faut entendre sous ces noms Louis XIV, madame de Montespan, et M. de Montespan; dès lors vous comprenez la malice de ces vers :

> Un partage avec Jupiter
> N'a rien du tout qui déshonore.

C'est ingénieux, n'est-ce pas? M. Rœderer fait des découvertes admirables dans les pièces de Molière! Mais ce n'est pas tout, et voyez jusqu'où va son talent : cet Amphitryon si gai, si comique, M. Rœderer trouve le moyen de le tourner à la tragédie; il mêle là-dedans la mort de madame de Montausier, et veut en rendre Molière responsable. Comment? madame de Montausier serait-elle morte de rire à *Amphitryon?* Nullement ; elle mourut des suites d'une frayeur causée par une vision, une apparition en plein jour. Saint-Simon et mademoiselle de Montpensier s'accordent sur cette histoire : « Madame de Montausier étant dans un passage, derrière « la chambre de la reine, où l'on met ordinairement un « flambeau en plein jour, elle vit une grande femme qui « venait droit à elle, et qui, lorsqu'elle en fut proche, « disparut à ses yeux ; ce qui lui fit une si grande im- « pression dans la tête et une si grande crainte, qu'elle « en tomba malade. » (*Mémoires de Mademoiselle.*)

Saint-Simon ajoute que la grande femme était mal mise, qu'elle parla à l'oreille de madame de Montausier ; et que celle-ci étant sujette à certains dérangements de cerveau, l'on ne sut jamais ce qu'il y avait de réel ou de fantastique dans cette scène.

Vous n'apercevez, je gage, aucun rapport entre cette aventure lugubre et *Amphitryon?* C'est que vous n'avez pas les yeux de lynx de M. Rœderer.

M. Rœderer, avec une sagacité nonpareille, devine et affirme sans hésiter que le fantôme inconnu n'était autre que M. de Montespan, déguisé en grande femme mal mise, pour, à l'aide de ce costume, pénétrer plus facilement dans les appartements de la reine, et faire à madame de Montausier de sanglants reproches sur sa complaisance pour les amours adultères du roi et de la marquise. Or, comme madame de Montausier mourut de cette affaire, c'est-à-dire de l'effroi d'avoir vu M. de Montespan en grande femme mal mise ; et d'autre part Molière ayant composé *Amphitryon* dans une vue favorable à l'adultère du roi, tout cela donne à M. Rœderer le droit de s'écrier :

« Combien cette mort fait perdre de son esprit et de « sa gaieté à l'*Amphitryon* de Molière! et quelle con-« damnation la pure vertu dont la société de Rambouil-« let avait été l'école prononça par cette mort sur la con-« duite de Louis XIV! » (P. 135.)

La beauté de l'expression répond à la justesse des pensées.

Mais voici le chef-d'œuvre de l'immoralité de Molière, l'ouvrage où se montre en plein son intention perverse de protéger le vice et de faire triompher les mauvaises mœurs, toujours sous les créneaux de Louis XIV, bien entendu. Vous vous hasardez à nommer *Tartufe:* point! vous n'y êtes pas. C'est *les Femmes savantes; Tartufe* n'attaque pas les précieuses. Il n'y avait point de précieuses ridicules; point de pédantes; il n'y en a jamais eu; Philaminte et Bélise n'ont jamais existé. Mais il y avait des femmes d'une éclatante vertu, dont la conduite immaculée protestait contre la conduite scandaleuse de madame de Montespan. « C'étaient là les fem-« mes dont les mœurs inquiétaient Molière et offen-« saient la cour; c'étaient ces femmes-là que le poëte

« voulait attaquer sous le nom de femmes savantes. »
(P. 306-307.)

Pour en venir à bout, Molière profita perfidement d'une circonstance favorable à son dessein. C'est que ces femmes vertueuses « s'appliquaient à l'étude du grec et « du latin, à la métaphysique de Descartes, aux sciences « physiques et mathématiques ; quelques-unes particuliè- « rement à l'astronomie. » (P. 306.) Molière eut la méchanceté noire d'employer ce hasard pour faire illusion au public et masquer son but affreux ; mais il n'a pu tromper l'œil vigilant de M. Rœderer.

« Cependant Molière, qui voyait le train de la cour con- « tinuer, l'amour du roi et de madame de Montespan « braver le scandale, *imagina d'infliger un surcroît de* « *ridicule aux femmes dont les mœurs chastes et l'es-* « *prit délicat étaient la censure muette, mais profonde* « *et continue, de la dissolution de la cour.* Il ne doutait « pas que ce ne fût un moyen de plaire au roi et à ma- « dame de Montespan..... La pièce des *Femmes savantes* « est une dernière malice de Molière à double fin : d'a- « bord pour se défendre de la réprobation de quelques « mots de son langage et de quelques erreurs de sa mo- « rale ; ensuite *pour servir les amours du roi et de ma-* « *dame de Montespan*, qui blessaient tous les gens de « bien, et dont la mort récente de madame de Montau- « sier était une éclatante condamnation. » (P. 305-306.)

Que de révélations inattendues coup sur coup ! Molière défendant son propre langage et les erreurs de sa morale, Molière sapant les bonnes mœurs dans *les Femmes savantes !*

Le voilà donc connu ce secret plein d'horreur !

« Il est *évident* par le travail de cette comédie qu'elle

« n'a été inspirée ni par le spectacle de la société, ni
« avouée par l'art : c'est une œuvre de combinaison po-
« litique, *invita Minerva*. » (P. 309.)

Quoi! *les Femmes savantes* ont été faites *malgré Mi-
nerve*? Ah! M. Rœderer, je n'y tiens plus; et, comme
dit Sganarelle à don Juan : « Cette dernière m'em-
« porte! » Il faut que la défense des précieuses soit une
entreprise bien difficile, puisqu'elle réduit à de telles
extrémités!

Le zèle de M. Rœderer pour les précieuses et les précieux ne recule devant aucune tâche, ne s'effraye d'aucun
obstacle : il va jusqu'à embrasser l'apologie de l'abbé Cotin! On sait que l'abbé Cotin avait insulté Molière et
Boileau dans un libelle rimé, où, parmi cent platitudes
atroces, il leur reprochait de ne reconnaître ni Dieu, ni
foi, ni loi; d'être des bateleurs, des turlupins, mendiant
un dîner qu'ils payaient en grimaces, après s'y être eni-
vrés jusqu'à tomber sous la table (1). La scène de Vadius et de Trissotin s'était passée chez Mademoiselle, entre Cotin et Ménage, justement à l'occasion du fameux
sonnet à la princesse Uranie; et, pour preuve, Saint-
Évremond avant Molière avait reproduit cette scène
dans sa comédie des *Académistes*. Ce sonnet à Uranie,
et le madrigal sur un carrosse de couleur amarante, sont
imprimés dans le recueil de Cotin; Trissotin s'appela
Tricotin, c'est-à-dire, triple Cotin, jusqu'à la douzième
représentation. Ménage même ajoute que Molière, pour

(1) Despréaux sans argent, crotté jusqu'à l'échine,
    S'en va chercher son pain de cuisine en cuisine;
    Son Turlupin l'assiste, et, jouant de son nez,
    Chez le sot campagnard gagne de bons dîners, etc.....

Ce même Cotin fit contre son ancien ami Ménage une satire intitulée
la Ménagerie. On voit qu'il ne se contentait pas d'être un méchant poëte;
il était encore un méchant homme.

rendre son intention encore plus sensible, avait songé d'affubler l'acteur d'un vieil habit de Cotin. Ce sont là des raisons de quelque poids sans doute, mais non pas pour M. Rœderer. M. Rœderer s'indigne de l'idée qu'on ait pu voir Cotin dans Trissotin. Cette fois, le crime lui paraît si énorme qu'il refuse d'en charger même Molière! Il s'en prend aux commentateurs :

« De nos jours, des commentateurs ont osé (quelle au-
« dace!) ce dont les écrits du temps de Molière se sont
« abstenus, ce à quoi *la volonté de Molière a été de*
« *ne donner ni occasion, ni prétexte*..... Ils veulent que
« le Trissotin des *Femmes savantes* soit précisément
« l'abbé Cotin!..... Mais Trissotin est un homme à ma-
« rier qui veut attraper une honnête famille, et Cotin
« était ecclésiastique; Trissotin est un malhonnête
« homme, et l'abbé Cotin avait une réputation intacte.
« Un coquin ne prêche pas *dix-sept carêmes de suite à*
« *Notre-Dame!* » Voilà ce qui s'appelle un argument! L'abbé Cotin a prêché dix-sept carêmes de suite à Notre-Dame, donc il ne pouvait être un poëte ridicule, et Molière n'a pu le jouer en cette qualité. J'ose dire que le livre de M. Rœderer est raisonné d'un bout à l'autre avec la même puissance de logique.

A l'occasion de Trissotin, M. Rœderer s'élève contre l'impertinence des faiseurs de *clefs*. Je suis de son avis; mais pourquoi nous a-t-il donné tout à l'heure une *clef* de l'*Amphitryon?* pourquoi prend-il sur lui d'affirmer que, sous le nom de *Madelon*, Molière a voulu jouer mademoiselle de Scudéry, qui s'appelait *Madeleine?* Il s'appuie d'un passage du discours de réception de la Bruyère à l'Académie; il aurait dû s'en souvenir plus tôt. La clef du *Gargantua* et du *Pantagruel*, celle des *Caractères*, sont beaucoup plus innocentes que celle qu'il

f

forge pour *Amphitryon;* c'est l'histoire de la poutre et du fétu de l'Évangile.

Enfin Molière mourut! Dès ce moment le *quatrumvirat* dont il était l'âme fut considérablement affaibli. A la vérité, Racine, tout faible qu'il était, fit encore *Iphigénie*, *Phèdre*, *Esther*, et *Athalie;* la Fontaine publia ses meilleures fables, et ses derniers contes; Boileau, ses *Épîtres*, *le Lutrin*, et *l'Art poétique;* mais il n'importe: *le parti honorable*, *la société d'élite*, comme l'appelle M. Rœderer (p. 215), commença dès lors à respirer. Le parti honorable, ce sont les précieuses, par opposition au parti déshonorant ou déshonoré, représenté par Molière, Boileau, Racine et la Fontaine, Louis XIV en tête. Peu s'en faut que M. Rœderer ne se réjouisse de la mort de Molière; et, à tout prendre, on ne saurait lui en vouloir, puisque la morale est plus nécessaire que l'esprit, et que « la mort de Molière marqua un terme à la « protection que les lettres donnaient à la société licen- « cieuse contre la société d'élite. » (P. 329.) Cette mort fit un bien infini, car avec Molière disparurent *les mots grossiers qu'il protégeait*, et tout rentra dans l'ordre: les rois n'eurent plus de maîtresses; il n'y eut plus de profusions ruineuses, sous le nom de munificence royale; les mœurs publiques se purifièrent, et devinrent aussi irréprochables que celles même de l'hôtel de Rambouillet; en un mot, le temps de la régence fut l'âge d'or de la morale et de la vertu. Évidemment tout le mal tenait à Molière et aux mots grossiers.

S'arrêter une seule minute à combattre les assertions de M. Rœderer, ce serait insulter à la fois la mémoire de Molière et le bon sens du lecteur. Il a suffi d'exposer ces rêveries ; encore ne l'eût-on pas fait si longuement, si le livre qui les contient eût été publié comme les autres livres; mais l'auteur a pris la précaution de ne le pas laisser vendre : il s'est contenté d'en prodiguer de tous côtés les exemplaires en pur don. Par cet ingénieux moyen, il a échappé à l'examen de la critique, ou bien, si quelqu'un en a parlé quelque part, ç'a été pour acquitter en éloges la dette de la reconnaissance ou de l'amitié; en sorte que, depuis tantôt dix ans, les accusations les plus graves, et, disons le mot, les plus calomnieuses, circulent en France, au sein de la *société polie*, sur le compte des plus nobles caractères et du plus beau génie dont notre nation s'honore. Celui qui a répandu la gloire de notre littérature dans tous les coins du monde civilisé, et l'y maintiendra encore après que la langue française aura cessé d'être une langue vivante, c'est celui-là que M. Rœderer a choisi pour en faire le chef de je ne sais quelle officine ténébreuse, où, sous l'espoir d'un salaire, les quatre premiers poëtes du dix-septième siècle deviendraient les courtisans des courtisanes, les adversaires de l'honnêteté, et les destructeurs de la morale! Tant de frais pour réhabiliter les précieuses ridicules et l'abbé Cotin (1)!

(1) M. Rœderer met toujours *Cottin* par deux *t*. Il défigure le nom de son héros, comme ceux de *la Fare* et de *Roberval*, qu'il écrit *Lafarre*, et *Robervalle*. Ce sont de petits détails, mais non pas sans importance dans un livre qui prétend surtout tirer sa valeur de l'exactitude parfaite des petits détails.

En voici de plus essentiels :

M. Rœderer (p. 195) fait la Fontaine plus jeune que Molière, dont il place la naissance en 1620. L'acte de naissance authentique de Molière, publié en 1821, prouve que Molière est né en 1622, et donne raison à Bret, qui avait indiqué cette date. Ainsi Molière était d'un an plus jeune que la Fontaine.

(P. 28.) Il ne devrait plus être permis de répéter le conte du génie de la Fontaine, éveillé en sursaut à vingt-six ans par la lecture d'une ode

Aujourd'hui ces orages sont passés, ces flots de haine, ces torrents d'injures sont écoulés, et Molière est de-

de Malherbe. L'ouvrage de M. Walckenaer, fort antérieur à celui de M. Rœderer, a démontré la fausseté de cette historiette.

M. Rœderer donne comme un fait notoire et au-dessus de tout examen la représentation des *Précieuses ridicules* en province en 1654, c'est-à-dire, cinq ans avant la représentation à Paris. Il afirme, sans aucune preuve, que cette comédie fut jouée à Béziers, durant les états de Provence. C'est là, dit-il, un fait *indubitable* que personne n'a jamais contredit. Il a été contredit par Somaise, par de Visé, par les frères Parfaict, et après eux par Bret et par M. Taschereau. Il est surtout démenti de la manière la plus formelle par le registre de la Comédie, écrit de la main de la Grange, où il est dit, page 3, que *l'Etourdi* et *le Dépit* avaient été joués en province, et, page 12, que *les Précieuses* étaient *une pièce nouvelle*; et la Grange, qui y créa le rôle de Jodelet, a répété ce témoignage dans son édition des œuvres de Molière : « En 1659, M. de Molière FIT *les « Précieuses ridicules.* »

Ces preuves avaient été rassemblées dans l'estimable travail de M. Taschereau, que M. Rœderer qualifie d'*absurde* et d'*odieux*, parce qu'il contrarie son système sur *les Précieuses*. Il eût mieux fait de le lire que de l'injurier.

Enfin, M. Rœderer (p. 10) combat l'opinion de ceux qui attribuent à Molière, à Racine, à Boileau, et aux écrivains de leur temps, le perfectionnement de la langue française; et, parmi les auteurs à qui il attribue réellement ce mérite, et qui écrivaient, dit-il, longtemps avant le siècle de Louis XIV, il cite madame de Sévigné entre Regnier, Corneille et Malherbe.

D'abord, ni la langue de Malherbe et de Regnier, ni même la langue de Corneille, n'est celle de Racine et de Boileau.

Ensuite le recueil des lettres de madame de Sévigné ne commence qu'en 1671. Il est vrai que nous n'avons pas toute sa correspondance; mais il faut être aussi prévenu et aussi intrépide que M. Rœderer pour se faire un argument de ces lettres perdues, dont on ignore et le nombre et la date : « *Une multitude d'autres* sont perdues. On pourrait assurer, *sans les « connaître*, que ce sont les plus curieuses, les plus variées, les plus « charmantes. » Tout est possible à M. Rœderer, hormis de dissimuler sa passion. A chaque page de son livre on reconnaît l'homme qui discute avec un parti pris, et ne se fait aucun scrupule d'altérer, de mutiler l'histoire, pour la plier à ses idées.

Quant à dire que Cathos et Madelon sont « des bourgeoises *presque « canailles;* » que Tallemant parle de madame de Sablé « comme d'une

bout. Vivant, il fut vilipendé par les fanatiques et les hypocrites ; on se fût scandalisé de l'idée seule de l'admettre à l'Académie française : un comédien ! A sa mort le peuple fut ameuté devant sa maison, et sa veuve se vit obligée de jeter de l'argent par les fenêtres, pour qu'on le laissât prendre possession de ce petit coin de terre *obtenu par prière*. Cent ans après, l'Académie française mettait l'éloge de Molière au concours; il fallut cent autres années pour qu'on osât saisir l'occasion d'élever la première statue de Molière, sur une fontaine, contre un pignon, à l'angle de deux rues fangeuses. Encore un siècle de patience, et Molière obtiendra peut-être sur une place publique de Paris un monument sans partage, digne de lui et de nous. La justice de la postérité est lente, mais elle est sûre, et d'autant plus complète qu'elle s'est fait davantage attendre. Sachons gré à Louis XIV de l'avoir devancée. Elle a commencé enfin pour Molière, celui de tous les génies français qui représente le mieux la France. Ce

intrigante fieffée et d'une *insigne catin* (p. 240); ces expressions et beaucoup d'autres pareilles, semblent indiquer que l'auteur n'était pas né pour être l'historien de la société polie.

Au reste, cette prétendue histoire de la société polie se résume en trois points : éloge de l'hôtel de Rambouillet ; invectives contre Molière ; amours de Louis XIV avec Mlle de la Vallière, Mme de Montespan, Mme de Maintenon, Mme de Ludre, Mme de Gramont et Mlle de Fontanges. Sur trente-sept chapitres, les intrigues galantes de Louis XIV en remplissent treize, qui font plus de la moitié du volume. L'auteur prétend que « le « triomphe de Mme de Maintenon est celui de la société polie. » — « On sait, « dit-il, que le mariage de Mme de Maintenon fut une longue partie d'échecs, « où la veuve Scarron fit son adversaire mat en avançant opiniâtrément la reli- « gion. » M. Rœderer disserte là-dessus en docteur qui aurait pris ses degrés dans les cours d'amour, et son style cette fois est tout à fait digne de l'hôtel de Rambouillet : « La main du roi fut sollicitée par la religion en « faveur de l'amour ; l'amour l'aurait peut-être donnée sans elle, et elle « ne l'aurait pas donnée sans lui. » (P. 464.) L'abbé Cotin ou l'abbé de Pure n'eût pas rencontré mieux.

que Cicéron promettait à Auguste, on peut le promettre bien plus sûrement à Molière : *Nulla unquam ætas de laudibus suis conticescet*, Aucune époque ne tarira jamais sur tes louanges (1).

(1) La vie de Molière a été souvent écrite. Parmi ses historiens, les plus célèbres sont Grimarest et Voltaire; c'est la source où sont allés puiser tous les autres. Le livre de Grimarest a l'avantage d'être le plus rapproché des faits qu'il expose; mais il manque de critique et de style. L'écrit de Voltaire fourmille d'inexactitudes et de négligences; il n'est digne ni de Voltaire ni de Molière. L'auteur, travaillant pour obliger un libraire, attachait à son œuvre une importance fort médiocre : il comptait en rejeter la responsabilité, et s'évader par l'anonyme. Mais Voltaire aurait dû se rendre plus de justice, et sentir que tout lui serait possible en littérature, hormis de se cacher. Dans ces derniers temps, des découvertes importantes, dues en partie à M. de Beffara, ont révélé des faits jusqu'ici inconnus, et mis à même de rectifier des erreurs graves. En sorte que, pour l'abondance des renseignements comme pour la sûreté de la critique, rien n'approche du travail de M. Jules Taschereau, *Histoire de la vie et des ouvrages de Molière*, souvent cité dans cette notice. C'est un monument durable, élevé par une main habile et pieuse à la gloire du père de la comédie française.

TABLE.

		Pages.
Chapitre Ier.	Naissance de Molière. — Ses études. — Il se fait comédien ambulant. — Il débute à Paris par *les Précieuses ridicules*....................	XI
— II.	Mariage de Molière. — Molière se brouille avec Racine. — Il est accusé d'inceste. — Louis XIV le protége...............................	XVIJ
— III.	Le *Don Juan* de Tirso de Molina et celui de Molière. — Fureur des hypocrites en voyant *les Provinciales* sur le théâtre.................	XXI
— IV.	*Le Misanthrope;* — critiqué par J. J. Rousseau. — Le *Timon* de Shakspéare................	XXVI
— V.	*Tartufe;* — attaqué par Bourdaloue, défendu par Fénelon..	XXXI
— VI.	*Amphitryon, George Dandin, l'Avare.* — Les farces de Molière. — Ses derniers ouvrages....	XXXVIII
— VII.	Caractère privé de Molière. — Sa mort. — Son talent comme auteur...........................	XLIII
— VIII.	Du génie dramatique de Molière. — Du style de Molière..	LII
— IX.	De la moralité des comédies de Molière. — Attaques de Bossuet. — Sentiment de Fléchier sur la comédie et les comédiens.................	LXVII
— X.	D'une opinion très-particulière de l'historien de la société polie................................	LXXIV

ERRATA.

Page 51, lig. 14 : on se contente du simple *c* devant *o* et *u*; lisez : devant *o* et *a*.

Page 134, lig. 21 :

> Nel puet nommer et *ne porquant*
> Balbié l'a en sougloiant.

lisez en seul mot *neporquant*, ou en trois mots *ne por quant* (neque per quantum, non pas même pour autant, nonobstant cela). Il n'y a point de motif de séparer une des trois racines.

Pag. 166, lig. 9 : le sepulchre u li *bom* huem fud enseveliz ; lisez : u li *bons* huem.

LEXIQUE

DE LA

LANGUE DE MOLIÈRE.

A, devant un infinitif, propre à, capable de, de force ou de nature à....

    Cherchons une maison *à vous mettre* en repos.   (*L'Ét.* V. 3.)
Je me sens un cœur *à aimer* toute la terre.   (*D. Juan.* I. 2.)
Je n'ai point un courroux *à s'exhaler* en paroles vaines.   (*Ibid.* I. 3.)
    Pour de l'esprit, j'en ai sans doute, et du bon goût
    A juger sans étude et raisonner de tout,
    A faire aux nouveautés, dont je suis idolâtre,
    Figure de savant sur les bancs d'un théâtre.   (*Mis.* III. 1.)
        Et la cour et la ville
Ne m'offrent rien qu'objets *à m'échauffer* la bile.   (*Ibid.* I. 1.)
Monsieur n'est point une personne *à faire rire*.   (*Pourc.* I. 5.)
Des ennuis *à ne finir* que par la mort.   (*Am. Magn.* I. 1.)

— A, devant un infinitif, pour *en* suivi d'un participe présent :

    On ne devient guère si riche *à être* honnêtes gens.   (*B. Gent.* III. 12.)
En étant honnêtes gens.
    L'allégresse du cœur s'augmente *à la répandre*. (*Éc. des fem.* IV. 6.)
En la répandant, lorsqu'on la répand.

Cette tournure correspond au gérondif en *do*, ou au supin en *u* des Latins, qui n'est lui-même qu'un datif ou un ablatif, l'un et l'autre marqués en français par *à* : *vires acquirit eundo; diffunditur auditu.*

Il faut avec vigueur ranger les jeunes gens,
Et nous faisons contre eux *à leur être indulgents.* (*Ec. des f.* V. 7.)

En leur étant indulgents.

Votre choix est tel,
Qu'*à vous rien reprocher* je serois criminel. (*Sgan.* 20.)

En vous reprochant rien, si je vous reprochais rien.

— A, devant un infinitif, marque le but :

...Un cœur qui jamais n'a fait la moindre chose
A mériter l'affront où ton mépris l'expose. (*Sgan.* 16.)

Pour mériter, tendant à mériter.

Si c'étoit une paysanne, vous auriez maintenant toutes vos coudées franches *à vous en faire la justice* à bons coups de bâton. (*G. D.* I. 3.)

Lorsque si généreusement on vous vit prêter votre témoignage *à faire pendre* ces deux personnes qui ne l'avoient pas mérité. (*Pourc.* I. 3.)

Ah! c'est ici le coup le plus cruel de tous,
Et dont *à s'assurer* trembloit mon feu jaloux. (*Amph.* II. 2.)

La chose quelquefois est fâcheuse à connoître,
Et *je tremble à la demander.* (*Ibid.* II. 2.)

— A, devant un infinitif, au point de, jusqu'à :

La curiosité qui vous presse est bien forte,
M'amie, *à nous venir écouter* de la sorte! (*Tart.* II. 2.)

— A, devant un infinitif, par le moyen de :

Et que deviendra lors cette publique estime
Qui te vante partout pour un fourbe sublime,
Et que tu t'es acquise en tant d'occasions,
A ne t'être jamais vu court d'inventions! (*L'Et.* III. 1.)

— A *supprimé.*

Voyez préposition supprimée.

— A datif, redoublé surabondamment :

Et je le donnerois *à bien d'autres qu'à moi,*
De se voir sans chagrin au point où je me voi. (*Sgan.* 16.)

Que de son cuisinier il s'est fait un mérite,
Et que c'est *à sa table à qui* l'on rend visite. (*Mis.* II. 5.)

L'on prescrit aujourd'hui de dire *à bien d'autres que moi....
C'est à sa table que l'on rend visite,* sous prétexte que les deux datifs font double emploi; mais cette façon de parler est

originelle dans notre langue, et nous vient du latin, où cette symétrie des cas est rigoureusement observée entre le substantif et son pronom relatif.

Boileau a dit de même :

« C'est *à vous*, mon esprit, *à qui* je veux parler. » (*Sat.* IX.)

Vers qu'il lui eût été facile de changer, et qu'il voulut maintenir, avec raison ; car ce pléonasme est dans le génie et la tradition de la langue :

LE DRAPIER.
« Par la croix où Dieu s'estendy,
« C'est *à vous à qui* je vendy
« Six aulnes de drap, maistre Pierre. » (*Pathelin.*)

Voyez DE redoublé surabondamment.

— A VOUS, où nous ne mettons plus que *vous*.

Voilà un homme qui veut *parler à vous*. (*Mal. im.* II. 2.)

— A datif, marquant la perte ou le profit.

ÊTRE AMI A QUELQU'UN :

Mais, quelque ami que vous *lui* soyez... (*D. Juan.* III. 4.)

Cette tournure vient des Latins, qui l'avaient empruntée aux Grecs.

— A (un substantif) devant, en présence de...

A l'orgueil de ce traître,
De mes ressentiments je n'ai pas été maître. (*Tart.* V. 3.)

A cette audace étrange,
J'ai peine à me tenir, et la main me démange. (*Ibid.* V. 4.)

— A pour *de* ; essayer *à*, manquer *à*, tâcher *à*...

Essayez, un peu, par plaisir, *à* m'envoyer des ambassades, *à* m'écrire secrètement de petits billets doux, *à* épier les moments que mon mari n'y sera pas.... (*G. D.* I. 6.)

Manquez un peu, *manquez à* le bien recevoir. (*Sgan.* 1.)

Depuis assez longtemps je *tâche à* le comprendre. (*Ibid.* III. 5.)

— A pour *en*, *dans* : SE METTRE QUELQUE CHOSE A LA TÊTE :

Pensez-vous.....
Et, quand *nous nous mettons quelque chose à la tête*,
Que l'homme le plus fin ne soit pas une bête ? (*Ec. des Mar.* I. 2.)

— A pour *contre*; CHANGER UNE CHOSE A UNE AUTRE :

> Et, des rois les plus grands m'offrit-on le pouvoir,
> Je n'*y changerois pas* le bonheur de vous voir. (*Mélicerte.* II. 2.)

> « Ce jour même, ce jour, l'heureuse Bérénice
> « *Change le nom de reine au nom* d'impératrice.» (RACINE, *Bérén.*)

— A pour *sur, d'après*; A MON SERMENT :

> Je n'en serai point cru *à mon serment*, et l'on dira que je rêve. (*G.D.* II. 8.)
> *A mon serment* l'on peut m'en croire.   (*Amph.* II. 1.)

— A dans le sens de *par*, SE LAISSER SÉDUIRE A.... :

> Et ne vous laissez point *séduire à vos bontés*.   (*Fem. sav.* V. 2.)

> .... Et que j'aurois cette faiblesse d'âme
> De me laisser mener par le nez *à ma femme*?   (*Ibid.* V. 2.)

Il est clair que Molière a voulu éviter la répétition de *par*. *A* se construit avec *laisser*; *par* se construirait avec *mener*.

Voyez A CAUSE QUE, — A CE COUP, — A CETTE FOIS, — A CRÉDIT, — A LA CONSIDÉRATION, — A L'ENTOUR DE, — A L'HEURE, — A MA SUPPRESSION, — A PLEIN, — A SAVOIR, — AU et AUX.

ABANDONNER. ABANDONNER SON COEUR A..., suivi d'un infinitif :

> Aussi n'aurois-je pas
> *Abandonné mon cœur à suivre ses appas*.... (*Ec. des Mar.* II. 9.)

ABOYER, métaphoriquement; ABOYER APRÈS QUELQU'UN, en parlant des créanciers :

> Nous avons de tous côtés des gens qui *aboient après nous*. (*Scap.* I. 7.)

ABSENT. ABSENT DE QUELQU'UN :

> Et qu'un rival, *absent de vos divins appas*..... (*D. Garcie.* I. 3.)

> « Nul heur, nul bien ne me contente,
> « *Absent de ma divinité*. »   (FRANÇOIS Ier.)

C'est un latinisme : *abesse ab.*

A CAUSE QUE.

> Vous ne lui voulez mal, et ne le rebutez
> Qu'*à cause qu*'il vous dit à tous vos vérités.   (*Tart.* I. 1.)

Et voilà qu'on la chasse avec un grand fracas,
A cause qu'elle manque à parler Vaugelas. (*Fem. sav.* II. 7.)

« Ceux qu'on nomme chercheurs, *à cause que*, dix-sept cents ans après
« J. C., ils cherchent encore la religion. » (Bossuet. *Or. fun. de la R. d'A.*)

ACCESSOIRE. En un tel accessoire, en pareille circonstance :

Et tout ce qu'elle a pu, *dans un tel accessoire*,
C'est de me renfermer dans une grande armoire. (*Ec. des f.* IV. 6.)

Accessoire paraît un mot impropre, suggéré par le besoin de rimer. On voit, à la plénitude du sens et à la fermeté habituelle de l'expression, que Molière avait, comme Boileau, l'usage de s'assurer d'abord de son second vers. De là vient que souvent le second hémistiche du premier tient de la cheville, comme en cette occasion. (Voyez CHEVILLES.)

ACCOISER, calmer :

Ier MÉDECIN. Adoucissons, lénifions et *accoisons* l'aigreur de ses esprits. (*Pourc.* I. 2.)

L'orthographe primitive est *quoi, quoie*, de *quietus* : on devrait donc écrire aussi *aquoiser*; mais l'écriture s'applique à saisir les sons plutôt qu'à garder les étymologies. C'est une des causes qui transforment les mots.

Accoiser était du langage usuel ; Bossuet s'en est servi dans sa *Connaissance de Dieu* ; les éditeurs modernes ont changé mal à propos cette expression. Voici le passage tel qu'on le lit dans l'édition originale donnée par l'auteur :

« Si les couleurs semblent vaguer au milieu de l'air, si elles s'affoiblissent
« peu à peu, si enfin elles se dissipent, c'est que le coup que donnoit l'objet
« présent ayant cessé, le mouvement qui reste dans le nerf est moins fixe,
« qu'il se ralentit, et enfin s'*accoise* tout à fait. »

On a substitué *qu'il cesse tout à fait*. (P. 93, éd. de 1846.)

ACCOMMODÉ pour *à l'aise*, opulent :

J'ai découvert sous-main qu'elles ne sont pas *fort accommodées*. (*L'Av.* I. 2.)

Le seigneur Anselme est....... un gentilhomme qui est noble, doux, posé, sage, et *fort accommodé*. (*Ibid.* I. 7.)

« Mon père estoit des premiers et des plus *accommodez* de son vil-
« lage. » (Scarron, *Rom. com.*, 1e p., ch. XIII.)

Trévoux dit :

« Un homme riche et *accommodé*, *dives*. » « Un homme assez *accommodé des biens de la fortune*. » (Mascaron.)

Cette locution *accommodé des biens de la fortune* paraissant trop longue, on a fini par dire simplement *accommodé*. Mais ce qui est plus singulier, c'est de trouver *incommodé* aussi absolument et sans régime, pour signifier *pauvre, dans la gêne ou la misère*.

« Revenons donc aux personnes *incommodées*, pour le soulagement des-
« quelles nos pères...assurent qu'il est permis de dérober, non-seulement
« dans une extrême nécessité....» (Pascal, 8° *Prov.*)

(Voyez INCOMMODÉ.)

— ACCOMMODÉ DE TOUTES PIÈCES :

Est-ce qu'on n'en voit pas de toutes les espèces,
Qui sont *accommodés* chez eux *de toutes pièces?* (*Ec. des fem.* I. 1.)

On ne sauroit aller nulle part, où l'on ne vous entende *accommoder de toutes pièces*. (*L'Av.* III. 5.)

L'on vous *accommode de toutes pièces,* sans que vous puissiez vous venger. (*G. D.* I. 3.)

Cette métaphore, *de toutes pièces*, nous reporte au temps de la chevalerie. Un chevalier, accommodé de toutes les pièces de son armure, était accommodé aussi complétement que possible ; il n'y manquait rien.

J'ai en main de quoi vous faire voir comme elle *m'accommode.* (*G.D.* II. 9.)

— ACCOMMODER A LA COMPOTE :

Il me prend des tentations d'*accommoder tout son visage à la compote...* (*G. D.* II. 4.)

ACCORD. ÊTRE D'ACCORD DE, convenir, reconnaître :

Autant qu'*il est d'accord de vous avoir aimé*. (*Amph.* II. 6.)
Qu'aux pressantes clartés de ce que je puis être,
Lui-même *soit d'accord du sang qui m'a fait naître*. (*Ib.* III. 5.)

— ALLER AUX ACCORDS, être conciliant ; accommoder les choses :

Argatiphontidas *ne va point aux accords*. (*Amph.* III. 8.)

ACCOUTUMÉ ; AVOIR ACCOUTUMÉ, avoir coutume :

Allez, monsieur, on voit bien que *vous n'avez pas accoutumé* de parler à des visages. (*Mal. im.* III. 6.)

ACCROCHÉ, ACCROCHÉ A QUELQU'UN :

Mais aux hommes par trop *vous êtes accrochées*. (*Amph.* II.5.)

Sur cette locution *par trop*, je ferai observer que c'est un des plus anciens débris de la langue française primitive. *Par* s'y construit, non avec *trop*, mais avec l'adjectif ou le participe qui le suit, et qui se trouve ainsi élevé à la puissance du superlatif. C'est une imitation de l'emploi de *per* chez les Latins : *pergrandis, pergratus*. Cette formule se pratiquait en français avec la tmèse de *par*; c'était comme si l'on eût dit sans tmèse : Vous êtes *trop paraccrochées* aux hommes.

Par se construisait de même avec les verbes : *parfaire, parachever, parcourir, parbouillir, pargagner* :

> Pourtant, et s'il eust barguigné
> Plus fort, il eust *par* bien *gaigné*
> Un escu d'or.   (*Le nouveau Pathelin.*)

S'il eût marchandé, il eût bien pargagné un écu d'or.

(Voyez *Des Variations du langage français*, p. 236.)

A CE COUP :

> Voyons si votre diable aura bien le pouvoir
> De détruire, *à ce coup*, un si solide espoir.   (*L'Et.* V. 16.)

(Voyez A CETTE FOIS.)

A CETTE FOIS :

Mais *à cette fois*, Dieu merci! les choses vont être éclaircies. (*G.D.* III. 8.)

Racine a dit pareillement :

> « La frayeur les emporte, et, sourds *à cette fois*,
> « Ils ne connaissent plus ni le frein ni la voix. »   (*Phèdre.* V. 6.)

A cette fois était la seule façon de parler admise originairement :

> « Je ne say plus que vous mander
> « *A cette fois*, ne mes que tant
> « Que je di : a Dieu vous commant. » (*Rom. de Coucy.* v. 3184.)

A se mettait pour marquer le temps, où nous mettons aujourd'hui sans prépositions un véritable ablatif absolu; cependant nous disons encore *à toujours, à jamais*, comme dans le Roman du *Châtelain de Coucy* :

> « Vostre serois *à tousjours* mais.... »   (*Coucy.* v. 5357.)

« *A une aultre fois*, ils (les Espagnols) meirent brusler pour un coup, en
« mesme feu, quatre cents soixante hommes touts vifs. » (Mont. III. 6.)

Nous dirions : *une autre fois*.

« En quoy (à bien employer les richesses de l'État) le pape Gregoire
« treizieme laissa sa memoire recommandable *à long temps*; et en quoy
« nostre royne Catherine tesmoigneroit *à longues années* sa liberalité natu-
« relle et munificence, si les moyens suffisoient à son affection. »

(Mont. *Ibid.*)

Bossuet dit toujours *à cette fois* :

« Mais, *à cette dernière fois*, la valeur et le grand nom de Cyrus fit
« que..... etc. »   (*Hist. Un.* IIIe p. § 4.)

ACHEMINER QUELQU'UN A UNE JOIE :

Ah! Frosine, la joie *où vous m'acheminez*..... (*Dép. am.* V. 5.)

ACOQUINER QUELQU'UN A QUELQUE CHOSE :

Et je crois, tout de bon, que nous les verrions (les femmes) nous courir,
sans tous ces respects et ces soumissions *où les hommes les acoquinent*.

(*Pr. d'El.* III. 3.)

Mon Dieu, qu'*à les appas je suis acoquiné!* (*Dép. am.* IV. 4.)

« .... tant les hommes sont *accoquinez à leur estre miserable!* »

(Montaigne. II. 37.)

Coquin, au moyen âge, signifiait un mendiant paresseux ;
d'où l'on est passé à l'idée de malfaiteur ou de voleur dissimulé.

« Lesquels jeunes hommes, venant de la ville de Roches en la ville de
« Rueil, ou chemin trouverent un homme en habit de *quoquin*..... »

(*Lettres de rémission* de 1375.)

« Un homme querant et demandant l'aumosne, qui estoit vestu d'un man-
« teau tout plain de paletaüx, comme un *coquin* ou caimant(1). »

(*Lettres* de 1392.)

« Pierre Perreau, homme plain d'oisiveté... alant *mendiant et coquinant*
« par le pays. »   (*Lettres* de 1460.)

Dans les Actes de la vie de saint Jean, il est question d'un
jeune homme qui insultait le saint :

« Vocando ipsum *coquinum* et truantem. » (Ducange, *in Coquinus.*)

S'acoquiner est donc s'attacher comme fait un mendiant
importun à celui qu'il sollicite.

L'étymologie la plus probable dérive *coquin* de *coquina*,

---

(1) De *caimant* il nous reste *quémander*.

cuisine, lieu que les coquins hantent volontiers. On voit déjà dans Plaute que *cuisinier* était synonyme de *voleur* :

> Mihi omnis angulos
> Furum implevisti in ædibus misero mihi,
> Qui intromisisti in ædes quingentos *coquos*. (*Aulul.*)
> Forum coquinum qui vocant stulte vocant ;
> Nam non *coquinum*, verum *furinum* est forum. (*Pseudol.*)

Voyez Du Cange, aux mots *coquinus* et *cociones*.

Nicot, au mot *accoquiner*, dit sans autorité que *coquin* signifiait *privé, familier*.

A CRÉDIT, gratuitement : MISÉRABLE A CRÉDIT :

> C'est jouer en amour un mauvais personnage,
> Et se rendre, après tout, *misérable à crédit*. (*Dép. am.* I. 2.)

ADIEU VOUS DIS, sorte d'adverbe composé :

> Adieu vous dis mes soins pour l'espoir qui vous flatte. (*L'Ét.* II. 1.)

Il faut considérer *adieu vous dis*, ancienne formule, comme *adieu* tout simplement, sans tenir compte du *vous* ni du verbe *dire* : *Adieu mes soins* pour l'espoir qui vous flatte.

L'édition de P. Didot ponctue, d'après celle de 1770 :

> Adieu, vous dis, mes soins pour l'espoir qui vous flatte.

Où l'on voit que l'éditeur prend *vous dis* pour *vous dis-je* : — Adieu mes soins, *vous dis-je*... Ce n'est pas le sens. *Vous dis* ne s'adresse point à l'interlocuteur de Mascarille, pas plus que ce n'est une apostrophe : *adieu vous dis*, ô mes soins ! C'est tout simplement : *Adieu mes soins*.

A DIRE VÉRITÉ, pour dire la vérité :

> Mais il vaut beaucoup mieux, *à dire vérité*,
> Que la femme qu'on a pèche de ce côté. (*Éc. des fem.* III. 3.)

ADMETTRE CHEZ QUELQU'UN, introduire :

> En vous le produisant, je ne crains point le blâme
> D'avoir *admis chez vous* un profane, madame. (*Fem. sav.* III. 5.)

ADMIRER DE (un infinitif) :

> *J'admire de le voir* au point où le voilà. (*Éc. des fem.* I. 6.)
> Et *j'admire de voir* cette lettre ajustée
> Avec le sens des mots et la pierre jetée. (*Ibid.* III. 4.)

— ADMIRER COMME.... :

J'*admire comme* le ciel a pu former deux âmes aussi semblables en tout que les nôtres..... (*Pr. d'El.* IV. 1.)

Pascal a dit *j'admire que* :

« Car qui n'*admirera que* notre corps.... soit à présent un colosse, un « monde, etc. » (*Pensées*, p. 282.)

« Vous *admirerez que* la dévotion qui étonnoit tout le monde ait pu être « traitée par nos pères avec une telle prudence, que........, etc. » (9ᵉ *Prov.*)

« Il faudroit *admirer qu'elle* (cette doctrine) ne produisît pas cette li-« cence. » (14ᵉ *Prov.*)

ADRESSES, au pluriel :

Enfin, j'ai vu le monde et j'en sais les finesses :
Il faudra que mon homme ait de *grandes adresses*,
Si message ou poulet de sa part peut entrer.
(*Éc. des fem.* IV. 5.)

ADRESSER, diriger, faire arriver :

Mon esprit, il est vrai, trouve une étrange voie
Pour *adresser mes vœux* au comble de leur joie. (*L'Ét.* IV. 2.)

AFFECTER, affectionner ; rechercher avec affection.

— MONTRER D'AFFECTER, étaler de l'affection ou la laisser paraître :

Vous buviez sur son reste, et *montriez d'affecter*
Le côté qu'à sa bouche elle avoit su porter. (*L'Ét.* IV. 5.)

— AFFECTER L'EXEMPLE DE QUELQU'UN :

Diane même, *dont vous affectez tant l'exemple*, n'a pas rougi de pousser des soupirs d'amour. (*Pr. d'El.* II. 1.)

AFFOLER, v. a. ÊTRE AFFOLÉ DE QUELQU'UN, figurément en être épris :

Vous ne sauriez croire comme elle est *affolée* de ce Léandre.
(*Méd. malgré lui.* III. 7.)

Affoler ne signifie pas rendre fou, comme l'explique le Suppl. au Dict. de l'Acad., mais *blesser*, au propre et au figuré. C'est le verbe *fouler* composé avec *a*, marquant le progrès d'une action, comme dans *alentir, apetiser, agrandir, amaladir*. Elle en est *affolée*, elle en est férue.

« Ha ! le brigand ! il m'a tout *affolée*. » (LA FONT. *Le diable de Pap.*)

Rendre fou se disait *affolir* (racines, *fol*, *folie*, et *a*). Montaigne a bien gardé la différence de ces deux mots :

« Et leur sembloit que c'estoit *affoler* les mysteres de Venus, que de
« les oster du retiré sacraire de son temple. » (II, 12).» *Lædere mysteria Veneris*.

« Il y a non-seulement du plaisir, mais de la gloire encores, d'*affolir* ceste
« molle doulceur et ceste pudeur enfantine. »   (MONT. II. 15.)

On avait composé aussi de *foler* (*fouler*) *gourfoler* ou *gourfouler*. (Voyez DU CANGE, au mot *affolare*.)

Ce qui aura conduit à confondre les deux formes de l'infinitif, c'est qu'en effet le présent de l'indicatif est le même : le berger Aignelet, à qui son avocat recommande de ne répondre à toutes les questions autre chose sinon *bée*, s'y engage :

 « Dites hardiment que j'*affole*,
 « Si je dis huy autre parole. »   (*Pathelin*.)

On remarque de plus, dans cet exemple, *affolir* employé au sens neutre, pour *devenir fou*.

De même, un peu plus loin, quand le drapier brouille son drap et ses moutons, Pathelin s'écrie vers le juge :

 « Je regny sainct Pierre de Rome,
 « S'il n'est fin fol, ou il *affole*. »

Il est fou, ou il le devient.

AFFRONTER QUELQU'UN, le tromper effrontément, jusqu'à l'outrager et s'exposer à sa vengeance :

Ah! vous me faites tort! S'il faut qu'on vous *affronte*,
Croyez qu'il m'a trompé le premier à ce conte. (*L'Et*. IV. 7.).

Courons-le donc chercher, ce pendart qui m'*affronte*.
        (Sgan. 17.)

Si j'y retombe plus, je veux bien qu'on m'*affronte*.
        (*Ec. des fem*. II. 6.)

 « A votre avis, le Mogol est-il homme
 « Que l'on osât de la sorte *affronter* ? » (LA FONT.; *la Mandr*.)

— AFFRONTER UN CŒUR :

Un cœur ne pèse rien, alors que l'on l'*affronte*. (*Dép. am*. II. 4.)

AGRÉER QUE.... :

Agréez, monsieur, *que je vous félicite* de votre mariage. (*Mar. for.* 12.)

AGROUPÉ :

Les contrastes savants des membres *agroupés*,
Grands, nobles, étendus, et bien développés.
(*La Gloire du Val de Grâce.*)

Trévoux le donne comme un terme technique en peinture, et cite cette phrase de Félibien : « Il faut que les membres soient « *agroupés* aussi bien que les corps. »

Sur l'*a* initial des verbes composés, voyez ASSAVOIR.

AHEURTÉ A QUELQUE CHOSE :

De tout temps elle a été *aheurtée à cela*. (*Mal. im.* I. 5.)

Nicot donne pour exemple :

« Un aheurté plaideur, un homme confit en procès, un plaidereau. »

Selon Trévoux, il se dit aussi absolument : c'est un homme qui s'*aheurte*, un homme *aheurté*.

AIENT en deux syllabes :

Ils ne vous ôtent rien, en m'ôtant à vos yeux,
Dont ils n'*aient* pris soin de réparer la perte. (*Psyché.* II. 1.)

AIGREUR, ressentiment :

Et l'*aigreur* de la dame, à ces sortes d'outrages
Dont la plaint doucement le complaisant témoin,
Est un champ à pousser les choses assez loin. (*Éc. des m.* I. 6.)

On a peine à concevoir une *aigreur* qui est un *champ*.

AIMER (S') QUELQUE PART, s'y plaire :

Pourquoi me chasses-tu ? — Pourquoi fuis-tu mes pas ?
— Tu me plais loin de moi. — *Je m'aime où tu n'es pas.*
(*Mélicerte.* I. 1.)

AIR, façon, manière, AGIR D'UN AIR..... TRAITER D'UN AIR.... :

Au contraire, j'*agis d'un air* tout différent. (*L'Ét.* V. 13.)
Et *traitent du même air* l'honnête homme et le fat. (*Mis.* I. 1.)
Et je me vis contrainte à demeurer d'accord
Que l'*air* dont vous viviez vous faisoit un peu tort. (*Ibid.* III. 5.)

Parlez, don Juan, et voyons *de quel air* vous saurez vous justifier.
(*D. Juan.* I. 3.)

— AVOIR DE L'AIR DE.... ressembler à....:
Et ses effets soudains (1) *ont de l'air des miracles.* (*Éc. des fem.* III. 4.)

AJUSTER (S') A :
Ne voyez-vous pas bien que tout ceci n'est fait que pour *nous ajuster aux visions* de votre mari.....? (*B. gent.* V. 7.)

— AU TEMPS :
Suivons, suivons l'exemple, *ajustons-nous au temps.* (*Psyché.* I. 1.)

On remarquera dans ce verbe, *s'ajuster à...*, le pléonasme du datif qui s'y montre à l'état libre et dans la composition, preuve que le datif redoublé n'est pas plus contraire au génie de la langue française que ne l'est en latin le redoublement analogue de la préposition *adspirar ad, addere ad.*

On trouve dans la version des *Rois, se juster à* et *s'ajuster à.*

La même observation s'applique à l'expression *s'amuser à,* qui renferme deux fois le même datif. Le verbe simple est *muser; muser à quelque chose, s'amuser.*

AJUSTER L'ÉCHINE; voyez ÉCHINE.

A LA CONSIDÉRATION DE... voyez CONSIDÉRATION.

ALAMBIQUER (S'), être ingénieux à se tourmenter :
Pour moi, j'ai déjà vu cent contes de la sorte.
Sans *nous alambiquer,* servons-nous-en : qu'importe? (*L'Ét.* IV. 1.)

ALENTIR, ralentir :
Et notre passion, *alentissant* son cours,
Après ces bonnes nuits donne de mauvais jours. (*L'Ét.* IV. 4.)
Je veux de son rival *alentir* les transports. (*Ibid.* III. 4.)

(Voyez ASSAVOIR.)

A L'ENTOUR DE :

MORON.
Les voilà tous *à l'entour de lui;* courage! ferme!
(*La Pr. d'Él. Intermède* 1er, sc. 4.)

On ne voit pas pourquoi cette locution a été proscrite, ni sur quelle autorité suffisante. *Entour* est un substantif, puisqu'il a un pluriel : les *entours* de quelqu'un. *A l'entour,* soit

_____
(1) Les effets de l'amour.

qu'on l'écrive en deux mots ou en un; n'est pas plus un adverbe que *à la hauteur, à la veille*, etc.

« Le malheureux lion se déchire lui-même,
« Fait résonner sa queue *à l'entour de ses flancs*.» (LA FONTAINE.)

Mais M. Boniface interdit ce complément. (*Gramm. fr.*, n° 674.)

A L'HEURE, pour *tout à l'heure* :

A l'heure même encor, nous avons eu querelle
Sur l'hymen d'Hippolyte, où je le vois rebelle.   (*L'Ét.* I. 9.)

— A L'HEURE QUE :

A l'heure que je parle, un jeune Égyptien.....   (*L'Ét.* IV. 9.)

— A L'HEURE, sur l'heure, à l'instant même :

Et je souhaite fort, pour ne rien reculer,
Qu'*à l'heure*, de ma part, tu l'ailles appeler.   (*Fâcheux.* I. 10.)

ALLÉGEANCE :

Et quand ses déplaisirs auront quelque *allégeance*,
J'aurai soin de tirer de lui votre assurance.   (*L'Ét.* II. 4.)

ALLER, construit avec un participe :

Il *va vêtu* d'une façon extravagante.   (*Méd. malgré lui.* I. 5.)

Ici *il va* signifie *il sort, il se montre*. *Aller*, construit avec le participe présent, marque d'ordinaire une action en progrès, comme dans cette phrase de Pascal : « Les opinions probables *vont toujours en mûrissant.* » (12ᵉ *Prov.*)

— ALLER, lié à un autre verbe à l'infinitif :

Molière en fait toujours un verbe réfléchi construit avec *en* :

Je m'*en vais la traiter* du mieux qu'il me sera possible. (*Sicilien.* 19.)
La voici qui *s'en va venir*.   (*Ibid.* 18.)
Le jour *s'en va paraître*.   (*Éc. des fem.* V. 1.)

— ALLER A, au sens moral, aspirer à, tendre vers... :

Il ne faut mettre ici nulle force en usage,
Messieurs; et si vos vœux *ne vont qu'au mariage*,
Vos transports en ce lieu se peuvent apaiser. (*Éc. des mar.* III. 6.

Tous mes vœux les plus doux
Vont à m'en rendre maître en dépit du jaloux. (*Éc. des fem.* I. 6.)

Et, comme je vous dis, toute l'habileté
Ne *va qu'à* le savoir tourner du bon côté (1). (*Ec. des fem.* IV. 8.)

Je gagerois presque que l'affaire *va là*. (*D. Juan.* I. 1.)

Notre honneur *ne va point à* vouloir cacher notre honte. (*Ibid.* III. 4.)

Il *ne va pas à moins* qu'à vous déshonorer. (*Tart.* III. 5.)

Et toute mon inquiétude
Ne doit *aller qu'à* me venger. (*Amph.* III. 3.)

Argatiphontidas *ne va point* aux accords. (*Ibid.* III. 8.)

Ce n'est qu'à *l'esprit* seul que *vont* tous les transports.
(*Fem. sav.* IV. 2.)

« De quelque manière qu'il pallie ses maximes, celles que j'ai à vous
« dire *ne vont* en effet *qu'à* favoriser les juges corrompus, les usuriers, les
« banqueroutiers, les larrons, les femmes perdues, etc. » (PASCAL. 8ᵉ *Prov.*)

— ALLER DANS LA DOUCEUR, voy. DANS LA DOUCEUR.

ALTÉRÉ, troublé, ému :

Un tel discours n'a rien dont je sois *altéré*. (*Fem. sav.* V. 1.)

AMBIGU, substantif, UN AMBIGU :

C'est *un ambigu* de précieuse et de coquette que leur personne.
(*Préc. rid.* I.)

AME QUI FLOTTE SUR DES SOUPÇONS :

Et je veux qu'un amant, pour me prouver sa flamme,
Sur d'éternels soupçons laisse flotter son âme. (*Fâcheux*, II. 4.)

AMI, ÊTRE AMI A QUELQU'UN :

Mais, quelque *ami que vous lui soyez*. (*Don Juan.* III. 4.)

— AMIS D'ÉPÉE :

Vous êtes de l'humeur de ces *amis d'épée*,
Que l'on trouve toujours plus prompts à dégaîner
Qu'à tirer un teston s'il le falloit donner. (*L'Ét.* III. 5.)

AMITIÉ TUANTE :

Leur *tuante amitié* de tous côtés m'arrête. (*Amph.* III. 1.)

A MOINS QUE, suivi d'un infinitif, sans *de* :

Le moyen d'en rien croire, *à moins qu'être* insensé ? (*Amph.* II. 1.)

(1) Le cocuage.

A MOINS QUE DE :

A moins que de cela, l'eussé-je soupçonné ? (*L'Ét.* I. 10.)

AMOUR, féminin :

Il disait qu'il m'aimoit d'une amour sans *seconde*. (*Éc. des fem.* II. 6.)
Vous ne pouvez aimer que *d'une amour grossière*. (*Fem. sav.* IV. 2.)

Pourquoi *amour* est-il aujourd'hui du masculin au singulier, et du féminin au pluriel? Cette inconséquence est toute moderne, et l'on n'en voit pas le prétexte. *Un amour* est un petit Cupidon ; *une amour* est une affection de l'âme ; on aurait dû y maintenir la même différence qu'entre *un satyre* et *une satire*. Amour est demeuré féminin depuis l'origine de la langue jusqu'à la fin du xviie siècle.

« Qu'une *première amour* est belle !
« Qu'on a peine à s'en dégager !
« Et qu'on doit plaindre un cœur fidèle
« Quand il est réduit à changer ! » (QUINAULT. *Atys.*)

C'est comme le mot *orgue*, qui est aussi masculin au singulier et féminin au pluriel. Qu'y a-t-on gagné ? d'être obligé de dire : C'est *un* des plus *belles* orgues du monde.

AMOUREUSEMENT, en parlant de la tendresse filiale :

Elle faisoit fondre chacun en larmes, en se jetant *amoureusement* sur le corps de cette mourante, qu'elle appeloit sa chère mère. (*Scapin.* I. 2.)

Pascal, parlant d'un enfant que veulent ravir des voleurs, et que sa mère s'efforce de retenir :

« Il ne doit pas accuser de la violence qu'il souffre la mère qui le retient
« *amoureusement*, mais ses injustes ravisseurs. » (8e *Prov.*)

AMPHIBOLOGIE :

Et de même qu'à vous je ne lui suis pas chère. (*Mélicerte.* II. 3.)

Il semble que Mélicerte veuille dire : Je ne suis chère ni à lui, ni à vous ; et sa pensée est au contraire : Je ne suis pas chère à votre père comme *je le suis* à vous. L'ellipse combinée avec l'inversion produit cette équivoque, car sans l'inversion la phrase serait encore assez claire : Je ne lui suis pas chère comme à vous, ou de même qu'à vous.

AMPLEMENT AJUSTÉ, paré fastueusement :

> Quand un carrosse fait de superbe manière,
> Et comblé de laquais et devant et derrière,
> S'est avec grand fracas devant nous arrêté,
> D'où sortant un jeune homme *amplement ajusté*.....
> (*Les Fâcheux*, I. 1.)

AMUSEMENT, dans le sens où l'on dit *amuser quelqu'un*, *s'amuser à* :

> Tu prends d'un feint courroux le vain *amusement*.   (*Sgan*. 6.)

— Perte de temps, retard :

> Moi, je l'attends ici, pour moins d'*amusement*.   (*Tart*. I. 3.)

Pour m'arrêter moins longtemps.

> Le moindre *amusement* vous peut être fatal.   (*Ibid*. V. 6.)
> N'est-il point là quelqu'un ? — Ah que d'*amusement* !
> Veux-tu parler ?   (*Mis*. IV. 4.)
> Mais plus d'*amusement* et plus d'incertitude.   (*Ibid*. V. 2.)
> Amphitryon, c'est trop pousser l'*amusement* !
>   Finissons cette raillerie.   (*Amph*. II. 2.)
> Henriette, entre, nous est un *amusement*,
> Un voile ingénieux, un prétexte, mon frère,
> A couvrir d'autres feux dont je sais le mystère. (*Fem. sav*. II. 3.)

La Fontaine a dit *amusette* dans le sens de *joujou* :

> « Le fermier vient, le prend, l'encage bien et beau,
> « Le donne à ses enfants pour servir d'*amusette*. »
>   (*Le Corbeau voulant imiter l'Aigle*.)

ANCRER (S') CHEZ QUELQU'UN, se mettre avant dans sa faveur :

> A ma suppression *il s'est ancré chez elle*.   (*Éc. des fem*. III. 5.)

ANES BIEN FAITS, bien véritables, ânes de tout point :

> Ma foi, de tels savants sont *des ânes bien faits* ! (*Fâcheux*. III. 2.)

ANGER, verbe actif :

> Votre père se moque-t-il de vouloir vous *anger* de son avocat de Limoges ?   (*M. de Pourc*. I. 1.)

Ce mot vient du latin *augere*, par la confusion, autrefois très-fréquente; de l'*n* et de l'*u*. De l'italien *montone* est venu *mouton*; de *monasterium*, par syncope *monstier* et *moustier*, de *conventus*, *convent* et *couvent*, etc.

« Il les *angea* de petits Mazillons,
« Desquels on fit de petits moinillons. »   (LA FONTAINE, *Mazet*.)

Auxit eas. De l'idée d'augmentation à l'idée d'embarras il n'y a presque pas de distance. Mais M. Auger se trompe trois fois quand il dit que *anger* n'est pas dans Nicot, qu'il vient du latin *angere*, et qu'il signifie *incommoder*.

Anger est dans Nicot, mais écrit par un *e* : *enger*. Cette orthographe vicieuse a prévalu, et persiste encore dans *engeance*, dont le sens prouve bien l'étymologie *augere*. C'est *angoisse* qui vient d'*angere*.

Trévoux se trompe encore plus gravement quand il fait venir *enger* du latin *ingignere*.

Anger était à la fois verbe actif et verbe neutre, absolument comme *augere* en latin. Voici les exemples cités par Nicot :

« L'ambassadeur Nicot a *engé* la France de l'herbe nicotiane, »
où l'on voit que *enger* n'implique pas une idée de blâme.

« La peste *enge* fort;...... ceste dartre *enge* grandement, c'est-à-dire, croist, se dilate, se multiplie. » *Auget*.

ANGUILLE SOUS ROCHE :

NICOLE. Je crois qu'il y a quelque *anguille sous roche*. (*B. gent.* III. 7.)
Quelque mystère caché.

ANIMALES, au féminin :

Quelques provinciales,
Aux personnes de cour fâcheuses *animales*.   (*Fâcheux*. II. 3.)

A PLEIN, VOIR A PLEIN, pleinement :

Au travers de son masque on *voit à plein* le traître.   (*Mis.* I. 1.)

« Qui voudra connoitre *à plein* la vanité de l'homme. »
(PASCAL. *Pensées*. p. 195.)

— A PLEINS TRANSPORTS :

Goûtez *à pleins transports* ce bonheur éclatant. (*D. Garc.* III. 4.)

APPAS, D'INDIGNES APPAS, au figuré :
Mais l'argent, dont on voit tant de gens faire cas,
Pour un vrai philosophe a *d'indignes appas.* (*Fem. sav.* V. 1.)

— APPAS, au singulier, appât :
Qui dort en sûreté sur un *pareil appas*,
Et le plaint, ce galant, des soins qu'il ne perd pas. (*Éc. des fem.* I. 1.)

Bossuet écrit de même :

« Quand une fois on a trouvé le moyen de prendre la multitude par *l'appas* de sa liberté... » (*Or. fun. de la R. d'Angl.*)

APPAT, SOUS L'APPAT DE... :
Ce marchand déguisé,
Introduit *sous l'appât d'un conte supposé*. (*L'Ét.* IV. 7.)

APPLICATION, FAIRE UNE APPLICATION, appliquer un soufflet ou un coup de poing :
Chien d'homme! oh! que je suis tenté d'étrange sorte
De *faire* sur ce mufle *une application!* (*Dép. am.* II. 7.)

APPRÊTER A RIRE :
N'apprêtons point à rire aux hommes,
En nous disant nos vérités. (*Amph.* prol.)

APPROCHE, proximité, rapprochement :
Et quelle force il faut aux objets mis en place,
Que l'*approche* distingue, et le lointain efface.
(*La Gloire du Val de Grâce.*)

— APPROCHE D'UN AIR :
L'*approche de l'air de la cour* a donné à son ridicule de nouveaux agréments. (*Comtesse d'Esc.*)

APRÈS, préposition, recevant un complément direct :
Attaché dessus vous comme un joueur de boule
Après le mouvement de la sienne qui roule. (*L'Ét.* IV. 5.)

Si bien donc que done Elvire.....s'est mise en campagne *après nous?*
(*D. Juan.* I. 1.)

Plusieurs médecins ont déjà épuisé leur science *après elle.*
(*Méd. m. lui.* I. 5.)

La pendarde s'est retirée, voyant qu'elle ne gagnoit rien *après moi*, ni par prières, ni par menaces. (*G. D.* III. 10.)

Ils *étoient* une douzaine de possédés *après mes chausses.* (*Pourc.* II. 4.)

J'ai mis vingt garçons *après votre habit.* (*B. g.* II. 8.)

Il veut envoyer la justice en mer *après la galère du Turc.*(*Scapin.* III. 3.)

APRÈS-DINÉE, féminin :

L'après-dinée m'a semblé fort *longue*.—Et moi je l'ai trouvée fort *courte*.
(*Crit. de l'Éc. des fem.* 1.)

La Fontaine emploie *la dinée* sans *après* : « Mais dès *la dinée* le panier fut entamé. » (*Vie d'Ésope.*)

Ce mot, *la dinée*, se rapporte au lieu et à l'heure où l'on mange *le dîner*, plutôt qu'au dîner lui-même.

— APRÈS-SOUPÉE, par deux *e*, comme *après-dînée* :

Si je ne vous croyois l'âme trop occupée,
J'irois parfois chez vous passer l'*après-soupée*. (*Éc. des mar.* I. 5.)

Et ce sera tantôt, n'étant plus occupée,
Le divertissement de notre *après-soupée*. (*Ibid.* II. 9.)

ARDEURS, vif désir :

J'avois *toutes les ardeurs du monde* d'entrer dans votre alliance.
(*Pourc.* III. 9.)

ARDEZ, par apocope, regardez :

MARINETTE.

Ardez le beau museau,
Pour nous donner envie encore de sa peau! (*Dép. am.* IV. 4.)

ARRÊTER, neutre, pour *s'arrêter* :

Mais, moi, mon jugement, sans qu'aux marques j'*arrête*,
Fut qu'il n'étoit que cerf à sa seconde tête. (*Fâcheux.* II. 7.)

Autant qu'il vous plaira vous pouvez *arrêter*,
Madame, et là-dessus rien ne doit vous hâter. (*Mis.* III. 5.)

Nos aïeux paraissent avoir exprimé ou supprimé arbitrairement le pronom des verbes réfléchis. Dans la version des *Rois*, on lit presque toujours *en aller* pour s'en aller :

« Goliath ki *en vint* de l'ost as Philistiens. » (P. 64). — « Samuel od
« Saul *en alad.* » (P. 57.)

Plaindre pour *se plaindre* :

« Cume deus dameiseles vinrent *plaindre* ad rei Salomum. » (P. 235).

« Pur ço *en va* e destruis Amalech. » (p. 53.)

Arrêter était dans les mêmes conditions; et même aujourd'hui l'on ne dit pas *arrête-toi, arrêtez-vous*, mais *arrête! arrêtez!*

Cette faculté de prendre ou de laisser le pronom a été cause que beaucoup de verbes sont devenus exclusivement neutres ou actifs, qui dans l'origine étaient réfléchis. Car cette forme réfléchie plaisait à nos pères, pour les verbes exprimant une action dont l'auteur pouvait être aussi l'objet. Ainsi ils disaient *se dormir, se disner, se combattre à quelqu'un, se fuir* (d'où reste *s'enfuir*), *se mourir, se jouer*, etc.; quelques verbes sont restés dans l'indécision, comme *arrêter* ou *s'arrêter*.

« Car pour moi j'ai certaine affaire
« Qui ne me permet pas d'*arrêter* en chemin. »
(La Fontaine. *Le Renard et le Bouc*.)

— ARRÊTER AVEC SOI :
Si tu veux me servir, je t'*arrête avec moi*. (*L'Et.* II. 9.)
Nous dirions aujourd'hui simplement : *Je t'arrête*.

ARTICLE mis où nous avons coutume de l'omettre,

FAIRE LA JUSTICE :

Si c'étoit une paysanne, vous auriez maintenant toutes vos coudées franches à vous en faire *la* justice à bons coups de bâton. (*G. D.* I. 3.)

Nous serons les premiers, sa mère et moi, à vous en faire *la* justice.
(*Ibid.* I. 4.)

— Mis en correspondance de *un*, *une* :

George Dandin, George Dandin, vous avez fait *une* sottise *la* plus grande du monde. (*Ibid.* I. 1.)

Elle se prend d'*un* air *le* plus charmant du monde aux choses qu'elle fait. (*L'Av.* I. 2.)

— *Article supprimé* où nous le répétons :

Dis si *les* plus cruels *et plus* durs sentiments
Ont rien d'impénétrable à des traits si charmants. (*L'Ét.* I. 2.)

Il nous faut *le* mener en quelque hôtellerie,
Et faire sur les pots décharger sa furie. (*Ibid.* I. 11.)

Le mener.... le faire décharger sa furie :

Les querelles, *procès, faim, soif et maladie*,
Troublent-ils pas assez le repos de la vie? (*Sgan.* 17.)

Les quatre derniers substantifs sont embrassés dans l'article pluriel, placé une fois pour toutes devant le premier.

Cet emploi de l'article était une tradition du xviᵉ siècle. Au xviᵉ siècle, on n'exprimait qu'une fois l'article devant plusieurs substantifs, même de genres différents, pourvu qu'ils fussent au même nombre, c'est-à-dire, tous au pluriel ou tous au singulier :

« Quant à *la hardiesse et courage*, quant à *la fermeté, constance et reso-
« lution* contre les douleurs, etc. »   (Montaigne. III. 6.)

« Qui ne participe *au hasard et difficulté* ne peult pretendre interest
« *à l'honneur et plaisir* qui suit les actions hasardeuses. »   (*Id.* III. 7.)

La même règle s'appliquait au pronom possessif :

« Nostre royne Catherine tesmoigneroist *sa liberalité et munificence.* »
                                          (*Id.* III. 6.)

« Madame Katerine, ma sœur......, est partie avecques *ma litiere et
« cheval........*   (La reine de Navarre. *Lettres.* I. p. 290.)

Notre vieille langue avait si fort le goût de l'ellipse, qu'elle s'empressait de l'admettre dès qu'il n'en résultait pas le danger d'être obscur ou équivoque. *Le plus*, marque du superlatif, ne se répétait pas aussi devant plusieurs adjectifs. La première fois servait pour toute la suite :

« ..... Tant de villes rasées, tant de nations exterminées, tant de mil-
« lions de peuples passés au fil de l'espée, et *la plus riche et belle* partie
« du monde bouleversée pour la negociation des perles et du poivre. »
                                          (Montaigne. III. 6.)

Que gagnons-nous à répéter toujours l'article? ce n'est ni de la clarté, ni de la rapidité.

A SAVOIR, voy. ASSAVOIR.

AS DE PIQUE, langue piquante, mauvaise langue :

       O la fine pratique,
Un mari confident!
     MARINETTE.
      Taisez-vous, *as de pique!*   (*Dép. am.* V. 9.)

Jeu de mots sur le sens figuré du verbe *piquer*.

ASSASSINANT, adjectif; rigueur assassinante :

  Et dans le procédé des dieux,
  Dont tu veux que je me contente,
  Une *rigueur assassinante*
  Ne paroit-elle pas aux yeux?   (*Psyché.* II. 1.)

(Voyez Amitié tuante.)

ASSAVOIR :

> Le bal et la grand'bande, *assavoir* deux musettes. (*Tart.* II. 3.)

Toutes les éditions portent mal à propos *à savoir* en deux mots. Il ne faut point d'*à*; c'est l'ancien infinitif *assavoir*. L'usage permet aussi bien de dire : *savoir, deux musettes*, non qu'alors on supprime l'*à*, mais on substitue à l'ancienne forme la nouvelle. *Faire à savoir* n'a point de sens.

Dans l'origine, l'*a* était employé comme affixe au-devant de certains verbes : *asavoir, alogier, apetisser, asasier, alentir*, etc.; on ne sait pourquoi les trois derniers ont pris l'*r* : *rapetisser, rassasier, ralentir :*

> « Dame, je vos fais *asavoir*
> « Que j'ai esté et main et soir
> « Vos homs, vo serfs, vo chevaliers. » (*Roman de Coucy.*)

> « Israel se fud *alogied* sur une fontaine. » (*Rois*, p. 112.)

Se logea sur une fontaine.

> « Li sages est cil qui met en bones gens ce qu'il pot soufrir, sans *apetis-
> « ser* et sans acquerre malvaisement. » (*Beaumanoir.* I. 22.)

> « Li cueur avariscieus ne pot estre *assasiez* d'avoir. » (*Ibid.* p. 21.)

Pascal, dans la première *Provinciale :*

> « Si j'avois du crédit en France, je ferois publier à son de trompe : *On
> « fait à savoir* (sic) que quand les jacobins disent que la grâce suffisante est
> « donnée à tous, ils entendent que tous n'ont pas la grâce qui suffit effective-
> « ment. »

Cette formule de publication s'est transmise, par la tradition orale, du fond du moyen âge ; je l'ai encore entendue dans quelques villes de province. Mais quand on l'écrit, il faut mettre *assavoir*.

ASSEZ BONNE HEURE, de bonne heure :

> Ah! pour cela toujours il est *assez bonne heure*. (*Dép. am.* IV. 1.)

Si Molière eût jugé cette expression incorrecte, il lui était aisé de mettre : *Il est d'assez bonne heure*.

ASSIGNER SUR :

> Les dettes que vous avez *assignées sur* le mariage de ma fille.
> (*Pourc.* II. 7.)

On dirait aujourd'hui : *hypothéquées* sur le mariage de ma fille.

ASSOUVIR (S'), absolument comme *se satisfaire* :

Laissez-moi *m'assouvir* dans mon courroux extrême. (*Amph.* III. 5.)

ASSURANCE SUR (PRENDRE) :

Ne m'abusez-vous point d'un faux espoir, et puis-je *prendre quelque assurance sur* la nouveauté surprenante d'une telle conversion ?
(*D. Juan.* V. 1.)

ASSURÉ, absolument, hardi, intrépide :

Est-il possible qu'un homme si *assuré* dans la guerre soit si timide en amour? (*Am. Magn.* I. 1.)

— ASSURER QUELQUE CHOSE A QUELQU'UN :

Pour moi, contre chacun je pris votre défense,
Et *leur assurai* fort que c'étoit médisance. (*Mis.* III. 5.)

— ASSURER QUELQU'UN DE SES SERVICES :

Dites-lui un peu que monsieur et madame sont des personnes de grande qualité qui lui viennent faire la révérence comme mes amis, et *l'assurer de leurs services*. (*B. gent.* V. 5.)

— ASSURER (S'), absolument, prendre sécurité, confiance ; se rassurer :

A moins que Valère se pende,
Bagatelle! son cœur *ne s'assurera point*. (*Dép. am.* I. 2.)

Moins on mérite un bien qu'on nous fait espérer,
Plus notre âme a de peine à pouvoir *s'assurer*. (*D. Garcie.* II. 6.)

Quelque chien enragé l'a mordu, *je m'assure*. (*Ec. des fem.* II. 2.)

Ce n'est pas assez pour *m'assurer*, entièrement, que ce qu'il vient de faire. (*Scapin.* III. 1.)

« On ne peut *s'assurer*, et l'on est toujours dans la défiance. »
(Pascal. *Pensées*, p. 406.)

« Voyant trop pour nier et trop peu pour *m'assurer*. » (*Ibid.* p. 210.)

« *Je m'assure*, mes pères, que ces exemples sacrés suffisent pour
« vous faire entendre... etc. » (Pascal. 11e *Prov.*)

« On lui a envoyé les dix premières lettres (à Escobar): vous pouviez
« aussi lui envoyer votre objection, et *je m'assure* qu'il y eût bien ré-
« pondu. » (*Id.* 12e *Prov.*)

— ASSURER (S') A.... :

Faut-il que *je m'assure au rapport* de mes yeux ? (*D. Garcie.* IV. 7.)
Et n'est-il pas coupable en ne *s'assurant pas*
A ce qu'on ne dit point qu'après de grands combats? (*Mis.* IV. 3.)

— ASSURER (S') DE.... prendre sécurité, compter certitude sur....:

Pour mon cœur, vous pouvez *vous assurer de lui*. (*Fem. sav.* IV. 7.)

— ASSURER (S') EN QUELQU'UN, EN QUELQUE CHOSE :

Du sort dont vous parlez je le garantis, moi,
S'il faut que par l'hymen il reçoive ma foi :
Il *s'en peut assurer*. (*Ec. des mar.* I. 3.)

C'est conscience à ceux qui *s'assurent en nous*. (*Ibid.*)

— ASSURER (S') SUR :

C'est en quoi je trouve la condition d'un gentilhomme malheureuse, de ne pouvoir point *s'assurer sur* toute la prudence et toute l'honnêteté de sa conduite. (*D. Juan.* III. 4.)

Nos vœux *sur* des discours ont peine à *s'assurer*. (*Tart.* IV. 5.)

ATTACHE, subst. fém., attachement. ATTACHE A...:

Et sa puissante *attache aux* choses éternelles. (*Tart.* II. 2.)

« Pour moi, je n'ai pu y prendre d'*attache*. » (PASCAL. *Pensées*. p. 115.)

ATTAQUER QUELQU'UN D'AMITIÉ, D'AMOUR :

ZERBINETTE.
Je ne suis point personne à reculer lorsqu'on *m'attaque d'amitié*.

SCAPIN.
Et lorsque c'est *d'amour* qu'on *vous attaque ?* (*Scapin.* III. 1.)

Zerbinette veut dire : Lorsqu'on me prévient en m'offrant son amitié, comme vient de le faire Hyacinthe.

AU, AUX, dans le, dans les, relativement à :

Je ne me trompe guère *aux* choses que je pense. (*Dép. am.* I. 2.)

Je ne sais si quelqu'un blâmera ma conduite
Au secret que j'ai fait d'une telle visite ;
Mais je sais qu'*aux* projets qui veulent la clarté,
Prince, je n'ai jamais cherché l'obscurité. (*D. Garcie.* III. 3.)

L'endurcissement *au péché* traîne une mort funeste. (*D. Juan.* V. 6.)

Comment ? — Je vois ma faute *aux* choses qu'il me dit. (*Tart.* IV. 8.)

Et qu'*au dû* de ma charge on ne me trouble en rien. (*Ibid.* V. 4.)

Je trouve dans votre personne de quoi avoir raison *aux* choses que je fais pour vous. (*L'Av.* I. 1.)

> Elle se prend d'un air le plus charmant du monde *aux* choses qu'elle fait. (*L'Av.* I. 2.)

> Et laver mon affront *au* sang d'un scélérat. (*Amph.* III. 5.)

> On souffre *aux entretiens* ces sortes de combats. (*Fem. sav.* IV. 3.)

> Je ne m'étonne pas, *au combat* que j'essuie,
> De voir prendre à monsieur la thèse qu'il appuie. (*Ibid.*)

Molière emploie volontiers *aux* dans la première partie de la phrase, et *dans les* dans la seconde.

> Nous saurons toutes deux imiter notre mère
> ....
> ....
> Vous, *aux productions* d'esprit et de lumière,
> Moi, *dans celles*, ma sœur, qui sont de la matière. (*Fem. sav.* I. 1.)

> *Aux ballades* surtout vous êtes admirable.
> — Et *dans les bouts-rimés* je vous trouve adorable. (*Ibid.* III. 5.)

Cet emploi du datif, qui communique au discours tant de rapidité, était régulier dans le xvie et le xviie siècle.

> « De toutes les absurdités la plus absurde *aux epicuriens* est desadvouer
> « la force et l'effect des sens. » (Montaigne. II. ch. 12.)

> « C'est à l'adventure quelque sens particulier qui..... advertit les poulets
> « de la qualité hostile qui est *au chat* contre eux. » (*Id.* I. 1.)

> « Il n'est rien qui nous jecte tant *aux dangiers* qu'une faim inconsi-
> « derée de nous en mettre hors. » (*Id.* III. 6.)

> « Je ne craindray point d'opposer les exemples que je trouveray parmi
> « eulx (les sauvages américains), aux plus fameux exemples anciens que
> « nous ayons *aux memoires* de nostre monde par deçà. » (Id. *ibid.*)

L'origine et la justification de cet emploi du datif se voient toutes seules : c'est un latinisme. Le datif représente ici l'ablatif avec ou sans préposition.

Pascal a dit, par un latinisme analogue :

> « Il étoit naturel à Adam et *juste à son innocence*... »
> (*Pensées.* p. 323.)

Mais ici le datif dépend plutôt de l'adjectif. Cette expression revient très-souvent dans les *Provinciales* : *au sens de*, c'est-à-dire, *dans le sens de* :

> «....Je lui dis au hasard : Je l'entends *au sens des molinistes.*» (1re *Prov.*)

— AUX, sur les ; FAIRE UNE ÉPREUVE A QUELQU'UN :

J'approuve la pensée, et nous avons matière
D'en *faire l'épreuve* première
Aux deux princes qui sont les derniers arrivés. (*Psyché.* I. 1.)

(Voyez DATIF.)

AUCUN, quelque, le moindre :

Sans me nommer pourtant en *aucune* manière,
Ni faire *aucun* semblant que je serai derrière. (*Ec. des fem.* IV. 9.)

AUDIENCE AVIDE :

Et je vois sa raison
D'une *audience avide* avaler ce poison. (*D. Garcie.* II. 1.)

Avaler d'une audience est une expression inadmissible, et qui touche au galimatias. Les Latins, plus hardis que nous, disaient bien *densum humeris bibit aure vulgus*; mais le français ne souffre pas l'image d'un homme qui avale par l'oreille.

AUNE, TOUT DU LONG DE L'AUNE :

Mme PERNELLE.

C'est véritablement la tour de Babylone,
Car chacun y babille, et *tout du long de l'aune.* (*Tart.* I. 1.)

Jusqu'au bout, sans omettre un seul point.

Il est superflu sans doute d'avertir que cette locution est triviale ; on est assez prévenu par le caractère de celle qui l'emploie.

AUPARAVANT QUE DE, archaïsme :

JEANNOT.

C'est M. le conseiller, madame, qui vous souhaite le bonjour, et, *auparavant que de* venir, vous envoie des poires de son jardin. (*C^{sse} d'Esc.* 13.)

Par avant est une expression composée, que l'on traitait comme un substantif : *le par-avant, du par-avant, au par-avant*; c'est le datif, ou plutôt l'ablatif absolu des Latins, et l'on construisait comme *avant*. (Voyez AVANT QUE DE.)

AUPRÈS, adverbe :

Monsieur, si vous n'êtes *auprès*,
Nous aurons de la peine à retenir Agnès. (*Ec. des fem.* V. 8.)

AUQUEL pour *où* :

> Et c'est assez, je crois, pour remettre ton cœur
> Dans l'état *auquel* il doit être. (*Amph.* III. 11.)

AU PRIX DE, en comparaison de :

Tout ce qu'il a touché jusqu'ici n'est que bagatelle, *au prix de* ce qui reste. (*Impromptu.* 3. (1663.)

Comparé à la valeur de ce qui reste.

> « Elles filoient si bien, que les sœurs filandières
> « Ne faisoient que brouiller *au prix de celles-ci*. »
> (La Font. *La Vieille et ses Servantes.*)

> « ..... Il n'étoit *au prix d'elle*
> « Qu'un franc dissipateur, un parfait débauché. » (Boileau. *sat.* X.)

AU RETOUR DE, en retour de... :

> Et j'en ai refusé cent pistoles, crois-moi,
> *Au retour d'un cheval* amené pour le roi. (*Fâcheux.* II. 7.)

AUSSI, pour *non plus*, dans une phrase négative :

> Ma foi, je n'irai pas.
> — Je n'irai pas *aussi*. (*Ec. des fem.* I. 1.)

> Si je n'approuve pas ces amis des galants,
> Je ne suis pas *aussi* pour ces gens turbulents.... (*Ibid.* IV. 8.)

L'action que vous avez faite n'est pas d'un gentilhomme, et ce n'est pas en gentilhomme *aussi* que je veux vous traiter. (*G. D.* II. 10.)

La tournure moderne pour employer *aussi*, serait : *aussi* n'est-ce pas en gentilhomme, etc...

Mais le xviie siècle conservait *aussi* même après la négation exprimée, qui aujourd'hui commande *non plus*.

— « Ragotin fit entendre à la Rancune qu'une des comédiennes luy « plaisoit infiniment. Et laquelle ? dit la Rancune. Le petit homme estoit si « troublé d'en avoir tant dit, qu'il respondit : Je ne sçay. — *Ny moy aussy*, « dit la Rancune. » (Scarron. *Rom. com.* 1re p. ch. XI.)

« Ces paroles ne peuvent donc servir qu'à vous convaincre vous-même « d'imposture, et elles *ne* servent pas *aussi* davantage pour justifier Vas- « quez. » (Pascal. 12e *provinc.*)

L'étymologie d'*aussi* est *etiam*. On disait dans l'origine *essi*, d'où l'on fit aisément *ossi*, et l'on écrivit par corruption *aussi*. Sylvius, dans sa grammaire imprimée chez Robert Estienne, en 1531, dit : « *Etiam, eci* vel *oci; corrupte aussi.* » (P. 145.)

AUTANT; IL N'EN FAUT PLUS QU'AUTANT, pour dire *il ne s'en faut guère :*

> On la croyoit morte, et ce n'étoit rien.
> *Il n'en faut plus qu'autant,* elle se porte bien. (*Sgan.* 6.)

AVALER L'USAGE DE QUELQUE CHOSE, s'y soumettre bon gré malgré :

> De ces femmes aux beaux et louables talents,
> Qui savent accabler leurs maris de tendresses,
> Pour leur faire *avaler l'usage des galants!* (*Amph.* I. 4.)

AVANCÉ : PAROLE AVANCÉE, donnée :

> Me tiendrez-vous au moins la *parole avancée?* (*Mélicerte.* II. 5.)

AVANT, adverbe, pour *auparavant :*

> Mais *avant*, pour pouvoir mieux feindre ce trépas,
> J'ai fait que vers sa grange il a porté ses pas. (*L'Ét.* II. 1.)

— AVANT JOUR, préposition, avant le jour :

> Je veux savoir de toi, traître,
> Ce que tu fais, d'où tu viens *avant jour*. (*Amph.* I. 2.)

— AVANT QUE (un infinitif), sans *de* :

> Ne me demandez rien *avant que regarder*
> Ce qu'à mes sentiments vous devez demander. (*D. Garcie.* III. 2.)

> Il faut, *avant que voir* ma femme,
> Que je débrouille ici cette confusion. (*Amph.* II. 1.)

Molière emploie indifféremment ces trois formes : *avant de, avant que, avant que de,* suivis d'un verbe à l'infinitif.

— AVANT QUE, sans *ne* :

> Allons, courrons *avant que* d'avec eux *il sorte*. (*Amph.* III. 5.)

« *Avant qu'on l'ouvrit* (la cédule), les amis du prince soutinrent que, etc.... » (LA FONTAINE. *Vie d'Esope.*)

« Toutes vos fables pouvoient vous servir *avant qu'on sût* vos principes. » (PASCAL. 15e *Prov.*)

La question de *ne,* exprimé ou supprimé après *avant que,* a été fort controversée. M. François de Neufchâteau, dans une lettre au *Mercure de France* du 26 août 1809, admet la négation *quelquefois.* On lui répondit par une lettre signée VALANT, où quantité d'exemples sont accumulés, ensuite d'une longue discussion théorique, pour démontrer qu'il ne faut *jamais* de négation entre *avant que* et le verbe subséquent; et c'est aussi l'opinion de l'Académie, fondée sur l'usage invariable du xviie siècle. Pascal, la Bruyère, la Fontaine, Boileau, Racine, Molière, Regnard, etc., etc., n'emploient pas la négation.

Marmontel l'a employée, mais c'est Marmontel.

— AVANT QUE DE.... :

Si l'auteur lui eût montré sa comédie *avant que de* la faire voir au public, il l'eût trouvée la plus belle du monde. (*Crit. de l'Ec. des f.* 6.)

Avant que de passer plus avant, je voudrois bien agiter à fond cette matière. (*Mar. for.* 5.)

Je les conjure de tout mon cœur de ne point condamner les choses *avant que de les voir*. (*Préf. de* TARTUFE.)

« *Avant que de les mener* sur la place, il fit habiller les deux premiers
« le plus proprement qu'il put. » (LA FONT. *Vie d'Esope.*)

(Voyez DE *supprimé* après *avant que*.)

« *Avant que de répondre* aux reproches que vous me faites, je com-
« mencerai par l'éclaircissement de votre doctrine à ce sujet. »
(PASCAL. 12e *Prov.*)

AVECQUE, archaïsme :

Vous êtes romanesque *avecque* vos chimères. (*Ibid.* I. 2.)

Les dettes aujourd'hui, quelque soin qu'on emploie,
Sont comme les enfants, que l'on conçoit en joie,
Et dont *avecque* peine on fait l'accouchement. (*Ibid.* I. 6.)

Si je pouvois parler *avecque* hardiesse. (*Ibid.* 9.)

Et m'en vais tout mon soûl pleurer *avecque* lui. (*Ibid.* II. 4.)

L'union de Valère *avecque* Marianne. (*Tart.* III. 1.)

Et qu'*avecque* le cœur d'un perfide vaurien
Vous confondiez les cœurs de tous les gens de bien. (*Ibid.* V. 1.)

Cette forme est si fréquente dans Molière, qu'il a paru inutile d'en rapporter plus d'exemples.

AVENANT QUE, participe absolu, c'est-à-dire, dans le cas où.... :

Quelque bien de mon père et le fruit de mes peines,
Dont, *avenant que* Dieu de ce monde m'ôtât,
J'entendois tout de bon que lui seul héritât. (*L'Et.* IV. 2.)

AVIOMMES, patois, pour *avions* :

PIERROT.

Tout gros monsieur qu'il est, il seroit par ma fiqué nayé, si je n'a-
viomme été là. (*D. Juan.* II. 1.)

Cette forme est primitive. L'*m* à la terminaison caractérise en latin les premières personnes du pluriel, *habemus, amamus, vidissemus, audivimus,* etc. Aussi les plus anciens textes, par exemple le livre des Rois, ne manquent jamais d'écrire *nous attendrum, nous manderum, nous renderum.*

Quand le mot suivant avait pour initiale une voyelle, l'*m* finale s'y détachait :

« .... Salvez seiez de Deu
« Li glorius que *devum aurer.* » (*Roland.* st. 32.)

« Que devome aourer » (*adorer*).

Mais s'il suivait une consonne, il fallait bien, pour n'en pas articuler deux consécutives (ce qui ne se faisait jamais), éteindre l'*m* et la changer en *n*. Par exemple :

« Le matin à vus *vendrum*, e en vostre merci nus *mettrum.* » (*Rois.* p. 37.)

On prononçait *vendrome* et *mettrons.*

La dernière forme a supplanté l'autre, et s'est établie exclusivement pour tous les cas.

Mais auparavant l'autre avait régné, et avait été sur le point de triompher aussi ; car, pour la fixer, on écrivit longtemps les premières personnes en *omes*. Marsile parlant de Roland :

« Seit ki l'ocie, tute pais puis *auriomes.* » (*Roland.* st. 28.)

« Qu'en avez fait, ce dit fromons li viez ?
« — Sire, en ce bois *l'avonmes* nous laissie. » (*Garin.* t. II. p. 243.)

— « Se nous *demenomes* ensi li uns les aultres, et *alomes* rancunant,
« bien voi que nous *reperdrons* toute la tiere, et nous meismes *seromes*
« perdu. » (VILLEHARDHOIN. p. 199. ed. P. Paris.)

On remarquera dans ce passage la forme moderne *nous reperdrons* au milieu des formes primitives en *omes*, qui sont celles que Villehardhoin affectionne.

Qui pourra dire ce qui a déterminé le triomphe définitif de l'une plutôt que de l'autre ? Le langage est plein de ces mystères insondables, pareils à ceux de la conception et de la génération humaine : on les suit jusqu'à une certaine limite, où soudain la nature se cache, et disparaît derrière un voile que tous les efforts de la philosophie, aidée de la science, ne parviendront pas à soulever.

Sur l'union du pronom singulier au verbe pluriel, *je n'aviomme*, voyez à JE.

AVIS FAISABLE, exécutable :

> Enfin c'est un *avis* d'un gain inconcevable,
> Et que du premier mot on trouvera *faisable*. (*Fâcheux*. III. 3.)

AVISER, actif ; AVISER QUELQU'UN DE, le faire songer à.... :

> De ta femme il fallut moi-même t'*aviser*. (*Amph*. II. 3.)

— Neutre, pour s'aviser :

> Sans aller de surcroît *aviser* sottement
> De se faire un chagrin qui n'a nul fondement. (*Coc. im*. 17.)

Selon la coutume de certains impertinents de laquais qui viennent provoquer les gens, *et les faire aviser* de boire lorsqu'ils n'y songent pas.
(*L'Av*. III. 2.)

Je vais vite consulter un avocat, *et aviser* des biais que j'ai à prendre.
(*Scapin*. II. 1.)

Réfléchir ou prendre avis touchant les biais que, etc.

AVOIR, auxiliaire, pour *être* :

> Et *j'ai* pour vous trouver *rentré* par l'autre porte. (*Fâcheux*. I. 1.)
> *J'ai monté* pour vous dire, et d'un cœur véritable... (*Mis*. I: 2.)
> Au reste, vous saurez
> Que *je n'ai demeuré* qu'un quart d'heure à le faire. (*Ibid*.)

Pareillement dans la Fontaine :

> « Si le ciel t'eût, dit-il, donné par excellence
> « Autant de jugement que de barbe au menton,
> « Tu *n'aurois* pas à la légère
> « *Descendu* dans ce puits. » (*Le Renard et le Bouc*.)

— AVOIR, N'AVOIR PAS POUR UN.... : voyez POUR.

— AVOIR DE COUTUME :

Oui, monsieur, seulement pour vous faire peur, et vous ôter l'envie de nous faire courir toutes les nuits, comme vous *aviez de coutume*.
(*Scapin*. II. 5.)

— AVOIR DES CONJECTURES DE QUELQUE CHOSE :

La cabale s'est réveillée aux simples *conjectures* qu'ils ont pu *avoir de la chose.* (2ᵉ *Placet au R.*)

— AVOIR EN MAIN :

J'avois pour de tels coups-certaine vieille *en main.* (*Ec. des f.* III. 4.)

— AVOIR FAMILIARITÉ AVEC QUELQU'UN :

Tu as donc familiarité, Moron, *avec le prince* d'Ithaque? (*Pr. d'El.* III. 3.)

— AVOIR PEINE DE (un infinitif), avoir peine à..... :

J'ai peur, si le logis du roi fait ma demeure,
De m'y trouver si bien dès le premier quart d'heure,
Que *j'aie peine* aussi *d'en sortir* par après. (*L'Et.* III. 5.)

Cet amas d'actions indignes dont *on a peine.... d'adoucir* le mauvais visage. (*D. Juan.* IV. 6.)

On ne dirait plus aujourd'hui le visage d'une action ; mais le Dictionnaire de l'Académie (1694) cite comme exemple : *Cette affaire a deux visages*; et l'on dira bien encore : *envisager une affaire* sous tel ou tel aspect.

— AVOIR POUR AGRÉABLE :

Et je vous supplierai *d'avoir pour agréable*
Que je me fasse un peu grâce sur votre arrêt. (*Mis.* I. 1.)

Cette façon de parler est très-fréquente dans *Gil Blas.*

— AVOIR QUELQU'UN QUI... QUE... :

Et quand *on a quelqu'un qu'*on hait ou *qui* déplaît,
Lui doit-on déclarer la chose comme elle est? (*Mis.* I. 1.)

Cette façon de parler paraît embarrassée et pénible ; cependant elle n'a pas été suggérée à Molière par la difficulté de la mesure, car il l'emploie en prose :

Vous avez, monsieur, *un certain monsieur de Pourceaugnac qui* doit épouser votre fille. (*Pourc.* II. 2.)

AVOUER LA DETTE, figurément, ne pas dissimuler :

Ma foi, madame, *avouons la dette :* vous voudriez qu'il fût à vous. (*Pr. d'El.* IV. 6.)

Regnard, dans le *Distrait:*

« Parlons à cœur ouvert, et *confessons la dette :*
« Je suis un peu coquet, tu n'es pas mal coquette. » (IV. 3.)

AYE, ou AY, monosyllabe :

Dans cette joie... —*Aye, ay!* doucement, je vous prie. (*L'Et.* V. 15.)

Aïe, par l'introduction du *d*, *aide* ou *aide*, selon la prononciation moderne, syncope d'*adjutorium*. *Aye, aÿe!* c'est-à-dire, à l'aide, à l'aide !

« Certes, nous ne vous faudrons mie :
« Tous jours serons en vostre *aie*. »   (*R. de Coucy.* v. 766.)

« ... Quant ele vit Arabis si cunfundre,
« A halte voix s'escrie : *Aiez* nous, mahum ! »   (*Roland,* st. 266.)

BABYLONE ; LA TOUR DE BABYLONE, comme qui dirait la tour du babil :

C'est véritablement *la tour de Babylone,*
Car chacun y babille, et tout du long de l'aune.   (*Tart.* I. 1.)

« Le Père Caussin, jésuite, dit, dans sa *Cour sainte*, que *les hommes ont fondé la tour de Babel, et les femmes la tour de babil*. Ce quolibet du jésuite n'aurait-il pas donné l'idée de celui que Molière met dans la bouche de madame Pernelle ? et le père Caussin ne serait-il pas le docteur dont parle la vieille dévote ? »   (M. AUGER.)

BAIE :

C'est une *baie*
Qui sert sans doute aux feux dont l'ingrate *le paie*. (*Dép. am.* I. 5.)

Cette expression, *payer d'une baie*, nous reporte à la farce de Pathelin, dont la première édition est de 1490. Le prodigieux succès de ce *Pathelin* fit passer en proverbe plusieurs mots de cette pièce ; nous disons encore : *revenir à ses moutons. Payer d'une baie* est une allusion à cette autre scène excellente, où le berger, acquitté du meurtre des moutons, paye son avocat en lui disant *Bée*, comme il a fait au juge ; et la fourberie retombe sur son auteur.

Messire JEHAN.
« Et comme quoi ?
PATHELIN.
« Pour ce qu'*en bée*
« *Il me paya* subtilement. »   (*Le Testament de Pathelin.*)

—BAIE (DONNER LA) :

Le sort a bien *donné la baie* à mon espoir.   (*L'Et.* II. 13.)

BAILLER, archaïsme, donner :

Un sergent *baillera* de faux exploits, sur quoi vous serez condamné sans que vous le sachiez. (*Scapin.* II. 8.)

Bailler un exploit était le terme consacré en style d'huissier ; Molière n'avait garde de changer le mot technique.

BAISSEMENT DE TÊTE :

Quelque *baissement de tête*, un soupir mortifié, deux roulements d'yeux, rajustent dans le monde tout ce qu'ils (les scélérats) peuvent faire. (*D. Juan.* V. 2.)

BALANCER QUELQUE CHOSE :

Un homme qui..... et *ne balance aucune chose*. (*Mal. im.* III. 3.)
Qui ne pèse rien.

BALLE, RIMEUR DE BALLE :

Allez, *rimeur de balle*, opprobre du métier. (*Fem. sav.* III. 5.)

« *Balle*, en termes d'agriculture, est une petite paille, capsule ou gousse, qui sert d'enveloppe au grain dans l'épi. » (TRÉVOUX.)

Si *balle* est ici dans ce sens, *rimeur de balle* serait une métaphore prise d'un objet qui, devant être rembourré de plume ou de crin, ne l'est que de *balle*, et ainsi d'une valeur réelle très-inférieure à l'apparence ; mais cela paraît forcé.

Trévoux explique *rimeur de balle*, par allusion à la *balle* des marchands forains : « On appelle *rimeur de balle* un poëte dont les vers sont si mauvais, qu'ils ne servent qu'à envelopper des marchandises. » C'est ainsi qu'on dit *poëte des halles*.

BARBARISMES DE BON GOUT, en matière de bon goût :

Des incongruités de bonne chère et des *barbarismes de bon goût*. (*B. gent.* IV. 1.)

(Voyez SOLÉCISMES EN CONDUITE.)

BARGUIGNER :

A quoi bon tant *barguigner* et tant tourner autour du pot? (*Pourc.* I. 7.)

Barguigner signifie *marchander* en vieux français ; racine *bragain*, que les Anglais nous ont pris et conservent encore.

« Estagiers de Paris puent *barguignier* et achater bled ou marchié de
« Paris. » (*Livre des mestiers.* p. 17.)

Le sire de Coucy, déguisé en mercier ambulant, ouvre sa balle; toute la maison y accourt, et la châtelaine de Fayel elle-même :

« Iluec trouverent le mercier,
« E lor dame qui remuoit
« Les joiaus, et les *bargignoit*.
« Aulcuns aussy de la mesnie
« Ont mainte chose *bargignie*....
« Et quant rien plus ne *bargigna*,
« Sa marchandise appareilla,
« Et prist son fardel à trousser..... (*Roman de Coucy*.)
« La dame dist à son valet :
« Faites demourer sans long plait
« Ce povre home, marchand estrague.
« Cilz respont, sans faire *bargagne* :
« Gentilz dame, Dieus le vous mire. » (*Ibid*.)

Elle *marchandait* les joyaux ; — et quand on ne *marchanda* plus rien...; — il répond *sans marchander*. Barguigner n'a plus aujourd'hui que le sens figuré de *marchander*.

BASTE, de l'italien *basta*, suffit :

Baste! songez à vous dans ce nouveau dessein. (*L'Et.* IV. 1.)

Baste! laissons là ce chapitre. (*Méd. m. lui.* I. 1.)

BATIR SUR DES ATTRAITS.... :

Mon cœur aura *bâti sur ses attraits* naissants. (*Éc. des fem.* IV. 1.)

C'est l'abrégé d'une expression métaphorique : bâtir, fonder un espoir sur.....

BATTEUR :

Oui, je te ferai voir, *batteur* que Dieu confonde,
Que ce n'est pas pour rien qu'il faut rouer le monde. (*L'Et.* II. 9.)

BEAU, au sens métaphorique de *pur* :

SGANARELLE.

Vous vous taisez exprès, et me laissez parler *par belle malice!*
(*D. Juan*. III. 1.)

BEAUCOUP devant un adjectif ou un partic. passé :

Je vous suis *beaucoup obligé*. (*Pourc.* III. 9.)

Leur savoir à la France est *beaucoup nécessaire!* (*Fem. sav.* IV. 3.)

BÉCARRE; DU BÉCARRE, terme technique, aujourd'hui inusité :

Ah! monsieur, *c'est du beau bécarre!* (*Le Sicilien.* 2.)

Et là-dessus vient un berger, berger joyeux, avec *un bécarre admirable*, qui se moque de leur foiblesse. (*Ibid.*)

Cela veut dire que la musique passe du mode mineur au majeur.

BÉCASSE BRIDÉE :

Ma foi, monsieur, *la bécasse est bridée;* et vous avez cru faire un jeu qui demeure une vérité. (*Am. méd.* III. 9.)

« Cela se dit figurément, à cause d'une chasse que les paysans font aux bécasses avec des lacets et collets qu'ils tendent, où elles se brident elles-mêmes. » (TRÉVOUX.)

BEC CORNU, ou mieux BECQUE CORNU :

Et sans doute il faut bien qu'à ce *becque cornu*
Du trait qu'elle a joué quelque jour soit venu. (*Ec. des fem.* IV. 6.)

Que maudit soit le *bec cornu* de notaire qui m'a fait signer ma ruine!
(*Méd. m. lui.* I. 2.)

Becque est formé de l'italien *becco, un bouc,* mot qui reçoit deux sens métaphoriques, injurieux l'un et l'autre. *Becco* est un lourdaud, ou un homme que déshonore l'inconduite de sa femme ou de sa sœur (*Trésor des trois langues*). L'épithète *cornu* s'explique d'elle-même.

BÉJAUNE, erreur grossière :

C'est fort bien fait d'apprendre à vivre aux gens, et de leur montrer leur *béjaune*. (*Am. méd.* II. 3.)

Monsieur, souffrez que je lui montre son *béjaune,* et le tire d'erreur.
(*Mal. im.* III. 16.)

Les jeunes oiseaux ont le bec garni d'une sorte de frange jaune. Ainsi, par métaphore, avoir le bec jaune, c'est manquer d'expérience, être dupe. Molière a écrit aussi *bec jaune*; conformément à l'étymologie :

Oui, Mathurine, je veux que monsieur vous montre votre *bec jaune.*
(*D. Juan.* II. 5.)

« Ce sont six aulnes.... ne sont mie?
« Et non sont; que je suis *bec jaulne!* » (*Pathelin.*)

Dans l'origine, les consonnes finales étant muettes lorsque suivait une consonne, on prononçait pour *bec, mer, fer, bé, mé, fé.*

(*Des variations du langage français,* p. 44.)

BESOIN, FAIRE BESOIN, être nécessaire :

Aussi bien *nous fera-t-il ici besoin* pour apprêter le souper.
(*L'Av.* III. 5.)

BIAIS, dissyllabe :

Nous n'aurions pas besoin maintenant de rêver
A chercher les *biais* que nous devons trouver. (*L'Et.* I. 2.)
Des *biais* qu'on doit prendre à terminer vos feux. (*Ibid.* IV. 1.)
Il faut voir maintenant quel *biais* je prendrai. (*Ibid.* IV. 8.)
Pour tâcher de trouver un *biais* salutaire. (*Ibid.* V. 12.)
Et du *biais* qu'il faut vous prenez cette affaire. (*Sgan.* 21.)
Le pousser est encor grande imprudence à vous,
Et vous deviez chercher quelque *biais* plus doux. (*Tart.* V. 1.)

— Monosyllabe :

J'ai donc cherché longtemps *un biais* de vous donner
La beauté que les ans ne peuvent moissonner. (*Fem. sav.* III. 6.)

— SAVOIR LE BIAIS DE FAIRE QUELQUE CHOSE :

Mais, encore une fois, madame, *je ne sais point le biais de faire* entrer ici des vérités si éclatantes. (*Ep. dédic. de la Critique de l'Ec. des fem.*)

BICÊTRE, voyez BISSÊTRE.

BIEN ; AVOIR LE BIEN DE... le plaisir, l'avantage de... :

... *J'ai le bien d'être* de vos voisins. (*Ec. des mar.* I. 5.)
Il s'est dit grand chasseur, et nous a prié tous
Qu'il pût *avoir le bien de courir* avec nous. (*Fâcheux.* II. 7.)

BIEN ET BEAU :

Cependant arrivé, vous sortez *bien et beau,*
Sans prendre de repos ni manger un morceau. (*Sgan.* 7.)

Remarquez *beau,* employé comme adverbe. C'était originairement le privilége de tous les adjectifs. Il nous en reste encore de nombreux exemples : voir *clair,* frapper *ferme,* parler *haut*, partir *soudain*, parler *net*, etc., etc., pour *clairement, fermement, hautement, soudainement, nettement.*

« Le fermier vient, le prend, l'encage *bien et beau*,
« Le donne à ses enfants pour servir d'amusette. »
(La Fontaine. *Le Corbeau voulant imiter l'Aigle.*)

BIENSÉANCE ; être en la bienséance de quelqu'un, c'est-à-dire, à sa disposition :

Cette maison meublée *est en ma bienséance*;
Je puis en disposer avec grande licence. (*L'Ét.* V. 2.)

BISSÊTRE ; malheur résultant d'une fatalité. Faire un bissêtre :

Eh bien ! ne voilà pas mon enragé de maître ?
Il nous va *faire* encor *quelque nouveau bissêtre*. (*L'Ét.* V. 7.)

L'orthographe est *bissêtre*, et non *bicêtre*; le mot primitif est *bissexte*. Du Cange, au mot *Bissextus*, l'explique *infortunium, malum superveniens*. La mauvaise influence de l'an et du jour bissextile était proverbiale au moyen âge :

« Cette année-là étoit bissextile, et le *bissexte* tomba de fait sur les
« traistres. » (*Orderic Vital.* lib. XIII. p. 882.)

— « Cette tumultueuse année fut bissextile.... et le *bissexte* tomba sur
« le roi et sur son peuple, tant en Angleterre qu'en Normandie. »
(*Id.* lib. XIII. p. 905.)

C'était une locution populaire : le *bissexte* est tombé sur telle affaire, pour dire qu'elle avait mal tourné. Nous voyons déjà paraître la forme corrompue *bissextre* dans Molinet :

« Pour ce que bissextre eschiet,
« L'an en sera tout desbauchlet. » (*Le Calendrier.*)

L'*x* s'éteignait dans la prononciation, et laissait prévaloir le *t*, par la règle des consonnes consécutives. On prononçait donc *bissête*, et, par l'intercalation euphonique de l'*r*, *bissêtre*.

La superstition du jour bissextile remontait aux Romains. Voyez là-dessus le témoignage de Macrobe, au livre Ier, chapitre 13, des *Saturnales*.

Molière rappelle donc ici, par l'emploi du mot *bicêtre*, une expression et une superstition du moyen âge.

Le vice d'orthographe tendrait à confondre le *bissêtre* avec le château de *Bicestre* ou de *Bicêtre*. Celui-ci a une tout autre origine : la grange aux Gueux, qui appartenait, en 1290, à l'évêque de Paris, passa plus tard à Jean, évêque de *Wincestre*, dont le nom, transformé en *Bicestre*, est resté attaché à cette demeure.

Le peuple dit d'un enfant méchant et tapageur : C'est un *bicêtre*; ah! le petit *bicêtre!* Trévoux veut que ce soit par allusion à la prison de *Bicêtre*; mais ne serait-ce pas plutôt un vestige de la superstition du *bissêtre?* Ah! le maudit enfant! le petit malheureux! né le jour du *bissêtre*, sur qui est tombé le *bissêtre!*

On lit dans le *Roman bourgeois*, de Furetière :

« Si j'ai *fait* ici *quelque bissêtre;* »

Et dans la *Noce de village*, de Brécourt :

« Avant, je veux *faire bissêtre*. »

BLANCHIR, NE FAIRE QUE BLANCHIR ; au sens métaphorique :

Les douceurs *ne feront que blanchir* contre moi. (*Dép. am.* V. 9.)
Et nos enseignements *ne font là que blanchir.* (*Éc. des fem.* III. 3.)

LE MARQUIS. — Voilà des raisons qui ne valent rien.
CLIMÈNE. — Tout cela *ne fait que blanchir.* (*Crit. de l'Éc. des fem.* 7.)

Bien que cette expression se trouve dans la bouche de Climène, il ne s'ensuit pas que Molière ait prétendu la blâmer.

Voici comment Furetière expose l'origine de cette métaphore :

« BLANCHIR se dit aussi des coups de canon qui ne font qu'effleurer une muraille, et y laissent une marque blanche. En ce sens, on dit, au figuré, de ceux qui entreprennent d'attaquer ou de persuader quelqu'un, et dont tous les efforts sont inutiles, que tout ce qu'ils ont fait, tout ce qu'ils ont dit, n'a fait que *blanchir* devant cet homme ferme et opiniâtre. »

BOIRE LA CHOSE ; métaphoriquement, se résigner :

Mon frère, doucement il faut *boire la chose.* (*Éc. des mar.* III. 10.)

Molière a dit, par la même figure : *Avaler l'usage des galants.*

— BOIRE SUR LE RESTE DE QUELQU'UN :

Vous *buviez sur son reste,* et montriez d'affecter
Le côté qu'à sa bouche elle avoit su porter. (*L'Et.* IV. 5.)

BON, BONNE, ironiquement :

Hé, *la bonne effrontée !* (*Sgan.* 6.)
Parbleu ! *le voilà bon,* avec son habit d'empereur romain ! (*D. Juan.* III. 6.)
D'où viens-tu, *bon pendard ?* (*G. D.* III. 11.)
Taisez-vous, *bonne pièce !* (*Ibid.* I. 6.)
Oses-tu bien paroître devant mes yeux, après tes *bons déportements ?*
(*Scapin.* I. 4.)

— BON A FAIRE A.... :

Refuser ce qu'on donne est *bon à faire aux fous.* (*Dép. am.* I. 2).

— BON ARGENT (PRENDRE POUR DE), prendre au sérieux :

Quoi ! *tu prends pour de bon argent* ce que je viens de dire ?
(*D. Juan.* V. 2.)

Métaphore tirée de la fausse monnaie.

— AVOIR LE COEUR BON, c'est-à-dire, en style moderne, *bien placé* :

Sachez que j'ai *le cœur trop bon* pour me parer de quelque chose qui ne soit point à moi. (*L'Av.* V. 5.)

— LE BON DU COEUR, substantivement :

Et *du bon de mon cœur* à cela je m'engage. (*Mis.* III. 1.)

Du meilleur de mon cœur.

— BONS JOURS, jours de fête, jours solennels :

Que d'une serge honnête elle ait son vêtement,
Et ne porte le noir qu'aux *bons jours* seulement. (*Ec. des mar.* I. 2.)

BOUCHE. BOUCHE COUSUE, adverbialement, pour recommander la discrétion :

Adieu. *Bouche cousue,* au moins ! Gardez bien le secret, que le mari ne le sache pas ! (*G. D.* I. 2.)

— LAISSER SUR LA BONNE BOUCHE :

Vous n'en tâterez plus, et *je vous laisse sur la bonne bouche.* (*Ib.* II. 7.)

— DANS MA BOUCHE, DANS LEURS BOUCHES, c'est-à-dire d'après mes paroles, à les entendre :

Dans ma bouche, une nuit, cet amant trop aimable
Crut rencontrer Lucile à ses vœux favorable. (*Dép. am.* II. 1.)

Il n'y a pas moyen d'approuver cette façon de parler.

Ascagne veut dire qu'elle se fit passer pour Lucile, parla comme si elle eût été Lucile. Cette expression étrange paraît tenir à l'inexpérience de Molière, quand il fit le *Dépit* ; mais on est surpris de la retrouver, mieux construite, il est vrai, dans la préface du *Tartufe*. Il s'agit des hypocrites :

Le *Tartufe, dans leur bouche*, est une pièce qui offense la piété.

Molière s'exprimerait-il autrement s'il voulait dire que les hypocrites, par leur manière de réciter *Tartufe*, d'en accentuer les vers, dénaturent la pensée de l'auteur, et font d'un ouvrage innocent un ouvrage impie?

(Voyez MÉTAPHORES VICIEUSES.)

BOUCHON ET BOUCHONNER :

Hai, hai, mon petit nez, pauvre petit *bouchon*! (*Ec. des m.* II. 14.)
Je te *bouchonnerai*, baiserai, mangerai. (*Ec. des fem.* V. 4.)

Bouchon est ici le diminutif de *bouche*. Il ne faut pas s'arrêter à ce que cette terminaison *on, one*, est en italien la marque d'un augmentatif ; il est certain qu'en français elle a reçu un emploi opposé, comme de *Pierre, Pierron* ou *Pierrot* ; de *Charles, Charlon* ou *Charlot*, de *Gothe, Gothon* ; de *Marie, Marion*, etc. Et dans les noms communs, *bestion* (de beste), *valeton* (valet), *luiton* (lutin), *tetton* (tette), *peton* (pied), *chaton* (chat), *poupon* (poupe, poupée, etc.)

Voici l'article de Furetière : « BOUCHON est aussi un nom de cajollerie qu'on donne aux petits enfants, aux jeunes filles de basse condition : Mon petit cœur, mon petit *bouchon*. »

BOUGER (SE), verbe réfléchi, pour *bouger*, neutre :

Et personne, monsieur, qui *se veuille bouger*
Pour retenir des gens qui se vont égorger! (*Dép. am.* V. 7.)

BOURLE, de l'italien *burla*, moquerie. FAIRE UNE BOURLE :

Une certaine mascarade..... que je prétends faire entrer dans une *bourle* que je veux faire à notre ridicule. (*Bourg. gent.* III. 14.)

C'est la leçon de l'édition de 1670, qui est la première. Les éditions modernes mettent *bourde*, qui est la forme corrompue aujourd'hui adoptée. *Bourle* n'est dans aucun dictionnaire ; ils donnent tous *bourde*.

BRANLER LE MENTON, manger :

MASCARILLE.
Oh! tu seras ainsi tenu pour un poltron.
— Soit, pourvu que toujours *je branle le menton*. (*Dép. am.* V. 1.)

BRAS, SE METTRE..... SUR LES BRAS :

Voudriez-vous, madame, vous opposer à une si sainte pensée, et que j'allasse, en vous retenant, *me mettre le ciel sur les bras*? (*D. Juan.* I. 5.)

Qui en touche un (hypocrite), *se les attire tous sur les bras*. (*Ib.* V. 2.)

— SE JETER.... SUR LES BRAS, même sens :

Et je *me jetterois* cent choses *sur les bras*. (*Mis.* V. 1.)

BRAVADE, FAIRE BRAVADE A QUELQU'UN :

Moi, je serois cocu? — Vous voilà bien malade!
Mille gens le sont bien, *sans vous faire bravade*,
Qui, de mine, de cœur, de biens et de maison,
Ne feroient avec vous nulle comparaison. (*Éc. des fem.* IV. 8.)

Sans vous insulter. — BRAVADE D'UN DISCOURS :

Je ne sais qui me tient qu'avec une gourmade
Ma main *de ce discours* ne venge la *bravade*. (*Ec. des fem.* V. 4.)

BRAVE en ajustements :

Ta forte passion est d'être *brave* et leste. (*Ec. des fem.* V. 4.)

Est-ce que tu es jalouse de quelqu'une de tes compagnes que tu vois plus *brave* que toi? (*Am. méd.* I. 2.)

BRAVERIE, parure :

LA GRANGE. — Vite, qu'on les dépouille sur-le-champ.
JODELET. — Adieu, notre *braverie!* (*Préc. rid.* 16.)

Pour moi, je tiens que *la braverie*, que l'ajustement est la chose qui réjouit le plus les filles. (*Am. méd.* I. 1.)

BRIDER D'UN ZÈLE :

D'un zèle simulé j'ai bridé le bon sire. (*L'Ét.* IV. 1.)

BRILLANTS ; qualités brillantes :

Comme par son esprit et ses autres *brillants*
Il rompt l'ordre commun et devance le temps... (*Mélicerte.* I. 4.)

— LES BRILLANTS DES YEUX :

Mais, voyant *de ses yeux tous les brillants baisser.* (*Tart.* I. 1.)

Et si je rends hommage *aux brillants de leurs yeux*,
De leur esprit aussi j'honore les lumières. (*Fem. sav.* III. 2.)

— LES BRILLANTS D'UNE VICTOIRE :

Ne vous enflez donc point d'une si grande gloire,
Pour les petits *brillants* d'une faible victoire. (*Mis.* III. 5.)

BROUILLER :

Que nous *brouilles-tu* ici de ma fille ? (*L'Av.* V. 3.)

— DESTIN BROUILLÉ, embrouillé :

Fut-il jamais destin plus *brouillé* que le nôtre ? (*L'Ét.* IV. 9.)

BRUIRE. FAIRE BRUIRE SES FUSEAUX, métaphoriquement, faire tapage :

Le vin émétique *fait bruire ses fuseaux.* (*D. Juan.* III. 1.)

BRUIT. Bruit répandu, ouï-dire :

J'ai rencontré un orfévre qui, sur le *bruit* que vous cherchiez quelque beau diamant en bague.... (*Mar. for.* 5.)

— AVOIR UN BRUIT DE, avoir la réputation de :

Hé ! là, là, madame la Nuit,
Un peu doucement, je vous prie ;
Vous avez dans le monde *un bruit*
De n'être pas si renchérie. (*Amph.* prol.)

« Elle *eut le bruit*, à la cour, de n'avoir pas sa pareille. »
(La Reine de Nav. *Hept.* nouv. 15.)

On disait de même, *donner un bruit à quelqu'un.*

Bonnivet, au témoignage de la reine de Navarre,

« Estoit des dames mieulx voulu que ne feut oncques François, tant

« par sa beauté, bonne grace et parole, que pour *le bruit que chacun*
« *luy donnoit* d'estre l'un des plus adroits et hardis aux armes qui feust de
« son tems. » (*Heptaméron*. nouvelle 14e.)

« Elle connoissoit le contraire du *faux bruit que l'on donnoit aux Fran-*
« *çois*, car ils estoïent plus sages, etc. » (*Ibidem.*)

(Voyez la note au mot DONNER UN CRIME.)

— A PETIT BRUIT :

Je me divertirai *à petit bruit*. (*D. Juan.* V. 2.)

BRULER SES LIVRES A QUELQUE CHOSE :

J'*y brûlerai mes livres*, ou je romprai ce mariage. (*Pourc.* I. 3.)

Chicaneau dit pareillement :

CHICANEAU.

« Vous plaidez?

LA COMTESSE.

Plût à Dieu !

CHICANEAU.

J'y brûlerai mes livres! »
(*Les Plaideurs.* I. 7.)

BRUTALITÉ DE SENS COMMUN ET DE RAISON :

Un homme qui, avec une impétuosité de prévention, une roideur de confiance, une *brutalité de sens commun et de raison*, donne au travers des purgations et des saignées. (*Mal. im.* III. 3.)

BUTER A QUELQUE CHOSE, prendre cette chose pour but :

Toutes mes volontés *ne butent qu'à vous plaire.* (*L'Et.* V. 3.)

BUTIN, au lieu de *proie*, dans le sens métaphorique :

D. ELVIRE.

On ne me verra point *le butin* de vos feux. *D. Garcie.* III. 3.)

Je ne crois pas qu'on trouve en français un second exemple de cette façon de parler bizarre. Dans une métaphore consacrée, on n'a pas le droit de substituer un synonyme au mot qui fait la figure ; autrement cet Anglais aurait bien parlé, qui écrivait à Fénélon : « Monseigneur, vous avez pour moi *des boyaux de père*, » car *entrailles* et *boyaux* sont synonymes, comme *proie* et *butin*.

CABALE, pour signifier le parti des faux dévots :

Que si je viens à être découvert, je verrai, sans me remuer, prendre mes intérêts à toute *la cabale*. (D. Juan. V. 2.)

Pascal, dans les *Provinciales*, emploie ce mot dans le même sens.

CACHE, cachette :

On n'est pas peu embarrassé à inventer dans toute une maison une *cache* fidèle. (*L'Av.* I. 4.)

« Et qui vous a cette *cache* montrée ? » (La Fontaine.)

CACHEMENT DE VISAGE :

Leurs détournements de tête et leurs *cachements de visage* firent dire cent sottises de leur conduite. (*Crit. de l'Ec. des fem.* 3.)

CADEAU, diner en partie de campagne, dont on régale quelqu'un. Molière l'explique lui-même dans ce passage :

    Des promenades du temps,
    Ou diners qu'on donne aux champs,
    Il ne faut point qu'elle essaye :
    Selon les prudents cerveaux,
    Le mari, dans ces *cadeaux*,
    Est toujours celui qui paye. (*Ec. des fem.* III. 2.)

Des maris benins qui :

    De leurs femmes toujours vont citant les galants,
    . . . .
    Témoignent avec eux d'étroites sympathies,
    Sont de tous leurs *cadeaux*, de toutes leurs parties. (*Ib.* IV. 8.)

J'aime le jeu, les visites, les assemblées, *les cadeaux*, et les promenades.... (*Mar. forc.* 4.)

Le diamant qu'elle a reçu de votre part, et le *cadeau* que vous lui préparez.,.. (*Bourg. g.* III. 6.)

Les déclarations ont entraîné les sérénades et les *cadeaux*, que les présents ont suivis. (*Ibid.* III. 18.)

« *Cadeau* se dit aussi des repas qu'on donne hors de chez soi, et particulièrement à la campagne. Les femmes coquettes ruinent leurs galants à force de leur faire faire des *cadeaux*. En ce sens il vieillit. » (Furetière.)

— DONNER UN CADEAU :

Nous mènerions promener ces dames hors des portes, et *leur donnerions un cadeau*. (*Préc. rid.* 10.)

Je l'ai fait consentir enfin au *cadeau* que vous lui voulez donner.
(*B. gent.* III. 6.)

— CADEAU DE MUSIQUE, DE DANSE :

Elles y ont reçu *des cadeaux* merveilleux *de musique et de danse*.
(*Am. magn.* I. 1.)

CAJOLER, verbe neutre :

Tudieu ! comme avec lui votre langue *cajole!* (*Ec. des fem.* V. 4.)

CALOMNIER A QUELQU'UN, c'est-à-dire, DANS QUELQU'UN, sa vertu :

Vous osez sur Célie attacher vos morsures,
Et *lui calomnier* la plus rare vertu
Qui puisse faire éclat sous un sort abattu ? (*L'Et.* III. 4.)

Et calomnier en elle. Cet exemple se rapporte au datif de perte ou de profit. (Voyez DATIF.)

ÇAMON :

Çamon vraiment ! il y a fort à gagner à fréquenter vos nobles.
(*B. gent.* III. 3.)

Çamon, ma foi ! j'en suis d'avis, après ce que je me suis fait.
(*Mal. im.* I. 2.)

On ne trouve indiqués nulle part le sens précis ni l'origine de cette expression, qui est évidemment une sorte d'exclamation affirmative.

Elle est formée de trois racines, *ce a mon*, que l'on trouve ainsi divisées dans les plus anciens textes. La reine de Navarre parlant d'un prêcheur :

« Si l'on disoit, en oyant un sermon,
« Il a bien dit ; je répondrois : *Ce a mon*. » (*Le Miroir de l'âme péch.*)

Il *a ce*, c'est-à-dire, bien dit. On sous-entend dans la réponse le verbe exprimé dans la demande.

Quand ce verbe dans la demande est accompagné d'une négation, la négation se glisse dans la formule de la réponse, ce qui achève d'en découvrir le sens.

« Or, n'i a fors que del huchier
« Nos voisins. — Certes, *ce n'a mon*. »
(*De sire Hains et dame Anieuse.* BARBAZ. III. 45.)

Il n'y a que d'appeler nos voisins. — Certes, *il n'y a que ce* (à faire). *Ce*, c'est-à-dire, appeler nos voisins.

Reste à expliquer le mot *mon*.

Il se présente souvent séparé de la formule que j'analyse, et joint au verbe *savoir*, mis pour *chose à savoir*. Par exemple, dans Montaigne :

« Sçavoir *mon* si Ptolémée s'y est aussy trompé aultre foys. »
(MONTAIGNE. *Essais*. II. 12.)

Mon paraît une transformation de *num*. Du grec μῶν, *est-ce que*, les Latins avaient fait *num* : pourquoi, par une disposition d'organe réciproque, du latin *num* les Français, à leur tour, n'auraient-ils pas refait *mon*? *Cum*, *numerus*, changent de même leur *u* en *o* : *comme*, *nombre*.

Mon garde la valeur de *num* et de μῶν, et répond à *n'est-ce pas, pas vrai*, qui s'employent familièrement dans un sens moitié interrogatif, moitié affirmatif : savoir, *n'est-ce pas*, si Ptolémée jadis ne s'y est pas trompé? — Je répondrais : Il a bien prêché, *pas vrai?*

Par suite de l'usage, les trois racines se sont fondues en un seul mot, qui a pris pour acception la valeur affirmative de la dernière racine : Il y a tant à gagner avec votre noblesse, *n'est-ce pas!* — J'en suis d'avis, *n'est-ce pas*, ou *en vérité*, après ce que je me suis fait!

A l'appui de l'étymologie que je propose, je ne dois pas omettre de faire observer que *um*, en latin, au moyen âge, se prononçait *on*. Voyez ce point développé au mot MATRIMONION.

CAMUS (RENDRE), métaphoriquement, *casser le nez, rendre confus* :

MATHURINE.
Oui, Charlotte; je veux que monsieur *vous rende un peu camuse*.
(*D. Juan*. II. 5.)

Vous remarquerez que l'on emploie à rendre la même pensée deux images contraires : *être camus* et *avoir un pied de nez*.

CAPRIOLER, cabrioler :

> Parbleu ! si grande joie à l'heure me transporte,
> Que mes jambes sur l'heure en *caprioleroient*,
> Si nous n'étions point vus de gens qui s'en riroient. (*Sgan.* 18.)

CARACTÈRE, talisman :

> Oui, c'est un enchanteur qui porte un *caractère*
> Pour ressembler aux maîtres des maisons. (*Amph.* III. 5.)

On dit qu'il a *un caractère* pour se faire aimer de toutes les femmes. (*Pourc.* III. 8.)

Le Crispin des *Folies amoureuses* se dit grand chimiste, qui passait même pour un peu sorcier :

> « On m'a même accusé d'avoir *un caractère*. » (*Fol. am.* I. 5.)

« *Caractère* se dit aussi de certains billets que donnent des charlatans ou sorciers, et qui sont marqués de figures talismaniques ou de simples cachets. » (TRÉVOUX.)

CARÊME-PRENANT, mardi gras, qui touche au mercredi des cendres, jour où prend le carême :

> On diroit qu'il est céans *carême-prenant* tous les jours. (*B. gent.* III. 2.)

Un *carême-prenant* est un masque du mardi gras :

> On dit que vous voulez donner votre fille en mariage à *un carême-prenant ?* (*Ibid.* V. 7.)

CARESSE, UN PEU DE CARESSE, au singulier :

> Cela se passera avec *un peu de caresse* que vous lui ferez. (*G. D.* II. 12.)

CARNE, angle d'une table, d'un volet, etc. :

> Je me suis donné un grand coup à la tête contre *la carne d'un volet*. (*Mal. im.* I. 2.)

Carne est le mot simple, dont on rencontre souvent au moyen âge le diminutif *carenon* (on écrivait *carreignon* ou *quarreignon*) ; la racine est *carré*, *quarré*, *quarre*, qui existe encore dans *bécarre*, c'est-à-dire B *carré*.

Dans les Vosges on dit : *à la carre du bois ;* c'est à *l'angle*. *L'équerre,* instrument qui fait *la carre*.

Le *quarreignon* était une mesure d'une *quarte ;* c'était aussi un coin, un cachet de lettre.

> « Blanchaudrin fist un brief escrire,
> « Puis mist le *carregnon* en cire. » (DU CANGE. *in Ceraculum*.)

CAROGNE, c'est-à-dire *charogne*; la grossièreté du mot étant un peu dissimulée par la différence de prononciation :

Voilà nos *carognes* de femmes ! (*G. D.* III. 5.)

Ce mot est fréquent dans Molière comme imprécation : *ah, carogne !*

Primitivement le *ch* sonnait dur, comme le *k*. De *carnem* on fit *carn, karn* ou *charn*, et dans la forme moderne *chair. Carogne* témoigne de l'ancienne prononciation.

J'observe que le CH est entré dans l'orthographe pour un service diamétralement opposé à celui qu'il y fait aujourd'hui. L'*h*, signe d'aspiration, empêchait le *c* de s'adoucir, de se briser sur la voyelle suivante, et le maintenait dur.

Car le *c* tout seul faisait devant chacune des cinq voyelles le rôle du *ch* moderne (qu'il conserve dans l'italien devant *e* et *i*). On lit dans les plus vieux textes, *ceval, bouce, ceminée, fresce*; cela faisait, comme aujourd'hui, cheval, bouche, cheminée, fraîche. Au contraire, la notation moderne eût représenté *keval, bouke, keminée, fraïke*... ce qui est la prononciation picarde. Et pourquoi les Picards prononcent-ils ainsi? pourquoi semblent-ils avoir pris le contre-pied des autres en prononçant un *kien*, un *kat*, une *mouke*, un *kemin*, un *pékeur*; et au contraire par *ch*, *chela, chel homme, chelle femme, merchi, chest boin*, etc. Est-ce purement et simplement par esprit de contradiction?

Nullement. C'est par fidélité à la langue latine, dont le Belgium de César paraît avoir été plus fortement imprimé que les autres provinces de la conquête romaine.

En effet, les Picards maintiennent le son du *k* partout où les Latins sonnaient le *c* dur : *vacca, vaque; bucca, bouque; caballus, keval; caro, karn* et *carogne; catus, carrus, piscator; kat, kar* et *karrette, pêqueur; canis, kien; cacare, kier*, etc. Vous voyez qu'ils se reportent toujours à l'étymologie pour maintenir le *c* dur, sans égard à la nature de la voyelle qui suit en français. Que cette voyelle soit devenue un *i*, comme dans *chien*, ou un *e*, comme dans *cheval*, n'importe; ils ne s'arrêtent point à la métamorphose; leur oreille se souvient de plus haut : c'était un *a* en latin, et le *c* y était dur ; ils le garderont dur.

Mais dans *ce*, *ci*, *merci*, et autres pareils, qui ne viennent pas du latin, ou n'y avaient pas le *c* dur, ils lui laissent la valeur du *ch* moderne ; ils disent *merchi*, comme les Italiens disent *mercè*.

Les autres provinces se sont réglées depuis sur la nature des voyelles françaises pour modifier la valeur du *c*; mais, dans l'origine, elles semblent lui avoir attribué partout, et sans distinction, l'effet du *ch* moderne. Comment expliquer autrement que de *catus*, *carrus*, on ait dit *chat*, *char*?

En italien, le *ch* conserve sa valeur primitive : *chiamare*, *chiave*, *chiuso*.

Aujourd'hui l'on se contente du simple *c* devant *o* et *u* : *comminciare*, *decamerone*; mais autrefois on y écrivait aussi le *ch*, comme cela se voit par un manuscrit du xve siècle, dont voici le titre exact :

— « Inchomincia il libro *chiamato* dechamerou, *chognominato* principe
« *Ghaleotto* (1), nel quale si *chontengono* cento novelle....., etc. »
(Cité dans P. Paris, mss. III. 327.)

Ce qui semble indiquer que, dans l'origine, les Italiens aussi prêtaient au *c* une action uniforme sur les cinq voyelles. Et en effet, il est plus naturel, quand on pose une règle, de la poser générale ; les exceptions viennent ensuite, amenées par le temps, et avec elles les inconséquences. Le *cahot* de la voiture et le *chaos* de Démogorgon sonnent à l'oreille comme la dernière moitié de *cacao*. Concluez donc la prononciation d'après l'orthographe !

CAS, GRAND CAS, chose considérable :

Ce que de plus que vous on en pourroit avoir (*d'âge*)
N'est pas *un si grand cas* pour s'en tant prévaloir.   (*Mis.* III. 5.)

« Quoi payer? — La dîme aux bons pères.
« — Quelle dîme? — Savez-vous pas?

---

(1) La règle relative au *c* s'appliquait au *g*, qui n'est qu'un adoucissement du *c*. Apparemment, sans l'aspiration interposée, le *g* de *Galeotto* se fût prononcé comme celui de *girare*, *gelare*, au lieu d'être tenu dur comme dans *ghiaccia*.

« — Moi, je le sais ? — *C'est un grand cas,*
« *Que toujours femme aux moines donne.* »
(La Font. *Les Cordeliers de Catalogne.*)

CAUSER, parler au hasard :

Le monde, chère Agnès, est une étrange chose!
Voyez la médisance, et comme chacun *cause!* (*Ec. des fem.* II. 6.)

Le sens primitif de *causer* est, en effet, *blâmer, gronder, médire.* C'était un verbe actif, *causer quelqu'un* :

« Sa femme l'ot, moult fort le *cose.* » (*Vie de J. C.* dans Duc.)

Sa femme l'entend, et le gronde fort.

« Moult de sa gent parler n'en osent,
« Mais par derriere moult l'en *chosent.* »
(Barbaz. *Fabliaux.* 1. p. 160.)

Voyez Du Cange, au mot *Causare.*

(1) CAUTION BOURGEOISE, garantie suffisante :

Je m'en vais gagner au pied, ou je veux *caution bourgeoise* qu'ils ne me feront pas de mal. (Les yeux de Cathos et ceux de Madelon.)
(*Préc. rid.* 10.)

Allusion à l'ancienne coutume de livrer en otage au vainqueur un certain nombre des principaux bourgeois. Eustache de Saint-Pierre faisait partie de la caution bourgeoise fournie par la ville de Calais.

le marquis. Je la garantis détestable!
dorante. *La caution* n'est pas *bourgeoise.* (*Crit. de l'Ec. des fem.* 6.)

« On appelle *caution bourgeoise,* dit Furetière, une caution valable et facile à discuter, comme serait celle d'un bourgeois bien connu dans sa ville. »

Au mot *caution,* Furetière met cet exemple : « On ne veut point prêter aux grands seigneurs sans *caution bourgeoise.* »

CE interrogatif, lié au verbe *pouvoir* :

Qui *peut-ce* être ? (*L'Av.* IV. 7.)

— CE, suivi du verbe au pluriel :

Il faut que, dans l'obscurité, je tâche à découvrir quelles gens *ce peuvent* être. (*Sicilien.* 5.)

Tous les discours sont des sottises,
Partant d'un homme sans éclat;
Ce seroient paroles exquises,
Si c'étoit un grand qui parlât. (*Amph.* II. 1.)

Ce que je vous dis là ne sont pas des chansons. (*Ec. des fem.* III. 2.)

(Voyez CE QUE et CE SONT.)

CÉANS :

Qu'est-ce qu'on fait *céans?* comme est-ce qu'on s'y porte? (*Tart.* I. 5.)

Dénichons de *céans*, et sans cérémonie. (*Ibid.* IV. 7.)

Ce vieux mot est employé dans *Tartufe* avec une sorte de prédilection. Madame Pernelle, comme aussi madame Jourdain, affectionnent *céans*.

> Et je parle d'un vieux Sosie
> Qui fut jadis de mes parents,
> Qu'avec très-grande barbarie
> A l'heure du dîner l'on chassa de *céans*. (*Amph.* III. 7.)

Céans, racines *ci ens*, ici dedans; comme *léans* est pour *là ens*, là dedans.

Fayel, surprenant le châtelain de Coucy chez sa femme, le chasse avec la suivante Isabelle :

> « Or, chastelains, vous en irez,
> « Isabelle o vous enmenrez;
> « Car *ci ens* jamais ne girra. »   (*R. de Coucy,* V. 4744.)

Car elle ne couchera jamais plus *céans*.

> « Un frère Jean, novice de *léans*. »   (LA FONTAINE, *Féronde.*)

Novice de là-dedans.

En prenait autrefois l'*s* finale euphonique. Cette *s* s'est conservée aussi dans cette autre forme *dedans*, où le second *d* est une euphonique intercalaire. (*Des Var. du lang. fr.*, 93 et 339.)

CEPENDANT QUE... :

Cependant que chacun, après cette tempête,
Songe à cacher aux yeux la honte de sa tête...   (*L'Ét.* V. 14.)

Pendant cela (savoir), que chacune, etc., *hoc pendente* (seu *durante*) *quod*..... *Cependant que*, fréquent dans la prose de Froissart, est un archaïsme cher à la Fontaine.

CE QUE LE CIEL NOUS A FAIT NAÎTRE, notre origine :

Il y a de la lâcheté à déguiser *ce que le ciel nous a fait naître.*
(*B. gent.* III. 12.)

— CE QUE C'EST QUE DE.... pour *ce que c'est que le...*:

Moi! voyez *ce que c'est que du* monde aujourd'hui! (*L'Et.* I. 9.)

Quid sit *de* mundo hodie. (Voyez DE, représentant *que le*.)

CE QUE.... SONT :

Ce *que* je vous dis là *ne sont pas* des chansons. (*Ec. des fem.* III. 2.)

On m'a montré la pièce, et comme *tout ce qu'il y a* d'agréable *sont* effectivement les idées qui ont été prises de Molière, etc. (*Impr.* 3.)

« Son droit? *tout ce qu'il dit sont* autant d'impostures. »
(RACINE. *Les Plaideurs.* II. 9.)

L'idée réveillée ici par le singulier *ce que*, représente des détails, et non pas un ensemble. Le verbe au singulier y serait déplacé; qu'on l'essaye : Monsieur, tout ce qu'il dit *est* autant d'impostures. Tout ce qu'il y a d'agréable *est* effectivement les idées, etc.

Cela n'est pas acceptable. Avant de s'accorder entre eux, les mots sont tenus de s'accorder avec la pensée; et quand il y a conflit, c'est la pensée qui doit l'emporter. Aussi, quand une suite de substantifs, même au pluriel, ne réveillent qu'une idée simple, l'idée d'un ensemble, le verbe se met au singulier.

Quatre ou cinq mille écus *est* un denier considérable! (*Pour.* III. 9.)

Voyez la contre-partie de cet article à C'EST.

CE QUI.... CE SONT :

Ce sont charmes pour moi que *ce qui* part de vous. (*Fem. sav.* III. 1.)

Il est permis de supposer que, sans la nécessité de la mesure, Molière n'eût pas donné à l'usage la satisfaction de cette étrange alliance d'un singulier avec un verbe au pluriel. Ce *qui part... ce sont* charmes.

Je dois observer cependant que Montaigne a écrit :

« *Cela, ce sont* des effets particuliers. » (*II. ch.* 12.)

(Voyez des exemples du contraire à l'article C'EST.)

CERVELLE, figurément, la cause pour l'effet; impétuosité, extravagance : ESSUYER LA CERVELLE DE QUELQU'UN :

On n'a point à louer les vers de messieurs tels,

A donner de l'encens à madame une telle,
Et de nos francs marquis *essuyer la cervelle.* (*Mis.* III. 7.)

CE SONT, SONT-CE :

C'est comme parle le plus souvent Molière, quand il suit un pluriel ; et non pas *c'est, est-ce,* à la manière de Bossuet :

Comment, ces noms étranges *ne sont-ce pas* vos noms de baptême ?
(*Précieuses ridic.* 5.)

Ce sont vingt mille francs qu'il m'en pourra coûter. (*Mis.* V. 1.)

Il est probable qu'en prose Molière eût dit *c'est vingt mille francs,* comme dans la phrase de *Pourceaugnac* citée plus haut ; car l'idée ne se porte pas à considérer les francs isolément, mais sur une somme de 20,000 francs.

Ce ne sont plus rien que des fantômes ou des façons de chevaux.
(*L'Avare.* III. 5.)

C'EST ou EST, en rapport avec un substantif au pluriel :

Et *deux ans,* dans son sexe, *est* une grande avance. (*Mélicerte.* I. 4.)

Il est clair qu'il n'y a point là de faute ; parce que la pensée porte non pas sur le nombre des années, mais sur l'unité de temps représentée par deux ans. Deux ans, c'est une grande avance.

Quatre ou cinq mille écus *est* un denier considérable ! (*Pourc.* III. 9.)

Tous les hommes sont semblables par les paroles, et *ce n'est* que les actions qui les découvrent différents. (*L'Av.* I. 1.)

Il est certain que cette façon de parler paraît la plus conforme à la logique habituelle de la langue française, qui gouverne toujours la phrase, non sur les mots à venir, mais sur les mots déjà passés, en sorte qu'une inversion change la règle : J'ai *vu* maints chapitres ; j'ai maints chapitre *vus.*

Ce est au singulier, représentant *cela.* Pourquoi mettre le verbe au pluriel ? On ne dirait plus aujourd'hui, comme du temps de Montaigne, *cela sont.*

Mais *ce* peut être un mot collectif enfermant une idée de pluriel ; et quand ce pluriel touche immédiatement au verbe qui le suit, il n'y a point d'inconvénient à mettre *ce sont,* au lieu de *ce est.* Nos pères paraissent en avoir jugé ainsi, car la forme *ce sont* se retrouve dans le berceau de la langue. Elle prédomine dans le livre des *Rois :*

« Ço sunt les deus ki flaelerent e tuerent ces d'Égypte el désert. »
(*Rois*. p. 15.)

Le tort des grammairiens est d'avoir rendu cette forme obligatoire ; elle n'est que facultative, et il est toujours loisible d'employer *c'est* devant un nom pluriel. Les grammairiens, qui nous imposent rigoureusement *ce sont eux*, prescrivent aussi *c'est nous*, *c'est vous*, locutions absurdes ! Puisqu'on gardait la tradition du moyen âge, il fallait du moins la garder tout entière, et dire *ce sommes nous, c'étes vous*. Mais on n'a obéi qu'à une routine aveugle et inconséquente.

Dans *Pathelin*, Guillemette recommande à M. Jousseaume de parler bas, par égard pour le pauvre malade ; et elle-même s'oublie jusqu'à élever fort la voix. Le drapier ne manque pas d'en faire la remarque :

« Vous me disiez que je parlasse
« Si bas, saincte benoiste dame :
« Vous criez !

GUILLEMETTE.
C'estes vous, par mame ! »

C'est vous, par mon âme !

A la fin, le drapier reconnaît son voleur dans l'avocat :

« Je puisse Dieu desadvouer
« Se *ce n'estes vous*, vous, sans faulte... »

Je renie Dieu si *ce n'est vous* !

Et dans la scène où Pathelin subtilise le drap : L'honnête homme que feu votre père !

« Vrayment, *c'estes vous* tout craché ! »

C'est vous tout craché.

« On trouve douze rois choisis par le peuple, qui partagèrent entre eux
« le gouvernement du royaume. *C'est eux* qui ont bâti les douze palais
« qui composoient le labyrinthe. » (BOSSUET. *Disc. sur l'hist. un.* 3ᵉ p.)

« *Ce n'est* pas seulement *des hommes* à combattre, *c'est des montagnes*
« inaccessibles, *c'est des ravines* et *des précipices* d'un côté ; *c'est* partout
« *des forts élevés*.... » (*Or. fun. du pr. de Condé*.)

On voit que Bossuet veut présenter une idée d'ensemble : les rois qui ont bâti le labyrinthe, et ce qu'il y a à combattre ; et non pas attirer la pensée, la divertir sur les détails, sur les éléments qui forment cette unité. Il ne veut pas nous faire compter les rois égyptiens ni les sommets des montagnes, mais nous frapper par un tableau ; il emploie le singulier.

Cependant, après avoir rapporté ce passage, l'auteur des *Remarques sur la langue française et le style* déclare avec dureté : « Il faut partout *ce sont*. » « Il est certain, ajoute-t-il par forme d'atténuation, que les Latins disaient poétiquement *animalia currit*. » Les Latins n'ont jamais parlé de la sorte, ni en vers ni en prose ; l'auteur confond la grammaire latine avec la grecque. Au surplus, la locution ζῶα τρέχει n'a pas le moindre rapport à ce dont il s'agit. On aimerait mieux trouver dans ce livre moins d'érudition, et un peu plus d'égards pour les grandes gloires littéraires de la France. C'est à l'instant même où il vient d'inventer cet *animalia currit*, que l'auteur reproche à Bossuet des *solécismes* : « Bossuet a commis cette faute à outrance.... *Le solécisme* est commis avec une telle insistance, qu'il est permis de croire que Bossuet n'était pas bien fixé sur cette règle d'usage, *qu'il rencontre néanmoins quelquefois.* » (I. p. 445.) Non, Bossuet n'a pas fait ici de solécisme, et il parlait français autrement que par rencontre et par hasard.

« *Ce n'est plus ces promptes saillies* qu'il savoit si vite et si agréable-
« ment réparer. »   (*Or. f. du pr. de Condé.*)

Substituez *ce ne sont*, vous déchirez l'oreille : *ce ne sont plus ces*.....

Voltaire dit pareillement :

« Les saints ont eu des foiblesses ; *ce n'est pas leurs foiblesses* qu'on ré-
« vère. »   (*Canonis. de s. Cucufin.*)

L'idée porte sur *ce qu'on révère*, et non sur les faiblesses des saints.

Et Racine :

« *Ce n'est pas les Troyens*, c'est Hector qu'on poursuit. » (*Androm.*)

L'idée porte de même ici non pas sur *les Troyens*, mais sur *ce qu'on poursuit*.

Et comme après un nom collectif au singulier on peut mettre le verbe au pluriel, par rapport à la pensée que ce singulier réveille, de même on peut mettre le verbe au singulier à côté d'un substantif au pluriel, quand il y a unité dans l'idée.

Ainsi, dans Pourceaugnac, Molière a pu dire, et devait dire en effet :

Quatre ou cinq mille écus EST *un denier considérable.*   (III. 9.)

Sont un denier eût été impropre.

Par la même raison, M. de Chateaubriand a dû écrire :

« Qui racontera ces détails, si je ne les révèle? *Ce n'est pas les jour-*
« *naux.* »   (*De la censure.*)

Concluons qu'il y a un art, une délicatesse de style à choisir l'une ou l'autre forme, selon le besoin de la pensée ou de l'harmonie ; et c'est à l'usage qu'il fait de cette liberté qu'on reconnaît le bon écrivain.

C'EST A.... A (un infinitif), et non pas *de* :

C'est *aux* gens mal tournés, aux mérites vulgaires,
A brûler constamment pour des beautés sévères.   (*Mis.* III. 1.)

C'EST POUR (un infinitif), cela mérite que.... :

Certes *c'est pour en rire*, et tu peux me le rendre.   (*Mélic.* I. 2.)

— C'EST POUR (un infinitif) QUE.... :

Et *c'est pour essuyer* de très-fâcheux moments,
Que les soudains retours de son âme inégale.   (*Psyché.* I. 2.)

Cela est fait pour..... Cela, savoir que.....

C'EST (un infinitif) DE (un infinitif); et non *que de* :

C'est m'honorer beaucoup *de vouloir* que je sois témoin d'une entrevue si agréable.   (*Mal. im.* II. 5.)

C'EST QUE, par syllepse, sans relation grammaticale avec ce qui précède :

Et afin, madame Jourdain, que vous puissiez avoir l'esprit tout à fait content, et que vous perdiez aujourd'hui toute la jalousie que vous pourriez avoir conçue de monsieur votre mari, *c'est que* nous nous servirons du même notaire pour nous marier, madame et moi.   (*B. gent.* V. 7.)

Je vais vous dire une chose, c'est que nous nous servirons, etc.

C'EST TOUT DIT, adverbe; c'est tout dire, tout est dit quand on a dit cela:

 Il est fort enfoncé dans la cour, *c'est tout dit :*
 La cour, comme l'on sait, ne tient pas pour l'esprit. (*Fem. sav.* IV. 3.)

CE QUI EST DE BON, pour *ce qu'il y a de bon :*

Le mari ne se doute point de la manigance, voilà *ce qui est de bon.*
             (*G. D.* I. 2.)

CE VOUS EST, CE NOUS EST :

 En un mot, *ce vous est* une attente assez belle
 Que la sévérité du tuteur d'Isabelle. (*Ec. des mar.* I. 6.)
Ce nous est une douce rente que ce M. Jourdain, (*Bourg. gent.* I. 1.)

C'est ici le datif de profit : c'est *à vous, à nous.....*

CHAGRIN DÉLICAT, délicatesse chagrine :

 S'il faut que cela soit, ce sera seulement pour venger le public du *chagrin délicat* de certaines gens. (*Préf. de la Crit. de l'Éc. des fem.*)

CHAISE pour *chaire :*

 Les savants ne sont bons que pour prêcher en *chaise.*
             (*Fem. sav.* V. 3.)

« *Chaise* n'est point une erreur de Martine. Autrefois, on appelait ainsi ce que nous nommons aujourd'hui *chaire ;* on disait : *une chaise de prédicateur, de régent.* Vaugelas préférait en ce sens le mot *chaise*, mais il n'excluait pas le mot *chaire.* Ce dernier ne se dit plus que des sièges ordinaires. » (M. AUGER.)

La note de M. Auger est fort juste; mais il y faut ajouter quelques développements, car ce point touche à l'une des circonstances les plus singulières de l'ancienne langue : c'est l'habitude de grasseyer et de zézayer. Jacques Dubois (Sylvius) et Charles Bouille en font le caractère du parler parisien au XVIe siècle ; mais je suis persuadé que la chose est beaucoup plus ancienne et plus générale, au moins en ce qui touche le grasseyement. En effet, les preuves de l'*r* supprimée, ou transformée en *l*, se rencontrent partout dans les manuscrits du moyen âge. L'*amure* pour l'*armure*, dans la chanson de Roland ; *quatier, mabre, paller, bone*, pour *quartier, marbre, parler, borne*, dans le Roman de la Rose ; *asi* pour *arsi* (brûlé), dans *les Rois ; coupe* pour *coulpe*, dans le Roman du châtelain de Coucy ; *mellan, huller, supellatif*, etc., etc., dans des auteurs de toutes provinces et des plus anciennes époques.

« Item, un estuy à corporaulx, tout ouvré de *pelles*. »
(*Invent. de la Ste.-Chapelle*, de 1363.)

« Les entrechamps de grosses *pelles* fines. »   (*Texte de* 1336.)

(Voyez Du Cange, au mot *Chaste*.)

Bouille et Dubois se trompent donc en prenant un abus contemporain pour un abus moderne. C'est une erreur, du reste, assez commune.

Cette précaution prise, voici leur témoignage :

« Je ne veux point oublier ici un autre vice de la prononciation parisienne : c'est la confusion des lettres *R* et *S.* Les exemples en sont innombrables, tant en latin qu'en vulgaire. Ils disent *Jeru Masia*, pour *Jesu Maria* ; *misesese*, pour *miserere* ; *cosona*, pour *corona*. *Ma mèse, mon frèse*, pour *mère, frère* ; et au rebours, *courin*, pour *cousin* ; *de l'oreille*, pour de *l'oseille*. Et ils ne se contentent pas de pécher de la sorte en parlant, mais c'est qu'ils écrivent comme ils prononcent ; et les doctes même ont toutes les peines du monde à se préserver de cette mauvaise habitude, dont les enseignes des rues de Paris rendent témoignage à tous les passants, car on y lit : Au gril *cousonné* ; à l'estelle (l'étoile) *cousonnée*, au bœuf *cousonné*. »
(*De vitiis vulg. ling.*, p. 36.)

J. Dubois est aussi explicite ; il ajoute seulement cette remarque, que les Latins pratiquaient la même confusion, disant indifféremment : *Fusius, Valesius*, ou *Furius, Valerius* ; *arbos, labos*, ou *arbor, labor* ; comme les Grecs, θαῤῥέιν et θαρσέιν. (*Isagoge in ling. gall.*, p. 52.)

De *cathedram*, la première forme française a été *chayère* ou *kayère*, d'où par resserrement *chaire*. Les Picards d'aujourd'hui disent encore une *kayelle*.

Et *chaire*, par le zézayement, est devenu *chaise*, comme *hure* était devenu *huse*.

« En la mesme feuille ont mis aussi la figure de la divine infante, cou-
« ronnée en royne de France, comme vous, vous regardants *huze* à *huze*
« l'un l'autre (1). »   (*Sat. Ménippée*, p. 104, éd .Charp.)

Nous avons repris la forme *hure*, mais nous avons gardé la forme *chaise*, créée par un abus, tout en retenant aussi la forme primitive et légitime *chaire*; mais comme il est convenu qu'il ne peut y avoir dans une langue deux mots synonymes, on s'est empressé d'attacher à chacune de ces formes une nuance de valeur différente.

Combien de mots subsistent honorablement au cœur de notre langue, qui ne sont, comme le mot *chaise*, que des parvenus sans titres? Par exemple, *fauxbourg*, *chambellan*, qui devraient être *forsbourg*, *chamberlan*; et bien d'autres!
(Voyez sus.)

CHALEUR DE, empressement à :

Et que, par *la chaleur de montrer ses ouvrages*,
On s'expose à jouer de mauvais personnages.   (*Mis.* I. 2.)

— CHALEUR POUR QUELQUE CHOSE :

La chaleur qu'ils ont *pour les intérêts du ciel*.   (*Préf. de Tartuffe.*)

CHAMAILLER et SE CHAMAILLER :

Nous irons bien armés; et si quelqu'un nous gronde,
Nous nous chamaillerons. . . . .
Moi, *chamailler!* bon Dieu, suis-je un Roland, mon maître?
                                                (*Dép. am.* V. 1.)

Sur les verbes réfléchis qui prennent ou laissent le pronom, voyez ARRÊTER et PRONOM RÉFLÉCHI.

CHAMP, par métaphore pour *occasion* :

Et l'aigreur de la dame, à ces sortes d'outrages
Dont la plaint doucement le complaisant témoin,
Est un *champ* à pousser les choses assez loin. . (*Ec. des mar.* I. 6.)

Le ressentiment fournit l'occasion de pousser les choses assez loin; l'idée est claire, mais la métaphore est incohérente : une aigreur ne peut être un champ.

---

(1) Sur les anciennes monnaies d'Espagne, Ferdinand et Isabelle sont représentés face à face.

— ALLER AUX CHAMPS, aller à la campagne :

Votre maître de musique est *allé aux champs*, et voilà une personne qu'il envoie à sa place pour vous montrer. (*Mal. im.* II. 4.)

CHAMPIONNES, féminin de *champion* :

Tous viennent sur mes pas, hors les deux *championnes*. (*L'Et.* V. 15.)

CHANGE ; DONNER POUR CHANGE A, c'est-à-dire, *en échange de* :

C'est ce qu'on peut *donner pour change*
Au songe dont vous me parlez. (*Amph.* II. 2.)

CHANGÉ DE :

Vous me voyez bien *changé de* ce que j'étois ce matin. (*D. Juan.* IV. 9.)
Quantum mutatus *ab illo*.

— CHANGER DE NOTE :

Je te ferai *changer de note*, chien de philosophe enragé ! (*Mar. for.* 8.)

Changer de langage, changer de ton. La Fontaine a dit *changer de note* pour *changer de tactique* :

« Leur ennemi *changea de note*,
« Sur la robe du dieu fit tomber une crotte :
« Le dieu, la secouant, jeta les œufs à bas. » (*L'Aigle et l'Escarbot.*)

— CHANGER UNE CHOSE A UNE AUTRE :

Et, des rois les plus grands m'offrit-on le pouvoir,
Je n'*y changerois pas* le bien de vous avoir. (*Mélicerte.* II. 3.)

« Cependant l'humble toit devient temple, et ses murs
« *Changent* leur frêle enduit *aux marbres* les plus durs. »
(LA FONT. *Philémon et Baucis.*)

« Peut-être avant la nuit l'heureuse Bérénice
« *Change* le nom de reine *au nom* d'impératrice. » (RACINE. *Bér.* I. 3.)

CHANSONS, REPAÎTRE QUELQU'UN DE CHANSONS :

Il faut être, je le confesse,
D'un esprit bien posé, bien tranquille, bien doux,
Pour souffrir qu'un valet *de chansons me repaisse*. (*Amph.* II. 1.)

CHANTER DES PROPOS :

Au nom de Jupiter, laissez-nous en repos,
Et ne nous *chantez* plus *d'impertinents propos*. (*L'Et.* I. 8.)

— CHANTER MERVEILLE, promettre monts et merveilles :

Nous en tenons, madame; et puis prêtons l'oreille
Aux bons chiens de pendards qui nous *chantent merveille!*
(*Dép. am.* II. 4.)

CHARGER; CHARGER UN COURROUX, y donner de nouveaux motifs :

Mon courroux n'a déjà que trop de violence,
Sans *le charger* encor d'une nouvelle offense. (*Sgan.* 6.)

— CHARGER, métaphoriquement, en bonne part :

L'honneur de cet acte héroïque
Dont mon nom est *chargé* par la rumeur publique. (*D. Garcie.* V. 5.)

La figure en ce sens ne paraît pas heureuse. On dit cependant *le poids d'un grand nom*; et Regnard a dit aussi, ironiquement, il est vrai :

« C'est un pesant fardeau qu'avoir un gros mérite. » (*Le Joueur.* II. 8.)

— CHARGER LE DOS à quelqu'un, le battre :

Vous n'avez pas *chargé son dos* avec outrance ? (*L'Et.* III. 4.)

— CHARGER QUELQU'UN, courir sur lui pour le battre :

ALAIN.
... Si quelque affamé venoit pour en manger,
Tu serois en colère et voudrois *le charger*. (*Ec. des fem.* II. 3.)
Je veux.....
. . . .
Que tous deux à l'envi vous me *chargiez ce traître*. (*Ibid.* IV. 9.)

— CHARGER SUR QUELQU'UN :

D'abord il a si bien *chargé sur les recors*... (*L'Et.* V. 1.)

Molière s'en est servi pareillement au sens figuré :

Sur mon inquiétude ils viennent tous *charger*. (*Amph.* III. 1.)

CHARITÉS, par antiphrase, imputations médisantes ou calomnieuses; PRÊTER DES CHARITÉS A QUELQU'UN :

Une de ces personnes qui *prêtent doucement des charités* à tout le monde, de ces femmes qui donnent toujours le petit coup de langue en passant. (*Impromptu.* 1.)

— **CHARITÉ SOPHISTIQUÉE** :

Ces faux monnoyeurs en dévotion, qui veulent attraper les hommes avec un zèle contrefait et une *charité sophistiquée*. (1er *Placet au roi*.)

CHAT, ACHETER CHAT EN POCHE :

Vous êtes-vous mis en tête que Léonard de Pourceaugnac soit homme à *acheter chat en poche*....? (*Pourc.* II. 7.)

Acheter un chat dans la poche du marchand, acquérir un objet sans l'examiner.

« Elles (les filles qui se marient) *acheptent chat en sac*. » (Mont. III. 5.)

CHATOUILLANT (adj. verbal), au sens figuré :

... Par de *chatouillantes approbations* vous régaler de votre travail.
(*B. gent.* I. 1.)

— **CHATOUILLER UNE AME** :

J'aime à te voir presser cet aveu de ma flamme :
Combattant mes raisons, *tu chatouilles mon âme*. (*Pr. d'El.* I. 1.)

Racine a dit dans le style noble *chatouiller un cœur* :

» Ces noms de roi des rois et de chef de la Grèce
« *Chatouilloient de mon cœur* l'orgueilleuse foiblesse. »
(*Iphigénie*. I. 1.)

La Fontaine emploie *chatouiller* sans complément :

« Sa sœur se croyant déjà entre les bras de l'amour, *chatouillée* de ce témoignage de son mérite....» (*Psyché*, livre II.)

— **CHAUDE, L'AVOIR CHAUDE**, avec l'ellipse du mot *alerte* ou *alarme* :

Mon front *l'a*, sur mon âme, *eu bien chaude* pourtant. (*Sgan.* 22.)

CHAUSSÉ D'UNE OPINION (ÊTRE) :

Chose étrange de voir comme avec passion
Un chacun est *chaussé de son opinion*. (*Ec. des fem.* I. 1.)

CHER, précieux :

Et la plus glorieuse (estime) a des régals peu chers. (*Mis.* I. 1.)

Otez-moi votre amour, et portez à quelque autre
Les hommages d'un cœur aussi *cher* que le vôtre. (*Fem. sav.* V. 1.)

Ce n'est pas à dire un cœur *si chéri*, mais *de si haut prix*.

Comme on chérit ce qui est précieux, il est clair que, dans bien des cas, les deux nuances se confondent; mais il en est d'autres aussi où elles sont bien distinctes. Par exemple : *des régals peu chers*, *un cœur aussi cher que le vôtre*. Cher ici ne signifie que *précieux;* car Henriette ne *chérit* pas le cœur de Trissotin, non plus que Phèdre ne chérit la tête de Thésée.

Tenir cher, dans la vieille langue, apprécier, estimer à haut prix. Les gens de Nevers, quand leur duc Gérard les a quittés, *ne tiendront plus rien cher*, ni le son de la musique, ni le ramage des oiseaux :

« Son de note, ne cri d'oisiel,
« N'ierent mais chaiens *chier tenu.* »   (*La Violette*. p. 71.)

L'italien emploie de même *caro : questo m'è caro! quanto m'è caro!*

CHERCHER DE (un infinitif), chercher à :
Vous ne trouverez pas étrange que nous *cherchions d'en prendre vengeance.*   (*D. Juan.* III. 4.)

Molière, conformément au génie de la vieille langue, évite l'hiatus avec un soin extrême; c'est pourquoi il remplace souvent *à* par *de* : *commencer de* pour *commencer à; chercher de, obliger de,* etc… *A en prendre* révolterait l'oreille.

(Voyez DE, remplaçant *à* entre deux verbes.)

CHÈRE, FAIRE BONNE CHÈRE, dans le sens d'un traiteur qui fait une bonne cuisine, chez qui l'on fait bonne chère :
Comment appelez-vous ce traiteur de Limoges qui *fait si bonne chère?*   (*Pourc.* I. 6.)

Chère est l'italien *ciera, visage*. Il s'est pris par extension pour une nourriture abondante et recherchée, parce qu'une telle nourriture procure un bon visage. C'est dans ce sens que le traiteur de Limoges *faisait une bonne chère* à ses habitués; mais il est important de retenir l'étymologie du mot *chère*, pour comprendre l'ancienne acception figurée qui se trouve dans la Fontaine : *faire bonne chère à quelqu'un*, lui faire bon accueil, bonne mine. *Chère d'homme fait vertu*, dit un vieux proverbe; c'est *face* d'homme.

CHEVILLES :
Je ne vous parle point, *pour devoir en distraire,*
Du don de tout son bien, qu'il venoit de vous faire. (*Tart.* V. 7.)

Pour devoir en distraire, signifie probablement pour avoir dû vous détourner d'une telle action. Il serait difficile d'être plus obscur. Ce passage, et bien d'autres, font voir que Molière suivait en versifiant la méthode de Boileau, de commencer par le second vers, et d'y renfermer toute l'énergie de la pensée dans les termes les plus propres. Le premier se faisait ensuite du mieux qu'on pouvait, ajusté sur le second. Molière a dû, comme Virgile, laisser souvent des hémistiches vides, qu'il remplissait à la hâte au dernier moment.

    Quoi! vous ne pouvez pas, *voyant comme on vous nomme*,
    Vous résoudre une fois à vouloir être un homme? (*Fem. sav.* II. 8.)

Le second vers, ferme, compacte, énergique, était certainement fait avant le premier. *Voyant comme on vous nomme* n'est que la paraphrase affaiblie et peu claire du mot *être un homme*.

    Pour moi, je ne tiens pas. . . . .
    Que la science soit pour gâter quelque chose.   (*Ibid.* IV. 3.)

Voilà la pensée complète, comme elle s'est présentée à Molière. Mais il a fallu remplir l'hémistiche :

    Pour moi, je ne tiens pas, *quelque effet qu'on suppose*, etc.

Plus loin :

    Et c'est mon sentiment que. . . . .
    La science est sujette à faire de grands sots!

Quelle petite phrase incidente remplira le premier hémistiche *en faits comme en propos ?*

    Et c'est mon sentiment qu'*en-faits comme en propos*,
    La science est sujette à faire de grands sots.   (*Ibid.* IV. 3.)

CHEVIR DE. . . . :

M. DIMANCHE. — Nous ne saurions *en chevir*.   (*D. Juan.* IV. 3.)

La racine de ce vieux mot est *chef*, que l'on prononçait *ché*, comme *clef* se prononce encore *clé* (1); ainsi *chevir de*. . . . , c'est être chef ou maître de. . . . .

La même racine est celle du vieux mot *chevestre*, licou, *capistrum*; d'où il nous reste *enchevêtré*, qui a le chef pris.

(1) *Des variations du lang. fr.*, p. 46, 47.

CHÈVRE ; PRENDRE LA CHÈVRE, pour *s'alarmer* ; *se fâcher* :

D'un mari sur ce point j'approuve le souci ;
Mais c'est *prendre la chèvre* un peu bien vite aussi. (*Sgan.* 12.)

NICOLE. Notre accueil de ce matin t'a fait *prendre la chèvre*.
(*B. gent.* III. 10.)

On dit, par une figure analogue, *prendre la mouche*.
(Voyez MOUCHE.)

CHOISIR DE... (un infinitif) :

Choisis d'épouser, dans quatre jours, ou monsieur ou un couvent.
(*Mal. im.* II. 8.)

CHOIX (LE) DE..., le choix entre :

Le choix d'elle et de nous est assez inégal. (*Mélicerte.* I. 5.)

Le choix entre elle et nous.

CHOQUER, v. act., avec un nom de chose, contrarier, contredire :

Vous prétendez *choquer* ce que j'ai résolu ? (*Sgan.* 1.)
Ce dessein, don Juan, *ne choque point* ce que je dis. (*Don Juan.* V. 3.)

CHOSE ÉTRANGE DE (un infinitif) :

Chose étrange de voir comme avec passion
Un chacun est chaussé de son opinion ! (*Ec. des fem.* I. 1.)

De est pour *que de* : Chose étrange *que de* voir.....

Chose étrange d'aimer!... (*Ibid.* V. 4.)

CHRÉTIEN, PARLER CHRÉTIEN :

Il faut *parler chrétien*, si vous voulez que je vous entende.
(*Préc. rid.* 7.)

Parler chrétien, c'est *parler le chrétien*, comme *parler turc*, *parler français*, c'est *parler le français* ; *le turc*. Parler chrétiennement, c'est tout autre chose : on peut parler chrétien, c'est-à-dire la langue des chrétiens, sans parler chrétiennement, en chrétien, avec des sentiments chrétiens.

CHROMATIQUE, substantif féminin :

Il y a *de la chromatique* là-dedans. (*Préc. rid.* 10.)

Il paraît très-raisonnable de dire *la* chromatique, comme

on dit *la rhétorique* au féminin. On disait autrefois *la mathématique*, et les Italiens le disent encore : *la matematica*. Ce sont autant d'adjectifs devant lesquels on sous-entend, comme en grec, d'où ils sont tirés, le mot *science*, τέχνη.

CLARTÉ, flambeau :

    Monsieur le commissaire,
Votre présence en robe est ici nécessaire :
Suivez-moi, s'il vous plaît, avec votre *clarté*. (*Ec. des mar.* III. 5.)

— RECEVOIR LA CLARTÉ, naître :

Mais où vous a-t-il dit qu'il *reçut la clarté?*   (*L'Et.* IV. 3.)

— CLARTÉS, renseignements, éclaircissements :

Et j'ai vécu depuis, sans que de ma maison
J'eusse d'autres *clartés* que d'en savoir le nom. (*Ibid.* V. 14.)

Et je prétends me faire à tous si bien connoître,
Qu'aux pressantes *clartés* de ce que je puis être
Lui-même soit d'accord du sang qui m'a fait naître. (*Amph.* III. 5.)

    Le voici,
Pour donner devant tous *les clartés* qu'on désire. (*Ibid.* III. 9.)

Don Louis du secret a toutes les *clartés*. (*D. Garcie.* V. 5.)
Mais ces douces *clartés* d'un secret favorable
Vers l'objet adoré me découvrent coupable.   (*Ibid.* V. 6.)

— CLARTÉS, lumières, au sens moral :

Aspirez aux *clartés* qui sont dans la famille. (*Fem. sav.* I. 1.)
Je consens qu'une femme ait *des clartés* de tout. (*Ibid.* I. 3.)
On en attend beaucoup de vos vives *clartés*,
Et pour vous la nature a peu d'obscurités.   (*Ibid.* III. 2.)

CŒUR BON, AVOIR LE CŒUR BON. Voy. BON.

COIFFER (SE) LE CERVEAU, s'enivrer :

  Quel est le cabaret honnête
Où *tu t'es coiffé le cerveau?*   (*Amph.* III. 2.)

— COIFFER (SE) DE, au sens figuré, s'entêter de :

Faut-il de ses appas *m'être si fort coiffé!* (*Ec. des fem.* III. 5.)

COIN, TENIR SON COIN PARMI.... :

Il peut *tenir son coin parmi* les beaux esprits. (*Fem. sav.* III. 5.)

COLLET-MONTÉ, antique, suranné comme la mode des collets montés :

> Il est vrai que le mot est bien *collet-monté*.   (*Fem. sav.* II. 7.)

Molière souligne cette façon de parler, pour en faire sentir l'affectation ridicule.

COLORÉ, EXCUSES COLORÉES :

> Vous nous payez ici d'*excuses colorées*.   (*Tart.* IV. 1.)

(Voyez COULEUR, métaphoriquement.)

COMBLÉ; UN CARROSSE COMBLÉ DE LAQUAIS :

> Quand un carrosse, fait de superbe manière,
> Et *comblé de laquais* et devant et derrière...   (*Fâcheux*. I. 1.)

COMÉDIE, dans le sens général de représentation dramatique :

> Et j'ai maudit cent fois cette innocente envie
> Qui m'a pris, à dîner, de voir la *comédie*.   (*Fâcheux*. I. 1.)

Le père Bouhours fait une *remarque* pour établir le sens général de ce mot, et qu'on doit dire *aller à la comédie, les comédies de M. Corneille, les comédies de M. Racine*; après quoi il introduit cette exception assez singulière : « Il n'y a qu'une occasion où l'on doit se servir du mot *tragédie*, c'est quand on parle des pièces de théâtre qui se représentent dans les colléges. Ce seroit mal dit : *J'ai esté à la comédie du collége de Clermont;* il faut dire *à la tragédie.* »

(*Remarques nouvelles*, p. 93.)

Le collége de Clermont était dirigé par les jésuites; c'est probablement l'unique motif de l'exception du père Bouhours, jésuite.

COMME, lié à un adjectif, en qualité de; COMME CURIEUX :

> ... Ce gentilhomme françois qui, *comme curieux* d'obliger les honnêtes gens, a bien voulu, etc...   (*Sicilien.* 11.)

Latinisme : *Utpote curiosus.*

— COMME SAGE :

> *Comme sage*,
> J'ai pesé mûrement toutes choses.   (*Tart.* II. 2.)

Comme un homme sage, en homme sage que je suis.

— **COMME,** pour *comment :*

Les auteurs de *traités des synonymes*, s'engageant à découvrir partout des différences ou des nuances de valeur, n'ont pas manqué d'en signaler entre *comme* et *comment :* « L'un est objectif ou relatif à l'effet ; l'autre est subjectif ou relatif à l'action..... Dans les *Provinciales*, Pascal, ayant rapporté en propres termes certaines opinions de Jansénius, ajoute: « Voilà « *comme* il parle sur tous ces chefs, » c'est-à-dire, voilà de quelle sorte sont ses paroles. Et, quelques lignes plus loin, il écrit : « Voilà *comment* agissent ceux qui n'en veulent qu'aux er- « reurs. » *Comment* et non pas *comme*, parce qu'il s'agit ici d'un fait, et non d'une chose (1). » Je ne comprends rien, je l'avoue, à cette distinction subtile. Ce qui paraît beaucoup plus clair, c'est que ni Molière, ni Pascal, ne mettaient aucune différence entre *comme* et *comment* (2). Sans davantage m'arrêter à discuter la théorie de M. Lafaye, je vais rapporter les exemples de Molière, laissant à d'autres le soin d'y reconnaître le subjectif ou l'objectif :

Qui sait *comme* en ses mains ce portrait est venu ? (*Sgan.* 6.)

Non, mais vous a-t-on dit *comme* on le nomme? — Enrique.
(*Ec. des fem.* I. 6.)

Comme est-ce que chez moi s'est introduit cet homme? (*Ibid.* II. 2.)

Je ne comprends point *comme*, après tant d'amour et tant d'impatience témoignée, il auroit le cœur de pouvoir manquer à sa parole. (*D. Juan.* I. 1.)

Cela se peut-il souffrir à un homme comme vous, qui savez *comme* il faut vivre ? (*Ibid.* IV. 7.)

DUBOIS.

...Attendez !... *comme* est-ce qu'il s'appelle ? (*Mis.* IV. 4.)

J'ai peine à concevoir, tant ma surprise est forte,
Comme un tel fils est né d'un père de la sorte. (*Mélicerte.* I. 2.)

Qu'est-ce qu'on fait céans? *comme* est-ce qu'on s'y porte ? (*Tart.* I. 5.)

Oui, il faut qu'une fille obéisse à son père; il ne faut point qu'elle regarde *comme* un mari est fait. (*L'Av.* I. 9.)

---

(1) *Synonymes français*, par M. B. Lafaye, p. 600.
(2) La forme *comme* (*cume*) se rencontre seule dans les *Rois*. *Comment* est postérieur, et aura été formé pour l'euphonie.

Je suis bien aise d'apprendre *comme* on parle de moi. (*L'Av.* III. 5.)

Voilà, mon gendre, *comme* il faut pousser les choses. (*G. D.* I. 8.)

J'ai en main de quoi vous faire voir *comme* elle m'accommode.
(*Ibid.* II. 9.)

Voilà un de mes étonnements, *comme* il est possible qu'il y ait des fourbes comme cela dans le monde. (*Pourc.* II. 4.)

Qu'importe *comme ils parlent,* pourvu qu'ils me disent ce que je veux savoir ? (*Ibid.* II. 12.)

Là, voyons un peu *comme* vous ferez. (*Ibid.* III. 2.)

Jamais il n'a été en ma puissance de concevoir *comme* on trouve écrit dans le ciel jusqu'aux plus petites particularités de la fortune du moindre des hommes. (*Am. mag.* III. 1.)

— ÊTRE EN PEINE COMME IL FAUT FAIRE, en peine de savoir comment il faut faire :

On *n'est pas en peine* sans doute *comme il faut faire* pour vous louer.
(*Ép. dédic. de l'École des fem.*)

(Voyez COMMENT.)

— COMME, combien :

Vous ne sauriez croire *comme* elle est affolée de ce Léandre !
(*Méd. m. lui.* III. 7.)

— COMME.... ET QUE... :

Comme vous êtes un fort galant homme, *et que* vous savez comme il faut vivre..... (*Mar. for.* 4.)

Prince, *comme* jusqu'ici nous avons fait paroître une conformité de sentiments, *et que* le ciel a semblé mettre en nous, etc. (*Pr. d'Él.* IV. 1.)

« *Comme* elle possédoit son affection.... *et que* son heureuse fécondité
« redoubloit tous les jours les sacrés liens... »
(BOSSUET. *Or. fun. d'Henr. d'A.*)

« *Comme* c'est la vocation qui nous inspire la foi, *et que* c'est la persévé-
« rance qui nous transmet à la gloire.... » (IN. *Or. fun. de la duch. d'Orl.*)

« *Comme* il fut sorti de Delphes, *et que* eut pris le chemin de la
« Phocide..... » (LA FONTAINE. *Vie d'Ésope.*)

— COMME pour *que*; S'ÉTONNER COMME... :

Je m'étonne *comme* le ciel les a pu souffrir si longtemps.
(*D. Juan.* V. 1.)

(Voyez ADMIRER COMME.)

— TOUT COMME, adverbialement :
>C'est justement *tout comme :*
>La femme est en effet le potage de l'homme. (*Ec. des fem.* II. 3.)

COMMENCER DE :
>Et déjà mon rival *commence de* paroître. (*D. Garcie.* V. 3.)

. . . .
>Et veuille que ce frère, où l'on va m'exposer,
>*Commence d'être* roi par me tyranniser. (*Ibid.* V. 5.)

>L'amour a *commencé d'en déchirer* le voile. (*Ec. des fem.* III. 4.)

Commencer à paraît avoir été la forme primitive ; c'est celle qu'emploie le plus ancien monument connu de notre langue :

>« Saul estoit fis d'un an, quand il *comencad a* regner. » (*Rois.* p. 41.)

Mais plus tard, quand le *d* euphonique fut tombé, par l'influence de la langue écrite sur la langue parlée, le soin de l'euphonie suggéra d'éviter l'hiatus, en construisant aussi avec *de* tous ces verbes qui se construisaient déjà avec *à*.

(Voyez DE remplaçant *à* entre deux verbes.)

COMMENT, comme, à quel point :
>Vous ne sauriez croire *comment* l'erreur s'est répandue, et de quelle façon chacun s'est endiablé à me croire médecin ! (*Méd. m. lui.* III. 1.)

Comment, c'est-à-dire, *à quel point* l'erreur s'est répandue. (Voyez COMME.)

COMMERCE, AVOIR COMMERCE CHEZ QUELQU'UN :
>.... Cette marquise agréable *chez qui j'avois commerce.* (*B. Gent.* III. 6.)

COMMETTRE A QUELQU'UN, lui confier :
>Ce pauvre maître Albert a beaucoup de mérite
>D'avoir depuis Bologne accompagné ce fils,
>Qu'à sa discrétion vos soins avoient *commis.* (*L'Et.* IV. 3.)

>Allons, sans crainte aucune,
>*A la foi* d'un amant *commettre* ma fortune. (*Ec. des mar.* III. 1.)

>« Un voleur se hasarde
>« D'enlever le dépôt *commis aux soins* du garde. »
>   (LA FONT. *La Matrone d'Éphèse.*)

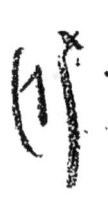

— COMMETTRE QUELQU'UN A UN SOIN :
>Je vous *commets au soin* de nettoyer partout. (*L'Av.* III. 1.)
>Allons *commettre un autre au soin* que l'on me donne. (*Fem. sav.* I. 5.)

Le substantif *commis* n'est autre chose que le participe passé de ce verbe, et se construit de même avec le datif : un commis aux aides, commis à la douane.

— COMMETTRE (SE) DE.... se confier relativement à :

Agnès, dit Horace,
> N'a plus voulu songer à retourner chez soi,
> Et *de tout son destin s'est commise* à ma foi. (*Ec. des fem.* V. 2.)

De est ici le *de* latin.

COMPAGNONS, pour *confrères* :

LE NOTAIRE.
> Moi ! si j'allois, madame, accorder vos demandes,
> Je me ferois siffler de tous mes *compagnons*. (*Fem. sav.* V. 3.)

COMPAS ; RÉGLÉ PAR COMPAS :
> Si le chef n'est pas bien d'accord avec la tête,
> Que tout ne soit pas bien *réglé par ses compas*. (*Dép. am.* IV. 2.).

COMPASSER, verbe actif, mesurer au compas, c'est-à-dire, examiner à la rigueur :
> Et quant à moi je trouve, ayant tout *compassé*,
> Qu'il vaut mieux être encor cocu que trépassé. (*Sgan.* 11.)

COMPATIR AVEC, être compatible avec :

L'engagement ne *compatit point avec mon humeur*. (*D. Juan.* III. 6.)

COMPÉTITER :

GROS-RENÉ.
> On voit une tempête, en forme de bourrasque,
> Qui veut *compétiter* par de certains... propos... (*Dép. am.* IV. 2.)

Furetière et Trévoux ne donnent que *compétiteur*. Il y a grande apparence que *compétiter* est forgé par Gros-René d'après ce substantif. On dit, en termes de droit, *compéter*, mais dans une autre acception que *compétiter*.

COMPLAISANT A.... :
> .... Vos désirs *lui* seront complaisants
> Jusques à lui laisser et mouches et rubans ? (*Ec. des mar.* I. 2.)
> Mais, au moins, sois *complaisante aux civilités* qu'on te rend.
> (*Pr. d'El.* II. 4.)

COMPLEXION ; ÊTRE DE COMPLEXION AMOUREUSE... :

Ah, ah! *vous êtes donc de complexion amoureuse ?* (*Pourc.* II. 4.)

COMPLIMENT ; ÊTRE SANS COMPLIMENT, sans façon :

Non, m'a-t-il répondu, *je suis sans compliment,*
Et j'y vais pour causer avec toi seulement. (*Fâcheux.* I. 1.)

— *Devoir à quelqu'un un compliment de quelque chose*, c'est-à-dire, la politesse de lui en donner avis :

On *vous en devoit* bien au moins *un compliment.* (*Fem. sav.* IV. 1.)

COMPOSER (SE) PAR ÉTUDE :

Là, tâchez de *vous composer par étude;* un peu de hardiesse, et songez à répondre résolument sur tout ce qu'il pourra vous dire. (*Scapin.* I. 4.)

CONCERT DE MUSIQUE :

Il faut qu'une personne comme vous... ait un *concert de musique* chez soi tous les mercredis ou tous les jeudis. (*B. gent.* II. 1.)

M. Auger blâme cette expression, comme redondante. Il est vrai qu'aujourd'hui l'on a restreint le mot *concert* à signifier *concert de musique*, mais ce n'est pas l'acception essentielle du mot; la preuve en est qu'on dit également bien un concert de louanges, un concert d'intrigues. *Concerter* ne s'applique pas exclusivement à la musique, et *déconcerter* ne s'y applique pas du tout.

Tout le xviie siècle a dit *concert de musique.*

CONCERTÉ, en parlant d'un seul, par exemple, du ciel :

Une aventure, *par le ciel concertée*, me fit voir la charmante Élise.
(*L'Av.* V. 5.)

Concertée veut dire simplement ici *préparée.*

CONCLURE DE, suivi d'un infinitif :

Et nous *conclûmes* tous *d'attacher* nos efforts
Sur un cerf que chacun nous disoit cerf dix cors. (*Fâcheux.* II. 7.)

(Voyez DE remplaçant *à* entre deux verbes.)

CONCURRENCE ; BONHEUR QUI EST EN CONCURRENCE :

Grâce à Dieu, *mon bonheur n'est plus en concurrence.*
(*Ec. des fem.* V. 3.)

En effet, l'amour d'Horace n'a plus à craindre de concurrent, puisque Agnès s'est enfuie du logis d'Arnolphe, pour se mettre sous sa protection.

CONDAMNER D'UN CRIME, c'est-à-dire, pour un crime, à cause d'un crime ; latinisme, *damnare de...* :

Ne me *condamnez point d'un* deuil hors de saison.   (*Sgan.* 10.)

Je veux que vous puissiez un peu l'examiner,
Et voir si *de mon choix* l'on peut me *condamner*. (*Ec. des fem.* I. 1.)

L'erreur trop longtemps dure,
Et c'est trop *condamner ma bouche d'imposture*.   (*Tart.* II. 3.)

C'est trop me pousser là-dessus,
Et *d'infidélité* me voir trop *condamnée*.   (*Amph.* II. 2.)

Loin de te *condamner d'un si perfide trait*,
Tu m'en fais éclater la joie en ton visage.   (*Ibid.* II. 3.)

Pascal a dit de même *blâmer de* :

« Ne *blâmez donc pas de fausseté* ceux qui ont pris un choix, car vous
« n'en savez rien. »   (*Pensées.* p. 262.)

(Voyez DE dans tous les sens du latin *de*.)

CONDITIONNELS : deux conditionnels, le second commandé par le premier :

Pour moi, *j'aurois* toutes les hontes du monde, s'il falloit qu'on vint à me demander *si j'aurois* vu quelque chose de nouveau que je n'aurois pas vu.   (*Préc. rid.* 10.)

Nous dirions aujourd'hui, *si j'ai vu* ; mais on suivait alors pour les conditionnels une certaine loi de symétrie qui s'appliquait aussi aux futurs. (Voyez FUTURS.)

S'il falloit qu'il en vint quelque chose à ses oreilles, je *dirois* hautement que *tu en aurois menti*.   (*D. Juan.* I. 1.)

Je leur *disois* que si quelqu'un leur venoit dire du mal de vous, elles se gardassent bien de le croire, et *ne manquassent* pas de lui dire qu'*il en auroit* menti.   (*Ibid.* II. 7.)

Je croirois que la conquête d'un tel cœur ne *seroit* pas une victoire à dédaigner.   (*Pr. d'El.* IV. 3.)

Si je *n'étois* sûre que ma mère étoit honnête femme, *je dirois* que *ce seroit* quelque petit frère qu'elle m'*auroit* donné depuis le trépas de mon père.   (*Mal. im.* III. 8.)

L'usage actuel mettrait : Je *dirais* que *c'est* quelque petit frère qu'elle *m'a* donné, etc.

La Fortune dit à l'enfant qu'elle trouve endormi sur le rebord d'un puits :

« Sus, badin, levez-vous. Si vous tombiez dedans,
« De douleur, vos parents, comme vous imprudents,
« Croyant en leur esprit que de tout je dispose,
« *Diroient*, en me blâmant, que j'en *serois* la cause. »

(Regnier. sat. XIV.)

Cette symétrie, empruntée du latin, était, dans l'ancienne langue, une règle inflexible. Guillemette dit à Patelin, son mari, dans la scène de la folie feinte :

« Par ceste pecheresse lasse,
« Si j'*eusse* aide, je vous *liasse* (1). »

Si adjutorium *haberem*, te *ligarem*.

Et Patelin, moqué par Aignelet :

« Par saint Jaques, se je *trouvasse*
« Un bon sergent, te *feisse* prendre. » (*Pathelin.*)

Pascal ne manque jamais à cette loi :

« Si vous ne m'aviez dit que c'est le père le Moine qui est l'auteur de
« cette peinture, *j'aurois dit* que *c'eût été* quelque impie qui *l'auroit*
« faite, à dessein de tourner les saints en ridicule. » (9ᵉ *Provinciale.*)

« S'il s'en trouvoit qui *crussent* que *j'aurois* blessé la charité que je vous
« dois en décriant votre morale... » (11ᵉ *Prov.*)

— **CONDITIONNEL construit avec un indicatif :**

Si *je me dispense* ici de m'étendre sur les belles et glorieuses vérités qu'on pourroit dire d'elle, c'est par la juste appréhension que ces grandes idées *ne fissent éclater* encore davantage la bassesse de mon offrande.

(*Ep. dédic. de l'Ecole des maris.*)

Racine a dit de même, dans *Andromaque* :

« On *craint* qu'il *n'essuyât* les larmes de sa mère. »

Sur quoi d'Olivet élève une chicane grammaticale aussi pédante qu'elle est injuste. Rien n'est plus logique, ni plus irréprochable que cette alliance de temps, puisqu'il existe entre les deux l'ellipse bien claire d'une condition : — on craint (*si*

---

(1) *Si* gouvernait le subjonctif devant l'imparfait, comme en latin.

l'on me laissait mon fils) qu'il *n'essuyât* un jour, *etc*.....—
Je me dispense de cet éloge, de peur que (*si je l'essayais*)
le contraste des idées *ne fit* ressortir la bassesse de mon offrande.

De peur qu'elle *revînt*, fermons à clef la porte. (*Ec. des mar.* III. 2.)

De peur que (*si je laissais la porte ouverte*) elle ne *revînt*.
(Voyez Subjonctif.

CONDUITE, direction :

Et nous verrons ensuite
Si je dois de vos feux reprendre la *conduite*. (*L'Et.* III. 5.)

— CONDUITE, celui qui conduit, comme *sentinelle*, *garde*, celui qui fait sentinelle, celui qui garde :

A vous mettre en lieu sûr je m'offre pour *conduite*. (*Tart.* V. 6.)

CONFIRMER QUELQU'UN A (un infinitif), le fortifier dans la résolution de..... :

L'air dont je vous ai vu lui jeter cette pierre
. . . .
Me confirme encor mieux *à ne pas différer*
Les noces, où j'ai dit qu'il vous faut préparer. (*Ec. des fem.* III. 1.)

CONFORME, absolument, et en sous-entendant le complément :

Son cœur, qui vous estime, est solide et sincère,
Et ce choix plus *conforme* étoit mieux votre affaire. (*Mis.* I. 1.)

Philinte veut dire que le caractère d'Éliante se rapproche du caractère d'Alceste, et qu'ainsi Alceste, choisissant Éliante au lieu de Célimène, eût fait un choix plus conforme à ses goûts et à ses principes.

Cette absence du complément paraît rendre l'expression trop vague, et laisser la pensée incertaine.

CONGÉ, permission :

Et si dans quelque chose ils vous ont outragé,
Je puis vous assurer que c'est sans mon *congé*. (*L'Et.* I. 3.)

Nous n'oserons plus trouver rien de bon sans *le congé* de messieurs les experts. (*Crit. de l'Ec. des fem.* 7.)

Et je pense, seigneur, entendre ce langage.
Mais sans votre *congé*, de peur de trop risquer,
Je n'ose m'enhardir jusques à l'expliquer. (*Princ. d'El.* I. 1.)

Je lui donne à présent *congé* d'être Sosie. (*Amph.* III. 10.)

CONGRATULANT, adjectif verbal, comme *chatouillant* :

Ne vous embarquez nullement
Dans ces *douceurs congratulantes*. (*Amph.* III. 11.)

CONSCIENCE ; C'EST UNE CONSCIENCE, c'est-à-dire, un cas de conscience :

C'est une conscience
Que de vous laisser faire une telle alliance. (*Tart.* II. 2.)

C'est une conscience de voir une pauvre jeune femme mariée de la façon.
(*G. D.* III. 12.)

CONSEILLER ; (SE) CONSEILLER A QUELQU'UN, prendre le conseil de quelqu'un :

Je me suis même encore aujourd'hui *conseillé au ciel* pour cela.
(*D. Juan.* V. 3.)

Mais *si je me conseillois à vous* pour ce choix ?
— Si *vous vous conseilliez à moi*, je serois fort embarrassé.
(*Am. magn.* II. 4.)

« Il est droit que *je me conseille !* »
(Rutebeuf. *Le Testam. de l'asne.*)

« Comment Panurge *se conseille à* her Trippa. — Comment Panurge *se conseille à* Pantagruel. » (Rabelais.)

Sur le fréquent emploi des verbes réfléchis au commencement de la langue, voyez au mot ARRÊTER.

CONSENTIR, verb. act., CONSENTIR QUELQUE CHOSE :

Mais je mourrai plutôt que de *consentir rien*. (*D. Garcie.* I. 5.)

— CONSENTIR QUE, accorder que :

Mais je veux *consentir qu*'elle soit pour une autre. (*Mis.* IV. 3.)

Consentir à ce que rendrait une pensée différente. Alceste ne consent pas *à ce que* la lettre de Célimène soit pour un autre ; il consent, c'est-à-dire, il accorde par hypothèse qu'elle soit pour un autre que lui.

Si *consentir que* eût été une expression fautive ou seulement insolite, il était facile à Molière de mettre :

Mais je veux *accorder* qu'elle soit pour un autre.

Pascal, Montaigne et Molière lui-même disent, *consentir que* pour *à ce que* :

« Elle (la société de Jésus) *consent qu'*ils gardent leur opinion, pourvu que
« la sienne soit libre. » (Pascal. 1re Prov.)

« Homere a esté contrainct de *consentir que* Venus feust blecée au com-
« bat de Troie. » (Montaigne. III. 7.)

*Je consens qu'*une femme ait des clartés de tout. (*Fem. sav.* I. 3.)

CONSÉQUENCE ; CHOSE DE CONSÉQUENCE :

Je sais bien qu'un bienfait de cette *conséquence*
Ne sauroit demander trop de reconnoissance. (*Don Garcie.* V. 5.)

Que ne me dites-vous que des affaires *de la dernière conséquence* vous ont obligé à partir sans m'en donner avis? (*D. Juan.* I. 3.)

En vérité, monsieur, ce procès *m'est d'une conséquence* tout à fait grande. (*L'Av.* II. 7.)

« Je laisserai beaucoup de petites choses où il fit paroître la vivacité de
« son esprit. . . . . ; elles *sont de trop peu de conséquence* pour en in-
« former la postérité. » (La Fontaine. *Vie d'Esope.*)

« J'ai pensé que le sujet des disputes de Sorbonne étoit. . . . .*d'une*
« *extrême conséquence* pour la religion. » (Pascal. 1re Prov.)

— CONSÉQUENCE (FAIRE OU NE FAIRE POINT DE) :

Un homme mort n'est qu'un homme mort, et *ne fait point de conséquence*. (*Am. méd.* II. 3.)

Ne produit pas de suites.

— HOMME DE CONSÉQUENCE :

Prépare-toi désormais à vivre dans un grand respect avec *un homme de
ma conséquence*. (*Méd. m. lui.* III. 11.)

CONSIDÉRABLE, digne d'être considéré, en parlant des personnes et des choses :

Comme je sais que vous êtes une personne *considérable*, je voudrois vous prier. . . . . (*Sicilien.* 8.)

Je vous tiens préférable
A tout ce que j'y vois de plus *considérable*. (*Mis.* I. 2.)

Ah! mon père, le bien n'est pas *considérable* lorsqu'il est question d'épouser une honnête personne. (*L'Av.* I. 5.)

Le bien n'est pas à considérer.

La noblesse, de soi, est bonne; c'est une chose *considérable* assurément.
(*Georges* D. I. 1.)

— CONSIDÉRABLE A QUELQU'UN :

Mais si jamais mon bien *le fut considérable*,
Répare mon malheur, et me sois secourable. (*L'Et*. II. 7.)

Monsieur, votre vertu *m'est* tout à fait *considérable*. (*Méd. m. l.* III. 11.)

« Ces raisons ont..... rendu leur condition (des hommes) si *considé-*
« *rable à l'Eglise*, qu'elle a toujours puni l'homicide qui les détruit. ...»
(PASCAL. 1re *Prov*.)

CONSIDÉRATION ; A LA CONSIDÉRATION DE, c'est-à-dire, en considération de :

Je vous donne ma parole, don Pèdre, qu'*à votre considération*, je vais la traiter du mieux qu'il me sera possible. (*Sicilien.* 19.)

CONSOLATIF :

Je suis homme *consolatif*, homme à m'intéresser aux affaires des jeunes gens. (*Scapin.* I. 2.)

Pascal a dit *consolatif à*..... et *consolatif pour*.... :

« Discours bien *consolatif à* ceux qui ont assez de liberté d'esprit..., etc. »
— « Un beau mot de saint Augustin est bien *consolatif pour* de certaines
« personnes. » (*Pensées*. p. 51, 310 et 359.)

CONSOLATIF paraît formé de *consoler*, aussi légitimement que *récréatif* de *récréer*, *portatif* de *porter*, etc.

CONSOMMER, consumer :

Et, quoi que l'on reproche au feu qui vous *consomme*.
(*Dép. am.* III. 9.)

— SE CONSOMMER DANS QUELQUE CHOSE :

La vertu fait ses soins, et son cœur *s'y consomme*
Jusques à s'offenser des seuls regards d'un homme. (*Ec. des m.* II. 4.)

On dit encore, au participe, *il est consommé dans son art*; on disait autrefois *se consommer dans* un art, dans une science, dans la pratique de la vertu, etc., etc.

Puisqu'en raisonnements votre esprit *se consomme*. (*Ec. des fem.* V. 4.)
Dans l'amour du prochain sa vertu *se consomme*. (*Tart.* V. 5.)

C'est-à-dire *éclate au plus haut degré*.

> Qui se donne à la cour se dérobe à son art;
> Un esprit partagé rarement *s'y consomme,*
> Et les emplois de feu demandent tout un homme.
>
> (*La Gloire du Val de Grâce.*)

La confusion entre *consommer* et *consumer* a été signalée par Vaugelas comme une faute, à la vérité commune chez de bons écrivains, mais enfin comme une faute.

Ménage, sans en donner une bonne raison, n'a pas voulu se rendre à la décision de Vaugelas; mais l'Académie l'a adoptée, et le sens des racines commanderait en effet la distinction, si *consommer* venait de *summa*, et *consumer* de *sumere*. Je n'en crois rien : *consumere* est la seule racine des deux formes. L'usage de prononcer le *um* latin par *on* (voyez Matrimonion) a conduit tout d'abord à traduire *consumere* par *consommer*.

> « Ceste qualité estouffe et *consomme* les aultres qualitez vrayes et essen-
> « tielles. » (Montaigne. III: 7.)

Alors la forme *consumer* n'existait pas; *consommer* était seul; car il faut toujours se rappeler que notre langue a été soumise à deux systèmes de formation très-différents. *Consommer* est le mot de première époque, et *consumer* le mot de seconde époque. L'archaïsme luttait encore du temps de Molière.

CONSTAMMENT, avec constance:

> Instruire ainsi les gens
> A porter *constamment* de pareils accidents. (*Fem. sav.* V. 1.)

CONSTITUER A, c'est-à-dire, préposer à....:

> Je vous *constitue* pendant le souper *au gouvernement des bouteilles.*
> (*L'Av.* III. 1.)

CONSTRUCTIONS IRRÉGULIÈRES :

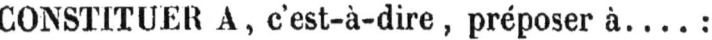

> Du meilleur de mon cœur *je donnerois* sur l'heure
> Les vingt plus beaux louis de ce qui me demeure,
> *Et pouvoir* à plaisir sur ce mufle asséner
> Le plus grand coup de poing qui se puisse donner! (*Tart.* V. 4.)

La passion légitime qui trouble Orgon excuse le dérangement grammatical de sa phrase. On le comprend d'ailleurs très-bien. C'est comme s'il disait : *Je voudrois donner.....et pouvoir*, etc...

> C'est bien la moindre chose que *je vous doive*, après *m'avoir sauvé la vie*.
> (D. Juan. III. 4.)

Après que vous m'avez sauvé la vie; — mais l'autre façon est incomparablement plus rapide.

> .... *Qui* pourra montrer une marque certaine
> D'avoir meilleure part au cœur de Célimène,
> *L'autre ici fera place* au vainqueur prétendu,
> Et le délivrera d'un rival assidu.
> (Mis. III. 1.)

C'est-à-dire : Si l'un de nous peut montrer....., l'autre lui fera place.

> Aussi ne trouverois-je aucun sujet de plainte,
> Si pour moi votre bouche avoit parlé sans feinte;
> Et, *rejetant mes vœux* dès le premier abord,
> Mon cœur n'auroit eu droit de s'en plaindre qu'au sort. (Mis. IV. 3.)

J'oserais blâmer cette construction, à cause de l'ambiguïté. *Rejetant mes vœux* se rapporte à *votre bouche*; la construction grammaticale semble le rapporter à *mon cœur*, qui est le sujet de ce second membre de phrase.

> C'est prendre peu de part à mes cuisants soucis,
> Que de *rire, et me voir* en l'état où je suis. (Dép. am. IV. 1.)

Dans l'ordre naturel, l'action de voir a précédé celle de rire. Virgile a dit pareillement :

> *Moriamur, in arma ruamus.*

Si l'on commençait par mourir, il ne serait plus temps ensuite de se jeter au milieu des ennemis. Les grammairiens, habiles à couvrir de beaux noms les fautes échappées aux grands poëtes, ont trouvé pour celle-là le terme imposant d'hystérologie, c'est-à-dire renversement de l'ordre, qui met devant ce qui devait être derrière. La faute de Virgile, en bonne foi, n'est pas justifiable; celle de Molière le serait peut-être davantage, en ce qu'on peut dire que l'action de rire et celle de voir sont simultanées.

(Voyez PARTICIPE PRÉSENT.)

CONSULTER, absolument et sans régime, comme *délibérer :*

> Le jour s'en va paroître, et je vais *consulter*
> Comment dans ce malheur je dois me comporter. (Ec. des fem. V. 1.)

Ah! faut-il *consulter* dans un affront si rude! (*Amph.* III. 3.)

Laissez-moi *consulter* un peu si je le puis faire en conscience.
(*Pourc.* II. 4.)

— CONSULTER, verb. act. : *consulter quelque chose : une maladie, un procès*, c'est-à-dire, délibérer là-dessus :

Si Lélie a pour lui l'amour et sa puissance,
Andrès pour son partage a la reconnoissance,
Qui ne souffrira point que mes pensers secrets
Consultent jamais rien contre ses intérêts. (*L'Et.* V. 12.)

Il me semble
Que l'on doit commencer par *consulter* ensemble
Les choses qu'on peut faire en cet événement. (*Tart.* V. 1.)

J'ai ici un ancien de mes amis, avec qui je serai bien aise de *consulter* sa maladie. (*Pourc.* I. 9.)

Voici un habile homme, mon confrère, avec lequel je vais *consulter* la manière dont nous vous traiterons. (*Ibid.* I. 11.)

Je vous prie de me mener chez quelque avocat, pour *consulter* mon affaire. (*Ibid.* II. sc. 12.)

CONTE; DONNER D'UN CONTE PAR LE NEZ. Voy. NEZ.

CONTENTÉ DE (ÊTRE), être payé, récompensé de :

Vous serez pleinement *contentés de vos soins.* (*Ec. des mar.* III. 5.)

CONTENTEMENT, construit avec le verbe *être* :

Elle dit que *ce n'est pas contentement* pour elle que d'avoir cinquante-six ans. (*L'Av.* II. 7.)

« Mais vivre sans plaider, *est-ce contentement?* » (*Les Plaid.* I. 7.)

Ce n'est pas contentement pour l'injure que j'ai reçue. (*Méd. m. l.* I. 4.)

Ce n'est pas satisfaction pour l'injure que j'ai reçue.

CONTESTE :

Là maison à présent, comme savez de reste,
Au bon monsieur Tartufe appartient sans *conteste*. (*Tart.* V. 4.)

Conteste est le substantif de *contester*, dont la forme primitive est *contrester* (*contra stare*). Les Italiens disent *constrastar*, et nous avons formé, à une époque relativement récente, *contraste*, qui est au fond le même mot que *conteste*. On a oublié la loi qui changeait l'*a* des Latins en *e* français :

6.

« Li marescaus de nostre ost esgarda devant un casal, et pierchut la
« gent Barile qui venoient huant et glatissant, et menant li grand tempieste,
« que bien cuidoient *contrester* à nos fourriers. »

(Villehardhoin, p. 178, éd. de M' Paris.)

Nicot écrit *contr'ester*, et cite pour exemple cette phrase :
— « Onc n'avoit trouvé homme qui luy peust *contr'ester* en champ de bataille Guy de Warwich. »

M. B. Lafaye fait cette distinction chimérique : — « Le *conteste* est une simple difficulté ; la *contestation* en est la manifestation. » (Synon., p. 391.). L'un est le mot ancien, et l'autre le moderne : le sens est identique.

CONTRADICTOIRE À :

Ho, ho! qui des deux croire?
Ce discours *au premier* est fort *contradictoire*. (*L'Et.* I. 4.)

CONTRAIRE PARTI :

..... Il se venge hautement en prenant le *contraire parti*.
(*Crit. de l'Ec. des fem.* 6.)

Corneille avait dit, dans *Cinna* :

« Et l'inclination n'a jamais démenti
« Le sang qui t'avoit fait du *contraire parti*. » (V. 1.)

La prose de Molière nous montre que la locution était ainsi faite, et non *parti contraire*.

« Et chacun s'est rangé du *contraire parti*. » (Regnier. sat. 17.)

CONTRARIÉTÉS, taquineries par représailles :

Laissons ces *contrariétés*,
Et demeurons ce que nous sommes. (*Amph.* Prol.)

Il faut noter dans ce mot un exemple de la substitution des liquides *l* et *r*. Les racines sont *contra* et *alium* ; la forme primitive du verbe était *contralier*. — Dans Partonopeus :

« Ce sont clergastes qui en mesdient (des femmes),
« Qui lor meschines *contralient*.
« Ils sont vilains, et eles foles. (V. 5489.)

« Grant pechie fait qui *contralie*
« Dame qui est d'amors marrie. (V. 6660.)

« Ahi mon! com ies desdaignouse!
« Ahi! com ies *contraliouse*! (V. 5423.)

Nous disons *armoire* (d'*armarium*, racine, *arma*), et nous avons raison ; nos aïeux écrivaient *almarie*, *almoire*, qu'ils prononçaient par *au*, *aumarie*, *aumoire*. (Voyez les *Rois, passim*.) C'était l'inverse de la faute que nous commettons en disant *contrarier*, pour *contralier*.

CONTREFAISEUR DE GENS :

> Point de quartier à ce *contrefaiseur de gens*. (*Impromptu*. 3.)

CONTREFAIT, simulé ; UN ZÈLE CONTREFAIT :

> .... Attraper les hommes avec *un zèle contrefait* et une charité sophistiquée. (1ᵉʳ *Placet au Roi*.)

CONVULSIONS DE CIVILITÉS :

> Et, tandis que tous deux étoient précipités
> Dans les *convulsions de leurs civilités*..... (*Fâcheux*, I. 1.)

COQUIN ASSURÉ, effronté coquin :

> Que me vient donc conter cet *assuré coquin* ? (*Dép. am*. III. 8.)

Marot, dans son *Épistre au Roi, pour avoir esté desrobé* :

> « J'avois un jour ung valet de Gascogne,
> « Gourmand, yvrogne, et *assuré menteur*. »

CORDE : SI LA CORDE NE ROMPT, formule empruntée au métier du danseur de corde :

> Nous allons voir beau jeu, *si la corde ne rompt*. (*L'Et*. III. 10.)

CORRESPONDANCE ; DE LA CORRESPONDANCE, du retour :

> Quoi! écouter impudemment l'amour d'un damoiseau, et y promettre en même temps *de la correspondance* ! (*G. D*. I. 3.)

On dit bien, dans ce sens, *correspondre à l'amour de quelqu'un* ; pourquoi pas *correspondance à l'amour* ?

COTE DE SAINT LOUIS ; ÊTRE DE LA CÔTE DE SAINT LOUIS, d'une antique noblesse :

> Est-ce que nous sommes, nous autres, *de la côte de saint Louis* ?
> (*B. gent*. III. 12.)

Comme Ève était de la côte d'Adam.

COUCHER DE, mettre au jeu ; figurément :

> Tu *couches d'imposture*, et tu m'en as donné. (*L'Et*. I. 10.)

Coucher de signifie être au jeu pour une somme de : « parce qu'en effet on *couche*, on étend l'argent sur une table, sur une carte.....On le dit figurément des paroles : Ce garçon ne demande pas moins qu'une fille de 100,000 écus ; il *couche* trop gros. — Il ne *couche* pas moins que de faire employer pour lui toutes les puissances........» (Trévoux.)

« Vous *couchez d'imposture*, et vous osez jurer ! » (Corn. *Le Ment.*)

« J'aurai mille beaux mots chaque jour à te dire ;
« Je *coucherai de feux*, *de sanglots*, *de martyre*. »
(Id. *La suite du Menteur.*)

Sur quoi Voltaire remarque qu'on disait, en termes de jeu, *couché de* 20 *pistoles*, *de* 30 *pistoles*; *couché belle*.

Les éditions modernes ont *tu payes*. Ce n'était pas la peine de changer, pour prêter à Molière une faute de versification.

COULEUR, métaphoriquement, faux prétexte, mensonge :

Sous couleur de changer de l'or que l'on doutoit. (*Etourdi*. II. 7.)

(Voyez Douter.)

Ils ont l'art de *donner de belles couleurs à toutes leurs intentions*.
(2ᵐᵉ *Placet au Roi*.)

Molière a dit, par la même métaphore, *excuses colorées*.

Vous nous payez ici d'*excuses colorées*. (*Tart*. IV. 1.)

« Des peuples surpris *soubs couleur* d'amitié et de bonne foy. »
(Montaigne. III. 6.)

Cette métaphore est restée en usage parmi le peuple : C'est *une couleur*; on lui a donné *une couleur*.

« Au reste, leurs injustices (des Romains) étoient d'autant plus dan-
« gereuses, qu'ils savoient mieux les couvrir du prétexte spécieux de
« l'équité, et qu'ils mettoient sous le joug insensiblement les rois et les
« nations, *sous couleur* de les protéger et de les défendre. »
(Bossuet. *Hist. univ.*, IIIᵉ p.)

— COULEUR DE FEU , subst. masc. ; UN COULEUR DE FEU :

Je vous trouve les lèvres *d'un couleur de feu surprenant*. (*Impromptu*. 3.)

Couleur de feu est ici un terme composé, dans lequel le mot *couleur*, pas plus que le mot *feu*, ne fait prédominer son genre.

L'ensemble est au neutre, dont, en français, la forme ne se distingue pas de celle du masculin.

COUPER A, couper court à :
> Tout cela va le mieux du monde ;
> Mais enfin *coupons aux discours*. (*Amph.* III. 11.)

— **COUPER CHEMIN A** :
> *A tous nos démêlés coupons chemin*, de grâce. (*Mis.* II. 1.)

COURIR A, recourir :
> Et je suis en suspens si, pour me l'acquérir,
> *Aux extrêmes moyens* je ne dois point *courir*. (*L'Et.* III. 2.)

COURAGE, non pas dans le sens restreint de *valeur*, mais dans le sens large du latin *animus*, disposition morale qu'une épithète détermine en bien ou en mal :
> O la lâche personne ! — ô *le foible courage !* (*Dép. am.* IV. 4.)

COURRE ; COURRE UN LIÈVRE :
> Quand il vous plaira, je vous donnerai le divertissement de *courre un lièvre*. (*G. D.* I. 8.)

C'est la forme primitive dérivée de *currere*, comme *ponre* (*pondre*) de *ponere*. Il est demeuré comme terme de chasse. Des vocabulaires techniques seraient de précieux répertoires de notre vieille langue.

COURT, pris adverbialement :
> Et moi, pour *trancher court* toute cette dispute.... (*Fem. sav.* V. 3.)

— **DEMEURER COURT A QUELQUE CHOSE** :
> N'as-tu point de honte, toi, de *demeurer court à si peu de chose ?*
> (*Scapin.* I. 2.)

— **COURT**, adjectif ; **COURT DE**, pour à court de.... :
> Et que tu t'és acquise (la gloire) en tant d'occasions,
> A ne t'être jamais vu *court d'inventions*. (*L'Et.* III. 1.)

Sur l'emploi de *à* dans ce passage, voyez : A, par le moyen de.

— **COURT JOINTÉ** (court est ici adverbe), terme de manège ; cheval court jointé, comme celui du chasseur dans les *Fâcheux* :
> Point d'épaules non plus qu'un lièvre ; *court jointé*. (*Fâcheux.* II. 7.)

« *Court jointé*, c'est le nom qu'on donne au cheval qui a le paturon court, qui a les jambes droites depuis le genou jusqu'à la couronne. » (TRÉVOUX.)

COUSU DE PISTOLES :

On viendra me couper la gorge, dans la pensée que je suis *tout cousu de pistoles!* (*L'Av.* I. 5.)

La Fontaine :

« Son voisin, au contraire, étoit *tout cousu d'or*. »
(*Le Savetier et le Financier*.)

COUVRIR, au figuré, excuser, autoriser, dissimuler :

Ciel, faut-il que le rang dont on veut tout *couvrir*,
De cent sots tous les jours nous oblige à souffrir! (*Fâcheux*, I. 6.)

Je veux changer de batterie, *couvrir le zèle que j'ai pour vous*, et feindre d'entrer, etc. (*Mal. im.* I. 10.)

« Nostre religion est faite pour extirper les vices : elle les *couvre*, les « nourrit, les incite. » (MONTAIGNE.)

CRACHÉ, TOUT CRACHÉ, c'est-à-dire *ressemblant* :

LUCAS. Le v'là *tout craché* comme on nous l'a défiguré. (*Méd. m. l.* I. 6.)

Cette métaphore, aujourd'hui reléguée parmi le bas peuple, était, au XVIe siècle, du langage ordinaire. Pathelin, qui, comme avocat, s'exprime toujours bien, l'emploie sans difficulté. Il loue le drapier, monsieur Jousseaume, de ressembler à défunt son père :

« Vrayment c'estes vous tout poché.
« Car quoy? qui vous auroit *craché*
« Tous deux encontre la paroy
« D'une maniere et d'un arroy,
« Si seriez vous sans difference. »

Plus loin, faisant à sa femme le récit de cette scène :

« Et puis, fais-je, saincte Marie!
« Comment prestoit il doucement
« Ses denrées si humblement?
« C'estes, fais-je, vous tout craché. » (*Pathelin*.)

Observez que nos pères disaient *c'êtes vous*, et non *c'est vous*. Ils gardaient au moins l'accord des personnes, en quoi ils se montrent meilleurs logiciens que leur postérité.

CRAINTE, adverbialement ; CRAINTE DE.... :

   Crainte pourtant *de sinistre aventure,*
   Allons chez nous achever l'entretien.   (*Amph.* I. 2.)

Pascal emploie de la même façon *manque* :

« *Manque de loisir; manque* d'avoir contemplé ces infinis.
                         (PASC. *Pensées*, p. 367, 120, 124.)

Et l'usage commun a consacré *faute de*...., c'est-à-dire *de* ou *par crainte, manque, faute.*

Le peuple dit *peur de*..... Le caprice de l'usage n'a point admis cette expression.

CRAYON, un dessin, une esquisse :

Ce n'est ici qu'un simple *crayon*, un petit impromptu, dont le roi a voulu faire un divertissement.   (*Préf. de l'Amour médecin.*)

CRÉDIT, PRENDRE CRÉDIT SUR :

   Et voir si ce n'est point une vaine chimère
   Qui *sur ses sens troublés* ait su *prendre crédit*.   (*Amph.* III. 1.)

CRIER QUELQU'UN, LE GRONDER :

   Tu ne me diras plus, toi qui toujours *me cries*,
   Que je gâte en brouillon toutes tes fourberies.   (*L'Et.* II. 14.)

   Pourquoi *me criez-vous ?* — J'ai grand tort, en effet !
                                      (*Ec. des fem.* V. 4.)

Cet archaïsme rappelle le petit pays où Agnès a été élevée *loin de toute pratique*, comme dit Arnolphe.

— CRIER APRÈS QUELQU'UN :

.... de zèles indiscrets qui.... *crieront* en public *après eux*, qui les accableront d'injures.   (*D. Juan.* V. 2.)

Ses plus célèbres philosophes (de l'antiquité) ont donné des louanges à la comédie, eux qui..... *crioient* sans cesse *après les vices de leur siècle.*
                                      (*Préf. de Tartufe.*)

— CRIER VENGEANCE AU CIEL :

Voilà qui *crie* vengeance *au ciel*.   (*L'Av.* I. 5.)

CRINS-CRINS, de méchants violons, par onomatopée :

   Monsieur, ce sont des masques,
   Qui portent des *crins-crins* et des tambours de basques.
                                      (*Fâcheux.* III. 5.)

CROIRE, actif; CROIRE QUELQUE CHOSE, croire à quelque chose :

Un Turc, un hérétique, qui *ne croit ni ciel, ni saint, ni Dieu, ni loup-garou*...... (*D. Juan.* I. 1.)

Mais encore faut-il *croire quelque chose* dans le monde. Qu'est-ce donc que vous croyez ? (*Ibid.* II. 1.)

Molière emploie *croire quelque chose* et *croire à quelque chose* :

Un homme qui *croit à ses règles* plus qu'à toutes les démonstrations des mathématiques. (*Mal. im.* III. 3.)

— CROIRE A QUELQU'UN :

Allez, *ne croyez point à monsieur votre père*. (*Tart.* II. 2.)
A qui croire des deux ? (*Am. méd.* II. 5.)

Et, au contraire, dans l'*Étourdi* :

Oh! oh! *qui des deux croire ?*
Ce discours au premier est fort contradictoire. (*L'Et.* I. 4.)

— CROIRE DU CRIME A QUELQUE CHOSE :

Un homme qui croit à ses règles plus qu'à toutes les démonstrations des mathématiques, et qui *croiroit du crime à les vouloir examiner*.
(*Mal. im.* III. 3.)

Qui croiroit qu'il y a du crime. La forme elliptique de Molière est cent fois préférable.

CUL-DE-COUVENT, comme *cul-de-basse-fosse, cul-de-sac*, c'est-à-dire sac, fosse, et couvent sans issue par l'extrémité opposée à l'entrée :

Vous rebutez mes vœux et me poussez à bout;
Mais un *cul-de-couvent* me vengera de tout! (*Ec. des fem.* V. 4.)

Voltaire a beaucoup raillé cette expression, *cul-de-sac* : la métaphore peut manquer de noblesse (quoique, après tout, l'habitude efface le relief de ces locutions), mais elle ne manque pas de justesse, puisque le sac se tient assis sur son fond, et qu'une personne obstinée à traverser une impasse n'en viendrait non plus à bout qu'une obstinée à sortir d'un sac par le fond.

Cul-de-couvent est par analogie. Ce terme énergique est

arraché à Arnolphe par la fureur. On voit qu'il est, comme au reste il le dit lui-même, poussé à bout.

CURIOSITÉS au pluriel, dans la même acception qu'au singulier :

>Pour les nouveautés
>On peut avoir parfois *des curiosités*. (*Ec. des mar.* I. 5.)

>La faiblesse humaine est d'avoir
>*Des curiosités* d'apprendre
>Ce qu'on ne voudroit pas savoir. (*Amph.* II. 3.)

Molière, en ce passage, s'est rencontré avec un poëte du xiiie siècle, Gibert de Montreuil, qui introduit Gérard de Nevers chantant, dans un couplet :

> « Si s'en doit on bien garder
> « D'enquerre par jalousie
> « Chou qu'on ne vouroit trouver. » (*La Violette*, p. 68.)

D EUPHONIQUE :

>Il porte une jaquette à grands basques plissées,
>Avec *du dor dessus*. (*Mis.* II. 6.)

>Il a *du dor* à son habit tout depuis le haut jusqu'en bas. (*D. Juan.* II. 1.)

Dans l'origine du langage, tous les mots étaient armés d'une consonne finale, pour préserver la voyelle précédente du choc et de l'élision contre une voyelle initiale du mot suivant. Quelquefois cette voyelle est demeurée attachée au commencement du mot auquel elle n'appartenait pas. Ainsi le substantif *or* avait fait le verbe *orer*, comme *argent*, *argenter*; mais, par suite de quelque locution, comme *c'est oré*, on aura écrit *c'est doré*, et le mot *dorer* est resté.

Ma(t) ante (*mea amita*) est, par la même façon, devenu *ma tante*. (Voyez au mot D'AUCUNS).

Le *d* euphonique jouait un grand rôle dans l'ancienne prononciation ; on le trouve écrit à chaque page du *Livre des Rois*, de la *Chanson de Roland*, des *Sermons de saint Bernard*, etc.

>« Cment Semeï ki maldist nostre seignur le rei *escaperad* il de
>« mort? » (*Rois*, p. 193.)

Nous écrivons aujourd'hui entre deux tirets *échappera-t-il*; il est certain cependant que ce *t* final appartient au verbe, dont il caractérise la troisième personne.

« Il y en a *d'aucunes* qui prennent des maris seulement pour se tirer
« de la contrainte de leurs parents. » (*Mal: imag.* II. 7.)

Le *d* appartient au verbe : *il y en ad*, comme dans ce vers du Roland :

« En l'oret punt i *ad* asez reliques. »

« Dans la poignée dorée de Durandal il y a beaucoup de reliques. »

Il serait donc mieux d'imprimer *avec dud or*..... *Il y en ad aucunes.*

Mais comme le sens des traditions se perd souvent, on a cru que ce *d* était l'initiale du second mot, et on l'a si bien cru, que l'usage s'en est établi, et que l'Académie le ratifie en permettant de commencer une phrase par *d'aucuns* : *d'aucuns* ont dit, *d'aucuns* ont pensé..... *d'aucuns* croiront que j'en suis amoureux..... On voit ici l'origine de cette méprise. C'est justement comme si l'on disait un jour : Mes souliers sont *pétroits*, sous prétexte qu'on fait sonner le *p* dans *trop étroits*.

(Voyez sur le D euphonique : *Des Variations du langage français*, p. 92 et 339).

D'ABORD QUE :

Je n'en ai point douté *d'abord que* je l'ai vue. (*Ec. des fem.* V. 9.)

DADAIS. Voy. MALITORNE.

DAME ! exclamation :

Oh ! *dame*, interrompez-moi donc !... (*D. Juan.* III. 1.)

Dame est la traduction primitive de *dominum*, par syncope *domnum*, et, par une prononciation altérée, *damne*, *dame*, *damp*. Ce mot s'appliquait au masculin :

« *Il* est sire et *dame* du nostre. » (BARBAZAN, *Fabliaux*. III, p. 44.)

Dame Dieu, *damp abbé*.

« Respond Roland : ne place *dame Deu*... » (*Ch. de Roland*, passim.)

Dam-Martin, *damp-Pierre*, et autres noms propres, déposent encore du sens et de l'étymologie de *dame*.

Ainsi, cette exclamation signifie simplement *Seigneur !*

DANS pour *à :*

N'allez point pousser les choses *dans* les dernières violences du pouvoir paternel. (*L'Av.* V. 4.)

Ne l'examinons point *dans* la grande rigueur. (*Mis.* I. 1.)

— DESCENDRE DANS DES HUMILITÉS :

Non, ne *descendez point dans ces humilités.* (*Mélicerte.* I. 5.)

— S'INTÉRESSER DANS QUELQUE CHOSE :

Et *dans l'événement* mon âme *s'intéresse.* (*Ec. des fem.* III. 4.)

— DANS L'ABORD, au commencement, dès l'abord :

Elle m'a *dans l'abord* servi de bonne sorte. (*Ibid.* III. 4.)

— DANS LA DOUCEUR, en douceur :

Pour moi, je ne le cèle point, je souhaite fort que les choses aillent *dans la douceur.* (*D. Juan.* V. 3.)

— DANS UNE HUMEUR (ÊTRE) :

Vous êtes aujourd'hui *dans une humeur* désobligeante. (*Sicilien.* 7.)

— ASSASSINER QUELQU'UN DANS SON BIEN, SON HONNEUR :

On *m'assassine dans le bien,* on *m'assassine dans l'honneur.* (*L'Av.* V. 5.)

— COMPRENDRE QUELQU'UN DANS SES CHAGRINS :

Dans vos brusques *chagrins* je ne puis *vous comprendre.* (*Mis.* I. 1.)

DATIF, de perte ou de profit :

A qui la bourse? — Ah, dieux, elle *m'*étoit tombée! (*L'Av.* I. 7.)
Exciderat mihi.

Rien ne *me* peut *chasser* cette image cruelle. (*Psyché.* I. 1.)

Je veux jusqu'au trépas incessamment pleurer
Ce que tout l'univers ne peut *me réparer.* (*Ibid.* II, 1.)

Me chasser, me réparer, pour *chasser, réparer à moi, à mon bénéfice,* ne sont pas conformes à l'usage et ne paraissent pas désirables, à cause de l'équivoque qui peut en résulter.

Vous ne voulez pas, vous, *me* la faire sortir? (*Fem. sav.* II. 6.)

— DEUX PRONOMS AU DATIF placés consécutivement :

Allons, monsieur, faites le dû de votre charge, et *dressez-lui moi* son procès comme larron et comme suborneur. (*L'Av.* V. 4.)

— DATIF marquant la cause, l'occasion :

>Un scrupule me gêne
>*Aux tendres sentiments* que vous me faites voir.   (*Amph.* I. 3.)

Dans les tendres sentiments, à l'occasion des tendres sentiments.

L'emploi du datif ou de l'ablatif, car c'est tout un, pour exprimer ce qu'on rend aujourd'hui avec la préposition *dans*, est un latinisme qui remonte à l'origine de la langue. Je me contenterai de deux exemples pris chez Montaigne :

« De toutes les absurdités, la plus absurde *aux epicuriens* est desadvouer la force et l'effet des sens. »   (*Essais.* II. ch. 12.)

« C'est à l'adventure quelque sens particulier qui.... advertit les poulets de la qualité hostile qui est *au chat* contre eux. »   (*Ibid.* II. ch. 1.)

Absurdum est epicureis; — *inest feli.* Cette tournure, qui va se perdant chaque jour, était encore en pleine vigueur du temps de Molière. (Voyez AU, AUX, pour *dans*).

— DATIF REDOUBLÉ, ou non redoublé :

Non redoublé :

>Il vient avec mon père achever ma ruine,
>Et *c'est sa fille unique à qui* l'on me destine. (*Ec. des fem.* V. 6.)

Redoublé :

>Que de son cuisinier il s'est fait un mérite,
>Et que *c'est à sa table à qui* l'on rend visite.   (*Mis.* III.)

(Voyez A, *datif redoublé surabondamment.*)

DAUBER QUELQU'UN, QUELQUE CHOSE, au figuré :

Je *les dauberai* tant en toutes rencontres, qu'à la fin ils se rendront sages.
   (*Crit. de l'Ec. des fem.* 6.)

On m'a dit qu'on va le *dauber*, lui et toutes ses comédies, de la belle manière.   (*Impromptu.* 3.)

« *Daube* au coucher du roi
« Son camarade absent. »   (LA FONT. *Les Obsèques de la lionne.*)

— DAUBER SUR QUELQU'UN :

>Comme *sur les maris* accusés de souffrance
>Votre langue en tout temps a *daubé* d'importance.
>   (*Ec. des fem.* I. 1.)

D'AUCUNS, D'AUCUNES :

Il y en a d'aucunes qui prennent des maris seulement pour se tirer de la contrainte de leurs parents. (*Mal. im.* II. 7.)

Cette façon de parler n'est explicable que comme un reste de l'ancien langage français, et par le *d* euphonique. L'écriture a mal figuré l'expression en attachant le *d* à aucuns ; c'est au verbe qu'il appartient : il y en a*d* aucunes.

Ensuite de cette méprise, dont l'œil seulement, et non l'oreille, pouvait s'apercevoir, s'est établi l'usage de commencer une phrase par *d'aucuns* : *d'aucuns ont pensé...*

(Voyez D *euphonique*, et DE devant *certains*.)

DAVANTAGE QUE :

Oui, vous ne pourriez pas lui dire *davantage*
Que ce que je lui dis pour le faire être sage. (*L'Et.* I. 9.)

JACQUELINE. Pour un quarquié de vaigne qu'il avoit *davantage que* le jeune Robin. (*Méd. m. lui.* II. 2.)

Il n'y a rien assurément qui chatouille *davantage que* les approbations que vous dites. (*B. gent.* I. 1.)

Tous les grammairiens condamnent hautement cette façon de parler ; et tous nos plus habiles écrivains l'ont employée : Amyot, la Bruyère, Sarrasin, Molière, Bouhours, Bossuet, J. J. Rousseau. (*Des variations du langage français*, p. 425.)

Le substantif *avantage* se construit avec *sur*. *Davantage* (de ou *par avantage*) marque une comparaison, et se construit comme *plus*, avec la marque du comparatif *que*. L'idée de l'adjectif au comparatif prévaut sur la forme du substantif.

Dire, comme font les grammairiens, que *davantage* est adverbe, par conséquent incapable d'un régime, c'est ne rien dire ; c'est mettre en fait le point en question. Au reste, deux autorités sont en présence, on n'a qu'à choisir.

« La foiblesse de l'homme paroît bien *davantage* en ceux qui ne la con-
« noissent pas *qu'*en ceux qui la connoissent. » (PASCAL. *Pensées*.)

« Il est impossible que cette surprise ne fasse rire, parce que rien n'y
« porte *davantage qu'*une disproportion surprenante entre ce qu'on attend
« et ce qu'on voit. » (*Id.* 11ᵉ *Prov.*)

« Je puis dire devant Dieu qu'il n'y a rien que je déteste *davantage*
« *que* de blesser la vérité. » (Pascal, *Ibidem*.)

« L'une en prisant *davantage* le temporel *que* le spirituel. »
(*Id*. 12ᵉ *Prov*.)

« Voulez-vous être rare? Rendez service à ceux qui dépendent de vous.
« Vous le serez *davantage* par cette conduite *que* par ne pas vous laisser
« voir. » (La Bruyère. *Des biens de la fortune*.)

« Quel astre brille *davantage* dans le firmament *que* le prince de Condé
« n'a fait en Europe? » (Bossuet.)

« Une tuile qui tombe d'un toit peut nous blesser *davantage*, mais ne
« nous navre pas tant *que* une pierre lancée à dessein par une main mal-
« veillante. » (J. J. Rousseau. 8ᵉ *Promenade*.)

Mais voici l'oracle qui abat toutes autorités :

« *Davantage* NE PEUT PAS être suivi d'un complément, comme dans:
« J'aime *davantage* la campagne *que* la ville. Il faut, dans ce cas, em-
« ployer l'adverbe *plus*. » (M. Boniface.)

Il faut, paraît bien dur en présence de telles autorités !

DE, dans tous les sens du latin *de*, touchant, par, à cause de, pour :

Ne me condamnez point *d'un* deuil hors de saison. - (*Sgan*. 16.)

Noli damnare me *de* luctu.

Il me faudroit des journées entières pour me bien expliquer à vous *de* tout ce que je sens. (*G. D.* III. 5.)

Mais je hais vos messieurs *de* leurs honteux délais. (*Amph*. III. 8.)

Ce sont particulièrement ces dernières pour qui je suis, et *dont* je sens fort bien que je ne pourrai me taire quelque jour.

(*Ep. dédic. de l'Éc. des fem.*)

« Romains, j'aime la gloire, et ne veux point *m'en taire*. »
(Voltaire. *Rome sauvée*.)

Silere de aliqua re.

Molière dit de même ; — *se découvrir de* quelque chose ; — *désavouer de* quelque chose ; — *éluder de*... (Voyez ces mots.)

Hélas! si l'on n'aimoit pas,
Que seroit-ce *de la vie?* (*Pourc*. III. 10.)

Quid esset de vita?

« J'ai veu un gentilhomme de bonne maison aveugle nay, au moins
« aveugle de tel aage qu'il ne sçait *que c'est de veue*. » (Montaigne. II. ch. 12.)

> Mille gens le sont bien (1), sans vous faire bravade,
> Qui *de* mine, *de* cœur, *de* biens et *de* maison,
> Ne feroient avec vous nulle comparaison. (*Ec. des fem.* IV. 8.)

De n'est pas ici marque du génitif : *comparaison de mine, de cœur*, etc.; c'est le latin *de*, comme dans ces formules *de moi, de soi*, pour *quant à moi, quant à soi;* et dans celles-ci, *de l'Allemagne; — de la prière; — de la grâce; — de l'amitié.* Comparaison *quant à la mine, au cœur,* etc.

Le même emploi de *de* paraît dans cet autre passage : Agnès, dit Horace,

> N'a plus voulu songer à retourner chez soi,
> Et *de* tout son destin s'est commise à ma foi. (*Ec. des fem.* IV. 8.)

C'est un pur latinisme : — Confidere alicui *de* aliqua re. — Et ce latinisme remonte à l'origine de la langue :

> «E tut li poples oïd cume li Reis fist sun cumandement *de* Absalon.)»
> (*Rois*, p. 186.)

De remplit encore l'office du *de* latin dans cette locution *de rien;* cela ne sert *de rien :*

> ..... se dépouiller de l'un et de l'autre (sa fille et sa fortune) entre les mains d'un homme qui ne nous touche *de rien.* (*Amour méd.* I. 5.)

C'est-à-dire en rien ; *de (nulla) re; de nihilo, nullatenus.*

— DE exprimant la cause, la manière, et répondant à, *par, avec, pour :*

> Mais suis-je pas bien fou, de vouloir raisonner
> Où, *de droit absolu*, j'ai pouvoir d'ordonner ? (*Sgan.* 1.)

Après quelques paroles *dont* je tâchai d'adoucir la douleur de cette charmante affligée. (*Scapin.* I. 2.)

> C'est une dame
> Qui *de* quelque espérance avoit flatté mon âme. (*Mis.* I. 2.)

Nous faisons maintenant la médecine *d'une* façon toute nouvelle. (*Méd. m. lui.* II. 6.)

> Et tâchons d'ébranler, *de force* ou *d'industrie,*
> Ce malheureux dessein qui nous a tous troublés. (*Tart.* IV. 2.)

On dit tous les jours, par la même tournure, *de gré ou de force;* c'est-à-dire, par gré ou par force.

---

(1) Cocus.

> Vous les voulez *traiter d'un semblable langage?* (*Tart.* I. 6.)
> Et, *traitant de mépris* les sens et la matière,
> A l'esprit, comme nous, donnez-vous tout entière. (*Fem. sav.* I. 1.)
> Et *traitent du même air* l'honnête homme et le fat. (*Mis.* I. 1.)

Avec mépris, avec le même air, le même langage.

Je ne vois pas d'autre explication possible à cette locution, *traiter du haut en bas,* qu'en traduisant *du* par *avec: avec le haut en bas,* en mettant en bas ce qui est en haut; c'est-à-dire, en renversant, bouleversant cette personne, en lui mettant la tête aux pieds.

> Quel sort ont nos yeux en partage,
> Et qu'est-ce qu'ils ont fait aux dieux,
> De ne jouir d'aucun hommage.... (*Psyché.* I. 1.)

Pour s'emploie plus communément à cet usage: Qu'ont-ils fait *pour* ne jouir d'aucun hommage?

— DE, entre deux verbes, le second à l'infinitif:

> *Je croyois* tout perdu *de crier* de la sorte. (*Sgan.* 3.)
> Et je le donnerois à bien d'autres qu'à moi,
> *De se voir* sans chagrin au point où je me voi. (*Ibid.* 16.)
> Ah! voilà qui *me plaît de parler* de la sorte! (*Ibid.* 18.)
> *Ai-je fait* quelque mal *de coucher* avec vous? (*Amph.* II. 2.)
> Il n'est aucune horreur que mon forfait *ne passe*
> *D'avoir* offensé vos beaux yeux. (*Ibid.* II. 6.)

Dans ce dernier passage, on pourrait peut-être construire *de* avec *forfait :* le forfait d'avoir offensé vos beaux yeux.

> Ils *se mêlent* de trop d'affaires,
> *De prétendre* tenir nos chastes feux gênés. (*Amph.* II. 3.)

Est-ce pour rire, ou si tous deux *vous extravaguez, de vouloir* que je sois médecin? (*Méd. m. lui.* I. 6.)

— DE, *entre deux substantifs,* où il ne marque pas le génitif du second, mais en fait la qualification du premier :

> Réglez-vous, regardez *l'honnête homme de père*
> Que vous avez du ciel. (*L'Et.* I. 9.)

D'Olivet essaye d'expliquer le tour par un latinisme, parce que Plaute a dit: *Scelus viri, monstrum mulieris.*

Vaugelas trouve ce *de* « bien étrange , mais bien françois. »

« Et puis, à l'aide d'une échelle
« Qu'un *maraud de valet* lui tint.» (VERGIER. *Le Rossignol*.)

Un *saint homme de chat*, bien fourré, gros et gras.
(LA FONT. *Fables*. VII. 16.)

— DE, représentant *que le* :

C'est un étrange fait *du* soin que vous prenez
A me venir toujours jeter mon âge au nez. (*Ec. des mar.* I. 1.)

Chose étrange *d'*aimer ! (*Ec. des fem.* V. 4.)

Chose étrange *que le* soin... *que* l'aimer ! l'infinitif pris substantivement.

Chose étrange de voir comme avec passion
Un chacun est coiffé de son opinion ! (*Ec. des fem.* I. 1.)

La construction grammaticale est : la chose d'aimer,... la chose de voir,... le fait du soin... est étrange. Les infinitifs *voir, aimer,* sont ici de véritables substantifs ; et cette façon d'employer *de* rentre dans l'article précédent, où l'on voit *de* entre deux substantifs, servant à qualifier le premier par le second.

(Voyez DU.)

— DE, remplaçant *à* entre deux verbes:

La crainte fait en moi l'office du zèle....., et me *réduit d'applaudir*
bien souvent à ce que mon âme déteste. (*D. J.* I. 1.)

Ah! *je vous apprendrai de me traiter* ainsi ! (*Amph.* III. 4.)

Molière prend cette tournure pour fuir l'hiatus : me réduit *à applaudir*. — Je vous *apprendrai à*... Il dit de même *commencer de*... *obliger de*... *chercher de*. (Voyez ces mots.)

Une galère turque où on les avoit *invités d'entrer*. (*Scapin*. III. 3.)

Cet amas d'actions indignes dont on a peine *d'adoucir* le mauvais visage. (*D. J.* IV. 6.)

Peine à adoucir serait insupportable.

« Il exhorta le poëte *de* ne plus faire de vers la nuit. »
(SCARRON. *Rom. com.*, 1re part., ch. 12.)

Le XVIIe siècle employait sans difficulté *de* pour *à*, comme aussi *devant* pour *avant*.

Voyez CHERCHER DE, — COMMENCER DE, — CONCLURE DE, — FEINDRE DE et FEINDRE A.

7.

— DE, et non *des*, devant un adjectif que l'on traite aujourd'hui comme incorporé au substantif :

Et dans tous ses propos
On voit qu'il se travaille à dire *de bons mots*. (*Mis.* II. 5.)

On dirait aujourd'hui, sans scrupule, *des bons mots*. — *Bon mot* n'étant considéré que pour un substantif, comme *jeune homme*.

— DE, entre deux substantifs, marquant le sens actif du premier sur le second :

Chez les Latins, *amor patris* signifiait aussi bien la tendresse du père au fils que celle du fils au père; c'était au reste de la phrase à déterminer l'acception active ou passive. Molière a dit de même, *la contrainte des parents*, pour exprimer, non la contrainte qu'ils subissent, mais celle qu'ils imposent :

Il y en a d'aucunes qui prennent des maris seulement pour se tirer de
la contrainte de leurs parents. (*Mal. im.* II. 7.)

(Voyez aux mots CHOIX, CHOSE, HYMEN.)

— DE, *supprimé* après *aimer mieux*.... suivi d'un infinitif :

Et j'ai bien *mieux aimé* me voir aux mains d'un autre,
Que *ne pas mériter* un cœur comme le vôtre. (*Ec. des mar.* III. 10.)
J'aimerois mieux mourir *que la voir* abusée. (*Ec. des fem.* V. 2)

— Après *à moins que*, suivi d'un infinitif :

Et l'on ne doit jamais souffrir, sans dire un mot,
De semblables affronts, *à moins qu'être* un vrai sot. (*Sgan.* 17.)

— Après *avant que*, suivi d'un infinitif :

Laisse-m'en rire encore *avant que te le dire*. (*L'Et.* II. 13.)
Mais *avant que passer*, Frosine, à ce discours.... (*Dép. am.* II. 1.)
J'ai voulu qu'il sortît *avant que vous parler*. (*Fâcheux.* III. 3.)
Avant que nous lier, il faut nous mieux connoître. (*Mis.* I. 2.)
Pour la forme, il faudra, s'il vous plaît, qu'on m'apporte,
Avant que se coucher, les clefs de votre porte. (*Tart.* V. 4.)

— Après *plutôt que*, suivi d'un infinitif :

. . . .
Que son cœur tout à moi d'un tel projet s'offense,
Qu'elle mourroit *plutôt qu'en souffrir l'insolence*. (*Ec. des mar.* II. 13.)

Cela paraît une concession à la mesure, car ailleurs Molière exprime le *de* :

> Sinon faites état de m'arracher le jour,
> Plutôt que de m'ôter l'objet de mon amour. (*Ec. des mar.* III. 8.)

— Après *valoir mieux que*, suivi d'un infinitif :

> Il vaut mieux, quand on craint ces malheurs éclatants,
> En mourir tout d'un coup *que traîner* si longtemps. (*Mélicerte*. II. 5.)

— Après *quelque chose* :

> Je crains fort pour mon fait *quelque chose approchant*. (*Amph.* II. 1.)

— Dans cette locution, *rien de tel* :

> Il n'est *rien tel* en ce monde que de se contenter. (*D. J.* I. 2.)
> « Il n'est *rien tel* que les jésuites. » (PASCAL. 3ᵉ *Prov.*)

— Après *vous plaît-il*, suivi d'un infinitif :

> *Vous plaît-il*, don Juan, *nous éclaircir* ces beaux mystères. (*D. J.* I. 3.)

— DE, *surabondant*, après *valoir mieux* :

> Il leur *vaudroit bien mieux*, les pauvres animaux, *de* travailler beaucoup et *de* manger de même. (*L'Av.* III. 5.)

> *Il vaut bien mieux* pour vous *de* prendre un vieux mari qui vous donne beaucoup de bien. (*Ibid.* III. 8.)

> *Il me vaudroit bien mieux d'être* au diable que d'être à lui. (*D. J.* I. 1.)

Après *prétendre* :

> C'est en vain que tu *prétendrois de* me le déguiser. (*Ibid.* V. 3.)

— Surabondant avec *dont* et *en* :

> Ce n'est pas *de* ces sortes de respects *dont* je vous parle. (*G. D.* II. 3.)
> Ce n'est pas *de vous*, madame, *dont* il est amoureux. (*Am. magn.* II. 3.)

> Mais *de vous*, cher compère, il *en* est autrement ! (*Ec. des fem.* I. 1.)

(Voyez A *répété surabondamment*.)

— Devant *besoin* ; IL EST DE BESOIN :

> MARTINE.
> Laissez-moi : j'aurai soin
> De vous encourager, *s'il en est de besoin*. (*Fem. sav.* V. 2.)

— Devant *certains* :

> Il y a *de certains* impertinents au monde qui viennent prendre les gens pour ce qu'ils ne sont pas. (*Méd. m. lui* II. 9.)

— Devant *aucuns :*

Il y en a d'*aucunes* qui prennent des maris seulement pour se tirer de la contrainte de leurs parents. (*Mal. im.* II. 7.)

(Voyez D euphonique.)

— Devant *coutume* dans cette locution, ***avoir de coutume,*** *:*

..... Pour vous ôter l'envie de nous faire courir toutes les nuits, comme vous *aviez de coutume.* (*Scapin.* II. 5.)

— Après *à quoi bon*, suivi d'un infinitif :

Ah j'enrage! — *A quoi bon de te cacher de moi ?* (*Fâch.* III. 4.)
A quoi bon de dissimuler ? (*Le Sicilien.* 7.)

— DE, particule inséparable en composition :

Et l'on me *désosie* enfin,
Comme on vous *désamphitryonne.* (*Amph.* III. 8.)

De avait en latin la même valeur, et Lucile, par le même procédé que Molière, avait forgé *deargenture*, *depeculare* et *depoculare*, voler de l'argent, des coupes :

« Depeculassere (1) aliqua, sperans me ac deargentassere. »
(LUCIL. ap NON. 2. 218.)

« Me impune irrisum depeculatumque eis. » (PLAUT. *Epidic.* IV. 1. 18.)

(Voyez DÉSATTRISTER, DÉSENAMOURER, DÉSUISSER.)

— DÉ, TENIR LE DÉ, par métaphore empruntée au jeu, où le dé passe de main en main :

A vous le dé, monsieur. (*Mis.* V. 4.)

— TENIR LE DÉ A (un infinitif) :

Car madame *à jaser tient le dé tout le jour.* (*Tart.* I. 1.)

DÉBATTU, pour *contesté :*

Ce titre par aucun ne leur est *débattu.* (*Tartufe.* I. 6.)

DE BOUT EN BOUT, d'un bout à l'autre, complétement :

Vous saurez tout cela tantôt *de bout en bout.* (*Mélicerte.* II. 7.)

(1) Ou *depoculassere.*

DÉBUTER A QUELQU'UN, avec quelqu'un :

 Par où *lui débuter ?*   (*Dép. am.* III. 4.)

Par où *lui débuter*, signifie *que lui dire d'abord*. *Lui* est donc aussi recevable dans une locution que dans l'autre ; il n'y a que la différence de l'usage.

DE CE QUE, dans le sens de *parce que* :

 Ce n'est pas tant la peur de la mort qui me fait fuir, que *de ce qu'il* est fâcheux à un gentilhomme d'être pendu. (*Pourc.* III. 2.)

DÉCHANTER ; FAIRE DÉCHANTER, métaphoriquement troubler, déranger dans ses entreprises :

 Tu vois qu'à chaque instant *il te fait déchanter*. (*L'Et.* III. 1.)

Il te fait sortir du ton et perdre la mesure.

DÉCHARPIR, séparer des combattants acharnés l'un contre l'autre :

 Andrès et Trufaldin, à l'éclat du murmure,
 Ainsi que force monde accourus d'aventure,
 Ont à les *décharpir* eu de la peine assez ;
 Tant leurs esprits étoient par la fureur poussés. (*L'Et.* V. 14.)

Nicot, et Trévoux après lui, donnent le verbe *charpir* ; *charpir de la laine*, *carpere lanam* ; et par composition, *décharpir*, *charpir* entièrement, comme *définir*, de *finir*.

Il nous reste encore le substantif *charpie*.

Décharpir les combattants, est regrettable comme terme expressif ; *séparer* est loin d'atteindre à la même énergie.

DÉCORUM (GARDER LE) DE :

 Non, mais il faut sans cesse
 Garder le décorum de la divinité.   (*Amph.* prol.)

DÉCOUCHER (SE), se lever :

    MORON.
 Car en chasseur fameux j'étois enharnaché,
 Et dès le point du jour *je m'étois découché*. (*Pr. d'El.* I. 2.)

C'est un archaïsme :

 « Quand ce vint à l'endemain, toutes les mesnies de l'ostel s'assemble-
 « rent, et vinrent au seigneur à l'heure qu'il fut *descouché*. »

         (FROISSART, *Chron.* III. 22.)

Dans le récit de l'assassinat du connétable de Clisson par Pierre de Craon :

« Duquel coup il (Clisson) versa jus de son cheval, droit à l'encontre de l'huis d'un fournier, qui jà estoit *descouché* pour ordonner ses besognes et faire son pain et cuire. » (Id. IV. ch. 28.)

DÉCOUVRIR (SE) DE... :

Souffrez pour vous parler, madame, qu'un amant
Prenne l'occasion de cet heureux instant,
Et *se découvre à vous de la sincère flamme....* (*Fem. sav.* I. 4.)

(Voyez DE dans tous les sens du latin *de.*)

— DÉCOUVRIR QUELQU'UN (un adjectif), démontrer qu'il est ce que marque l'adjectif :

Tous les hommes sont semblables par les paroles; ce n'est que *les actions qui les découvrent différents.* (*L'Avare*, I. 1.)

DE FORCE OU D'INDUSTRIE, par force ou par adresse :

Et tâchons d'ébranler, *de force ou d'industrie,*
Ce malheureux dessein qui nous a tous troublés. (*Tart.* IV. 2.)

(Voyez DE exprimant la cause, la manière.)

DE LA FAÇON, ainsi, de cette sorte:

Est-ce *de la façon* que l'on doit me parler? (*Mélicerte*. II. 5.)

On se riroit de vous, Alceste, tout de bon,
Si l'on vous entendoit parler *de la façon.* (*Mis.* I. 1.)

DÉCRIS au pluriel :

Oh! que je sais au roi bon gré de ces *décris!* (*Ec. des mar.* II. 9.)

Le *décri* est une défense faite à *cri* public. *Cri* et *crier* ont fait *décri* et *décrier* : c'est revenir sur la permission ou l'ordonnance proclamée par le *cri.*

De là l'expression figurée, *tomber dans le décri.*

DEDANS, préposition :

Et je crois que le ciel, *dedans un rang si bas,*
Cache son origine, et ne l'en tire pas. (*L'Et.* I. 2.)

Il est vrai: c'est tomber d'un mal *dedans un pire.* (*Ibidem.*)

Mon argent bien-aimé, rentrez *dedans ma poche.* (*L'Et.* II. 6.)

La vieille Égyptienne à l'heure même... — Hé bien ?
— Passoit *dedans la place*, et ne songeoit à rien.   (*L'Et.* V. 14.)
Je lis *dedans son âme*, et vois ce qui le presse.   (*Dép. am.* III. 5.)
Las! il vit comme un saint, et *dedans la maison*
Du matin jusqu'au soir il est en oraison.   (*Ibid.* III. 6.)
Et je tremble à présent *dedans la Canicule.*   (*Sganarelle.* 2.)
Puis-je obtenir de vous de savoir l'aventure
Qui fait *dedans vos mains* trouver cette peinture ?   (*Ibid.* 9.)

Dedans, dessus, dessous, devers, suivis d'un complément, sont aussi vieux que la langue française. Je ne vois pas sur quelle autorité l'on a prétendu, depuis un demi-siècle, les restreindre au rôle d'adverbes. C'est apparemment pour leur inventer une valeur différente de celle de la forme simple *dans, sur, sous, vers,* dont ils ne sont qu'une variante. Mais après avoir proclamé, d'une manière absolue, qu'il n'y avait dans aucune langue deux mots parfaitement synonymes, il fallait nécessairement reviser la nôtre, constituer à chacun de ses mots un apanage, et le circonscrire, sans égard pour les anciennes limites; autrement cette profonde maxime eût été bien vite renversée.

C'est ce qui fait que Molière, Pascal et Bossuet sont remplis de solécismes posthumes.

« Le sultan dormoit lors, et *dedans son domaine*
« Chacun dormoit aussi. »   (La Font. *Fables.* XI. 1.)

« Ceux qui ont la foi vive *dedans le cœur* voient... »
(Pascal. *Pensées*, p. 173.)

Le dictionnaire de Nicot (1606) donne encore pour exemples :

« Il est *dedans la maison; — dedans vingt jours; — dedans l'an et
« jour* de la spoliation et du trouble. »

(Voyez dessus, dessous, devant, devers.)

DÉDITES, pour *dédisez* :

Puisque je l'ai promis, ne m'en *dédisez* pas.   (*Tart.* III. 4.)

C'est la leçon donnée par l'édition de P. Didot, 1821. L'édition de 1710 et toutes les modernes ont *ne m'en déditès pas*. J'ai vérifié sur l'édition originale, imprimée sous les yeux et aux frais de Molière ; par Jean Ribou, le 23 juin 1669, il y a bien *dédites*. « Ne m'en *desdites* pas. »

Trévoux :

« *Nous desdisons, vous desdisez,* et, selon quelques-uns ; *vous desdites.* »

Et il cite, en exemple de cette seconde forme, le vers de Molière.

Je n'hésite pas à penser que Molière a ici péché contre la langue, et même contre le bon usage de son temps. L'Académie a raison, qui prescrit *vous dédisez* et *dédisez-vous*, comme *vous élisez, cuisez, lisez, vous duisez* et *vous contredisez*.

Vous *dîtes*, contraction de *dic(i)tis*, est une forme isolée, bizarre, dont il serait très-curieux de signaler les premiers exemples, car la forme primitive doit avoir été *vous disez* ; la preuve en demeure dans tous les composés de *dire, médire, prédire, maudire, contredire, interdire*. Mais cette forme *vous dîtes* remonte à une bien haute antiquité : Palsgrave, en 1530, la donne, et ne fait de l'autre aucune mention.

A ce qu'il paraît, Molière s'est laissé entraîner à former le composé comme le simple, et P. Didot à rectifier la faute de Molière. L'un et l'autre a eu tort.

DÉFAIRE (SE), perdre contenance, se démonter :

MORON. Courage, seigneur...., *ne vous défaites pas.* (*Pr. d'El.* IV. 1.)

Le participe passé est encore en usage : l'air défait ; le visage défait.

DÉFENDRE, verbe actif, interdire :

Ah ! monsieur, qu'est ceci ? *je défends la surprise!*
(*Dép. am.* III. 7.)

DÉFÉRER A...., consulter, s'en rapporter à.... :

Ce n'est pas *à mon cœur* qu'il faut que *je défère*,
Pour entrer sous de tels liens.   (*Psyché.* I. 3.)

DÉFIGURÉ, porteur d'une laide figure :

Alors qu'une autre vieille assez *défigurée*
L'ayant de près, au nez, longtemps considéréé..:   (*L'Et.* V. 14.)

DÉFIGURER (patois), peindre là figuré :

LUCAS. Le v'là tout craché, comme on nous l'a *défiguré*. (*Méd. m. l.* I. 6.)

Défiguré est une faute de langage comme la peut faire Lucas ; il devait dire simplement *figuré*; c'est comme parle Célimène :

Voici monsieur Dubois plaisamment *figuré*. (*Mis.* IV. 3.)

DÉGOISER, babiller :

Peste! madame la nourrice, comme *vous dégoisez!* (*Méd. m. lui.* II. 2.)

Racines *dé* et *gosier*, comme qui dirait *dégosier*. *S'égosiller* est composé d'une manière analogue avec *é*, répondant au latin *ex*.

On disait autrefois *dégoiser*, neutre, et *se dégoiser*, réfléchi, comme *s'égosiller* : « Les oiseaux *se dégoisent*; oiseaux qui *se dégoisent*. Les oiseaux *dégoisent leurs chansonnettes* et ramages. »

Nicot, après ces exemples, donne le substantif *dégoisement*, que nous n'avons plus.

DE LA FAÇON QUE, de la façon dont :

Hélas! *de la façon qu'il parle*, serait-il bien possible qu'il ne dit pas vrai ? (*Mal. im.* I. 4.)

Que représente en français les neutres *quid*, *quod*, et les cas obliques de *qui* : — eo modo *quo* loquitur.

(Voyez QUE répondant à l'ablatif du *qui* relatif des Latins.)

« *De la manière* enfin *qu*'avec toi j'ai vécu,
« Les vainqueurs sont jaloux du bonheur du vaincu. »
(CORNEILLE, *Cinna*. V. 1.)

DÉLIBÉRÉS, substantif ; UN DÉLIBÉRÉ, un homme délibéré :

Je sais des officiers de justice altérés,
Qui sont pour de tels coups *de vrais délibérés*. (*L'Et.* IV. 9.)

DÉLICATESSE D'HONNEUR, susceptibilité de vertu ou de pruderie :

Je ne vois rien de si ridicule que cette *délicatesse d'honneur* qui prend tout en mauvaise part. (*Crit. de l'Ec. des fem.* 3.)

Molière a dit aussi, par une expression analogue, *un chagrin délicat*.

DÉLIÉ, pour *mince*, *transparent :*

Cette coiffe est un peu trop *déliée ;* j'en vais querir une plus épaisse.
(*Pourc.* III. 2.)

Pascal l'a employé au figuré :

« Cette *erreur* est si *déliée*, que, pour peu qu'on s'en éloigne, on se trouve
« dans la vérité. » (3e *Prov.*)

DEMAIN JOUR, comme *demain matin :*

Et tu m'avois prié même que mon retour
T'y souffrit en repos jusques à *demain jour.* (*Ec. des mar.* III. 2.)

DE MA PART, pour ma part, quant à moi :

Je saurai, *de ma part*, expliquer ce silence. (*Mis.* V. 2.)

DÉMÊLÉ, substantif ; AVOIR DÉMÊLÉ AVEC QUELQU'UN :

Il en a bien usé, et j'ai regret *d'avoir démêlé avec lui*.
(*D. Juan.* III. 6.)

DE MÊME, adverbe employé pour *pareil*, *égal* :

C'est un transport si grand qu'il n'en est point *de même*.
(*Ec. des mar.* III. 2.)

Jamais il ne s'est vu de surprise *de même*. (*Tart.* IV. 5.)

DÉMENTIR, désavouer, DÉMENTIR UN BILLET :

Ce *billet démenti* pour n'avoir point de seing....
— Pourquoi le *démentir*, puisqu'il est de ma main ?
(*Don Garcie.* II. 5.)

Mais Molière jugea lui-même cette expression inexacte ; et cinq ans plus tard, lorsqu'il transporta dans le *Misanthrope* une partie de cette scène de *Don Garcie*, il corrigea ces vers de la manière suivante :

Le *désavouerez-vous* pour n'avoir point de seing ?
— Pourquoi *désavouer* un billet de ma main ? (*Mis.* IV. 3.)

— DÉMENTIR QUELQU'UN DE :

A quoi bon se montrer, et, comme un étourdi,
Me venir *démentir de* tout ce que je dis ? (*L'Et.* I. 5.)

(Voyez MENTIR DE QUELQUE CHOSE.)

— SE DÉMENTIR DE :

Tu te *démens* bientôt *de* tes bons sentiments. (*Sgan.* 23.)

DEMI; SANS (un substantif) NI DEMI :

> Cette infâme,
> Dont le coupable feu, trop bien vérifié,
> *Sans respect ni demi* nous a cocufié. (*Sgan.* 16.)

Sans respect ni demi-respect, sans le moindre respect.

DÉMORDRE DES RÈGLES :

C'est un homme qui.... *ne démordroit pas d'un iota* des règles des anciens. (*Pourc.* I. 7.)

DENIER, pour exprimer l'ensemble d'une somme d'argent :

Quatre ou cinq mille écus *est un denier* considérable, et qui vaut bien la peine qu'un homme manque à sa parole. (*Pourc.* III. 9.)

Est un denier, et non pas *sont* un denier.

(Voyez cet exemple, discuté au mot CE SONT.)

DENT, AVOIR UNE DENT DE LAIT CONTRE QUELQU'UN :

C'est que vous avez, mon frère, *une dent de lait contre lui*.
(*Mal. im.* III. 3.)

Une rancune qui date d'aussi loin que possible, du temps où l'on était en nourrice.

— EN DÉPIT DE NOS DENTS :

> N'avons-nous pas assez des autres accidents
> Qui nous viennent frapper, *en dépit de nos dents* ? (*Sgan.* 17.)

(Voyez DÉPIT.)

— MALGRÉ MES DENTS :

Ils m'ont fait médecin *malgré mes dents*. (*Méd. m. lui.* III. 1.)

Quoi que je fisse pour m'en défendre.

> Et, pour la mieux braver, voilà, *malgré ses dents*,
> Martine que j'amène et rétablis céans. (*Fem. sav.* V. 2.)

— AVOIR LES DENTS LONGUES, avoir faim ; on suppose que la faim aiguise les dents :

On a le temps *d'avoir les dents longues*, lorsqu'on attend pour vivre le trépas de quelqu'un. (*Méd. m. lui.* II. 2.)

— ÊTRE SUR LES DENTS :

La pauvre Françoise *est presque sur les dents*, à frotter les planchers que.... etc. (*B. Gent.* III. 3.)

DÉPARTIR ; SE DÉPARTIR DE (un infinitif) :

Tu ne t'es pas départi d'y prétendre ? (*L'Av.* IV. 5.)

La préposition, ici, figure deux fois : à l'état libre et à l'état composé, comme en latin *decedere de ; deducere de ; detrahere de ; decidere de,* etc., etc.

(Voyez AMUSER (s') A.)

DÉPIT, EN DÉPIT QUE J'EN AIE :

Il faut que je lui sois fidèle, *en dépit que j'en aie.* (*D. Juan.* I. 1.)

Je me sens pour vous de la tendresse, *en dépit que j'en aie.*
(*L'Av.* III. 5.)

Je prétends le guérir, *en dépit qu'il en ait.* (*Pourc.* II. 1.)

Il ne fait pas bien sûr, à vous le trancher net,
D'épouser une fille *en dépit qu'elle en ait.* (*Fem. sav.* V. 1.)

Cette locution, *en dépit que j'en aie*, est l'analogue de cette autre, *malgré que j'en aie*, qui s'analyse très-facilement. Il faut partir, mal gré, c'est-à-dire, tel mauvais gré que j'en aie. C'est une sorte d'accusatif absolu.

(Voyez MALGRÉ QUE J'EN AIE.)

Mais dans l'autre expression on rencontre, de plus, la préposition *en*, dont rien ne justifie la présence. On ne dirait pas : *en mal gré que j'en aie.* Il semble que l'on aurait dû dire, avec une exacte parité : *dépit que j'en aye*, sans *en*. C'est que cet *en* n'est pas une préposition, mais une partie mal à propos séparée de l'ancien mot *endépit : endépit*, comme *encharge, encommencement*, et les verbes *engarder, enrouiller, enseller* un cheval, s'*engeler*, s'*endemener*, etc., qui sont les anciennes formes. La vraie orthographe serait donc *endépit qu'on en ait*, et la locution redevient parfaitement claire et logique. Ici, comme en une foule de cas, l'oreille entend juste, mais l'œil voit faux, parce que la main s'est trompée.

DÉPOUILLER (SE) ENTRE LES MAINS DE QUELQU'UN :

Amasser du bien avec de grands travaux, élever une fille avec beaucoup de soin et de tendresse, pour *se dépouiller* de l'un et de l'autre *entre les mains* d'un homme qui ne nous touche de rien. (*Am. méd.* I. 5.)

DEPUIS, suivi d'un infinitif, comme *après* :

Depuis avoir connu feu monsieur votre père... j'ai voyagé par tout le monde. (*B. Gent.* IV. 5.)

DE QUI, pour *dont* ou *duquel* :

Au mérite souvent *de qui* l'éclat vous blesse
Vos chagrins font ouvrir les yeux d'une maitresse. (*Dép. am.* I. 2.)

Depuis huit jours entiers, avec vos longues traites,
Nous sommes à piquer deux chiennes de mazettes,
De qui le train maudit nous a tant secoués,
Que je me sens, pour moi, tous les membres roués. (*Sgan.* 7.)

Quoi ! me soupçonnez-vous d'avoir une pensée
De qui son âme ait lieu de se croire offensée ? (*Ibid.* III. 4.)

Il court parmi le monde un livre abominable,
Et *de qui* la lecture est même condamnable. (*Mis.* V. 1.)

Il était bien facile à Molière de mettre *duquel*; mais il paraît avoir eu, ainsi que tous ses contemporains, une répugnance décidée à se servir de ce mot, si prodigué de nos jours.

De même :

Tous deux m'ont rencontrée, et se sont plaints à moi
D'un trait *à qui* mon cœur ne sauroit prêter foi. (*Mis.* V. 4.)

Il était bien aisé de mettre *auquel*, si *à qui* eût été une faute.

(Voyez LEQUEL *évité*.)

DE QUOI, d'où ? comment ?

De quoi donc connaissez-vous monsieur ? (*Am. méd.* II. 2.)

— **VOILA BIEN DE QUOI !**....

Hé bien ? qu'est-ce que cela, soixante ans ? *voilà bien de quoi !*...
(*L'Av.* II. 6.)

Il y a ici réticence d'un verbe, comme *s'étonner, se récrier*.

DÉRACINER LES CARREAUX :

NICOLE. — Et d'un grand maître tireur d'armes, qui vient, avec ses battements de pied, ébranler toute la maison, et nous *déraciner tous les carriaux* de notre salle. (*B. Gent.* III. 3.)

DERNIER, extrême, *summus* :

Je vous vois accabler un homme de caresses,
Et témoigner pour lui *les dernières tendresses*. (*Mis.* I. 1.)

On dit qu'avec Bélise il est *du dernier bien*. (*Ibid.* II. 5.)

✗ Les *dernières violences* du pouvoir paternel. (*L'Av.* V. 4.) ✗

....C'est pour une affaire *de la dernière conséquence*. (*G. D.* III. 4.)

C'est la locution favorite des précieuses : *du dernier beau, du dernier galant; je vous aurois la dernière obligation;* etc.

Mais Molière n'en prétend blâmer que l'abus, car lui-même en fait un usage fréquent, ainsi que Pascal :

« C'est là où vous verrez *la dernière bénignité* de la conduite de nos
« pères. » (PASCAL, 9e *prov.*)

DÉROBER, verbe actif, comme *voler;* DÉROBER QUEL-
QU'UN :

Pour aller ainsi vêtu, il faut bien que *vous me dérobiez*. (*L'Av.* I. 5.)

— **DÉROBER (SE) D'AUPRÈS DE....** :

Il vous dira... que... *je me suis dérobée d'auprès de lui.* (*G. D.* III. 12.)

DÉSATTRISTER :

Donnez-lui le loisir de se *désattrister*. (*L'Et.* II. 4.)

(Voyez DÉ, particule inséparable en composition.)

DÉSAVOUER QUELQU'UN DE :

Et vous avez eu peur de *le désavouer*
Du trait qu'à ce pauvre homme il a voulu jouer. (*Tart.* IV. 3.)

DÈS DEVANT, dès avant :

— Moi je vins hier? — Sans doute; et *dès devant* l'aurore
Vous vous en êtes retourné. (*Amph.* II. 2.)

✗ **DÉSENAMOURÉ** : ✗

Mais est-ce un coup bien sûr que votre seigneurie
Soit *désenamourée*, ou si c'est raillerie ? (*Dép. am.* I. 4.)

L'absence de ce mot ou d'un équivalent est une lacune sensible dans la langue. Nous sommes réduits à une circonlocution, comme : soit revenu de son amour. *Enamouré* est aussi une perte, mal dissimulée par *amoureux*.

On remarquera dans ce mot la présence de l'*s* euphonique, qui sert à lier sans hiatus les racines : *dé (s) enamourer*, comme *dé (s) enfler, dé (s) habiller, dé (s) honorer*, etc. Cette particule inséparable en composition n'est autre que le *de* latin, qui n'a droit par lui-même à aucune consonne finale. Aussi n'en voit-on pas dans *détromper, dédire, défaire, démentir, etc.*, où elle n'était point nécessaire. On écrivait à la vérité *desdire, desfaire;* mais c'était pour donner à l'*e* suivi d'une double consonne le son aigu, que nous obtenons aujourd'hui par l'accent.

DÉSESPÉRER, verbe neutre, se désespérer :

GEORGES DANDIN. — *Je désespère !*   (*G. D.* III. 12.)

Les Anglais ont gardé cet emploi du même verbe :

« *Despair* and Die ! »   (SHAKSPEARE. *Rich. III.*)

Palsgrave (1530), dans sa table des verbes, le donne comme verbe neutre et verbe réfléchi. Voici son article :

« *I Despayre, I am in wan hope.* — Je despère (*sic*) primæ conjugat.
« — *Dispayre nat man: God is there he was wonte to be* : *ne te déspère*
« *pas;* Dieu est là où il souloyt estre. »

Par où l'on voit que *désespérer* est une forme moderne et allongée. On fit d'abord de *desperare, despérer;* puis, par l'insertion de l'*s* euphonique (voy. DÉSENAMOURER), *dé(s)espérer.*

La première forme est calquée sur le mot latin ;

La seconde est ajustée sur le latin, d'après les habitudes françaises.

— DÉSESPÉRÉ CONTRE QUELQU'UN :

J'étois aigri, fâché, *désespéré contre elle !* (*Ec. des fem.* IV. 1.)

DES MIEUX, comme ceux qui (ici le verbe) le mieux :

..... Enfermez-vous *des mieux.*   (*Ec. des fem.* V. 4.)

Soyez des mieux enfermés.

Voilà qui va *des mieux.*
Mais parlons du sujet qui m'amène en ces lieux. (*Fem. sav.* II. 1.)

DE SOI, en soi, par soi-même :

Cet accident, *de soi*, doit être indifférent.   (*Ec. des fem.* IV. 8.)
Le choix du fils d'Oronte est glorieux, *de soi.*   (*Ibid.* V. 7.)
La noblesse, *de soi*, est bonne.   (*G. D.* I. 1.)

De, dans cette locution, se rapporte au sens du latin *de*, c'est-à-dire, par rapport à soi, en ce qui la touche.

Il faut observer que ce mot *moi* est entré dans la langue pour traduire *meus*, et qu'à l'origine on ne le rencontre pas comme pronom de la première personne ; c'est l'adjectif *moi, moie; meus, mea*. Par conséquent, *de moi* correspond exactement à la locution latine *de meo*, employée par Plaute, Térence et Cicéron, dans un sens à la vérité un peu différent ; puisqu'il signifie *à mes frais* ; mais mon observation porte surtout sur la forme matérielle.

Les Latins disaient aussi, *de me, de te*, pour *de meo, de tuo* : *De te largitor* (Ter.) : donne *de toi*: Sois généreux à tes propres dépens.

DÉSOSIER et **DÉSAMPHITRYONNER**. Voyez DÉ, particule inséparable en composition.

DESSALÉE ; UNE DESSALÉE, une matoise, une rusée :
Vous faites la sournoise ; mais je vous connois il y a longtemps, et vous êtes *une dessalée*. (*G. D.* I. 6.)

DESSOUS, substantivement ; AVOIR DU DESSOUS :
Est-il possible que toujours j'aurai *du dessous* avec elle ? (*G. D.* II. 13.)
« Nous *avons* toujours *du dessus* et *du dessous*, de plus habiles et de
« moins habiles, de plus élevés et de plus misérables, pour abaisser notre
« orgueil et relever notre abjection. » (Pascal. *Pensées.* p. 229.)

Il est fâcheux qu'on ait laissé perdre cette expression utile ; car on peut *avoir du dessous* sans avoir complétement *le dessous*. C'est pour avoir eu trop souvent *du dessous* dans ses querelles de ménage, que Georges Dandin finit par *avoir le dessous*.

— **DESSOUS**, préposition avec un complément :
Je sais qu'il est rangé *dessous les lois* d'une autre. (*Dép. am.* II. 3.)
Voyez DEDANS, DESSUS, DEVANT, DEVERS.

DESSUISSER (SE), quitter le rôle de Suisse :
Si vous êtes d'accord, par un bonheur extrême,
Je me *dessuisse* donc ; et redeviens moi-même, (*L'Ét.* V. 7.)

DESSUS, préposition :
Le bonhomme tout vieux chérit fort la lumière,
Et ne veut point de jeu *dessus* cette matière. (*L'Ét.* III. 5.)
    Vous étendiez la patte
Plus brusquement qu'un chat *dessus* une souris. (*Ibid.* IV. 5.)

Attaché *dessus vous* comme un joueur de boule
Après le mouvement de la sienne qui roule. (*L'Et.* IV. 5.)

Je veux, quoi qu'il en soit, le servir malgré lui,
Et *dessus* son lutin obtenir la victoire. (*Ibid.* V. 11.)

Faites parler les droits qu'on a *dessus mon cœur.* (*Dép. am.* I. 2.)

Il pourroit bien, mettant *affront dessus affront*,
Charger de bois mon dos comme il a fait mon front. (*Sgan.* 17.)

Dessus ses grands chevaux est monté mon courage. (*Ibid.* 21.)

Dessus quel fondement venez-vous donc, mon frère....
(*Ec. des mar.* III. 9.)

Si j'avois *dessus moi* ces paroles nouvelles,
Nous les lirions ensemble, et verrions les plus belles. (*Fâch.* I. 5.)

Pour moi, venant *dessus le lieu*,
J'ai trouvé l'action tellement hors d'usage.... (*Ibid.* II. 7.)

Dessus et *dessous* étaient originairement prépositions, comme leurs formes plus simples, *sur* et *sous*.

« *Dessus mes piez* charrunt. » (*Rois.* p. 209.)

« Abaissez as *dessuz mei* ces ki esturent (*steterunt*) encuntre mei. » (*Ibid.*)

C'est la subtilité des grammairiens modernes qui a inventé de partager la puissance entre *sur*, *sous*, et *dessus*, *dessous*, et de réduire les seconds au rôle exclusif d'adverbes.

Malherbe et Racan disaient sans scrupule : *dessus mes volontés*; — *dedans la misère*; — *ce sera dessous cette égide*, et Port-Royal s'y accorde ; mais l'oracle Vaugelas n'avait pas encore parlé ! Il parle, et Ménage déclare, d'après lui, que ces mots, comme prépositions, « *ne sont plus du bel usage.* » Toutefois Vaugelas veut bien, par grâce, excepter de sa règle trois façons de parler :

1° « Quand on met de suite les deux contraires. Exemple : Il n'y a pas assez d'or ni *dessus* ni *dessous la terre*.

2° « Quand il y a deux prépositions de suite, quoique non contraires : — Elle n'est ni *dedans* ni *dessus le coffre*.

3° « Lorsqu'il y a une autre préposition devant : — *Par-dessus la tête, par-dessous le bras, par dehors la ville*, » etc.

L'usage, en rejetant les deux premiers articles de cette loi, a confirmé le dernier, qui n'est pas plus justifié que les deux autres. Que de caprice et d'arbitraire dans tout cela ! En vérité, quand on examine les actes de ces tyrans de notre langue, on est honteux d'être soumis à leur autorité.

J'oubliais de dire que Vaugelas reçoit comme légitime dans les vers ce qu'il condamne comme solécisme dans la prose. (Voyez DEDANS, DESSOUS, DEVANT, DEVERS.)

DÉTACHER (SE) CONTRE QUELQU'UN, se déchaîner :

Et son jaloux dépit, qu'avec peine elle cache,
En tous endroits sous main *contre moi se détache*. (*Mis.* III. 3.)

DÉTERMINER A, dans le sens d'*ordonner de* :

Et cet homme est monsieur, que *je vous détermine
A voir* comme l'époux que mon choix vous destine. (*Fem. sav.* III. 6.)

DÉTOUR, angle formé par une rue ou quelque saillie de maison ; COIN D'UN DÉTOUR :

Un de mes gens la garde *au coin de ce détour*. (*Ec. des fem.* V. 2.)

DÉTOURNEMENT DE TÊTE :

Leurs *détournements de tête* et leurs cachements de visage firent dire cent sottises de leur conduite. (*Crit. de l'Ec. des fem.* 3.)

DÉTRUIRE QUELQU'UN, ruiner son crédit :

Quel mal vous ai-je fait, madame, et quelle offense,
Pour armer contre moi toute votre éloquence,
Pour *me* vouloir *détruire*, et prendre tant de soin
De me rendre odieux aux gens dont j'ai besoin ? (*Fem. sav.* IV. 2.)

DEVANT, préposition, pour *avant* :

Je crie toujours, Voilà qui est beau ! *devant* que les chandelles soient allumées. (*Préc. rid.* 10.)

Et, *devant qu'il* vous pût ôter à mon ardeur,
Mon bras de mille coups lui perceroit le cœur. (*Ec. des mar.* III. 3.)

« Celle-ci prévoyoit jusqu'aux moindres orages,
  « Et *devant* qu'ils fussent éclos
  « Les annonçoit aux matelots. » (LA FONT. *Fables.* I. 8.)

Pascal fixe l'âge viril à vingt ans :

« *Devant ce temps* l'on est enfant. » (*Sur l'amour*, p. 396.)

« Mais si les Égyptiens n'ont pas inventé l'agriculture, ni les autres arts « que nous voyons *devant le déluge*... » (BOSSUET. *Hist. univ.* 3ᵉ part.)

« A vous parler franchement, l'intérêt du directeur va presque toujours « *devant le salut* de celui qui est sous la direction. »

(St.-Évremont. *Conv. du P. Canaye.*)

« Il lui demanda, *devant* que de l'acheter, à quoi il lui seroit propre. »

(La Fontaine. *Vie d'Esope.*)

Les grammairiens n'ont pas manqué d'exercer sur *avant* et *devant* la sagacité de leur esprit subtil. Ils signalent entre *avant* et *devant* une différence essentielle, et dont il importe de se bien pénétrer : c'est que « *avant* est plus abstrait, et *devant* « plus concret (1). » C'est la raison qui fait que, suivant le même auteur, « on n'emploie plus *devant* par rapport au « temps. » L'argument ne paraît pas concluant.

Un autre assure que « le génie de notre langue établit une « différence entre les *déterminatifs avant* et *devant* (2). » Ce que je puis à mon tour assurer, c'est que *devant* se trouve comme synonyme d'*avant*, dans le berceau de notre langue. La traduction des *Rois*, faite au xie siècle, s'en sert sans scrupule : — « E pis que nuls qui *devant lui* out ested envers « N. S. uverad (p. 309), » Asa ouvra envers N. S. pis que nul qui eût été *devant lui*.

M. Nap. Landais peut-il se flatter de connaître le génie de la langue française mieux que ceux qui l'ont créée; mieux que Bossuet, Pascal, Corneille, Molière, et la Fontaine ?

Avant, devant, sont deux formes du même mot inventées pour les besoins de l'euphonie et de la versification, comme *dans* et *dedans*, *sur* et *dessus*, *sous* et *dessous*. La perte de ces doubles formes a été préjudiciable surtout à la poésie, et la suppression de ces petites ressources a contribué, plus qu'on ne pense, à la décadence de l'art.

Comme en certains cas donnés l'on employait indifféremment *à* et *de* (voyez de remplaçant *à* devant un verbe), de même on substituait l'un à l'autre *avant* et *devant*.

Dedans, dessus, dessous, devers, sont dans le même cas. (Voyez ces mots.)

---

(1) *Des Synonymes français*, par M. B. Lafaye.
(2) *Résumé de toutes les grammaires*, par N. Landais.

DEVERS, préposition comme *vers* :

Lucas. — Tourne un peu ton visage *devers* moi. (*G. D.* II. 1.)

C'est un paysan qui parle, à qui Molière prête des locutions surannées.

Devers et *envers* ont été jadis employés pour *vers*, comme on en voit un exemple dans une vieille chanson introduite par Beaumarchais dans le *Mariage de Figaro* :

« Tournez-vous donc *envers ici*,
« Jean de Lyra, mon bel ami. »

« Enfin la Rancune l'ayant tourné dans sa chaise *devers le feu* dont l'on
« avoit chauffé les draps, il ouvrit les yeux. »
(Scarron. *Rom. com.* Ire p., ch. xi.)

Mais Molière a mis aussi *devers* dans la bouche des personnages qui s'expriment avec le plus d'élégance et de correction :

ÉRASTE.
Il a poussé sa chance,
Et s'est *devers* la fin levé longtemps d'avance. (*Fâch.* I, 1.)

« C'est ainsi *devers Caen* que tout Normand raisonne. » (Boileau.)
« J'ai des cavales en Égypte, qui conçoivent au hennissement des che-
« vaux qui sont *devers Babylone.* » (La Fontaine. *Vie d'Esope.*)

Devers et *envers* sont des formes variées de *vers. Vers* a été la première forme usitée :

« Si hom peche *vers* altre, a Deu se purrad acorder; e s'il peche *vers*
« Deu, ki purrad pur lui preier ? » (*Rois.* p. 8.)

« Pur ço que la guerre *vers* les ennemis Deu mantenist. » (*Ibid.* p. 71.)

Beaumanoir n'emploie que *vers* :

« Li baillis qui est debonaires *vers* les malfesans... qui *vers* toz est fel et
« cruels... ». (T. 1er p. 18, 19.)

Cependant la version des *Rois*, qui paraît de la fin du xie siècle, connaît déjà *envers* et *devers*.

« Ore t'aparceif que felenie n'ad en mei ne crimne *envers tei.* » (P. 95.)
« E pis que nuls ki devant lui out ested *devers* Nostre Seignur uverad. »
(P. 309.)

(Voyez DEDANS, DESSOUS, DEVANT.)

DEVOIR; NE DEVOIR QU'A, avec l'ellipse de *rien* :

Hors d'ici *je ne dois plus qu'à mon honneur.* (*D. Juan.* III. 5.)

DÉVORER DU CŒUR, figur., recevoir avidement :

Et vous devez *du cœur dévorer ces leçons.* (*Ec. des fem.* III. 2.)

DÉVOTS DE PLACE :

Que ces francs charlatans, que ces *dévots de place.* (*Tart.* I. 6.)

Comme les *valets de place*, qui se tiennent en vue sur les places publiques.

DE VRAI : véritablement, *de vero* :

Je ne sais pas, *de vrai*, quel homme il peut être. (*D. Juan.* I. 1.)
Nous verrons, *de vrai*, nous verrons ! (*Ibid.* V. 3.)
Ma foi, c'est promptement, *de vrai*, que j'achèverai. (*Am. magn.* V. 1.)

Cette locution était jadis très-usitée ; les exemples en sont fréquents. On disait aussi *au vrai :*

« Je ne sais pas *au vrai* si vous les lui devez ;
« Mais il me les a, lui, mille fois demandés. »

(REGNARD. *Le Légataire.* V. 7.)

DEXTÉRITÉS, au pluriel, adresse :

Oui, *vos dextérités* veulent me détourner
D'un éclaircissement qui vous doit condamner. (*D. Garcie.* IV. 8.)

Je sais les tours rusés et les subtiles trames
Dont pour nous en planter savent user les femmes ;
Et comme on est dupé par leurs *dextérités*,
Contre cet accident j'ai pris mes sûretés. (*Ec. des fem.* I. 1.)

D'HOMME D'HONNEUR ; ellipse : foi d'homme d'honneur :

D'homme d'honneur, il est ainsi que je le dis. (*Dép. am.* III. 8.)

DIABLE ; DIABLE EMPORTE SI... :

Diable emporte si je le suis ! (médecin.) (*Méd. mal. lui.* I. 6.)
Diable emporte si j'entends rien en médecine ! (*Ibid.* III. 1.)

C'est une sorte d'atténuation du blasphème complet : Que le diable m'emporte si... On en retranche le pronom personnel, pour moins d'horreur.

— EN DIABLE ; COMME TOUS LES DIABLES :

La justice, en ce pays-ci, est rigoureuse *en diable* contre cette sorte de crime. (*Pourc.* II. 12.)

Elle est sévère *comme tous les diables*, particulièrement sur ces sortes de crimes. (*Pourc.* III. 2.)

(Voyez QUE DIABLE !)

DIANTRE, modification de *diable*; DIANTRE SOIT :

Diantre soit la coquine ! (*B. gent.* III. 3.)

— DIANTRE, adjectif ; comme *diable*, *diablesse* :

Qu'on est aisément amadoué par ces *diantres* d'animaux-là !
(*Ibid.* III. 10.)

— DIANTRE SOIT DE... :

Diantre soit de la folle, avec ses visions ! (*Fem. sav.* I. 5.)

— DIANTRE SOIT FAIT DE... :

Encore ! *diantre soit fait de vous !* Si... je le veux. (*Tart.* II. 4.)

DIE, dise :

Veux-tu que je te *die ?* une atteinte secrète
Ne laisse point mon âme en une bonne assiette. (*Dép. am.* I. 1.)

Ah ! souffrez que je *die*,
Valère, que le cœur qui vous est engagé..... (*Ibid.* V. 9.)

Die n'est pas une forme suggérée par le besoin de la rime ; elle est aussi fréquente que *dise* chez les vieux prosateurs. Malherbe, dans ses lettres, n'en emploie pas d'autre.

Voulez-vous que je vous *die ?* (*Impromptu de Versailles*. 3.)

Ainsi cette forme était encore usuelle dans la conversation en 1663.

Cependant, neuf ans après, en 1672, dans les *Femmes savantes*, Molière tourne en ridicule le *quoi qu'on die* de Trissotin :

Faites-la sortir, *quoi qu'on die*,
De votre riche appartement.

Cette forme alors était donc déjà surannée.

« Il faut toujours, en prose, écrire et prononcer *dise* et jamais *die*, ni avec *quoi que*, ni dans aucune autre phrase. » C'est la décision de *Trévoux*, d'après Th. Corneille.

DIFFAMER :

MORON.
Je vous croyois la bête
Dont à me *diffamer* j'ai vu la gueule prête. (*Pr. d'El.* I. 2.)

L'emploi de *diffamer* pour *dévorer*, *déchirer*, en parlant d'un sanglier, pourrait sembler une bouffonnerie de ce fou de cour ; mais Furetière nous apprend que « *diffamer* signifie aussi *salir*, *gâter*, *défigurer*. Il a renversé cette sauce sur mon habit : il l'a tout *diffamé*. Il lui a donné du taillant de son épée, et lui a tout *diffamé* le visage. En ce sens il est bas. »

Ainsi Moron parle sérieusement et correctement. *Diffamer*, aujourd'hui, ne se prend plus qu'au sens moral.

On observera que *diffamer*, au sens moral, n'emporte pas nécessairement l'idée de calomnie, ni même aucune idée de blâme, puisque Boileau a dit, en parlant des précieuses :

« Reste de ces esprits jadis si renommés,
« Que d'un coup de son art Molière a *diffamés*. »

C'est-à-dire, tout simplement : a perdus de réputation. *Fame* (*fama*) a été français dans l'origine :

« E vint la *fame* a tuz ces de Israel, que desconfiz furent li Philistien. »
(*Rois*. p. 42.)

Héli dit à ses fils :

« Votre *fame* n'est mie saine. » (*Ibid*. p. 8.)

Vous n'avez pas bonne réputation.

DIGNE, en mauvaise part :

Et toutes les hauteurs de sa folle fierté
Sont *dignes* tout au moins de ma sincérité. (*Fem. sav.* I. 3.)

« Mais il (Vasquez) *n'est pas digne de ce reproche*. » (Pascal. 11ᵉ *Prov*.)

DINER ; AVOIR DINÉ, métaphoriquement :

Mᵐᵉ Jourdain. — Il me semble que *j'ai diné* quand *je le vois*!
(*B. gent.* III. 3.)

On dirait, par la même métaphore : Je suis *rassasiée* de le voir.

DIRE, actif avec un complément direct, désirer ;
TROUVER QUELQU'UN A DIRE :

Mettez-vous donc bien en tête..... que *je vous trouve à dire* plus que je ne voudrois dans toutes les parties où l'on m'entraîne. » (*Mis*. V. 4.)

Ce verbe *dire* vient, par une suite de syncopes, non pas de *dicere*, mais de *desiderare*, dont on ne retient que les syllabes extrêmes, *desiderare, desirare* (d'où l'on a fait à la seconde époque *désirer*), et *dere*, dont le premier *e* se change en *i*, par la règle accoutumée. (V. *Des Var. du langage fr.*, p. 208).

Ce verbe *dire* était très-usité au xvie siècle : Montaigne, la reine de Navarre, et les autres, en font constamment usage :

« Que sait-on, si...... plusieurs effects des animaux qui excedent nostre
« capacité sont produits par la faculté de quelque sens que nous ayons à
« *dire* ? » (Montaigne. II. 12.)

A désirer, à regretter ; qui nous manque.

« Si nous avions à *dire* l'intelligence des sons de l'harmonie et de la voix,
« cela apporteroit une confusion inimaginable à tout le reste de nostre
« science. » (Id. *Ibid.*)

« Ce desfault (une taille trop petite) n'a pas seulement de la laideur,
« mais encores de l'incommodité, à ceulx mesmement qui ont des comman-
« dements et des charges; car l'auctorité que donne une belle presence et
« majesté corporelle en est à *dire*. » (Id. II. 17.)

L'autorité, par suite de ce défaut, se fait désirer, ne s'obtient pas.

La reine de Navarre écrit à chaque instant dans ses lettres : Le roi et madame vous trouvent bien à *dire* ; nous vous trouvons bien à *dire*. C'est dans ce sens que l'employait encore Célimène en 1666.

Ce mot a disparu, peut-être banni pour laisser régner, sans équivoque possible, *dire*, venu de *dicere*.

— DIRE de quelque chose TOUS LES MAUX DU MONDE :
Tous les autres comédiens..... en ont dit *tous les maux du monde*.
(*Crit. de l'Éc. des fem.* 7.)

(Voyez ON DIRAIT DE.)

— DIRE pour *redire* :
Ayant eu la bonté de déclarer qu'elle (Votre Majesté) ne trouvoit rien à *dire* dans cette comédie, qu'elle me défendoit de produire en public.
(1er *Placet au roi.*)

— DIRE construit avec *en* et *à*; EN DIRE A, pour *être favorable à* :
Si le sort *nous en dit*, tout sera bien réglé. (*L'Ét.* V. 2.)

Si le sort nous est propice, nous seconde.

Cette bizarre expression est évidemment calquée sur cette façon de parler usuelle : Le cœur m'en dit ; le cœur vous en dit-il ? Molière n'a pu s'en servir que dans un ouvrage de sa jeunesse.

— DIRE VÉRITÉ, dire *la* vérité :

   Et s'il avoit mon cœur, *à dire vérité*....   (*Mis.* IV. 1.)

DISPENSER (SE) A...., se disposer à :

   Et c'est aussi pourquoi ma bouche *se dispense*
   A vous ouvrir mon cœur avec plus d'assurance.   (*Dép. am.* II. 1.)

Autrefois, *dispenser* se disait en pharmacie, pour *disposer, préparer*.

« Plusieurs auteurs ont écrit en détail la préparation des remèdes que les apothicaires doivent *dispenser*. *Dispenser* la thériaque, c'est-à-dire, la préparer. Les statuts des espiciers portent que les aspirants à la maistrise *dispenseront* leur chef-d'œuvre en présence de tous les maistres. »   (FURETIÈRE.)

Cette ancienne valeur du mot *dispenser* est encore attestée par le mot anglais *dispensary*, pharmacie, dont nous avons refait, à notre tour, *dispensaire*.

DISPUTER A FAIRE QUELQUE CHOSE :

   Je suis un pauvre pâtre ; et ce m'est trop de gloire
   Que deux nymphes d'un rang le plus haut du pays
   Disputent à se faire un époux de mon fils.   (*Mélicerte.* I. 4.)

DIVERTIR, du latin *divertere*, détourner, distraire, tourner d'un autre côté :

   Après de si beaux coups qu'il a su *divertir*.   (*L'Ét.* III. 1.)

   Votre feinte douceur forge un amusement,
   Pour *divertir* l'effet de mon ressentiment.   (*D. Garcie.* IV. 8.)

   Bonjour.— Hé quoi, toujours ma flamme *divertie* ! (*Fâcheux.* II. 2.)

   Viendra-t-il point quelqu'un encor me *divertir* ?   (*Ibid.* III. 3.)

Et, cherchant à *divertir cette tristesse*, nous sommes allés nous promener sur le port.   (*Scapin.* II. 11.)

« C'est un artifice du diable, de *divertir ailleurs* les armes dont ces gens-là combattoient les hérésies. »   (PASCAL. *Pensées.* p. 237.)

« Si l'homme étoit heureux, il le seroit d'autant plus qu'il seroit moins
« *diverti*, comme les saints et Dieu. »   (ID. *Ibid.* p. 219.)

DONCQUES, archaïsme :

Doncques si le pouvoir de parler m'est ôté,
Pour moi, j'aime autant perdre aussi l'humanité. (*Dép. am.* II. 7.)

On écrivit originairement avec une *s* finale, *doncques, avecques, ores, illecques, mesmes.*

DONNER; DONNER A PLEINE TÊTE DANS.... :
Il ne faut point douter qu'elle ne *donne à pleine tête dans* cette tromperie. (*Am. magn.* IV. 4.)

— DONNER AU TRAVERS DE :
Un homme...... qui *donne au travers* des purgations et des saignées. (*Mal. im.* III. 3.)

Donner, dans cette locution, et dans celles qui vont suivre jusqu'à *se donner de garde*, est pris au sens de *tomber* ou *se lancer avec impétuosité*, et il est verbe neutre, ou plutôt réfléchi, mais dépourvu de son pronom. Les Latins disaient de même *dare se* : — *dare se in viam* (Cic.); *dare se præcipitem* : *dabit me præcipitem in pistrinum* (Plaut.); *dare se fugæ* (Cic.)

Molière aussi construit *donner* avec le datif et avec l'accusatif, c'est-à-dire, avec *à* et *dans*.

— DONNER CHEZ QUELQU'UN :
Nous donnions chez les dames romaines,
Et tout le monde là parloit de nos fredaines. (*Fem. sav.* II. 4.)

— DONNER DANS :
Vous donnez furieusement *dans le marquis!* (*L'Av.* I. 5.)
..... les riches bijoux, les meubles somptueux où *donnent* ses pareilles avec tant de chaleur. (*Ibid.* II. 6.)

— DONNER DANS LA VUE, éblouir :
Ce monsieur le comte qui va chez elle *lui donne* peut-être *dans la vue?* (*B. gent.* III. 9.)

— DONNER A UN BRUIT, c'est-à-dire, croire à ce bruit :
Enfin il est constant que l'on n'a point *donné*
Au bruit que contre vous sa malice a tourné. (*Mis.* V. 1.)

On n'a point donné créance au bruit, *etc.* Mais, sans recourir à cette ellipse violente, *donner au bruit* est dit comme *donner au piége*, c'est-à-dire, *dans le piége*.

— DONNER DE GARDE (SE), prendre ses précautions :

>Je venois l'avertir de *se donner de garde*.   (*L'Et.* IV. 1.)

Il y a deux manières d'expliquer cette locution : en y considérant *de* comme surabondant, ce qui ne me plaît guère; ou bien en expliquant *se donner*, par *se faire, se mettre. Se donner de garde, se faire de garde,* se tenir à l'erte, au guet.

On disait aussi, avec un complément indirect, *se donner de garde de quelque chose* :

>MORON. — *Donnez-vous-en bien de garde,* seigneur, si vous voulez m'en croire.   (*Pr. d'El.* III. 2.)

Se donner de garde est une ancienne façon de dire *s'apercevoir de quelque chose, s'en mettre en garde* :

>« Et fut tout ce fait si soubdainement, que les gens de la ville *ne s'en donnerent de garde.* »   (FROISSART.)

— DONNER DES REVERS, renverser d'un soufflet, métaphoriquement :

>Toutefois n'allez pas, sur cette sûreté,
>*Donner de vos revers* au projet que je tente.   (*L'Et.* II. 1.)

— EN DONNER A QUELQU'UN, lui en donner à garder, le tromper :

>Tu couches d'imposture, et *tu m'en as donné*.   (*L'Et.* I. 10.)

(Voyez COUCHER DE.)

>Ah, ah! l'homme de bien, *vous m'en vouliez donner!* (*Tart.* IV. 7.)

Cet *en* ne se rapporte grammaticalement à rien, comme dans plusieurs expressions analogues : *en tenir, en faire,* etc.

— EN DONNER DU LONG ET DU LARGE :

>*Donnons-en* à ce fourbe *et du long et du large.*   (*L'Et.* IV. 7.)

Donnons-lui-en dans tous les sens, accommodons-le de toutes les façons possibles, de toutes pièces.

— DONNER LA BAIE. . . . :

>Le sort a bien *donné la baie* à mon espoir.   (*L'Et.* II. 13.)

(Voyez BAIE.)

— DONNER LA MAIN OU LES MAINS A..., métaphoriquement, soutenir :

>*Donne la main à mon dépit*, et soutiens ma résolution.....
>   (*B. gent.* III. 9.)

> Pourvu que votre cœur veuille *donner les mains*
> Au dessein que j'ai fait de fuir tous les humains.
>
> (*Mis.* V. sc. dernière.)

Un cœur qui donne les mains est une image fausse, et une expression forcée.

La Fontaine a dit absolument *donner les mains*, dans le sens où le vulgaire dit aujourd'hui *mettre les pouces* :

> « De façon que le philosophe fut obligé de *donner les mains*. »
>
> (*Vie d'Esope.*)

— DONNER UN CRIME, UNE RÉPUTATION :

> J'ignore le détail du *crime qu'on vous donne*. (*Tart.* V: 6.)

C'est le latin *dare crimen alicui*.

> Je me souviens toujours du soir qu'elle eut envie de voir Damon, sur *la réputation qu'on lui donne*, et les choses que le public à vues de lui.
>
> (*Critique de l'Ecole des fem.* sc. 2.)

On disait de même, au XVIe siècle, *donner un bruit à quelqu'un* : c'était lui attribuer une réputation. Bonnivet était

> « Des dames mieux voulu que ne feut oncques François ; tant pour sa
> « beauté, bonne grace et parole, que pour *le bruit que chacun luy donnoit*
> « *d'estre l'un des plus adroits et hardis aux armés qui feust de son temps.* »
>
> (La R. de Nav. *Heptaméron*, nouvelle 14.)

> « Elle connoissoit le contraire du faux *bruit que l'on donnoit aux Fran-*
> « *çois.* »   (*Ibid.*)

(Voyez BRUIT.)

DONT, au sens de *par qui, de qui* :

> C'est moi, vous dis-je, moi, *dont* le patron le sait. (*Dép. am.* III. 7.)

Cette expression pèche par l'équivoque : il semble que Mascarille veuille dire : *ego, cujus dominus id rescivit,* — et il veut dire : A QUO ou *per quem dominus id rescivit*.

L'ancienne orthographe eût évité cette confusion (aux yeux du moins), en écrivant : *dond* le patron le sait. — *Unde id rescivit.*

— DONT, pour *de qui*, avec un nom de personne :

> Messieurs les maréchaux, *dont* j'ai commandement. (*Mis.* II. 7.)
> Mon fils, *dont* votre fille acceptoit l'hyménée..... (*Sgan.* 7.)

Et principalement ma mère étant morte, *dont* on ne peut m'ôter le bien.
(*L'Av.* II. 1.)

Comme ami de son maître de musique, *dont* j'ai obtenu le pouvoir de dire qu'il m'envoie à sa place. (*Mal. im.* II. 1.)

— DONT, par laquelle :

La beauté me ravit partout où je la trouve, et je cède facilement à cette douce violence *dont* elle nous entraîne. (*D. Juan.* I. 2.)

La bassesse de ma fortune, *dont* il plaît au ciel de rabattre l'ambition de mon amour..... (*Am. magn.* I. 1.)

— DONT A LA MAISON, pour *à la maison de qui :*

L'objet de votre amour, lui, *dont à la maison*
Votre imposture enlève un brillant héritage. (*Dép. am.* II. 1.)

Molière ne s'est permis qu'une seule fois cette tournure entortillée, et c'est dans son premier ouvrage ; car, malgré la chronologie reçue, je tiens le *Dépit amoureux* aîné de l'*Étourdi*.

Bossuet fournit un exemple d'une construction aussi bizarre :

« On a peine à placer Osymanduas, *dont* nous voyons de si magnifiques monuments dans Diodore, et de si belles marques *de ses combats*.
(*Hist. un.* IIIe p. § 3.)

Dont nous voyons de si belles marques de ses combats ! pour *des combats de qui nous voyons de si belles marques.* Il n'y a point de doute que ce ne soit là une construction très-vicieuse. Les saints ont eu leurs faiblesses, dit Voltaire ; ce n'est point leurs faiblesses qu'il faut imiter.

— DONT, au neutre, pour *de quoi :*

Ah ! poltron, *dont* j'enrage !
Lâche ! vrai cœur de poule ! (*Sgan.* 21.)

Ah ! poltron que je suis, *de quoi j'enrage* ; c'est-à-dire, d'être poltron. *Unde venit mihi rabies.*

— DONT relatif, séparé de son sujet :

Comme le mal fut prompt, *dont* on la vit mourir. (*Dép. am.* II. 1.)

(Voyez QUI RELATIF, séparé de son sujet.)

D'ORES-EN-AVANT :

THOMAS DIAFOIRUS. Aussi mon cœur *d'ores-en-avant* tournera-t-il toujours vers les astres resplendissants de vos yeux adorables. (*Mal. im.* II. 6.)

Archaïsme, comme *ne plus*, *ne moins*. On voit que Thomas Diafoirus est issu de vieille bourgeoisie. On a dit, en ôtant l'*s* d'*ore*, *dorenavant*, et l'on met aujourd'hui un accent sur l'*é*, *dorénavant*; en sorte que les racines de ce mot sembleraient être *doré* et *navant*. C'est *d'ora in avanti*, *d'ore en avant*.

Il est fâcheux que l'Académie consacre l'orthographe et la prononciation vicieuses.

DORMIR SA RÉFECTION, ce qu'il faut pour se refaire.

Le sommeil est nécessaire à l'homme; et lorsqu'on ne *dort pas sa réfection*, il arrive que..... (*Prol. de la Pr. d'Él.*, 2.)

DOS; TOMBER SUR LE DOS A QUELQU'UN, en parlant d'un événement fâcheux :

Il faut que tout le mal *tombe sur notre dos*. (*Sgan.* 17.)

DOT, substantif masculin, archaïsme :

L'ordre est que le futur doit doter la future
Du tiers *du dot* qu'il a. (*Éc. des fem.* IV. 2.)

Les éditeurs modernes ont substitué « du tiers *de* dot. » — Il faudrait au moins du tiers *de la* dot.

C'est une raillerie que de vouloir me constituer *son dot* de toutes les dépenses qu'elle ne fera point. (*L'Av.* II. 6.)

Montaigne fait toujours *dot* masculin. Ménage : « Il faut dire *la dot* et non pas *le dot*, comme dit M. de Vaugelas dans sa traduction de Quinte-Curce, et M. d'Ablancourt dans tous ses livres. Nicot dit *le dost*, qui est encore plus mauvais que *le dot*. » (*Obs. sur la lang. fr.* p. 126.)

L'Avare est de 1668, et Ménage écrivait ses observations en 1672, un an avant la mort de Molière. C'est donc vers cette seconde date que le genre du mot *dot* a été fixé au féminin.

M. Auger cite ce vers du *Riche vilain* :

« *Un grand dot* est suivi d'une grande arrogance. »

Le moyen âge disait *dos* fém., et *dotum*, neutre. (Voyez DU CANGE, au mot *dotum*.)

DOUBLE, substantif, pièce de monnaie :

Vous ne les auriez pas, s'il s'en falloit *un double*. (*Méd. m. lui.* I. 6.)

Il n'y a point de monsieur maître Jacques *pour un double!* (*L'Av.* III. 6.)

C'est-à-dire qu'il se tient plus cher, à plus haut prix. Le double était une petite monnaie de billon. *Il n'y en a point pour un double*, espèce d'adage pour exprimer un refus formel, une dénégation.

DOUBLE FILS DE PUTAIN :

Double fils de putain, de trop d'orgueil enflé. (*Amph.* III. 7.)

Put, *pute*, du latin *putidus*, par apocope, ancien adjectif qui signifiait à peu près *vilain*, *vilaine*. Il est encore d'usage dans les Vosges et la Franche-Comté. Un vieux noël en patois lorrain, sur l'Épiphanie, dit, en parlant du roi d'Éthiopie :

« Qui ot ce *put* chabrouillé ? »

Qui est ce vilain barbouillé ?

La terminaison *ain* s'ajoutait volontiers, dans les premiers temps de la langue, aux noms de femme ou de femelle. Ève, Évain ; Berte, Bertain. Dans le roman de Renard, la poule s'appelle *Pinte* et *Pintain*. M. Ampère pense que c'est un vestige d'anciennes déclinaisons, et la marque du cas oblique ; je suis plus porté à y voir simplement une forme de diminutif.

DOUCEUR DE COEUR, tendresse, amour :

Il se rend complaisant à tout ce qu'elle dit,
Et pourroit bien avoir *douceur de cœur* pour elle. (*Tart.* III. 1.)

DOUTER, verbe actif. DOUTER QUELQUE CHOSE, c'est-à-dire, le redouter, le tenir suspect :

Sous couleur de changer de l'or *que l'on doutoit*. (*L'Et.* II. 7.)

De l'or que l'on craignait qui ne fût faux.

Douter, se disait jadis en la forme simple ; *redouter* marquait la répétition, l'augmentation de la crainte. Nicot dit :

« DOUBTER, *hesitare*, *dubitare*, *vereri*, *timere*. »

« Il n'y a homme tant hardi qui ne *doubte* trop d'en aller cueillir. »
(*Amadis.* livre II.)

CLOVIS *à saint Remi*.

« Sire arcevesque, nous lavez
« Corps et ame dedans ces fons,
« Pour nous garder d'aller à fons
« D'enfer, qui tant fait à *doubter*. » (*Mystère de Ste Clotilde*.)

Froissart ne connaît que le verbe *douter* ou *se douter*, pour signifier *redouter* :

« Le clerc *se doubta* du chevalier, car Il estoit crueux..... il vint en
« presence du sire de Corasse, et luy dit :.... Je ne suis pas si fort en ce
« pays comme vous estes; mais sachez que, au plustost que je pourrai, je
« vous envoierai tel champion que vous *doubterez* plus que vous ne faictes
« moi. Le sire de Corasse..... luy dict : Va à Dieu, va; fais ce que tu
« peux : *je te doubte* autant mort que vif. »

(FROISSART. *Chron.* III. ch. 22.)

Se douter avait le même sens. Pathelin confie à sa femme son plan pour duper le drapier : Bon, dit Guillemette :

« Mais se vous renchéez arriere,
« Que justice vous en repreigne,
« *Je me doute* qu'il ne vous preigne
« Pis la moitié qu'à l'autre fois. » (*Pathelin.*)

« Mais si vous ne réussissez pas, et que la justice s'en mêle; j'ai peur qu'il ne vous en arrive la moitié pis que la dernière fois. »

DOUZE, dans une espèce de rébus ou de calembour trivial :

JACQUELINE. Je vous *dis et vous douze* (10 et 12) que tous ces médecins n'y feront rian que de l'iau claire. (*Méd. m. lui.* II. 2.)

DRAPS BLANCS; METTRE QUELQU'UN DANS DE BEAUX DRAPS BLANCS, par ironie :

Ah! coquines, vous nous mettez *dans de beaux draps blancs!*
(*Préc. rid.* 18.)

DRESSER ; DRESSER UN ARTIFICE :

Et s'il faut par hasard qu'un ami vous trahisse,
Que pour avoir vos biens on *dresse un artifice?* (*Mis.* I. 1.)

Mais pour lequel des deux princes au moins *dressez-vous tout cet artifice?*
(*Am. magn.* IV. 4.)

— DRESSER SA PROMENADE VERS...., la diriger :

Dressons notre promenade, ma fille, *vers* cette belle grotte où j'ai promis d'aller. (*Ibid.* III. 1.)

« Elle *dressa* donc *ses pas vers* le lieu où elle avoit vu cette fumée. »
(LA FONT. *Psyché.* II.)

DU, pour *que le* :

C'est un étrange fait *du* soin que vous prenez
A me venir toujours jeter mon âge au nez. (*Ec. des mar.* I. 1.)

« C'est dommage *du* gentilhomme, quand il est ainsi mort. »
(Froissart. *Chron.* II. ch. 30.)

« Voyez que c'est *du* monde et *des* choses humaines ! »
(Régnier, *le mauvais Giste*.)

(Voyez DE remplaçant *que le*.)

DULCIFIÉ, au sens métaphorique :

GROS-RENÉ.
.... Voilà tout mon courroux
Déjà *dulcifié ;* qu'en dis-tu, romprons-nous ? (*Dép. am.* IV. 4.)

— DULCIFIANT, adjectif :

SGANARELLE. Quelque petit clystère *dulcifiant*. *Méd. m. lui.* II. 7.

DU MATIN, dès le matin :

Mais demain, *du matin*, il vous faut être habile
A vider de céans jusqu'au moindre ustensile. (*Tart.* V. 4.)

— DU GRAND MATIN, dès le grand matin :

Aujourd'hui il est trop tard ; mais demain, *du grand matin*, je l'enverrai quérir. (*Mal. im.* I. 10.)

DU MIEUX QUE :

Allez ; si elle meurt, ne manquez pas de la faire enterrer *du mieux que* vous pourrez. (*Méd. m. lui.* III. 2.)

(Voyez DE exprimant la cause, la manière.)

DU MOINS, pour *au moins* :

Je vais gager qu'en perruques et rubans il y a *du moins* vingt pistoles.
(*L'Av.* I. 5.)

C'est pour éviter l'hiatus *a au*.

DUPE A (un infinitif) :

Et moi, la bonne *dupe à trop-croire* un vaurien.... (*L'Et.* II. 5.)

Et moi, qui en croyant un tel vaurien suis une trop bonne dupe.

(Voyez A (un infinitif), capable de, de nature à.)

DURANT QUE :

Je vous dirai..... que, *durant qu'il dormoit*, je me suis dérobée d'auprès de lui.... (*G. D.* III. 12.)

9.

C'est le participe ablatif absolu des Latins : *durante quod*, comme *pendant que*, *pendente quod*.

DURER CONTRE QUELQU'UN, DURER A QUELQUE CHOSE :

CLAUDINE. Il a tant bu, que je ne pense pas qu'on puisse *durer contre lui*.

(G. D. III. 12.)

Il faut observer que ce *durer* est devenu du style de servante, mais que cette servante parle comme Tite-Live : « Nec poterat *durari* extra tecta. » On ne pouvait *durer* hors des maisons ; et comme Plaute : « Nequeo *durare* in ædibus. » Je ne puis *durer* chez nous.

« . . . . *durate*, atque exspectate cicadas. » (JUVEN. IX. 69.)

Au surplus, Molière a relevé cette expression, en la mettant dans la bouche de l'aimable et spirituelle Élise :

Pensez-vous que je puisse *durer à ses turlupinades* perpétuelles ?

(*Crit. de l'Ec. des fem.* 1.)

DU TOUT :

. . . . . Mon fils, je ne puis *du tout* croire
Qu'il ait voulu commettre une action si noire. (*Tart.* V. 3.)

Je relève ces vers, uniquement pour avoir occasion d'observer que *du tout* ne s'emploie plus aujourd'hui qu'en des formules négatives, mais qu'il entrait aussi originairement dans des phrases affirmatives. Par exemple :

« Nostre Seignur Deu *del tut* siwez et de tut vostre quer servez. »

(*Rois.* p. 41.)

Suivez *du tout*, c'est-à-dire, absolument, sans restriction, Notre Seigneur Dieu. — Nous sommes appauvris de la moitié de cette locution.

« Pensez, amis, que je faz moult
« Quant je me mets en vous *du tout*
« Et de ma mort et de ma vie. » (*Partonopeus.* v. 7730.)

Quand je me confie entièrement en vous, quand je vous livre ma mort et ma vie.

E muet étouffé pour la mesure :

Les flots contre les flots font un *remue-ménage*. (*Dép. am.* IV. 2.)

L'édition de P. Didot écrit *remû-ménage*; l'édition faite sous les yeux de Molière, *remue-ménage*.

> Je pousse, et je me trouve en un fort à l'écart,
> A la *queue* de nos chiens, moi seul avec Drécart. (*Fâcheux.* II. 7.)

La locution étant ainsi faite, il n'y avait pas moyen de l'employer autrement en vers.

Au reste, il est bon d'observer que dans l'ancienne versification l'*e* muet ne comptait pas plus à l'hémistiche qu'il ne fait aujourd'hui à la fin d'un vers. Et tout atteste que nos pères avaient l'oreille aussi délicate que nous, pour le moins. Il se passe quelque chose d'analogue en musique. C'est l'altération de la septième dans la gamme mineure; on n'en avait pas l'idée jadis, et nous ne saurions nous en passer. Ce sont des effets de l'éducation, qu'on prend pour des lois naturelles :

> Tant de nos premiers ans l'habitude a de force !

— *E muet* de la seconde ou de la troisième personne, comptant pour une syllabe :

> Ansèlme, mon mignon, *crie*-t-elle à toute heure. (*L'Et.* I. 6.)
> Ah ! *n'aie* pas pour moi si grande indifférence ! (*Ibid.* II. 7.)
> Ils ne vous ôtent rien, en m'ôtant à vos yeux,
> Dont ils n'*aient* pris soin de réparer la perte. (*Psyché.* II. 1.)

Mais *Psyché* est écrite avec une précipitation extrême. Molière, depuis ses premiers ouvrages, ne se permettait plus cette négligence.

ÉBAUBI :

> Je suis tout *ébaubie*, et je tombe des nues ! (*Tart.* V. 5.)

Trévoux dit que c'est une forme populaire et corrompue du mot *ébahi*. Il se trompe. La forme première est *abaubi*, et nos pères distinguaient bien *esbahi* et *abaubi* :

> « Lors le voit morne et *abaubit*. » (*Rom. de Coucy.* v. 185.)
> « Li chastelains fut *esbahis*. » (*Ibid.* v. 223.)

La châtelaine de Fayel, voyant dans sa chambre son époux et son amant, demeure stupéfaite :

> « Quant ele andeus leans les vist,
> « Le cuer a tristre et *abaubit*.
> « Dont dist come *esbahie* fame :
> « Sire diex ! quel gent sont cecy ? (*Ibid.* v. 4546.)

Esbahi est celui qui reste la bouche béante, comme s'il bâillait. La racine est *hiare*.

— *Abaubi* a pour racine *balbus*, dont on fit *baube*. Louis le Bègue était *Loys li Baube* :

« Looys, le fil Challe le Chauf, qui *Loys li-Baubes* fut apelez. »
(*Chron. de St.-Denys*, ad ann. 877.)

Et Philippe de Mouskes :

« Loeys ki *Baubes* ot nom. »

Louis, surnommé le Bègue.

En composant cet adjectif avec *a*, qui marquait une action en progrès, on fit *abaubir*, comme *alentir, apetisser, agrandir*, et, par la corruption de l'âge, *ébaubi*.

Un homme *ébahi* est muet de surprise; l'*ébaubi* est celui que la surprise fait bégayer, balbutier.

Trévoux dérive *esbahir* de l'hébreu *schebasch*, et *ébaubi*, d'*ébahir*.

Le verbe était *bauboier* ou *baubier*, qui s'écrivait *balbier*. Il y a dans Partonopeus un exemple naïf d'une femme ébaubie, ou abaubie : c'est quand la fée Mélior, en s'éveillant, ne trouve plus Partonopeus à ses côtés ; elle veut l'appeler par son nom :

« Nel puet nomer, et ne porquant
« *Balbié* l'a en sanglotant :
« *Parto, Parto*, a dit souvent,
« Puis dit *nopeu*, moult feblement ;
« Et quant a *Partonopeu* dit
« Pasmee ciet desor son lit. (*Partonopeus*. v. 7245.)

(Voyez Du Cange aux mots *Balbire* et *Balbuzare*.)

Balbier (*baubier*), est la forme primitive, tirée de *balbus*.

Balbutier est de seconde formation, calqué sur *balbutire*.

ÉBULLITIONS DE CERVEAU :

Je suis pour le bon sens, et ne saurois souffrir les *ébullitions de cerveau* de nos marquis de Mascarille. (*Crit. de l'Ec. des fem.* 6.)

ÉCHAPPER (L') BELLE :

Je viens de l'*échapper bien belle*, je vous jure ! (*Ec. des fem.* IV. 6.)

Le substantif de l'ellipse paraît être *occasion*, comme dans *vous nous la donnez belle !* On comprend que, dans ces formules, l'absence du mot précis a permis à l'usage d'étendre un peu le sens et les applications.

Nous l'avons en dormant, madame, *échappé belle !* (*Fem. sav.* IV. 3.)

L'usage a consacré cette forme avec cette orthographe, parce qu'elle date d'une époque où l'on n'était pas bien rigoureux sur l'accord des participes, et que d'ailleurs l'ellipse du substantif féminin dissimule un peu la faute. Il est certain que, à la rigueur, il faudrait *échappée belle.* Cependant, en prose même, personne n'a jamais écrit le participe au féminin :

« Ma foi, mon ami, *je l'ai échappé belle* depuis que je ne t'ai vu ! »

— (Lesage, *Gil Blas.*)

L'italien possède beaucoup de locutions faites, où l'adjectif est ainsi au féminin par rapport à un substantif sous-entendu : — *come la passate ?* — *questa non l'intendo;* — *ei me l'ha fatta;* — *questa non mi calza,* etc., etc., où l'on peut supposer dans l'ellipse les mots *vita, cosa, burla, scarpa.*

ÉCHELLE; TIRER L'ÉCHELLE APRÈS QUELQU'UN :

Lucas. Oh, morguenne ! il faut *tirer l'échelle après celui-là.*

(*Méd. m. lui.* II. 1.)

Cette figure s'entend assez : quand on tire l'échelle, c'est qu'on n'a plus à laisser monter personne, étant satisfait de ce qui est monté.

ÉCHINE; AJUSTER L'ÉCHINE, bâtonner :

Ah ! vous y retournez !
Je vous *ajusterai l'échine.* (*Amph.* III. 7.)

ÉCLAIRÉ EN HONNÊTES GENS :

L'âge le rendra plus *éclairé en honnêtes gens.* (*Crit. de l'Ec. des f.* 5.)

C'est-à-dire, lui apprendra à les mieux reconnaître.

ÉCLAIRER QUELQU'UN, l'espionner, éclairer ses démarches :

Au diable le fâcheux qui toujours *nous éclaire !* (*L'Et.* I. 4.)

Dites-lui qu'il s'avance,
. . . .
Et qu'il ne se verra d'aucuns yeux *éclairé.* (*D. Garcie.* IV. 3.)

J'ai voulu vous parler en secret d'une affaire,
Et suis bien aise ici qu'aucun ne nous *éclaire.* (*Tart.* III. 3.)

Il nous reste en ce sens le substantif *éclaireur*; *aller en éclaireur*.

On disait *éclairer à quelqu'un*, pour signifier lui éclairer son chemin. Nicot fait soigneusement la distinction entre *éclairer quelqu'un* et *à quelqu'un*; il explique le second : « *Prælucere alicui; lucem facere alicui; lustrare lampade.* » Ainsi quand on lit dans *Don Juan*, act. IV, scène 3, — Allons, monsieur Dimanche, je vais *vous éclairer*, — il faut entendre ce *vous* au datif, pour *à vous*, et non pas à l'accusatif, comme aujourd'hui nous disons, *Éclairez monsieur*. C'est une politesse très-impolie : monsieur n'a pas besoin qu'on *l'éclaire*, mais qu'on *lui éclaire* sa route.

Ce vice du langage moderne paraît né de l'équivoque des formes *vous*, *moi*, *me*, qui servent aussi pour *à vous*, *à moi*.

ÉCLATS DE RISÉE, éclats de rire :

A tous les *éclats de risée*, il haussoit les épaules, et regardoit le parterre en pitié.   (*Crit. de l'Ec. des fem.* 6.)

» Ces paroles à quoi Gélaste ne s'attendoit point, et qui firent faire un « petit *éclat de risée*, l'interdirent un peu. »   (La Fontaine. *Psyché*. I.)

ÉCOT ; PARLER A SON ÉCOT :

Mais quoi...? — Taisez-vous, vous ; *parlez à votre écot*.
Je vous défends tout net d'oser dire un seul mot.   (*Tart.* IV. 3.)

C'est-à-dire parlez à votre tour, en proportion de votre droit et de votre dû, comme chacun mange à son écot.

ÉCOUTER UN CHOIX, y entendre, l'examiner :

Le *choix* est glorieux, et vaut bien qu'on *l'écoute*.   (*Tart.* II. 4.)

ÉCU ; LE RESTE DE NOTRE ÉCU :

Mme JOURDAIN (*apercevant Dorimène et Dorante*). Ah, ah! voici justement *le reste de notre écu!* Je ne vois que chagrins de tous côtés.
  (*B. gent.* V. 1.)

Expression figurée, prise du change des monnaies. Voici le reste de notre écu! c'est-à-dire, voici qui complète notre infortune.

EFFICACE, substantif féminin :

On n'ignore pas qu'une louange, en grec, est d'*une merveilleuse efficace* à la tête d'un livre. (*Préf. des* Précieuses ridicules.)

Il est trop heureux d'être fou, pour éprouver l'*efficace* et la douceur des remèdes que vous avez si judicieusement ordonnés. (*Pourc.* I. 11.)

L'efficace, pour *l'efficacité*, commençait déjà, en 1669, à devenir un terme suranné; mais il a d'autant meilleure grâce dans la bouche d'un personnage grave et doctoral.

Il faut observer qu'il y a dix ans entre les *Précieuses ridicules* et *Monsieur de Pourceaugnac* (1659-1669.)

EFFRÉNÉ : PROPOS EFFRÉNÉS :

> Comment! il vient d'avoir l'audace
> De me fermer la porte au nez,
> Et de joindre encor la menace
> A mille *propos effrénés!* (*Amph.* III. 4.)

Puisqu'on dit bien *une langue sans frein*, pourquoi ne dirait-on pas aussi *des propos effrénés?* La métaphore est la même. Mais on ne saurait approuver *des traits effrontés* (*Tartuffe*, II. 2); des épigrammes, des coups de langue, peuvent s'appeler des *traits*, parce que l'effet de l'un comme de l'autre est de blesser, de piquer; mais des *traits* n'ont pas de *front*. Il y a incohérence, incompatibilité d'images. C'est Dorine qui est *effrontée*.

EFFROI, au sens actif. Voyez PLEIN D'EFFROI.

ÉGARER (SE) DE QUELQU'UN :

Je m'étois par hasard *égaré d'un frère et de* tous ceux de notre suite. (*D. Juan.* III. 4.)

Les Italiens disent de même *smarrito della via*.

J'observe que l'on disait aussi *égarer quelqu'un*, au même sens que *s'égarer de quelqu'un* :

« Considérant les mouvements du chien........ à la queste de son maistre
« qu'il a esgaré. » (MONTAIGNE, II. 13.)

C'est-à-dire dont il s'est égaré.

Nicot ne donne que la forme *s'égarer d'avec* : « L'enfant *s'est esgaré d'avec son pere*. »

Ménage dérive *égarer* de je ne sais quel *varare*, qu'il traduit par *traverser. Égarer, garer, garder, garir* (auj. *guérir*), *guérite, garantir*, tous ces mots descendent de l'allemand, *bewahren* (en anglais *beware*), en passant par la basse latinité, d'où le *w* se changeait, pour le français, en *gu* ou *g* dur. *Werdung, guerdon ; — Wantus, guant* (gant) ; *— Wardia, garde ; — Wadium, gage ; — Wallia, Gaule ; — Warenna* (*ubi animalia custodiuntur*), *garenne* ; etc., etc.

Guérite ou *garite* signifiait une route à l'écart, un sentier détourné, par où l'on cherchait un refuge devant l'ennemi ; *sich bewahren*, à *se garer* ou à *se garir*. De là cette vieille expression, *enfiler la guérite*, c'est-à-dire, fuir, chercher un asile dans la fuite. De même *s'égarer*, c'est se jeter dans ce petit chemin perdu, hors de la vue et de la poursuite.

On voit d'un même coup d'œil comment se rattachent à cette famille l'exclamation *gare !* qui n'est que l'impératif du verbe *se garer :* se garer des chevaux, des voitures ; et le substantif féminin *gare ;* une *gare* pour les bateaux, la *gare* d'un chemin de fer. L'enchaînement des idées est donc celui-ci : protection, fuite, écart, égarement.

ÉGAYER SA DEXTÉRITÉ, la faire jouer, en faire parade:

Mais la princesse a voulu *égayer sa dextérité*, et de son dard, qu'elle lui a lancé un peu mal à propos.... etc. (*Am. magn.* V. 1.)

ÉLEVER SES PAROLES, élever la voix :

Plus haut que les acteurs *élevant ses paroles*. (*Fâcheux*. I. 1.)

ÉLISION.

Oui, ne faisant pas élision :

Et son cœur est épris des grâces d'Henriette.
— Quoi ! de ma *fille ?*
—*Oui*, Clitandre en est charmé.
(*Fem. sav.* II. 3.)

L'hiatus n'est pas en cet endroit plus choquant que dans cet autre, où la règle du moins n'a pas à se plaindre :

Ces gens vous *aiment ?* — *Oui*, de toute leur puissance. (*Ibid.* II. 3.)

Le repos fortement marqué fait disparaître l'hiatus. Quand ce repos est moindre, Molière ne manque pas d'élider :

Notre sœur est folle, oui ! — Cela croit tous les jours. (*Fem. sav.* II. 4.)

Sans élision :

Moi, ma *mère ?* — *Oui*, vous. Faites la sotte un peu ! (*Ibid.* III. 6.)

OUAIS :

Hé non ! mon *père*. — *Ouais* ! qu'est-ce donc que ceci ? (*Ibid.* V. 2.)

L'hiatus dans ces passages est moins sensible à l'oreille que dans une foule d'autres, où il est plus réel, quoique dissimulé à l'œil par l'orthographe. Ainsi :

Aucun, hors moi, dans la maison
N'a droit de *commander*. — *Oui*, vous avez raison. (*Ibid.* V. 2.)

Cela est très-légitime ; mais on interdirait : *il m'a commandé, oui......*, qui est pour l'oreille absolument la même chose. Un des pires inconvénients de la versification moderne, c'est que les règles en ont été faites pour le plaisir des yeux, sans égard de celui de l'oreille. C'était précisément le contraire dans l'ancienne poésie française. Aussi les vers modernes, avec leur apparence de politesse et de rigidité, sont-ils remplis d'hiatus et de fautes contre la mesure. C'est ce que j'ai essayé de développer dans mon essai *sur les variations du langage français*, p. 177.

ELLÉBORE, raison, bon sens :

Vous le voyez, sans moi vous y seriez encore ;
Et vous aviez besoin de mon peu d'*ellébore*. (*Sgan.* 22.)

Sur cette expression *mon peu d'ellébore*, voyez PEU pour *un peu*.

ELLIPSE :

— D'UN VERBE DÉJA EXPRIMÉ, et qui, répété, serait aux mêmes temps, nombre et personne que devant :

Hé bien ! vous le pouvez, *et prendre* votre temps. (*Fâcheux.* III. 2.)

Et vous pouvez prendre votre temps.

Oui, *toute mon amie*, elle est, et je la nomme,
Indigne d'asservir le cœur d'un galant homme. (*Mis.* III. 7.)

Toute mon amie *qu'elle est*, elle est, etc...

Puisse-t-il te confondre, *et celui qui* t'envoie ! (*Tart.* V. 4.)

Et confondre celui, etc. Confondre toi et celui...

— D'UN VERBE DÉJA EXPRIMÉ, qui, répété, serait à une autre personne, à un autre nombre ou à un autre temps :

>Vous vous moquez de moi, Léandre, *ou lui de vous.* (*L'Et.* III. 4.)

Ou lui *se moque* de vous.

>Ah! vous ne pouvez pas trop tôt me l'accorder (le pardon),
>Ni moi sur cette peur trop tôt le demander. (*Dép. am.* IV. 3.)

Ni moi *je ne peux*.....

>Il parle d'Isabelle, et vous de Léonor. (*Ec. des mar.* III. 10.)

Et *vous parlez* de Léonor.

>Je ne veux point ici faire le capitan,
>Mais on m'a vu soldat *avant que courtisan.* (*Fâcheux.* I. 10.)

Avant que *de me voir* courtisan.

>Vous *attendez* un frère, et *Léon son vrai maître.* (*D. Garcie.* V. 5.)

Vous attendez un frère, et le royaume de Léon *attend* son vrai maître.

>Je *suis* le misérable, *et toi* le fortuné. (*Mis.* III. 1.)

Tu es le fortuné.

>Puisque vous n'êtes pas en des liens si doux
>Pour *trouver* tout en moi, comme *moi* tout en vous... (*Ibid.* V. 7.)

Comme *je trouve* tout en vous.

>Et comme ses lumières *sont* fort petites, *et son sens* le plus borné du monde..... (*Pourc.* III. 1.)

Et *que* son sens *est* le plus borné du monde.

Ces sortes d'ellipses sont très-favorables à la rapidité du langage, mais la grammaire les repousse. Bossuet en use fréquemment :

>« Au point du jour, lorsque l'esprit *est* le plus net *et les pensées le plus pures*, ils lisoient, etc. » (*Hist. un.* IIIe p. § III.)

Et *que* les pensées *sont* le plus pures.

>« Le roi de Babylone *fut* tué, et *les Assyriens mis en déroute.*» (*Ibid.* § IV.)

Et les Assyriens *furent* mis en déroute.

>« M. Arnauld *mériteroit* l'approbation de la Sorbonne, *et moi*, la censure de l'Académie. » (PASCAL, 3e *Prov.*)

Et moi je mériterais.

— D'UN VERBE NON EXPRIMÉ, mais que la pensée supplée facilement :

. . . . : Ton maître t'a chargé
De me saluer ? — Oui. — Je lui suis obligé :
Va, que je lui souhaite une joie infinie.   (*Dép. am.* III. 2.)

Va, *dis-lui* que, etc.

Non, mon père m'en parle, *et qu'il est revenu,*
Comme s'il devoit m'être entièrement connu.   (*Ec. des fem.* I. 6.)

Et me dit qu'il est revenu.

« Ils ont demandé avec instance que s'il y avoit quelque docteur qui les
« y eût vues (les cinq propositions), il voulût les montrer : *que* c'étoit une
« chose si facile, qu'elle ne pouvoit être refusée. »   (PASCAL, 1re *Prov.*)

— D'UN SUBSTANTIF OU D'UN ADJECTIF :

Et sur lui, quoiqu'aux yeux il montrât beau semblant,
Petit Jean de Gaveau ne montoit qu'en tremblant.   (*Fâcheux.* II. 7.)

Gaveau était le nom du marchand de chevaux, petit Jean était son fils ou son valet : le petit Jean de chez Gaveau, comme dans la Comtesse d'Escarbagnas : — Voilà *Jeannot de monsieur le conseiller* qui vous demande, madame. (Sc. 12.)

Comme *à de mes amis*, il faut que je te chante
Certain air que j'ai fait de petite courante.   (*Fâcheux.* I. 5.)

Comme à *l'un* de mes amis.

Ressouvenez-vous que, hors d'ici, *je ne dois plus qu'à mon honneur.*
(*Don Juan.* III. 5.)

Je ne dois plus *rien* qu'à mon honneur.

— D'UN PRONOM PERSONNEL :

C'est donc ainsi qu'*absent* vous m'avez obéi ?   (*Ec. des fem.* II. 2.)

Moi absent, tandis que j'étais absent, *me* absente.

La tournure en elle-même n'a rien de blâmable ; au contraire, elle s'accorde bien avec la passion qui transporte Arnolphe ; seulement il est fâcheux que le mot *absent* soit placé de manière à faire équivoque : d'après les règles et les usages de la grammaire, le sens serait, *vous absent, tandis que vous étiez absent ;* et c'est *moi absent, en mon absence.* Il faut que l'intelligence de l'auditeur supplée à l'inexactitude de l'expression.

ÉLUDER QUELQU'UN DE...., c'est-à-dire, à l'aide, au moyen de :

> J'éludois un chacun d'un deuil si vraisemblable,
> Que les plus clairvoyants l'auroient cru véritable. (*L'Ét.* II. 7.)

Cet exemple se rapporte à DE, employé pour marquer la cause ou la manière.

EMBÉGUINÉ, coiffé, métaphoriquement :

> Ce beau monsieur le comte, dont vous'êtes *embéguiné!* (*B. gent.* III. 3.)

> Est-il possible que vous serez toujours *embéguiné* de vos apothicaires et de vos médecins ? (*Mal. im.* III. 3.)

EMBUCHE; METTRE EN EMBUCHE, en embuscade :

> Va-t'en faire venir ceux que je viens de dire,
> Pour les mettre en *embûche* au lieu que je désire. (*Fâcheux.* III. 5.)

Je ferai remarquer qu'on prononce aujourd'hui *embûche* et *embusquer*; Nicot ne donne que *embuscher.* La racine est *bois*, « car, dit Nicot, les embusches et telles surprinses se font communement dedans le bois. »

Regnard s'est servi de *rembûcher*, pour dire faire rentrer dans sa cachette :

MERLIN.

> « . . . . Qu'il vous souvienne
> « Qu'un jour, étant chez vous, par malheur la garenne
> « S'ouvrit, et qu'aussitôt on vit tous vos garçons
> « S'armer habilement de broches, de bâtons ;
> « Et qu'ils eurent grand'peine, avec cet air si brave,
> « A faire *rembûcher* au fond de votre cave
> « Et dans votre grenier tous les lapins fuyards,
> « Qu'on voyoit dans la rue abondamment épars. » (*Le Bal.* 2.)

EMMAIGRIR :

> Moi, jaloux! Dieu m'en garde, et d'être assez badin
> Pour m'aller *emmaigrir* avec un tel chagrin! (*Dép. am.* I. 2.)

Emmaigrir et non *amaigrir*, comme portent les éditions modernes. *Emmegrir* est dans l'édition faite sous les yeux de Molière.

Et c'est la forme primitive du mot :

> « E dist al bacheler : Qu'espelt (*quid spectat*) que tu es si deshaitez e si
> « *emmegriz ?* » (*Rois.* p. 162.)

« Et dit au jeune homme : D'où vient que tu es si défait et si amaigri ? »

Nos pères ont composé avec *en* quantité de verbes, entre autres ceux qui marquent le passage progressif d'un état dans un autre : *embellir*, *enlaidir*, *emmaladir* (1), *engraisser*, *emmaigrir*, etc., c'est-à-dire, devenir de plus en plus beau, laid, gras, maigre ; tomber malade.

Mais comme la notation *en* sonnait *an*, d'où vient qu'on a écrit et prononcé *anemi*, *fame*, *solanel*, les mots figurés, *ennemi*, *femme*, *solennel*, on a de même prononcé, et par suite écrit, *amaigrir*, *agrandir*, pour *emmaigrir*, *engrandir*; certains mots ont conservé leur syllabe initiale *en*; d'autres ont totalement péri, par exemple, *emmaladir*, au lieu de quoi il nous faut dire *tomber malade*; d'autres enfin ont conservé la double forme, comme *ennoblir* et *anoblir*, à chacune desquelles les grammairiens sont parvenus à fixer une nuance particulière, d'abord toute de fantaisie, puis adoptée, et maintenant consacrée par l'usage.

Les grammairiens obtiendront peut-être un jour ce résultat pour *maigrir* et *amaigrir*. Déjà, dans un *Traité des synonymes*, je lis sur ces deux verbes : « Nul doute que la particule initiale du second ne vienne du latin *ad*......... *Maigrir* est toujours neutre et intransitif; au contraire, *amaigrir* se prend d'ordinaire dans le sens actif; au lieu *d'énoncer simplement le fait, il le fait comprendre davantage, il le montre s'accomplissant dans un objet*, etc. » (2).

J'avoue que je ne saisis pas la distinction que l'auteur s'évertue à établir. Le résumé le plus clair de ce long paragraphe, c'est que *maigrir* est *intransitif*, et *amaigrir*, *représentatif*. *Sunt verba et voces*. Les faiseurs de synonymes sont les pre-

---

(1) « Le enfançunet que David out engendred de la femme Urie, *enmaladid* e fut
« desesperez. (*Rois*, 160.) Si l'amad tant forment qu'il *enmaladid* (*Rois*, 162.) Mes sires me
« guerpi, pur co que ier e avant ier *enmaladi*. (*Rois* 115.) »

(2) *Traité des Synonymes*, par M. B. Lafoye. Mon dessein n'est nullement de faire de la peine à l'auteur de ce travail consciencieux. Je désire montrer seulement combien il est utile de connaître l'ancienne langue pour étudier la langue moderne. S'il eût consulté la vieille langue, M. B. L. n'eût point dit que *amaigrir* renfermait la préposition *ad*, et l'erreur du point de départ ne se fût pas répandue sur toute la route.

miers hommes du monde pour trouver un mot à des énigmes qui n'en ont pas.

Je reviens à la distinction d'*anoblir* et *ennoblir*, dont on veut que le premier soit pour le sens propre, et le second pour le sens métaphorique. C'est là, dis-je, une distinction toute chimérique. Montaigne se sert d'*anoblir* au figuré :

« Les lois prennent leur auctorité de la possession et de l'usage : il
« est dangereux de les ramener à leur naissance (1); elles grossissent et
« s'*anoblissent* en roulant, comme nos rivieres. » (MONTAIGNE. II. 12.)

Nicot ne connaît pas *anoblir*, mais seulement *ennoblir*. Il n'y avait qu'une prononciation; on l'a notée par deux orthographes; puis les gens qui font gloire et métier de raffiner sur les mots, ont voulu assigner à chaque orthographe sa valeur à part.

Le plus simple bon sens indique que toujours l'acception figurée est venue à la suite de l'acception propre : pourquoi donc où l'origine est commune voulez-vous prescrire des formes différentes?

L'étymologie d'*ennoblir* est *in* et *nobilitare*, sans conteste. Et *anoblir*, d'où viendra-t-il? De *ad* et *nobilitare*, sans doute, parce que *ad* est plus métaphorique que *in*? Belles finesses!

Dufresny, au contraire, se sert d'*ennoblir* dans le sens propre :

« Mais ici j'ai de plus un grade que j'ai pris
« Avec feu mon mari, doyen de ce bailliage.
« C'est ainsi que je vins m'*ennoblir* au village;
« Bonne noblesse au fond, etc. »

(*La Coquette de village*. I. 1.)

La distinction d'*anoblir* et *ennoblir* est toute récente. Le Dictionnaire de l'Académie, de 1718, ne donnait encore qu'*ennoblir*, avec cette définition : « Rendre plus considérable, plus noble, plus illustre. » Trévoux (1740) met les deux formes, mais seulement comme différence d'orthographe, et en attribuant à chacune les deux valeurs : — « ANOBLIR se dit figurément en parlant du langage: *Anoblir son style*. (D'Ablancourt.) »

---

(1) Les lois civiles et politiques, s'entend; car quant aux lois de la grammaire et du langage, on ne saurait trop en examiner et maintenir l'origine.

Et au mot ENNOBLIR : — « On distingue ordinairement trois degrés de noblesse : l'*ennobli*, qui acquiert le premier la noblesse ; le noble, qui naît de l'*ennobli* ; l'écuyer ou le gentilhomme, qui est au troisième degré. (*Le P. Menestrier.*) »

ÉMOUVOIR UN DÉBAT :

Souffrez qu'on vous appelle
Pour être entre nous deux juge d'une querelle,
D'un *débat qu'ont ému* nos divers sentiments
Sur ce qui peut marquer les plus parfaits amants. (*Fâcheux*. II. 4.)

EMPAUMER L'ESPRIT :

Je vois qu'il a, le traître, *empaumé son esprit*. (*Ec. des fem*. III. 5.)

Métaphore prise du jeu de paume. Empaumer la balle, c'est la saisir bien juste au milieu de la paume de la main, ou de la raquette qui remplace la main ; ce qui donne moyen de la renvoyer avec le plus de puissance et d'avantage possible.

La racine est *palma*, syncope du grec παλάμη, paume de la main. Nos pères, ne voulant jamais articuler deux consonnes consécutives, changeaient *al* en *au*. Cette règle primitive de formation ou de transformation fut oubliée dès le XVIe siècle ; aussi avons-nous aujourd'hui les mots *palme*, *palmé* ; *palmipède*.

Nos pères avaient fait le verbe *paumoier*, que nous avons laissé perdre, et que *manier* remplace bien faiblement.

EMPÊCHER absolument, dans le sens d'arrêter, embarrasser :

Oui, j'ai juré sa mort ; rien ne peut m'*empêcher*. (*Sgan.* 21.)
Mais aux hommes par trop vous êtes accrochées,
Et vous seriez, ma foi, toutes bien *empêchées*
Si le diable les prenait tous. (*Amph*. II. 5.)

Dis-lui que je suis *empêché*, et qu'il revienne une autre fois.
(*L'Av*. III. 13)

« Je suis bien *empêché* : la vérité me presse,
« Le crime est avéré ; lui-même le confesse. »
(RACINE. *Les Plaideurs*. III. 3.)

Les Latins employaient de même *impeditus* au figuré.

— EMPÊCHER QUE sans *ne*. (voyez à NE *supprimé*.)

EMPLOIS; FAIRE SES EMPLOIS DE QUELQUE CHOSE, en faire son occupation favorite :

> Et que *je fasse* enfin *mes plus fréquents emplois*
> *De parcourir* nos monts, nos plaines et nos bois.   (*Pr. d'El.* I. 3.)

EMPLOYÉ; C'EST BIEN EMPLOYÉ, espèce d'adage :

> Poussez, c'est moi qui vous le dis ; *ce sera bien employé !* (*G. D.* I. 7.)

Ce sera un effort bien employé, ce sera bien fait.

EMPORTER, au sens figuré :

> Monsieur, cette dernière (abomination) *m'emporte*, et je ne puis m'empêcher de parler.   (*D. Juan.* V. 2.)

Métaphore tirée de la balance, quand un plateau emporte l'autre.

EN, archaïsme de prononciation pour *on* :

> MARTINE.
> Hélas ! l'*en* dit bien vrai :
> Qui veut noyer son chien l'accuse de la rage.
> ....Ce que j'ai ?
> — Oui. — J'ai que l'*en* me donne aujourd'hui mon congé.
>   (*Fem. sav.* II. 5.)

Cette confusion de formes, occasionnée par l'analogie des sons, était originairement permanente dans le meilleur langage.

« Et tenoit l'*en* que le dit arcevesque avoit ung dyable privé qu'il appeloit *Toret*, par lequel il disoit toutes choses que l'*en* lui demandoit......
« Maugier cheit en la mer, et si se noya que l'*en* ne le peut sauver. »
       (*Chr. de Norm.*, dans le *Recueil des historiens des Gaules.* XI. 338.)

Les exemples en sont trop communs pour s'arrêter à les recueillir ; mais il est intéressant d'observer que cette forme, aujourd'hui reléguée chez le peuple, était encore, au xvie siècle, en usage à la cour et chez les mieux parlants. Dans l'aînée de toutes les grammaires françaises, celle que Palsgrave écrivit en anglais pour la sœur de Henri VIII (1530), on voit constamment l'*en* figurer à côté de *l'on* :

« Au singulier, dit Palsgrave, le pronom personnel a huit formes : *je, tu, il, elle, l'en, l'on* ou *on*, et *se*. Exemple : *l'en, l'on* ou *on parlera*, etc. » (Fol. 34 *verso*.) « Annotations pour savoir quand on doit employer *l'en, l'on* ou *on*..... L'*en, l'on* ou *on*, peult estre bien joyeux. » (Fol. 102 *verso*.)

J'ai eu ailleurs l'occasion de montrer que François Ier disait et écrivait : *j'avons*, *j'allons*. D'où l'on voit que ces formes, considérées comme des vices de la rusticité, sont nées au Louvre, et sont descendues de la bouche des rois dans celle des paysans.

— EN, préposition, représentant par syllepse le pluriel d'un substantif qui n'a figuré dans la phrase qu'au singulier :

> Comme l'amour ici ne m'offre *aucun plaisir*,
> Je m'*en* veux faire au moins *qui soient* d'autre nature;
> Et je vais égayer mon sérieux loisir..... (*Amph.* III. 2.)

Je veux me faire *des plaisirs* qui soient.....

— EN sans rapport grammatical :

> Mais je ne suis pas homme à gober le morceau,
> Et laisser le champ libre aux yeux d'un damoiseau.
> J'*en veux rompre le cours.* (*Éc. des fem.* III. 1.)

Rompre le cours de quoi ? Des yeux du damoiseau ? Des yeux n'ont point de cours. Cet *en* figure par syllepse avec l'idée d'*intrigue*, qu'ont fait naître les premiers vers.

— EN pour *avec*, *de* : ASSAISONNER EN :

> Il n'y a rien qu'on ne fasse avaler, lorsqu'on l'assaisonne *en* louanges.
> (*L'Av.* I. 1.)

— EN pour *à* ; S'ALLIER EN :

> J'aurois bien mieux fait, tout riche que je suis ; de *m'allier en bonne et franche paysannerie.* (*G. D.* I. 1.)

— EN, comme, en qualité de :

> Autrement qu'*en tuteur* sa personne me touche. (*Éc. des mar.* II. 3.)
> Et je puis sans rougir faire un aveu si doux
> A celui que déjà je regarde *en époux.* (*Ibid.* 14.)
> Je la regarde *en femme*, aux termes qu'elle en est.
> (*Éc. des fem.* III. 1.)

Je la regarde comme ma femme.

> Touchez à monsieur dans la main,
> Et le considérez désormais, dans votre âme,
> *En homme* dont je veux que vous soyez la femme. (*Fem. sav.* III. 3.)

Cette locution n'a de remarquable que la façon dont Molière l'a placée. Clitandre agit *en homme qui* vous aime ; c'est la manière de parler toute naturelle : *en homme* se rapporte au sujet *Clitandre*. Le sens et la grammaire sont d'accord.

Mais : *ma fille*, considérez monsieur *en homme dont......*, *en homme* ne se rapporte plus du tout au sujet, et semble prêter à une équivoque, comme si l'on disait : *Madame*, considérez ce malheur *en homme* courageux, c'est-à-dire, comme si vous étiez un homme courageux.

Cette équivoque est ici impossible, et le sens saute aux yeux ; mais enfin j'ai cru qu'il y avait matière à une observation, par rapport à la rigueur de l'exactitude grammaticale.

— EN, à la manière de : EN DIABLE. VOYEZ DIABLE.

— EN surabondant ; EN ÊTRE DE MÊME :

Il est très-naturel, et j'*en* suis bien de même. (*Dép. am.* I. 3.)
Hé oui, la qualité ! la raison *en* est belle ! (*D. Juan.* I. 1.)

Ah ! ah ! tu t'*en* avises,
Traître, *de* l'approcher de nous ! (*Amph.* II. 2.)

Mais *de vous*, cher compère, il *en* est autrement. (*Éc. des fem.* I. 1.)

De vous, dans ce dernier exemple, est pour *quant à vous*, *de te :* quant à vous, il en est autrement. On ne peut donc pas dire que *en* y fasse un double emploi réel.

Quels inconvénients auroient pu s'*en* ensuivre ! (*Amph.* II. 3.)

Molière suivait ici la règle et l'usage de son temps.

Le grammairien la Touche, dans son *Art de bien parler français*, dit, à l'article du verbe *s'ensuivre :* « Dans les temps composés, on met toujours la particule *en* devant l'auxiliaire *être :* —Ce qui s'*en* est *ensuivi*; les procédures qui s'*en* étaient *ensuivies*. » (T. II, p. 204.)

Nos pères composaient avec *en* tous les verbes qui expriment une idée de mouvement, soit progrès, dérangement, métamorphose : — *S'ensauver*, *s'enpartir*, *s'endormir*, *s'entourner*, *s'enaller*, *s'enrepentir*, etc., etc. On disait de même activement, *enoindre*, *enamer*, *enappeler*, *ensuivre*, etc., dont les simples sont aujourd'hui seuls usités :

« Je n'ignore pas les lois de la nostre (politesse) ; j'aime à les
« *ensuivre.* » (Montaigne.)

Ces verbes se construisaient encore avec la préposition *en*, même au commencement du 18ᵉ siècle. Fontenelle, dans l'*Histoire des oracles* : « Voyons ce qui s'*en* est *ensuivi* ; » et l'abbé d'Olivet, dans sa *Prosodie* : « *De là il s'ensuit...*; » ce que M. Landais, avec sa confiance intrépide et accoutumée, ne manque pas d'appeler un solécisme, à cause, dit-il, de la répétition vicieuse des deux *en*.

Il n'y a pas là de répétition vicieuse, ni de solécisme, non plus que lorsque nous disons d'un homme épris d'une femme : il *en* est *enflammé ;* il *en* est *ensorcelé ; —* vous avez ouvert la cage de ces oiseaux ; il s'*en* est *envolé.* deux.

Ensuivre, traduction d'*insequi*, comme *poursuivre* de *persequi*, est dans Nicot et dans Trévoux. Le dimanche *ensuivant*, pour *le dimanche suivant*, est du style de procédure.

    « Le lendemain, ne fut tenu, pour cause,
    « Aucun chapitre ; et *le jour ensuivant,*
    « Tout aussi peu. » (La Fontaine. *Le Psautier.*)

(Voyez emmaigrir).

— en *supprimé* :

    Tu *n'es pas* où tu crois. En vain tu files doux. (*Amph.* II. 3.)
    Je vous montrerai bien. . . . .
    Qu'on *n'est pas* où l'on croit, en me faisant injure. (*Tart.* IV. 7.)

Sosie croit être dans le palais d'Amphitryon, Orgon croit être chez soi ; et ni l'un ni l'autre ne s'abuse par cette croyance. Mais il s'agit ici d'un point moral, et non du lieu physique : c'est pourquoi je pense qu'il n'est pas permis de supprimer cet *en*, qui marque la différence des deux locutions *être quelque part* et *en être à.....*

— en, relatif à un nom de personne :

    C'est pourquoi dépêchons, et cherche dans ta tête
    Les moyens les plus prompts d'*en* faire ma conquête. (*L'Ét.* I. 2.)

De faire que Célie soit ma conquête.

> Le plus parfait objet dont je serois charmé
> N'auroit pas mon amour, n'*en* étant point aimé. (*Dép. am.* I. 3.)

C'est-à-dire, si je n'en étais pas aimé.

(Voyez PARTICIPE PRÉSENT, pour *si* suivi d'un conditionnel.)

Arnolphe dit d'Agnès :

> Je l'aurai fait passer chez moi dès son enfance,
> Et j'*en* aurai chéri la plus tendre espérance. (*Éc. des fem.* IV. 1.)

L'espérance d'Agnès, c'est-à-dire que donnait Agnès.

Ce n'est là qu'une ébauche du personnage ; et, pour *en* achever le portrait, il faudroit bien d'autres coups de pinceau.... (*D. Juan.* I. 1.)

Mes justes soupçons chaque jour avoient beau me parler, j'*en* rejetois la voix qui vous rendoit criminel. (*Ibid.* I. 3.)

> Allons, cédons au sort dans mon affliction ;
> Suivons-*en* aujourd'hui l'aveugle fantaisie. (*Amph.* III. 7.)

Le sort est personnifié dans cet exemple, comme les soupçons dans le précédent.

> Et tandis qu'au milieu des boétiques plaines
> Amphitryon son époux
> Commande aux troupes thébaines,
> Il *en* a pris la forme. (*Ibid.* prol.)

Jupiter a pris la forme d'Amphitryon.

— EN, construit avec un verbe, avec ALLER :

> Il faut que ce soit elle, avec une parole
> Qui trouve le moyen de les faire *en aller*. (*D. Garcie.* IV. 6.)

Vous ne voulez pas *faire en aller* cet homme-là ? (*Impromptu.* 2.)

L'usage est fort ancien de supprimer le pronom réfléchi :

(Voyez ARRÊTER et PRONOM RÉFLÉCHI.)

Ne devrait-on pas écrire tout d'un mot *enaller*, comme *enflammer*, *s'envoler*, *s'enfuir*, et tous les composés avec *en* ?

Pourquoi la tmèse est-elle prescrite au participe passé de ce verbe, tandis qu'elle est défendue dans les analogues ? Pourquoi faut-il absolument dire *il s'en est allé*, et ne peut-on dire *il s'en est volé*, *il s'en est flammé* ?

Le peuple dit toujours : *il s'est enallé*.

Le livre des *Rois* tantôt fait la tmèse, et tantôt non.

Ce qui a placé ce verbe dans une catégorie particulière, c'est peut-être l'irrégularité de ses formes à certains temps.

On trouve, dès l'origine de la langue, *en aller* avec ou sans le pronom réfléchi :

« A tant Samuel s'enturnad, e en Gabaa Benjamin *s'enalad*, e li altre « *enalerent* od Saul. » (*Rois.* p. 44.)

On rencontre, à l'impératif, *en va*, sans le pronom, et *va-t-en*, avec le pronom :

« Pur co, *enva* e oci e destrui Amalech. » (*Ibid.* p. 53.)

« Truvad Cisnee, ki cusins fu Moysi, e bonement li dist : *Vat en* d'ici. (*Ibidem.*)

— EN (S') ALLER, pour *aller* simplement. Molière affectionne la première forme :

Oui, notaire royal. — De plus, homme d'honneur.
— Cela *s'en va sans dire*. (*Éc. des mar.* III. 5.)

Le commissaire viendra bientôt, et l'on *s'en va* vous mettre en lieu où l'on me répondra de vous. (*Méd. m. lui.* III. 10.)

Mais son valet m'a dit qu'il *s'en alloit* descendre. (*Tart.* III. 1.)

— Avec *devoir* ; EN DEVOIR A QUELQU'UN. :

Il ne vous *en doit rien*, madame, en dureté de cœur. (*Princ. d'Él.* III. 5.)

— Avec *donner* et *jouer* ; EN DONNER D'UNE, et EN JOUER D'UNE AUTRE :

Bon, bon ! tu voudrois bien ici *m'en donner d'une*. (*Dép. am.* III. 7.)
Pour toi premièrement, puis pour ce bon apôtre,
Qui veut *m'en donner d'une, et m'en jouer d'une autre*.
(*L'Ét.* IV. 7.)

Le mot de l'ellipse paraît être le substantif *bourde* ou plutôt *bourle*.

(Voyez BOURLE.)

— Avec *être* ; EN ÊTRE JUSQU'A (un infinitif) :

Pour moi, j'*en suis* souvent *jusqu'à* verser des larmes.
(*Psyché*, I. 1.)

— Avec *payer* :
Non, en conscience, vous *en payerez* cela. (*Méd. m. lui.* I. 6.)

— Avec *planter*; EN PLANTER A QUELQU'UN :

Je sais les tours rusés et les subtiles trames
Dont, pour *nous en planter*, savent user les femmes.
(*Éc. des fem.* I. 1.)

En figure ici le mot *cornes*, qu'on laisse de côté par bienséance et discrétion.

— Avec *pouvoir*; N'EN POUVOIR MAIS :

....Ayant de la manière
Sur ce qui *n'en peut mais* déchargé sa colère.....
(*Ec. des fem.* IV. 6.)

Est-ce que *j'en puis mais?* Lui seul en est la cause. (*Ibid.* V. 4.)

Mais est le latin *magis*, qu'on prononçait, dans l'origine, en deux syllabes : *ma-his*, l'aspiration remplaçant le *g* du latin. *Mais* signifie donc *plus*, *davantage*; et *je n'en puis mais*, *non possum magis*, c'est-à-dire, je n'en puis rien, pas plus que vous ne voyez.

† — EN POUVOIR QUE DIRE, locution elliptique :

Beaucoup d'honnêtes gens *en pourroient bien que dire*.
(*Ec. des fem.* III. 3.)

Pourraient bien avoir ou savoir que dire de cela.

Que représente ici *quod*, comme dans cette locution : *faire que sage*; c'est faire ce que fait le sage.

— EN, construit avec un substantif ou un adverbe; EN ALGER :

Il va vous emmener votre fils *en Alger*. — On t'emmène esclave *en Alger!* (*Scapin*. II. 11.)

Cette façon de parler est née de l'horreur de nos pères pour l'hiatus, même en prose. *A Alger*, leur paraissait intolérable. En pareil cas, ils appelaient à leur secours les consonnes euphoniques, dont l'*n* était une des principales, et disaient : aller A(*n*) Alger. L'identité de prononciation a fait écrire par *e*, *en Alger*.

« Je serai marié, si l'on veut, *en Alger*. » (CORNEILLE. *Le Ment.*)

Aujourd'hui, que l'euphonie de notre langue a été détruite par l'intrusion des habitudes étrangères, tous les journaux écrivent, et l'on prononce, *à Alger.* Cela s'appelle un perfectionnement logique.

— EN-BAS, EN-HAUT, considérés comme substantifs, et recevant encore devant eux la préposition *en*:

Qu'est ceci ? vous avez mis les fleurs *en en-bas ?* — Vous ne m'aviez pas dit que vous les vouliez *en en-haut.* (*B. gent.* II. 8.)

Nicot écrit d'un seul mot *embas*, *enhault.* Perrault, parlant de la feuille d'arbre :

« Lorsque l'hiver répand sa neige et ses frimas,
« Elle quitte sa tige, et descend *en en-bas.* »

« Ce mot, en de certaines occasions, doit être regardé comme substantif, car on lui donne une préposition. »
(TRÉVOUX.)

— EN DÉPIT QUE...... Voyez DÉPIT.

— EN LA PLACE DE :

Et qui des rois, hélas ! heureux petit moineau,
Ne voudrait être *en* votre place ! (*Mélicerte.* I. 5.)

ENCANAILLER (S'), néologisme en 1663 :

CLIMÈNE (*précieuse*).— .....Le siècle *s'encanaille* furieusement !

ÉLISE. — Celui-là est joli encore, *s'encanaille !* Est-ce vous qui l'avez inventé, madame?

CLIMÈNE. — Hé !

ÉLISE. — Je m'en suis bien doutée. (*Crit. de l'Éc. des f.* 7.)

Il paraît que ce mot fit un établissement rapide, car il est dans Furetière (1684), et sans observation.

S'enducailler, que Chamfort avait fait par représailles, n'a pas eu le même bonheur, sans doute parce qu'il était moins nécessaire.

ENCENS, au pluriel ; DES ENCENS, des hommages, des louanges :

Cet empire, que tient la raison sur les sens,
Ne fait pas renoncer aux douceurs *des encens.* (*Fem. sav.* I. 1.)
Aux encens qu'elle donne à son héros d'esprit. (*Ibid.* I. 3.)
Pour moi, je ne vois rien de plus sot, à mon sens,
Qu'un auteur qui partout va gueuser *des encens.* (*Ibid.* III. 5.)

ENCHÈRE; PORTER LA FOLLE ENCHÈRE DE QUELQU'UN:

Vous pourriez bien *porter la folle enchère de tous les autres*, et vous n'avez point de père gentilhomme. (G. D. I. 6.)

Porter la folle enchère, c'est couvrir à soi seul les mises de tous les autres enchérisseurs, demeurer seul responsable et payer pour tout le monde, et un peu encore au delà.

ENCLOUURE :

De l'argent, dites-vous : ah! voilà *l'enclouure !* (*L'Ét.* II. 5.)

On a deviné l'*enclouure*. (*B. gent.* III. 10.)

L'*enclouure* est, au propre, la plaie secrète d'un cheval que le maréchal a piqué jusqu'au vif en le ferrant, et qui fait boîter la bête. Comme il est très-difficile de reconnaître au dehors lequel des clous perce trop avant, on est quelquefois obligé de dessoler entièrement le cheval.

De là, le sens figuré de cette expression : *deviner l'enclouure*.

Nicot ne donne que *enclouer*, d'où il paraîtrait que le substantif est plus moderne ; mais on le rencontre dès le XIIIe siècle :

« Li rois qui payens asseure
« Panse bien cette *encloeure* (enclouvéure). »
(*Complainte de Constantinoble*, p. 29.)

ENCORE QUE, quoique :

Éncor que son retour
En un grand embarras jette ici mon amour.... (*Ec. des f.* III. 4.)

Les Italiens disent de même *ancora che*.

« *Encore qu'*ils soient fort opposés à ceux qui commettent des crimes... »
(PASCAL. 8e *Prov.*)

La Fontaine affectionne cette expression ; elle revient très-souvent aussi dans les *Provinciales*.

Encore que, pour la construction, est autre que *quoique*. *Quoi* n'est pas un adverbe, c'est un pronom neutre à l'accusatif ; on ne devrait donc, à la rigueur, l'employer que devant un verbe dont il pût recevoir l'action : *quoi que* vous disiez ; *quoi qu'il fasse*. Ainsi l'on ne devrait pas dire : *quoi qu'ils* soient opposés, parce que rien ici ne gouverne *quoi*. En latin : *quod cumque agas*, et *quamvis sint oppositi*. Il faut, en français, prendre l'autre expression, *encore que*. C'est par abus et par oubli de la valeur des mots qu'on a laissé *quoique* passer pour adverbe, et en cette qualité usurper indistinctement toutes les positions, au point d'étouffer comme inutile l'autre forme.

ENDIABLER (S') A (un infinitif) :
Chacun *s'est endiablé à me croire* médecin. (*Méd. m. lui.* III. 1.)

ENFLÉ D'UNE NOUVELLE :
Et quand je puis venir, *enflé d'une nouvelle*,
Donner à son repos une atteinte mortelle,
C'est lors que plus il m'aime. (*D. Garcie.* II. 1.)

ENFONCÉ, par métaphore comme *plongé* : ENFONCÉ DANS LA COUR :
Il est *fort enfoncé dans la cour*; c'est tout dit. (*Fem. sav.* IV. 3.)

ENGAGÉ DE PAROLE AVEC QUELQU'UN :
J'étois, par les doux nœuds d'une amour mutuelle,
Engagé de parole avecque cette belle. (*Ec. des fem.* V. 9.)

ENGAGEMENT, condition d'être engagé :
L'engagement ne compatit point avec mon humeur. (*D. Juan.* III. 6.)

ENGENDRER la MÉLANCOLIE :
Allons, morbleu! il ne faut point *engendrer de mélancolie*.
(*Méd. m. lui.* I. 6.)

— ENGENDRER (S'), se donner un gendre :
Ma foi, je *m'engendrois* d'une belle manière! (*L'Ét.* II. 6.)
Que vous serez bien *engendré* ! (*Mal. im.* II. 5.)

Remarquez que dans *gendre*, *engendrer*, le *d* est euphonique, attiré entre l'*n* et l'*r*, qui se trouvent rapprochés après la syncope du mot latin : gen(era)re, gen(e)rum. C'est ainsi que *Vendres* représente *Veneris*, dans le nom de *Port-Vendres*, portus Ven(e)ris. Les Grecs disaient de même ἀνδρός pour ἀνρός, syncope d'ἀνερός.

Nr attirait le *d* intermédiaire ; *ml* attirait le *b*. De *humilem*, on fit d'abord *humele*, qui se lit dans les plus anciens textes ; puis, par syncope, *humle*; et enfin *humble*.

Les lois de l'euphonie sont les mêmes en tout temps comme

en tous lieux ; seulement elles sont mieux obéies par les peuples naissants que par les peuples vieillis. Il semble que, chez les derniers, la langue soit devenue plus souple à proportion que l'oreille devenait plus dure.

ENGER. Voyez ANGER.

ENGLOUTIR LE CŒUR :

Pouas! vous *m'engloutissez le cœur!* (G. D. III. 11.)

ENGROSSER :

N'a-t-il pas fallu que votre père ait *engrossé* votre mère pour vous faire?
(D. Juan. III. 1.)

Ce mot ne serait plus souffert sur la scène, à cause du progrès des mœurs.

ENNUYER (S') ; JE M'ENNUIE, IL M'ENNUIE, absolument, sans complément; et IL M'ENNUIE DE :

Lorsque j'étois aux champs, n'a-t-il point fait de pluie?
— Non. — *Vous ennuyoit-il?* — Jamais je ne m'ennuie.
(Ec. des fem. II. 6.)

Il vous ennuyoit d'être maître chez vous. (G. D. I. 3.)

Molière, pour ce verbe, a mis en présence l'ancienne locution et la nouvelle ; l'ancienne, qui est la seule logique : *il m'ennuie*, comme *tædet, pœnitet;* et la moderne, aujourd'hui seule usitée : *je m'ennuie*, comme *je me repens*, quoique la forme réfléchie n'ait ici aucun sens, puisque l'on n'ennuie ni ne repent soi-même. Mais l'usage !...

Il faut, au surplus, observer que *se repentir* était usité dès le XIIe siècle :

« Deu *se repenti* que out fait rei Saul. » (Rois. p. 54.)

Et la glose marginale :

« Deu ne *se* puet pas *repentir* de chose qu'il face. »
« Il n'est pas huem ki *se repente.* » (Ibid. p. 57.)

On trouve à côté de cette forme réfléchie la forme impersonnelle.

« Ore, dit Dieu, ore *m'enrepent* que fait ai Saul rei sur Israel. »
(Ibid. p. 54.)

Il m'enrepent, *me pœnitet.*

ENQUÊTER (s') DE, *s'enquérir* :

Ils ne *s'enquêtent* point *de cela*. (*Pourc.* III. 2.)

Quester, par syncope de *quæs(i)tare*. *Quærere* a donné *querir*.

ENRAGER QUE, à cause que :

J'*enrage que* mon père et ma mère ne m'aient pas bien fait étudier dans toutes les sciences, quand j'étois jeune. (*Bourg. gent.* II. 6.)

ENROUILLÉ. Voyez SAVOIR ENROUILLÉ.

ENSEVELIR (S') DANS UNE PASSION :

La belle chose que de..... *s'ensevelir* pour toujours *dans une passion !*
(*D. Juan.* I. 2.)

Molière a dit de même *s'enterrer dans un mari*.
(Voyez ENTERRER.)

ENSUITE DE...

Il voudroit vous prier *ensuite de l'instance*
D'excuser de tantôt son trop de violence. (*L'Et.* II. 3.)

On devrait écrire séparément *en suite de*, par suite de.

— « *En suite des* premiers compliments. — *En suite de* tant de veilles. »
(PASCAL. *Pensées.* p. 370 et 377.)

..... « Une réponse exacte, *en suite de laquelle* je crois que vous n'au-
« rez pas envie de continuer cette sorte d'accusation. (ID. 11ᵉ *Prov.*)

« Filiutius n'avoit garde de laisser les confesseurs dans cette peine : c'est
« pourquoi, *en suite de ces paroles*, il leur donne cette méthode facile
« pour en sortir. » (10ᵉ *Prov.*)

Cette locution est très-fréquente dans Pascal.

ENTENDRE (L'), mis absolument, comme on dirait *s'y entendre* :

Je pensois faire bien. — Oui ! c'étoit fort *l'entendre*. (*L'Et.* I. 5.)

Le français, surtout celui du XVIIᵉ siècle, a une foule de locutions où l'article s'emploie ainsi sans relation grammaticale, et par rapport à un substantif sous-entendu, dont l'idée, bien que vague, est assez claire.

ENTERRER, figurément ; S'ENTERRER DANS UN MARI :

Mon dessein n'est pas..... de *m'enterrer toute vive dans un mari*.
(*G. D.* II. 4.)

S'enterrer dans un mari, comme *s'ensevelir dans une passion*. (Voyez ENSEVELIR.)

ENTÊTEMENT, en bonne part, passion obstinée :

J'aime la poésie *avec entêtement*. (*Fem. sav.* III. 2.)

ENTHOUSIASME, à peu près dans le sens de *frénésie* :

Mais voyez quel diable *d'enthousiasme* il leur prend de me venir chanter aux oreilles comme cela ! (*Prol. de la Pr. d'El.* 2.)

ENTICHÉ :

Vous en êtes un peu dans votre âme *entiché*. (*Tart.* I. 6.)

Ce mot remonte à l'origine de la langue.

« Sathanas se elevad encuntre Israel, e *enticha* David que il feist anum-
« brer ces de Israel e ces de Juda. » (*Rois.* p. 215.)

Taxa, taxare aliquem. D'où *teche, techer*, ou *tache, tacher. Entacher, enticher, tacher, tasser* et *taxer*, ont la même origine : *taxare*. Mais la date relative de leur naissance se révèle par leur forme matérielle.

ENTRECOUPER (S') DE QUESTIONS :

Ensuite, s'il vous plaît ? — *Nous nous entrecoupâmes
De mille questions* qui nous pouvoient toucher. (*Amph.* II. 2.)

ENTREMETTRE (S') DE.... :

Ah, ah ! c'est toi, Frosine? Que viens-tu faire ici ? — Ce que je fais partout ailleurs : *m'entremettre d'affaires*, me rendre serviable aux gens.
(*L'Av.* II. 5.)

Locution qui remonte à l'origine de la langue :

« Saül aveit osted de la terre ces ki *s'entremeteient d'enchantement e de*
« *sorcerie.* » (*Rois.* p. 108.)

ENTRER, construit avec divers substantifs. ENTRER DEDANS L'ÉTONNEMENT :

N'entrez pas tout à fait dedans l'étonnement. (*Dép. am.* II. 1.)

— ENTRER DANS LES MOUVEMENTS D'UN COEUR, s'y associer :

C'est que *tu n'entres point dans tous les mouvements
D'un cœur*, hélas ! rempli de tendres sentiments. (*Mélicerte.* II. 1.)

— ENTRER EN DÉSESPOIR :

> Et l'accord que son père a conclu pour ce soir
> La fait à tous moments *entrer en désespoir.* (*Tart.* IV. 2.)

— EN UNE HUMEUR :

> *J'entre en une humeur noire,* en un chagrin profond,
> Quand je vois vivre entre eux les hommes comme ils font.
> (*Mis.* I. 1.)

« *J'entre en une vénération* qui me transit de respect envers ceux qu'il
« (Dieu) me semble avoir choisis pour ses élus. »
(PASCAL. *Pensées.* p. 344.)

« Colette *entra dans des peurs* nonpareilles. »
(LA FONTAINE. *Le Berceau.*)

« Car, mes pères, puisque vous m'obligez *d'entrer dans ce discours…* »
(PASCAL, 11ᵉ *Prov.*)

— ENTRER SOUS DES LIENS, se marier :

> Ce n'est pas à mon cœur qu'il faut que je défère
> Pour *entrer sous de tels liens.* (*Psyché.* I. 3.)

ENTRIGUET. Voyez INTRIGUET.

ENTRIPAILLÉ :

Un roi, morbleu, qui soit *entripaillé* comme il faut. (*Impromptu.* 1.)

ENVERS, préposition, construite avec un verbe :

Je vois qu'*envers* mon frère on tâche à me *noircir.* (*Tart.* III. 7.)

(Voyez VERS.)

ENVERS DU BON SENS, substantivement :

Un envers du bon sens, un jugement à gauche. (*L'Et.* II. 14.)

ENVIES, au pluriel :

J'en avois pour moi *toutes les envies du monde.* (*D. Juan.* V. 3.)

ENVOYER A QUELQU'UN, l'envoyer chercher :

Armande, prenez soin *d'envoyer au notaire.* (*Fem. sav.* IV. 5.)
Pour dresser le contrat *elle envoie au notaire.* (*Ib.* IV. 7.)

ÉPARGNE DE BOUCHE, pour *sobriété* :

Premièrement, elle est nourrie et élevée dans une grande *épargne de bouche.* (*L'Av.* II. 6.)

ÉPAULER DE SES LOUANGES :

C'est bien la moindre chose que nous devions faire que d'*épauler de nos louanges* le vengeur de nos intérêts. (*Impromptu.* 3.)

ÉPÉE DE CHEVET, métaphoriquement :

Toujours parler d'argent ! voilà leur *épée de chevet*, de l'argent !
(*L'Av.* III. 5.)

L'épée accrochée au chevet du lit est l'arme sur laquelle on saute tout d'abord, pour se défendre d'une surprise nocturne.

ÉPIDERME, féminin :

La beauté du visage est un frêle ornement,
Une fleur passagère, un éclat d'un moment,
Et qui n'est attaché qu'à *la simple épiderme*. (*Fem. sav.* III. 6.)

L'Académie fait ce mot masculin. Il est vrai que δέρμα est neutre en grec, et que nos médecins ont fait *derme* masculin. Mais *derme* est un terme scientifique récent ; *épiderme* est ancien, et du commun usage ; et comme il réveille l'idée de *la peau*, il paraissait plus naturel qu'il fût aussi féminin.

ÉPINES ; AVOIR L'ESPRIT SUR DES ÉPINES :

N'ayez point pour ce fait *l'esprit sur des épines*. (*L'Et.* I. 10.)

On ne comprend pas que des épines matérielles puissent piquer l'esprit, qui est immatériel.

ÉPOUSE :

DON JUAN.

Comment se porte madame Dimanche, *votre épouse?*.... C'est une brave *femme*. (*D. Juan.* IV. 3.)

Il est vraisemblable que don Juan emploie ici ce mot *épouse* par moquerie des gens d'état, comme M. Dimanche, qui trouvent *ma femme* une expression trop basse, et croient *mon épouse* un terme bien plus digne et relevé.

Et, comme pour mieux faire ressortir cette emphase ironique, don Juan, en homme sûr de son aristocratie, ajoute tout de suite cette expression familière : *C'est une brave femme.*

Madame Jacob, revendeuse à la toilette et sœur de M. Turcaret, parlant à une baronne, n'a garde non plus de dire *mon mari :*

« Il fait bien pis, le dénaturé qu'il est! il m'a défendu l'entrée de sa
« maison, et il n'a pas le cœur d'employer *mon époux!* »

(*Turcaret.* IV. 12.)

ÉPOUSER LES INQUIÉTUDES DE QUELQU'UN :

Le mien (mon maître) me fait ici *épouser ses inquiétudes.* (*Sicilien.* 1.)

Molière dit, dans le même sens, *prendre la vengeance, le courroux de quelqu'un.* (Voyez PRENDRE.)

ÉPOUSTER :

Oui-dà, très-volontiers, je *l'épousterai bien.* (*L'Et.* IV. 7.)

Molière a contracté par licence le futur d'*époussseter*, consultant la prononciation plutôt que la grammaire.

ÉPURÉ DU COMMERCE DES SENS :

Il n'a laissé dans mon cœur, pour vous, qu'*une flamme épurée de tout le commerce des sens.* (*D. Juan.* IV. 9.)

ESCAMPATIVOS, mot espagnol ou de forme espagnole, *des échappées :*

Ah! je vous y prends donc, madame ma femme! et vous faites des *escampativos* pendant que je dors ! (*G. D.* III. 8.)

ESCOFFION, bonnet de femme, cornette :

D'abord leurs *escoffions* ont volé par la place. (*L'Et.* V. 14.)

La racine est l'italien *scuffia*, devant lequel on ajoute l'*é*, comme dans *éponge, esprit*, et tous les mots qui commencent par ces deux consonnes *st, sp, sq*, pour éviter d'articuler la première.

Au XVIᵉ siècle, la reine de Navarre écrit, ou plutôt ses éditeurs lui font écrire, *scofion :*

« Un lit de toile fort desliée... et la dame seule dedans, avec son *scofion*
« et chemise, etc. » (*Heptaméron, nouv.* 14.)

ESPÉRANCE (L') DE QUELQU'UN, l'espérance ou les espérances qu'il donne :

Je l'aurai fait passer chez moi dès son enfance,
Et j'en aurai chéri *la plus tendre espérance...* (*Ec. des fem.* IV. 1.)

Je me serai complu dans les espérances que donnait Agnès. Cette expression est embarrassée et peu claire.

ESPÉRER A, espérer dans :

> Mais *j'espère aux bontés* qu'une autre aura pour moi. (*Tart.* II. 4.)

« J'espère dans les bontés. » (Voyez AU, AUX.)

ESPRIT CHAUSSÉ A REBOURS :

> Tout ce que vous avez été durant vos jours,
> C'est-à-dire un *esprit chaussé tout à rebours.* (*L'Et.* II. 14.)

— FAIRE ÉCLATER UN ESPRIT :

> Je ne suis point d'humeur à vouloir contre vous
> *Faire éclater*, madame, *un esprit* fort jaloux. (*Sgan.* 22.)

ESSAYER A., suivi d'un infinitif :

> Est-ce donc que par là vous voulez *essayer*
> *A réparer* l'accueil dont je vous ai fait plainte ? (*Amph.* II. 2.)

> Et j'ose maintenant vous conjurer, madame,
> De ne point *essayer à rappeler* un cœur
> Résolu de mourir dans cette douce ardeur. (*Fem. sav.* I. 2.)

ESSUYER, subir ; ESSUYER LA BARBARIE :

> C'est un supplice assez fâcheux que de se produire à des sots, que *d'essuyer* sur des compositions *la barbarie* d'un stupide. (*B. gent.* I. 1.)

— LA CERVELLE :

> On n'a point à louer les vers de messieurs tels,
> A donner de l'encens à madame une telle,
> Et de nos francs marquis *essuyer la cervelle.* (*Mis.* III. 7.)

(Voyez CERVELLE.)

— UN COMBAT :

> Je ne m'étonne pas ; au *combat* que *j'essuie*,
> De voir prendre à monsieur la thèse qu'il appuie. (*Fem. sav.* IV. 3.)

— UNE CONVERSATION :

> Ces conversations ne font que m'ennuyer,
> Et c'est trop que vouloir me les faire *essuyer.* (*Mis.* II. 4.)

EST *après un pluriel.* Voyez C'EST *après un pluriel.*

EST-CE.... OU SI.... :

> Mais *est-ce* un coup bien sûr que votre seigneurie
> Soit désenamourée ? *ou si* c'est raillerie ? (*Dép. am.* I. 4.)

De grâce, *est-ce* pour rire, *ou si* tous deux vous extravaguez, de vouloir que je sois médecin ? (*Méd. m. lui.* I. 6.)

EST-CE PAS, pour *n'est-ce pas :*

LUBIN. Il aura un pied de nez avec sa jalousie, *est-ce pas ?*
(*Georg. Dand.* I. 2.)

(Voyez NE *supprimé dans une forme interrogative.*)

EST-IL DE (un substantif), est-il quelque :

Est-il pour nous, ma sœur, *de* plus rude disgrâce ? (*Psyché.* I. 1.)

Marmontel a dit pareillement dans *le Sylvain* :

« *Est-il de puissance*
« Qui rompe ces nœuds ? »

ESTIME, comme les mots *ressentiment*, *heur*, *succès*, recevant une épithète qui en détermine l'acception favorable ou défavorable :

C'est de mon jugement avoir *mauvaise estime*,
Que douter si j'approuve un choix si légitime. (*Ec. des fem.* V. 7.)

— ESTIME DE, comme *réputation de* ; ÊTRE EN ESTIME D'HOMME D'HONNEUR :

En quelle *estime* est-il, mon frère, auprès de vous ?
— *D'homme d'honneur, d'esprit, de cœur et de conduite.*
(*Fem. sav.* II. 1.)

— ESTIME au sens passif, pour l'estime qu'on inspire. Voyez MON ESTIME.

ESTOC ; PARLER D'ESTOC ET DE TAILLE, au hasard :

N'importe, *parlons-en et d'estoc et de taille*,
Comme oculaire témoin. (*Amph.* I. 1.)

Par allusion à cette expression, *frapper d'estoc et de taille*, désespérément, comme l'on peut.

L'*estoc* est la pointe de l'épée, ou l'épée elle-même, longue et pointue. La racine est *stocum*, avec l'*e* initial, comme dans tous les mots commençant en latin par *st*, *sp*.

Voyez Du Cange, aux mots *Stocum*, *Stochus* et *Estoquum*.

L'expression *d'estoc et de taille* remonte très-haut, car on la trouve dans les chartes du moyen âge :

11.

« Diversis vulneribus *tam de taillo quam de stoquo* vulnerare dicuntur. »
(Ap. Cang. in *stoquum litt. rem.* ann. 1364.)

D'*estoc* vient le verbe *estoquer* (*étoquer*), encore usité en Picardie. *Toquer*, dont se sert le peuple, paraît plutôt abrégé d'*étoquer*, que formé sur l'onomatopée de *toc*.

Le radical de cette famille de mots est l'allemand *stock*, canne, bâton; anglais, *stick*; latin, *stocum*; italien, *stocco*; espagnol, *estoque*, *estoquear*; français, *estoc*, *estoquer*.

ÉTAGE DE VERTU :

C'est *un haut étage de vertu* que cette pleine insensibilité où ils veulent faire monter notre âme. (*Préf. de Tartufe*.)

ÉTAT, façon de se vêtir, comme l'on dit aujourd'hui *la mise*; PORTER UN ÉTAT :

Où pouvez-vous donc prendre de quoi entretenir *l'état que vous portez ?*
(*L'Av.* I. 5.)

— FAIRE ÉTAT DE QUELQUE CHOSE :

Dis à ta maîtresse
Qu'avecque ses écrits elle me laisse en paix,
Et que voilà *l'état*, infâme, *que j'en fais*. (*Dép. am.* I. 6.)

Elle m'a répondu, tenant son quant-à-soi :
Va, va, *je fais état de lui comme de toi*. (*Ibid.* IV. 2.)

Il connoîtra *l'état que l'on fait de ses feux*. (*Ec. des mar.* II. 7.)

Afin de lui faire connoître
Quel grand *état je fais de ses nobles avis*. (*Fem. sav.* IV. 4.)

— FAIRE ÉTAT DE (un infinitif), compter sur, être certain de.... :

Sinon, *faites état de m'arracher* le jour,
Plutôt que de m'ôter l'objet de mon amour. (*Ec. des mar.* III. 8.)

Pascal a dit, *faire état que*, comme *compter que* :

« *Faites état que* jamais les Pères, les papes, les conciles....... n'ont
« parlé de cette sorte. » (PASCAL. 3ᵉ *Prov.*)

ET LE RESTE ; c'était la traduction consacrée d'*et cœtera*, qu'on met aujourd'hui sans scrupule en latin :

Je ne manque point de livres qui m'auroient fourni tout ce qu'on peut dire de savant sur la tragédie et la comédie, l'étymologie de toutes deux, leur origine, leur définition, *et le reste*. (*Préf. des Préc. rid.*)

« Mon frère a-t-il tout ce qu'il veut,
« Bon souper, bon gîte, *et le reste?* (LA FONT. *Les deux Pig.*)

C'est-à-dire : bon souper, bon gîte, *et cætera*. Les commentateurs, qui entendent finesse à tout et sont toujours prêts à enrichir leur auteur, ont supposé que la Fontaine avait créé cette expression pour faire, en termes chastes, allusion aux mœurs amoureuses de ses héros : sur quoi ils lui ont donné de grandes louanges. L'intention peut y être, mais ce ne serait qu'une application d'une façon de parler usuelle.

ÉTONNÉ QUE :

Je fus étonné que, deux jours après, il me montra toute l'affaire exécutée... (*Préf. de la Crit. de l'Ec. des Fem.*)

ÊTRE pour *aller* :

Et *nous fûmes* coucher sur le pays exprès,
C'est-à-dire, mon cher, en fin fond de forêts. (*Fâcheux.* II. 7.)

A peine *ai-je été* les voir trois ou quatre fois, depuis que nous sommes à Paris. (*Impromptu.* 1.)

Et en Hollande, où *vous fûtes* ensuite ? (*Mar. for.* 2.)

LUCAS. Il se relevit sur ses pieds, et *s'en fut* jouer à la fossette.
(*Méd. m. lui.* I. 6.)

Toutes mes études *n'ont été* que jusqu'en sixième. (*Ibid.* III. 1.)

On servit. Tête à tête ensemble nous soupâmes,
Et, le soupé fini, *nous fûmes* nous coucher. (*Amph.* II. 2.)

Je lui ai défendu de bouger, à moins que *j'y fusse* moi-même.
(*Pourc.* I. 6.)

Pascal fait le même usage du verbe *être* :

« Je le quittai après cette instruction ; et, bien glorieux de savoir le nœud
« de l'affaire, *je fus* trouver M. N***... » (1re *Prov.*)

« Et, de peur de l'oublier, *je fus* promptement retrouver mon jansé-
« niste. » (*Ibid.*)

— ÊTRE A MÊME DE QUELQUE CHOSE :

Afin de m'appuyer de bons secours..... et d'*être à même* des consultations et des ordonnances. (*Mal. im.* I. 5.)

C'est être dans la chose même, au centre de la chose dont il s'agit ; par conséquent aussi bien placé que possible pour en contenter son désir.

On dit *être à même*, ou *à même de*, avec ou sans complément :

« On demanda, à un philosophe que l'on surprist *à mesmes*, ce qu'il fai-
« soit. » (Montaigne. II. 12.)

Que l'on surprit au milieu de l'action.

La version des *Rois* dit *en meime*, suivi du substantif auquel s'accorde *même* :

« E cumandad à ses fils que il à sa mort fust enseveliz *en meime* le se-
« *pulchre* u li bom huem fud enseveliz. » (P. 290.)

Il commanda qu'on l'ensevelît *à même le sépulcre*, c'est-à-dire dans le même sépulcre où, etc.

A même est donc une sorte d'adverbe composé, du moins on l'emploie comme tel ; mais il est hors de doute que c'est au fond l'adjectif *même*, avec l'ellipse du substantif.

— ÊTRE APRÈS QUELQUE CHOSE, c'est-à-dire, être occupé à cette chose :

On est venu lui dire, et par mon artifice,
Que les ouvriers qui *sont après son édifice*.... (*L'Et.* II. 1.)

— ÊTRE CONTENT DE QUELQUE CHOSE, y consentir volontiers :

ASCAGNE.

Ayez-le donc (1), et lors, nous expliquant nos vœux,
Nous verrons qui tiendra mieux parole des deux.

VALÈRE.

Adieu, *j'en suis content*. (*Dép. am.* II. 2.)

C'est-à-dire, cette condition me plaît, je l'accepte.

— ÊTRE DE, être à la place de :

Mais enfin, *si j'étois de mon fils* son époux,
Je vous prierois bien fort de n'entrer point chez nous. (*Tart.* I. 1.)

(Voyez ÊTRE QUE DE...)

— Faire partie de, être compris dans... :

Mais, monsieur, cela *seroit-il de la permission* que vous m'avez donnée,
si je vous disois... etc. (*D. Juan.* I. 2.)

— ÊTRE DE CONCERT :

Soyons de concert auprès des malades. (*Am. méd.* III. 1.)

(1) Le consentement d'un autre.

— ÊTRE EN MAIN POUR FAIRE QUELQUE CHOSE ; être en situation avantageuse :

MORON.
Mais laissez-moi passer entre vous deux, pour cause:
Je serai mieux en main pour vous conter la chose. (*Pr. d'El.* I. 2.)

— ÊTRE POUR (un infinitif) ; être fait pour, de nature à... :

Ce *seroit pour monter* à des sommes très-hautes. (*Fâcheux.* III. 3.)
Nous ne sommes que pour leur plaire (aux grands). (*Impr.* 1.)

Puisque vous y donnez dans ces vices du temps,
Morbleu! *vous n'êtes pas pour être* de mes gens.

Être, ou n'être pas pour être, est une expression manifestement trop négligée ; mais Molière ne la créait pas, et il était directeur de troupe, souvent pressé par le temps et par l'ordre du roi :

Je crois qu'un ami chaud ; et de ma qualité,
N'est pas assurément *pour être* rejeté. (*Mis.* I. 2.)
Le sentiment d'autrui *n'est* jamais *pour lui plaire*. (*Ibid.* II. 5.)
Les choses *ne sont plus pour traîner* en longueur. (*Ibid.* V. 2.)
Puisque *vous n'êtes point* en des liens si doux
Pour trouver tout en moi, comme moi tout en vous. (*Ibid.* V. 7.)
Je *ne suis pas pour* être en ces lieux importun. (*Tart.* V. 4.)
Pareil déguisement *seroit pour ne rien faire*. (*Amph.* prol.)
Ah, juste ciel! cela se peut-il demander ?
Et *n'est-ce pas pour mettre à bout* une âme ? (*Ibid.* II. 6.)
Lui auroit-on appris qui je suis ? et *serois-tu pour me trahir* ? (*L'Av.* II. 1.)

Elle sera charmée de votre haut-de-chausse attaché avec des aiguillettes : *c'est pour la rendre* folle de vous. (*Ibid.* II. 7.)

Ses contrôles perpétuels..... *ne sont rien que pour vous gratter* et vous faire sa cour. (*Ibid.* III. 5.)

Il y a quelques dégoûts avec un tel époux, mais cela *n'est pas pour durer*. (*Ibid.* III. 8.)

Je suis homme pour serrer le bouton à qui que ce puisse être. (*G.D.* I. 4.)

Si le galant est chez moi, *ce seroit pour avoir raison* aux yeux du père et de la mère. (*Ibid.* II. 8.)

S'il vous demeure quelque chose sur le cœur, *je suis pour vous répondre.* (*Ibid.* II. 11.)

Je ne suis pas pour recevoir avec sévérité les ouvertures que vous pourriez me faire de votre cœur. (*Am. magn.* IV. 1.)

Si Anaxarque a pu vous offenser, *j'étois pour vous en faire justice* moi-même. (*Ibid.* V. 4.)

De tels attachements, ô ciel! *sont pour vous plaire!* (*Fem. sav.* I. 1.)

Suis-je pour la chasser sans cause légitime? (*Ibid.* II. 6.)

Cette locution, qui paraît abrégée de *être fait pour*, était usuelle au XVIe siècle et auparavant. Montaigne dit que Socrate, dans une déroute d'armée, se retirait avec fierté :

« Regardant tantost les uns, tantost les aultres, amis et ennemis, d'une façon
« qui encourageoit les uns, et signifioit aux aultres qu'*il estoit pour vendre*
« bien cher son sang et sa vie à qui essayeroit de la luy oster. »
(MONTAIGNE. III. 6.)

« S'il me vient quelque bon hasard
« De par vous, songez que *je suis*
« *Pour le reconnoistre.* » (*Le Nouveau Pathelin.*)

— ÊTRE QUE DE :

Moi? Voyez *ce que c'est que du monde* aujourd'hui! (*L'Ét.* I. 6.)

Rien n'était si facile que de mettre : ce que c'est que le monde ; mais tout le piquant de l'expression s'en va avec le vieux gallicisme.

Molière paraît s'être ici rappelé ce début de la satire de Regnier :

« Voyez *que c'est du monde* et des choses humaines!
« Toujours à nouveaux maux naissent nouvelles peines. »
(*Le Mauvais Giste.*)

Si j'étois que de vous, je lui achèterois dès aujourd'hui une belle garniture de diamants. (*Am. méd.* I. 1.)

(Voyez DU représentant *que le.*)

Vous ferez ce qu'il vous plaira; mais *si j'étois que de vous*, je fuirois les procès. (*Scapin.* II. 8.)

Je ne souffrirois point, *si j'étois que de vous*,
Que jamais d'Henriette il pût être l'époux. (*Fem. sav.* IV. 2.)

Que est en français la traduction de *quod. Si essem quod de te* (sous-entendu *est*), si j'étais ce qui est de vous.

Le *que*, dans cette locution, est donc nécessaire, et ne peut en être supprimé que par ellipse.

Si j'étois que de vous, mon fils, je ne la forcerois point à se marier. (*Mal. im.* II. 7.)

Si j'étois que des médecins, je me vengerois de son impertinence.
(*Mal. im.* III. 14.)

Voilà un bras que je me ferois couper tout à l'heure *si j'étois que de vous*. (*Ibid.* III. 3.)

(Voyez p. 166, ÊTRE DE.)

— ÊTRE SUR QUELQU'UN, être sur son propos, s'occuper de lui :

Ma foi,
Demande : *nous étions* tout à l'heure *sur toi*. (*Dép. am.* I. 2.)

— ÊTRE OU EN ÊTRE SUR UNE MATIÈRE :

Sur quoi en étiez-vous, mesdames, lorsque je vous ai interrompues ?
(*Crit. de l'Éc. des fem.* 5.)

Vous êtes là sur une matière qui depuis quatre jours fait presque l'entretien de toutes les maisons de Paris. (*Ibid.* 6.)

Nous sommes ici sur une matière que je serai bien aise que nous poussions. (*Ibid.* 7.)

— ÊTRE UN HOMME A (un infinitif) :

Albert n'est pas un homme à vous refuser rien. (*Dép. am.* I. 2.)

ÉTROIT, au sens figuré ; ÉTROITES FAVEURS :

Et je serois un fou, de prétendre plus rien
Aux *étroites faveurs* qu'il a de cette belle. (*Dép. am.* I. 4.)

ET SI, et cependant :

Depuis assez longtemps je tâche à le comprendre,
Et si plus je l'écoute, et moins je puis l'entendre. (*Sgan.* 22.)

Vous me semblez toute mélancolique : qu'avez-vous, madame Jourdain ? — J'ai la tête plus grosse que le poing, *et si* elle n'est pas enflée.
(*B. gent.* III. 5.)

Et si paraît être tout simplement l'*etsi* latin, *quoique*, écrit en deux mots par erreur, et à cause d'une trompeuse analogie.

ET-TANT-MOINS ; l'ET-TANT-MOINS, substantif composé, comme *le quant-à-soi* :

LUBIN. — Claudine, je t'en prie, sur l'*et-tant-moins*. (*G. D.* II. 1.)

C'est-à-dire que ce soit une avance à rabattre plus tard.

ÉTUDIER DANS UN ART, UNE SCIENCE :

J'enrage que mon père et ma mère ne m'aient pas bien fait *étudier dans toutes les sciences* quand j'étois jeune ! (*B. gent.* II. 6.)

EUX AUTRES :

Il s'est fait un grand vol ; par qui ? L'on n'en sait rien :
Eux autres rarement passent pour gens de bien. (*L'Ét.* IV. 9.)

EXACT ; un espion d'exacte vue :

> Je veux, pour *espion* qui soit *d'exacte vue*,
> Prendre le savetier du coin de notre rue. (*Ec. des fem.* IV. 4.)

Pascal a dit de même, *une réponse exacte*.

« J'espère que vous y verrez, mes pères, *une réponse exacte*, et dans
« peu de temps. » (11ᵉ *Prov.*)

Exacte est ici au sens de *rigoureuse, qui n'omet rien*.

Aujourd'hui, une réponse exacte signifierait celle qui arrive à l'heure précise, qui serait ponctuelle. C'est dans ce sens que l'on dit *répondre exactement :* — Je lui écris toutes les semaines, et il me répond *exactement*.

EXCELLENT ; le plus excellent :

> J'aurois voulu faire voir........ que *les plus excellentes choses* sont sujettes à être copiées par de mauvais singes...
> (*Préf. des Précieuses ridicules.*)

EXCITER une douleur a quelqu'un :

> Et, dans cette *douleur* que l'amitié *m'excite*. (*D. Garcie.* V. 4.)

(Voyez datif de perte ou de profit.)

EXCUSER a quelqu'un....., auprès de quelqu'un :

> Ne viens point *m'excuser* l'action de cette infidèle. (*B. gent.* III. 9.)

— excuser quelqu'un sur :

> ....*Vous m'excuserez sur* l'humaine foiblesse. (*Tart.* III. 3.)
> Je vous excusai fort *sur* votre intention. (*Mis.* III. 5.)

EXCUSES ; faire les excuses de quelque chose :

> Ne m'oblige point à *faire les excuses de ta froideur.* (*Pr. d'El.* II. 4.)

EXPRESSION ; des expressions, en parlant du mérite d'une peinture :

> Dis-nous quel feu divin, dans tes fécondes veilles,
> De tes *expressions* enfante les merveilles.
> (*La Gloire du Val-de-Grâce.*)
> De ses *expressions* les touchantes beautés. (*Ibid.*)

EXPULSER le superflu de la boisson. Voyez superflu.

FACHER ; se facher dans le sens de *s'affliger* :

> Ne vous *fâchez point tant*, ma très-chère madame. (*Sgan.* 16.)

FACHERIE, dans le même sens :

En tout cas, ce qui peut m'ôter ma *fâcherie*,
C'est que je ne suis pas seul de ma confrérie. (*Sgan.* 17.)

Et je m'en sens le cœur tout gros de *fâcherie*. (*Ec. des mar.* II. 5.)

Le beau sujet de *fâcherie* ! (*Amph.* I. 4.)

FACILE A (un infinitif) :

.... De véritables gens de bien..... faciles à recevoir les impressions qu'on veut leur donner. (*Préf. de Tartufe.*)

FAÇON ; DE LA FAÇON, ainsi, de la sorte :

On se riroit de vous, Alceste, tout de bon,
Si l'on vous entendoit parler *de la façon*. (*Mis.* I. 1.)

De la façon que, avec un verbe, se trouve dans Pascal :

« Il semble, *de la façon que vous parlez*, que la vérité dépende de no-
« tre volonté ! » (*Prov.* 8ᵉ *lettre.*)

Et dans Corneille, *de la manière que* :

« *De la manière* enfin qu'avec toi j'ai vécu,
« Les vainqueurs sont jaloux du bonheur du vaincu. »
(*Cinna.* V. 1.)

FAÇONNIER, FAÇONNIÈRE, adjectif pris substantivement :

... La plus grande *façonnière* du monde. (*Crit. de l'Ec. des f.* 2.)

De tous vos *façonniers* on n'est point les esclaves. (*Tart.* I. 6.)

Façon est le diminutif de *face*. La finale *on*, qui est augmentative en italien, est diminutive en français : *Beste*, *bestion* ; *lutin*, *luiton* ; *pied*, *peton* ; *gars*, *garson* ; *poupe* (du latin *pupa*), *poupon* ; *Jeanne*, *Jeanneton*, *Pierron*, *Suzon*, etc.

Les *façons*, par conséquent, sont de petites mines.

(Voyez GRIMACIERS.)

FAIBLE, substantif, LE FAIBLE DE QUELQU'UN :

Et que votre langage *à mon foible* s'ajuste. (*Dép. am.* II. 7.)

C'est le point faible, et non la faiblesse.

Le *faible* continue à être en usage dans cette locution : Prendre quelqu'un par son faible.

FAILLIR A QUELQUE CHOSE :

Ne me l'a-t-il pas dit ? — Oui, oui, il ne manquera pas *d'y faillir*.
(*B. gent.* III. 3.)

Aujourd'hui qu'on a retranché, ou à peu près, le verbe *faillir*, comme suranné, il faudrait dire : Il ne manquera pas d'y manquer. Voilà l'avantage de supprimer les synonymes. (Voyez FAUT.)

FAIM, désir ; AVOIR FAIM, GRAND'FAIM de.... :

Je n'ai pas grande faim de mort ni de blessure.   (*Dép. am.* V. 1.)

Cette locution est demeurée de fréquent usage en Picardie ; elle est dans Montaigne :

« Il n'est rien qui nous jecte tant aux perils qu'une *faim* inconsidérée de
« nous en mettre hors. »   (MONTAIGNE. III. 6.)

« Il *a grand faim de se combattre* contre Annibal. — Quand il luy viendra
« *faim de vomir.* — Il *avait faim de l'avoir.* »   (NICOT.)

FAIRE, pour *dire* :

AGNÈS.
Moi, j'ai blessé quelqu'un ? *fis-je* tout étonnée...
Hé ! mon Dieu, ma surprise est, *fis-je,* sans seconde...
Oui, *fit-elle,* vos yeux pour donner le trépas....
(*Ec. des fem.* II. 6.)

Cet archaïsme remonte à l'origine de la langue.

Le livre des *Rois*, traduit au XIe siècle, en fait constamment usage, non-seulement pour *inquit*, mais aussi pour *dixit* :

« Vien t'en, *fist* Jonathas.... *fist* Jonathas : à els irrum... »   (p. 46.)

« *Fist* li poples à Saül : Comment ! si murrad Jonathas ? »   (p. 51.)

« *Fist* li prestres : Pernez de Deu cunseil. »   (p. 50.)

Voltaire l'a souvent employé pour donner à son style une teinte de naïveté ironique.

Mais comment le verbe *faire* s'est-il, dès l'origine de la langue, substitué au verbe *dire ?* Cette substitution n'est pas réelle : elle n'est qu'apparente.

Par suite des habitudes de syncope et des lois de la transmutation des voyelles, il est arrivé que des formes rapprochées en latin ont produit, en français, des formes identiques.

Dicere a donné *dire, di(ce)re.*

Desi(de)rare, de(si)rare, dire aussi.

(Voyez DIRE, TROUVER QUELQU'UN A DIRE.)

Pareillement, de *făcere, fere,* et de *fāri, faire.*

L'oreille les confondait, la plume ne tarda pas à les confondre ; et les deux formes sont encore mêlées dans l'orthographe moderne : *Je fais, je ferai, fesant* ou *faisant.*

— FAIRE, remplaçant dans ses temps, nombres et personnes, un verbe précédemment exprimé, et qu'il faudrait répéter :

Ah ! que j'ai de dépit, que la loi n'autorise
A changer de mari comme *on fait* de chemise ! (*Sgan.* 5.)

Je risque plus du mien que tu ne *fais* du tien. (*Ibid.* 22.)

Puisque me voilà éveillé, il faut que j'éveille les autres, et que je les tourmente comme on m'a *fait.* (*Prol. de la Pr. d'El.* sc. 2.)

Comme on m'a tourmenté.

On vous aime autant en un quart d'heure qu'on *feroit* une autre en six mois. (*D. Juan.* II. 2.)

Il l'appelle son frère, et l'aime, dans son âme,
Cent fois plus qu'il ne *fait* mère, fils, fille et femme. (*Tart.* I. 2.)

Le nom du grand Condé est un nom trop glorieux pour le traiter comme on *fait* tous les autres noms. (*Ep. dédic. d'Amphitryon.*)

Il y a un certain air doucereux qui les attire, ainsi que le miel *fait* les mouches. (*G. D.* II. 4.)

Les Anglais emploient absolument au même usage leur verbe *do*, *faire*, qui n'est autre que le saxon *thun*. Par exemple, dans cette phrase : « He *loves* not plays as thou *dost*, Antony? » (SHAKSP. *Jul. Cæs.*) « Il n'*aime* pas la comédie comme tu *fais*, Antoine. » *Dost* remplace *lovest*, par une tournure toute française. J'ai montré ailleurs (1) que *how do you do*, est aussi une formule française traduite avec des mots saxons.

— FAIRE, représentant l'idée exprimée par une phrase ou une demi-phrase :

VALÈRE. Je vous proteste de ne prétendre rien à tous vos biens, pourvu que vous me laissiez celui que j'ai.

HARPAGON. Non *ferai*, de par tous les diables ! (*L'Av.* V. 3.)

C'est-à-dire : je ne te laisserai pas celui que tu as, à la charge par toi de ne prétendre rien aux autres.

On disait, *si ferai*, aussi bien que *non ferai*.

---

(1) *Des Variat. du lang. fr.*, p. 375.

— FAIRE (un substantif), être la cause, l'objet, le but de.... :

>Non, non, vous pouvez bien,
>Puisque *vous le faisiez*, rompre notre entretien. (*Dép. am.* II. 2.)

>Oui, je veux bien qu'on sache, et j'en dois être crue,
>Que le sort offre ici deux objets à ma vue
>Qui, m'inspirant pour eux différents sentiments,
>De mon cœur agité *font tous les mouvements*. (*Ec. des mar.* II. 14.)

>Elle *fait tous mes soins, tous mes désirs, toute ma joie*. (*B. gent.* III. 9.)

— FAIRE, suivi d'un adverbe, produire un effet :

>Ces deux adverbes joints *font admirablement*. (*Fem. sav.* III. 2.)

— FAIRE, représenter, dépeindre :

>Mais, las ! il *le fait*, lui, si rempli de plaisirs (1),
>Que de se marier il donne des désirs. (*Ec. des fem.* V. 4.)

— FAIRE, simuler, feindre :

>*Je ferai* le vengeur des intérêts du ciel. (*D. Juan.* V. 2.)

>Est-ce par les appas de sa vaste rhingrave
>Qu'il a gagné votre âme en *faisant votre esclave* ? (*Mis.* II. 1.)

>M'engager à *faire l'amant* de la maîtresse du logis, c'est.... etc.
>(*Comtesse d'Esc.* 1.)

C'est ainsi qu'on l'emploie en parlant des rôles de théâtre : Molière *faisait* Sganarelle ; il *faisait* aussi les rois et les personnages nobles ; il *faisait* don Garcie, et il y fut sifflé à double titre, comme auteur et comme acteur.

— FAIRE A QUELQUE CHOSE, y contribuer :

>Même, si cela *fait à votre allégement*,
>J'avouerai qu'à lui seul en est toute la faute. (*Dép. am.* III. 4.)

— FAIRE BESOIN, être nécessaire :

>Quand nous *faisons besoin*, nous autres misérables,
>Nous sommes les chéris et les incomparables. (*L'Ét.* I. 2.)

>S'il vous *faisoit besoin*, mon bras est tout à vous. (*Dép. am.* V. 3.)

---

(1) Le mariage.

— FAIRE CONTRE QUELQU'UN, agir contre ses intérêts :

Il faut avec vigueur ranger les jeunes gens ;
Et *nous faisons contre eux* à leur être indulgents. (*Éc. des fem.* V. 7.)

(Voyez FAIRE POUR QUELQU'UN.)

— FAIRE DE (un substantif), traiter, en agir avec :

Et tout homme bien sage
Doit *faire des habits* ainsi que *du langage*. (*Éc. des mar.* I. 1.)

Je voudrois bien qu'*on fît de la coquetterie*
Comme *de la guipure et de la broderie*. (*Ibid.* II. 9.)

— FAIRE DU...., prendre le rôle de...., FAIRE DE SON DRÔLE :

J'ai bravé ses armes assez longtemps (de l'amour), et *fait de mon drôle* comme un autre. (*Pr. d'El.* II. 2.)

J'ai ouï dire, moi, que vous aviez été autrefois un bon compagnon parmi les femmes ; que vous *faisiez de votre drôle* avec les plus galantes de ce temps-là.... (*Scapin.* I. 6.)

« *Faire du roy, faire du capitaine, pro rege se gerere, imperatorias
« partes sumere. Faire du liperquam*, se montrer le grand gouverneur. »
(NICOT.)

Faire, dans ces locutions, se rapporte au sens de *feindre*, *simuler*. (Voyez p. 174.) Le *de*, marque du génitif, suppose une ellipse : faire (le rôle) du roi ; faire (le rôle) du liperquam.

Ce mot *liperquam*, qui est une corruption de *luy per quem* (sous-entendu *omnia geruntur*), ou plutôt qui est la notation fidèle de la manière dont on prononçait ces mots latins au moyen âge, paraît renfermer l'origine du mot *péquin*. Un *péquin*, ou un *per quem*, est un fat qui tranche de l'important, qui *se monstre le grand gouverneur*, qui fait du *liperquan*.

(Voyez des *Variations du langage français*, p. 414.)

— FAIRE DES DISCOURS, UN DESSEIN, DES CRIS ; FAIRE PLAINTE, FAIRE ÉCLAT :

Tous ces signes sont vains : *quels discours as-tu faits ?* (*L'Et.* III. 4.)
Je quitterois le *dessein que j'ai fait !* (*Mar. forc.* 2.)
Tu vois, Toinette, *les desseins* violents que l'on *fait* sur lui (sur son cœur) ! (*Mal. im.* I. 10.)

Comment, bourreau, tu *fais des cris?* (*Amph.* I. 2.)

J'ai peine à comprendre sur quoi
Vous fondez *les discours* que je vous entends *faire.* (*Ibid.* II. 2.)

Est-ce donc que par là vous voulez essayer
A réparer l'accueil dont je vous ai *fait plainte?* (*Ibid.* II. 2.)

La plus rare vertu
Qui puisse *faire éclat* sous un sort abattu. (*L'Et.* III. 4.)

— FAIRE EN..., agir en :

Il sait faire obéir les plus grands de l'État,
Et je trouve qu'*il fait en digne potentat.* (*Fâcheux.* I. 10.)

J'avois mangé de l'ail, et *fis en homme sage*
De détourner un peu mon haleine de toi. (*Amph.* II. 3.)

— EN FAIRE A QUELQU'UN POUR.... :

J'en suis pour mon honneur; mais à toi, qui me l'ôtes,
Je t'*en ferai* du moins *pour* un bras ou deux côtes. (*Sgan.* 6.)

Je t'en donnerai pour un bras ou deux côtes. — C'est-à-dire, il t'en coûtera un bras ou deux côtes.

Cette expression est empruntée au langage technique du commerce, où l'on dit : *Faites*-moi de cette marchandise pour telle somme. — On n'en *fait* pas pour ce prix.

« Le marchand *fit* son chantre mille écus, et son grammairien trois mille. »
(LA FONTAINE. *Vie d'Esope.*)

— FAIRE LE FIN DE QUELQUE CHOSE, c'est-à-dire relativement à quelque chose, *de aliqua re* :

Mais, *je ne t'en fais pas le fin*,
Nous avions bu de je ne sais quel vin
Qui m'a fait oublier tout ce que j'ai pu faire. (*Amph.* II. 3.)

— IL FAIT, impersonnel, construit avec l'adjectif *sûr,* comme avec l'adjectif *bon, beau, clair,* etc. :

Il ne fait pas bien sûr, à vous le trancher net,
D'épouser une fille en dépit qu'elle en ait. (*Fem. sav.* V. 1.)

— FAIRE FAUX BOND A L'HONNEUR :

Mais il faut qu'à *l'honneur* elle *fasse faux bond...*
(*Ec. des fem.* III. 2.)

— FAIRE FORCE A (un substantif), forcer, contraindre :

Je veux bien néanmoins, pour te plaire une fois,
Faire force à l'amour qui m'impose des lois. (*L'Ét.* IV. 5.)

— FAIRE GALANTERIE DE (un infinitif). Voyez GALANTERIE.

— FAIRE LA COMÉDIE :

Ne voulez-vous point, un de ces jours, venir voir avec elle *le ballet et la comédie* que l'on *fait* chez le roi ? (*B. gent.* III. 5.)

— FAIRE LES HONNEURS DE QUELQUE CHOSE :

Faisons bien les honneurs au moins *de notre esprit.*
(*Fem. sav.* III. 4.)

— FAIRE MÉTIER ET MARCHANDISE DE :

Ces gens qui, par une âme à l'intérêt soumise,
Font de dévotion métier et marchandise. (*Tart.* I. 6.)

— SE FAIRE LES DOUCEURS D'UNE INNOCENTE VIE :

Et, de cette union de tendresse suivie,
Se faire les douceurs d'une innocente vie. (*Fem. sav.* I. 1.)

— FAIRE PARAITRE (SE), se montrer :

La douceur de sa voix a voulu *se faire paroître* dans un air tout charmant qu'elle a daigné chanter. (*Pr. d'Él.* III. 2.)

— FAIRE POUR QUELQU'UN, agir pour lui, le protéger :

Dieu *fera pour les siens.* (*Dép. am.* III. 7.)
C'est ce qui fait pour vous ; et sur ces conséquences
Votre amour doit fonder de grandes espérances. (*Éc. des mar.* I. 6.)

(Voyez FAIRE CONTRE QUELQU'UN.)

— FAIRE SCRUPULE, causer du scrupule :

Ce nom (de gentilhomme) *ne fait aucun scrupule* à prendre.
(*B. gent.* III. 12.)

— FAIRE SEMBLANT QUE.... :

Profitons de la leçon si nous pouvons, sans *faire semblant qu'on* parle à nous. (*Crit. de l'Éc. des fem.* 7.)

— FAIRE SON POUVOIR, faire son possible :

Faites votre pouvoir, et nous ferons le nôtre. (*Dép. am.* I. 2.)

C'était l'expression du temps :

« J'ai fait mon pouvoir, sire, et n'ai rien obtenu. »
(Corneille, *Le Cid*. I. 6.)

— FAIRE UNE BOURLE (*bourle*, de l'italien *burla*, moquerie) :

.... Une certaine mascarade que je prétends faire entrer dans une *bourle* que je veux *faire* à notre ridicule. (*B. gent.* III. 14.)

(Voyez BOURLE.)

— FAIRE UNE VENGEANCE DE QUELQU'UN ; en tirer vengeance :

Et je prétends *faire de lui une vengeance exemplaire.* (*Scapin.* III. 7.)

FAIT A (un infinitif), habitué à.... :

Car les femmes y sont *faites à coqueter.* (*Ec. des fem.* I. 6.)

FAIT, substantif ; C'EST UN ÉTRANGE FAIT QUE.... :

C'est un étrange *fait* que, avec tant de lumières,
Vous vous effarouchiez toujours sur ces matières. (*Ibid.* IV. 8.)

— LE FAIT DE QUELQU'UN ; tout ce qui le concerne, sa conduite, sa fortune, etc.... :

Tout son *fait*, croyez-moi, n'est rien qu'hypocrisie. (*Tart.* I. 1.)
Je crains fort pour mon *fait* quelque chose approchant.
(*Amph.* II. 3.)
Bienheureux qui a *tout son fait* bien placé ! (*L'Av.* I. 4.)

Dans La Fontaine :

« Le malheureux, n'osant presque répondre,
« Court au magot, et dit : C'est *tout mon fait.* »
(*Le Paysan qui a offensé son seigneur.*)

— DIRE SON FAIT A QUELQU'UN :

Il me donna un soufflet, mais *je lui dis bien son fait!* (*Pourc.* I. 6.)

FALLANT, participe présent de *falloir :*

Mais *lui fallant* un pic, je sortis hors d'effroi. (*Fâcheux.* II. 2.)

Comme il lui fallait un pique. Le participe abrège singulièrement, et mériterait pour cela seul d'être en usage.

FALLOT, plaisant, grotesque ; TRAIT FALLOT :

Sans ce trait *fallot*,
Un homme l'emmenoit, qui s'est trouvé fort sot. (*L'Et.* II. 14.)

« . . . . Hé quoi, plaisant *fallot*,
« Vous parlerez toujours, et je ne dirai mot ? »

(Th. Corneille, *Jodelet prince.*)

« Là, par quelque chanson *fallote*,
« Nous célébrerons la vertu
« Qu'on tire de ce bois tortu. » (St.-Amand.)

« *Falot* se prend aussi pour un muguet, compagnon de village : — Un
« gentil *falot*. » (Nicot.)

Au sens propre, le substantif *falot* est très-ancien dans notre langue, où il est venu de la basse latinité. Dans les actes de Minutius Félix (*ap. Baron. ad ann.* 303), on trouve déjà *cereofalum*, un falot de cire; et dans une charte de l'évêché d'Amiens, en 1240, *falæ* signifie les torches employées aux enterrements.

Falæ était traduit *failles* en français :

« Et des murs toutes les entrailles
« Portent brandons et mettent *failles*. » (R. *d'Athis et Prophil.*)

« *Failles* emportent et brandons ;
« Tot en resplent (*resplendit*) la regions. »

(R. *de la Guerre de Troie.*)

De *faille* ou *fale*, le diminutif *falot*.

Falot se trouve dans Albert Mussato, de Padoue, qui écrivait, au commencement du XIVe siècle, la chronique des gestes d'Henri VI : « Soudain ils voient briller, au sommet de la Gor-« gone, une sorte de signal par le feu, qu'ils appellent *falot*: « *quod ipsi falo nuncupabant.* » — Sur quoi Nicolas Villàni fait une note pour expliquer ce que c'est qu'un *falot*, et il dérive ce mot du grec φαλὸς, dérivé lui-même du verbe φάλω, *briller*.

Il est à remarquer que ceux dont il est question, et que désigne le mot *ipsi*, ce sont les Padouans. *Falot*, ou plutôt *falo*, était donc, vers 1300, un terme italien. On le retrouve en effet dans la chronique de Modène : « Et ex hoc facti fuerunt magni *falo* mutinæ. » (Ap. Muratori, t. 15.)

Fallodia, *fallogia*, dans les chroniques italiennes du moyen âge, sont des illuminations.

J'ai insisté sur l'origine de ce mot, parce qu'il a causé beaucoup de tortures aux érudits ; on peut voir dans Trévoux les peines qu'ils se sont données pour tirer falot du saxon *bal*, ou du chaldéen *lappid*, changé en *peled*, qui se serait à son tour transformé en *falot*.

Le passage du sens propre au sens métaphorique ne peut arrêter personne. Il est tout naturel de comparer un homme gai, facétieux, folâtre, à une flamme qui joue sous le vent. Les Latins disaient, par une figure pareille, *igniculi ingenii* (*Quintilien*).

(Voyez Du Cange aux mots *Falo*, *Phalæ*, *Fallodia*.)

FAMEUX, au sens de *considérable*, *important* :

 Et me donner le temps qui sera nécessaire
 Pour tâcher de finir cette *fameuse affaire*.   (*L'Et*. IV. 9.)

 Oui, je suis don Alphonse ; et mon sort conservé
 Est un *fameux effet* de l'amitié sincère
 Qui fut entre son prince et le roi notre père. (*D. Garcie*. V. 5.)

 Et ce *fameux secret* vient d'être dévoilé.   (*Ibid*. V. 6.)

Cet emploi de *fameux*, qui paraît avoir été du style noble du temps de Molière, est aujourd'hui une des formes triviales du langage du peuple.

 Quoi! faut-il que pour moi vous renonciez, seigneur,
  A cette royale constance
 Dont vous avez fait voir, dans les coups du malheur,
  Une *fameuse expérience*?   (*Psyché*. II. 1.)

Royale constance, *fameuse expérience*, laissent trop voir la précipitation de l'écrivain.

FANFAN, terme de tendresse et de mignardise :

 Oui, ma pauvre *fanfan*, pouponne de mon âme.
         (*Ec. des mar.* II. 14.)

C'est la dernière syllabe du mot *enfant*, redoublée, à l'imitation des enfants eux-mêmes.

FANFARONNERIE :

  C'est pure *fanfaronnerie*
 De vouloir profiter de la poltronnerie
 De ceux qu'attaque notre bras.   (*Amph*. I. 2.)

La *fanfaronnade* est l'expression de la *fanfaronnerie*.

FATRAS au pluriel :

Et se charger l'esprit d'un ténébreux butin
De *tous les vieux fatras* qui trainent dans les livres.
(*Fem. sav.* IV. 3.)

FAUT, de *faillir* :

. . . . Le cœur me *faut*. (*Ec. des fem.* II. 2.)

De même de *défaillir*, *défaut* :

« Que si la frayeur nous saisit de sorte que le sang se glace si fort que tout le corps tombe en défaillance, l'âme *défaut* en même temps. »
(Bossuet. *Connaissance de Dieu.* p. 115.)

Dans l'édition in-12, imprimée en 1846 chez MM. Didot, l'éditeur a mis : « l'âme *semble s'affaiblir*. » De pareilles corrections sont de véritables sacriléges. Comment n'a-t-on pas vu l'intention de ce rapprochement entre les mots *défaillance* et *défaillir ?* comment, à cette expression énergique *l'âme défaut*, a-t-on osé substituer cette misérable et lâche expression, *semble s'affaiblir ?* comment enfin se trouve-t-il des mains qui osent toucher à Bossuet, et mutiler sa pensée ?

FAUTE, absence, manque ; IL VIENT FAUTE DE :

S'il vient faute de vous, mon fils, je ne veux plus rester au monde.
(*Mal. im.* I. 9.)

FAUX, dans le sens de *méchant*, *félon*, *déloyal* :

Mais le *faux animal*, sans en prendre d'alarmes,
Est venu droit à moi, qui ne lui disois rien. (*Pr. d'El.* I. 2.)

FAUX BOND. Voyez FAIRE FAUX BOND.

FAUX MONNOYEURS EN DÉVOTION :

. . . . . Toutes les grimaces étudiées de ces gens de bien à outrance, toutes les friponneries couvertes de ces *faux monnoyeurs en dévotion*. . . .
(1ᵉʳ *Placet au Roi.*)

FAVEUR, ressource, protection :

Afin que pour nier, en cas de quelque enquête,
J'eusse d'un faux-fuyant *la faveur* toute prête. (*Tart.* V. 1.)

On dit encore tous les jours *à la faveur de* : il a nié, *à la faveur* d'un faux-fuyant.

FAVEURS ÉTROITES. Voyez ÉTROIT.

FEINDRE A (un infinitif), hésiter à.....:

Tu feignois à sortir de ton déguisement. (*L'Et.* V. 8.)

Vous ne devez point *feindre à me le faire voir*. (*Mis.* V. 2.)

Nous feignions à vous aborder, de peur de vous interrompre. (*L'Av.* I. 5.)

— **FEINDRE DE** (un infinitif), même sens :

Ainsi, monsieur, *je ne feindrai point de vous dire* que l'offense que nous cherchons à venger..... etc. (*D. Juan.* III. 4.)

Je ne feindrai pas de dire, de faire, c'est-à-dire, je dirai, je ferai réellement, sincèrement.

Nous ne feignons point de mettre tout en usage. (*Pourc.* I. 3.)

Je ne feindrai point de vous dire que le hasard nous a fait connoître il y a six jours. (*Mal. im.* I. 5.)

— **FEINDRE**, suivi d'un infinitif sans préposition, hésiter, comme *feindre à*, et *feindre de* :

Feindre s'ouvrir à moi, dont vous avez connu
Dans tous vos intérêts l'esprit si retenu ! (*Dép. am.* II. 1.)

La reine de Navarre construit pareillement *feindre* avec un infinitif, sans préposition intermédiaire :

« Le seigneur de Bonnivet, pour luy arracher son secret, *feignit luy dire*
« le sien. » (*Heptam.*, nouvelle 14.)

La vieille langue employait *se faindre*, pour exprimer s'épargner à quelque chose, ne faire que le semblant de.....

« Ne *se* doit pas *faindre* de luy aider..... »
« De luy aider ne *se* va pas *faignant*. » (*Ogier.* V. 9632 et 9638.)

Nicot dit : « SE FAINDRE, *parcere labori, remittere, summit-*
« *tere. Sans se faindre, sedulo.* — SE FAINDRE, *prævaricari.* Tu
« te fains à jouer ; *non bona fide ludis.* »

Montaigne emploie *se feindre* absolument, pour *feindre*, comme *se jouer*, pour *jouer* ; *se mourir*, pour *mourir* :

« Pour revenir à sa clémence (de César), nous en avons plusieurs naïfs
« exemples au temps de sa domination, lorsque, toutes choses estant re-
« duictes en sa main, il n'avoit plus à *se feindre.* » (MONT. II. 33.)

FEMME DE BIEN, recevant comme un adjectif la marque du comparatif :

Croyez-moi, celles qui font tant de façons n'en sont pas estimées *plus femmes de bien*. (*Crit. de l'Ec. des fem.* 3.)

FERME, adverbialement :

 Vous me parlez bien *ferme!* et cette suffisance... (*Mis.* I. 2.)
 Allons, *ferme!* poussez, mes bons amis de cour ! (*Ibid.* II. 5.)

(Voyez PREMIER QUE, FRANC, NET.)

FERMER, métaphoriquement ; FERMER LES MOYENS DE :

C'est que vous voyez bien que *tous les moyens* vous en sont *fermés.*
          (*G. D.* III. 8.)

Vous en sont interdits. (Voyez OUVRIR.)

FÉRU, blessé, de *férir*, archaïsme, dans le sens restreint de *rendre amoureux* :

 Peut-être en avez-vous déjà *féru* quelqu'une? (*Éc. des fem.* I. 6.)

FESTINER QUELQU'UN, lui offrir un festin :

C'est ainsi que vous *festinez les dames* en mon absence ! (*B. gent.* IV. 2.)

FEU, invariable :

 Je tiens de *feu* ma femme, et je me sens comme elle
 Pour les désirs d'autrui beaucoup d'humanité. (*Mélicerte.* I. 4.)
 Et l'on dit qu'autrefois *feu Bélise*, sa mère... (*Ibid.* II. 7.)

Furetière qualifie ce terme *substantif*, et il lui donne, comme à un adjectif, un féminin : le *feu* roi, la *feue* reine. Il nous apprend même que les notaires de province usent du pluriel *furent*, en parlant de deux personnes conjointes et décédées, ce qui, ajoute-t-il, marque que ce mot vient de *fuit* et de *fuerunt.* C'est une raison pour maintenir *feu* invariable. Dans le temps que la notation *eu* sonnait *u*, l'on prononçait *fu* mon père, *fu* ma mère (*fut* mon père, *fut* ma mère) ; l'ignorance des origines a laissé s'introduire, à la suite d'une mauvaise orthographe, une mauvaise prononciation qui a prévalu ; en sorte qu'aujourd'hui cette espèce de prétérit-adverbe est transformé en un véritable adjectif.

Nicot dérive *feu* de *defunctus*, et le qualifie adjectif ; puis il ajoute : « Aussi le pourrait-on extraire de cette tierce personne
« *fuit*..... comme *feut* signifiant en ce sens *a esté* ou *fut*, c'est-à-
« dire, a vescu et n'est plus. »

C'est la bonne étymologie.

FEU QUI SE RÉSOUT EN ARDEUR DE COURROUX :

 Tout son *feu se résout en ardeur de courroux.* (*Dép. am.* V. 8.)

FIEFFÉ, FOU FIEFFÉ :

Peste du fou *fieffé!* (*Méd. m. lui.* I. 1.)

Fieffé est celui à qui l'on a donné un fief, ce qui suppose un homme en son genre excellant par-dessus ses confrères. Cette locution se rapporte aux mœurs du moyen âge. Aujourd'hui qu'il n'y a plus de fiefs, mais des brevets d'invention, on dirait, par une expression tout à fait correspondante : un fou breveté.

FIER, adjectif ; ÊTRE FIER A QUELQU'UN :

Oh! qu'elles *nous* sont bien *fières* par notre faute! (*Dép. am.* IV. 2.)

FIÈVRE QUARTAINE (VOTRE)......., sorte de serment elliptique :

... Si vous y manquez, *votre fièvre quartaine!*.... (*L'Et.* IV. 8.)

Si vous y manquez, vous consentez à être pris de la fièvre quartaine ; jurez sur votre fièvre quartaine.

C'est aussi une espèce d'exclamation imprécatoire : Que la fièvre quartaine te serre ! ta fièvre quartaine !

Dans l'explication entre le prêtre et le pelletier, joués par Pathelin :

LE PREBSTRE.

« Je ne le congnois nullement.
« Il m'a dit que presentement
« Vous confesse, et que payerez
« Tres-bien, et si me baillerez
« Argent, pour dire une douzaine
« De messes.

LE PELLETIER.

Sa fiebvre quartaine! » (*Le nouv. Pathelin.*)

LE PREBSTRE.

« Vuyde dehors, fol insensé,
« Car il est temps que tu t'en partes.

LE PELLETIER.

« Et je feray, *tes fiebvres quartes!* » (*Ibid.*)

FIGURE, dans le sens restreint de *forme*. Molière a dit, en ce sens, *la figure du visage* :

Et de ces blonds cheveux, de qui la vaste enflure
Des visages humains offusque *la figure.* (*Ec. des mar.* I. 1.)

Offusque la forme des visages humains.

— TENIR LA FIGURE DE :

> Je vous laisse à penser si, dans la nuit obscure,
> J'ai *d'un vrai trépassé* su *tenir la figure*. (*Ec. des fem.* V. 2.)

Cette acception de *figure* se rapporte à celle de FIGURER. (Voyez ce mot.)

FIGURER, se rapportant à tout l'extérieur, à la *configuration*, en quelque sorte :

> Voici monsieur Dubois plaisamment *figuré*. (*Mis.* IV. 2.)

> .... Une vieille tante qui.... *nous figure* tous les hommes comme des diables qu'il faut fuir. (*B. gent.* III. 10.)

FILER DOUX :

> Tu n'es pas où tu crois; en vain tu *files doux*. (*Amph.* II. 3.)

Doux est adverbial, comme *franc*, *ferme*, *net*, *clair*, *soudain*, etc., dans des locutions analogues.

FILET, diminutif de *fil* :

> Il semble, à vous entendre, que monsieur Purgon tienne dans ses mains *le filet de vos jours*, et que, d'autorité suprême, il vous l'allonge ou le raccourcisse comme il lui plaît. (*Mal. im.* III. 7.)

Trévoux indique encore *filet* comme diminutif de *fil*, *tenue filum* ; et Regnier décrivant le costume de son pédant :

> « Les Alpes en jurant lui grimpoient au collet,
> « Et la Savoy, plus bas, ne pend qu'à un *filet*. » (*Sat.* X.)

FILLE A SECRET, capable de garder un secret :

> Ascagne, je suis *fille à secret*, Dieu merci. (*Dép. am.* II. 1.)

FILLOLE, filleule, archaïsme :

> Il n'a pas aperçu Jeannette ma *fillole*,
> Laquelle m'a tout dit, parole pour parole. (*L'Ét.* IV. 7.)

Nicot dit : « filleul ou fillol. »

Vaugelas déclare que *fillol* pour *filleul*, c'est très-mal parler. Pourquoi, puisque la racine est *filiolus* ? L'usage, dira-t-on ? A la bonne heure, si l'on pose en principe que l'usage ne saurait avoir tort.

FIN. Voyez FAIRE LE FIN DE QUELQUE CHOSE (p. 176).

— **FIN FOND :**

> Et nous fûmes coucher sur le pays exprès,
> C'est-à-dire, mon cher, en *fin fond* de forêts. (*Fâcheux*. II. 7.)

Fin, dans l'ancienne langue, se joignait comme affixe à un substantif ou à un adjectif, pour lui donner la forme superlative :

> « De lermes sont lor vis moilliez,
> « Sourdant de *fin cueur* amoureus. » (*R. de Coucy*. v. 6176.)

> « La dame estoit si *fine bele*,
> « Que n'avoit dame ne pucele
> « Ens el païs qui l'ataindist. » (*Ibid*. v. 150.)

On dit, en certains pays vignobles, que du vin est *fin clair*. Il nous reste encore, dans l'usage commun, *fin fond*, et *fine fleur*.

> « Près de Rouen, pays de sapience,
> « Gens pesant l'air, *fine fleur* de Normands. »
> (LA FONT. *Le Remède*.)

> « Nous mourons de *fine famine*, »

dit Guillemette à Pathelin. Et plus loin :

> « Vous en estes *un fin droict maistre*. » (de tromperie.)

FLAIREUR DE CUISINE :

> Impudent *flaireur de cuisine!* (*Amph*. III. 7.)

FLÉCHIR AU TEMPS :

> Il faut *fléchir au temps* sans obstination. (*Mis*. I. 1.)

Molière eût mis aussi bien *céder au temps* ; mais *fléchir au temps* fait une image bien plus vive et poétique.

FOIN ! exclamation :

Ce mot n'a que la forme de commun avec *foin*, *fœnum*.

On rencontre fréquemment, dans Plaute et dans Térence, l'exclamation *phu!* (en grec φεῦ), exprimant tantôt le dégoût, tantôt l'admiration : *peste, oh oh, diantre !* Ce *phu* est devenu en français *foin*, par le changement de l'*u* en *oi*, comme *pungere*, *ungere*, *poindre*, *oindre*. Il s'emploie sans complément ou avec un complément :

> *Foin!* que n'ai-je avec moi pris mon porte respect! (*L'Et*. III. 9.)

> « *Foin du loup et de sa race !* »
> (LA FONTAINE. *Le Chevreau, la Chèvre et le Loup*.)

Foin ou fi sur le loup — *phu de lupo.*

 « Adieu donc. *Fi du plaisir*
 « Que la crainte peut corrompre ! »   (La Font. *Fables.* I. 9.)

FOND D'AME, substantif ; UN FOND D'AME :

 Et n'est-ce pas sans doute un crime punissable,
 De gâter méchamment ce *fond d'âme* admirable ?
                                     (*Éc. des fem.* III. 4.)

FONDANTE EN LARMES :

Une jeune fille toute *fondante en larmes*, la plus belle et la plus touchante qu'on puisse jamais voir.   (*Scapin.* I. 2.)

M. Auger veut qu'ici *fondant* soit un participe présent, et non un adjectif verbal, attendu le complément indirect *en larmes*. La raison ne paraît pas convaincante. On dit bien : cette jeune fille est *charmante de grâces*. Le complément ne fait donc rien à l'affaire ; mais le féminin *toute*, qui précède *fondante*, y fait beaucoup, et détermine au second mot le caractère d'adjectif. Cette femme est *toute riante de santé*, ou bien *toute fondante en larmes* ; il est clair qu'il s'agit d'un état, d'une manière d'être, et non pas d'une action.

(Voyez PARTICIPE PRÉSENT *variable*.)

FONDER SUR QUELQUE CHOSE, absolument :

 Tant de méchants placets, monsieur, sont présentés,
 Qu'ils étouffent les bons ; et l'espoir où *je fonde*
 Est qu'on donne le mien quand le prince est sans monde.
                                     (*Fâcheux.* III. 2.)

L'espoir où je *me* fonde. (Voyez ARRÊTER.)

FORCE, adverbe ; FORCE GENS :

 Voir cajoler sa femme, et n'en témoigner rien,
 Se pratique aujourd'hui par *force gens* de bien.   (*Sgan.* 17.)

Nicot : « Force, *id est copia* : il luy est allé *force gens* au « devant. — Lieux où il y a *force arbres.* ».

Cette locution est trop commune pour qu'il en faille rapporter des exemples. Je me contenterai d'observer que le mot *force* doit être porté sur la liste des substantifs que l'usage a transformés en adverbes dans certains cas donnés, comme *pas, point, trop* (qui est une ancienne forme de *troupe*), *rien, mot* ou *motus.*

FORCER, vaincre en luttant; FORCER UN MALHEUR :

> Il m'échappe ! ô *malheur qui ne se peut forcer!* (*L'Et.* II. 14.)

L'emploi de *forcer* est ici le même que dans cette locution : *forcer un lièvre*.

FORFANTERIE D'UN ART, vanité d'un art qui se vante :

> Sans découvrir encore au peuple,...... *la forfanterie de notre art.*
> (*Am. méd.* III. 2.)

Les Italiens disent *un furfante*; mais, au rebours de ce qu'affirme Nicot, ce n'est pas d'eux que nous avons emprunté *forfant* ni *forfanterie*, car les racines de ces mots sont exclusivement françaises. *Forfanterie* est pour *forvanterie*. *For*, en composition, signifie tantôt *hors*, comme dans *forligner, forclore, forbannir, forban*, etc.; tantôt *mal*, parce que le mal résulte de l'excès qui franchit les limites. Ainsi *forfaire, forsenné, forconseiller, forjuger, formarier* et *formariage* (mariage contre la loi et la coutume), *formener* (malmener), etc. *Se forfanter*, c'est se vanter au delà de la vérité, se vanter à faux ; et c'est de nous que les Italiens l'ont emprunté.

FORGER UN AMUSEMENT :

> Votre feinte douceur *forge un amusement*,
> Pour divertir l'effet de mon ressentiment. (*D. Garcie.* IV. 8.)

(Voyez DIVERTIR et AMUSER.)

FORLIGNER DE :

> Jour de Dieu! je l'étranglerois de mes propres mains, s'il falloit qu'elle *forlignât de l'honnêteté de sa mère!* (*G. D.* II. 14.)

Fors-ligner, c'est sortir hors de la ligne droite, *se dévier*, comme on parlait jadis.

(Voyez FORFANTERIE.)

FORMER DES SENTIMENTS, comme *former des vœux* :

> Et *je ne forme point d'assez beaux sentiments*
> Pour..... (*Dép. am.* I. 3.)

FORT EN GUEULE :

> MADAME PERNELLE.
> .....Vous êtes, m'amie, une fille suivante
> Un peu trop *forte en gueule*, et très-impertinente. (*Tart.* I. 1.)

— FORTE PASSION, passion dominante :
> Ta *forte passion* est d'être brave et leste. (*Éc. des fem.* V. 4.)

FORTUNE, au sens du latin *fortuna*, la destinée, dans ce vers d'Horace :

> *Fortunam* Priami cantabo, et nobile bellum.

> ..... Elle est de vous (cette lettre), suffit : même *fortune*.
> (*Dépit. am.* II. 3.)

> Le capitaine de ce vaisseau, touché de *ma fortune*, prit amitié pour moi.
> (*L'Av.* V. 5.)

> Voyons quelle *fortune* en ce jour peut m'attendre. (*Amph.* III. 4.)
> Comme on trouve écrit dans le ciel jusqu'aux plus petites particularités de la *fortune* du moindre des hommes. (*Am. magn.* III. 1.)

La *fortune* d'un homme, pour signifier sa richesse, l'ensemble de son avoir, est une acception toute moderne, qui ne se rencontre point dans Molière.

Un homme *fortuné* n'est point un homme riche, mais un homme favorisé du sort. On peut être le plus *fortuné* des mortels, et très-pauvre en même temps.

Avoir de la fortune, ne signifie donc réellement autre chose que avoir la chance heureuse, *fortune* se prenant pour *bonne fortune*, comme *heur* pour *bon heur*; *succès* pour *heureux succès*, etc.

Arnolphe demande à Horace :
> Vous est-il point encore arrivé de *fortune* ? (*Ec. des fem.* I. 6.)

C'est-à-dire, d'aventure galante.

« Tu portes César et sa fortune. » Il serait ridicule d'entendre : Tu portes César et ses trésors.

— PAR FORTUNE, par hasard :
> Je l'avois sous mes pieds rencontré par fortune. (*Sgan.* 22.)

La Fontaine dit *de fortune* :
> « Comme elle disoit ces mots,
> « Le loup, *de fortune*, passe. »
> (*La Chèvre, le Chevreau et le Loup.*)

FORTUNES, au pluriel, même sens :
> ..... Nous parlions des *fortunes* d'Horace. (*L'Ét.* IV. 6.)

« Quant au surplus des *fortunes* humaines,
« Les biens, les maux, les plaisirs et les peines... »
(La Fontaine. *Belphégor*.)

Les Anglais ont retenu ce sens : *the fortunes of Nigel*, sont *les aventures* de Nigel.

Horace dit aussi, au pluriel :

« Si dicentis erunt *fortunis* absona dicta.... »

Si le langage ne convient pas à la position du personnage, à sa fortune, ou à ses fortunes.

FOUDRE punisseur. Voyez punisseur.

FOURBER quelqu'un :

— Vous vous êtes accordés, Scapin, vous et mon fils, pour *me fourber*.
— Ma foi, monsieur, si Scapin *vous fourbe*, je m'en lave les mains.
(*Scapin*. III. 6.)

FOURBISSIME :

Mascarille est un fourbe, et fourbe *fourbissime*. (*L'Ét*. II. 5.)

La forme en *issime* fut naturellement la forme primitive de notre superlatif. La traduction des *Rois*, la chanson de Roland, saint Bernard, l'emploient constamment ; d'ordinaire elle est contractée en *isme* : *saintisme, grandisme, altisme, cherisme*, etc., y sont pour *saintissime, grandissime*, etc. On disait même *bonisme*, et non *optime*, formé de *bon*, par analogie.

C'est donc à tort que le P. Bouhours (*Entretiens d'Ariste et Eugène*) prétend ces superlatifs contraires au génie de notre langue.

En 1607, Malherbe, dans ses lettres, se sert fréquemment de *grandissime* ; et Perrot d'Ablancourt, dans sa traduction de César : « Il y avait un *grandissime* nombre de villes. » Mais on les en a repris l'un et l'autre. Par conséquent, c'est du commencement du xviie siècle qu'il faut dater dans notre langue la déchéance de l'ancienne forme latine, et l'emploi exclusif de *très* pour marquer le superlatif.

Les Latins, outre la forme en *issimus*, formaient aussi le superlatif par le mot *ter*, soit séparé, soit en composition. Ils avaient emprunté cela des Grecs, qui disaient τρισόλβιος, τρισευδαίμων, τρισκατάρατος, etc.

Plaute dit de même, *trifur, triveneficus, tricerberus.*
Et Virgile : « O *ter* quaterque *beati !* »

Très-docte, en français, est donc comme *tridoctus*, et nous avons eu, à l'instar des Latins, deux manières de former les superlatifs ; seulement la forme grecque, chez les Latins la moins usitée, a fini par l'emporter chez nous, et par étouffer complétement la forme latine.

FOURNIR A, suffire à :

> Ma foi, me trouvant las pour ne pouvoir *fournir*
> *Aux différents emplois* où Jupiter m'engage...... (*Amph.* Prol.)

FRAIS ; PRENDRE LE FRAIS, c'est-à-dire, choisir l'heure du frais, le soir ou le matin :

> Pour arriver ici, mon père *a pris le frais.* (*Éc. des fem.* V. 6.)

FRANC, adverbialement :

> Je vous parle *un peu franc ;* mais c'est là mon humeur.
> (*Tart.* I. 1.)

> Je vous dirai *tout franc* que c'est avec justice. (*Ibid.* I. 6.)

> C'est de presser *tout franc,* et sans nulle chicane,
> L'union de Valère avecque Marianne. (*Ibid.* III. 3.)

> Je vous dirai *tout franc* que cette maladie,
> Partout où vous allez, donne la comédie. (*Mis.* I. 1.)

Tout franchement, comme *tout net* est pour *tout nettement.*
(Voyez PREMIER QUE, FERME, NET.)

FRÉQUENTER CHEZ QUELQU'UN :

> Sans doute ; et je le vois qui *fréquente chez nous.* (*Fem. sav.* II. 1.)

Les Latins employaient *fréquentare* sans *apud,* comme aujourd'hui nous faisons. Dans Cicéron : *Qui domum meam frequentant,* ceux qui fréquentent ma maison ; et dans Phèdre : *Aras frequentas,* tu fréquentes les autels.

FRICASSER, métaphoriquement :

> MARINETTE.
> Moi, je te chercherois ! Ma foi, *l'on t'en fricasse,*
> Des filles comme nous !...... (*Dép. am.* IV. 4.)

Observez que c'est Marinette qui parle.

FRIPERIE; NOTRE FRIPERIE, notre personne :

Gare une irruption sur *notre friperie!* (*Dép. am.* III. 1.)

C'est un valet qui parle.

FROTTER SON NEZ AUPRÈS DE LA COLÈRE DE QUELQU'UN :

GROS-RENÉ.

Viens, viens *frotter ton nez aupres de ma colère!* (*Dép. am.* IV. 4.)

FUIR DE (un infinitif), comme éviter de.... :

Si votre âme les suit, et *fuit d'étre coquette*.... (*Éc. des fem.* III. 2.)

Il ne *fuit* rien tant tous les jours que *d'exercer* les merveilleux talents qu'il a eus du ciel pour la médecine. (*Méd. m. lui.* I. 5.)

C'est le *fuge quærere* d'Horace.

De, dans l'expression française, est la marque de l'ablatif employé dans ce vers de Virgile :

Quanquam animus meminisse horret, *luctuque refugit*. (*Æneid.* II.)

« Mon esprit recule d'horreur à ces images de deuil, et *fuit de* s'en souvenir. »

— « J'ay monstré, en la conduite de ma vie et de mes entreprinses, que « j'ay plustost *fuy* qu'aultrement *d'enjamber* par dessus le degré de for- « tune auquel Dieu logea ma naissance. » (Mont. III. 7.)

FULIGINES, terme technique :

Beaucoup de *fuligines* épaisses et crasses, etc. (*Pourc.* I. 11.)

FURIEUX, dans le sens d'*extrême :*

Voilà *une furieuse imprudence*, que de nous envoyer querir.
(*G. D.* III. 12.)

FUSEAUX; FAIRE BRUIRE SES FUSEAUX. Voyez BRUIRE.

FUTURS (DEUX), *commandés l'un par l'autre :*

Ce ne *sera* pas là qu'il *viendra* la chercher. (*Éc. des fem.* V. 4.)

Cette symétrie des temps, empruntée du latin, est aussi négligée au XIXe siècle qu'elle était soigneusement observée au XVIIe. On dirait aujourd'hui sans scrupule : Ce n'*est* pas là qu'il *viendra*.

Je reviendrai voir sur le soir en quel état elle *sera*. (*Méd. m. l.* II. 6.)

Et non : en quel état elle *est*.

Lorsqu'on me *trouvera* morte, il n'y aura personne qui mette en doute que ce ne soit vous qui *m'aurez* tuée. (*G. D.* III. 8.)

Et non : *qui m'avez.*

J'ai des raisons à faire approuver ma conduite,
Et *je connoîtrai* bien si vous *l'aurez* instruite. (*Fem. sav.* II. 8.)

Cette symétrie des temps s'observait aussi pour le conditionnel.

(Voyez CONDITIONNELS.) (DEUX.)

— *Futur* suivi d'un présent de l'indicatif :

Ce ne sera point vous que je leur *sacrifie.* (*Ibid.* V. 5.)

L'exigence du mètre, et la nécessité de rimer à *philosophie*, ont apparemment ici forcé la main à Molière, dont l'usage constant est de mettre les deux futurs, même en des cas où ils sont bien moins nécessaires.

GAGE QUE...., adverbialement, ou par une sorte d'ellipse pour *je gage que* :

Gage qu'il se dédit. — Et moi, *gage que* non. (*L'Ét.* III. 3.)

GAGER QUELQU'UN POUR (un substantif), c'est-à-dire, *en qualité de* :

Je suis auprès de lui *gagé pour serviteur* :
Vous me voudriez encor payer *pour précepteur.* (*L'Et.* I. 9.)

(Voyez POUR, en qualité de.)

GAGNER ; GAGNER AU PIED, s'enfuir :

Ah ! par ma foi, je m'en défie, et je m'en vais *gagner au pied.*
(*Préc. rid.* 10.)

La Fontaine a dit, dans le même sens, *gagner au haut* :

« . . . . Le galant aussitôt
« Tire ses grègues, *gagne au haut.* (*Le Renard et le Coq.*)

Nicot et Trévoux ne donnent que *gagner le haut.*

(Voyez HAUT.)

— GAGNER DE (un infinitif), obtenir :

Et qu'il n'est repentir ni suprême puissance
Qui *gagnât* sur mon cœur *d'oublier* cette offense.
(*D. Garcie.* V. 5.)

— GAGNER LE TAILLIS, fuir, s'évader :

Tant pis !
J'en serai moins léger à *gagner le taillis*. (*Dép. am.* V. 1.)

— GAGNER LES RÉSOLUTIONS de quelqu'un, les surmonter :

Pied à pied *vous gagnez mes résolutions*. (*B. gent.* III. 18.)

GALANT, substantif, un nœud de rubans :

Voilà
Ton beau *galant* de neige, avec ta nonpareille :
Il n'aura plus l'honneur d'être sur mon oreille. (*Dép. am.* IV. 4.)

GALANT, adjectif, au sens d'*élégant, distingué* :

Il me montra toute l'affaire, exécutée d'une manière, à la vérité, beaucoup plus *galante* et plus spirituelle que je ne puis faire.
(*Préf. de la Crit. de l'Ec. des fem.*)

GALANTERIE, FAIRE GALANTERIE DE (un infinitif) :

N'a-t-il pas (Molière), ceux...... qui, le dos tourné, *font galanterie de se déchirer* l'un l'autre ? (*Impromptu.* 3.)

Rien n'a remplacé cette excellente expression ; il faut, pour en rendre le sens, recourir à une longue périphrase.

GALIMATIAS au pluriel :

Mon Dieu, prince, je ne donne point dans *tous ces galimatias* où donnent la plupart des femmes. (*Am. magn.* I. 1.)

GARANT ; ÊTRE GARANT DE QUELQUE CHOSE, en fournir la garantie, la preuve :

Moi, je lui couperois sur-le-champ les oreilles,
S'il *n'étoit pas garant* de tout ce qu'il m'a dit. (*L'Et.* III. 3.)

GARD', en style familier, pour garde :

Dieu te *gard'*, Cléanthis ! (*Amph.* II. 3.)

GARDE ; SE DONNER DE GARDE DE.... Voyez à DONNER.

GARDER DE (un infinitif), se garder de, prendre garde de :

Mon Dieu, Éraste, *gardons* d'être surpris. (*Pourc.* I. 3.)

Rentrez donc, et surtout *gardez de babiller.* (*Ec. des fem.* IV. 9.)
Rentrez dans la maison, et *gardez de rien dire.* (*Ibid.* V. 1.)
„*Gardez de vous tromper!* (*Georg. D.* II. 9.)

Molière emploie indifféremment, et selon le besoin de la circonstance, *garder* ou *se garder de :*

Et surtout *gardez-vous de la quitter* des yeux. (*Ec. des fem.* V. 5.)

— GARDER QUE (sans *ne*):

Gardons bien que, par nulle autre voie, *elle en apprenne* jamais rien.
(*Am. magn.* I. 1.)

(Voyez DONNER DE GARDE (SE).)

GARDIEN, en trois syllabes :

Suis-je donc *gardien,* pour employer ce style,
De la virginité des filles de la ville?   (*Dép. am.* V. 3.)

Il est probable que plus tard Molière eût écrit : Suis-je donc *le* gardien.....

GATER QUELQU'UN DE, c'est-à-dire, à l'aide, par le moyen de....:

Je veux être pendu, si nous ne les verrions
Sauter à notre cou plus que nous ne voudrions,
Sans tous ces vils devoirs *dont* la plupart des hommes
Les gâtent tous les jours, dans le siècle où nous sommes.
(*Dép. am.* IV. 2.)

Cette tournure se rapporte à DE, exprimant la cause, la manière.

— GATER (SE) SUR L'EXEMPLE D'AUTRUI ; par l'exemple, d'après l'exemple d'autrui :

Mais *ne vous gâtez pas sur l'exemple d'autrui.*
(*Ec. des fem.* III. 2.)

GAUCHIR, aller à gauche ; GAUCHIR DE QUELQUE CHOSE, s'en écarter :

Notre sort ne dépend que de sa seule tête;
De ce qu'elle s'y met, rien ne la fait *gauchir.* (*Ec. des fem.* III. 3.

GAULIS, terme technique, branche d'arbre :

Je pousse mon cheval et par haut et par bas,
Qui plioit des *gaulis* aussi gros que le bras.   (*Fâcheux.* II, 7.)

13.

« Les gaulis, dit Trévoux, sont, en terme de vénerie, des branches d'arbre qu'il faut que les veneurs plient ou détournent pour percer dans un bois. »

Gault, en vieux français, est une forêt :

« Onc charpentier en bos ne sot si charpenter,
« Ne mena telle noise en parfont *gault* ramé. »
(*Renaut de Montauban*.)

« Que florissent cil prez, e cil *gautl* sont foilli. » (*Rom. d'Aïe d'Avig.*)

« Cerchant prés et jardins et *gaults*. » (*Rom. de la Rose*.)

« *Gault* paraît venir du bas latin *caula*, d'où s'est formé *gaule*, par l'adoucissement du *c* en *g*. Dans un compte de 1202 : « pro perticis et *caulis*..... pro L *caulis*. » Pour des perches et des gaules..... pour 50 gaules. » (Du Cange, au mot CAULA.)

J'avoue que j'aimerais mieux dériver *gault* de *saltus*, et *gaule* de *caula*. Le nom propre *Gault de Saint-Germain* signifie *Bois de Saint-Germain*.

GAYETÉ, en trois syllabes :

Mais je vous avouerai que cette *gayeté*
Surprend au dépourvu toute ma fermeté. (*D. Garcie*. V. 6.)

Mais que de *gayeté* de cœur
On passe aux mouvements d'une fureur extrême....
(*Amph*. II. 6.)

GENDARMÉ CONTRE... :

Cet homme *gendarmé* d'abord *contre mon feu*. (*Ec. des f.* III. 4.)

GÊNER (gehenner) QUELQU'UN, le torturer, lui faire violence :

Et pour tout dire enfin, jaloux ou non jaloux,
Mon roi sans *me gêner* peut me donner à vous. (*D. Garcie*. V. 6.)

Racine a dit de même :

« Et le puis-je, madame ? Ah, que vous me *gênez* ! » (*Androm.* I. 4.)

Ah, que vous torturez mon cœur !

Ce mot a perdu aujourd'hui toute l'énergie de son acception primitive ; c'était même déjà un archaïsme dans Racine et dans Molière. On voit par cet exemple combien les mœurs influent sur le langage : à mesure que l'usage de la torture ou de la *gene* s'éloignait, la valeur du mot s'affaiblissait comme le souvenir de la chose. *Il est gêné dans ses habits* eût été, au XIIe siècle, une hyperbole violente; aujourd'hui, cela signifie simplement, *il n'y est pas à son aise*; c'est l'expression la plus douce qu'on puisse employer.

GÊNES, au pluriel, dans le sens du latin *gehenna*, torture :

> Je sens de son courroux des *gênes* trop cruelles. (*Dép. am.* V. 2.)

GENS masculin :

> Ma langue est impuissante, et je voudrois avoir
> Celle de *tous les gens* du plus exquis savoir. (*L'Ét.* II. 14.)

La délicatesse est trop grande, de ne pouvoir souffrir que des *gens triés*. (*Crit. de l'Ec. des fem.* I.)

> Et qu'en n'approuvant rien des ouvrages du temps,
> Il se met au-dessus de *tous* les autres *gens*. (*Mis.* II. 5.)

> Et qu'avecque le cœur d'un perfide vaurien
> Vous confondiez les cœurs de *tous les gens de bien*. (*Tart.* V. I.)

Pour *tous les gens de bien* j'ai de grandes tendresses. (*Ibid.* V. 4.)

> Cependant notre âme insensée
> S'acharne au vain honneur de demeurer près d'eux,
> Et s'y veut contenter de la fausse pensée
> Qu'ont *tous les autres gens* que nous sommes heureux. (*Amph.* I. 1.)

> Combien de *gens* font-*ils* des récits de bataille,
> Dont *ils* se sont tenus loin ! (*Ibid.*)

— GENS avec un nom de nombre déterminé :

> Et je connois des *gens* à Paris, plus de *quatre*,
> Qui, comme ils le font voir, aiment jusques à battre.
> (*Fâcheux.* II. 4.)

> Moi, je serois cocu ? —Vous voilà bien malade !
> *Mille gens* le sont bien qui de rang et de nom
> Ne feroient avec vous nulle comparaison. (*Ec. des fem.* IV. 8.)

Un de mes gens la garde au coin de ce détour. (*Ibid.* V. 2.)

Il y a là *vingt gens* qui sont fort assurés de n'entrer point. (*Impr.* 3.)

Et jamais il ne parut si sot que parmi *une demi-douzaine de gens* à qui elle avoit fait fête de lui. (*Critique de l'Ec. des fem.* sc. 2.)

A l'origine de la langue il a été souvent employé ainsi :

> « Pour ces *trois gens* qui ont pel de beste afublée. » (*Le dit du Buef.*)

— GENS DE BIEN A OUTRANCE :

Toutes les grimaces étudiées de ces *gens de bien à outrance.*

(1er *Placet au Roi.*)

— GENS DE DIFFICULTÉS :

Ce sont (les avocats) *gens de difficultés.* (*Mal. im.* I. 9.)

— GENS DE NOM :

Toute mon ambition est de rendre service aux *gens de nom* et de mérite.

(*Sicilien.* 11.)

GENTILLESSE, dans le sens de l'italien *gentilezza*, *noblesse :*

Ce sont des brutaux, ennemis de *la gentillesse* et du mérite des autres villes. (*Pourc.* III. 2.)

GLOIRE, considération personnelle, mérite :

Pourquoi voulez-vous croire
Que de ce cas fortuit dépende notre *gloire ?* (*Ec. des fem.* IV. 8.)

C'est où je mets aussi *ma gloire* la plus haute. (*Tart.* II. 1.)

Je mets ma gloire, je fais consister mon mérite principal à vous satisfaire.

GOBER LE MORCEAU, se laisser prendre, duper tranquillement :

Mais je ne suis pas homme à *gober le morceau.* (*Éc. des f.* II. 1.)

Métaphore prise de la pêche à la ligne :

GOGUENARDERIE :

Oui, mais je l'enverrois promener avec ses *goguenarderies.*

(*Méd. m. lui.* II. 3.)

GRACE; DONNER GRACE, pardonner :

Et l'on *donne grâce* aisément
A ce dont on n'est pas le maître. (*Amph.* II. 6.)

GRAIS, Grec :

MARTINE.

Et, ne voulant savoir *le grais* ni le latin... (*Fem. sav.* V. 3.)

C'est l'ancienne et légitime prononciation, comme dans *échecs*, *legs*. Ce passage nous montre que, du temps de Molière, le peuple la retenait encore.

GRAND invariable en genre :

Le bal et *la grand bande,* assavoir deux musettes. (*Tart.* II. 3.)

Vous n'aurez pas *grand peine* à le suivre, je crois. (*Ibid.* II. 4.)

Il porte une jaquette à *grands basques plissées.* (*Mis.* II. 6.)

Dans l'origine de la langue, tout adjectif dérivé d'un adjectif latin en *is, grandis, qualis, regalis, viridis,* etc., ne changeait pas non plus en français pour le féminin.

Il nous reste encore de cet usage, *grand messe, grand mère, grand route,* etc., et, dans le langage du palais, *lettres royaux.*

C'est donc une véritable faute de mettre une apostrophe après *grand,* comme si l'*e* s'élidait.

(Voyez *des Variations du langage français,* p. 226.)

— GRAND LATIN, grand latiniste, comme on dit *grand grec* pour grand helléniste :

Je vous crois *grand latin* et grand docteur juré. (*Dép. am.* II. 7.)

— GRAND SEIGNEUR (LE), pour *l'aristocratie, la noblesse* :

O l'ennuyeux conteur!
Jamais on ne le voit sortir *du grand seigneur.* (*Mis.* II. 5.)

De même *le marquis,* pour *la classe des marquis.*

(Voyez MARQUIS.)

GRIMACIERS, hypocrites :

Ils donnent bonnement (les hommes sincèrement vertueux) dans le panneau des *grimaciers,* et appuient aveuglément les singes de leurs actions. (*D. Juan.* V. 2.)

(Voyez FAÇONNIER.)

GROUILLER :

Et l'on demande l'heure, et l'on bâille vingt fois,
Qu'elle *grouille* aussi peu qu'une pièce de bois. (*Mis.* II. 5.)

Comme *grouiller* est devenu, l'on ne sait pourquoi, un terme bas, les éditeurs de 1682 ont jugé qu'il était mal séant dans la bouche de Célimène, et ils ont fait à Molière l'aumône d'une correction que les comédiens se sont empressés d'adopter :

Qu'elle *s'émeut autant* qu'une pièce de bois.

M. Auger observe qu'il fallait au moins mettre *se meut* ou *remue*, car c'est de cela qu'il s'agit, et non de *s'émouvoir*.

Ces corrections, faites au texte d'un écrivain comme Molière, sont autant d'impertinences.

† Est-ce que madame Jourdain est décrépite? et la tête lui *grouille-t-elle* † déjà ? (*B. gent.* III. 5.)

Grouiller est une forme de *crouller*. La prononciation les confondait. *Crouller*, verbe actif ou verbe neutre, *trembler, agiter, ébranler*; en italien, *crollare* : *crollare il capo*, secouer la tête : « Les fundemens des munz sunt emeuz et *crollez*, kar « nostre sire est curuciez. » (*Rois*, p. 205.) Les fondements des monts sont émus et ébranlés, *concussa et conquassata*.

« Baucent l'oï, si a froncie le nez;
« La teste *croule* si a des piez houez. » (*La bataille d'Arlescamp*.)

Baucent *grouille la téte*, secoue la tête.

Il peut être intéressant, pour l'histoire de la langue, d'observer que nos pères avaient à la fois *crouler* et *trembler*, et qu'ils distinguaient fort bien l'un de l'autre. En voici un exemple, tiré du roman d'Alexandre; il s'agit des prodiges qui signalèrent la naissance de ce héros :

« Dieu demonstra par signe qu'il (Alexandre) se feroyt cremir (1), car « l'on vit l'aer muer, le firmament croissir (2), et la *terre crouler*; la mer « par lieus rougir, et *les bestes trembler*, et les hommes fremir. »
(*Préf. de la Ch. des Saxons.* p. 22.)

Ces finesses de nuances n'indiquent pas une langue barbare.

« Quand le souldich l'eut entendu, si *crolla la teste* et le regarda felle-« ment, et dist : Tu has murdry ! » (FROISSART. *Chron.* II. ch. 30.)

GUÉRIR, au sens figuré :

NICOLE.

De quoi est-ce que tout cela *guérit*? (*B. gent.* III. 3.)

A quoi tout cela sert-il ?

---

(1) *Cremir*, craindre, de *tremere*, pour *tremir*. *Cremir* est devenu *craindre*, le *c* continuant à remplacer le *t*; car il semble qu'on dût dire *traindre*.

(2) Craquer.

GUEUSER DES ENCENS :

Pour moi, je ne vois rien de plus sot, à mon sens,
Qu'un auteur qui partout va *gueuser des encens.* (*Fem. sav.* III. 5.)

GUEUX COMME DES RATS :

Tous ces blondins sont agréables.... mais la plupart sont *gueux comme des rats.* (*L'Av.* III. 8.)

L'expression complète eût été : Comme des rats d'église, qui n'y trouvent rien à manger. Mais, du temps de Molière, on n'osait pas prononcer sur le théâtre le mot *église* ; quand on y était réduit, on disait *le temple.* (Voyez TEMPLE.)

— GUEUX D'AVIS :

Non de ces *gueux d'avis*, dont les prétentions
Ne parlent que de vingt ou trente millions. (*Fâcheux.* III. 3.)

GUIDE, subst. féminin, comme *sentinelle;* archaïsme :

La Guide des pécheurs est encore un bon livre. (*Sgan.* 1.)

« Elle lit saint Bernard, *la Guide* des pécheurs (1). »
(REGNIER. *Macette.*)

Guide, terme technique, est resté féminin : CONDUIRE A GRANDES GUIDES.

GUIGNER, lorgner du coin de l'œil :

J'ai *guigné* ceci tout le jour. (*L'Av.* IV. 6.)

De guingois, espèce d'adverbe, pour signifier *de côté, de travers*, paraît dérivé de *guigner : de guingois*, comme *de guigois.* Mme de Sévigné affectionne ce terme familier : *un esprit de guingois.*

HABILLER ; S'HABILLER D'UN NOM :

Le monde aujourd'hui n'est plein..... que de ces imposteurs qui....
s'habillent insolemment du premier nom illustre qu'ils s'avisent de prendre.
(*L'Av.* V. 5.)

HABITUDE DU CORPS, tenue, maintien, *habitus* :

Cette *habitude du corps* menue, grêle, noire et velue. (*Pourc.* I. 11.)

---

(1) Ouvrage ascétique, composé en espagnol par le père Louis de Grenade.

HAINE POUR QUELQU'UN, au lieu de *haine contre* :

Ils ont en cette ville *une haine effroyable pour* les gens de votre pays.
(*Pourc.* III. 2.)

HANTER QUELQUE PART :

Oui ; mais pourquoi, surtout depuis un certain temps,
Ne sauroit-il souffrir qu'aucun *hante céans ?* (*Tart.* I. 1.)

HANTISES, FRÉQUENTATION :

Isabelle pourroit perdre dans ces *hantises*
Les semences d'honneur qu'avec nous elle a prises.
(*Ec. des mar.* I. 4.)

La forme primitive était *hant*, racine du verbe *hanter* :

« Sunt se nettement guardé tes vadlets, e meimement de *hant* de
« femme ? » (*Rois.* p. 83.)

HARDI, employé comme exclamation :

Là, *hardi !* tâche à faire un effort généreux. (*Sgan.* 21.)

HATÉ, pressé, urgent :

Nous sortions.— Il s'agit d'un fait assez *hâté*. (*Ec. des mar.* III. 5.)

HAUT, substantif ; *un haut*, pour *une hauteur* :

Sur *un haut*, vers cet endroit,
Étoit leur infanterie. (*Amph.* I. 1.)

(Voyez GAGNER LE HAUT.)

— HAUT DE L'ESPRIT (DU) :

Et, les deux bras croisés, *du haut de son esprit*
Il regarde en pitié tout ce que chacun dit. (*Mis.* II. 5.)

— HAUT LA MAIN, sans l'ombre de résistance ou de difficulté :

Vous l'auriez guéri *haut la main*. (*Pourc.* II. 1.)

Molière a dit aussi *la main haute* :

La grammaire, qui sait régenter jusqu'aux rois,
Et les fait, *la main haute*, obéir à ses lois ! (*Fem. sav.* II. 6.)

Cette expression se rapporte à cette autre, *avoir la haute main sur...* ; et cette dernière se trouve fréquemment dans les plus vieux monuments de notre langue :

« E la malvaise gent e les fils Belial.... ourent la plus halte main en-
« vers Roboam. »   (Rois. p. 298.)

On trouve aussi, *avant la main*, pour *haut la main* :

LE PELLETIER.

« Mais pensez-y, de par le diable,
« Et me payez *avant la main.* »   (*Le nouv. Pathelin.*)

— LE PORTER HAUT, être fier, orgueilleux :

Détrompez-vous de grâce, et *portez-le moins haut.*   (*Mis.* V. 6.)

Le subst. de l'ellipse paraît être *chef* : portez le chef moins haut.

— HAUT DU JOUR (le) ; midi :

Le roi vint honorer Tempé de sa présence ;
Il entra dans Larisse hier, *sur le haut du jour.*   (*Mélicerte.* I. 3.)

— FAIRE UNE HAUTE PROFESSION DE (un infinitif) :

Ils ont trouvé moyen de surprendre des esprits qui, dans toute autre matière, *font une haute profession de ne se point laisser surprendre.*
(2ᵉ *Placet au Roi.*)

HAUTEUR ; DE HAUTEUR, hautement, avec hauteur :

. . Pour récompense, on s'en vient *de hauteur*
Me traiter de faquin, de lâche, d'imposteur.   (*L'Et.* I. 10.)

— HAUTEUR D'ESTIME :

Cette *hauteur d'estime* où vous êtes de vous.   (*Mis.* III. 5.)

HÉROS D'ESPRIT :

Aux encens qu'elle donne à son *héros d'esprit.*   (*Fem. sav.* I. 3.)

HEUR, bonheur ; d'où vient *heureux :*

Expliquez-vous, Ascagne, et croyez par avance
Que votre *heur* est certain, s'il est en ma puissance.
(*Dép. am.* II. 2.)

Je vous épouse, Agnès ; et cent fois la journée
Vous devez bénir *l'heur* de votre destinée.   (*Ec. des fem.* III. 2.)

Mais au moins dites-moi, madame, par quel sort
Votre Clitandre a *l'heur* de vous plaire si fort.   (*Mis.* II. 1.)

Lorsque dans un haut rang on a *l'heur* de paroitre,
Tout ce qu'on fait est toujours bel et bon.   (*Amph.* prol.)

— HEURE; A L'HEURE, maintenant, à cette heure, comme dans l'italien *allora* :

> Parbleu! si grande joie *à l'heure* me transporte,
> Que mes jambes sur l'heure en caprioleroient,
> Si nous n'étions point vus de gens qui s'en riroient. (*Sgan.* 18.)

HIATUS.

Nos vers sont pleins d'hiatus très-réels pour l'oreille, que l'on se contente de masquer aux yeux :

> C'est un miracle encor qu'il ne m'ait aujourd'hui
> Enfermée à la *clef; ou* menée avec lui. (*Ec. des mar.* I. 2.)
>
> Ces gens qui, par une âme à l'intérêt soumise,
> Font de dévotion *métier et* marchandise. (*Tart.* I. 6.)

On en citerait de pareils par centaines dans Boileau, la Fontaine, Racine et Molière. Cette remarque a surtout pour but de montrer quelle est dans les arts la puissance de l'habitude et de la convention.

Molière ne s'arrête pas à l'hiatus qui résulte de l'interjection :

> Un homme à grands canons est entré brusquement,
> En criant : *Holà, ho! un* siége promptement. (*Fâcheux.* I. 1.)
> Là! là! hem, hem!... écoute avec soin, je te prie. (*Ibid.* I. 5.)
> Eh! a-t-on jamais vu de plus farouche esprit ? (*Pr. d'El.* I. 4.)

HOC; ÊTRE HOC :

> MARTINE.
> .... Mon congé cent fois me fût-il *hoc*,
> La poule ne doit point chanter avant le coq. (*Fem. sav.* V. 3.)

Le *hoc* est un jeu de cartes : « Et parce qu'en jouant ces sortes de cartes on a coutume de dire *hoc*, de là vient que, dans le discours familier, pour dire qu'une chose est assurée à quelqu'un, on dit : *Cela lui est hoc.* » (*Dictionn. de l'Acad.*)

> « Bonne chasse, dit-il, qui l'auroit à son croc!
> « Eh! que n'es-tu mouton, car *tu me serois hoc.* » (LA FONTAINE.)

Un commentateur reproduit sur ce vers l'explication ci-dessus; mais cette explication, tirée du jeu de cartes, n'est point satisfaisante; car les cartes furent inventées au xve siècle seulement, et dès le xie le mot *hoc* entrait dans une locution analogue à *être hoc* :

« Respundi David : Ci est la lance le rei. Vienge un vadlet, pur *hoc*
« si l'emport. » (*Rois.* p. 105.)

Tous ceux qui ont tenté d'expliquer cette locution sont partis de ce point que *hoc* était un mot latin, le neutre du pronom *hic*.

Mais c'est une erreur : *hoc* est un mot français, un mot de la vieille langue, où il signifie *un croc* :

« Un *hoc* à tanneur, de quoy l'on trait les cuirs hors de l'eaue. »
 (*Lettres de rémiss.* de 1369.)

(Voyez Du Cange au mot *Hoccus*.)

Du substantif *hoc* viennent les verbes *hocher* et *ahocher* (*hoker, ahoker*) ; ce dernier est le même qu'*accrocher* :

« Mes son soupelis *ahocha*
« A un pel, si qu'il remest la. » (BARBAZ. *Estula*.)

« Mais le surplis du prêtre s'accrocha à un pieu, en sorte qu'il y resta. »

« Aussi com un singe *ahoquié*
« A un bloquel et ataquié. » (Cité dans DU CANGE à *Hoccus*.)

« Ainsi comme un singe accroché et lié à un bloc. »

Saint-Évremond ne se doutait pas qu'il faisait rimer le mot avec lui-même, quand il écrivait :

« Le paradis vous est *hoc :*
« Pendez le rosaire au *croc*. »

Cela m'est hoc est donc une locution faite, dont le sens revient à : cela ne peut me manquer, cela m'est acquis aussi infailliblement que si je le tirais de la rivière avec un croc ; j'ai *accroché* cela. Mon congé cent fois me fût-il *hoc*, c'est-à-dire, eussé-je *accroché* cent fois mon congé. — *Hoc* ou *croc*, le nom de l'instrument mis pour celui du butin qu'il procure.

Voilà l'explication que j'offre de cette façon de parler, n'empêchant point qu'on n'en adopte une meilleure, si on la trouve telle ; par exemple, celle de Trévoux :

« Ce mot vient du latin *hoc* ; qui en gascon veut dire *oui*, ou *ita est;* de sorte qu'en disant *cela est hoc*, c'est-à-dire, *oui* j'y consens. Le Languedoc est nommé ainsi comme *langue* de *hoc*, parce qu'on y dit *hoc* pour *oui*. »

HOMMAGES; FAIRE DES HOMMAGES :

Je lui ai fait des hommages soumis de tous mes vœux. (*Am. magn.* I. 2.)

HOMME; ÊTRE HOMME QUI.... être un homme qui...:

Vous êtes homme qui savez les maximes du point d'honneur. (*G. D.* I. 8.)
Je suis *homme qui* aime à m'acquitter le plus tôt que je puis.
(*Bourg. g.* III. 4.)

— HOMME DE (un substantif) :

Vous êtes *homme d'accommodement.* (*Pourc.* III. 6.)
Homme de suffisance, homme de capacité. (*Mar. forc.* 6.)

HONNÊTES DIABLESSES :

Ces dragons de vertu, ces *honnêtes diablesses*,
Se retranchant toujours sur leurs sages prouesses....
(*Éc. des fem.* IV. 8.)

HONNEUR, susceptibilité :

Quoi que sur ce sujet votre *honneur* vous inspire...
(*Éc. des fem.* IV. 8.)

Votre délicatesse ombrageuse, le soin de votre honneur.
Molière emploie aussi *honneur* dans le sens général et indéterminé de considération personnelle. Alors il y joint une épithète pour fixer la nature de cet *honneur*. Il fait dire énergiquement à Alceste, parlant du *franc scélérat* contre lequel il plaide :

Son *misérable honneur* ne voit pour lui personne. (*Mis.* I. 1.)

Il est tout naturel qu'on dise, en parlant de soi : *Mon honneur*, le soin de *mon honneur*; mais appliquer ce mot à un tiers, et y joindre une épithète de mépris, c'est ce qui rend l'expression neuve et originale; et toutefois elle est si claire et si juste, qu'on n'y prend pas garde.

HONTE; AVOIR HONTE A (un infinitif) :

Monsieur, vous vous moquez; *j'aurois honte à la prendre*.
(*Dép. am.* I. 2.)

HORS DE GARDE (ÊTRE), métaphore prise de l'art de l'escrime :

> Léandre pour nous nuire *est hors de garde* enfin. (*L'Et.* III. 5.)

> « Tu vas *sortir de garde*, et perdre tes mesures. »
> (Corneille; *Le Menteur.*)

— **HORS DE PAGE**, au figuré, affranchi :

> Il faut se relever de ce honteux partage,
> Et mettre hautement notre esprit *hors de page*. (*Fem. sav.* III. 2.)

Il faut observer que cette locution affectée, parce qu'on l'applique à l'esprit, est mise dans la bouche de Bélise ; ce qui équivaut à une censure.

—**HORS DE SENS ; IL EST HORS DE SENS QUE...**, *il est invraisemblable, absurde de croire que...* :

> Mais *il est hors de sens que* sous ces apparences
> Un homme pour époux se puisse supposer. (*Amph.* III. 1.)

Cela excède les limites du bon sens.

HOURETS, mauvais chiens de chasse :

> De ces gens qui, suivis de dix *hourets* galeux,
> Disent *ma meute*, et font les chasseurs merveilleux.
> (*Fâcheux.* II. 7.)

HUCHET, cor de chasse ; Voyez porteur de huchet.

HUMANISER (S') DE.... :

> Que *d'un peu de pitié* ton âme *s'humanise.* (*Amph.* III. 7.)

(Voyez de exprimant la manière, la cause.)

— **HUMANISER SON DISCOURS** ; le mettre à la portée des humains :

> Ne paroissez point si savant, de grâce ! *humanisez votre discours*, et parlez pour être entendu. (*Critique de l'Ec. des fem.* 7.)

HUMANITÉ (L'), le caractère d'homme, la forme humaine :

> Doncques, si de parler le pouvoir m'est ôté,
> Pour moi, j'aime autant perdre aussi *l'humanité*. (*Dép. am.* II. 7.)

— L'HUMANITÉ, au sens philosophique :

Va, va, je te le donne pour l'amour de *l'humanité*. (*D. Juan.* III. 2.)

Molière a devancé le xviiie siècle dans cette acception du mot *humanité*, que la philosophie moderne a rendue depuis si commune. Au xviie siècle, on entendait par *l'humanité* une vertu analogue à la charité, mais non l'ensemble du genre humain, considéré philosophiquement comme une seule famille.

HUMEUR SOUFFRANTE, endurante :

Des hommes en amour d'une *humeur si souffrante*,
Qu'ils vous verroient sans peine entre les bras de trente.
(*Fâcheux.* II. 4.)

Sur ce mot *humeur*, j'observerai qu'il avait encore du temps de Corneille un sens qu'on a laissé perdre depuis, et qui persiste dans l'anglais *humour*; si bien que beaucoup de gens, désespérant de faire sentir toute la force et la grâce du mot anglais, le transportent dans notre langue comme ils font du mot *fashion*, qui n'est que notre *façon*, et de bien d'autres.

CLITON.

« Par exemple, voyez : aux traits de ce visage,
« Mille dames m'ont pris pour homme de courage ;
« Et sitôt que je parle, on devine à demi
« Que le sexe jamais ne fut mon ennemi.

CLÉANDRE.

« Cet homme a de l'*humeur*.

DORANTE.

C'est un vieux domestique
« Qui, comme vous voyez, n'est pas mélancolique. »
(*La Suite du Menteur.* III. 1.)

Cette remarque a échappé à Voltaire, qui en a fait de moins importantes.

HYMEN (L') DE, c'est-à-dire, avec :

Comme il a volonté
De me déterminer à *l'hymen d'*Hippolyte. (*L'Ét.* II. 9.)

Chercher dans *l'hymen d'une* douce et sage personne la consolation de quelque nouvelle famille. (*L'Av.* V. 5.)

La promesse accomplie
Qui me donna l'espoir de *l'hymen de Célie*.   (*Sgan.* 23.)
Mon fils, *dont* votre fille acceptoit *l'hyménée*.   (*Ibid.* 24.)
Et *l'hymen d'Henriette* est le bien où j'aspire.   (*Fem. sav.* I. 4.)

ICI AUTOUR :

Depuis quelque temps il y a des voleurs *ici autour*.   (*D. Juan.* III. 2.)

— ICI DEDANS :

Vite, venez nous tendre *ici dedans* le conseiller des grâces. (*Préc. rid.* 7.)

Pour *ici dedans*, on disait, au moyen âge, *ci ens*, et plus tard *céans*. Aujourd'hui on ne dit plus rien du tout, car les tyrans de la grammaire ont proscrit *ici dedans*.

— ICI DESSOUS :

J'ai crainte *ici dessous* de quelque manigance.   (*L'Et.* I. 4.)

Ici dessous comme *ici dedans*, bonnes et utiles expressions qui ont disparu, et qu'on n'a point remplacées.

Ces anciennes façons de parler *ici dedans, ici dessus, ici dessous*, persistent en Picardie.

IDOLE, ironiquement, UNE IDOLE D'ÉPOUX :

Et de n'entrevoir point de plaisirs plus touchants
Qu'*une idole d'époux* et des marmots d'enfants !   (*Fem. sav.* I. 1.)

IGNORANT DE QUELQUE CHOSE :

Ce sont gens de difficultés (les avocats), et qui sont *ignorants des détours de la conscience*.   (*Mal. im.* I. 9.)

C'est un latinisme : *inscius rei*.

Nous construisons de même avec le génitif le verbe *ignorer*, ce que ne faisaient pas les Latins :

« Monsieur l'abbé, *vous n'ignorez de rien*,
Et ne vis onc mémoire si féconde. »   (J.-B. ROUSSEAU. *Epigr.*)

IL COUTE, impersonnel, pour *il en coûte* :

Et je sais ce qu'*il coûte* à de certaines gens,
Pour avoir pris les leurs (leurs femmes) avec trop de talents.
(*Ec. des fem.* I. 1.)

IL N'EST PAS QUE.... :

> Mais peut-être *il n'est pas que* vous n'ayez bien vu
> Ce jeune astre d'amour, de tant d'attraits pourvu. (*Ec. des fem.* I. 6.)

Il n'est pas (possible) que.....

Cette manière d'employer *que* est toute latine. *Hoc est quod ad vos venio* (Plaute), c'est cela *que* je viens à vous.

IL Y VA DU MIEN, DU VÔTRE :

> A déboucher la porte *il iroit trop du vôtre*.
> (*Remercîment au Roi*. 1663.)

Molière a supprimé l'*y* pour le soin de l'euphonie, ou plutôt cet *y* s'absorbe dans celui de *irait*. C'était originairement la coutume, non-seulement pour l'*i*, mais pour toute voyelle :

> « Seignurs baruns, *ki i* purruns enveier ? »   (*Roland*. st. 18.)
> « Le duc Oger e l'arcevesque Turpin. »   (*Ibid.* st. 12.)
> « La fame s'en prist *à* apercoivre. » (*La Bourse pleine de sens.* v. 18.)

On ne compte dans la mesure qu'un seul *i*, un seul *a*, un seul *e*. (Voyez *des Variations du langage français*, p. 192, 193.)

Le mien, le vôtre, dans cette locution sont au neutre, signifiant *mon intérêt, votre intérêt,* ou *mon bien et le vôtre,* comme en latin *meum, tuum* : « Nil addo *de meo,* » (Cicer.) Je n'y ajoute rien *du mien.* « Tetigin' *tui ?* » (Ter.) Ai-je rien pris *du tien ?*

IL *supprimé* après *voilà* :

> Eh bien ! *ne voilà pas* mon enragé de maître ?   (*L'Et.* V. 7.)
> *Ne voilà pas* de mes mouchards qui prennent garde à ce qu'on fait ?
> (*L'Av.* I. 3.)
> Ne *voilà pas* ce que je vous ai dit ?   (*G. D.* III. 12.)

— **IL**; deux *il* se rapportant à des sujets divers :

L'éloge de Louis XIV, dans le ve acte de *Tartufe*, présente un singulier exemple de mauvais style, où l'incorrection des deux *il* se montre plusieurs fois. Cette tirade, si souvent reprochée à Molière, vaut la peine d'être examinée. Molière commence par dire de Louis XIV :

> Il donne aux gens de bien une gloire immortelle,
> *Mais* sans aveuglement il fait briller ce zèle;
> Et l'amour pour les vrais ne ferme point son cœur
> A tout ce que les faux doivent donner d'horreur.....

Ce *mais* et cette remarque ne semblent-ils pas dire que d'ordinaire l'amour de la vertu exclut la haine du vice ?

>D'abord *il* (le roi) a percé par ses vives clartés
>Des replis de *son cœur* toutes ces lâchetés.

Son cœur est le cœur de Tartufe.

>*Venant* vous accuser, *il* s'est trahi lui-même ;

Le sujet change : *il* n'est plus le roi, c'est Tartufe.

>Et, par un juste trait de l'équité suprême,
>S'est découvert au prince un fourbe renommé,
>Dont sous un autre nom *il* étoit informé.

Il revient au monarque ; *sous un autre nom* s'applique à Tartufe, et non pas à Louis XIV ; c'est Tartufe qui était connu sous un autre nom.

>Ce monarque, en un mot, a vers vous détesté
>*Sa* lâche ingratitude et *sa* déloyauté.

On ne s'exprimerait pas autrement si c'était Louis XIV qui se repentît d'avoir été ingrat et déloyal envers Orgon.

>A *ses* autres horreurs *il* a joint cette suite,

Le roi a joint cette suite, ou ce supplément, aux autres horreurs de Tartufe.

>Et ne m'a jusqu'ici soumis *à sa conduite*
>Que pour voir l'impudence aller jusques au bout.

Sa conduite, pour dire que Tartufe commandait à l'exempt.

>Oui, de tous vos papiers, dont *il* (Tartufe) se dit le maître,
>*Il* (le roi) veut qu'entre vos mains je dépouille le traître.

Tant d'impropriété de termes, d'incorrection et de négligence, feraient à bon droit soupçonner que ce morceau de placage n'est pas de Molière. Molière en aura donné l'idée et confié l'exécution à quelqu'un des versificateurs de sa troupe. C'est ce qui expliquerait l'étrange disparate de cette tirade dans une pièce qui, parmi toutes celles de Molière, peut réclamer le prix du style.

Enfin, si Molière a versifié lui-même ce passage, il fallait qu'il n'attachât guère d'importance à la matière.

>L'amant n'a point de part à ce transport brutal.
>Il a pour vous, ce cœur, pour jamais y penser,
>Trop de respect, trop de tendresse :
>Et si de faire rien à vous pouvoir blesser

14.

Il avoit eu la coupable foiblesse,
De cent coups à vos yeux *il* voudroit le percer. (*Amph.* II. 6.)

Le premier *il* se rapporte au cœur ; le second, à l'amant, qui est nommé dans la phrase précédente.

Peut-être faudrait-il lire *se percer;* mais aucune édition ne le donne.

Enfin le *Malade imaginaire* offre de fréquents exemples de cette incorrection :

Tout le spectacle se passe sans qu'*il* (le berger) y donne la moindre attention. Mais *il* se plaint qu'*il* est trop court, parce qu'*en finissant il* se sépare de son adorable bergère. (*Mal. im.* II. 6.)

Le premier *il* représente le berger ; le second, le spectacle ; et le troisième, encore le berger. *En finissant*, qui grammaticalement ne peut se rapporter qu'au berger, se rapporte au spectacle.

On lit dans la même scène :

Des manières de vers libres *tels que* la passion et la nécessité *peuvent faire trouver.* (*Ibid.*)

Il paraît qu'il faut *en* ou *les faire trouver.*

On l'avertit que le père de la belle a conclu *son* mariage avec un autre. (*Ibid.*)

Son ne désigne pas le mariage du père, comme la phrase le ferait entendre, mais celui de la belle.

Cette pièce est de toutes celles de Molière la plus négligemment écrite. On y sent en quelque sorte la rapidité de l'auteur fuyant devant la mort, qui l'atteignit à la quatrième représentation. Au reste, cette faute d'employer dans la même phrase deux *il* relatifs à des sujets différents, se rencontre dans les meilleurs écrivains. En voici un exemple de Pascal :

« Les confesseurs n'auront plus le pouvoir de se rendre juges de la dis-
« position de leurs pénitents, puisqu'*ils* (les confesseurs) sont obligés de
« les croire sur leur parole, lors même qu'*ils* (les pénitents) ne donnent
« aucun signe suffisant de douleur. » (10ᵉ *Prov.*)

Et l'on sait pourtant avec quel soin les Provinciales étaient travaillées ! Mais nul n'est exempt de faillir, ni Pascal, ni Molière, ni Bossuet.

— IL surabondant :

Chacun fait ici-bas la figure qu'il peut;
Ma tante; et bel esprit, *il* ne l'est pas qui veut ! (*Fem. sav.* III. 2.)

Cette tournure a une naïveté qui donne du piquant à l'adage. On se tromperait fort de prendre cet *il* pour une cheville commandée par la mesure.

Son cœur, pour se livrer, à peine devant moi
S'est-*il* donné le temps d'en recevoir la loi. (*Ibid.* IV. 1.)

« La source de tout le mal est que *ceux qui* n'ont pas craint de tenter
« au siècle passé la réformation par le schisme, ne trouvant point de plus
« fort rempart contre leurs nouveautés que la sainte autorité de l'Église,
« *ils* ont été obligés de la renverser. » (BOSSUET. *Or. fun. de la r. d'A.*)

— IL, construit avec *qui*, dans le sens de *celui qui* :

Il est bien heureux *qui* peut avoir dix mille écus chez soi ! (*L'Av.* I. 5.)

Corneille a dit de même :

« *Il* passe pour tyran *quiconque* s'y fait maître. » (*Cinna.* II. 1.)

Sur quoi voici la remarque de Voltaire : « Cet *il* était autre-
« fois un tour très-heureux ; la tyrannie de l'usage l'a aboli. »

« *Qui* se contraint au monde, *il* ne vit qu'en torture. »
(REGNIER, sat. XV.)

« Et *qui* jeune n'a pas grande dévotion,
« Il faut que pour le monde à le feindre *il* s'exerce. »
(*Id.* sat. XIII.)

« Ha, ha! il n'a pas paire de chausses qui veult! » (*Gargantua.* I. 9.)

Pathelin fait au drapier compliment sur son activité :

LE DRAPIER.

« Que voulez-vous ? *il* faut songer
« *Qui* veult vivre, et soustenir peine. » (*Pathelin.*)

— IL N'EST QUE DE (un infinitif), il n'est rien tel que de... :

Ma foi, *il n'est que de* jouer d'adresse en ce monde.
(1er *Interm. du Malade im.* sc. 6.)

— IL M'ENNUIE. (Voyez ENNUYER) (s').

— IL Y A, CE QU'IL Y A (s.-ent. *à faire*) :

Or sus, mon fils, savez-vous *ce qu'il y a* ? C'est qu'il faut songer, s'il vous plaît, à vous défaire de votre amour. (*L'Av.* IV. 3.)

ILLUSTRE ; un illustre substantivement :

Madame, voilà *un illustre!* (*Pourc.* I. 3.)

IMBÉCILE, au sens du latin *imbecillis :*

Est-il rien de plus foible et de plus *imbécile!* (*Ec. des fem.* V. 4.)

Imbécile ne fait qu'exprimer plus fortement, et avec une légère nuance de mépris, l'idée de faiblesse.

« Taisez-vous, nature *imbécile!* » (Pascal. *Pensées.*)

IMPÉTUOSITÉ de prévention. (Voyez brutalité.)

IMPOSER, pour *en imposer*, mentir.

Tous les grammairiens font une loi d'exprimer *en* dans ce sens ; Molière ne le met jamais :

Jamais l'air d'un visage,
Si ce qu'il dit est vrai, *n'imposa* davantage. (*L'Et.* III. 2.)

C'est bien assez pour moi qu'il m'ait désabusé
De voir par quels motifs tu m'avois *imposé*. (*Ibid.* III. 4.)

Faites-moi pis encor : tuez-moi si *j'impose*. (*Dép. am.* I. 4.)

Vous verrez si *j'impose*, et si leur foi donnée
N'avoit pas joint leurs cœurs depuis plus d'une année.
(*Ec. des mar.* III. 6.)

Je ne sais pas s'il *impose* ;
Mais il parle sur la chose
Comme s'il avoit raison. (*Amph.* III. 5.)

Hélas! à vos paroles je puis répondre ici, moi, que vous *n'imposez* point.
(*L'Av.* V. 5.)

« On demande s'il ne lui seroit pas plus aisé *d'imposer* à celle dont il
« est aimé, qu'à celle qui ne l'aime point. » (La Bruyère, ch. III.)

Tout le xviie siècle a parlé ainsi.

« Quelques écrivains, dit Bouhours, ont voulu établir *imposturer*. Le public s'est contenté du verbe *imposer*, qui signifie la même chose : *vous imposez ; il impose à tout l'univers*. » (*Rem. nouv.*)

La Touche, qui écrivait en 1730, dit pareillement : « *Im-
« poser* tout seul veut dire *mentir*. »
(*Art de bien parler françois.* II. p. 23.)

La distinction entre *imposer* et *en imposer*, dont le premier se prendrait en bonne part, *imposer du respect*, et l'autre en mauvaise pour *tromper*, est donc une subtilité chimérique, invention des grammairiens de notre âge. M. N. Landais, par exemple, après avoir cité la phrase de la Bruyère, ajoute : « C'est une faute : il fallait *d'en imposer*. » M. Boniface s'y accorde. Mais d'où vient à M. Landais et à M. Boniface l'autorité sur Molière et sur la Bruyère?

Les Latins disaient *imponere* tout seul pour signifier mentir. *Imposuit Catoni.* (CICER.) *Imposuit mihi caupo.* (MARTIAL.) *Præfectis Antigoni imposuit.* (CORN. NEPOS.)—Il a trompé Caton; — le cabaretier m'a dupé; — il donna le change aux lieutenants d'Antigonus.

Quand la pythonisse d'Endor reconnut l'ombre de Samuel, elle s'écria vers Saül : *Quare imposuisti mihi?* Pourquoi m'avez-vous imposé par votre déguisement? » (*Rois*, I, cap. 28.)

— IMPOSER, verbe actif, comme IMPUTER; IMPOSER UNE TACHE A QUELQU'UN :

On ne peut *imposer de tache* à cette fille. (*L'Ét.* III. 4.)

— IMPOSER A QUELQU'UN, dans le même sens :

« Quand Diana rapporte avec éloge les sentiments de Vasquez. . . . . . .
« il n'est ni calomniateur ni faussaire, et vous ne vous plaignez point *qu'il*
« *lui impose;* au lieu que quand je représente ces mêmes sentiments de
« Vasquez, mais sans le traiter de phénix, je suis un imposteur, un faussaire,
« et un corrupteur de ses maximes. »   (PASCAL. 11ᵉ *Prov.*)

Dans l'affaire de Carrouge et Legris, la jeune dame de Carrouge accusait Legris de lui avoir fait violence :

« Jacques Legris s'excusoit trop fort, et disoit que rien n'en estoit, et
« que la dame *lui imposoit* induement. »
            (FROISSART. *Chron.* III. ch. 49.)

IMPRESSIONS :

La jalousie a des *impressions*
Dont bien souvent la force nous entraine. (*Amph.* II. 6.)

IMPRIMER; ÊTRE IMPRIMÉ DE QUELQUE CHOSE, en garder une impression profonde, en style néologique, en être *impressionné* :

Et pourtant Trufaldin
Est si bien *imprimé de ce conte badin*... (*L'Et.* III. 2.)

La Bruyère, dans son discours de réception à l'Académie, dit : « La mémoire des choses *dont* nous nous sommes vus le « plus fortement *imprimés*. »

(Voyez plus bas s'IMPRIMER QUELQUE CHOSE.)

On ne voit pas pourquoi M. Auger blâme cette expression dans la Bruyère et dans Molière. Il prétend que « *Imprimé* se « dit de ce qui a fait l'impression, et non de ce qui l'a reçue. » Qu'est-ce qui autorise cette loi ? Qui est-ce qui l'a portée ? Où ? Ce sont les questions qu'on a toujours à faire aux grammairiens.

Imprimer a fait *impression*; *impression* a produit, de notre temps, *impressionner*, qui ne manquera pas d'engendrer, au premier jour, *impressionnement*. Pourquoi d'*impressionnement* ne ferait-on pas *impressionnementer*, comme d'*ornement* nous avons vu sortir *ornementer ?* C'est ainsi qu'on *enrichit* la langue !

— IMPRIMER DE L'AMOUR :

    Sachez donc que vos vœux sont trahis
Par *l'amour* qu'une esclave *imprime* à votre fils.   (*L'Et.* I. 9.)

Nous disons encore bien imprimer de la crainte, de la terreur, du respect : pourquoi pas de l'amour ? Ce dernier sentiment peut être aussi vif, aussi soudain et aussi profond que les autres. On ne voit pas d'où naîtrait la distinction.

— IMPRIMER (s') QUELQUE CHOSE :

    Là, regardez-moi là durant cet entretien,
Et jusqu'au moindre mot *imprimez-le-vous* bien.
    (*Ec. des fem.* III. 2.)

Si l'on peut dire *s'imprimer quelque chose*, la conséquence rigoureuse sera qu'on puisse dire *être imprimé de quelque chose*, contrairement à la remarque de M. Auger, qui blâme cette façon de parler.

INCLINER QUELQU'UN A ou VERS UNE PERSONNE :

    Et je sais encor moins comment votre cousine
Peut être la personne où son penchant *l'incline*.   (*Mis.* IV. 1.)

INCOMMODÉ ; peu accommodé des biens de la fortune :

Vous êtes la grande protectrice du mérite *incommodé* ; et tout ce qu'il y a de vertueux indigents au monde va débarquer chez vous.
(*Am. mag.* I. 6.)

« Revenons donc aux personnes *incommodées*, pour le soulagement des-
« quelles nos pères....... assurent qu'il est permis de dérober. »
(PASCAL. 8ᵉ *Provinciale*.)

(Voyez ACCOMMODÉ.)

INCONGRUITÉ DE BONNE CHÈRE :

Vous y trouverez des *incongruités de bonne chère* et des barbarismes de bon goût.
(*B. gent.* IV. 1.)

INDÉFENDABLE :

CLIMÈNE (*précieuse ridicule*).
Cette pièce (*l'École des Femmes*), à le bien prendre, est tout à fait *indéfendable.*
(*Crit. de l'Ec. des fem.* 6.)

Ce mot paraît un barbarisme forgé par la précieuse ; Furetière ne le donne pas, non plus que Trévoux. Montaigne a dit :
« La faiblesse d'une cause *indéfensible.* »

INDICATIF PRÉSENT après *que*, où nous mettrions le subjonctif :

Vous tournez les choses d'une manière qu'il semble que *vous avez* raison.
(*D. Juan.* I. 2.)

Ma foi, monsieur, voilà qui est bien fait ! *Il semble* qu'il *est* en vie, et qu'il s'en va parler.
(*Ibid.* V. 5.)

INDIENNE, substantivement ; UNE INDIENNE, robe de chambre de toile des Indes :

Je me suis fait faire cette *indienne-ci*.
(*B. gent.* I. 1.)

INFINITIF, gouverné par un autre sujet que celui de la phrase :

Il ne vous a pas faite une belle personne,
Afin de mal *user* des choses qu'il vous donne. (*Ec. des fem.* II. 6.)

Il, le ciel, ne vous a pas faite, *etc.....* afin *d'user.....* non pas afin qu'*il* use, mais afin que *vous usiez*. La familiarité du dialogue semble autoriser cette légère irrégularité, surtout quand l'équivoque n'est pas possible.

Elle (la demande) me touche assez pour *m'en charger* moi-même.
(*B. gent.* III. 12.)

Pour que *je* m'en charge moi-même.

— DEUX INFINITIFS *de suite :*

J'y ai déjà jeté des dispositions à ne pas *me souffrir* longtemps *pousser* des soupirs. (*D. Juan.* II. 2.)

— INFINITIF ACTIF avec le sens passif :

Nous avons en main divers stratagèmes tout prêts *à produire* dans l'occasion. (*Pourc.* I. 3.)

C'est-à-dire, *à être produits.*

INFLEXIBLE ; ÊTRE INFLEXIBLE A QUELQU'UN :

Si tu *m'es inflexible,*
Je m'en vais me tuer ! (*L'Et.* II. 7.)

INGÉRER (s') DE QUELQUE CHOSE, dans quelque chose :

Et vous êtes un impertinent, de *vous ingérer des affaires d'autrui.*
(*Méd. m. lui.* I. 2.)

INSTANCE, pour renchérir sur le mot *soin* ; *instance à faire quelque chose :*

Et notre plus grand soin, notre *première instance*
Doit être *à le nourrir* du suc de la science. (*Fem. sav.* II. 7.)

INSTRUIT DANS, instruit de... :

Et ce que le soldat *dans son devoir instruit*
Montre d'obéissance au chef qui le conduit...(*Ec. des fem.* III. 2.)

INTERDIRE (s'), verbe réfléchi :

Achevez de lire ;
Votre âme, pour ce mot, ne doit point *s'interdire.* (*D. Garc.* II. 6.)

INTÉRESSER A, ayant pour sujet un nom autre qu'un nom de personne :

Mon devoir m'intéresse,
Mon père, à dégager bientôt votre promesse. (*Sgan.* 23.)

Intéresser à est ici comme *obliger à, engager à.*

— S'INTÉRESSER DANS QUELQUE CHOSE :

De vos premiers progrès j'admire la vitesse,
Et *dans l'événement* mon âme *s'intéresse.* (*Ec. des fem.* III. 4.)

INTERPRÉTER A, c'est-à-dire, au sens de :

> Aux faux soupçons la nature est sujette,
> Et c'est souvent *à mal* que le bien s'*interprète*. (*Tart.* V. 3.)

> Je dois *interpréter à charitable soin*
> Le désir d'embrasser ma femme?... (*Ibid.*)

INTIME (UN), substantivement :

> Non, non; c'est *mon intime*, et sa gloire est la mienne.
> (*Éc. des fem.* V. 7.)

INTRÉPIDITÉ DE BONNE OPINION :

> La constante hauteur de sa présomption,
> Cette *intrépidité de bonne opinion*.... (*Fem. sav.* I. 3.)

INTRIGUET ; GENS DE L'INTRIGUET :

> Et que toute notre famille
> Si proprement s'habille,
> Pour être placée au sommet
> De la salle où l'on met
> *Les gens de l'intriguet.*
> (*Ballet des Nations*, à la suite du *B. gent.*)

Les gens de la basse intrigue, les chevaliers d'industrie. Les anciennes éditions ont *entriguet*. Les mots latins *in* et *inter* faisant en français *en* et *entre*, la véritable forme du mot serait effectivement *entrigue*, de *intricare* ; et il paraît qu'on l'a d'abord dit ainsi.

Notre langue est de double formation. Dans les mots formés à une bonne époque, *in*, *inter* sont toujours traduits *en*, *entre* ; dans les mots de création moderne, on a tout simplement transcrit le radical latin.

De la première formation sont : *engager, enhardir, engendrer, entreprendre, entretenir*, etc., etc.

De la seconde : *inventer, introduire, inspirer, imprimer* (jadis *empreindre*), *s'ingénier* (primitivement *engigner*), *intermède* (primitivement *entremets*), *intention*, substantif nouveau du vieux verbe *entendre*, etc., etc.

INVERSION.

Ah! Octave, *est-il vrai ce que* Silvestre vient de dire à Nérine, que votre père est de retour, et qu'il veut vous marier? (*Scapin.* I. 3.)

Pour juger l'excellence et la rapidité de ce tour, il n'y a qu'à rétablir la construction et l'ordre grammatical ordinaires : « *Ce que* Silvestre vient de dire à Nérine, que votre père est de retour et qu'il veut vous marier, *est-il vrai?* »

Il y a longtemps que l'esprit a saisi cette question; aussi quand elle arrive est-elle superflue. L'art de celui qui parle est de ne point se laisser devancer par la pensée de celui qui écoute. De là les constructions renversées, pour être naturelles.

— INVERSION DU PRONOM après un subjonctif, en supprimant *que* :

Ah! tout cela n'est que trop véritable;
Et plût au ciel le *fût-il moins!* (*Amph.* I. 2.)

L'harmonie est bien plus douce par ce tour que par la construction ordinaire :

Et plût au ciel qu'il le fût moins!

INVITÉ DE....

Ils avoient vu une galère turque, où on les avoit *invités d'entrer.* (*Scapin.* III. 3.)

J'AI PEUR, en phrase incidente, pour *j'en ai peur, je le crains :*

La défense, *j'ai peur*, sera trop tard venue. (*Mélicerte.* I. 5.)

JALOUSIE DE QUELQU'UN au sujet de quelqu'un :

Toute *la jalousie* que vous pourriez avoir conçue *de* monsieur votre mari. (*B. gent.* V. 7.)

Molière a construit le substantif comme son adjectif : *jaloux de, jalousie de.....* Ce *de* est le latin *de*, touchant, relativement à.

JAMBE; RENDRE LA JAMBE MIEUX FAITE, ironiquement, pour exprimer qu'une chose est sans application utile :

NICOLE. Oui, ma foi, *cela vous rendroit la jambe bien mieux faite!* (*Bourg. gent.* III. 3.)

JE, pronom singulier joint à un verbe au pluriel: *je sommes*, *j'avons*, *je parlons*, etc:

> MARTINE.
> Ce n'est point à la femme à parler, et *je sommes*
> Pour céder le dessus en toute chose aux hommes. (*Fem. sav.* V. 3.)
> Mon Dieu, *je n'avons* point étuguié comme vous!
> Et *je parlons* tout droit comme on parle cheux nous. (*Ibid.* II. 6.)

Pierrot, Charlotte et Mathurine, dans *Don Juan*, usent également de cette façon de parler, qui attire à la pauvre Martine cette réprimande de Bélise:

> Ton esprit, je l'avoue, est bien matériel!
> *Je* n'est qu'un singulier, *avons* est un pluriel.
> Veux-tu toute ta vie offenser la grammaire?

Mais il est bon de savoir qu'avant de se trouver dans la bouche des servantes et des paysans, cette façon de parler avait été dans celle des savants et des princes. Henri Estienne en rend témoignage dans ses *Dialogues du langage françois italianisé*: — « Ce sont les mieux parlants qui prononcent ainsi, « *j'allons*, *je venons*, *je disnons*, *je soupons*. »

Cette faute, dont il accuse les courtisans de Henri III, remonte beaucoup plus haut, puisqu'on lit, dans une lettre autographe de François Ier à M. de Montmorency:

> « *J'avons* esperance qu'y fera beau tems, veu ce que disent les estoiles
> « que *j'avons* eu le loysir de veoir. » (*Lett. de la Reine de Navarre.* I. 467.)

Il y a plus, cette locution est consignée dans la grammaire de Palsgrave:

> « *I finde in comon speche suche maners of speking*, je trouve dans le
> « commun langage ces façons de parler...... Cependant que *j'irons* au
> « marché, pour *nous irons*; — *j'avons* bien bu, pour *nous avons*; —
> « *allons m'en*, de par le diable! pour *allons-nous-en*; — *j'allons* bien,
> « pour *nous allons bien.* »   (*Of the verbe*, folio 125 au verso.)

(Voyez *ous* et *des Variations du lang. fr.*, p. 290—293).

JE SOIS, par exclamation; que je sois:

> *Je sois exterminé si je ne tiens parole!*   (*Dép. am.* IV. 3.)

JETER DES MENACES, DES LARMES:

> Cette doña Elvire,...... dont l'âme irritée ne *jetoit que menaces* et ne respiroit que vengeance...   (*D. Juan.* IV. 9.)
> *Je jette des larmes de joie.*   (*Ibid.* V. 1.)

— JETER UN OBSTACLE à *quelque chose :*

Et je ne voudrois point, par des efforts trop vains,
Jeter le moindre obstacle à vos justes desseins. (*D. Garcie.* V. 3.)

JEU ; A JEU SUR :

Battre un homme à *jeu sûr* n'est pas d'une belle âme.
(*Amph.* I. 2.)

JEU DE MOTS AFFECTÉ :

Ainsi mon cœur, Frosine, un peu trop foible, hélas !
Se *rendit* à des soins qu'on ne lui *rendoit* pas. (*Dép. am.* II. 1.)

Le *Dépit amoureux* est le second (1) ouvrage de Molière, qui était encore, en ce temps-là, l'écolier des Italiens et des Espagnols.

JOCRISSE ; FAIRE LE JOCRISSE :

MARTINE.

Je ne l'aimerois point s'*il faisoit le jocrisse.* (*Fem. sav.* V. 3.)
Et demeure les bras croisés comme *un jocrisse.* (*Sgan.* 16.)

Le Dictionnaire de Trévoux donne le nom de *Jocrisse* et le dicton populaire où il s'encadre, mais il ne révèle rien sur l'origine de ce personnage, qui paraît nous être venu d'Italie.

JOINDRE pour *rejoindre :*

Allons vite *joindre* notre provincial. (*Pourc.* I. 3.)

JOINT, adverbialement :

La mémoire du père à bon droit respectée,
Joint au grand intérêt que je prends à la sœur,
Veut que du moins l'on tâche à lui rendre l'honneur.
(*Éc. des Mar.* III. 4.)

Ce n'est pas la mémoire unie à l'intérêt ; c'est la mémoire du père à bon droit respectée, *cela joint* à l'intérêt que..... etc. *Joint* embrasse d'une manière complexe l'idée du vers précédent.

On disait autrefois, *joint que*, invariable : cela signifie, dit Furetière, *ajoutez-y que :*

« *Joint* encore qu'il falloit avoir fini bientôt, et passer rapidement dans un pays ! » (BOSSUET. *Hist. univ.* I. 11ᵉ part. § 5.)

---

(1) Suivant l'opinion reçue et l'ordre adopté. Je crois, après un mûr examen, que ce fut le premier. L'*Étourdi* et le *Dépit* ayant été composés en province, on n'a pu en savoir la chronologie très-authentique. Il est certain que l'*Étourdi*, par rapport à la conception comme par rapport au style, montre un progrès immense sur le *Dépit*.

Le participe *joint* a remplacé dans ces locutions le vieil adverbe *jouxte*, *juxta*.

JOUER, actif, suivi d'un nom de chose, éluder :

Jusqu'ici vous avez *joué mes accusations*. (*G. D.* III. 8.)

Les Latins aussi ne disaient *ludere* en ce sens qu'avec un nom de la personne :

« Sat me lusistis; ludite nunc alios. »

Cependant on trouve aussi, dans Pétrone, *ludere vestigia*, manquer sous le pied.

— JOUER AU PLUS SUR :

Pour *jouer au plus sûr*,
Il faut me l'amener dans un lieu plus obscur. (*Éc. des fem.* V. 2.)

— JOUER (SE), mis absolument comme *jouer* :

Que veut dire ceci ? *Nous nous jouons*, je croi. (*Mélicerte.* I. 2.)

JOUR, au figuré, notion, connaissance :

Et sans doute il faut bien qu'à ce becque cornu,
Du trait qu'elle a joué *quelque jour soit venu*. (*Éc. des f.* IV. 6.)

— JOUR A, facilité à :

Je veux vous faire *un peu de jour à la pouvoir entretenir* (*Sicilien.* 10.)

— DONNER UN JOUR, *donner une couleur, considérer sous un aspect :*

De semblables erreurs, *quelque jour qu'on leur donne,*...
(*Amph.* III. 8.)

JUDAS, adjectivement, pour *traître* :

COVIELLE. Que cela est *Judas !* (*B. gent.* III. 10.)

JUDICIAIRE, jugement ; AVOIR QUELQUE MORCEAU DE JUDICIAIRE :

Vous êtes-vous mis dans la tête que Léonard de Pourceaugnac. . . . . n'ait pas là-dedans quelque *morceau de judiciaire* pour se conduire ?
(*Pourc.* II. 7.)

J'observe qu'on devrait écrire *morseau*, car ce mot est un diminutif de *mors*, un mors de pain, formé du verbe *mordre*, qui faisait au participe passé *mors*, d'où *morceler* (qui serait mieux écrit *morseller*), et non *mordu*; comme *tordre*, *tors*, et non *tordu*:

« Adonc repartit l'espousée :
« Je ne vous ai pas *mors* aussy ! »   (Marot.)

JUGEMENT A GAUCHE :

Un envers du bon sens, un *jugement à gauche*.   (*L'Et.* II. 14.)

JURER ; JURER DE QUELQUE CHOSE ; latinisme, *jurare de aliqua re* :

Vous avez beau faire la garde : *j'en ai juré*, elle sera à nous.
                                                              (*Sicilien.* 9.)

JUSTIFIER ; JUSTIFIER QUELQUE CHOSE ET SE JUSTIFIER A QUELQU'UN SUR, pour *auprès de quelqu'un* :

C'est *aux vrais dévots* que je veux partout *me justifier sur* la conduite de ma comédie.   (*Préf. de Tartufe*.)

Et pour *justifier à tout le monde* l'innocence de mon ouvrage.
                                                              (1er *Placet au roi*.)

... C'est consoler un philosophe que de *lui justifier* ses larmes.
                                                              (*Lettre à Lamothe-Levayer*) (1).

Votre père ne prend que trop le soin de vous *justifier à tout le monde*.
                                                              (*L'Av.* I. 1.)

« C'est ainsi que notre bergère *se justifioit à Cérès*. »
                                                              (La Fontaine. *Psyché*. II.)

LA, rapporté à un mot caché dans une ellipse :

Fût-ce mon propre frère, il me *la* payeroit.   (*L'Et.* III. 4.)

La ne se rapporte grammaticalement à rien ; le substantif sous-entendu peut être *dette*. L'usage est de dire aujourd'hui, au masculin ou au neutre : « Il me *le* payerait ; tu me *le* payeras.

(Voyez des exemples analogues au mot ÉCHAPPER BELLE (L').)

— LA, construit avec le verbe *être*, et représentant un substantif :

Je veux être mère parce que je *la* suis, et ce seroit en vain que je ne *la* voudrois pas être.   (*Am. mag.* I. 2.)

La tient la place du mot *mère*. Madame de Sévigné prétendait mal à propos étendre ce privilége de l'article, et mettre *la*

---

(1) En lui envoyant un sonnet sur la mort du jeune Lamothe-Levayer.

en remplacement d'un participe : Êtes-vous *enrhumée ?* — Je *la* suis. L'article, dans ce dernier cas, représente *être enrhumé,* qui n'a point de genre; par conséquent : je *le* suis.

LA CONTRE, contre cela :

On ne peut pas aller *là contre.* (*D. Juan.* I. 2.)
Eh bien! oui; vous dit-on quelque chose *là contre?* (*Fem. sav.* II. 6.)
Mon frère, pouvez-vous tenir *là contre?* (*Mal. im.* III. 21.)

LA DONNER SÈCHE A QUELQU'UN :

Et, sortis de ce lieu, *me la donnant plus sèche :*
Marquis, allons au cours faire voir ma calèche. (*Fâcheux.* I. 1.)

(Voyez ÉCHAPPER (L') BELLE.)

LAIDIR, devenir laid :

Je crains fort de vous voir comme un géant grandir,
Et tout votre visage affreusement *laidir.* (*L'Et.* II. 5.)

Nous n'avons plus que le composé *enlaidir.*

J'observe que cette terminaison *ir*, aux verbes neutres, marquait une action en progrès, comme en latin *escere* : grandir; *laidir, emmaladir; assagir,* rendre sage; *affolir,* rendre fou (*affoler* est autre chose; c'est *fouler, blesser,* etc.). En termes de marine, *calmir* c'est être en train de se calmer : *la mer calmit, commence à calmir.*

LAISSER A (le verbe à l'infinitif sans préposition) :

Et *laisse à mon devoir s'acquitter* de ses soins. (*Amph.* I. 2.)

— NE PAS LAISSER DE (un infinitif) :

Ce n'est rien, *ne laissons pas d'achever.* (*Préc. rid.* 15.)
Je lui dis que vous n'y êtes pas, madame, et il ne veut pas *laisser d'entrer.* (*Crit. de l'Ec. des fem.* 4.)
Il y a là vingt gens qui sont fort assurés de n'entrer point, et qui *ne laissent pas de se presser.* (*Impromptu.* 3.)

Cela choque le sens commun,
Mais cela *ne laisse pas d'être.* (*Amph.* II. 1.)

Ne laissons pas d'attendre le vieillard. (*Scapin.* I. 5.)
Ils ne laisseroient pas de l'apprendre, s'ils vouloient écouter les personnes. (*Comtesse d'Escarb.* 11.)

Parmi nos bons écrivains, je n'en trouve pas qui aient employé cette autre forme de la même locution, *ne pas laisser que de.*

« Son orgueil (de Nabuchodonosor) *ne laissa pas* de revivre dans ses
« successeurs. » (Bossuet. *Hist. Univ.* IIIe part. § 4.)

« *L'eau ne laissa pas d'agir*, et de mettre en évidence les figues toutes
« crues encore et toutes vermeilles. » (La Font. *Vie d'Esope.*)

« Cela n'importe, dit le père ; *on ne laisse pas d'obliger* toujours les
« confesseurs à les croire (les pénitents). » (Pascal. 10e *Provinc.*)

« *Je ne laissai pas de compter* avec plaisir l'argent que j'avois dans mes
« poches, bien que ce fût le salaire de mes assassinats. »
(Le Sage. *Gil Blas.* II. 6.)

Dans cette façon de parler, *laisser* représente *omettre*. On dit *omettre de*, et non pas *omettre que de*. Les Italiens disent pareillement : « *Egli non lascia di dire il suo parer*, » et non pas *non lascia che di dire*.

Si cette locution nous vient d'eux, il est clair que nous l'avons altérée ; s'ils l'ont au contraire prise de nous, c'est la preuve que dans l'origine le *que* n'y figurait pas.

Thomas Corneille, dans ses notes sur Vaugelas, blâme l'introduction du *que* parasite dans cette façon de parler ; un dictionnaire moderne ne laisse pas de l'autoriser, c'est celui de M. Napoléon Landais.

LANGUE ; avoir de la langue, être bavard :

C'est *avoir bien de la langue* que de ne pouvoir se taire de ses propres
affaires! (*Scap.* III. 4.)

— LANGUE qui FAIT UN PAS DE CLERC :

Ce mariage est vrai ? — *Ma langue* en cet endroit
A fait un pas de clerc, dont elle s'aperçoit. (*Dépit am.* I. 4.)

Il faut observer que cette métaphore bouffonne est placée dans la bouche de Mascarille.

LA PESTE SOIT, telle ou telle chose. (Voyez peste.)

LAS ! hélas :

Où voulez-vous courir ? — *Las !* que sais-je ? (*Tart.* V. 1.)

Il faut observer que cet adjectif, depuis longtemps passé à l'état d'interjection, n'était pas primitivement immobile. Une femme s'écriait, *hé, lasse !* comme en latin *me lassam !* Dans *hélas*, l'interjection est *hé*, comme dans *hémi* : « Hémi, où « arai-je recours ? (*R. de Coucy.*) » *Hei mihi*, — *hei lassum*.

LATIN pour *latiniste* :

Vous êtes grand *latin* et grand docteur juré. (*Dépit am*. II. 7.)

On dit de même familièrement un grand *grec*, pour *helléniste*.

LÉGER ; DE LÉGER, légèrement :

Mon Dieu! l'on ne doit rien croire trop *de léger*. (*Tart*. IV. 6.)

Au XIIe siècle on disait *de legerie*, c'est-à-dire, avec légèreté. Roland dit à Charlemagne que ses conseillers l'ont conseillé un peu *de léger* sur le fait des ambassadeurs de Marsile :

« Loerent vous alques *de legerie*. » (*Chanson de Roland*. st. 14.)

De léger comme *de vrai*. Les Italiens disent de même *di leggiero*.

— LÉGER D'ÉTUDE :

Et, de nos courtisans *les plus légers d'étude*,
Elle (la fresque) a pour quelque temps fixé l'inquiétude.
(*La Gloire du Val de Grâce*.)

LEQUEL :

Molière paraît avoir eu pour ce mot une antipathie si prononcée, il l'emploie si rarement, que j'ai pensé intéressant de recueillir les passages où il se trouve, et ceux où il est visiblement évité.

Les premiers sont au nombre de huit ; les autres sont à peu près innombrables : aussi je me contenterai des principaux de ces derniers.

Ma bague est la marque choisie
Sur *laquelle* au premier il doit livrer Célie. (*L'Ét*. II. 9.)

Il n'a pas aperçu Jeannette, ma fillole,
Laquelle a tout ouï, parole pour parole. (*Ibid*. IV. 7.)

Car goûtez bien, de grâce,
Ce raisonnement-ci, *lequel* est des plus forts. (*Dépit am*. IV. 2.)

Le malheureux tison de ta flamme secrète,
Le drôle avec *lequel*... — Avec *lequel* ? poursui. (*Sgan*. 6.)

J'ai appris cette nouvelle d'un paysan qu'ils ont interrogé, et *auquel* ils vous ont dépeint. (*D. Juan*. II. 8.)

En vertu d'un contrat *duquel* je suis porteur. (*Tart*. V. 4.)

Est-ce que.....
Et que du doux accueil *duquel* je m'acquittai
  Votre cœur prétend à ma flamme
  Ravir toute l'honnêteté ?   (*Amph.* II. 2.)

Je viens, mon fils, avant que de sortir, vous donner avis d'une chose à *laquelle* il faut que vous preniez garde.   (*Mal. im.* II. 10.)

(Voyez LEQUEL *évité*, et OU.)

NOTA. On lit dans l'*École des maris :*

SGANARELLE (sortant de l'accablement *dans lequel* il étoit plongé.)
         (*Ec. des Mar.* III. 10.)

Cette indication scénique n'est pas de Molière. On ne la trouve point dans les éditions de 1692 ni de 1710 ; mais elle se montre dans l'édition de 1774, chez la veuve David. P. Didot (1821) l'a reproduite. C'est style du XVIIIe siècle.

— LEQUEL *évité* :

En bonne foi, ce point *sur quoi* vous me pressez.....
         (*Dépit am.* II. 1.)
  Le foudre punisseur
Sous *qui* doit succomber un lâche ravisseur. (*D. Garcie.* I. 2.)

Il eût été facile de mettre,

Sous *lequel* doit tomber un lâche ravisseur,

si Molière n'avait pris à tâche d'éviter *lequel.*

  Outre que je pourrois désavouer sans blâme
  Ces libres vérités *sur quoi* s'ouvre mon âme. (*Ibid.* II. 1.)
  Cet hymen redoutable
Pour *qui* j'aurois souffert une mort véritable. (*Ibid.* IV. 4.)
Et ce sont particulièrement ces dernières (qualités) *pour qui* je suis.
        (*Ep. dédic. de l'Ec. des fem.*)
  C'est un supplice, à tous coups,
  Sous *qui* cet amant expire.   (*Sicilien.* 9.)
Vous avez des traits *à qui* fort peu d'autres ressemblent. (*Ibid.* 12.)
..... De ces galanteries ingénieuses *à qui* le vulgaire ignorant donne le nom de fourberies.   (*Scapin.* I. 2.)

L'éducation des enfants est une chose *à quoi* il faut s'attacher fortement.
         (*Ibid.* II. 1.)

C'est la puissance paternelle, auprès *de qui* tout le mérite ne sert de rien. (*Scapin*. III. 1.)

Voyez aux mots QUI, DE QUI, — QUOI, — où, — d'autres exemples, en grand nombre, qui ne permettent pas de douter que Molière n'évitât de propos délibéré l'emploi de *lequel*. Apparemment il réservait ce mot pour marquer le sens du latin *uter*, c'est-à-dire, l'alternative.

Au surplus, la même remarque s'applique, plus ou moins absolue, à tous les écrivains du xviie siècle en général. C'est du siècle suivant que date le fréquent usage de ces formes, *duquel, auquel, par lequel, dans lequel; à la faveur duquel*, etc., etc., dont le grand siècle exprimait ordinairement la valeur par ce simple monosyllabe *où*.

Les écrivains de la renaissance avaient fait abus de *lequel*, mais d'une autre façon, en l'employant à relier les deux parties d'une phrase.

LES UNS DES AUTRES :

Nous devons parler des ouvrages *les uns des autres* avec beaucoup de circonspection. (*Crit. de l'Ec. des fem.* 7.)

Ici l'on voit la première partie de l'expression invariable ; c'est la seconde qui subit l'influence de la construction : parler des ouvrages *les* uns *des* autres.

Bossuet maintient l'expression entière invariable, comme un seul mot qui ne se modifierait point au milieu :

« Auparavant l'on mettoit la force et la sûreté de l'empire uniquement
« dans les troupes, que l'on disposoit de manière qu'elles se prêtassent la
« main *les unes les autres*. » (BOSSUET. *Hist. un.* IIIe p. § 6.)

Et non : les unes *aux* autres.

LESTE, au figuré ; BRAVE ET LESTE :

Ta forte passion est d'être *brave et leste*. (*Ec. des fem.* V. 4.)

Vous souffrez que la vôtre aille *leste* et pimpante ! (*Ec. des mar.* I. 1.)

LEVER UN HABIT, c'est-à-dire, de quoi faire un habit :

C'est que l'étoffe me sembla si belle, que j'en ai voulu *lever un habit* pour moi. — Oui, mais il ne falloit pas *le lever* avec le mien. (*B. Gent.* II. 8.)

LIBERTÉS au pluriel :

> Ma sœur, je vous demande un généreux pardon,
> Si de *mes libertés* j'ai taché votre nom. (*Ec. des mar.* III. 10.)

LIBERTIN :

> C'est être *libertin* que d'avoir de bons yeux. (*Tart.* I. 6.)
> Je le soupçonne encor d'être un peu *libertin* :
> Je ne remarque pas qu'il hante les églises. (*Ibid.* II. 2.)
> Laissez aux *libertins* ces sottes conséquences. (*Ibid.* V. 1.)

Libertin, aujourd'hui restreint à la débauche des femmes, signifiait dans l'origine un esprit fort, un libre penseur, et n'emportait pas nécessairement une idée désavantageuse.

« Ce mot, dit Bouhours, signifie quelquefois une personne qui hait la contrainte, qui suit son inclination, qui vit à sa mode, sans s'écarter néanmoins des règles de l'honnêteté et de la vertu. Ainsi l'on dira d'un homme de bien qui ne sauroit se gêner, et qui est ennemi de tout ce qui s'appelle servitude : *Il est libertin*. Il n'y a pas au monde un homme plus *libertin* que lui. Une honnête femme dira même d'elle, jusqu'à s'en faire honneur : Je suis née *libertine*. *Libertin* et *libertine*, en ces endroits, ont un bon sens et une signification délicate. » (*Remarques nouvelles sur la langue françoise*, p. 395, édition de 1675.)

LIBERTINAGE, indépendance d'esprit poussée jusqu'à la témérité :

> Mon frère, ce discours sent *le libertinage*. (*Tart.* I. 6.)

« Il y en a bien qui croient, mais par superstition ; il y en a bien qui ne « croient pas, mais par *libertinage*.. » (PASCAL. *Pensées*. p. 227.)

Ainsi le libertinage était l'excès opposé à la superstition ; ce que le néologisme dévot de la Harpe, de Mme de Genlis et autres tels apôtres, appelait, au XIXe siècle, *le philosophisme*.

(Voyez LIBERTIN.)

LICENCIER (SE) A (un infinitif), se donner licence jusqu'à.... :

> Quoi ta bouche *se licencie*
> *A* te donner encore un nom que je défends ? (*Amph.* III. 7.)

LIEU comme *endroit*:

Vous le trouverez maintenant vers *ce petit lieu* que voilà, qui s'amuse à couper du bois. (*Méd. m. lui.* I. 5.)

LOGIS DU ROI, c'est-à-dire, donné par le roi, la prison :

J'ai peur, si *le logis du roi* fait ma demeure,
De m'y trouver si bien dès le premier quart d'heure,
Que j'aye peine aussi d'en sortir par après. (*L'Et.* III. 5.)

LONGUEUR, pour *durée de temps*, *lenteur*, *délais* :

Vous pourriez éprouver, *sans beaucoup de longueur*,
Si mon bras sait encor montrer quelque vigueur. (*Sgan.* 1.)

Et la grande *longueur* de son éloignement
Me le fait soupçonner de quelque changement. (*Ibid.* 2.)

Allons donc, messieurs et mesdames, vous moquez-vous avec votre *longueur?* (*Impromptu.* 1.)

LOUP-GAROU, employé comme une sorte d'adjectif invariable :

Il a le repart brusque et *l'accueil loup-garou*. (*Éc. des mar.* I. 6.)

LUI, que nous employons au datif pour le masculin et le féminin, est souvent, dans Molière, remplacé par *à lui*, *à elle*, qui permettent de distinguer les genres :

Venez avec moi, je vous ferai parler *à elle*. (*G. D.* II. 6.)

— LUI, où Molière met ordinairement *soi* :

Mais il (l'amour) traîne après *lui* des troubles effroyables. (*Mélicerte.* II. 2.)

Je voudrois bien vous demander qui a fait ces arbres-là, ces rochers, cette terre et ce ciel que voilà là-haut; et si tout cela s'est bâti *de lui-même*. (*D. Juan.* III. 1.)

Je pense qu'il faut dans ces deux passages *après soi* et *de soi-même*, comme on lit dans les passages suivants :

Oui, madame, on s'en charge; et la chose, *de soi*... (*Tart.* IV. 5.)

Le choix du fils d'Oronte est glorieux, *de soi*. (*Éc. des fem.* V. 7.)

La noblesse, *de soi*, est bonne. (*G. D.* I. 1.)

De lui, *d'elle* feraient ici le même solécisme qu'en latin *per illum* au lieu de *per se*. (Voyez SOI.)

LUMIÈRE ; **parler avec lumière** ; c'est la même métaphore que parler clairement :

> Et j'en veux, dans les fers où je suis prisonnière,
> Hasarder un (avis) qui *parle avec plus de lumière.*
> (*Ec. des mar.* II. 5.)

— **donner de la lumière de** ; manifester :

> Un cœur *de son penchant donne assez de lumière,*
> Sans qu'on nous fasse aller jusqu'à rompre en visière. (*Mis.* V. 2.)

— **ouvrir des lumières** :

> *Ouvre*-nous des *lumières.* (*L'Av.* IV. 1.)

Lumières n'est pas ici dans le sens du latin *faces*, mais dans celui de *fenêtres*, ou toute ouverture par où la lumière s'introduit et la vue peut saisir une perspective. *Ouvrir des lumières* signifie donc, en style moderne, *ouvrir des jours.*

La *lumière* d'un canon est une ouverture au canon.

La vieille langue disait, par une de ces apocopes si fréquentes chez elle, *un lu*, pour *une lumière*, c'est-à-dire, une fenêtre. Le paysan picard dit encore : *freme ch' lu*, ferme cette lumière. De *lu* s'est formé *lucarne*, qui est un *lu* carré.

(Voyez au mot carne.)

Chez les Latins, *lumina*, en termes d'architecture, signifie également des fenêtres, des jours.

— **petites lumières**, au figuré, capacité étroite :

> Et comme ses *lumières sont fort petites....* (*Pourc.* III. 1.)

LUMINAIRE (le) les yeux :

> Oui! je devois au dos avoir mon *luminaire!* (*L'Et.* I. 8.)

L'UN, en parlant de plus de deux :

> Je m'offre à vous mener *l'un de ces jours* à la comédie. (*Préc. rid.* 10.)

> Ce n'est ici qu'un bal à la hâte ; mais *l'un de ces jours* nous vous en donnerons un dans les formes. (*Ibid.*)

> Mais par ce cavalier, *l'un de ses plus fidèles,*
> Vous en pourrez sans doute apprendre des nouvelles.
> (*Don Garcie.* V. 5.)

C'est mal à propos que les grammairiens ont voulu défendre

d'employer l'*un* en parlant de plus de deux. Cet usage du mot l'*un* date de l'origine de la langue :

« E partid son pople en *treis*, e livrad *l'une* partie à Joab, e l'altre à
« Abisaï, e la tierce à Ethaï. »   (*Rois.* p. 185.)

« Sa femme commença à devenir *l'une* des plus belles femmes qui feust
« en France. »   (MARGUERITE, *Heptam.* nouv. 15.)

« Voilà *l'un* des péchés où mon âme est encline. » (REGNIER. Sat. 12.)

    « *L'un* des plaisirs où plus il dépensa
    « Fut la louange : Apollon l'encensa. »   (LA FONT. *Belphégor.*)

« J'ai vu les lettres que vous débitez contre celles que j'ai écrites *à un*
« *de mes amis* sur le sujet de votre morale, où *l'un des principaux points*
« *de votre défense est que.....* »   (PASCAL. 11ᵉ *Prov.*)

— L'UNE par ellipse, pour *l'une de vous, l'une ou l'autre* :

Non, je veux qu'il se donne à *l'une* pour époux. (*Mélicerte.* I. 5.)

— L'UN NI L'AUTRE, pour *ni l'un ni l'autre* :

Vous n'aurez *l'un ni l'autre* aucun lieu de vous plaindre.
                                    (*Mélicerte.* II. 6.)

    « Mais, aussitôt que l'ouvrage eut paru,
    « Plus n'ont voulu l'avoir fait *l'un ni l'autre.* »
            (RACINE. *Epigr. sur l'Iphigénie de Leclerc.*)

MACHER CE QUE L'ON A SUR LE CŒUR :

Mᵐᵉ PERNELLE.
Et je ne mâche point ce que j'ai sur le cœur.   (*Tart.* I. 1.)

Cette métaphore est empruntée des animaux ruminants : je ne rumine point les griefs dont j'ai à me plaindre.

MA COMMÈRE DOLENTE, expression proverbiale :

Et maintenant je suis *ma commère dolente.*   (*Sgan.* 2.)

MAIN; LA MAIN HAUTE. (Voyez HAUT LA MAIN.)

— A TOUTES MAINS, toujours prêt à tous les partis :

C'est un épouseur *à toutes mains.*   (*D. Juan.* I. 1.)

(Voyez DONNER LES MAINS.)

MAINTENIR QUELQU'UN, absolument, le maintenir en joie et prospérité :

Le bon Dieu *vous maintienne!*   (*Dép. am.* III. 4.)

MAL, adverbe joint à un adjectif. (Voyez MAL PROPRE.)

MAL DE MORT, VOULOIR MAL DE MORT A QUELQU'UN :
> Je me veux mal de mort d'être de votre race! (*Fem. sav.* II. 7.)

— MAL D'OPINION, qui gît dans l'opinion :
> Un *mal d'opinion* ne touche que les sots. (*Amph.* I. 4.)

MALEPESTE DE.... :
> *Malepeste du* sot que je suis aujourd'hui! (*L'Et.* II. 5.)

(Que la) male peste (soit) du sot...

(Voyez PESTE.)

MALFAIT, substantif; UN MALFAIT :
> Peux-tu me conseiller un semblable forfait,
> D'abandonner Lélie et prendre *ce malfait?* (*Sgan.* 2.)

MALGRÉ QUE J'EN AIE OU QU'ON EN AIT :
> — Me voulez-vous toujours appeler de ce nom?
> — Ah! *malgré que j'en aie*, il me vient à la bouche.
> (*Ec. des fem.* I. 1.)

> Madame tourne les choses d'une manière si agréable, qu'il faut être de son sentiment *malgré qu'on en ait.* (*Crit. de l'Ec. des fem.* 3.)

Cet exemple n'autorise point l'emploi de *malgré que*. *Malgré que vous disiez...* pour *quoi que vous disiez*, sera toujours un solécisme. Voici la différence : dans *malgré qu'on en ait*, *mal gré* ou *mauvais gré* est le complément naturel et direct d'*avoir*. C'est une espèce d'accusatif absolu : mauvais gré, tel mauvais gré que vous en ayez.

Mais cette explication n'est plus possible dans *malgré que vous disiez, fassiez...*, parce que *gré* ne saurait être ici le complément des verbes *faire*, *dire* : on ne dit pas, on ne fait pas un gré. Au contraire, *quoi* (*quid*) s'allie très-bien aux verbes *faire* et *dire* : *quoi que vous fassiez*, mot à mot *quid quod agas*.

La faute est venue de ce qu'on a fait de *malgré* une sorte d'adverbe, en perdant de vue ses racines. Cela ne fût pas arrivé si l'on avait retenu l'usage d'écrire en deux mots *mal gré*. Personne ne s'est jamais avisé de dire : *En dépit que vous fassiez*; parce que *dépit* est resté visiblement substantif.

(Voyez DÉPIT.)

MALHEURE (A, LA):

Et bien *à la malheure* est-il venu d'Espagne,
Ce courrier que la foudre ou la grêle accompagne ! (*L'Et.* II. 13.)

A la male ou mauvaise heure : *in malora ; andate in malora.*

« Va-t-en *à la malheure*, excrément de la terre ! »
(LA FONTAINE. *Le Lion et le Moucheron.*)

MALITORNE :

Nous avons le fils du gentilhomme de notre village, qui est le plus grand *malitorne* et le plus sot dadais que j'aie jamais vu. (*B. gent.* III. 12.)

Malitorne vient sans doute de *male tornatus* :

« Et male tornatos incudi reddere versus. » (HOR. *de Art. poet.*)

MAL PROPRE A... :

Monsieur, je suis *mal propre à* décider la chose. (*Mis.* 1. 2.)

Les comédiens, par la crainte d'une équivoque ignoble, substituent *je suis peu propre*. Le sens n'est pas le même. On employait autrefois *mal* et *peu* à cet office avec des nuances différentes. *Mal gracieux*, *mal habile*, étaient des expressions moins fortes que *peu gracieux*, *peu habile*. Il est regrettable que l'on ait laissé perdre cet emploi de *mal*. La prononciation a soudé inséparablement l'adverbe à l'adjectif dans *maussade* (*mal sade*), c'est-à-dire qui est mal sérieux, d'un sérieux désagréable, déplaisant, et non *peu sérieux* (1).

Je me sens *mal propre* à bien exécuter ce que vous souhaitez de moi.
(*Am. magn.* I. 2.)

« . . . . Le galant aussitôt
« Tire ses grègues, gagne au haut,
« *Mal content* de son stratagème.» (LA FONT. *Le Renard et le Coq.*)

---

(1) *Sade* marquait un sérieux doux, une contenance réservée avec grâce. Plusieurs écrivains du XVe siècle ont pris *sade* et son diminutif *sadinet* pour *gentil*, *agréable*. Les Anglais, entraînant l'exagération du mot dans le sens opposé, ont gardé *sad* pour signifier *triste*. Le sens primitif était intermédiaire. « *Sadde*, dit Palsgrave (en 1530), dis- « crete ; *sadde*, full of gravity. » (*Fol.* 94 *verso*.)

Sade paraît venir de *sedatus*, et en exprime parfaitement le sens. Borel dérive *maussade* de *male satus* ; c'est une étymologie à la façon de Ménage, qui se contente de quelques lettres communes ou analogues pour conclure la filiation. Si *maussade* vient de *male satus*, *sade* tout seul signifiera donc *satus* ? Borel n'y a pas réfléchi.

MALVERSATIONS, dans le sens étendu de désordres de conduite :

GEORGE DANDIN (*à sa femme.*)
Vous avez ébloui vos parents et plâtré vos *malversations*. (G. D. III. 8.)

L'Académie n'attribue à ce mot qu'une application restreinte : — « Faute grave commise *par cupidité* dans l'exercice d'une charge, d'un emploi, dans l'exécution d'un mandat. »

L'explication de Trévoux s'accorde avec celle de l'Académie; ainsi Molière s'est servi d'un mot impropre, ou plutôt n'y aurait-il pas une intention comique dans cette impropriété même? Le paysan enrichi se sert du terme le plus considérable qu'il connaisse pour accuser sa femme, et c'est un terme de finances.

MANIÈRE ; D'UNE MANIÈRE QUE, avec l'ellipse de TELLE :

Vous tournez les choses *d'une manière qu'il* semble que vous avez raison.
(*Don Juan.* I. 2.)

— DES MANIÈRES (des espèces) DE... :

Vous n'allez entendre chanter que de la prose cadencée, ou *des manières de vers libres*. (*Mal. im.* II. 6.)

MANQUEMENT DE FOI, DE MÉMOIRE, pour *manque*:

Et qu'on s'aille former un monstre plein d'effroi
De l'affront que nous fait son *manquement de foi?*
(*Ec. des fem.* IV. 8.)

Et n'ai-je à craindre que *le manquement de mémoire?* (*Impromptu.* 1.)

MARCHÉ; COURIR SUR LE MARCHÉ DES AUTRES:

MATHURINE. — Ça n'est pas biau de *courir su le marché des autres!*
(*D. Juan.* II. 5.)

De mettre l'enchère à ce qu'ils marchandent.

MARCHER SUR QUELQUE CHOSE, métaphoriquement, traiter un sujet avec circonspection :

Mon Dieu, madame, *marchons là-dessus*, s'il vous plaît, avec beaucoup de retenue. (Ctesse *d'Esc.* 1.)

MARQUIS; LE MARQUIS dans un sens général, et pour désigner toute une classe; DONNER DANS LE MARQUIS :

> *Vous donnez* furieusement dans *le marquis !* (*L'Av.* I. 5.)
> Vous vous jetez dans les allures des marquis.

Molière a dit de même :

> Jamais on ne le voit sortir *du grand seigneur*. (*Mis.* II. 5.)

MASQUE, adjectivement, dans le sens d'*hypocrite*, dissimulée :

> *La masque*, encore après, lui fait civilité ! (*Sgan.* 14.)
> Ah, ah, petite *masque*, vous ne me dites pas que vous avez vu un homme dans la chambre de votre sœur ! (*Mal. im.* II. 11.)

— MASQUE DE FAVEUR; faveur simulée qui n'a que l'apparence :

> D'un *masque de faveur* vous couvrir mes dédains ! (*D. Garc.* II. 6.)

MATIÈRE; DES MATIÈRES DE LARMES :

> Ah ! Myrtil, vous avez du ciel reçu des charmes
> Qui nous ont préparé *des matières de larmes*. (*Mélicerte.* II. 6.)

— D'ILLUSTRES MATIÈRES A.... :

> Je suis médecin passager, qui vais de ville en ville.... pour chercher d'*illustres matières à ma capacité*. (*Mal. im.* III. 14.)

MATRIMONION, mot latin, *mariage* :

> Quelque autre, sous l'espoir du *matrimonion*,
> Aurait ouvert l'oreille à la tentation. (*Dépit am.* II. 4.)

Dans l'origine, ces notations *om*, *um*, soit en latin, soit en français, soit au commencement ou à la fin des mots, se prononçaient *on*, et non pas, comme on fait aujourd'hui, *ome*. *Eum* se prononçait *eon*, comme on le voit par l'histoire de ce fanatique du moyen âge qui, entendant chanter à la messe *per eum qui venturus est*, s'alla persuader qu'il s'agissait de lui, parce qu'il s'appelait *Eon* (1). On disait, au XVIIe siècle, de l'*opion* :

---

(1) Il se donna pour le fils de Dieu, et gagna des partisans, à l'aide desquels il envahissait les monastères et en chassait les moines. Pour arrêter cette espèce d'hérésie ridicule, il ne fallut rien de moins qu'un concile tenu à Reims, et présidé par le pape en personne. Cela se passait en 1148. (*Cf. d'Argentré*.)

« Lit-on du mal, c'est jubilation;
« Lit-on du bien, des mains tombe le livre,
« Qui vous endort comme bel *opion.* » (SENECÉ.)

Voltaire a dit encore, au XVIIIe :

« L'opium peut servir un sage :
« Mais, suivant mon opinion,
« Il lui faut, au lieu *d'opion*,
« Un pistolet et du courage. »

Galbanon, *aliboron*, *rogaton*, *dicton*, *toton*, sont les mots latins *aliorum* (barbarement *aliborum*), *galbanum*, *rogatum*, *dictum*, *totum* (parce que si le toton s'abat de manière à présenter la face où est inscrite la lettre T, le joueur prend la totalité des enjeux.)

On dit indifféremment *factotum* et *factoton*, mais *factotum* est la prononciation moderne :

« . . . . . Je pense qu'en effet,
« Reprit Nuto, cela peut être cause
« Que le pater avec le *factoton*
« N'auront de toi ni crainte ni soupçon. » (LA FONT. *Mazet.*)

MAUX ; DIRE TOUS LES MAUX DU MONDE :

Qu'ils disent *tous les maux du monde* de mes pièces, j'en suis d'accord.
(*Impromptu.* 3.)

ME, avec un verbe neutre, comme *tomber :*

A qui la bourse ? — Ah dieux, elle *m'étoit tombée !* (*L'Et.* I. 7.)

Me est ici au datif : *à moi*. C'est le datif que les Latins employaient pour exprimer soit le profit, soit la perte : *Exciderat mihi marsupium.*

(Voyez DATIF.)

MÉCHANT, mauvais ; en parlant du goût, d'un art :

Mais peut-être, madame, que leur danse sera *méchante ?* — *Méchante* ou non, il la faut voir. (*Am. magn.* I. 6.)

..... Je n'ai pas si *méchant goût* que vous avez pensé. (*Ibid.* II. 1.)

Il ne faut point perdre de vue le sens primitif de *meschant*, qui n'est point celui de *malus*, *nequam*, auquel seul il est aujourd'hui réduit, mais celui de *infortuné*, qui a contre soi la chance. Ce radical *mes* agit de même dans *mes-prix*, *mes-*

dire, *mes-offrir*, *mes-aventure*, *mes-estime*, etc. (en anglais *mis* : *mistake*, *misfortune*, etc.).

Meschant est le participe de *meschoir*, pour *meschéant*. Alain Chartier oppose *méchant* à *heureux* :

« Adonc y seras-tu plus *meschant* de ce que tu cuideras y estre plus
« *heureux*. » (ALAIN CHARTIER. *Curial*. p. 394.)

Greban dit qu'à la mort de Charles VII les bergers désolés se rassemblaient :

« Car par troupeaux s'assemblèrent ez champs,
« Criants : Ha Dieu, que ferons-nous, *meschants*? »
(*Epitaphe de Charles VII*.)

Charles Bouille, de Saint-Quentin (1533) : « *Meschant* : qua
« voce abutentes Galli, virum interdum inopem, interdum
« iniquum, dolosum et *infelicem* effantur. » (*De vitiis vulgarium Ling.*, p. 15.) Mais il n'est pas si exact quand il dérive *méchant* du grec μηχανή, parce que les artisans voués aux arts *mécaniques* sont d'ordinaire pauvres, et de pauvres deviennent *méchants*. C'est de l'étymologie à la façon de Ménage.

Meschance a été la forme primitive de *méchanceté*.

« Tu es le vray Dieu, qui *meschance*
« N'aymes point, ni malignité. » (MAROT, *Psaume 5*.)

Ainsi un *méchant goût*, une *méchante danse*, c'est un goût, une danse qui ne réussissent point, qui ont la chance contraire.

« Voilà, dit Xanthus, la pâtisserie *la plus méchante* que j'aie jamais
« mangée. Il faut brûler l'ouvrière, car elle ne fera de sa vie rien qui vaille. »
(LA FONTAINE. *Vie d'Ésope*.)

MÉDIRE SUR QUELQU'UN :

Ceux de qui la conduite offre le plus à rire
Sont toujours *sur autrui* les premiers à *médire*. (*Tart*. I. 1.)

« On médit *de* quelqu'un, et non *sur* quelqu'un. C'est une légère faute, que Molière eût évitée en mettant :

« Des autres sont toujours les premiers à médire. » (M. AUGER.)

Le vers de Molière est le plus naturel du monde : celui qu'on propose pour le remplacer offre une inversion tout à fait forcée, et qui trahirait la gêne du poëte. Pourquoi ne dirait-on pas *médire sur* comme *médire de*, puisque, dans cette dernière forme, *de* est le latin *de*, qui signifie *sur?* On dit bien *malédiction sur lui!*

Molière, en construisant le verbe comme substantif, n'a point ici commis de faute, même légère ; et c'en est toujours une d'être guindé, soit en vers, soit en prose.

MÊLER pour *se mêler :*

Faut-il le demander, et me voit-on *mêler* de rien dont je ne vienne à bout ? (*L'Av.* II. 6.)

Molière, par égard pour l'euphonie, a fait servir un seul *me* pour les deux verbes *voir* et *mêler*.

(Sur la suppression du pronom des verbes réfléchis, voyez au mot ARRÊTER.)

MÊME, pour *le même :*

Si sa bouche dit vrai, nous avons *même sort*. (*Amph.* II. 2.)

Tout autre n'eût pas fait *même chose* à ma place ? (*Dép. am.* IV. 2.)

— MÊME, précédant son substantif comme en espagnol :

Avoir ainsi traité
Et *la même innocence* et *la même bonté!* (*Sgan.* 16.)
Seigneur, de vos soupçons l'injuste violence
A *la même vertu* vient de faire une offense. (*D. Garcie.* IV. 10.)
« Sais-tu que ce vieillard fut *la même* vertu...? » (CORN. *Le Cid*.)

L'italien a la même construction : *l'istessa innocenza e l'istessa bonta*.

— LE MÊME DE, le même que :

Je ne suis plus *le même d'hier au soir*. (*D. Juan.* V. 1.)

Je ne suis plus le don Juan d'hier au soir :

« Le curé donc qui s'estoit logé dans *la mesme* hostellerie *de* nos comédiens... » (SCARRON. *Rom. com.* 1re p. ch. 14.)

De pour *que*, dans cette locution, est un hispanisme.

(DE MÊME pour PAREIL, voyez *de même*.)

MÉNAGE ; VIVRE DE MÉNAGE :

Qui me vend pièce à pièce tout ce qui est dans le logis! — C'est *vivre de ménage*. (*Méd. m. lui.* I. 1.)

La plaisanterie repose sur la double acception du mot *de* : vivre *avec* ménage, épargne ; et vivre *aux dépens, au moyen de* son ménage, de son mobilier.

MENER, pour *amener* :

Je sais ce qui vous mène. (*Ec. des fem.* V. 7.)

MENTIR DE QUELQUE CHOSE :

Mais, à *n'en point mentir*, il seroit des moments
Où je pourrois entrer en d'autres sentiments. (*D. Garcie.* I. 5.)

Et, pour *n'en point mentir*, n'êtes-vous pas méchante
De vous plaire à me dire une chose affligeante ? (*Tart.* II. 4.)

Selon M. Auger, on ne dit point *mentir d'une chose*. Pourquoi pas ? on dit bien *se taire de quelque chose*.

(Voyez DE dans tous les sens du latin *de*.)

MÉPRIS avec un nom de nombre, comme d'une chose qui se compte :

J'ai souffert sous leur joug *cent mépris* différents. (*Fem. sav.* I. 2.)

Sur le radical *mes*, voyez à MÉCHANT.

MERCI DE MA VIE :

Hé! *merci de ma vie*, il en iroit bien mieux
Si tout se gouvernoit par ses ordres pieux. (*Tart.* I. 1.)

Trévoux dit que c'est une espèce de jurement employé par les femmes du peuple.

Merci signifie *grâce, miséricorde*. *Merci de ma vie* est l'opposé de *mort de ma vie*. C'est l'imprécation heureuse substituée à l'imprécation funeste, comme *Dieu me sauve!* au lieu de *Dieu me damne!*

L'espagnol et l'italien ont la même formule.

ME SEMBLE, ce me semble :

Nous ne nous sommes vus depuis quatre ans ensemble,
Ni, qui plus est, écrit l'un à l'autre, *me semble*. (*Ec. des fem.* I. 6.)

MESSIEURS VOS PARENTS, appliqué aux père et mère :

Je vous respecte trop, vous et *messieurs vos parents,* pour être amoureux de vous. (*G. D.* I. 6.)

La bizarrerie de cette expression disparaît, si l'on réfléchit que *messieurs* signifie exactement *mes seigneurs.* Vos parents, votre père et votre mère, qui sont mes seigneurs.

MÉTAPHORES *vicieuses, incohérentes, hasardées :*

Les exemples n'en sont pas rares dans Molière, à cause de la rapidité avec laquelle il était souvent obligé d'écrire.

— BOUCHE :

Dans ma bouche, une nuit, cet amant trop aimable
Crut rencontrer Lucile à ses vœux favorable. (*Dép. am.* II. 1.)

Ascagne veut dire qu'à la faveur de la nuit, elle se fit passer, auprès de Valère, pour Lucile. Tout le respect dû à Molière ne saurait empêcher qu'on ne rie de cet amant qui croit rencontrer Lucile, la nuit, dans la bouche d'Ascagne. Molière sans doute serait le premier à s'en moquer.

— RESSORTS :

Fais-moi dans tes desseins entrer pour quelque chose :
Mais que de leurs ressorts la porte me soit close,
C'est ce qui fait toujours que je suis pris sans verd. (*L'Ét.* III. 5.)

On concevrait *les ressorts de la porte,* mais *la porte des ressorts* est une image absolument impossible : les ressorts n'ont point de porte.

Ne vous y fiez pas ! il aura des ressorts
Pour donner contre vous raison à ses efforts. (*Tart.* V. 3.)

On ne donne pas raison avec des ressorts. Molière veut dire : il aura des artifices, des ressources.

— POIDS :

Le poids de sa grimace, où brille *l'artifice ;*
Renverse le bon droit et tourne la justice. (*Mis.* V. 1.)

Et sur moins que cela le poids d'une cabale
Embarrasse les gens dans un fâcheux dédale. (*Tart.* V. 3.)

Le poids d'une cabale paraît une figure plus acceptable que le poids d'une grimace. (Voyez POIDS.)

— NŒUDS :

> Je voudrois de bon cœur qu'on pût entre vous deux
> De quelque *ombre de paix* raccommoder *les nœuds*. (*Tart.* V. 3.)

Une ombre n'a point de nœuds; ainsi on ne raccommode pas les nœuds d'une ombre.

> L'hymen ne peut nous joindre, et j'abhorre *des nœuds*
> Qui deviendroient sans doute *un enfer* pour tous deux.
> (*D. Garcie.* I. 1.)

Comment des nœuds peuvent-ils devenir un enfer ?

— AUDIENCE :

> Et je vois sa raison
> D'une *audience* avide *avaler ce poison*. (*D. Garcie.* II. 1.)

On ne peut se figurer quelqu'un avalant par l'oreille. Les Latins, plus hardis que nous dans leurs métaphores, disaient bien : *densum humeris bibit aure vulgus* (HORACE.) Cette image en français paraîtrait ridicule, pour être trop violente. Il faut tenir compte de l'usage.

— FACE :

> Et je me vis contrainte à demeurer d'accord
> Que l'*air* dont vous viviez vous faisoit un peu tort;
> Qu'il prenoit dans le monde une méchante *face*. (*Mis.* III. 5.)

La face d'un air ?

— PRÊTER LES MAINS :

> A vous *prêter les mains* ma tendresse consent. (*Mis.* IV. 3.)

On ne conçoit pas bien ce que c'est que les mains d'une tendresse, ni une tendresse qui prête les mains. Mais ici l'excuse de Molière peut être que *prêter les mains* est une locution reçue pour dire *seconder*, et qu'ainsi le sens particulier de chaque mot se perd dans le sens général de l'expression.

La même observation se reproduit sur ce vers :

> Pourvu que votre *cœur* veuille *donner les mains*
> Au dessein que j'ai fait de fuir tous les humains. (*Mis.* V. 7.)

Les mains d'un cœur sont encore plus choquantes que les mains d'une tendresse.

— BRAS :

> *Un souris* chargé de douceurs
> *Qui tend les bras* à tout le monde. (*Psyché.* I. 1.)

— DENTS :

> Tout cet embarras *met mon esprit sur les dents.* (*Amph.* I. 2.)

Il est superflu de remarquer que les dents d'un esprit, les bras d'un souris, sont des images aussi forcées que les mains d'une tendresse ou d'un cœur.

Les vers suivants présentent une suite d'images tout à fait incohérentes. Il s'agit des ornements gothiques :

> Ces *monstres odieux* des siècles ignorants,
> Que de la barbarie ont produits les *torrents*,
> Quand *leur cours, inondant* presque toute la terre,
> Fit à la politesse une mortelle guerre. (*La Gloire du Val de Grâce.*)

Comment les torrents de la barbarie peuvent-ils produire des monstres odieux dont le cours inonde la terre? Il faut avouer que La Bruyère n'avait pas tort d'appliquer à ce style le nom de galimathias; mais il avait tort d'appliquer ce jugement au style de Molière en général.

Peut-être faut-il lire, au troisième vers; *quand son cours;* ce serait alors le cours de la barbarie, et non le cours des monstres. Le passage, après cette correction, n'en serait guère moins mauvais. Il est bien étonnant que Molière, au moment où il venait de donner *Tartufe* et le *Misanthrope*, pût écrire des vers comme ceux-là et comme les suivants :

> Louis, le grand Louis, dont l'esprit souverain
> Ne dit rien au hasard et voit tout d'un œil sain,
> A *versé de sa bouche*, à ses grâces brillantes,
> *De deux précieux mots les douceurs chatouillantes;*
> Et l'on sait qu'en deux mots ce roi judicieux
> Fait des plus beaux travaux l'éloge glorieux.

Les précieuses et l'abbé Cotin ont dû se croire vengés.

(Voyez d'autres exemples de métaphores vicieuses aux mots AIGREUR, CHAMP, LANGUE, PEINDRE EN ENNEMIS, RESSORTS, ROIDIR, TRACER, TRAITS, VERSER, VISAGE, etc.; etc.)

METTRE, absolument, mettre son chapeau, se couvrir :

Mettons donc sans façon. (*Ec. des fem.* III. 4.)

Allons, *mettez*. — Mon Dieu, *mettez*. — *Mettez*, vous dis-je, monsieur Jourdain ; vous êtes mon ami. (*Bourg. gent.* III. 4.)

— **METTRE DESSUS**, même sens :

Mettez donc dessus, s'il vous plaît. (*Mar. for.* 2.)

Mettez dessus la tête.

— **SE METTRE**, se vêtir :

Quant à *se mettre bien*, je crois, sans me flatter,
Qu'on serait mal venu de me le disputer. (*Mis.* III. 1.)

Voilà ce que c'est que de *se mettre* en personne de qualité !
— (*B. gent.* II. 9.

— **METTRE A....**, appliquer à :

C'est une fille de ma mère nourrice que j'ai *mise à la chambre*, et elle est toute neuve encore. (*Comtesse d'Esc.* 4.)

— **METTRE A BAS**, métaphoriquement, renverser, terrasser :

C'est maintenant que je triomphe, et j'ai de quoi *mettre à bas* votre orgueil. (*Georges D.* III. 8.)

— **METTRE A BOUT UNE AME** :

Et n'est-ce pas pour *mettre à bout une âme ?* (*Amph.* II. 6.)

— **METTRE A TOUTE OCCASION** ; mettre une chose à toute occasion, en faire abus, la profaner :

Mais l'amitié demande un peu plus de mystère,
Et c'est assurément en profaner le nom
Que de vouloir *le mettre à toute occasion*. (*Mis.* I. 2.)

— **METTRE AU CABINET** :

Franchement, il est bon à *mettre au cabinet*. (*Ibid.* I. 2.)

On a beaucoup disputé sur le sens de cette expression. Les uns veulent que ce soit : bon à serrer, loin du jour, dans les tiroirs d'un cabinet (sorte de meuble alors à la mode); les autres prennent le mot dans un sens moins délicat, et qui s'est attaché à ce vers, devenu proverbe. Je crois que Molière a cherché l'équivoque. Et qu'on ne dise pas que la grossièreté du second sens est indigne d'Alceste; Alceste est poussé à bout; et lui, qui ne s'est pas refusé tout à l'heure une mauvaise pointe sur la *chute* du sonnet, ne paraît pas homme à refuser à sa colère un mot à la fois dur et comique, bien que d'un comique trivial. C'est justement cette trivialité qui fait rire, par le contraste avec le rang et les manières habituelles d'Alceste.

— METTRE AUX YEUX, devant les yeux :

Je lui mettois aux yeux comme dans notre temps
Cette soif a gâté de fort honnêtes gens.   (*Mis.* I. 2.)

Me mettre aux yeux que le sort implacable
Auprès d'elles me rend trop peu considérable.   (*Mélicerte.* II. 1.)

Vous devriez *leur mettre un bon exemple aux yeux*. (*Tart.* I. 1.)

— METTRE BAS, quitter, déposer :

Qui, moi, monsieur? — Oui, vous. *Mettons bas* toute feinte.
                                                  (*Ec. des mar.* II. 3.)

Allons donc, messieurs, *mettez bas* toute rancune. (*Am. méd.* III. 1.)

— METTRE DANS UN DISCOURS, DANS UN PROPOS :

Si, pour les sots *discours où l'on peut être mis*,
Il falloit renoncer à ses meilleurs amis.   (*Tart.* I. 1.)

Et pour ne vous point *mettre* aussi *dans le propos*. (*Fem. sav.* IV. 3.)

— METTRE EN ARRIÈRE, déposer, quitter :

De grâce, parle, et *mets* ces mines *en arrière*. (*Mélicerte.* I. 3.)

— METTRE EN COMPROMIS, compromettre :

C'est un brave homme : il sait que les cœurs généreux
Ne mettent point les gens en compromis pour eux. (*Dép. am.* V. 7.)

— METTRE EN MAIN, confier :

Et l'on m'a *mis en main* une bague à la mode
Qu'après vous payerez, si cela l'accommode.   (*L'Et.* I. 6.)

— METTRE EN MAIN QUELQU'UN A UN AUTRE :

Pour moi, je ne ferai que *vous la mettre en main*.
                                                  (*Ec. des fem.* V. 2.)

Je ne ferai que remettre Agnès entre vos mains.

— METTRE PAR ÉCRIT :

Une autre fois *je mettrai mes raisonnements par écrit,* pour disputer avec vous. (*D. Juan.* I. 2.)

Brossette rapporte que Boileau, dans l'épître à son jardinier, avait mis d'abord :

« Mais non; tu te souviens qu'au village on t'a dit
« Que ton maître est gagé pour *mettre par écrit*
« Les faits d'un roi, etc. »

Il changea le second vers de cette façon :

« Que ton maître est *nommé* pour *coucher par écrit.* »

Apparemment *gagé* lui parut manquer de dignité, et *coucher par écrit* lui sembla une expression rustique d'un effet plus piquant que l'expression ordinaire, *mettre par écrit.*

MEUBLE, comme nous disons *mobilier :*

Vos livres éternels ne me contentent pas;
Et, hors un gros Plutarque à mettre mes rabats,
Vous devriez brûler tout ce *meuble* inutile. (*Fem. sav.* II. 7.)

MEUBLÉ DE SCIENCE :

Mais nous voulons montrer. . . . . .
Que *de science* aussi les femmes *sont meublées.* (*Fem. sav.* III. 2.)

MIEUX, le mieux :

Nous verrons qui tiendra *mieux* parole des deux. (*Dép. am.* II. 2.)

C'est par là que son feu se peut *mieux* expliquer. (*D. Garcie.* I. 1.)

(Voyez PLUS pour *le plus.*)

— DU MIEUX QUE pour *le mieux que :*

Voilà une personne..... qui aura soin pour moi de vous traiter *du mieux qu'*il lui sera possible. (*Pourc.* I. 10.)

(Voyez DE exprimant la manière, la cause.)

MIGNON DE COUCHETTE :

Le voilà le beau fils, le mignon de couchette ! (*Sgan.* 6.)

MIJAURÉE. (Voyez PIMPESOUÉE.)

MILLE GENS :

Moi! je serois cocu? — Vous voilà bien malade!
Mille gens le sont bien.... (*Ec. des fem.* IV. 8.)

(Voyez GENS *avec un nom de nombre déterminé.*)

MINE ; AVOIR DE LA MINE :

J'ai de la mine encore assez pour plaire aux yeux. (*L'Et.* I. 6.)

— AVOIR LA MINE DE (un infinitif) :

J'ai bien la mine, pour moi, *de payer* plus cher vos folies.
(*Scapin.* I. 1.)

— FAIRE LES MINES DE SONGER A QUELQUE CHOSE :

Pour peu que d'y songer vous nous *fassiez les mines*. (*Mis.* III. 7.)

Faire mine de, c'est *faire semblant de*. Faire mine de désirer, faire mine de songer à quelque chose.
Faire la mine, c'est bouder.
Faire des mines, c'est minauder.

On dirait donc aujourd'hui, et mieux, je crois : pour peu que vous nous fassiez mine d'y songer.

Il est vraisemblable même que Molière, en altérant l'expression consacrée, a cédé à la contrainte du vers.

MINUTER, projeter tacitement, sournoisement :

Je le remerciois doucement de la tête,
Minutant à tous coups quelque retraite honnête. (*Fâcheux.* I. 1.)

« *Minuter* secrètement quelque entreprise. » (VAUGELAS.)
Secrètement, dans cet exemple, fait pléonasme :
« Ce marchand *minute* sa fuite, s'apprête à faire banqueroute.
« Ce mécontent *minute* quelque conspiration. » (TRÉVOUX.)

MIRACLE ; JEUNE MIRACLE, une jeune beauté :

Qui, dans nos soins communs pour ce *jeune miracle*,
Aux feux de son rival portera plus d'obstacle.. (*L'Et.* I. 1.)

MITONNER QUELQU'UN :

Mon cœur aura bâti sur ses attraits naissants,
Et cru *la mitonner* pour moi durant treize ans....
(*Ec. des fem.* IV. 1.)

Métaphore du style le plus familier. Une soupe *mitonnée*

est une soupe que l'on a longtemps et avec patience fait bouillir à petit feu. (Racine, *mitis?*)

MODÉRATIONS, au pluriel :

Et vous nous faites voir
Des *modérations* qu'on ne peut concevoir.   (*Fem. sav.* I. 2.)

MODESTE ; ÊTRE MODESTE A QUELQUE CHOSE, relativement à quelque chose :

Jamais on ne m'a vu triompher de ces bruits ;
J'*y* suis assez *modeste*.   (*Ec. des fem.* I. 1.)

MOI, substantif :

Un *moi* de vos ordres jaloux,
Que vous avez du port envoyé vers Alcmène,
Et qui de vos secrets a connoissance pleine
Comme le *moi* qui parle à vous.   (*Amph.* II. 1.)

— MOI-MÊME, où nous dirions *lui-même* :

Oui, je suis don Juan *moi-même*.   (*D. Juan.* III. 5.)

Cette façon de dire paraît plus raisonnable que l'autre, puisque tout y est à la première personne, au lieu d'accoupler la première à la troisième. En effet, je suis don Juan *lui-même*, reviendrait à : c'est *moi* qui *est* don Juan *lui-même*.

Au surplus, Molière s'est aussi exprimé de cette dernière façon :

N'est-ce pas *vous* qui *se nomme* Sganarelle ?
— En ce cas, c'est *moi* qui *se nomme* Sganarelle.   (*Méd. m. lui.* I. 6.)

MOMON ; JOUER UN MOMON :

Masques, où courez-vous ? Le pourroit-on apprendre ?
Trufaldin, ouvrez-leur pour *jouer un momon*.   (*L'Et.* III. 11.)

Trévoux, et d'après lui le supplément du Dictionnaire de l'Académie, définissent le *momon* : « Défi d'un coup de dez « qu'on fait quand on est en masque. » Cette définition ne s'applique pas au passage précédent ni au suivant :

Est-ce un *momon* que vous allez *porter* ?   (*B. gent.* V. 1.)

Le momon pouvait donc être joué et porté. L'explication de Borel paraît lever toute difficulté. Le momon, selon lui, était une sorte de pelote énorme que l'on portait dans les mascarades notables, comme si c'eût été une grosse bourse enflée contenant des enjeux.

Périzonius dérive *momon* du grec μομμω ; Ménage, de *Momus*, le bouffon des dieux ; Nicot, de *mon mon*, espèce de gromellement que font entendre les masques, dit-il ; d'autres, du sicilien *momar*, un fou. Personne n'a songé à l'allemand *mumme*, un masque ; *mummerey*, mascarade ; d'où en français *momerie*.

MON ESTIME; au sens passif :

Et qu'il eût mieux valu pour moi, pour *mon estime*,
Suivre les mouvements d'une peur légitime. (*Dép. am.* III. 3.)

C'est-à-dire, pour l'estime qu'on fera de moi, dans l'intérêt de ma réputation. *Mon estime* est ici comme *mon honneur*.

MONSTRE PLEIN D'EFFROI. (Voyez PLEIN D'EFFROI.)

MONTRE, substantif féminin au sens d'*exposition* :

Conserve à nos neveux une *montre* fidèle
Des exquises beautés que tu tiens de son zèle.
(*La Gloire du Val-de-Grâce.*)

Montre s'employait autrefois au sens de *revue* : *la montre des soldats; passer à la montre*, c'est *passer à la revue :*

« Ainsi Richard jouit de ses amours,
« Vécut content, et fit force bons tours,
« Dont celui-ci peut *passer à la montre*. »
(LA FONT. *Richard Minutolo.*)

MONTRER A QUELQU'UN, absolument, pour *donner des leçons :*

Outre le maître d'armes qui *me montre*, j'ai arrêté encore un maître de philosophie. (*B. gent.* I. 2.)

Votre maître de musique est allé aux champs, et voilà une personne qu'il envoie à sa place pour *vous montrer*. (*Mal. im.* II. 4.)

« Son maître tous les jours vient pourtant *lui montrer*. »
(REGNARD. *Le Distrait.*)

Bossuet emploie de la même façon *enseigner*, comme verbe actif ; *enseigner quelqu'un :*

« J'ai déjà dit que ce grand Dieu *les enseigne*, et en leur donnant et en
« leur ôtant le pouvoir. » (*Or. fun. d'Henr. d'A.*)

— MONTRER DE (un infinitif) :

> Vous buviez sur son reste, et *montriez d'affecter*
> Le côté qu'à sa bouche elle avoit su porter. (*L'Et.* IV. 5.)

MOQUER ; SE MOQUER DE (un infinitif), dans le sens de ne pas vouloir, se mettre peu en peine de, *non curare de* :

> Je me moquerois fort *de prendre* un tel époux ! (*Tart.* II. 2.)

Je veux lui donner pour époux un homme aussi riche que sage ; et la coquine me dit au nez qu'*elle se moque de le prendre*. (*L'Av.* I. 7.)

C'est-à-dire, non pas qu'elle est indifférente à le prendre ou non, mais qu'elle se moque de la volonté de son père de le lui faire prendre.

On sait leur rendre justice (à certains maris), et l'on *se moque fort de les considérer* au delà de ce qu'ils méritent. (*G. D.* III. 5.)

> Quand l'amour à vos yeux offre un choix agréable,
> Jeunes beautés, laissez-vous enflammer :
> *Moquez-vous d'affecter* cet orgueil indomptable
> Dont on vous dit qu'il est beau de s'armer.
> (*Prol. de la pr. d'Elide.* 1.)

C'est que les filles bien sages et bien honnêtes comme vous *se moquent d'être obéissantes* et soumises aux volontés de leur père. (*Mal. im.* II. 7.)

MORCEAU DE JUDICIAIRE. (Voyez JUDICIAIRE.)

MORGUER QUELQU'UN, le braver insolemment :

> Et de son large dos *morguant les spectateurs*. (*Fâcheux.* I. 1.)

> « ...... tous ces vaillants, de leur valeur guerrière,
> « *Morguent la destinée* et gourmandent la mort. »
> (REGNIER, *Sat.* VI.)

MOUCHE ; LA MOUCHE MONTE A LA TÊTE :

> Ah! que vous êtes prompte!
> *La mouche* tout à coup *à la tête vous monte*. (*L'Et.* I. 10.)

C'est une autre forme de la locution proverbiale, *prendre la mouche*. On dit en italien, *la mosca vi salta al naso*.

MOUCHER DU PIED (SE) :

> DORINE.
> Certes, monsieur Tartufe, à bien prendre la chose,
> N'est pas un homme, non, qui *se mouche du pied*!
> (*Tart.* II. 3.)

Se moucher avec le pied était un tour d'agilité des saltimbanques. De là cette expression ironiquement familière en parlant d'un homme grave et considérable : Il ne se mouche pas du pied! ou, comme dit Mascarille : Il tient son quant-à-moi !

MOUSTACHE; SUR LA MOUSTACHE, à la barbe :
    Afin qu'un jeune fou dont elle s'amourache
    Me la vienne enlever jusque *sur la moustache*. (*Ec. des fem.* IV. 1.)

MOUVEMENT ; DE SON MOUVEMENT, *proprio motu :*
    S'il s'attache à me voir, et me veut quelque bien,
    C'est *de son mouvement;* je ne l'y force en rien. (*Mélicerte.* II. 4.)

MYSTÈRE; FAIRE GRAND MYSTÈRE, c'est-à-dire, grand embarras de quelque chose :
    Du nom de philosophe *elle fait grand mystère*,
    Mais elle n'en est pas pour cela moins colère.   (*Fem. sav.* II. 8.)

NE, *supprimé;* dans une formule interrogative :
    De quoi te peux-tu plaindre? *ai-je pas* réussi?   (*L'Et.* IV. 5.)
    Mais *suis-je pas* bien fat de vouloir raisonner....   (*Sgan.* 1.)
    Les querelles, procès, faim, soif et maladie,
    Troublent-ils pas assez le repos de la vie?   (*Ibid.* 17.)
    Et tu trembles de peur *qu'on t'ôte* ton galant.   (*Ibid.* 22.)
    Dis-tu pas qu'on t'a dit qu'il s'appelle Valère? (*Ec. des mar.* II. 1.)
    ...... Valère *est-il* pas votre nom?   (*Ibid.* II. 3.)
    L'amour *sait-il pas l'art* d'aiguiser les esprits? (*Ec. des fem.* III. 4.)
    Trouvez-vous pas plaisant de voir quel personnage
    A joué mon jaloux dans tout ce badinage?   (*Ibid.*)
    Pour dresser un contrat *m'a-t-on pas* fait venir? (*Ibid.* IV. 2.)
    M'êtes-vous pas venu querir pour votre maître? (*Ibid.* IV. 3.)
    T'ai-je pas là-dessus ouvert cent fois mon cœur?
    Et *sais-tu pas* pour lui jusqu'où va mon ardeur? (*Tart.* II. 3.)
Pouvez-vous pas y suppléer de votre esprit?   (*Impromptu.* 1.)
Il aura un pied de nez avec sa jalousie, *est-ce pas*?   (*G. D.* I. 2.)
Pourrois-je point m'éclaircir doucement s'il y est encore? (*Ibid.* II. 8.)
Est-ce pas vous, Clitandre?   (*Ibid.* III. 2.)

— Après *à moins que :*
    La maîtresse ne peut abuser votre foi,
    A moins que la maîtresse *en* fasse autant de moi. (*Dép. am.* I. 1.)

A moins que Valère *se pende*,
Bagatelle; son cœur ne s'assurera point. (*Dép. am.* I. 2.)

A moins que le ciel *fasse* un grand miracle en vous. (*Ibid.* II. 2.)

Et moi, je ne puis vivre *à moins que* vos bontés
Accordent un pardon à mes témérités. (*D. Garcie.* II. 6.)

On ne saurait dire que, dans ce dernier exemple, Molière ait cédé aux besoins de la mesure, car il ne lui en coûtait rien de mettre : *N'accordent* un pardon.

Et moi, je ne puis vivre *à moins que vous quittiez*
Cette colère qui m'accable. (*Amph.* II. 6.)

Et l'on en est réduite à n'espérer plus rien,
A moins que l'on se jette à la tête des hommes. (*Psyché.* I. 1.)

Si cette suppression avait eu quelque importance dans la coutume du langage du temps, il eût été facile à Molière de mettre :

A moins qu'on *ne* se jette à la tête des hommes.

Je lui ai défendu de bouger, à moins que *j'y fusse* moi-même, de peur de quelque fourberie. (*Pourc.* I. 6.)

— Après AVANT QUE :

Avant que vous parliez, je demande instamment
Que vous daigniez, seigneur, m'écouter un moment.
(*D. Garcie.* V. 5.)

Allons, courons *avant que* d'avec eux *il sorte*. (*Amph.* III. 5.)

« *Avant qu'on l'ouvrît* (la cédule), les amis du prince soutinrent que, etc. »
(LA FONTAINE. *Vie d'Esope.*)

« Toutes vos fables pouvoient vous servir *avant qu'on sût* vos prin-
« cipes. » (PASCAL. 15ᵉ *Prov.*)

— Après AVOIR PEUR QUE :

J'ai bien peur que ses yeux *resserrent* votre chaîne.
(*Dép. am.* IV. 2.)

— D'abord exprimé, puis supprimé après AVOIR PEUR QUE :

J'ai peur qu'elle ne soit mal payée de son amour, que son voyage en cette ville *produise* peu de fruit, et que *vous eussiez* autant gagné à ne bouger de là. (*D. Juan.* I. 1.)

— Après CRAINDRE QUE :

Mais, hélas ! *je crains bien que j'y perde* mes soins.
(*D. Garcie.* II. 6.)

Je craindrois que peut-être
A quelques yeux suspects *tu me fisses* connoître. (*Fâcheux.* III. 1.)

. . . . . Oui, mais qui rit d'autrui
Doit *craindre qu*'à son tour *on rie* aussi de lui. (*Ec. des fem.* I. 1.)

Peut-on *craindre que* des choses si généralement détestées *fassent* quelque impression dans les esprits ? (*Préf. de Tartufe.*)

— Après EMPÊCHER QUE :

Si son cœur m'est volé par ce blondin funeste,
J'empêcherai du moins *qu'on s'empare* du reste. (*Ec. des fem.* IV. 7.)

Molière l'a exprimé ailleurs :

Cela *n'empêchera pas que* je *ne* conserve pour vous ces sentiments d'estime..... (*Pourc.* III. 9.)

Mais il l'a encore supprimé dans ce passage :

Le choix qui m'est offert s'oppose à votre attente,
Et peut seul *empêcher que* mon cœur *vous* contente.
(*Mélicerte.* I. 5.)

Je crois qu'ici Molière a cédé à la contrainte de la mesure. Pascal exprime *ne* :

« M. le premier président a apporté un ordre pour *empêcher que* cer-
« tains greffiers *ne* prissent de l'argent pour cette préférence. » (18ᵉ *Prov.*)

Au surplus, il est vraisemblable que Molière n'attachait aucune importance à exprimer ou retrancher le *ne* ; son habitude paraît avoir été pour la suppression. Pascal, au contraire, est pour l'expression.

— Après DE PEUR QUE :

De peur que ma présence encor *soit* criminelle. (*L'Ét.* I. 5.)

De peur *qu'elle revînt*, fermons à clef la porte. (*Ec. des mar.* III. 2.)

Ailleurs Molière l'a exprimé :

Ah ! Myrtil, levez-vous, *de peur qu'on ne* vous voie.
(*Mélicerte.* II. 3.)

— Après DEVANT OU AVANT QUE :

Devant que les chandelles *soient* allumées. (*Préc. rid.* 10.)

— Après GARDER QUE :

Gardons bien que par nulle autre voie elle *en* apprenne jamais rien.
(*Am. magn.* I. 1.)

— Après MIEUX QUE, précédé d'une négation :

Je *ne* crois pas qu'on puisse *mieux* danser *qu'ils dansent.*
(*Am. magn.* II. 1.)

Chacun demeura d'accord qu'on ne pouvoit pas *mieux* jouer *qu'il fit.*
(*Crit. de l'Ec. des fem.* 6.)

— NE, *exprimé ;* après NE DOUTER POINT QUE :

Oui, je *ne* doute point que l'hymen *ne* vous plaise.
(*Ec. des fem.* II. 7.)

Je *ne* doute point que vos paroles *ne* soient sincères. (*Scapin.* I. 3.)

BOSSUET a dit :

« Je *ne* crois pas qu'on puisse *douter que* Ninus *ne* se soit attaché à
« l'Orient. » (*Hist. Un.* IIIe p. § 4.)

Ici pourtant l'expression est différente de celle de Molière, en ce que le premier *ne* s'attache, non pas au verbe *douter*, mais au verbe *croire*. Il paraît que le XVIIe siècle tenait pour règle invariable d'exprimer *ne* après *douter que*, quel que fût d'ailleurs le sens de la phrase, affirmatif ou négatif. Ninus s'était attaché à l'Orient, je ne crois pas qu'on en puisse douter; c'est ce que veut dire Bossuet, et il met deux négations. Il me semble que dans cet exemple la seconde est de trop, mais on observait encore certaines lois de symétrie, tradition de la vieille langue, qu'aujourd'hui nous qualifions pléonasmes.

(Voyez plus bas NE *répété par pléonasme.*)

— Après IL ME TARDE QUE :

Il me tarde que je *ne* goûte le plaisir de la voir. (*Sicilien.* 10.)

— Après PRENDRE GARDE QUE.... :

On m'a chargé de *prendre garde que* personne *ne* me vit. (*G. D.* I. 2.)

— Après NE TENIR QU'A :

Il *ne tiendra qu*'à elle que nous *ne* soyons mariés ensemble. (*G. D.* I. 2.)

— Après METTRE EN DOUTE QUE :

Il n'y aura personne qui *mette en doute que* ce *ne* soit vous qui m'aurez tuée. (*G. D.* III. 8.)

— NE, *répété par pléonasme :*

Je *ne* puis pas nier qu'il *n*'y ait eu des Pères de l'Église qui ont condamné la comédie; mais on *ne* peut pas me nier aussi qu'il *n*'y en ait eu quelques-uns qui l'ont traitée un peu plus doucement. (*Préf. de Tartufe.*)

Je *ne* doute point, sire, que les gens que je peins dans ma comédie *ne* remuent bien des ressorts auprès de Votre Majesté, et *ne* jettent dans leur parti.... (2ᵐᵉ *Placet au Roi.*)

On pourrait supprimer chaque fois le second *ne* ; la phrase n'en serait pas moins claire, ni l'expression moins complète ; mais je crois que le génie de la langue française préfère cette répétition, qui a une foule d'analogues : c'est *à* vous *à* parler, — c'est *à* vous *à* qui je m'adresse; — c'est *de* vous *dont* je m'occupe. — C'est *là où* vous verrez la bénignité de nos pères.

— NE, ni :

Un mari qui n'ait pas d'autre livre que moi,
Qui ne sache *A ne B*, n'en déplaise à madame. (*Fem. sav.* V. 3.)

C'est un archaïsme. Thomas Diafoirus s'en sert également : « *Ne* plus *ne* moins que la fleur que les anciens nommoient hé- « liotrope... » (*Mal. im.* II. 6.) Cette forme, jadis seule en usage, était commode pour l'élision :

« Onc n'avoit vu, *ne* lu, n'ouï conter.... »
(LA FONT. *Le Diable de Papefig.*)

On disait de même *se* pour *si* : *se non*, sinon. Malgré des réclamations réitérées, certains éditeurs de textes du moyen âge impriment encore avec un accent aigu *né*, *sé*, *qué*, *cé*, pour *ne*, *se*, *que*, *ce* ; l'élision même de cet *e* n'a pu leur persuader qu'il n'y faut point mettre d'accent. C'est une obstination bien étrange !

NÉCESSITANT, nécessiteux :

Aussi est-ce à vous seule qu'on voit avoir recours toutes les muses *nécessitantes*. (*Am. magn.* I. 6.)

NÉGATION ; DEUX NÉGATIONS REDOUBLÉES. (Voy. à la fin de l'article PAS.)

NEIGE ; DE NEIGE, expression de mépris :

Tiens, tiens, sans y chercher tant de façons, voilà
Ton beau galant *de neige* avec ta nonpareille. (*Dép. am.* IV. 4.)

Cette expression rappelle le *floccifacere* et *floccipendere* des Latins.

« Ah le beau médecin *de neige* avec ses remèdes ! »
(Destouches. *Le Tambour nocturne.*)

NE M'EN PARLEZ POINT, incidemment, dans un sens affirmatif et laudatif :

Il y a plaisir, *ne m'en parlez point*, à travailler pour des personnes qui soient capables de sentir les délicatesses de l'art. (*B. gent.* I. 1.)

N'EN EST-CE PAS FAIT ?

Nous rompons ? — Oui, vraiment ! Quoi ? *n'en est-ce pas fait ?*
(*Dép. am.* IV. 3.)

En, figure ici au même titre que dans *c'en est fait*; *c'est fait de moi, de cela*.

NE PERDRE QUE L'ATTENTE DE QUELQUE CHOSE :

Tu *n'en perds que l'attente*, et je te le promets. (*Dép. am.* III. 10.)

On dit dans le même sens, et avec des termes contraires : Tu n'y perdras rien pour attendre.

NE QUE, faisant pléonasme avec *seulement*. (Voy. SEUL.)

NET, adverbialement :

Madame, voulez-vous que je vous parle *net ?*
De vos façons d'agir je suis mal satisfait. (*Mis.* II. 1.)

(Voyez PREMIER QUE, FERME, FRANC.)

— NET, adjectif, au sens moral : loyal, sans détour ; AME FRANCHE ET NETTE :

Et j'avouerai tout haut, *d'une âme franche et nette*.....
(*Fem. sav.* I. 1.)

NEZ ; DONNER PAR LE NEZ, au figuré :

Ils nous *donnent* encore, avec leurs lois sévères,
De cent sots contes *par le nez.* (*Amph.* II. 3.)

Par est ici abrégé de *parmi*; parmi le nez, au milieu du visage.

— C'EST POUR TON NEZ, ironiquement :

C'est pour ton nez, vraiment ! cela ce fait ainsi. (*Amph.* II. 7.)

« Mais *c'est pour leur beau nez !* le puits n'est pas commun ;
« Et si j'en avois cent, ils n'en auroient pas un. »
(Regnier. *Macette.*)

NI, exprimé seulement au dernier terme de l'énumération :

> Dans ses meubles, dût-elle en avoir de l'ennui,
> Il ne faut écritoire, encre, papier, *ni plumes*. (*Ec. des fem.* III. 2.)

— Exprimé devant chaque terme :

> Elle n'a *ni* parents, *ni* support, *ni* richesse. (*Ibid.* III. 5.)

— NI, répété après la négation :

> Cela *n'est pas* capable, *ni* de convaincre mon esprit, *ni* d'ébranler mon âme. (*D. Juan.* V. 2.)

— NI, *supprimé*. (Voyez L'UN NI L'AUTRE.)

NIER, dénier, refuser :

> Et je n'ai pu *nier* au destin qui le tue
> Quelques moments secrets d'une si chère vue. (*D. Garcie.* III. 2.)

> Et tâcher, par des soins d'une très-longue suite,
> D'obtenir ce qu'on *nie* à leur peu de mérite. (*Mis.* III. 1.)

> Imitant en vigueur les gestes des muets,
> Qui veulent réparer la voix que la nature
> Leur a voulu *nier*, ainsi qu'à la peinture.
> (*La Gloire du Val-de-Grâce.*)

Nous n'employons plus que le composé *dénier*, et encore il devient rare :

> « Pour obtenir les vents que le ciel vous *dénie*,
> « Sacrifiez Iphigénie. » (RACINE. *Iphig.* I. 1.)

NOIRCIR QUELQU'UN ENVERS UN AUTRE. (Voyez ENVERS.)

NOMBRE; QUELQUE NOMBRE DE, pour *quelques* :

> Je veux jouir, s'il vous plaît, de *quelque nombre de beaux jours* que m'offre la jeunesse. (*G. D.* II. 4.)

NOMPAREIL :

> J'ai souhaité un fils avec des ardeurs *nompareilles*. (*D. Juan.* IV. 6.)

> « Colette entra dans des peurs *nompareilles*. »
> (LA FONT. *Le Berceau.*)

Boileau s'est moqué de cette expression, déjà surannée de son temps, aujourd'hui tout à fait hors d'usage :

> « Si je voulois vanter *un objet nompareil*,
> « Je mettrais à l'instant : Plus beau que le soleil. » (*Sat.* II.)

NON CONTENT, employé comme adverbe :

Et, *non content* encor du tort que l'on me fait,
Il court parmi le monde un livre abominable. (*Mis.* V. 1.)

Non content ne se rapporte à personne, comme s'il y avait, par exemple, *nonobstant*...

Et, *nonobstant* encor le tort que l'on me fait,
Il court......

NOUS, indéterminé, construit avec *on* :

Au moins, en pareil cas, est-ce un bonheur bien doux
Quand *on* sait qu'on n'a point d'avantage sur *nous*. (*Dép. am.* II. 4.)

Et qu'*on* s'aille former un monstre plein d'effroi
De l'affront que *nous* fait son manquement de foi ?
(*Ec. des fem.* IV. 8.)

(Voyez vous.)

NOUVEAUTÉS, nouvelles :

Je demeure immobile à tant de *nouveautés*. (*L'Et.* V. 15.)

Seigneur, ces *nouveautés* ont droit de me confondre. (*D. Garcie.*)

NOUVEAUX YEUX: JETER DE NOUVEAUX YEUX SUR..., de nouveaux regards :

Et mon esprit, *jetant de nouveaux yeux sur elle*... (*Pr. d'El.* I. 1.)

Un esprit qui jette de nouveaux yeux, est apparemment une de ces expressions qui semblaient du jargon à la Bruyère.

NUAGE DE COUP DE BATONS :

Je vois se former de loin *un nuage de coups de bâton* qui crèvera sur mes épaules. (*Scapin*, I. 1.)

OBJET par excellence, objet aimé :

LA MONTAGNE.

Si ce parfait amour que vous prouvez si bien
Se fait vers *votre objet* un grand crime de rien. (*Fâcheux.* I. 1.)

Mon objet, son objet, votre objet, est une expression à l'usage du peuple, comme *mon époux, mon épouse,* pour *mon mari, ma femme*. Le ridicule s'y est attaché à cause de l'emphase. Aussi est-ce un valet à qui Molière prête cette façon de parler; Éliante ne s'exprime point comme *la Montagne :* elle dit, *l'objet aimé :*

Et dans l'*objet aimé* tout lui paroît aimable. (*Mis.* II. 5.)

Le génie observateur de Molière recueille jusqu'aux nuances de vérité les plus fines et les plus fugitives. On ne le surprend jamais en défaut.

OBLIGER, absolument, dans le sens du latin *obligare*, lier :

Mes plus ardents respects n'ont pu vous *obliger*;
Vous avez voulu rompre : il n'y faut plus songer. (*Dép. am.* IV. 3.)

— OBLIGER A, forcer à :

Je me retire pour ne me voir point *obligée à* recevoir ses compliments.
(*G. D.* II. 11.)

« Quoique personne n'ignore les grandes qualités d'une reine dont l'his-
« toire a rempli l'univers, je me sens *obligé* d'abord *à* les rappeler à votre
« mémoire. » (Bossuet. *Or. fun. d'Henr. d'Angl.*)

« Mais je suis *obligé à* me contraindre. » (Pascal. 8ᵉ *Prov.*)

« C'est pourquoi on n'est pas *obligé à* s'en confesser. » (Id. 10ᵉ *Prov.*)

Pascal, bien qu'il paraisse préférer *obliger à*, emploie aussi *obliger de* :

« Les confesseurs n'auront plus le pouvoir de se rendre juges de la dis-
« position de leurs pénitents, puisqu'ils sont *obligés de* les en croire sur
« leur parole. » (10ᵉ *Prov.*)

Au XVIIᵉ siècle, *obliger de* paraît avoir été réservé pour signifier *rendre le service de* :

« *Obligez-moi de* n'en rien dire. » (La Font. *Fables*, III. 6.)

C'est-à-dire, rendez-moi le service de n'en rien dire ; faites que je vous aie cette obligation.

« Il y a des âmes basses qui se tiennent *obligées de tout*, et il y a des
« âmes vaines qui ne se tiennent *obligées de rien*. » (Saint-Évremond.)

« L'abbesse lui fit réponse qu'elle et ses filles se sentoient infiniment *obli-*
« *gées de ses bontés.* » (Patru.)

Obligées par ses bontés.

— S'OBLIGER DE, s'obliger à..., prendre l'engagement de... :

Un fort honnête médecin..... veut *s'obliger de* me faire vivre encore trente années. (3ᵉ *Placet au Roi.*)

Je ne lui demandois pas tant, et je serois satisfait de lui, pourvu qu'il *s'obligeât de* ne me point tuer. (*Ibid.*)

— S'OBLIGER QUE, pour *à ce que* :

Il *s'obligera*, si vous voulez, *que* son père mourra avant qu'il soit huit mois. (*L'Av*. II. 2.)

Remarquez que cette locution admet le second verbe au futur de l'indicatif, tandis qu'avec la tournure ordinaire il le faudrait au présent du subjonctif : « Il s'obligera *à ce que* son père *meure*. » C'est par où l'autre façon, employée par Molière, peut être utile.

L'analyse d'ailleurs la démontre excellente. Elle revient à ceci : Son père mourra avant huit mois, et à cet égard il s'obligera, il prendra un engagement positif. Cette forme exprime bien mieux la certitude du fils de la mort de son père, que si l'on y employait le conditionnel.

OBSCÉNITÉ, néologisme en 1663 :

ÉLISE.

Comment dites-vous ce mot-là, madame?

CLIMÈNE.

Obscénité, madame.

ÉLISE.

Ah! mon Dieu, *obscénité!* Je ne sais ce que ce mot veut dire, mais je le trouve le plus joli du monde! (*Crit. de l'Ec. des fem*. 3.)

OCCISEUR, meurtrier :

MASCARILLE.

Faisons l'olibrius, l'*occiseur* d'innocents. (*L'Et*. III. 5.)

Occiseur n'a été recueilli ni dans Trévoux ni dans le supplément au Dictionnaire de l'Académie. Aussi paraît-il forgé par Mascarille, d'après le latin.

OEIL ; CONDUIRE DE L'OEIL :

Je conduis de l'œil toutes choses. (*Pourc*. II. 11.)

— OEIL CONSTANT (D'UN), sans se troubler, avec fermeté :

J'attendrai *d'un œil constant* ce qu'il plaira au ciel de résoudre de moi.

(*Scapin*. I. 3.)

OI rimant avec È :

Ho, ho! les grands talents que votre esprit *possède!*

Diroit-on qu'elle y touche avec sa mine *froide?* (*Dép. am*. I!. 1.)

Oi sonnait dans l'origine *oué*(1). On prononçait donc *frouéde*, d'où, par allégement, *fréde*, comme on prononce encore *roide*, que l'on commence à écrire *raide*. C'est une inconséquence de prononcer, comme nous faisons, *froide* et *rède*.

VALÈRE.

Que vient de te donner cette farouche *bête* ?

ERGASTE.

Cette lettre, monsieur, qu'avecque cette *boîte*
On prétend qu'ait reçue Isabelle de vous.   (*Ec. des mar.* II. 8.)

On prononçait *bouéte*. Quelques textes imprimés du xvie siècle l'écrivent même de la sorte, ainsi que les mots *voucle*, *mirouer*, etc., pour *voile*, *miroir*.

Une tête de barbe, avec l'étoile *nette* ;
L'encolure d'un cygne, effilée et bien *droite*.   (*Fâcheux.* II. 7.)

D'abord j'appréhendai que cette ardeur *secrète*
Ne fût du noir esprit une surprise *adroite*.   (*Tart.* III. 3.)

Qui va là ? — Hé ! ma peur à chaque pas *s'accroist* !
Messieurs, ami de tout le monde.
Ah ! quelle audace sans seconde
De marcher à l'heure qu'il *est* !   (*Amph.* I. 1.)

Toutes ces rimes eussent été exactes au moyen âge, et même encore au xvie siècle, lorsque Marguerite d'Angoulême, Saint-Gelais et les autres faisaient rimer *étoiles* et *demoiselles*, *paroisse* et *pécheresse*. Alors on rimait encore pour l'oreille seule ; c'est seulement au xviie siècle que s'introduisit la coutume vraiment barbare de rimer pour les yeux. La prononciation de la syllabe *oi* avait changé ; mais les poëtes ne voulurent pas renoncer aux anciens priviléges, et ils sacrifièrent la rime véritable pour garder la facilité de rimer en apparence.

OMBRAGE ; UN OMBRAGE, un soupçon, ou plutôt la disposition à soupçonner :

Quand d'*un injuste ombrage*
Votre raison saura me réparer l'outrage.   (*D. Garcie.* I. 3.)

---

(1) J'ai développé ce point dans les *Variations du lang. fr.*, p. 177 ; 301 et suivantes.

— OMBRAGES, au pluriel, dans le même sens :

>Et que de votre esprit *les ombrages* puissants
>Forcent mon innocence à convaincre vos sens... (*D. Garc.* IV. 8.)

>Qu'injustement de lui vous prenez de l'*ombrage*. (*Mis.* II. 1.)

OMBRE ; A L'OMBRE DE, figurément, sous la protection de... :

>Je souhaiterois que notre mariage se pût faire *à l'ombre du leur*.
>(*B. gent.* III. 7.)

— OMBRES, apparences :

>Mais aux *ombres du crime* on prête aisément foi. (*Mis.* III. 5.)

>Vos mines et vos cris aux *ombres d'indécence*
>Que d'un mot ambigu peut avoir l'innocence. (*Ibid.*)

ON ; deux ON se rapportant à deux sujets différents :

Cette faute est très-fréquente dans Molière :

>Au moins en pareil cas est-ce un bonheur bien doux
>Quand *on* sait qu'*on* n'a pas d'avantage sur nous. (*Dép. am.* II. 4.)

>Moins *on* mérite un bien qu'*on* nous fait espérer,
>Plus notre âme a de peine à pouvoir s'assurer. (*D. Garcie.* II. 6.)

>Je ne sais point par où *l'on* a pu soupçonner
>Cette assignation qu'*on* m'avoit su donner. (*Ec. des fem.* V. 2.)

>Et l'ennui qu'*on* auroit que ce nœud qu'*on* résout
>Vînt partager du moins un cœur que *l'on* veut tout. (*Tart.* IV. 5.)

Le premier et le dernier *on* désignent Elmire elle-même ; l'intermédiaire se rapporte à Orgon, et au mariage qu'il a résolu de Marianne avec Tartufe.

>Mais puisque l'*on* (Orgon) s'obstine à m'y vouloir réduire,
>Puisqu'*on* ne veut point croire à tout ce qu'*on* (Elmire) peut dire,
>Et qu'*on* (Orgon) veut des témoins qui soient plus convaincants,
>Il faut bien s'y résoudre et contenter les gens. (*Ibid.* IV. 5.)

L'embarras d'Elmire, obligée de parler à double sens, peut servir peut-être d'excuse à cet endroit, et donner du moins à cette ambiguïté un air très-naturel.

>Que chez vous *on* vit d'étrange sorte,
>Et qu'*on* ne sait que trop la haine qu'*on* lui porte. (*Ibid.* V. 3.)

On vit chez vous d'étrange sorte, et *je* ne sais que trop la haine que *vous* lui portez.

> *On* n'attend pas même qu'*on* en demande (du tabac). (*D. Juan.* I. 1.)
>
> Veut-*on* qu'*on* rabatte,
> Par des moyens doux,
> Les vapeurs de rate
> Qui nous minent tous?
> Qu'*on* laisse Hippocrate,
> Et qu'on vienne à nous. (*Am. méd.* III. 8.)

Le premier *on* désigne le malade, le second, le médecin qui rabat les vapeurs. Ou bien les deux *on* se rapportent tous deux au malade, et la phrase revient à celle-ci : *veut-on rabattre ?* Dans ce dernier cas, la tournure est entortillée, inusitée. Molière ne donnait pas beaucoup d'attention au style de ces divertissements.

> Et la plus glorieuse (estime) a des régals peu chers,
> Dès qu'*on* voit qu'*on* nous mêle avec tout l'univers. (*Mis.* I. 1.)

Celui qui se voit mêlé n'est pas celui qui mêle.

> Et qu'eût-*on* d'autre part cent belles qualités,
> *On* regarde les gens par leurs méchants côtés. (*Ibid.* I. 2.)

La personne qui a cent belles qualités n'est pas celle qui regarde les gens par leurs méchants côtés. Molière a parlé plus correctement dans cet autre passage :

> Et l'*on* a tort ici de nourrir dans votre âme
> Ce grand attachement aux défauts qu'*on* y blâme. (*Ibid.* II. 5.)

Parce qu'il est possible que Célimène soit blâmée par ceux même qui en sa présence ont le tort de nourrir son penchant à la raillerie.

Les exemples suivants sont irréprochables :

> En vain de tous côtés *on* l'a voulu tourner ;
> Hors de son sentiment *on* n'a pu l'entraîner. (*Ibid.* IV. 1.)
>
> Et lorsque d'en mieux faire (des vers) *on* n'a pas le bonheur,
> *On* ne doit de rimer avoir aucune envie,
> Qu'*on* n'y soit condamné sur peine de la vie. (*Ibid.*)

La faute reparaît dans :

> Mais croyez-vous qu'*on* l'aime, aux choses qu'*on* peut voir? (*Ibid.*)
> *On* lève les cachets, qu'*on* ne l'aperçoit pas. (*Amph.* III. 1.)
>
> Ces grands hauts-de-chausses sont propres à devenir les receleurs des choses qu'*on* dérobe, et je voudrois qu'*on* en eût fait pendre quelqu'un. (*L'Av.* I. 3.)

On ne peut servir à désigner tout à la fois le voleur et le juge qui le fait pendre.

Molière, parlant en prose, et pour son propre compte, commet cette faute ; ce qui achève de montrer combien elle lui était familière, ou que ce n'était point alors une faute reconnue :

On n'ignore pas que souvent *on* l'a détournée de son emploi (la philosophie). . . . . Mais *on* ne laisse pas pour cela de faire les distinctions qu'il est besoin de faire : *on* n'enveloppe point dans une fausse conséquence la bonté des choses que l'*on* corrompt, avec la malice des corrupteurs. . . . . Et puisque l'*on* ne garde point cette rigueur à tant de choses dont *on* abuse tous les jours, *on* doit bien faire la même grâce à la comédie.
(*Préf. de Tartufe.*)

Est-*on* d'une figure à faire qu'*on* se raille ? (*Psyché.* I. 1.)

Aglaure veut dire : Suis-je d'une figure à faire qu'on se raille ?

Et, pour donner toute son âme,
Regarde-t-*on* quel droit *on* a de nous charmer ? (*Ibid.* I. 2.)

Cette négligence est très-commune dans les premiers écrivains du xviie siècle ; c'est un des progrès incontestables de l'époque suivante de l'avoir proscrite.

« *On* amorce le monde avec de tels portraits ;
« Pour les faire surprendre on les apporte exprès :
« On s'en fâche, on fait bruit, on vous les redemande ;
« Mais on tremble toujours de crainte qu'*on* les rende. »
(Corn. *La Suite du Menteur.* II. 7.)

« Si ces personnes étoient en danger d'être assassinées, s'offenseroient-
« elles de ce que *on* les avertiroit de l'embûche qu'*on* leur dresse ?... S'amu-
« seroient-elles à se plaindre du peu de charité qu'*on* auroit eu de décou-
« vrir le dessein criminel de ces assassins ? »   (Pascal. 11e *Prov.*)

« En vérité, mes pères, voilà le moyen de vous faire croire jusqu'à ce
« qu'*on* vous réponde ; mais c'est aussi le moyen de faire qu'*on* ne vous
« croie jamais plus après qu'*on* vous aura répondu. » (15e *Prov.*)

Celui qui répond aux jésuites, et celui qui leur ajoutait foi jusqu'au moment de cette réponse, sont évidemment deux personnes différentes.

ON DIRAIT DE..., cela ressemble à :

Et l'*on* diroit d'un tas de mouches reluisantes.
Qui suivent en tous lieux un doux rayon de miel. (*Mélicerte.* I. 3.)

Ce n'est pas que le verbe *dire* s'emploie jamais pour *ressembler*. Cette formule *on dirait de*, correspondant au présent *cela ressemble à*, suppose une ellipse : On dirait (la même chose) de... donc, cela ressemble à...

OPÉRA, en langage de gastronome :

... Et pour son *opéra*, d'une soupe à bouillon perlé, etc.
(B. gent. IV. 1.)

Son opéra signifie ici *son chef-d'œuvre.* « Opéra, dit Bouhours, se prend encore pour une chose excellente et pour un chef-d'œuvre. Scarron écrit : « Toutes vos lettres sont admirables ! « ce sont ce qu'on appelle *des opéra.* »

Capi d'opera, des *chefs-d'œuvre*.

OPÉRER, amener un résultat :

Vous avez *bien opéré* avec ce beau monsieur le comte, dont vous êtes embéguiné !
(Bourg. gent. III. 3.)

— OPÉRER DANS QUELQUE CHOSE :

AGNÈS.

Vous avez *là-dedans bien opéré*, vraiment ! (*Ec. des fem.* V. 4.)

OPINIATRETÉ CIVILE :

Vous avez une *civile opiniâtreté* qui, etc. (*B. gent.* III. 18.)

ORDRE; PAR ORDRE, comme en latin *ex ordine* :

Eh bien ! qu'est-ce ? M'as-tu tout parcouru *par ordre* ?
(Amph. III. 2.)

Des pieds à la tête, en détail.

ORDURES, au figuré :

Chaque instant de ma vie est chargé de souillures ;
Elle n'est qu'un amas de crimes et *d'ordures.* (*Tart.* III. 6.)

Pascal a employé *ordure* au singulier, dans le même sens :

« Que le cœur de l'homme est creux et plein *d'ordure !* »
(*Pensées.* p. 175.)

Ordure est formé de l'ancien adjectif *ord*, qui vient lui-même de *sordidus*, en lui ôtant la première lettre et les deux dernières syllabes. Nicot donne les verbes *ordir* et *ordoyer*, qui signifient *salir, souiller. Ordir* est le latin *sordere*, devenu de verbe neutre verbe actif :

« Trop grande privauté et accointance d'hommes derechef engendre
« diffame, et *ordoye* la renommée des femmes très-honnestes. »

(*Anc. trad. de* Boccace, *Des Nobles malheureux.* liv. 9.)

OU, *ubi* :

Molière paraît avoir eu une aversion décidée pour *lequel*, comme relatif. (Voyez LEQUEL.) On ne rencontre presque jamais chez lui ces façons de parler, *auquel, par lequel, dans lequel, vers lequel, à l'aide duquel, au sujet desquels*, etc.; au lieu de ces détours et de ces syllabes vides, Molière emploie brusquement *où*.

Où se place chez lui toutes les fois qu'il s'agit d'exprimer la relation du datif ou de l'ablatif.

A, Y, où, sont pour Molière trois termes corrélatifs. Toute phrase qui admettrait l'un, admettra les deux autres.

Comme cet emploi de *où* est très-commode, très-vif, et tout à fait condamné ou perdu de nos jours, j'ai cru devoir en rassembler tous les exemples fournis par Molière, pour bien faire apprécier ce parti pris du grand écrivain, et les avantages qu'il en tire. La série sera un peu longue : je la divise en exemples dans les vers, et exemples dans la prose.

Exemples dans les vers :

Nous avons eu querelle
Sur l'hymen d'Hippolyte, *où* je le vois rebelle.   (*L'Et.* I. 9.)

Je sais un sûr moyen
Pour rompre cet achat, *où* tu pousses si bien.   (*Ibid.* 10.)

Mais cessez, croyez-moi, de craindre pour un bien
Où je serois fâché de vous disputer rien.   (*Ibid.* III. 3.)

Vous avez vu ce fils *où* mon espoir se fonde ?   (*Ibid.* IV. 3.)

Mon âme embarrassée
Ne voit que Mascarille *où* jeter sa pensée.   (*Dép. am.* III. 6.)

Mais suis-je pas bien fat de vouloir raisonner
Où, de droit absolu, j'ai pouvoir d'ordonner ?   (*Sgan.* 1.)

...Un cœur qui jamais n'a fait la moindre chose
A mériter l'affront *où* ton mépris l'expose.   (*Ibid.* 16.)

Rien ne me reprochoit
Le tendre mouvement *où* mon âme penchoit.   (*D. Garcie.* I. 1.)

Puisque chez notre sexe, *où* l'honneur est puissant...   (*Ibid.*)

Ah ! souffrez, dans les maux *où* mon destin m'expose. (*Ibid.*... III. 2.)

Oui, le trépas cent fois me semble moins à craindre
Que cet hymen fatal *où* l'on me veut contraindre. (*D. Garc.* III. 1.)

Entretenir ce soir cet amant sous mon nom,
Par la petite rue *où* ma chambre répond. (*Ibid.* III. 2.)

Et pour justifier cette intrigue de nuit
Où me faisoit du sang relâcher la tendresse..... (*Ibid.*)

    Elle pourroit se plaindre
Du peu de retenue *où* j'ai su me contraindre. (*Ibid.*)

Les noces *où* j'ai dit qu'il vous faut préparer. (*Éc. des fem.* III. 1.)

Considérez un peu, par ce trait d'innocence,
Où l'expose d'un fou la haute impertinence. (*Ibid.* V. 2.)

Elle a de certains mots *où* mon dépit redouble. (*Ibid.* V. 4.)

Et qu'un premier coup d'œil allume en nous les flammes
Où le ciel en naissant a destiné nos âmes. (*Pr. d'El.* I. 1.)

L'estime *où* je vous tiens ne doit pas vous surprendre. (*Mis.* I. 2.)

J'estime plus cela que la pompe fleurie
De tous ces faux brillants *où* chacun se récrie. (*Ibid.*)

Des vices *où* l'on voit les humains se répandre. (*Ibid.* II. 5.)

Enfin, toute la grâce et l'accommodement
Où s'est avec effort plié son sentiment,
C'est de dire, etc. (*Ibid.* IV. 1.)

Pour moi, plus je le vois, plus surtout je m'étonne
De cette passion *où* son cœur s'abandonne. (*Ibid.*)

Et je sais encor moins comment votre cousine
Peut être la personne *où* son penchant l'incline. (*Ibid.*)

Je vous promets ici d'éviter sa présence,
De faire place au choix *où* vous vous résoudrez. (*Mélicerte.* II. 4.)

Vous devez n'avoir soin que de me contenter.
— C'est *où* je mets aussi ma gloire la plus haute. (*Tart.* II. 1.)

Fort bien ! c'est un recours *où* je ne songeois pas. (*Ibid.* II. 3.)

Au plus beau des portraits *où* lui-même il s'est peint. (*Ibid.* III. 3.)

De vos regards divins l'ineffable douceur
Força la résistance *où* s'obstinoit mon cœur. (*Ibid.*)

    Il suffit qu'il se rende plus sage,
Et tâche à mériter la grâce *où* je m'engage. (*Ibid.* III. 4.)

Et ce sont des papiers, à ce qu'il m'a pu dire,
Où sa vie et ses biens se trouvent attachés. (*Ibid.* V. 1.)

Aux différents emplois *où* Jupiter m'engage. (*Amph.* Prol.)

>   Si votre cœur, charmante Alcmène,
>   Me refuse la grâce *où* j'ose recourir...   (*Amph.* II. 6.)
>   Non, il faut qu'il ait le salaire
>   Des mots *où* tout à l'heure il s'est émancipé.   (*Ibid.* III. 4.)
>   Ayez, je vous prie, agréable
>   De venir honorer la table
>   *Où* vous a Sosie invités.   (*Ibid.* III. 5.)
>   J'aurois mauvaise grâce
>   De maltraiter l'asile et blesser les bontés
>   *Où* je me suis sauvé de toutes vos fiertés.   (*Fem. sav.* IV. 2.)
>
> Et les soins *où* je vois tant de femmes sensibles
> Me paroissent aux yeux des pauvretés horribles.   (*Ibid.* I. 1.)
> Mais vous qui m'en parlez, *où* la pratiquez-vous?   (*Ibid.* I. 2.)
> Et l'hymen d'Henriette est le bien *où* j'aspire.   (*Ibid.* I. 4.)
> Et la pensée enfin *où* mes vœux ont souscrit....   (*Ibid.* III. 6.)
>   Cette pureté
>   *Où* du parfait amour consiste la beauté.   (*Ibid.* IV. 2.)
> Et madame doit être instruite par sa sœur
> De l'hymen *où* l'on veut qu'elle apprête son cœur.   (*Ibid.* IV. 7.)
> Il est une retraite *où* notre âme se donne.   (*Ibid.* IV. 8.)
> C'est sur le mariage *où* ma mère s'apprête
> Que j'ai voulu, monsieur, vous parler tête à tête.   (*Ibid.* V. 1.)
>   Le don de votre main *où* l'on me fait prétendre.   (*Ibid.*)
>   Deux époux!
> C'est trop pour la coutume. — *Où* vous arrêtez-vous?   (*Ibid.* V. 3.)
>   Suivez, suivez, monsieur, le choix *où* je m'arrête.   (*Ibid.*)

Molière a même employé *où*, rapporté à un nom de personne, pour *à qui* :

>   Et ne permettez pas.......
>   Que votre amour, qui sait quel intérêt m'anime,
>   S'obstine à triompher d'un refus légitime,
>   Et veuille que ce frère *où* l'on va m'exposer
>   Commence d'être roi pour me tyranniser.   (*D. Garcie.* V. 5.)
>   Et je n'en veux l'éclat que pour avoir la joie
>   D'en couronner l'objet *où* le ciel me renvoie.   (*Ibid.*)
>   Le véritable Amphitryon
>   Est l'Amphitryon *où* l'on dîne.   (*Amph.* III. 5.)

Où, dans ce dernier exemple, est adverbe de lieu : *dans la maison de qui.*

Les Latins dê même ont quelquefois employé *ubi* en relation avec un nom de personne : « Neque nobis præter te quisquam fuit *ubi*..... » (Cicéron), pour *apud quem*.

Exemples dans la prose :

C'est elle (la contrainte) qui me fait passer sur des formalités *où* la bienséance du sexe oblige. (*Ec. des mar.* II. 8.)

Est-il rien de si bas que quelques mots *où* tout le monde rit? (*Crit. de l'Éc. des fem.* 7.)

Eh! sans sortir de la cour, n'a-t-il pas (Molière) vingt caractères de gens *où* il n'a point touché? (*Impromptu.* 3.)

Vous ne sauriez m'ordonner rien *où* je ne réponde aussitôt par une obéissance aveugle. (*Pr. d'El.* II. 4.)

Et rends à chacune les tributs *où* la nature nous oblige. (*D. Juan.* I. 2.)

Laissons là la médecine, *où* vous ne croyez point. (*Ibid.* III. 1.)

Une grimace nécessaire *où* je veux me contraindre. (*Ibid.* V. 2.)

Tous les déréglements criminels *où* m'a porté le feu d'une aveugle jeunesse. (*Ibid.* V. 3.)

Serait-ce quelque chose *où* je vous puisse aider? (*Méd. m. lui.* I. 5.)

Je viens tout à l'heure de recevoir des lettres *par où* j'apprends que mon oncle est mort. (*Ibid.* III. 11.)

Je te pardonne ces coups de bâton, en faveur de la dignité *où* tu m'as élevé. (*Ibid.* III. 11.)

Vous repentez-vous de cet engagement *où* mes feux ont su vous contraindre? (*L'Av.* I. 1.)

C'en est assez à mes yeux pour me justifier l'engagement *où* j'ai pu consentir. (*Ibid.*

C'est une chose *où* vous ne me réduirez point. (*Ibid.* I. 6.)

C'est un parti *où* il n'y a point à redire. (*Ibid.*)

C'est une chose *où* l'on doit avoir de l'égard. (*Ibid.* I. 7.)

Elle n'aime ni les superbes habits, ni les riches bijoux, ni les meubles somptueux, *où* donnent ses pareilles avec tant de chaleur. (*Ibid.* II. 6.)

Les alarmes d'une personne toute prête à voir le supplice *où* l'on veut l'attacher. (*Ibid.* III. 8.)

C'est ici une aventure *où* sans doute je ne m'attendais pas. (*Ibid.* III. 11.)

C'est un mariage *où* vous imaginez bien que je dois avoir de la répugnance. (*Ibid.*)

Quand je pourrois passer sur la quantité d'égards *où* notre sexe est obligé... (*Ibid.* IV. 1.)

Ce sont des suites fâcheuses *où* je n'ai garde de me commettre.
(*L'Av.* IV. 3.)

Ce ne sont point ici des choses *où* les enfants soient obligés de déférer aux pères. (*Ibid.*)

C'est une chose *où* tu m'obliges par la soumission et le respect *où* tu te ranges. (*Ibid.* IV. 5.)

Je ne vois pas.... le supplice *où* vous croyez que je puisse être condamné pour notre engagement. (*Ibid.* V. 5.)

Une journée de travail *où* je ne gagne que dix sols. (*G. D.* I. 2.)

Si j'avois étudié, j'aurois été songer à des choses *où* on n'a jamais songé. (*Ibid.* III. 1.)

Voilà un coup sans doute *où* vous ne vous attendiez pas! (*Ibid.* III. 8.)

C'est une chose *où* je ne puis consentir. (*Ibid.* III. 12.)

Voilà une connoissance *où* je ne m'attendois point. (*Pourc.* I. 7.)

C'est une chose *où* il y va de l'intérêt du prochain. (*Ibid.* II. 4.)

Les sentiments d'estime et de vénération *où* votre personne m'oblige.
(*Ibid.* III. 9.)

Je renonce à la gloire *où* elles veulent m'élever. (*Am. magn.* III. 1.)

Le ciel ne sauroit rien faire *où* je ne souscrive sans répugnance. (*Ibid.*)

Un mariage *où* je ne me sens pas encore bien résolue. (*Ibid.* IV. 1.)

Une aventure merveilleuse *où* personne ne s'attendoit. (*Ibid.* V. 1.)

Que vous arrive-t-il à tous deux *où* vous ne soyez préparés?
(*Ibid.* V. 4.)

Je ne veux pas me donner un nom *où* d'autres en ma place croiroient prétendre. (*B. gent.* III. 12.)

C'est une chose *où* je ne consentirai point. (*Ibid.*)

Cette feinte *où* je me force n'étant que pour vous plaire.....
(*Comtesse d'Esc.* 1.)

Or çà, ma fille, je vais vous dire une nouvelle *où* peut-être ne vous attendez-vous pas. (*Mal. im.* I. 5.)

Elle m'a expliqué vos intentions, et le dessein *où* vous êtes pour elle.
(*Ibid.* I. 9.)

Ces divers emplois de *où*, y compris la relation à un nom de personne, sont autorisés par l'usage constant des plus anciens monuments de notre langue :

« *Où* aurai-je fiance ? » (*R. de Coucy*), pour à qui me fierai-je?

— « Karlon, le roi *où* France apent. » (*Les quatre fils Aymon*); à qui appartient la France.

« Les fils Garin, *où* tant a de fierté. »   (*Gérars de Viane.*)

« Trestous li Deu *où* croient les François. »   (*Ogier le Danois.*)

« *Où* pensez-vous, frère Symon?
« Je pens, fait-il, à un sermon
« Le meilleur *où* je pensasse oncques. »   (Rutebuef.)

« Et *les gens* au monde pour la santé *où* plus il avoit de fiance (Charles V), c'estoit en bons maistres medecins. »
(Froissart. *Chron.* II. ch. 70.)

On en citerait des exemples innombrables de Montaigne, de Regnier, de Rabelais, etc.; il n'y a qu'à ouvrir le volume.

En voici de Bossuet et de Pascal :

« Les Égyptiens sont les premiers *où* l'on ait su les règles du gouverne-
« ment. »   (Bossuet. *Hist. Un.*)

« Ils (les rois) assistoient à une prière pleine d'instruction, *où* le pontife
« prioit les dieux, etc..... »   (*Ibid.*)

« Ils ont pris un si grand soin de les rétablir parmi les peuples *où* la
« barbarie les avoit fait oublier... etc. »   (*Ibid.*)

« Le premier de tous les peuples *où* l'on voie des bibliothèques est celui
« d'Égypte. »   (*Ibid.*)

« Si un animal faisoit par esprit ce qu'il fait par instinct, et s'il parloit
« par esprit ce qu'il parle par instinct........ il parleroit aussi bien
« pour dire des choses *où* il a plus d'affection, comme pour dire : Rongez
« cette corde qui me blesse; et *où* je ne puis atteindre. » (Pascal. *Pensées.*)

« Mais pensez un peu *où* vous vous engagez. »   (Pascal. 12ᵉ *Prov.*)

« Mais parce qu'il faut que le nom de simonie demeure, et qu'il y ait
« un sujet *où* il soit attaché... »   (*Ibid.*)

« Voilà la doctrine de Vasquez, *où* vous renvoyez vos lecteurs pour leur
« édification. »   (*Ibid.*)

« Je ne vous dirai rien cependant sur les avertissements pleins de faus-
« setés scandaleuses *par où* vous finissez chaque imposture. »   (*Ibid.*)

« Les méchants desseins des molinistes, que je ne veux pas croire sur sa
« parole, et *où* je n'ai point d'intérêt. »   (1ʳᵉ *Prov.*)

« Une action si grande, *où* ils tiennent la place de Dieu. » (14ᵉ *Prov.*)

Enfin tout le XVIIᵉ siècle a ainsi parlé, et une partie du XVIIIᵉ. C'est de nos jours seulement qu'on a prétendu restreindre *où* à marquer l'alternative ou le lieu, et qu'on a imposé ces affreuses locutions traînantes *par laquelle, dans lesquels, à l'aide desquels, chez lesquels, par rapport auxquelles*, etc., etc.

Sur ces deux vers de Corneille,

« Et c'est je ne sais quoi d'abaissement secret
« *Où* quiconque a du cœur ne descend qu'à regret, » (*Ep. à Ariste.*)

Voltaire a eu le tort d'écrire lestement : « Cela n'est pas français. » Racine n'a donc pas non plus parlé français lorsqu'il a dit :

« Et voilà donc l'hymen *où* j'étois destinée ? » (*Iphigénie.* III. 5.)

et Voltaire lui-même :

« Pardonne à cet hymen *où* j'ai pu consentir. » (*Alzire.* III. 1.)
« La honte *où* je descends de me justifier. » (*Zaïre.* IV. 6.)
« Sais-tu l'excès d'horreur *où* je me vois livrée ? » (*Mérope.* IV. 4.)

Alléguer les priviléges de la poésie est une défaite ridicule, qui n'a pu naître que dans un temps où l'on avait perdu le sentiment vrai des choses, et où le raisonnement bannissait la raison. Est-ce qu'un solécisme en prose peut devenir légitime au moyen d'une rime ? Il serait absurde de le penser. On me permettra de répéter ici ce que j'ai déjà dit ailleurs : « Ouvrez la *Grammaire des grammaires*; vous allez être bien édifié ! elle distingue *où* adverbe, *où* pronom absolu, et *où* pronom relatif (le pronom relatif *ubi!*). Elle permet ce dernier *où, avec un verbe qui marque une sorte de localité physique ou morale.* Mais elle avoue que la poésie s'en sert quelquefois en des cas où il n'y a pas *localité physique ou morale.*

« C'est à ces faiseurs de galimatias double qu'est abandonnée la police de notre langue ! Ce sont là nos instructeurs, et les juges en dernier ressort de Molière, de Pascal, de Bossuet, de tous nos grands écrivains ! Il fallait effectivement moins de génie pour composer *Tartufe* ou les *Provinciales*, que pour surprendre *le pronom* où *dans une localité morale.* »

Reprenons donc, il en est temps, une façon de parler vive, commode, excellente, que nous sommes en train de remplacer par la plus lourde et la plus insipide.

— où, pour *jusqu'où :*

> Je ne sais qui me tient, infâme,
> Que je ne t'arrache les yeux,
> Et ne t'apprenne *où* va le courroux d'une femme. (*Amph.* II. 3.)

— où, faisant pléonasme où nous mettrions *que :*

> Et c'est *dans* cette allée *où* devroit être Orphise. (*Fâcheux*. I. 1.)

« C'est *ici où* je veux vous faire sentir la nécessité de nos casuistes. »
(Pascal, 7ᵉ *Prov.*)

« C'est *là où* vous verrez la dernière bénignité de la conduite de nos pères. »
(Id. 9ᵉ *Prov.*)

— OU (ou bien), pour *ni :*

> Monsieur, j'ai grande honte et demande pardon
> D'être sans vous connoître *ou* savoir votre nom. (*Tart.* V. 4.)

— OU NON, transporté devant le verbe sur lequel porte l'alternative :

> Je ne vais point chercher, pour m'estimer heureux,
> Si Mascarille *ou non s'arrache* les cheveux. (*Dép. am.* I. 1.)

Ce n'est point *Mascarille ou non*, c'est *s'arrache ou non*. En prose, ou bien n'étant pas contraint par le besoin de la mesure, Molière eût suivi la construction ordinaire.

— OU SI, complément d'une interrogation par *il*, après une troisième personne :

> Mon cœur *court-il* au change ? *ou si* vous l'y poussez ?
> (*Fem. sav.* IV. 2.)

OUS, pour *vous*, dans le langage des paysans :

PIERROT. Je vous dis qu'*ous* vous teigniois, et qu'*ous* ne caressiez point nos accordées.... Testiguenne, parce qu'*ous* êtes monsieur !....
(*D. Juan.* II. 3.)

Cette suppression du *v*, suggérée en certains cas par l'instinct de l'euphonie, était régulière et du bon langage dans le vieux français.

Dans la Bourse pleine de sens, de Jean le Gallois d'Aubepierre (XIIIᵉ siècle) :

« *N'avous* honte ? — Dame, de quoi ? »

Dans la farce de Pathelin, qui est du XVᵉ siècle :

LE DRAPIER.

« Et qu'est cecy ? *n'avous* pas honte ?
« Par mon serment c'est trop desvé. »

LE JUGE.

« Comment, vous avez la main haute !
« *A'vous* mal aux dens, maistre Pierre ? »

MAISTRE JÉHAN (à Pathelin malade).
Or, dictes *Benedicite*.

PATHELIN.
Benedicite, monseigneur.

MAISTRE JEHAN.
Et voicy une grant hydeur !
Sça'vous respondre *Dominus* ?

(*Le Testament de Pathelin.*)

Et encore, au XVIe siècle, cette syncope était maintenue à la cour de François Ier. La reine de Navarre l'emploie dans ses poésies, écrites dans le style le plus élevé du temps :

« Pourquoi *a'vous* espousé l'estrangiere ?
« Mais qu'*a'vous* faict, voyant ma repentance ? »

(*Le Miroir de l'Ame pescheresse.*)

Théodore de Bèze consacre cette apocope par une règle formelle. (*De linguæ fran. recta pronuntiatione, p.* 84.)

(Voyez JE.)

OUTRÉS DE ; CONTES OUTRÉS D'EXTRAVAGANCE :

Quoi ! tu me veux donner pour des vérités, traître,
Des *contes* que je vois *d'extravagance outrés ?*   (*Amph.* II. 2.)

OUVERTURE ; FAIRE UNE OUVERTURE :

S'il faut *faire* à la cour pour vous *quelque ouverture.*   (*Mis.* I. 2.)

Bossuet dit : *donner ouverture à...*

« Le roi n'avoit point *donné d'ouverture* ni de prétexte aux excès sa-
« criléges..... »   (*Or. fun. de la R. d'A.*)

(Voyez OUVRIR.)

OUVRIER DE, comme *ouvrier en* :

On n'a guère vu d'homme qui fût plus habile *ouvrier de ressorts et d'intrigues.*   (*Scapin.* I. 2.)

On dit de même, un artisan de troubles.

— OUVRIERS en deux syllabes :

On est venu lui dire, et par mon artifice,
Que les *ouvriers* qui sont après son édifice....   (*L'Et.* II. 1.)

Primitivement l'*i*, dans toutes ces finales en *ier*, ne sonnait pas; il ne servait qu'à marquer l'accent fermé de l'*é*. Ainsi l'on prononçait *un sangler, un boucler, un rocher, un verger, se coucher*. Peu à peu l'on en est venu à faire entendre l'*i* dans quelques-uns de ces mots, sans pour cela modifier la règle de versification qui les concernait; et l'on s'est récrié sur la barbarie d'oreille de nos pères, quand il n'y avait lieu que d'admirer le peu de mémoire de leurs enfants. En effet, pourquoi dites-vous *un sanglier*, et ne dites-vous pas *un rochier?* Pourquoi avez-vous altéré l'orthographe de l'un, et point celle de l'autre? Pourquoi avez-vous introduit la disparité d'écriture et de prononciation entre des mots qui s'écrivaient et se prononçaient jadis de même?

OUVRIR; OUVRIR DES IDÉES:

Je le dois, sire (le succès), à l'ordre qu'elle (Votre Majesté) me donna d'y ajouter un caractère de fâcheux, dont elle eut la bonté de *m'ouvrir les idées elle-même*...   (*Ep. dédic. des Fâcheux.*)

« La vérité qui *ouvre ce mystère.* »   (Pascal. *Pensées.*)

— OUVRIR DU SECOURS :

Et contre cet hymen *ouvre-moi du secours.*   (*Tart.* II. 3.)

— OUVRIR LES PREMIÈRES PAROLES, comme *ouvrir un avis*:

Au moins appuyez-moi,
Pour en avoir *ouvert les premières paroles.*   (*Fâcheux.* III. 3.)

— OUVRIR L'OCCASION DE:

D'autant mieux qu'ayant entrepris de vous peindre, *ils vous ouvroient l'occasion* de la peindre aussi.   (*Impromptu.* 1.)

— OUVRIR SES SENTIMENTS, SON INTENTION, comme *ouvrir son cœur :*

Non, non, ma fille; vous pouvez sans scrupule *m'ouvrir vos sentiments.*
                                   (*Am. magn.* IV. 1.)

C'est à quoi j'ai songé,
Et je vous veux *ouvrir l'intention que j'ai.*   (*Fem. sav.* II. 8.)

— OUVRIR UN MOYEN:

Ne me pourriez-vous point *ouvrir quelque moyen?*
                                   (*Ec. des fem.* III. 4.)

(Voyez OUVERTURE.)

PAIN BÉNIT; C'EST PAIN BÉNIT :

C'est conscience à ceux qui s'assurent en nous,
Mais *c'est pain bénit*, certe, à des gens comme vous.
(*Ec. des mar.* I. 3.)

C'est-à-dire : aux gens de votre sorte, cela vient aussi naturellement que le pain bénit à la messe.

— PAIN DE RIVE, terme technique de gastronomie :

Il ne manqueroit pas de vous parler d'un *pain de rive* à biseau doré....
(*B. gent.* IV. 1.)

Pain qui, ayant été placé sur la rive, c'est-à-dire, sur le bord du four, n'a point touché les autres pains, et se trouve cuit et doré tout alentour.

PAMER, verbe neutre, pour *se pâmer :*

Madame,
D'où vous pourroit venir.!. Ah bons dieux! elle pâme! (*Sgan.* 2.)

Dans ses simplicités à tous coups je l'admire,
Et parfois elle en dit dont *je pâme* de rire. (*Ec. des fem.* I. 1.)

On n'en peut plus. — *On pâme.* — On se meurt de plaisir.
(*Fem. sav.* III. 2.)

« Sire, on *pâme* de joie ainsi que de tristesse. » (CORN. *Le Cid.*)
(Voyez ARRÊTER.)

PAQUET, métaphoriquement au figuré, accident, surprise :

Ah! le fâcheux *paquet* que nous venons d'avoir! (*L'Et.* II. 13.)

PAR; CONDAMNER PAR, à cause de :

J'ai ouï condamner cette comédie à de certaines gens, *par les mêmes choses* que j'ai vu d'autres estimer le plus. (*Crit. de l'École des fem.* 6.)

— PAR, par rapport à, du côté de :

Les hommages ne sont jamais considérés *par* les choses qu'ils portent.
(*Ep. dédic. de l'Ecole des maris.*)

C'est-à-dire qu'en un présent l'intention est plus considérable que la valeur de l'objet offert.

L'expression de Molière paraît obscure en cet endroit; elle est très-claire dans ce vers :

On regarde les gens *par* leurs méchants côtés. (*Mis.* I. 2.)

— PAR, parmi :

D'abord leurs escoffions ont volé *par* la place. (*L'Et.* V. 14.)

Parmi la place, dans le milieu de la place.

Suivez-moi, que j'aille un peu montrer mon habit *par* la ville.

(*B. gent.* III. 1.)

(Voyez PARMI.)

— PAR UN MALHEUR, par malheur ;

Et moi, *par un malheur*, je m'aperçois, madame,
Que j'ai, ne vous déplaise, un corps tout comme une âme.

(*Fem. sav.* IV. 2.)

— DE PAR :

Eh ! *de par* Belzébut, qui vous puisse emporter ! (*Sgan.* 6.)

L'exactitude voudrait qu'on écrivît *de part* avec un *t : ex parte Beelzebut*, de la part de Belzébut. Le rapport du génitif, aujourd'hui marqué par *de*, l'était primitivement par la simple juxtaposition. Les plus anciens textes écrivent *de part :* — « *De part* nostre Seigneur » (*Rois,* 144, 289, 292.) — « Samuel li prophetes vint à Saül *de part* Deu. » (*Rois,* 53.)

De part Dieu, aujourd'hui *pardieu*, opposé à *de part le diable* ou *de part Béelzebut*.

(Voyez PAR SOI, et des *Variations du langage français*, p. 410.)

PARAGUANTE, de l'espagnol *para guantes, pour (acheter) des gants*; ce qu'on appelle en allemand *Trinkgeld*, en français *pour boire :*

Dessus l'avide espoir de quelque *paraguante*,
Il n'est rien que leur art aveuglément ne tente. (*L'Et.* IV. 9.)

PARAÎTRE AUX YEUX pour *paraître simplement* :

La géante paroît une déesse *aux yeux*. (*Mis.* II. 5.)

Et les soins où je vois tant de femmes sensibles
Me *paroissent aux yeux* des pauvretés horribles. (*Fem. sav.* I. 1.)

— FAIRE PARAÎTRE, montrer, manifester :

Nous allons tous le remercier des extrêmes bontés qu'il *nous fait paroître*. (*Impromptu.* 10.)

Quels sentiments aurai-je à lui *faire paroître* ? (*Tart.* V. 4.)

Mais ma discrétion *se veut faire paroître.* (*Tart.* III. 3.)
Mais si son amitié pour vous *se fait paroître...* (*Mis.* I. 1.)

« Une amitié paraît, et ne se fait point paraître. On fait pa-
« raître ses sentiments, et les sentiments se font connaître. »
(Voltaire. *Mél.* t. XXXIX, p. 226.)

Cette critique de Voltaire ne constate que l'usage du XVIIIe siècle ; mais est-ce à dire que tout ce qui s'écarte de l'usage du XVIIIe siècle soit mauvais par cela seul ? Le XVIIIe siècle, malheureusement, fut trop persuadé de la vérité de ce principe.

Pour en juger ainsi vous avez vos raisons ;
Mais vous trouverez bon qu'on en puisse avoir d'autres,
Qui se dispenseront de se soumettre aux vôtres.

Voltaire croyait sans doute que cette expression, *se faire paraître*, était créée par Molière pour le besoin de sa rime ; il se trompait :

« Il y a si peu de personnes à qui Dieu *se fasse paroître* par ces coups
« extraordinaires, qu'on doit profiter de ces occasions. »
(Pascal. *Pensées.* p. 338.)

PAR APRÈS, pour *après* simplement :

Que j'aye peine aussi d'en sortir *par après.* (*L'Ét.* III. 5.)

Par après est la contre-partie de *par avant*, qui ne s'emploie plus que sous cette forme, *auparavant*.

Par ainsi est complétement hors d'usage.

— PAR DEVANT, pour *devant* :

En passant *par devant* la chambre d'Angélique, j'ai vu un jeune homme.... ! (*Mal. im.* II. 10.)

PARER QUELQUE CHOSE, s'en garantir :

Et quand par les plus grandes précautions du monde vous aurez *paré tout cela...* vous serez ébahi, etc... (*Scapin.* II. 8.)

— PARER (SE) D'UN COUP, d'un malheur :

Pour *se parer du coup*, en vain on se fatigue. (*Ec. des fem.* III. 3.)
... Toutes les mesures qu'il prend pour *se parer du malheur qu'il craint.*
(*Crit. de l'Ec. des fem.* 7.)
Quoi ! de votre poursuite on ne peut *se parer ?* (*Tart.* IV. 5.)

On dit encore *se remparer*.

PARLER, verbe actif; PARLER QUELQUE CHOSE :

Je vous demande, *ce que je parle* avec vous, qu'est-ce que c'est?
(*B. gent.* III. 3.)

« Si un animal faisoit par esprit ce qu'il fait par instinct, et s'il parloit
« par esprit *ce qu'il parle* par instinct... » (Pascal. *Pensées.*)

— PARLER CERCLE ET RUELLE :

Moi, j'irois me charger d'une spirituelle
Qui *ne parleroit rien que cercle et que ruelle !* ... (*Ec. des fem.* I. 1.)

« Et, sans *parler curé*, *doyen*, *chantre ou Sorbonne*... »
(Regnier. Sat. XV.)

« Ore ils *parloient soldat*, et ore *citoyen.* » (Id. Sat. II.)

C'est une expression tout à fait analogue à celle du vers célèbre de Juvénal :

Qui Curios simulant et *bacchanalia vivunt.*

(Voyez ci-dessous PARLER VAUGELAS.)

— PARLER suivi de *que*, comme *dire* :

Vous avez ouï *parler que* ce monsieur Oronte a une fille? (*Pourc.* II. 4.)

— PARLER SUR-LE-CHAMP, improviser :

Vous n'allez entendre chanter que de la prose cadencée ou des manières de vers libres, tels que la passion et la nécessité peuvent faire trouver à deux personnes qui disent les choses d'eux-mêmes, et *parlent sur-le-champ.*
(*Mal. im.* II. 6.)

— PARLER TERRE A TERRE :

Expression ridiculisée par Molière :

Il prétend que *nous parlions toujours terre à terre*, (*Impromptu.* 3.)

dit Mlle du Parc, qui représente une précieuse.

— PARLER VAUGELAS :

Et voilà qu'on la chasse avec un grand fracas,
A cause qu'elle manque à *parler Vaugelas.* (*Fem. sav.* II. 7.)

C'est-à-dire, à la mode de Vaugelas, le français de Vaugelas. Le mot *Vaugelas* fait ici le rôle d'un adjectif pris adverbialement, comme *grec, latin,* dans *parler grec, parler latin :* c'est *loqui græce, latine.*

(Voyez PARLER CERCLE.)

PARMI, au milieu, par le milieu de :

On est venu lui dire, et par mon artifice,
Que les ouvriers qui sont après son édifice,
Parmi les fondements qu'ils en jettent encor,
Avoient fait par hasard rencontre d'un trésor. (*L'Et.* II. 1.)

Un trésor supposé,
Dont *parmi les chemins* on m'a désabusé. (*Ibid.* II. 5.)

Ce m'est quelque plaisir, *parmi tant de tristesse*,
Que l'on me donne avis du piége qu'on me dresse.
(*Ec. des fem.* IV. 7.)

Et jamais il ne parut si sot que *parmi une demi-douzaine de gens* à qui elle avoit fait fête de lui. (*Crit. de l'Ec. des fem.* 2.)

Vous devez vous remplir de ce personnage, marquer cet air pédant qui se conserve *parmi le commerce du beau monde*. (*Impr.* 1.)

MORON.
Et sa gueule faisoit une laide grimace,
Qui *parmi de l'écume*, à qui l'osoit presser,
Montroit de certains crocs. (*Pr. d'El.* I. 2.)

Quelle est ton occupation *parmi ces arbres ?* (*D. Juan.* III. 2.)

Ne voyez-vous pas bien quel tort ces sortes de querelles nous font *parmi le monde ?* (*Amour méd.* III. 1.)

Il faut *parmi le monde* une vertu traitable. (*Mis.* I. 1.)

Il court *parmi le monde* un livre abominable. (*Ibid.* V. 1.)

Et *parmi leurs contentions*
Faisons en bonne paix vivre les deux Sosies. (*Amph.* III. 7.)

On ne demeure point tout seul, pendant une fête, à rêver *parmi des arbres.* (*Am. magn.* I. 1.)

Et, *parmi cette grande gloire* et ces longues prospérités que le ciel promet à votre union..... (*Ibid.* IV. 7.)

Parmi l'éclat du sang vos yeux n'ont-ils vu qu'elle ? (*Psyché.* I. 2.)

Mais c'est, *parmi tant de mérite*,
Trop que deux cœurs pour moi, trop peu qu'un cœur pour vous.
(*Ibid.* I. 3.)

Parmi a pour racines *par* et *mi*, apocope de *milieu*. *Mi*, au moyen âge, s'employait comme substantif, pour moitié :

« Et le bacon faisoit *par mi* tranchier. » (*R. d'Ogier le Danois.*)

« Il faisait couper le porc par la moitié. »

Ainsi, sans s'arrêter aux distinctions chimériques ni aux

subtilités des grammairiens, *parmi* s'emploie légitimement où il s'agit d'exprimer, *au milieu de*.

(Voyez PAR.)

PAROLE, ÊTRE EN PAROLE QUE... : être en pourparler (pour convenir) que....:

> Il *est* avec Anselme *en parole* pour vous
> *Que* de son Hippolyte on vous fera l'époux! (*L'Et.* I. 2.)

— ÊTRE EN PAROLE, absolument, converser ensemble :

> Juste ciel, qu'ils sont prompts! je les vois *en parole*. (*L'Et.* II. 2.)

— AVOIR DE LA PAROLE POUR TOUT LE MONDE, être affable :

> Qu'on dise que je suis une bonne princesse, que *j'ai de la parole pour tout le monde*, de la chaleur pour mes amis..... (*Am. magn.* I. 2.)

PAR OU, pour *comment* ou *de quoi* :

> Voit-on, dans les horreurs d'une telle pensée,
> *Par où* jamais se consoler
> Du coup dont on est menacée? (*Amph.* I. 3.)

PAR SOI, tout seul, *per se :*

> E par soi, *é*. (*Am. magn.* I. 1.)

C'est-à-dire *e* tout seul, pris à par soi (et non à *part* soi), *é*.

Cette valeur de *par* est un débris de notre langue primitive. Les Latins disaient *per me, per te*, dans le sens de *moi seul, toi seul :*

> « Quamvis, Scæva, satis *per te* tibi consulis, et scis... »
> (HOR. Ep. 17, lib. 1.)

Et nos pères disaient, à l'imitation des Latins, *tout par moi, par lui, par eux, par elles :*

> « Et Felix li sains homs *tout par li* demoura.» (*Des Trois Chanoines.*)

Demeura tout seul.

> « Les cloches de l'eglise, de ce soyez certains,
> « Sonnerent *tout par elles*, sans mettre piez ne mains. »
> (*Le Dit du Buef.*)

On écrit mal à propos, avec un *t*, *à part*, *à part soi*. *Par*, ici, vient de *per*, et non de *pars, partis*.

Au contraire, il faut mettre un *t* dans cette autre formule où l'usage moderne l'a supprimé : *De part le roi ; de part Dieu.*

(Voyez DE PAR, à l'article PAR, et *des Variations du langage français*, p. 407 à 411.)

PARTAGER UN SORT A QUELQU'UN, le lui donner en partage :

> Ne faites point languir deux amants davantage,
> Et nous dites *quel sort* votre cœur *nous partage.* (*Mélicerte.* II. 6.)

Partager est construit ici comme le latin *impertire*, *dispertire* et *dispertiri*.

PARTI ; FAIRE PARTI, monter un coup :

> Léandre *fait parti*
> Pour enlever Célie. (*L'Ét.* III. 6.)

PARTICIPE PRÉSENT mis au lieu de *si*, suivi d'un conditionnel :

> Et *trouvant* son argent, qu'ils lui font trop attendre,
> Je sais bien qu'il seroit très-ravi de la vendre. (*L'Ét.* I. 2.)

Si Trufaldin trouvait son argent.

> Le plus parfait objet dont je serois charmé
> N'auroit pas mes tributs, *n'en étant point aimé.* (*Dép. am.* I. 3.)

Si je n'en étais pas aimé.

Pascal se sert aussi de cette espèce de participe absolu :

« Quand on auroit décidé qu'il faut prononcer les syllabes *pro chain*, « qui ne voit que, *n'ayant point été expliquées*, chacun de vous voudra « jouir de la victoire ? » (PASCAL. 1re *Prov.*)

Ces syllabes n'ayant point été expliquées ; si elles n'ont pas été expliquées.

— **PARTICIPE PRÉSENT** *qui s'accorde* :

> De ces petits pourpoints sous les bras se *perdants*,
> Et de ces grands collets jusqu'au nombril *pendants.*
> (*Éc. des mar.* I. 1.)

On veut que *pendant* s'accorde, parce qu'il est, dit-on, adjectif verbal : une manche *pendante* ; mais on commande de laisser *se perdant* invariable, parce qu'il est participe. Cette distinction toute moderne a bien l'air d'une chimère et d'un raffinement sophistique; le xviie siècle n'en avait nulle idée, et moins encore les siècles précédents :

> Si quatre mille écus de rente bien *venants*,
> Une grande tendresse et des soins complaisants... (*Ec. des mar.* I. 2.)
>
> De ces brutaux fieffés, qui sans raison ni suite
> De leurs femmes en tout contrôlent la conduite,
> Et, du nom de maris fièrement *se parants*,
> Leur rompent en visière aux yeux des soupirants. (*Ibid.* I. 6.)

1er MÉDECIN. Cette maladie *procédante* du vice des hypocondres.
(*Pourc.* I. 11.)

Pour remédier à cette pléthore *obturante*, et à cette cacochymie *luxuriante* par tout le corps... (*Ibid.*)

Une jeune fille toute *fondante* en larmes. (*Scapin.* I. 2.)

Boileau, tout sévère grammairien qu'il était, a dit :

> « Et plus loin des laquais, l'un l'autre *s'agaçants*,
> « Font aboyer les chiens et jurer les passants. » (*Sat.* VI.)
>
> « Entendra les discours sur l'amour seul *roulants*,
> « Ces doucereux Renauds, ces insensés Rolands. » (*Sat.* X.)
>
> « Cent mille faux zélés, le fer en main *courants*,
> « Allèrent attaquer leurs amis, leurs parents. » (*Sat.* XII.)
>
> « Infâmes scélérats à sa gloire *aspirants*,
> « Et voleurs revêtus du nom de conquérants. » (*Ibid.*)

Et Racine :

> « Les ennemis, offensés de la gloire,
> « Vaincus cent fois et cent fois suppliants,
> « En leur fureur de nouveau *s'oubliants* (1). »
> (*Idylle sur la Paix.*)

Et Voltaire :

> « De deux alexandrins côte à côte *marchants*,
> « Que l'un est pour la rime et l'autre pour le sens. »
> (*Ep. au roi de la Chine.*)

Ce sont vestiges de l'ancienne langue. Dans l'origine, le participe présent, placé après son substantif, s'y accordait, comme fait encore le participe passé :

« Les femmes et les meschines vindrent encuntre le rei Saul... *charo-*

---

(1) Cette pièce est de 1685, Phèdre est de 1677; ainsi Racine avait composé tous ses ouvrages, hormis *Esther* et *Athalie*.

lantes, e *juantes*, e *chantantes* que Saul out ocis mille David dis mille. »
(*Rois.* p. 70.)

« Et ele descirad sa gunelle... si s'en alad *criante* e *plurante*. »
(*Ibid.* p. 164.)

« Li fiz le rei entrerent, et vindrent devant le rei *crianz* e *pluranz*. »
(*Ibid.* p. 167.)

Je trouve, à la vérité, un exemple du participe présent invariable dans le Merlin de Robert de Bouron, écrit au xve siècle :

« Il voit issir fors bien cent damoiselles et plus, qui viennent *carolant*
« et *dansant* et *chantant*. »   (Du Cange, *in Charolare*.)

Peut-être est-ce à cause de l'intermédiaire *qui viennent*; et puis sur quel manuscrit Du Cange ou ses continuateurs ont-ils pris ce texte ?

Ce qui est certain, c'est que Montaigne fait accorder le participe présent, même des auxiliaires *être* et *avoir* :

« Aulcuns *choisissants* plustost de se laisser desfaillir par faim et par
« jeusne, *estants* prins... Combien il eust esté aysé de faire son proufit
« d'ames si neufves, si affamées d'apprentissage, *ayants* pour la pluspart
« de si beaux commencements naturels! »   (*Essais.* III. 6.)

Mais, comme dans le passage de Robert de Bouron, il tient le participe invariable construit avec un autre verbe :

« Ceulx qui, pour le miracle de la lueur d'ung mirouer ou d'un coul-
« teau, *alloient eschangeant* une grande richesse en or et en perles. » (*Ibid.*)

Cette méthode de l'accord n'était pas sans avantages; par exemple, Montaigne dit des Espagnols qui torturèrent Guatimozin :

« Ils le pendirent depuis, *ayant* courageusement entrepris de se des-
« livrer par armes d'une si longue captivité et subjection. » (*Essais*, III. 6.)

Ayant, au singulier, fait voir que la phrase se rapporte au cacique, et non à ses bourreaux, qui sont le sujet de la phrase. Si c'étaient les Espagnols qui eussent entrepris, Montaigne eût écrit *ayants*, avec une *s*. C'est au reste l'usage latin; voilà pourquoi il a passé dans notre langue : *Occiderunt eum luctantem et conantem plurima frustra*.

La grammaire de Sylvius, ou Jacques Dubois, rédigée en latin en 1531, ne pose point de règles particulières pour le participe présent; mais, en conjuguant le verbe *avoir*, elle dit,

p. 132 : — « habens, habentis; haiant, *haiante*; » et dans la conjugaison du verbe *aimer :* « amans, aimant, *aimante*. »

Jehan Masset, dont l'*Acheminement à la langue françoyse* est imprimé à la suite du dictionnaire de Nicot (1606), ne dit rien non plus du participe; mais, dans les modèles de conjugaison, il le met aussi variable. Page 15 : « *habens;* masculin *ayant*, féminin *ayante*. »

Le langage du palais, qui est un témoin si fidèle, fait le participe présent variable. Regnard, dans *le Joueur*, a reproduit la formule exacte :

« . . . . A Margot de la Planté,
« Majeure, et de ses droits *usante* et *jouissante*. »

En somme, on trouve que l'invariabilité absolue du participe présent ne s'est guère établie que dans le courant du xviiie siècle, et que la distinction entre ce participe et l'adjectif verbal est du xixe. Jusque-là, on ne savait ce que c'était que d'adjectif verbal.

Ce sont les grammairiens très-modernes qui ont enrichi notre langue de ces distinctions souvent insaisissables, et de ces difficultés de participes parfois insolubles.

— **PARTICIPE PRÉSENT** rapporté par syllepse à un sujet autre que le sujet de la phrase :

Je prétends, s'il vous plaît,
Dût le mettre au tombeau le mal dont il vous berce,
Qu'avec lui désormais vous rompiez tout commerce;
Que, *venant* au logis, pour votre compliment,
Vous lui fermiez au nez la porte honnêtement. (*Ec. des fem.* II. 6.)

Venant au logis, lorsqu'*il* viendra au logis, *vous* lui fermiez, etc...

Et lui *jetant*, s'il heurte, un grès par la fenêtre,
L'obligiez tout de bon à ne plus y paroître.   (*Ibid.* II. 6.)

Et lui jetant: ce second participe se rapporte régulièrement à Agnès, et rend plus sensible l'incorrection du premier.

N'ayant ni beauté ni naissance
A pouvoir mériter leur amour et leurs soins,
Ils nous favorisent au moins
De l'honneur de la confidence.   (*Psyché.* I. 3.)

Aglaure veut dire à sa sœur : Comme nous n'avons ni beauté ni naissance, *ils*, les princes, nous favorisent...

On peut hardiment proscrire cette tournure, parce qu'elle prête à l'équivoque; il semble ici que ce soient les deux princes qui, sans avoir ni beauté ni naissance, favorisent Aglaure et Cydippe...

PARTICIPE ABSOLU, comme en latin :

>Le bon Dieu fasse paix à mon pauvre Martin !
>Mais j'avois, *lui vivant*, le teint d'un chérubin. (*Sgan.* 2.)

La plupart des exemples de l'article précédent, où l'on voit le participe présent employé d'une manière sujette à l'équivoque, peuvent se rapporter au participe absolu, que les Latins mettaient à l'ablatif.

>On connoîtra sans doute que, *n'étant autre chose qu'un poëme ingénieux*,... on ne sauroit la censurer sans injustice. (*Préf. de Tartufe.*)

N'étant autre chose, se rapporte à la comédie dont le nom ne se trouve pas dans cette phrase, mais seulement dans la précédente.

>Mais je l'ai vue ailleurs, où *m'ayant fait* connoître
>Les grands talents qu'elle a pour savoir l'avenir,
>Je voulois sur un point un peu l'entretenir. (*L'Et.* I. 4.)

Je l'ai vue..., je voulois, se rapportent à Mascarille, et *m'ayant fait connaître*, à *elle*, à Célie, qui n'est désignée qu'après. En sorte que le nominatif est changé avant que l'auditeur ou le lecteur en puisse être prévenu.

>Mais savez-vous aussi, *lui trouvant des appas*,
>Qu'autrement qu'en tuteur sa personne me touche...
>(*Ec. des mar.* II. 3.)

Savez-vous, Valère, que moi, Sganarelle, lui trouvant des appas, sa personne me touche autrement qu'en tuteur ?

Ces tournures sont fréquentes dans Molière.

>J'ai voulu l'acheter, l'édit, expressément,
>Afin que d'Isabelle il soit lu hautement ;
>Et ce sera tantôt, *n'étant plus occupée*,
>Le divertissement de notre après-soupée. (*Ibid.* II. 9.)

Isabelle n'étant plus occupée, quand Isabelle ne sera plus occupée.

PARTICIPE PASSÉ invariable en genre :

HIPPOLYTE.

Si, lorsque mes amants sont devenus les vôtres,
Un seul m'eût *consolé* de la perte des autres. (*L'Et.* V. 13.)

ARNOLPHE (*à Agnès*) :

L'air dont je vous ai *vu* lui jeter cette pierre...

(*Ec. des fem.* III. 1.)

ELMIRE.

Aurois-je pris la chose ainsi qu'on m'a *vu* faire? (*Tart.* IV. 5.)

Il ne faut pas douter que ce ne soient là des fautes de français. Si Corneille a fait rimer, dans le *Menteur*, ceux que le ciel a *joint* avec *point*, Corneille a eu tort ; et tort qui voudrait s'autoriser là-dessus des exemples de Corneille et de Molière.

PARTICULIER (LE), substantif :

Dans le particulier elle oblige sans peine. (*L'Et.* III. 2.)

PAR TROP ; *par* donne à *trop* la force du superlatif :

Tu m'obliges *par trop* avec cette nouvelle. (*L'Etourdi.* III. 8.)

On trouve dans Térence et dans Priscien, *pernimium*.

Par, dans la vieille langue, se composait avec les noms, les verbes, les adjectifs et les adverbes, pour leur communiquer la valeur superlative. *Pardon* (summum donum) ; *paramer* (peramare) ; — *parhardi* (peraudax) ; — *partrop* (pernimium.)

Trop est le substantif *trope* (troupe), pris adverbialement (*turba, truba, trupa*) ; comme *mie, pas, point, peu, prou*.

(Voyez *des Variations du langage français*, p. 235.)

PAS, surabondant, pour nier, avec *aucun, ni, ne* :

Autrefois j'ai connu cet honnête garçon,
Et vous *n'*avez *pas* lieu d'en prendre *aucun* soupçon. (*L'Etourdi.* I. 4.)

Les bruits que j'ai faits
Des visites qu'ici reçoivent vos attraits,
Ne sont *pas* envers vous l'effet d'*aucune* haine. (*Tart.* III. 3.)

Molière a traité *aucun* absolument comme *quelque* :

Ne sont pas envers vous l'effet *de quelque* haine.

Et véritablement c'est la valeur de *aucun*, dérivé de *aliquis* : *alque, auque, auque un* (*aliquis unus*.) Ainsi le mot *aucun* est par lui-même affirmatif.

Est-il possible que ce même Sostrate, *qui n'a pas craint ni Brennus, ni tous les Gaulois....* (*Am. magn.* I. 1.)

Ah! vous avez plus faim que vous *ne* pensez *pas!* (*L'Et.* IV. 3.)

Ne est l'unique négation que possède la langue française.

Pour l'aider en quelque sorte dans son office, on a déterminé un certain nombre de substantifs monosyllabes, exprimant des objets minimes, des quantités réduites, qui servent de terme de comparaison, et, construits avec *ne*, semblent prendre à son contact la qualité d'adverbes et de négations; mais il ne faut pas s'y tromper. Ces mots sont: *pas, point, rien, mie*; ce sont de vrais substantifs à l'accusatif, complément d'un verbe qui se place entre *ne* et son adjoint. Je *ne* dis *rien*; il *ne* vient *pas*; *ne* mentez *point* (1).

Maintenant il faut savoir que l'on ne donne à *ne* qu'un seul de ces adjoints, de ces adverbes artificiels : *ne pas*; — *ne point*; — *ne mie*; — *ne... rien*. La faute de Martine, dans les *Femmes savantes*, est de joindre à la négation deux de ces suppléments :

« Et tous vos biaux dictons *ne* servent-*pas* de *rien*. » Le *vice d'oraison* ne consiste donc pas à joindre *pas* avec *rien*, comme le prétend Philaminte, mais à joindre *pas* et *rien* avec *ne*.

Cela est si vrai, que Molière a très-souvent fait cette réunion de *ne... pas... rien*. Mais alors il y a toujours deux verbes, l'un qui supporte l'action négative de *ne pas*; l'autre qui commande *rien*.

Les exemples suivants, qui semblent au premier coup d'œil choquer la règle posée par Molière lui-même, analysés d'après ce principe, n'ont plus rien que de très-régulier. On y trouvera partout deux verbes pour les trois mots *ne*, *pas*, *rien*, que la bonne Martine accumulait tous trois sur l'unique verbe *servir*.

. . . . . . Il la gardera bien,
Et *je ne vois pas* lieu d'y *prétendre* plus *rien*. (*L'Et.* III. 2.)
Et tu *n'as pas* sujet de *rien appréhender*. (*Ibid.* V. 7.)
Albert *n'est pas* un homme à vous *refuser rien*. (*Dép. am.* I. 2.)
Et mon dessein *n'est pas* de leur *rien opposer*. (*D. Garcie.* V. 6.)

(1) Si *mentir* n'est plus en français un verbe actif, il l'était en latin, et cela revient au même. *Mentior at si quid....* (Hor. sat.)

Ce *n'est pas* ma coutume que de *rien blâmer*.
(*Crit. de l'Ec. des fem.* 7.)

Nous *n'avons pas* envie aussi de *rien savoir*. (*Mélicerte.* I. 3.)

Auprès de cet objet mon sort est assez doux,
Pour *ne pas consentir* à *rien prendre* de vous. (*Ibid.* II. 6.)

Ce n'est pas mon dessein de me faire épouser par force, et de *rien prétendre* à un cœur qui se seroit donné. (*L'Av.* V. 5.)

Je ne suis *point* un homme à *rien* craindre. (*Ibid.*)

Il ne faut pas qu'il *sache rien* de tout ceci. (*G. D.* I. 2.)

Mon intention *n'est pas* de vous *rien déguiser*. (*Ibid.* III. 8.)

Je *ne veux point* qu'il me *dise rien*. (*Ibid.*)

Ne faites point semblant *de rien*. (*G. D.* I. 2. et *B. gent.* V. 7.)

Dans ce dernier exemple, *rien* est visiblement un substantif au génitif, gouverné par un substantif qui le précède, *semblant*. Ne faites pas semblant de quelque chose, ou qu'il y ait quelque chose.

— PAS, *supprimé :*

Non, *je ne veux du tout* vous voir ni vous entendre. (*Amph.* II. 6.)

A l'occasion de ce vers, j'observe que *du tout*, au sens de *absolument*, *complétement*, ne sert plus que dans les formules négatives; mais que, dans l'origine, on l'employait également pour affirmer :

— *Servite Domino in omni corde vestro.* « Nostre Seigneur Deu *del tut* « (du tout) siwez, e de tut vostre quer servez. » (*Rois.* p. 41.)

PAS, substantif; PAS A PAS, posément :

Vous achèverez seule; et, *pas à pas*, tantôt
Je vous expliquerai ces choses comme il faut. (*Ec. des fem.* III. 2.)

— PAS DEVANT (LE), substantif composé, PRENDRE LE PAS DEVANT :

Du *pas devant* sur moi *tu prendras l'avantage*. (*Amph.* III. 7.)

L'esprit doit sur le corps prendre *le pas devant*. (*Fem. sav.* II. 7.)

Devant n'est pas ici une préposition qui ferait double emploi avec *sur*; *pas-devant* est un mot composé, comme qui dirait le *pas antérieur*. N'a-t-on pas eu tort de laisser perdre cette expression qui n'a aucun équivalent, et dont l'absence oblige à une périphrase?

(Voyez PERDRE LES PAS DE QUELQU'UN.)

— PASSE ; ÊTRE EN PASSE DE :

Nous ne sommes pas encore connues, mais *nous sommes en passe de l'être.* (*Préc. rid.* 10.)

J'ai servi quatorze ans, et je crois *être en passe*
De pouvoir d'un tel pas me tirer avec grâce. (*Fâcheux.* I. 10.)

Et je crois, par le rang que me donne ma race,
Qu'il est fort peu d'emplois *dont je ne sois en passe*. (*Mis.* III. 1.)

Passe s'appelait autrefois, au jeu de mail et de billard, une porte ou arc de fer, par où la boule ou la bille devait passer. Le joueur assez adroit pour s'être placé le plus près de cet arc était *en passe*, c'est-à-dire, sur le point de passer. De là l'expression figurée en parlant d'un homme en mesure de réussir. C'est l'explication de *Trévoux*, qui cite à l'appui les vers du *Misanthrope*.

PASSER ; FAIRE PASSER A QUELQU'UN LA PLUME PAR LE BEC, l'attraper, le duper, sans qu'il puisse se plaindre :

Nous verrons cette affaire, pendard, nous verrons cette affaire. Je ne prétends pas qu'on me fasse *passer la plume par le bec.* (*Scapin*. III. 6.)

« Pour empêcher les oisons de traverser les haies et d'entrer dans les jardins qu'elles entourent, on passe une plume par les deux ouvertures qui sont à la partie supérieure de leur bec. De là le proverbe *passer la plume par le bec;* de là vient aussi l'expression proverbiale d'*oison bridé.* »

(Note de M. AUGER.)

Ainsi, passer à quelqu'un la plume par le bec, signifie le traiter comme un oison.

— PASSER, se passer :

Vous savez que dans celle (1) où *passa* mon bas âge... (*Dép. am.* II. 1.)

(1) Dans la maison.

— PASSER DE, pour *sortir de* :

Il y a cent choses comme cela qui *passent de la tête*. (*Pourc.* I. 6.)

— PASSER (SE) DE, se contenter de, et non *se priver* :

Ce que je trouve admirable, c'est qu'un homme *qui s'est passé* durant sa vie *d'une assez simple demeure* en veuille avoir une si magnifique pour quand il n'en a plus que faire. (*D. Juan.* III. 6.)

PATINEURS :

CLAUDINE. — Ah ! doucement. Je n'aime pas *les patineurs*. (*G. D.* II. 1.)

La racine de ce mot est *patte*, pour *main*.

« Les *patineurs* sont gens insupportables,
« Même aux beautés qui sont très-patinables. » (SCARRON.)

« *Patiner*, manier malproprement. » (TRÉVOUX.)

PATROCINER, du latin *patrocinari*, faire l'avocat :

Préchez, *patrocinez* jusqu'à la Pentecôte. (*Ec. des fem.* I. 1.)

PAYER ; PAYER UN PRIX DE QUELQUE CHOSE :

Non, en conscience, *vous en payerez cela*. (*Méd. m. lui.* I. 6.)

— PAYER DE, alléguer pour excuse :

Tantôt *vous payerez de* quelque maladie
Qui viendra tout à coup, et voudra des délais ;
Tantôt *vous payerez de* présages mauvais. (*Tart.* II. 4.)

Vous nous *payez ici d'excuses* colorées. (*Ibid.* IV. 1.)

« Je le croiray volontiers, pourveu qu'il ne me *donne pas en payement*
« une doctrine beaucoup plus difficile et fantastique que n'est la chose
« mesme. » (MONTAIGNE. II. 37.)

— PAYER POUR (un substantif), payer en qualité de. (Voyez GAGER POUR.)

— PAYEROIT, PAYEREZ, de trois syllabes :

Fût-ce mon propre frère, il me la *payeroit*. (*L'Ét.* III. 4.)
Tantôt vous *payerez* de quelque maladie. (*Tart.* II. 4.)
Et l'on m'a mis en main une bague à la mode,
Qu'après vous *payerez*, si cela l'accommode. (*L'Et.* I. 6.)

Molière, s'il eût été d'usage alors de syncoper les mots, eût mis facilement *que vous pairez après*.

PAYSANNE, de trois syllabes :

Et la bonne *paysanne*, apprenant mon désir.... (*Ec. des fem.* I. 1.)

— de quatre syllabes :

> Et cette *paysanne* a dit, avec franchise,
> Qu'en vos mains à quatre ans elle l'avoit remise. (*Ec. des f.* V. 9.)

— PAYSAN, de trois syllabes :

> Je sais un *paysan* qu'on appeloit Gros-Pierre... (*Ibid.* I. 1.)

— de deux :

> « Que le *paysan* recueille, emplissant à milliers
> « Greniers, granges, chartis, et caves, et celiers. »
> (REGNIER. Sat. XV.)

PAYSANNERIE comme *bourgeoisie* :

J'aurois bien mieux fait ...... de m'allier en bonne et franche *paysannerie*. (*G. D.* I. 1.)

L'Académie dit qu'il est peu usité.

PECQUES :

A-t-on jamais vu, dis-moi, deux *pecques* provinciales faire plus les renchéries que celles-là ? (*Préc. rid.* 1.)

Molière avait rapporté cette expression du Midi, où l'on dit d'un fâcheux dont on ne peut se débarrasser, que c'est un morceau de poix : *es una pegue*.

A moins que *pecque* ne soit une abréviation de *pécore*, ce qui conviendrait mieux au sens de ce passage.

Trévoux dit que *pecq*, en vieux français, signifiait un mauvais cheval. Il aurait bien dû en citer des exemples, s'il en connaissait : pour moi, je ne l'ai jamais vu.

PEINDRE EN ENNEMIS, c'est-à-dire, sous les traits d'ennemis :

> Et me jeter au rang de ces princes soumis,
> Que le titre d'amants lui *peint en ennemis*. (*Pr. d'El.* I. 1.)

Un titre qui peint ne paraît pas une métaphore heureuse.

PEINE ; ÊTRE EN PEINE OÙ ... :

> *Ne soyez point en peine où je vous mènerai.* (*Ec. des fem.* II. 6.)

De savoir où je vous mènerai.

— AVOIR PEINE A, pour *avoir de la peine à*... :

Comment ! il semble que *vous ayez peine à* me reconnoitre !
(*Pourc.* I. 6.)

« *J'ai peine à contempler* son grand cœur dans ces dernières épreuves. »
(Bossuet. *Or. fun. de la R. d'A.*)

Pascal dit pareillement *faire peine*, pour *faire de la peine* :

« La seule comparaison que nous faisons de nous au fini *fait peine*. »
(*Pensées.* p. 122, 298.)

PEINTURE, au lieu de *portrait* :

Je n'ai pas reconnu les traits de *sa peinture*. (*Sgan.* 22.)

Sa peinture ne peut signifier que la peinture dont il est l'auteur, et non la peinture où il a servi de modèle.

(Voyez PORTRAIT; pour *peinture*, *tableau*.)

PÈLERIN, CONNAÎTRE LE PÈLERIN :

Si tu *connoissois le pèlerin*, tu trouverois la chose assez facile pour lui.
(*Don Juan.* I. 1.)

PENSER, substantif masculin :

Le seul *penser* de cette ingratitude
Fait souffrir à mon âme un supplice si rude.... (*Tart.* III. 7.)
Ah ! fasse le ciel équitable
Que ce *penser* soit véritable ! (*Amph.* III. 1.)

Dans l'origine, tous les infinitifs pouvaient jouer le rôle de substantifs, moyennant l'addition de l'article, comme tout adjectif pouvait faire l'office d'adverbe :

« Tous les *marchers*, *toussers*, *mouchers*, *éternuers*, sont différents. »
(Pascal. *Pensées.* p. 213.)

Il est évidemment impossible de substituer ici *démarche*, *toux*, *éternument*; et nous n'avons aucun substantif, même approximatif, pour dire *le moucher*.

— PENSER (verbe) suivi d'un infinitif, pour *être près de* :

Nous avons aussi mon neveu le chanoine, qui a *pensé mourir* de la petite vérole. (*Pourc.* I. 6.)

PENTE, penchant; AVOIR PENTE A... :

La pente qu'a le prince à de jaloux soupçons. (*Don Garcie.* II. 1.)
Un sort trop plein de gloire à nos yeux est fragile,
Et nous laisse *aux soupçons une pente* facile. (*Ibid.* II. 6.)

PERDRE FORTUNE :

> Et les premières flammes
> S'établissent des droits si sacrés sur les âmes,
> Qu'il faut *perdre fortune*, et renoncer au jour,
> Plutôt que de brûler des feux d'un autre amour. (*Fem. sav.* IV. 2.)

Perdre toute fortune. *Fortune* est ici pris au sens le plus large du latin *fortuna*; il ne s'agit pas seulement des biens de la fortune, mais de tout ce qui constitue ici-bas la félicité. C'est en quoi l'expression *perdre fortune* diffère de *perdre sa fortune*.

— **PERDRE L'ATTENTE** de quelque chose. (Voyez NE PERDRE QUE L'ATTENTE.)

— **PERDRE LES PAS DE QUELQU'UN**, perdre sa trace :

> Il m'est, lorsque j'y pense, avantageux sans doute
> D'avoir *perdu ses pas* et pu manquer sa route. (*Ec. des f.* II. 1.)

— **PERDRE TEMPS :**

> Monsieur, *j'ai perdu temps*, votre homme se dédit. (*L'Et.* III. 2.)

> « Je vais, sans *perdre temps*, y disposer Oronte. »
> (CORNEILLE. *La Galerie du Palais*.)

M. Auger blâme cette locution comme équivoque : est-ce perdre *du* temps, ou perdre *son* temps? La critique est bien vétilleuse, et l'équivoque du sens, argument spécieux auquel on recourt beaucoup trop souvent, n'est presque jamais à craindre.

PÉRICLITER, absolument, courir un danger, risquer :

> Mais croyez-vous, maître Simon, qu'il n'y ait rien à *péricliter* ?
> (*L'Av.* II. 1.)

Rien à risquer en faisant cette affaire? croyez-vous que je n'expose rien?

PERSONNE, suivi d'un adjectif, d'un pronom ou d'un participe au masculin :

> *Personne* ne t'est *venu* rendre visite? (*Crit. de l'Ec. des fem.* 1.)

> La complaisance est trop grande, de souffrir indifféremment toutes sortes de *personnes*. — Je goûte *ceux* qui sont raisonnables, et me divertis des *extravagants*. (*Ibidem*.)

Jamais je n'ai vu *deux personnes* être si *contents* l'un de l'autre.
·(*Don Juan.* I. 2.)

Il s'agit d'un amant et de sa fiancée.

Des vers tels que la passion et la nécessité peuvent faire trouver à *deux personnes* qui disent les choses *d'eux-mêmes* et parlent sur-le-champ.

(*Mal. im.* II. 6.)

— PERSONNE DU MONDE, personne absolument :

Quoi, cousine, personne ne t'est venu rendre visite? — *Personne du monde.* (*Crit. de l'Ec. des femmes.* 1.)

On observera que le mot *personne* est affirmatif de soi ; il sert ici à nier, parce que la pensée le rattache à la négation renfermée dans l'ellipse : personne *n*'est venu me rendre visite.

PERSONNE. Verbe à une autre personne que son sujet :

VALÈRE. Je vous demande si ce n'est pas *vous* qui *se nomme* Sganarelle.
SGAN. En ce cas, c'est *moi* qui se *nomme* Sganarelle. (*Méd. m. lui.* I. 6.)

Plus loin, Molière a mis, en observant le rapport des personnes :

Ouais! seroit-ce bien *moi* qui me *tromperois ?* (*Ibid.*)
Et que me diriez-vous, monsieur, si c'était *moi*
Qui vous *eût* procuré cette bonne fortune? (*Dépit am.* III. 7.)
Ce ne seroit pas *moi* qui *se feroit* prier. (*Sgan.* 2.)

Racine a dit pareillement :

« Il ne voit dans son sort que *moi* qui *s'intéresse.* » (*Britannicus.*)

Les grammairiens, depuis Vaugelas, ont décidé qu'il faut toujours le verbe à la première personne, parce que le pronom y est. La raison paraît douteuse, car il y a aussi un autre verbe qui est placé le premier, et qui est à la troisième personne. Pourquoi l'accord ne se ferait-il pas aussi bien avec ce premier verbe qu'avec le pronom qui le suit ?

Celui qui se nomme Sganarelle, c'est moi ; — celui qui vous a procuré cette bonne fortune, c'est moi ; — celle qui se ferait prier, ce ne serait pas moi : — voilà comme on serait obligé de parler pour satisfaire la logique. Et parce que l'ordre des mots est renversé, le rapport des termes de l'idée change-t-il aussi? Non sans doute. La facilité que laissait l'usage du XVIIe siècle me semble donc, en principe, plus raisonnable que la loi étroite du xixe. Il est certain d'ailleurs que cette rigueur ne produirait pas toujours un bon effet dans l'application. Par exemple, il n'en coûtait pas davantage à Racine de mettre :

> Il ne voit dans ses pleurs que moi qui *m'intéresse*.

Mais la pensée ne se présente plus du tout de même. Junie ne veut pas dire : Moi seule je m'intéresse dans ses pleurs ; mais : Qui est-ce qui s'intéresse dans ses pleurs ? — Moi seule. Dans la première tournure, l'idée qui frappe d'abord, c'est la personne de Junie ; dans la seconde, c'est l'isolement et l'abandon de Britannicus. L'une est propre à irriter Néron, l'autre à le désarmer.

Ces délicatesses font le caractère des grands écrivains ; et les despotes de la grammaire, avec leur précision géométrique, tendent à les rendre impossibles : ils matérialisent la langue.

PESTE ; LA PESTE SOIT, LA PESTE SOIT FAIT ; exclamation, suivie du nominatif ; LA PESTE DE :

> *La peste le coquin ! La peste le benêt !* (*Don Juan.* III. 6. et V. 2.)
>
> *Peste soit le coquin*, de battre ainsi sa femme ! (*Méd. m. l.* I. 2.)

C'est une inversion : que le coquin soit la peste, c'est-à-dire, soit empesté, devienne la peste elle-même.

> *La peste soit fait l'homme* et sa chienne de face ! (*Éc. des f.* IV. 2.)
>
> *La peste de ta chute*, empoisonneur au diable ! (*Mis.* I. 2.)
>
> Peste *du* fou fieffé ! — Peste *de* la carogne ! (*Méd. m. lui.* I. 1.)

PÉTAUD ; LA COUR DU ROI PÉTAUD :

> Et c'est tout justement *la cour du roi Pétaud*. (*Tart.* I. 1.)

Les commentateurs, avec assez d'apparence, veulent que ce soit la cour du roi *Peto*, du roi des mendiants, où règnent le désordre et la confusion. Le mot *pétaudière* confirme l'autre orthographe.

PETITE OIE, terme de toilette :

> MASCARILLE. Que vous semble de ma *petite oie ?* la trouvez-vous congruante à l'habit ? (*Préc. rid.* 10.)

« *Petite oye* est ce qu'on retranche d'une oye quand on l'habille pour la faire rostir, comme les pieds, les bouts d'aile, le cou, le foye, le gesier. » (Trévoux.) C'est ce qu'on appelle aujourd'hui *un abatis*.

Par une métaphore facile à comprendre, *petite oie* a désigné les accessoires de la toilette, plumes, rubans, dentelles, dont à cette époque le costume masculin était fort chargé :

« Ne vous vendrai-je rien, monsieur ? des bas de soie,
« Des gants en broderie, ou quelque *petite oie ?* »
(Corneille. *La Galerie du Palais.*)

La petite oie signifiait aussi, par une métaphore analogue, les plus légères faveurs de l'amour.

PETONS, diminutif de *pieds :*

Ah ! que j'en sais, belle nourrice,..... qui se tiendroient heureux de baiser seulement les petits bouts de vos *petons !* (*Méd. m. l.* III. 3.)

(Voyez BOUCHON.)

PEU pour *un peu :*

Vous le voyez : sans moi vous y seriez encore,
Et vous aviez besoin de *mon peu d'ellébore.* (*Sgan.* 22.)

La suivante veut dire : Vous aviez besoin de ce peu de jugement que m'a départi le ciel. Mais, à prendre sa phrase dans le sens ordinaire de cette tournure, elle dirait : Vous aviez besoin que j'eusse peu de jugement.

Votre peu de foi vous a perdu. — Vous êtes perdu pour avoir eu trop peu de foi. C'est le sens régulier.

Votre peu de foi vous a sauvé. C'est-à-dire, il vous a suffi d'un peu de foi pour être sauvé. C'est le sens exceptionnel que donne ici Molière à cette façon de parler. L'équivoque, sans compter l'usage, ne permet pas de l'admettre.

Voltaire parle plus correctement que Molière, quand il fait dire à Omar :

« Je voulus le punir, quand *mon peu de lumière*
« Méconnut ce grand homme entré dans la carrière. »
(*Mahomet.* I, 4.)

— QUELQUE PEU :

J'en avois fait à sa mère *quelque peu* d'ouverture. (*L'Av.* II. 3.)

PEUR DE, adverbialement, de peur de :

ALAIN.
J'empêche, *peur du chat*, que mon moineau ne sorte.
(*Ec. des fem.* I. 2.)

On dit de même, mais légitimement, *faute de, crainte de*. — *Manque de*, souvent employé par Pascal, est aujourd'hui hors d'usage. Toutes ces locutions sont autant d'accusatifs ou d'ablatifs absolus. Si l'on admet les unes, il paraît inconséquent de rejeter les autres, d'approuver *faute de*, et de blâmer *peur de*. On allègue l'usage ; mais, en bonne grammaire, l'usage nouveau ne devrait point établir de prescription définitive, surtout contre la logique appuyant l'ancien usage.

PEUT-ÊTRE... ET QUE :

Peut-être a-t-il dans l'âme autant que moi de crainte,
Et que le drôle parle ainsi,
Pour me cacher sa peur sous une audace feinte. (*Amph.* I. 2.)

PHILOSOPHE, adjectif comme *philosophique* :

Ce chagrin *philosophe* est un peu trop sauvage. (*Mis.* I. 1.)

Et je crois qu'à la cour, aussi bien qu'à la ville,
Mon flegme est *philosophe* autant que votre bile. (*Ibid.*)

Qu'il a bien découvert ici son caractère,
Et que peu *philosophe* est ce qu'il vient de faire. (*Fem. sav.* V. 5.)

« C'étoit la partie la moins *philosophe* et la moins sérieuse de leur vie. »
(PASCAL. *Pensées*.)

« Le plus *philosophe* étoit de vivre simplement. » (ID. *Ibid.*)

— PHILOSOPHE, substantif féminin :

C'est *une philosophe* enfin ; je n'en dis rien. (*Fem. sav.* II. 8.)

PHLÉBOTOMISER, archaïsme, pour *saigner* :

1er MÉDECIN. Je suis d'avis qu'il soit *phlébotomisé* libéralement.
(*Pourc.* I. 11.)

PIC ou PIQUE, aux cartes :

Molière écrit les deux :

O la fine pratique !
Un mari confident ! — Taisez-vous, *as de pique* ! (*Dép. am.* V. 9.)
Dame et roi de carreau, dix et dame de *pique*. (*Fâcheux.* II. 2.)
Mais lui faisant un *pic*, je sortis hors d'effroi. (*Ibid.*)
Il ne m'en faut que deux, l'autre a besoin d'un *pic*. (*Ibid.*)

Molière altère ici l'orthographe pour le besoin de la rime. *Pic,* ainsi figuré, signifie autre chose que *pique* : c'est un terme du jeu de piquet : *pic, repic et capot* :

Vous allez faire *pic, repic et capot* tout ce qu'il y a de galant dans Paris. (*Préc. rid.* 10.)

« Philis, contre la mort vainement on réclame :
« Tôt ou tard qui s'y joue est fait *pic et capot.* » (Benserade.)

PIÈCE ; BONNE PIÈCE, ironiquement :

Taisez-vous, *bonne pièce!* (*G. D.* I. 6.)

(Voyez BON.)

— FAIRE UNE PIÈCE, jouer un tour :

Cet homme-là est un fourbe qui m'a mis dans une maison pour se moquer de moi, et *me faire une pièce*. (*Pourc.* II. 4.)

C'est une *pièce que l'on m'a faite*, et je n'ai aucun mal. (*Ibid.* I. 7.)

Ce sont des *pièces* qu'on lui fait. (*Ibid.* III. 9.)

« Ce ne fut pas sans la garder bonne à Ésope, qui tous les jours *faisoit de nouvelles pièces à son maître.* » (La Font. *Vie d'Esope.*)

PIED ; METTRE SOUS LES PIEDS, pour *mépriser, négliger :*

Moquons-nous de cela, méprisons les alarmes,
Et *mettons sous nos pieds* les soupirs et les larmes. (*Sgan.* 18.)

— PIED A PIED, pas à pas, petit à petit :

Pied à pied vous gagnez mes résolutions. (*B. Gent.* III. 18.)

PILULE ; DORER LA PILULE :

Le seigneur Jupiter sait *dorer la pilule.* (*Amph.* III. 11.)

PIMPESOUÉE :

Voilà une belle mijaurée, une *pimpesouée* bien bâtie, pour vous donner tant d'amour ! (*B. gent.* III. 9.)

« *Pimpesouée*, femme qui montre des prétentions, avec de petites manières affectées et ridicules. *Pimpesouée* vient probablement du vieux verbe *pimper*, qui signifie *parer, attifer,* dont il nous reste *pimpant*, et du vieil adjectif *souef, souefve,* qui vouloit dire *doux, agréable.* » (M. Auger.)

Cette étymologie ne manque pas de vraisemblance; il ne reste plus qu'à trouver quelque part le vieux verbe *pimper*. J'avoue que, pour moi, je ne l'ai jamais rencontré; mais c'est un mot vraisemblable.

Ménage veut que *pimpant* soit dit pour *pompant*. Il est certain qu'on disait, dans le latin du moyen âge, *pompare*, pour *superbire, gloriari* :

« Grandisonis *pompare* modis tragicoque boatu. » (Sedulius.)

(Voyez Du Cange au mot POMPARE.)

Sur l'étymologie de *mijaurée*, je ne trouve rien de satisfaisant.

PIQUÉ, au figuré ; AVOIR L'AME PIQUÉE DE QUELQUE CHOSE :

Pour mettre en mon pouvoir certaine Égyptienne
Dont j'ai l'âme piquée, et qu'il faut que j'obtienne. (*L'Et.* V. 6.)

PIS, au neutre, quelque chose de pis :

La prose est *pis* que les vers. (*Impromptu de Versailles.* 1.)

Il s'agit de savoir, de la prose ou des vers, quel est le plus difficile à retenir par cœur; Molière décide que la prose est, à cet égard, *pis* que les vers.

Pire que les vers, marquerait la prééminence relative de la prose, ce dont il n'est pas question. *Pire* s'accorderait avec *prose*; *pis*, au neutre, se rapporte à l'idée de *retenir par cœur*.

C'est l'observation encore plus instinctive que raisonnée de ces nuances délicates qui fait l'habile écrivain.

PLAIDERIE :

Je verrai dans cette *plaiderie*
Si les hommes auront assez d'effronterie... (*Mis.* I. 1.)

La racine est *plaid* :

« Tous les jours le premier aux *plaids*, et le dernier! »
(Racine. *Les Plaideurs*.)

On ne dit plus que *plaidoirie*.

PLAINTE ; MURMURER A PLAINTE COMMUNE, murmurer ensemble, pour le même sujet :

> Nous nous voyons sœurs d'infortune ;
> Et la vôtre et la mienne ont un si grand rapport,
> Que nous pouvons mêler toutes les deux en une,
> Et dans notre juste transport
> *Murmurer à plainte commune.* (*Psyché.* I. 1.)

A plainte commune est dit comme *à frais communs.*

☦ **PLAISANT**, qui plaît, agréable. Archaïsme :

> AGNÈS.
> C'est une chose, hélas ! si *plaisante* et si douce! (*Ec. des fem.* II. 6.)

« Le *plaisant* dialogue du *legislateur* de Platon, avecques ses concitoyens,
« fera honneur à ce passage. » (MONTAIGNE. II. 7.)

« Entre les livres simplement *plaisants*, je treuve des modernes le De-
« cameron de Boccace, etc... » (ID. *Ibid.* 10.)

Livres plaisants, c'est-à-dire qui n'apportent que du plaisir, de l'agrément, qu'on lit uniquement pour s'amuser.

« . . . . . . Une perception soudaine et vive qui se fait d'abord en
« nous, à la présence des objets *plaisants* et fâcheux. »
(BOSSUET. *Connaissance de Dieu.*)

On s'est permis, dans l'édition in-12 de 1846, de substituer « objets *agréables ou déplaisants.* » On ne saurait trop vivement blâmer ces témérités, qui n'iraient pas à moins qu'à transformer tous les dix ans les textes les plus précieux et vénérables.

PLANTUREUX, archaïsme, abondant :

> Que les saignées soient fréquentes et *plantureuses.* (*Pourc.* I. 11.)

On devrait écrire *plentureuses* par un *e*, la racine de ce mot étant, non pas *plante*, mais *plenté*, syncopé de *plenitatem* :

> « Vous aurez du foin assez,
> « Et de l'avoine *à plenté.* » (*Prose de l'Asne.*)

Et non *à planter*, comme je l'ai vu imprimé. Les ânes mangent de l'avoine, mais ils n'en plantent point ; au rebours des hommes.

PLATRER, métaphoriquement, dans le sens où nous disons aujourd'hui *replâtrer*, *dissimuler* :

Jusqu'ici vous avez joué mes accusations, ébloui vos parents, et *plâtré vos malversations.* (*G. D.* III. 8.)

Aussi ne vois-je rien qui soit plus odieux
Que *le dehors plâtré* d'un zèle spécieux. (*Tart.* I. 6.)

Boileau se sert pareillement du substantif *plâtre*, au figuré :

« Ses bons mots ont besoin de farine et de *plâtre.* »

PLEIN, complet :

Il est bien des endroits où la *pleine franchise*
Deviendroit ridicule, et seroit peu permise. (*Mis.* I. 1.)

Cette *pleine droiture* où vous vous renfermez. (*Ibid.*)

C'est un haut étage de vertu que cette *pleine insensibilité* où ils veulent faire monter notre âme. (*Préf. de Tartufe.*)

« Que l'homme contemple donc la nature dans sa haute et *pleine ma-*
« *jesté!* » (PASCAL. *Pensées.*)

« La promesse que J. C. nous a faite de rendre sa *joie pleine* en nous. »
(ID. *Ibid.*)

(Voyez A PLEIN.)

— **PLEIN D'EFFROI**, au sens actif, c'est-à-dire qui remplit d'effroi :

Et qu'on s'aille former *un monstre plein d'effroi*
De l'affront que nous fait son manquement de foi ?
(*Éc. des fem.* IV. 8.)

PLUS pour *le plus*, au superlatif :

Mais je vais employer mes efforts *plus puissants*,
Remuer terre et ciel, m'y prendre de tous sens... (*L'Et.* V. 12.)

Si vous leur dérobez leurs conquêtes *plus belles*,
Et de tous leurs amants faites des infidèles. (*Ibid.* V. 13.)

Le remède *plus* prompt où j'ai su recourir. (*Dép. am.* III. 1.)

Mais ce qui *plus* me plaît d'une attente si chère... (*D. Garcie.* I. 3.)

C'est lors que *plus* il m'aime. (*Ibid.* II. 1.)

Qui est *plus criminel* à votre avis, ou celui qui achète un argent dont il a besoin, ou bien celui qui vole un argent dont il n'a que faire ?
(*L'Avare.* II. 3.)

« Quatre cent mille soldats qu'elle entretenoit étoient ceux de ses ci-
« toyens qu'elle (l'Égypte) exerçoit avec *plus* de soin. »
(Bossuet, *Hist. un.* IIIe partie.)

« Chargeant de mon débris les reliques *plus chères*. »
(Racine. *Bajazet*.)

Cette façon de parler commençait dès lors à vieillir, et l'on ne tarda pas à la proscrire ; mais au XVIe siècle, et surtout au moyen âge, on ne s'en faisait aucun scrupule :

« L'honneur, qui sous faux titre habite avecque nous,
« Qui nous ôte la vie et les plaisirs *plus doux*. » (Regnier. Sat. VI.)

« Estant là, je furète aux recoins *plus cachés*. » (*Ibid*.)

« Les gens du monde pour la santé où il avoit *plus* de fiance (Charles V),
« c'estoit en bons maistres medecins. » (Froissart. *Chron.* II. 70.)

« Gentis rois, dit la dame, par Deu qui maint là sus,
« Je vos commant la rien el monde que j'aim *plus*. »
(*Chans. des Saxons*. I. 85.)

Je vous recommande la chose que j'aime le plus au monde.

« Donez l'or et l'argent, et le vair et le gris ;
« Car doner est la rien qui *plus* monte à haut pris. » (*Ibid*. I. 85.)

« Vous estes, fais-je, du lignage
« D'icy entour *plus* à louer. » (*Pathelin*.)

Du lignage des environs le plus à louer.

PLUT A DIEU, suivi de l'infinitif :

Plût à Dieu l'avoir tout à l'heure, devant tout le monde (le fouet), et savoir ce qu'on apprend au collége ! (*B. gent*. III. 3.)

POIDS ; LE POIDS D'UNE GRIMACE :

Le poids de sa grimace, où brille l'artifice,
Renverse le bon droit et tourne la justice. (*Mis*. V. 1.)

(Voyez TOURNER LA JUSTICE, et MÉTAPHORES VICIEUSES.)

— LE POIDS D'UNE CABALE :

Et, pour moins que cela, *le poids d'une cabale*
Embarrasse les gens dans un fâcheux dédale. (*Tart*. V. 3.)

Pascal a dit, *le poids de la vérité* :

« Il est sans doute que *le poids de la vérité* les déterminera incontinent à
« ne plus croire à vos impostures. » (15e *Prov*.)

La métaphore d'un poids qui détermine la balance à pencher à droite ou à gauche, est juste; celle d'un poids qui embarrasse dans un dédale, ne l'est pas.

— METTRE DU POIDS A QUELQUE CHOSE, y attacher de l'importance :

> Mon père est d'une humeur à consentir à tout;
> Mais *il met peu de poids* aux choses qu'il résout. (*Fem. sav.* I. 3.)

POINT, surabondant avec *aucun :*

> On ne doit *point* songer à garder *aucunes* mesures. (*D. Juan.* III. 5.)

Aucun étant exactement synonyme de *quelque*, il n'y a pas ici de faute contre le génie de la langue; mais j'avoue qu'il y en a une contre l'usage, qui est vicieux, de considérer *aucun* comme renfermant une négation.

(Voyez PAS.)

— POINT D'AFFAIRES, exclamation elliptique dont le sens est sans doute celui-ci : Point d'affaires entre nous! je ne vous écoute pas :

> *Point d'affaires!* je suis inexorable. (*G. D.* III. 8.)
>
> De la louange, de l'estime, de la bienveillance en paroles, et de l'amitié, tant qu'il vous plaira; mais de l'argent, *point d'affaires.* (*L'Av.* II. 5.)

POMMADER, faire de la pommade :

> Que font-elles? —De la pommade pour leurs lèvres. — C'est trop *pommadé*. Dites-leur qu'elles descendent. (*Préc. rid.* 3.)

Cet emploi du participe passé, avec *trop* et *assez*, est remarquable, encore que très-usuel : c'est assez bu; c'est assez causé; c'est trop pommadé.

PORTE ; ENTRER DANS UNE PORTE :

> *Entrez dans cette porte*, et laissez-vous conduire.
> (*Ec. des fem.* V. 3.)

Il est incommode et fâcheux que nous soyons réduits à un seul mot pour exprimer l'ouverture pratiquée dans la muraille et la pièce de menuiserie destinée à la fermer. Les Latins avaient *porta* et *janua*, auxquels correspondaient, dans notre vieille langue, *porte* et *huis* (1). Mais depuis qu'on a banni le second, il faut bien que l'autre fasse un double service, et désigne à la fois les deux choses contraires.

— LA PORTE DES RESSORTS. (Voyez RESSORTS à l'article MÉTAPHORES VICIEUSES.)

PORTE-RESPECT :

Foin! que n'ai-je avec moi pris mon *porte-respect!* (*L'Et.* III. 9.)

Je ne sais trop ce qu'entend Lélie par ce terme, si ce n'est un bâton ; mais comment la défense d'un bâton est-elle regrettable à qui porte deux pistolets et une épée ?

Mais vienne qui voudra contre notre personne :
J'ai deux bons pistolets, et mon épée est bonne. (*Ibid.*)

PORTER, pour *porter en soi, avec soi* :

Un dieu *qui porte les excuses* de tout ce qu'il fait : l'Amour.
(*L'Av.* V. 3.)

— PORTER DU CRIME DANS..., en mettre où il n'y en a pas :

Il n'y a chose si innocente où les hommes ne puissent *porter du crime.*
(*Préf. de Tartufe.*)

— PORTER DU SCANDALE, causer, entraîner du scandale :

Après son action, qui n'eut jamais d'égale,
Le commerce entre nous *porteroit du scandale.* (*Tart.* IV. 1.)

— PORTER UN AIR :

Et partout *porte un air* qui saute aux yeux d'abord. (*Mis.* I. 1.)

Ce monsieur Loyal *porte un air* bien déloyal ! (*Tart.* V. 4.)

PORTEUR DE HUCHET :

Dieu préserve, en chassant, toute sage personne
D'un *porteur de huchet* qui mal à propos sonne ! (*Fâcheux.* II. 7.)

Le huchet est un petit cor de chasseur ou de postillon, qui sert à *hucher* (appeler) les chiens.

---

(1) On les confondait souvent dans l'usage; mais enfin *huis*, d'après sa racine *uscire*, *sortir*, marquait *l'ouverture* qu'on fermait avec la *porte*.

PORTRAIT, pour *peinture, tableau.* LE PORTRAIT D'UN COMBAT :

> Je dois aux yeux d'Alcmène *un portrait* militaire
> Du grand combat qui met nos ennemis à bas. (*Amph.* I. 1.)

(Voyez PEINTURE pour *portrait*.)

— PORTRAIT D'UN CŒUR :

> Nous allons en tous lieux
> Montrer *de votre cœur le portrait glorieux.* (*Mis.* V. 4.)

POSSIBLE, adverbe, peut-être :

> Son heure doit venir, et c'est à vous, *possible*,
> Qu'est réservé l'honneur de la rendre sensible. (*Pr. d'El.* I. 4.)

Primitivement tous les adjectifs s'employaient aussi comme adverbes ; notre langue en a conservé de nombreux exemples : *voir clair; frapper fort; tenir ferme; partir soudain*, etc. Il n'y a aucune raison pour que *possible* soit exclu de ce privilége. La Fontaine l'y maintenait :

> « Ils ne cédoient à pas une nonnain
> « Dans le désir de faire que madame
> « Ne fût honteuse, ou bien n'eût dans son âme
> « Tel récipé, *possible*, à contre-cœur. » (*L'Abbesse malade.*)

« Deux ou trois de ses officiers et autant de femmes se promenoient à « cinq cents pas d'elle, et s'entretenoient *possible* de leur amour. »
(LA FONT. *Amours de Psyché.* liv. II.)

« *Possible* personne qu'elle n'étoit descendue sous cette voûte depuis « qu'on l'avoit bâtie. » (ID. *Ibid.*)

— POSSIBLE QUE, peut-être que... :

> *Possible que*, malgré la cure qu'elle essaie,
> Mon âme saignera longtemps de cette plaie. (*Dép. am.* IV. 3.)

POSTE :

« Poste aussi, avec une diction possessive (un pronom possessif), signifie *façon, manière, volonté, guise,* comme : Il est fait *à ma poste;* il luy a aposté ou baillé des tesmoins faits *à sa poste.*

« Et quand il n'est joinct à telles particules possessives, il signifie *pourpensé, atiltré,* comme : cela est faict *à poste.* »
(NICOT.)

TOINETTE. J'avois songé en moi-même que ç'auroit été une bonne affaire de pouvoir introduire ici un médecin *à notre poste,* pour le dégoûter de son monsieur Purgon. (*Mal. im.* III. 2.)

« Que Martial retrousse Venus *à sa poste*, il n'arrive pas à la faire pa-
« roistre si entiere. » (MONTAIGNE. III. 5.)

« Un valet qui les escrivit soubs moy pensa faire un grand butin de
« m'en desrober plusieurs pieces choisies *à sa poste.* » (ID. II. 37.)

« Dieu fasse paix au gentil Arioste,
« Et daigne aussi mettre en lieu de repos
« Jean la Fontaine, auteur fait *à la poste*
« Du Ferrarois, adoptant ses bons mots. » (SENECÉ. *Camille.*)

A la guise, sur le modèle, dans le goût de l'Arioste.

Les Italiens disent aussi *a mia posta*, et, sans pronom possessif, *alla posta, apposta* :

« Ha la bocca fatta *apposta*
« Pel servizio della posta. » (*Duo de Guglielmi.*)

Il a la bouche faite *à poste* pour le service de la poste.

On pourrait croire que nous leur avons emprunté cette expression ; mais elle existait dans notre langue depuis un temps bien reculé, avec des acceptions diverses. *Posta*, dans les actes du moyen âge, signifie une station, un lieu désigné, *un poste*, et *volonté, gré, convenance.*

Dans les ordonnances du roi Jean (1355), on trouve *faire fausse poste*, pour *aposter*, qui alors n'était pas encore créé. Il s'agit des revues de troupes, où l'on faisait figurer de faux soldats, des hommes *apostés*, des soldats *postiches* :

« Nous avons ordené et ordenons que nul ne face fausse
« poste, sur peine de perdre chevaux et hernois..... avons or-
« dené et ordenons, pour eschiver les *fausses postes*..... »
(*Ap.* CANC. in *Posta*.)

Postiquer, postiqueur, c'était, au sens propre, courir la poste, postillon ; au figuré, fourber, intriguer ; un intrigant.

Le poste d'un couvent, d'un collége, était le coureur, le messager de la maison.

De cette famille il nous reste *la poste; poster, aposter;* et *postiche.*

POSTURE (position), soit en bonne, soit en mauvaise part :

C'est un placet, monsieur, que je voudrois vous lire,
Et que, dans la *posture* où vous met votre emploi,
J'ose vous conjurer de présenter au roi. (*Fâcheux.* III. 2.)

Un duel met les gens en mauvaise *posture*. (*Ibid.* II. 10.)

Mes affaires y sont en fort bonne *posture*. (*Éc. des fem.* I. 6.)

POT ; TOURNER AUTOUR DU POT :

A quoi bon tant barguigner, et tant *tourner autour du pot ?* (*Pourc.* I. 7.)

Cette métaphore est du style de Pourceaugnac et de Petit-Jean :

« ... Eh ! faut-il tant *tourner autour du pot ?* »
(*Les Plaideurs.* III. 3.)

— POTS CASSÉS ; PAYER LES POTS CASSÉS DE QUELQUE CHOSE :

Un cordonnier, en faisant des souliers, ne sauroit gâter un morceau de cuir qu'il n'en *paye les pots cassés*. (*Méd. m. lui.* III. 1.)

Cette expression proverbiale fait allusion à un jeu usité au moyen âge parmi les enfants. Ce jeu consistait à faire circuler rapidement, de proche en proche, un pot qu'il fallait élever en l'air avant de le transmettre à son voisin. Il se trouvait quelque maladroit qui le laissait tomber, et celui-là payait les pots cassés.

Menot parle de ce jeu :

« Le diable et le monde font comme les enfants qui jouent à la balle ou
« au pot cassé : ils se le passent de main en main ; un des joueurs le lève
« bien haut et le laisse tomber, et le pot vole en éclats (1). »

POTAGE ; POUR TOUT POTAGE, au sens figuré, uniquement :

Vous n'êtes, *pour tout potage*, qu'un faquin de cuisinier. (*L'Av.* III. 6.)

La Fontaine s'est servi, dans cette locution, du mot *besogne* au lieu de *potage*. Le renard invite à dîner *madame la cigogne* :

---

(1) « Diabolus et mundus faciunt sicut faciunt pueri ludentes ad pilam vel ad potum
« fractum : dant illum de manu in manum ; elevabit quis potum alte, et cadere dimittet,
« et sic frangetur. » (*Sermones*, fol. 15.)

« Le galant, *pour toute besogne*,
« Avoit un brouet clair ; il vivoit chichement. »

(*Le Renard et la Cigogne.*)

Ailleurs il dit, *pour tout mets* :

« Le renard dit au loup : Notre cher, *pour tout mets*
« J'ai souvent un vieux coq ou de maigres poulets. »

(*Le Loup et le Renard.*)

POULE LAITÉE :

Avec leur ton de *poule laitée* ; et leurs trois petits brins de barbe relevés en barbe de chat ! (*L'Av.* II. 7.)

« On dit, pour se moquer d'un lâche, d'un sot qui se mêle du ménage des femmes ; que c'est une *poule mouillée*, une *poule laitée*, un *tâte-poules*. » (TRÉVOUX.)

POUR, faisant l'office de *seulement* :

On nous fait voir que Jupiter n'a pas aimé *pour* une fois.

(*Pr. d'El.* II. 1.)

On est faite d'un air, je pense, à pouvoir dire
Qu'on n'a pas *pour* un cœur soumis à son empire. (*Fem. sav.* II. 3.)

Pourquoi ces façons de parler sont-elles tout à fait hors d'usage, et cependant maintient-on encore *pour* dans cette cette locution : Cela peut passer *pour une fois*, c'est-à-dire, une fois seulement? Ce sont là des inconséquences que les écrivains devraient tâcher d'empêcher, ou de corriger.

— POUR, au point de, jusqu'à :

Ma foi, me trouvant las *pour* ne pouvoir fournir
Aux différents emplois où Jupiter m'engage.... (*Amph.* prol.)

— POUR, en qualité de :

Je suis auprès de lui gagé *pour serviteur* ;
Me voudriez-vous encor gager *pour précepteur* ? (*L'Et.* I. 9.)

Et vous l'avez connu *pour gentilhomme*. (*B. gent.* IV. 5.)

Cet emploi de *pour* est encore usuel dans cette phrase, par exemple : Prendre *pour* domestique. Connaître *pour* gentilhomme, gager *pour* précepteur, ne sont guère que des applications du même principe. Ce qui appauvrit les langues, c'est justement de restreindre la valeur générale d'un mot à quelques formules particulières. Molière, non plus que Bossuet, ne se laisse jamais garrotter dans ces entraves, et c'est là peut-être le caractère essentiel de leur langue, et ce qui lui donne tant d'ampleur.

Les Espagnols emploient de même *por* devant un adjectif. Tirso de Molina intitule une de ses pièces : « El condemnado *por desconfiado*. » *Le damné pour déconfès*, pour être mort sans confession, en qualité de déconfès.

— POUR (un infinitif) marquant, non le but, mais la cause, comme *parce que :*

Moi. . . . .
Trahir mes sentiments, et, *pour être en vos mains*,
D'un masque de faveur vous couvrir mes dédains!
(*D. Garcie.* II. 6.)

Parce que je suis en vos mains, et non *afin d'être en vos mains.*

Je hais ces cœurs pusillanimes, qui, *pour trop prévoir* les suites des choses, n'osent rien entreprendre. (*Scapin.* III. 1.)

Parce qu'ils prévoient trop.

Tous les désordres, toutes les guerres n'arrivent que *pour n'apprendre pas* la musique. (*B. gent.*)

Parce qu'on n'apprend pas, et non, *afin de ne pas apprendre.*

C'est *pour nous attacher* à trop de bienséance
Qu'aucun amant, ma sœur, à nous ne veut venir. (*Psyché.* I. 1.)

Parce que nous nous attachons, et non, *afin de nous attacher.*

Et je ne fuis sa main que *pour le trop chérir.* (*Fem. sav.* V. 5.)

On ne s'avise point de défendre la médecine *pour avoir été bannie de Rome*, ni la philosophie *pour avoir été condamnée publiquement dans Athènes.* (*Préf. de Tartufe.*)

Parce qu'elle a été bannie, *parce qu'elle* a été condamnée.

Pascal dit de même :

« La durée de notre vie n'est-elle pas également et infiniment éloignée
« de l'éternité *pour durer dix ans davantage ?* » (*Pensées.* p. 298.)

C'est-à-dire : Notre vie, parce qu'elle aura duré dix ans de plus ou de moins, ne sera-t-elle pas toujours aussi éloignée de l'éternité? Ce tour, dans Pascal, me paraît un peu obscur, peut-être à cause de la désuétude.

« Et comment est-il possible, reprit Ésope, que vos juments entendent
« de si loin nos chevaux hennir, et conçoivent *pour les entendre?* »
(La Font. *Vie d'Esope.*)

— POUR-, uni à l'auxiliaire *être*. (Voyez ÊTRE POUR.)

— POUR L'AMOUR DE, en mauvaise part :

Que tous ces jeunes fous me paroissent fâcheux !
Je me suis dérobée au bal *pour l'amour d'eux*. (*Ec. des mar.* III. 9.)

— POUR CERTAIN :

Tous les bruits de Léon annoncent *pour certain*
Qu'à la comtesse Ignès il va donner la main.   (*D. Garcie.* I. 2.)

— POUR CE QUI EST DE CELA, sans relation à rien, et en forme d'exclamation, comme *en vérité :*

Pour ce qui est de cela, la jalousie est une étrange chose! (*G. D.* I. 6.)

POURQUOI..., ET QUE... :

GEORGETTE.

Oui; mais *pourquoi* chacun n'en fait-il pas de même,
Et que nous en voyons qui paroissent joyeux
Lorsque leurs femmes sont avec les beaux monsieux?
(*Ec. des fem.* II. 3.)

Le second vers répond à cette tournure : *et comment se fait-il que...* Rien n'est plus naturel que ce changement subit de construction au milieu d'une phrase, comme rien n'est plus fréquent dans le discours familier.

Néanmoins, ce qui peut passer dans la bouche de Georgette n'est-il pas trop abandonné sous la plume de Voltaire commentant Corneille?

— « Pourquoi dit-on *prêter l'oreille*, ET QUE *prêter les yeux* n'est pas
« français? »   (Sur le vers 27, sc. V, act. 3, de *Rodogune.*)

POURSUIVRE A, continuer à :

Il ne faut que *poursuivre à garder le silence.*   (*Mis.* V. 3.)

POUR UN PEU, pour un moment :

Souffrez que j'interrompe *pour un peu* la répétition.   (*Impromptu.* 3.)

POUR VOIR, adverbialement :

Ayez recours, *pour voir*, à tous les détours des amants.   (*G. D.* I. 6.)

POUSSER, absolument, insister :

Pousse, mon cher marquis, *pousse*. (*Critique de l'Ecole des fem.* 7.)

Poussez, c'est moi qui vous le dis. (*G. D.* I. 7.)

— **POUSSER LES CHOSES :**

N'allez point *pousser les choses* dans les dernières violences du pouvoir paternel. (*L'Av.* V. 4.)

Voilà, mon gendre, comme il faut *pousser les choses*. (*G. D.* I. 8.)

« Mais, mon père, qui voudroit *pousser cela* vous embarrasseroit. »
(PASCAL. 9e *Prov.*)

— **POUSSER QUELQU'UN, au sens moral ; le pousser à bout :**

Vraiment *vous me poussez* ; et, contre mon envie,
Votre présomption veut que je l'humilie. (*Dép. am.* I. 3.)

« *Vous me poussez !* — Bonhomme, allez garder vos foins. »
(*Les Plaideurs.* I. 7.)

— **POUSSER DES CONCERTS :**

Poussons à sa mémoire
Des concerts si touchants,
Que du haut de sa gloire
Il (1) écoute nos chants. (*Am. magn.* 6e *intermède.*)

Corneille a dit *pousser des harmonies :*

« Des flûtes au troisième (2), au dernier des hautbois,
« Qui tour à tour en l'air *poussoient des harmonies*
« Dont on pouvoit nommer les douceurs infinies. » (*Le Ment.* I. 5.)

Et Pascal, *pousser des imprécations :*

« D'où vient, disent-ils, qu'on *pousse tant d'imprécations...* » (3e *Prov.*)

— **POUSSER LA SATIRE :**

Les rieurs sont pour vous, madame, c'est tout dire ;
Et vous pouvez *pousser contre moi la satire*. (*Mis.* II. 5.)

— **POUSSER les tendres sentiments, — l'amusement :**

Il nous feroit beau voir, attachés face à face,
Pousser les tendres sentiments ! (*Amph.* I. 4.)

Amphitryon, c'est trop *pousser l'amusement*. (*Ibid.* II. 2.)

---

(1) Le soleil, c'est-à-dire Louis XIV.
(2) Bateau.

— POUSSER SA CHANCE, SA FORTUNE, SON BIDET :

J'avois beau m'en défendre, il a *poussé sa chance*. (*Fâcheux.* I. 1.)

Elle se rend à sa poursuite : il *pousse sa fortune ;* le voilà surpris avec elle par ses parents. (*Scapin.* I. 6.)

Moquez-vous des sermons d'un vieux barbon de père ;
Poussez votre bidet, vous dis-je, et laissez faire. (*L'Et.* I. 2.)

— POUSSER UNE MATIÈRE, creuser un sujet :

Nous sommes ici *sur une matière* que je serai bien aise que nous *poussions*. (*Crit. de l'Ec. des fem.* 7.)

POUSSEUSES DE TENDRESSE :

Héroïnes du temps, mesdames les savantes,
Pousseuses de tendresse et de beaux sentiments...
(*Ec. des fem.* I. 5.)

(Voyez POUSSER.)

POUVOIR, verbe; IL NE SE PEUT QUE NE... :

Il ne se peut donc pas que tu ne sois bien à ton aise? (*D. Juan.* III. 2.)

Pacuvius et Lucrèce ont dit *potestur*, au passif. *Non potestur quin* traduirait exactement *il ne se peut que ne*.

(Voyez QUE dans cette formule IL N'EST PAS QUE, p. 333.)

— POUVOIR MAIS, sans exprimer *en* :

Sur la tentation ai-je quelque crédit,
Et *puis-je mais*, chétif, si le cœur leur en dit? (*Dép. am.* V. 3.)

Mais conserve dans cette locution le sens du latin *magis*. *Je n'en puis mais*, je ne puis davantage de cela, c'est-à-dire, touchant cela, *de hoc*.

— POUVOIR, substantif. (Voyez FAIRE SON POUVOIR.)

PRATIQUE, manière de se conduire, intrigue, sourdes menées :

O la fine *pratique* !
Un mari confident! — Taisez-vous, as de pique. (*Dép. am.* V. 9.)

Rentrez, pour n'ouïr point cette *pratique* infâme. (*Ec. des mar.* I. 2.)

Dans un petit couvent, loin de toute *pratique*,
Je la fis élever selon ma politique. (*Ec. des fem.* I. 1.)

Ses *pratiques*, je crois, ne vous sont pas nouvelles. (*Amph.* prol.)

PRATIQUER DES AMES, les travailler par des intrigues :

Il a tenté Léon, et ses fidèles trames
Des grands comme du peuple ont *pratiqué les âmes*.
(*Don Garcie.* I. 2.)

PRÉALABLE ; AU PRÉALABLE :

Je ne prétends point qu'il se marie, qu'*au préalable* il n'ait satisfait à la médecine. (*Pourc.* II. 2.)

PRÉCIEUSE, substantif: Molière prend toujours ce mot en mauvaise part :

Voyez comme raisonne et répond la vilaine !
Peste ! *une précieuse* en diroit-elle plus ? (*Ec. des fem.* V. 4.)

On voit que Molière avait déterminé de ruiner ce titre ; mais il n'y va point brusquement ; il garde quelque ménagement pour l'opinion publique, au moyen d'une distinction que tantôt il rappelle, tantôt il a soin d'oublier :

Est-ce qu'il y a une personne qui soit plus véritablement ce qu'on appelle *précieuse*, à prendre le mot dans sa plus mauvaise signification ?
(*Crit. de l'Ec. des fem.* 2.)

Le bel assemblage que ce seroit d'une *précieuse* et d'un turlupin ! (*Ibid.*)

Et cette dernière précieuse se trouve être « la plus grande façonnière du monde, » une femme d'un ridicule accompli dans ses manières comme dans son langage.

Molière avait porté le premier coup aux précieuses en 1659; il revient à la charge quatre ans après : la *Critique de l'École des femmes* est de 1663.

PRÉCIPITÉ D'UN ESPOIR :

Ah ! madame, faut-il me voir *précipité*
De *l'espoir glorieux* dont je m'étois flatté ? (*D. Garcie.* III. 2.)

PREMIER ; QUI PREMIER, qui le premier :

Maudit soit *qui premier* trouva l'invention
De s'affliger l'esprit de cette vision ! (*Sgan.* 17.)

Latinisme : qui primus.

« Nous verrons, volage bergere,
« *Qui premier* s'en repentira ! » (DESPORTES.)

Premier s'employait aussi adverbialement :

« Tout ce en Bretaigne apparut
« Quand *premier* la guerre y esmeut,
« L'an 3oo quarante et un mil,
« Le derrain jour du mois d'apvril. »

(*Chron. de Guill. de Saint-André.* v. 104.)

Quand premièrement, pour la première fois.

« Dieu *tout premier*, puis père et mère, honore. » (PYBRAC.)

(Voyez plus bas PREMIER QUE.)

— LE PREMIER, le premier venu :

Ma bague est la marque choisie
Sur laquelle *au premier* il doit livrer Célie. (*L'Et.* II. 9.)

Il semblerait qu'il s'agit de deux personnages, le premier et le second. La gêne de l'expression est trop visible.

— PREMIER QUE, avant, ou avant que :

Et là, *premier que* lui si nous faisons la prise,
Il aura fait pour nous les frais de l'entreprise. (*L'Et.* III. 7.)

« *Premier que* d'avoir mal, ils trouvent le remède. » (MALHERBE.)

Trévoux cite ce dernier exemple et les suivants : « Il étoit au monde *premier que* vous fussiez né. — Un moine n'oseroit sortir *que premier* il n'en ait demandé la permission. — En ce sens il vieillit. » (1740.)

Dans l'origine, tous les adjectifs s'employaient adverbialement sans changer de forme : partir soudain ; voir clair ; tenir ferme ; courir vite ; parler net, haut, fort. Dans toutes ces locutions et les semblables, l'adjectif joue le rôle de l'adverbe. Ce privilége de l'adjectif subsiste encore en allemand et en anglais.

Premier pour *premièrement* était donc une locution très-régulière et très-correcte. Quant à l'adjonction du *que*, *premier que*, pour *premièrement que*, elle est justifiée par cette réflexion fort simple, que *premier* marque une comparaison, est un véritable comparatif ; il est donc naturel qu'il en ait la construction et l'attribut.

(Voyez aux mots FERME, FRANC, NET, POSSIBLE.)

PRENDRE, choisir, préférer :

Ai-je l'éclat ou le secret à *prendre?* (*Amph.* III. 3.)

— LE PRENDRE A (un substantif), s'en rapporter à... :

Si vous le voulez prendre aux usages du mot,
L'alliance est plus grande entre pédant et sot. (*Fem. sav.* IV. 3.)

— SE PRENDRE A (un infinitif), s'y prendre pour :

Voyons d'un esprit adouci
Comment *vous vous prendrez à soutenir* ceci. (*Mis.* V. 4.)

— PRENDRE A TÉMOIN SI... :

Je *prends à témoin* le prince votre père *si* ce n'est pas vous que j'ai demandée. (*Pr. d'El.* V. 3.)

(Afin qu'il dise) si ce n'est pas vous... etc.

— PRENDRE CRÉANCE EN QUELQU'UN :

Et tâchez, comme *il prend en vous grande créance,*
De le dissuader de cette autre alliance. (*Ec. des fem.* V. 6.)

— PRENDRE DROIT :

Et je serois encore à nommer le vainqueur,
Si le mérite seul *prenoit droit* sur un cœur. (*D. Garcie.* I. 1.)

Cependant apprenez, prince, à vous mieux armer
Contre ce qui *prend droit* de vous trop alarmer, (*Ibid.* I. 5.)

Et c'est ce qui chez vous *prend droit* de m'amener.
(*Ec. des mar.* II. 3.)

Ah! qu'il est bien peu vrai que ce qu'on doit aimer,
Aussitôt qu'on le voit, *prend droit* de nous charmer! (*Pr. d'El.* I. 1.)

Il est très-assuré, sire, qu'il ne faut plus que je songe à faire des comédies, si les tartufes ont l'avantage ; qu'ils *prendront droit* par là de me persécuter plus que jamais..... (2° *Placet au Roi.*)

— PRENDRE EN MAIN :

Tous les magistrats sont intéressés à *prendre cette affaire en main.*
(*L'Av.* V. 1.)

— PRENDRE FOI SUR... :

Mais je n'ai point *pris foi sur* ces méchantes langues.
(*Ec. des fem.* II. 6.)

— **PRENDRE GARDE A** (un infinitif) :

C'est donner toute son attention à faire l'action marquée par cet infinitif :

Prenez bien garde, vous, *à vous déhancher* comme il faut, et *à faire bien des façons.* (*Impromptu.* 3.)

Prenez garde de marquerait le contraire, et le soin d'éviter.

Les Latins avaient de même *vereor ut* et *vereor ne.*

Pascal dit *prendre garde que*, comme *observer, remarquer que* :

« Les valets peuvent faire en conscience de certains messages fâcheux ; n'avez-vous pas *pris garde que* c'étoit seulement en détournant leur intention du mal, etc..... » (7ᵉ *Prov.*)

— **PRENDRE INTÉRÊT EN QUELQU'UN** :

Qu'est-ce que cette instance a dû vous faire entendre,
Que l'*intérêt qu'en vous l'on s'avise de prendre ?* (*Tart.* IV. 5.)

Un ami qui m'est joint d'une amitié fort tendre,
Et qui sait l'*intérêt* qu'*en* vous j'ai lieu de *prendre.* (*Ibid.* V. 6.)

— **PRENDRE LA VENGEANCE DE** :

Pour m'ouvrir une voie *à prendre la vengeance*
De son hypocrisie et de son insolence. (*Ibid.* III. 4.)

— absolument pour *épouser la querelle* :

Loin d'être les premiers à *prendre ma vengeance*,
Eux-mêmes font obstacle à mon ressentiment. (*Amph.* III. 5.)

Et vous devez, en raisonnable époux,
Être pour moi contre elle, et *prendre mon courroux.*
(*Fem. sav.* II. 6.)

— **PRENDRE LE FRAIS**, choisir l'heure du frais :

Pour arriver ici, mon père *a pris le frais.* (*Ec. des fem.* V. 6.)

— **PRENDRE LE PIED DE** (un infinitif) :

De peur que, sur votre foiblesse, il ne *prenne le pied de vous mener* comme un enfant. (*Scapin.* I. 3.)

— **PRENDRE LOI DE QUELQU'UN** :

Il seroit beau vraiment qu'on le vît aujourd'hui
Prendre loi de qui doit la recevoir de lui ! (*Ec. des fem.* V. 7.)

— PRENDRE PAR LES ENTRAILLES, au figuré, parlant de l'effet des ouvrages de l'esprit :

Laissons-nous aller de bonne foi aux choses qui *nous prennent par les entrailles*, et ne cherchons point des raisonnements pour nous empêcher d'avoir du plaisir. (*Crit. de l'Ec. des fem.* 7.)

— PRENDRE PEINE A (un infinitif) :

Tant pis encore de *prendre peine à dire des sottises*. (*Ibid.* 1.)

— PRENDRE PLAISIR DE (un infinitif) :

Car le ciel *a trop pris plaisir de m'affliger*. (*Dép. am.* II. 4.)
Je *prends plaisir d'être seule*. (*Crit. de l'Ec. des fem.* 1.)
Je pense qu'*il ne prend pas plaisir de nous voir*. (*D. Juan*, III. 6.)

— PRENDRE SOIN A (un infinitif) :

C'est un étrange fait du *soin que vous prenez*,
A me venir toujours *jeter* mon âge au nez. (*Ec. des mar.* I. 1.)

— PRENDRE VISÉE QUELQUE PART, diriger là son attention et ses efforts :

Elle est sage, elle m'aime, et votre amour l'outrage.
Prenez visée ailleurs, et troussez-moi bagage. (*Ibid.* II. 9.)

— SE PRENDRE A QUELQUE CHOSE, c'est-à-dire, s'y prendre pour la faire :

Elle *se prend* d'un air le plus charmant du monde *aux choses* qu'elle fait. (*L'Av.* I. 2.)

— SE PRENDRE A QUELQU'UN DE, s'en prendre à lui, l'en accuser :

C'est ainsi qu'*aux flatteurs* on doit partout *se prendre*
Des vices où l'on voit les humains se répandre. (*Mis.* II. 5.)

PRÉPOSITION supprimée, où l'usage moderne est de la répéter, soit devant un nom, soit devant un infinitif :

...... On sait bien que Célie
A causé des désirs *à Léandre et Lélie*. (*L'Et.* V. 13.)

Nous dirions : à Léandre et à Lélie.

Il n'y a dans Molière qu'un second exemple pareil à celui-ci, c'est-à-dire, où la préposition soit supprimée devant un substantif :

>La peste soit *de* l'homme *et sa chienne de face!* (*Ec. des fem.* IV. 2.)

Et de sa chienne de face.

>Pour *de* l'esprit, j'en ai sans doute, et du bon goût
>*A* juger sans étude et raisonner de tout ;
>*A* faire aux nouveautés, dont je suis idolâtre,
>Figure de savant sur les bancs d'un théâtre ;
>*Y décider* en chef, et faire du fracas
>A tous les beaux endroits qui méritent des *ah!* (*Mis.* III. 1.)

A y décider.

>C'est aux gens mal tournés, aux mérites vulgaires,
>*A* brûler constamment pour des beautés sévères ;
>*A* languir à leurs pieds *et souffrir* leurs rigueurs ;
>*A* chercher le secours des soupirs et des pleurs,
>*Et tâcher*, par des soins d'une très-longue suite,
>D'obtenir ce qu'on nie à leur peu de mérite. (*Ibid.*)

Et *à* souffrir, et *à* tâcher.

>On n'a point *à* louer les vers de messieurs tels,
>*A donner* de l'encens à madame une telle,
>Et de nos francs marquis *essuyer* la cervelle. (*Ibid.* III. 7.)

A essuyer la cervelle de nos marquis.

>Vous apprendrez, maroufle, à rire à nos dépens,
>Et sans aucun respect *faire* cocus les gens ! (*Sgan.* 8.)

A faire cocus les gens.

Comme si j'étois femme *à violer* la foi que j'ai donnée à un mari, *et m'éloigner* jamais de la vertu que mes parents m'ont enseignée! (*G. D.* II. 10.)

>Le remède plus prompt où j'ai su recourir,
>C'est *de* pousser ma pointe *et dire* en diligence
>A notre vieux patron toute la manigance. (*Dép. am.* III. 1.)

>Trouves-tu beau, dis-moi, *de* diffamer ma fille,
>*Et faire* un tel scandale à toute une famille ? (*Ibid.* III. 8.)

>Loin *d'*assurer une âme, *et lui fournir* des armes.... (*Ibid.* IV. 2.)

>Peux-tu me conseiller un semblable forfait,
>*D'*abandonner Lélie *et prendre* ce malfait ? (*Sgan.* 2.)

>Et les plus prompts moyens de gagner leur faveur,
>C'est *de* flatter toujours le foible de leur cœur,
>*D'*applaudir en aveugle à ce qu'ils veulent faire,
>*Et n'appuyer* jamais ce qui peut leur déplaire. (*D. Garcie.* II. 1.)

Et voulez-vous, charmé de ses rares mérites,
M'obliger à l'aimer, *et souffrir* ses visites? (*Ec. des mar.* II. 14.)

En quelle impatience
Suis-je *de* voir mon frère *et lui conter* sa chance! (*Ibid.* III. 2.)

Mais je ne suis pas homme *à* gober le morceau,
Et laisser le champ libre aux yeux d'un damoiseau.
(*Ec. des fem.* II. 1.)

Il ne veut obtenir
Que le bien *de* vous voir *et vous entretenir*. (*Ibid.* II. 6.)

Employons ce temps *à répéter* notre affaire, *et voir* la manière dont il faut jouer les choses. (*Impromptu.* 1.)

C'est *de* ne plus souffrir qu'Alceste vous prétende;
De le sacrifier, madame, à mon amour;
Et de chez vous enfin *le bannir* sans retour. (*Mis.* V. 2.)

Je vous promets ici d'éviter sa présence,
De faire place au choix où vous vous résoudrez,
Et ne souffrir ses vœux que quand vous le voudrez.
(*Mélicerte.* II. 4.)

Mais mon secours pourra lui donner les moyens
De sortir d'embarras *et rentrer* dans ses biens. (*Tart.* II. 2.)

Pour m'ouvrir une voie *à* prendre la vengeance
De son hypocrisie et de son insolence,
A détromper un père, *et lui mettre* en plein jour
L'âme d'un scélérat qui vous parle d'amour. (*Ibid.* III. 4.)

Ce seroit mériter qu'il me la vînt ravir (l'occasion),
Que *de* l'avoir en main, *et ne m'en pas servir*. (*Ibid.*)

Un ordre *de* vider d'ici, vous et les vôtres,
Mettre vos meubles hors, *et faire* place à d'autres. (*Ibid.* V. 4.)

On sait qu'une épître dédicatoire dit tout ce qu'il lui plaît, et qu'un auteur est en pouvoir d'aller saisir les personnes les plus augustes, et de parer de leurs grands noms les premiers feuillets de son livre; qu'il a la liberté *de* s'y donner autant qu'il veut l'honneur de leur estime, *et se faire* des protecteurs qui n'ont jamais songé à l'être. (*Ep. déd. d'Amphitryon.*)

Cette tournure est ici d'autant plus remarquable, que l'épître est écrite avec un soin particulier, comme adressée au prince de Condé, aussi fin connaisseur dans les choses d'esprit que grand capitaine.

Qui donc est ce coquin qui prend tant de licence
Que *de* chanter *et m'étourdir* ainsi? (*Amph.* I. 2.)

Il me prend des tentations *d'*accommoder son visage à la compote, *et le*
mettre en état de ne plaire de sa vie aux diseurs de fleurettes.
(G. D. II. 4.)

J'aime bien mieux, pour moi, qu'en épluchant ses herbes
Elle accommode mal les noms avec les verbes,
Et redise cent fois un bas ou méchant mot,
Que *de* brûler ma viande, *ou saler* trop mon pot. (*Fem. sav.* II. 7.)

Et je veux nous venger, toutes tant que nous sommes,
De cette indigne classe où nous rangent les hommes,
De borner nos talents à des futilités,
Et nous fermer la porte aux sublimes clartés. (*Ibid.* III. 2.)

Appelez-vous, monsieur, être à vos vœux contraire,
Que *de* leur arracher ce qu'ils ont de vulgaire,
Et vouloir les réduire à cette pureté..... (*Ibid.* IV. 2.)

La multiplicité de ces exemples, tant en vers qu'en prose, fait assez voir que Molière, en supprimant en poésie la préposition une fois exprimée, ne cédait pas à la contrainte de la mesure; il suit la coutume de tous les écrivains du xviie siècle. Je n'en apporterai qu'un exemple; il est de la Fontaine, et curieux à cause de la longueur de la période, et du nombre de verbes devant lesquels il faut suppléer le *de* mis au commencement.

« Ésope, pour toute punition, lui recommanda *d'*honorer les dieux et
« son prince; *se rendre* terrible à ses ennemis, facile et commode aux au-
« tres; *bien traiter* sa femme, sans pourtant lui confier son secret; *parler*
« *peu, et chasser* de chez soi les babillards; *ne se point laisser abattre* au
« malheur; *avoir soin* du lendemain....... surtout *n'être point envieux*
« du bonheur ni de la vertu d'autrui........ »(LA FONTAINE. *Vie d'Ésope.*)

PRESCRIT, fixé, déterminé d'avance, et non pas *ordonné:*

Pensez-vous qu'à choisir de deux choses *prescrites*,
Je n'aimasse pas mieux être ce que vous dites.....
(*Éc. des fem.* IV. 8.)

C'est le sens du latin *præscriptus*, écrit d'avance.

PRÉSENT DU SUBJONCTIF, en relation avec l'imparfait:

Seroit-ce quelque chose où je vous *puisse* aider? (*Méd. m. l.* I. 5.)

Ici l'imparfait *serait-ce* est une forme convenue pour représenter le présent *est-ce*: *Est-ce* quelque chose où je vous puisse aider? Ainsi, la correspondance des temps n'est réellement pas troublée.

PRESSER QUELQU'UN D'UNE COURTOISIE:

Toute *la courtoisie* enfin *dont je vous presse*. (*Ec. des fem.* IV. 4.)

PRÊT A, près de, sur le point de:

Je vous vois *prêt*, monsieur, *à* tomber en foiblesse. (*Sgan.* 11.)
Si c'est vous offenser,
Mon offense envers vous n'est pas *prête à* cesser. (*Fem. sav.* V. 1.)

— PRÊT DE, disposé à, sur le point de:

Ajoute que ma mort
Est *prête d'expier* l'erreur de ce transport. (*Dép. am.* I. 2.)

Molière, en ce sens, a dit deux fois *prêt à* :

Le voilà *prêt à faire* en tout vos volontés. (*Ibid.* III. 8.)
Et que me sert d'aimer comme je fais, hélas!
Si vous êtes si *prête à* ne le croire pas? (*Mélicerte.* II. 3.)

Mais son habitude est *prêt de* :

Que si cette feinte, madame, à quelque chose qui vous offense, je suis *tout prêt, de mourir* pour vous en venger. (*Pr. d'El.* V. 2.)
Vous n'avez qu'à parler, je suis *prêt d'obéir*. (*Mélicerte.* II. 5.)
Et il n'y a pas quatre mois encore, qu'étant *toute prête d'être mariée*, elle rompit tout net le mariage..... (*L'Av.* II. 7.)
Je suis *prêt de* soutenir cette vérité contre qui que ce soit. (*Ibid.* V. 5.)
Est-il l'heure de revenir chez soi quand le jour est *prêt de* paroître?
(*G. D.* III. 11.)

Quelques éditions modernes ont imprimé ici *près de*; cette correction, ou plutôt cette infidélité, est impossible dans les exemples qui précèdent.

Tous les grands écrivains du XVIIe siècle ont employé *prêt de* pour *disposé à* :

« Qu'on rappelle mon fils, qu'il vienne se défendre ;
« Qu'il vienne me parler, je suis *prêt de l'entendre*. »
(RACINE. *Phèdre.* V. 5.)

Le bon usage donnait même la préférence à *prêt de* : « Lorsque *prêt* signifie *sur le point*, *prêt de* est beaucoup meilleur. »
(BOUHOURS, *Rem. nouv.*)

« Elle estoit *preste d'accoucher*. » (SCARRON. *Rom. com.* I. 13.)

« Je le vis tout *prest d'abandonner* son bucéphale, pour marcher à pied
« à la teste des fantassins. »

(St.-Évremond. *Conv. du P. Canaye.* éd. de Barbin, 1697.)

LA SERRE.

« Es-tu si *prêt d'écrire ?*

CASSAIGNE.

Es-tu las d'imprimer ? » (Boileau.)

« Dites un mot, seigneur, soldats et matelots
« Seront *prêts* avec vous *de traverser* les flots. »

(Crébillon. *Electre.*)

« Ce peuple, qui tant de fois a répandu son sang pour la patrie, est en-
« core *prêt de suivre* les consuls. » (Vertot.)

« Ils coururent chez un de ses oncles où il s'étoit retiré, et d'où il étoit
« *prêt de sortir* pour aller se battre. » (Fléchier. *Les Grands Jours*, p. 194.)

« Elle (Psyché) étoit honteuse de son peu d'amour, toute *prête de réparer*
« cette faute si son mari le souhaitoit, et quand même il ne le souhaiteroit
« pas. » (La Font. *Psyché.* l. I.)

C'est *paratus de* au lieu de *paratus ad*. La première forme était celle qu'avait choisie le moyen âge :

« S'il y est, il sera tout *prest*
« *De vous payer* à la raison. » (*Le Nouv. Pathelin.*)

« Ouy, mon amy, je suis *prest*
« *De vous despescher* vistement. » (*Ibid.*)

« Je suis tout *prest de recevoir.* » (*Ibid.*)

Les grammairiens modernes reconnaissent l'emploi de *prêt de* dans tous les écrivains du XVIIe siècle, et, en le tolérant comme un archaïsme, ils s'avisent d'une distinction subtile autant qu'elle est chimérique : *Prêt de*, disent-ils, s'employait pour *disposé à*, mais non jamais pour signifier *sur le point de*, car il fallait toujours alors mettre l'adverbe *près de*.

On voit par les exemples de Molière la vanité de cette règle. *Ma mort est prête d'expier ce transport ;* — *étant toute prête d'être mariée....; — le jour est prêt de paroître*; ne sont pas des phrases où l'on puisse substituer *disposé à*.

La distinction rigoureuse et constante entre l'adverbe *près* (*presso*) et l'adjectif *prêt* (*paratus*) paraît être venue tard : c'est un des résultats heureux, je crois, de l'analyse moderne. Auparavant on ne distinguait pas entre deux mots que l'oreille identifie ; et quant aux compléments *à* ou *de*, comme ils s'employaient sans cesse et correctement l'un pour l'autre, ils ne pouvaient qu'entretenir la confusion, loin de l'empêcher.

PRÊTE-JEAN :

C'est ainsi que Molière écrit, et non *prêtre Jean*, personnage qui est appelé, dans les chroniques latines, *presbyter Joannes*, et *pretiosus Joannes*. J. Scaliger était pour le dernier.

<blockquote>Ce qui s'agite dans les conseils du *prête-Jean* ou du Grand Mogol.
(*Comtesse d'Escarb.* 1.)</blockquote>

« On appela d'abord *prêtre Jean* un prince tartare qui combattit Gengis. Des religieux envoyés auprès de lui prétendirent qu'ils l'avaient converti, l'avaient nommé *Jean* au baptême, et même lui avaient conféré le sacerdoce : de là cette qualification de *prêtre Jean*, qui est devenue depuis, *on ne sait pourquoi*, celle d'un prince nègre, moitié chrétien schismatique et moitié juif. C'est de ce dernier qu'il est question ici. »

(M. AUGER.)

Voici à présent l'explication de Trévoux :

« *Prestre Jean*. On appelle ainsi l'empereur des Abyssins, parce que autrefois les princes de ce pays étoient réellement prestres, et que le mot *Jean*, en leur langue, veut dire *Roi*.

«....Le nom de *prestre Jean* est tout à fait inconnu en Éthiopie ; et cette erreur vient de ce que ceux d'une province où ce prince réside souvent, quand ils lui veulent demander quelque chose, crient *Jean coi*, c'est-à-dire, *mon roi*. »

C'est le cas de s'écrier aussi, avec le bonhomme Trufaldin :

<blockquote>Oh ! oh ! qui des deux croire ?
Ce discours au premier est fort contradictoire.</blockquote>

Ceux qui voudront en lire davantage sur le *prêtre* ou *prête Jean*, peuvent consulter Du Cange au mot *Presbyter Joannes*.

PRÉTENDRE QUELQU'UN, QUELQUE CHOSE :

<blockquote>C'est inutilement qu'*il prétend donc Elvire*. (*D. Garcie.* I. 1.)
Donnez-en à mon cœur *les preuves qu'il prétend*. (*Ibid.* I. 5.)
Quoi ! si vous l'épousez, elle pourra *prétendre*
Les mêmes libertés que fille on lui voit prendre ? (*Ec. des mar.* I, 2.)</blockquote>

Et par de prompts transports donne un signe éclatant
De l'estime qu'il fait de *celle qu'il prétend*. (*Fâcheux.* II. 4.)
Et la preuve après tout que je vous en demande,
C'est de ne plus souffrir qu'Alceste *vous prétende*. (*Mis.* V. 2.)
Ces deux nymphes, Myrtil, à la fois *te prétendent*. (*Mélicerte.* I. 5.)
Toutes vos poursuites auprès d'une personne *que je prétends* pour moi.
(*L'Av.* IV. 3.)

Molière a dit aussi PRÉTENDRE A QUELQU'UN :
Il ne *prétend à vous* qu'en tout bien et en tout honneur. (*Scapin.* III. 1.)
Et PRÉTENDRE SUR QUELQUE CHOSE :
Moi, madame? Et *sur quoi* pourrois-je en rien *prétendre?*
(*Mis.* III. 7.)

— A CE QUE JE PRÉTENDS, j'espère :
Et vous n'y montez pas (1), *à ce que je prétends*,
Pour être libertine et prendre du bon temps. (*Ec. des fem.* III. 2.)

PRÊTER LA MAIN A... :
Cela est fort vilain à vous, pour un grand seigneur, de *prêter la main,*
comme vous faites, aux sottises de mon mari. (*B. gent.* IV. 2.)
(Voyez au mot DONNER, DONNER LA MAIN OU LES MAINS.)

PRÊTER LE COLLET, soutenir une lutte :
Je vous *prêterai le collet* en tout genre d'érudition. (*Am. méd.* II. 4.)

PRÉTEXTE A (un infinitif) :
Henriette, entre nous, est un amusement,
Un voile ingénieux, *un prétexte*, mon frère,
A couvrir d'autres feux dont je sais le mystère. (*Fem. sav.* II. 3.)

PRIER D'UNE FÊTE, y inviter :
Pressez vite le jour de la cérémonie ;
J'y prends part, et déjà moi-même *je m'en prie*. (*Ec. des f.* V. 8.)

PRINCIPAUTÉ ; SA PRINCIPAUTÉ, comme *sa majesté*, *son altesse*, ou bien sa qualité de prince :
MORON. Je l'ai trouvé un peu impertinent, n'en déplaise à *sa principauté*.
(*Princ. d'El.* III. 3.)

PRISES ; EN ÊTRE AUX PRISES, être près d'en venir aux prises :
Souvent *nous en étions aux prises ;*
Et vous ne croiriez point de combien de sottises.... (*Fem. sav.* IV. 2.)

(1) Au rang de femme.

PRODUIRE A QUELQU'UN, lui montrer, lui présenter :

> Quoi! deux Amphitryons ici *nous sont produits!* (*Amph.* III. 5.)

> Voici l'homme qui meurt du désir de vous voir.
> En *vous le produisant*, je ne crains point le blâme
> D'avoir admis chez vous un profane, madame. (*Fem. sav.* III. 5.)

— **SE PRODUIRE**, se montrer :

> Ah, ah! cette impudente ose encor *se produire?* (*Ibid.* V. 3.)

PROMENER, verbe neutre, sans le pronom réfléchi :
Qu'on me laisse ici *promener* toute seule. (*Am. magn.* I. 6.)
Sur la suppression du pronom, voyez ARRÊTER.

— **PROMENER QUELQU'UN SUR ..... au figuré** :

> Ma jalousie à tout propos
> *Me promène sur ma disgrâce.* (*Amph.* III. 1.)

Ramène ma pensée sur ma disgrâce.

PROMETTRE, assurer :
Je vous *promets* que je ne saurois les donner à moins. (*Méd. m. l.* I. 6.)

PRONOM DE LA PREMIÈRE PERSONNE, construit avec un verbe à la troisième :

> Et que me diriez-vous, monsieur, si c'étoit *moi*
> Qui vous *eût* procuré cette bonne fortune? (*Dép. am.* III. 7.)

Cette tournure ne choque pas, parce que *eût* figure avec *c'était*, et non pas avec *moi*. Au reste, Molière a donné cela au besoin de la mesure, car, deux vers plus loin, il rentre dans la forme ordinaire :

> C'est *moi*, vous dis-je, *moi*, dont le patron le sait,
> Et qui vous *ai* produit ce favorable effet. (*Ibid.* III. 7.)

Molière a employé encore ailleurs cette discordance de personnes :

> Ce ne seroit pas *moi* qui *se feroit* prier. (*Sgan.* 2.)

> En ce cas, c'est *moi* qui *se nomme* Sganarelle. (*Méd. m. lui.* I. 6.)

> *Nous* chercherons partout à trouver à redire,
> Et *ne verrons* que nous qui *sachent* bien écrire. (*Fem. sav.* III. 2.)

Molière mettait ici le verbe en accord avec le pronom relatif, qui désigne en effet la 3ᵉ personne. L'usage prescrit absolument aujourd'hui le verbe à la 1ʳᵉ personne, *qui sachions.* Au surplus, comme la mesure eût été la même, on est induit à penser que du temps de Molière la règle n'était pas encore fixée sur ce point.

PRONOM RÉFLÉCHI, supprimé :

> Les mauvais traitements qu'il me faut endurer
> Pour jamais de la cour me feroient *retirer.* (*Fâcheux.* III. 2.)

Je ne feindrai point de vous dire que le hasard *nous a fait connoître* il y a six jours. (*Mal. im.* I. 5.)

Molière a voulu fuir le mauvais effet de la répétition *nous a fait nous connoître ; me feroient me retirer.* Il pouvait dire, *nous a fait connoître l'un à l'autre ;* mais il a pensé que la rapidité de l'expression ne faisait ici rien perdre à la clarté, et pour un dialogue était assez correcte.

J'observe que les bons écrivains du xvııᵉ siècle n'expriment jamais qu'une fois le pronom personnel, quand la tournure de la phrase et l'emploi d'un verbe réfléchi sembleraient, comme ici, exiger qu'il fût exprimé deux fois.

PRONOM RELATIF, séparé de son substantif :

> Et j'ai des *gens* en main *que* j'emploierai pour vous. (*Mis.* III. 5.).
> Tandis que *Célimène* en ses liens s'amuse,
> *De qui* l'humeur coquette et l'esprit médisant
> Semblent donner si fort dans les mœurs d'à présent. (*Ibid.* I. 1.)

Ce tour est si fréquent dans Molière et dans tous les écrivains du xvııᵉ siècle, qu'il a paru superflu d'en rassembler ici d'autres exemples.

PROPOS ; METTRE DANS LE PROPOS :

> Et, pour ne vous point *mettre* aussi *dans le propos*...(*Fem. sav.* IV. 3.)

PROPRE, au sens d'*élégant, paré* :

> DORANTE. Comment, monsieur Jourdain, vous voilà le plus *propre* du monde ! (*B. gent.* III. 4.)

PROU, adverbe, beaucoup ; archaïsme :

> J'ai *prou* de ma frayeur en cette conjecture, (*L'Et.* II, 5.)

Prou, par apocope de *proufit* (*profit*). En italien, *pro* n'est que substantif : *Buon pro vi faccia.* — Bon prou vous fasse.

La *Civilité puérile et honnête* apprenait aux enfants à dire à leurs père et mère, après les grâces, *prouface*, c'est-à-dire, *bon prou vous fasse*; que ce repas vous profite.

En français, *prou* fait aussi l'office d'adverbe, comme ces autres substantifs monosyllabes, *pas, point, mie, trop, rien*. (Voyez PAS; RIEN.)

« L'un jura foi de roi, l'autre foi de hibou,
« Qu'ils ne se goberoient leurs petits *peu ni prou*. »
(LA FONT. *L'Aigle et le Hibou*.)

PRUNES; POUR DES PRUNES, pour rien :

CLIMÈNE. Ce *le*, où elle s'arrête, n'est pas mis *pour des prunes*.
(*Crit. de l'Ec. des fem.* 3.)

Molière prête à Climène cette trivialité, pour faire un contraste plaisant avec le superbe néologisme de cette précieuse, et l'importance qu'elle attache à ce *le*.

La même intention paraît dans Sganarelle, qui, interrogé au plus fort de son chagrin, répond :

Si je suis affligé, ce n'est pas *pour des prunes*. (*Sgan.* 16.)

ARNOLPHE.
Diantre, ce ne sont pas des *prunes* que cela! (*Ec. des fem.* III. 4.)

PUBLIER POUR (un adjectif), faire passer publiquement pour... :

Et que direz-vous de la marquise Araminte, qui *la publie partout pour épouvantable ?* (la comédie de *l'Ecole des femmes*).
(*Crit. de l'Ec. des fem.* 6.)

PUER SON ANCIENNETÉ :

... Ah! *sollicitude* à mon oreille est rude;
Il *put* étrangement son ancienneté. (*Fem. sav.* II. 7.)

Ce présent se dérive de la forme *puir*, qui est la primitive; *puer* est moderne. « C'est *puir* que sentir bon. » (MONTAIGNE.)

« PUER ou PUÏR, verbe neutre. L'Académie ne parle que de *puer*, et point du tout de *puir*. Danet en parle comme l'Académie; mais Richelet, aussi bien que Furetière, les admet tous deux, en disant que ce sont deux verbes défectueux; que *puïr* ne se dit point à l'infinitif, mais seulement *puer*, et qu'ils empruntent l'un de l'autre quelques temps. Quoi qu'il en soit, on ne conjugue point *je pue*, ni *je puïs*, comme il semble qu'on devroit conjuguer; mais *je pus., tu pus, il put.* » (Trévoux.)

L'exemple tiré de Montaigne, auquel on en pourrait ajouter mille autres, prouve l'erreur de Richelet et de Furetière quant à l'infinitif *puïr :* ils ont pris pour défectueux deux verbes très-complets chacun de sa part, mais différents d'âge. Les dernières lignes de Trévoux prouvent qu'en 1740 la forme moderne n'avait pas encore supplanté l'ancienne complétement, et que *puïr* subsistait toujours dans le présent de l'indicatif. A plus forte raison, en 1672 Molière ne pouvait-il écrire, comme le mettent certaines éditions : « Il *pue* étrangement..... » (Voyez SENTIR.)

PUNISSEUR; FOUDRE PUNISSEUR :

Il ne veut le montrer qu'en tête d'une armée,
Et tout prêt à lancer *le foudre punisseur.*   (*D. Garcie.* I. 2.)

PUNITION; FAIRE LA PUNITION DE... SUR... :

Ils *en feront sur votre personne toute la punition* que leur pourront offrir et les poursuites de la justice, et la chaleur de leur ressentiment.
(*G. D.* III. 8.)

Molière dit de même, *faire la justice* d'un crime.

PURGER (SE) DE SA MAGNIFICENCE, l'expliquer, la justifier :

L'autre, *pour se purger de sa magnificence,*
Dit qu'elle gagne au jeu l'argent qu'elle dépense. (*Ec. des fem.* I. 1.)

— SE PURGER D'UNE IMPOSTURE, en démontrer la fausseté :

Votre Majesté juge bien elle-même...... quel intérêt j'ai enfin à *me purger de leur imposture.*   (1er *Placet au roi.*)

QUAND... ET QUE... :

Enfin, *quand* il (le ciel) exposeroit à mes yeux un miracle d'esprit, d'adresse et de beauté, *et que* cette personne m'aimeroit avec toutes les tendresses imaginables; je vous l'avoue franchement, je ne l'aimerois pas.
(*Pr. d'Él.* III. 4.)

Oui, *quand* Alexandre seroit ici, *et que* ce seroit votre amant.......
(*Sicilien.* 12.)

« *Quand* un homme nous auroit ruinés, estropiés, brûlé nos maisons,
« tué notre père, *et qu*'il se disposeroit encore à nous assassiner... »
(Pascal. 14ᵉ *Prov.*)

Cette tournure paraît lâche et incorrecte. On observera dans la phrase de Pascal une autre négligence, c'est le même *nous* servant à la fois comme accusatif et comme datif : *nous* aurait ruinés, *nous* aurait tué notre père.

QUANT-A-MOI, substantif. (Voyez TENIR SON QUANT-A-MOI).

QUASI, presque :

<blockquote>
Figurez-vous donc que Télèbe,
Madame, est de ce côté.
C'est une ville, en vérité,
Aussi grande <i>quasi</i> que Thèbe.   (<i>Amph.</i> I. 1.)
</blockquote>

Ce mot a joui d'une grande faveur jusqu'à la fin du XVIIᵉ siècle :

« Nous sommes *quasi* en tout iniques juges de leurs actions (des femmes). »
(Montaigne. III. 5.)

« ...... Notre grande méthode (de diriger l'intention), dont l'impor-
« tance est telle, que j'oserois *quasi* la comparer à la doctrine de la proba-
« bilité. »
(Pascal, 7ᵉ *Prov.*)

« Je ne me laisse pas emporter aux haines publiques, que je sais estre
« *quasi* toujours injustes. »
(Voiture.)

« L'amour n'a *quasi* jamais bien establi son pouvoir qu'après avoir ruiné
« celui de nostre raison. »
(St.-Évremond.)

« Le mot *quasi* n'est pas mauvais, et il ne faut faire nul scrupule de s'en
« servir, surtout dans les discours de longue haleine. »
(Patru.)

Là commencent les retours : Vaugelas, Ménage, Bouhours, Thomas Corneille, ont condamné *quasi*, les uns plus sévèrement, les autres moins ; les plus indulgents ne l'ont toléré que par pitié.

Le temps a donné gain de cause à Vaugelas, qui le proscrivait net, et le chassait du beau langage.

QUE.

Ce mot est entré dans la langue française pour y représenter 1° l'adverbe latin *quòd;*

2° Les accusatifs du pronom relatif *qui, quæ, quod,* et le neutre *quid.*

3° L'adverve *quàm* dans les formules de comparaison : plus pieux que vous, magis pius *quàm* tu.

Enfin, il figure dans quelques autres locutions qui ne sont point prises du latin, et sont des idiotismes de notre langue.

Molière nous fournit des exemples de ces divers emplois de QUE; nous allons les rapporter dans l'ordre où ils viennent d'être mentionnés.

QUE (*quòd*), entre deux verbes, tous deux à l'indicatif :

> Ah ! madame, *il suffit*, pour me rendre croyable,
> *Que* ce qu'on vous promet *doit* être inviolable. (*D. Garcie.* I. 3.)

Est-il possible *que* toujours *j'aurai* du dessous avec elle? (*G. D.* II. 13.)

Est-il possible *que vous serez* toujours embéguiné de vos apothicaires et de vos médecins ? (*Mal. im.* III. 3.)

L'idée du second verbe énonce un fait certain, c'est pourquoi on met l'indicatif. Le doute, ou plutôt l'exclamation, s'exprime dans l'autre partie de la phrase. Vous serez toujours embéguiné des médecins ; — j'aurai toujours du dessous avec elle ; — cela est-il possible ?

> « *Croyez-vous* qu'il *suffit* d'être sorti de moi? » (CORN. *Le Menteur.*)

Il suffit d'être sorti de moi. — Le croyez-vous? La première proposition paraît incontestable à Dorante.

Montaigne, parlant du nouveau monde, se sert de la même tournure :

> « Bien *crains-je que* nous luy *aurons* très fort hasté sa ruine par nostre
> « contagion, et *que nous luy aurons* bien cher vendu nos opinions et nos
> « arts ! » (MONTAIGNE. III. 6.)

Observez que dans tous ces exemples le premier verbe est au présent de l'indicatif, et le second au futur.

— QUE pour *de ce que*, répondant au latin *quòd*, adverbe ; S'OFFENSER QUE (suivi d'un autre verbe) :

Et cet arrêt suprême
Doit m'être assez touchant pour ne pas *s'offenser*
Que mon cœur par deux fois *le fasse répéter*. (*Éc. des mar.* II. 14.)

Vous aurez la consolation *qu'elle* sera morte dans les formes.
(*Am. méd.* II. 5.)

Hoc erit tibi solamen *quòd*..... Cette consolation (savoir) que elle sera morte... etc.

Voilà qui m'étonne, *qu'en* ce pays-ci les formes de la justice ne soient point observées. (*Pourc.* III. 2.)

La Fontaine a dit, par la même tournure, *prier que* et *menacer que*.

« Quelques voyageurs *le prièrent*, au nom de Jupiter hospitalier, *qu'il*
« *leur enseignât* le chemin qui conduisoit à la ville....... Ésope *le me-*
« *naça que* ses mauvais traitements *seroient sus*. » (*Vie d'Ésope*.)

Cette construction est très-commode, et abrége un long détour ; mais elle ne paraît pas admissible hors du dialogue ou du style familier.

— QUE dans cette formule, IL N'EST PAS QUE ; c'est-à-dire, *pas possible que* :

Il n'est pas que vous ne sachiez quelques nouvelles de cette affaire.
(*L'Av.* V. 2.)

Le comte de Foix, dit Froissart, fit mourir dans des supplices horribles quinze de ses serviteurs :

« Et la raison que il y mist et mettoit estoit telle : que *il ne pouvoit estre*
« *que* ils ne sceussent de ses secrets. » (FROISSART, liv. III.)

Les Latins ont de même employé *quòd* et *quin*. « Hoc est *quòd* ad vos venio (PLAUTE.) » C'est cela *que* je viens à vous. — « Non possum *quin* exclamem. (CICÉRON.) » Je ne peux *que* je ne m'écrie.

(Voy. POUVOIR.)

— QUE, ouvrant une formule de souhait (en latin QUOD UTINAM, Salluste.)

Que puissiez-vous avoir toutes choses prospères ! (*Dép. am.* III. 4.)

> *Que* maudit soit l'amour, et les filles maudites
> Qui veulent en tâter, puis font les chatemites! (*Dép. am.* V. 4.)
> Le pauvre homme! Allons vite en dresser un écrit,
> Et *que puisse* l'envie en crever de dépit! (*Tart.* III. 7.)

Cette locution s'explique par l'ellipse : *Je souhaite, je prie Dieu que..... etc.*

— QU'AINSI NE SOIT, espèce de formule oratoire au commencement d'une phrase, comme le *verum enimvero* de Cicéron (déjà surannée du temps de Molière) :

> Ier MÉDECIN.
> *Qu'ainsi ne soit :* pour diagnostique incontestable de ce que je dis.....
> (*Pourc.* I. 11.)

— QUE pour *à ce que*, dans ces formules, QUE JE CROIS, QUE JE PENSE :

> Vous n'avez pas été sans doute la première,
> Et vous ne serez pas, *que je crois*, la dernière. (*Dép. am.* III. 9.)
>
> Vous devez, *que je croi*,
> En savoir un peu plus de nouvelles que moi. (*Ibid.*)
>
> On aura, *que je pense*,
> Grande joie à me voir après dix jours d'absence. (*Ec. des fem.* I. 2.)
>
> Parbleu ! vous êtes fou, mon frère, *que je croi*. (*Tart.* I. 6.)
>
> Vous n'aurez, *que je crois*, rien à me repartir. (*Ibid.* IV. 4.)
>
> Vous n'êtes pas d'ici, *que je crois* ? (*G. D.* I. 2.)
>
> Je n'ai pas besoin, *que je pense*, de lui recommander de la faire agréable.
> (*Ibid.* II. 5.)
>
> Je m'y suis pris, *que je crois*, de toutes les tendres manières dont un amant se peut servir. (*Am. magn.* I. 2.)

L'usage a prévalu de supprimer dans ces formules le *que* comme surabondant.

— QUE JE SACHE :

> Il n'est point de destin plus cruel, *que je sache*. (*Amph.* III. 1.)

Traduction rigoureuse de la formule latine *quod sciam*.

— QUE répondant au neutre *quod*, dans N'AVOIR QUE FAIRE :

> Et vous êtes un sot de venir vous fourrer *où vous n'avez que faire*.
> (*Méd. m. lui.* I. 2.)

Je n'ai *que* faire de votre aide. (*Méd. m. lui.* I. 2.)
Je n'ai *que* faire de vos dons. (*L'Av.* IV. 5.)

— QUE répondant à l'ablatif du *qui* relatif latin, où, auquel, dans lequel, par où :

L'argent dans notre bourse entre agréablement;
Mais *le terme* venu *que* nous devons le rendre,
C'est lors que les douleurs commencent à nous prendre. (*L'Et.* I. 6.)
Las! *en l'état qu*'il est, comment vous contenter? (*Ibid.* II. 4.)
A l'heure que je parle, un jeune Égyptien,
Qui n'est pas noir pourtant....... (*Ibid.* IV. 9.)
D'abord il a si bien chargé sur les recors,
Qui sont gens d'ordinaire à craindre pour leur corps;
Qu'à *l'heure que je parle* ils sont encore en fuite. (*Ibid.* V. 1.)
Je la regarde en femme, *aux termes qu*'elle en est.
(*Ec. des fem.* I. 1.)
Je regarde les choses *du côté qu*'on me les montre.
(*Crit. de l'Ec. des fem.* 3.)
De la façon qu'elle a parlé, tout ce qu'elle en a fait a été sans dessein.
(*Sicilien.* 16.)
On se défend d'abord; mais, *de l'air qu'on s'y prend*,
On fait entendre assez que notre cœur se rend. (*Tart.* IV. 5.)
Est-il possible, notre gendre, qu'il n'y ait pas moyen de vous instruire *de la manière qu*'il faut vivre parmi les personnes de qualité ? (*G. D.* I. 4.)
Quo modo vivendum sit.
Nous voilà au temps, m'a-t-il dit, *que* je dois partir pour l'armée.
(*Scapin.* II. 8.)
Et l'on vous a su prendre *par l'endroit seul que* vous êtes prenable.
(1 *Placet au roi.*)

M. Auger fait ici la remarque suivante :

« *Prendre* et *prenable*, appartenant à deux propositions dis-
« tinctes, devraient avoir chacun leur complément indirect, et
« ils n'en ont qu'un à eux deux. C'est là qu'est la faute. Il fau-
« drait : On a su vous prendre *par l'endroit seul par lequel*..... »

Je sais bien que M. Auger est avec l'usage, au moins l'usage moderne, et Molière hors de cet usage ; mais je ne crains pas de dire : Tant pis pour l'usage moderne ! Qui ne voit l'immense avantage de ce rapide monosyllabe *que* sur cette lourde et pesante tournure, *par l'endroit par lequel ?*

La raison alléguée par M. Auger en faveur de l'usage ne vaut rien. Qu'importe en effet que *prendre* et *prenable* n'aient pour eux deux qu'un seul complément, s'ils le gouvernent tous deux de même? *Prendre par* un endroit; *prenable par* un endroit. Et où prend-il lui-même cette loi, qu'il faut deux compléments lorsqu'il y a deux propositions distinctes? Enfin, peut-on dire qu'il y ait ici deux propositions distinctes? Ce sont là toutes arguties de grammairien. Pour faire voir la légitimité de la construction de Molière au point de vue de la logique, il n'y a qu'à traduire sa phrase en latin : — *Captus es quo loco capi poteras.* — Le *que* n'est aussi exprimé qu'une fois.

Voici un tableau qui fera comprendre, mieux que tous les raisonnements subtils, le jeu de ces relatifs QUI, QUE, QUOI. J'en puise les éléments dans la grammaire de Jehan Masset, imprimée à la suite du dictionnaire de Nicot (1606.)

QUI, nominatif de tout genre et de tout nombre :

Exemples : { Le père / La mère / Les pères / Les mères } QUI vous aiment.

QUE, accusatif de tout genre et de tout nombre :

Exemples : { Le père, la mère / Les pères, les mères } QUE vous aimez.

QUE sert aussi pour les neutres *quid* et *quod*. *Que* dites-vous? (*quid* dicis?) Ce *que* je sais (*quod* scio).

QUOI, accusatif neutre. — *Quoi* voyant, ou *ce que* voyant..... *quod* cum videret. — *Quoi que* vous disiez, littéralement en latin du moyen âge, *quid quod dicas*.

« *De la façon enfin qu'*avec toi j'ai vécu,
« Les vainqueurs sont jaloux du bonheur du vaincu. »

(CORN. *Cinna*.)

« *Au temps que* les bêtes parloient..... » (LA FONTAINE.)

« *Le jour suivant, que* les vapeurs de Bacchus furent dissipées, Xantus
« fut extrêmement surpris de ne plus trouver son anneau. »

(ID. *Vie d'Esope*.)

« Un jour viendra *que* votre méchanceté ne trouvera point de retraite
« sûre, non pas même dans les temples. » (La Font. *Vie d'Esope.*)

Un jour viendra *dans lequel*.

— QUE, suivi de *ne*, répondant au latin *quin* ou *quominus* :

Et ce bien, par la fraude entré dans ma maison,
N'en sera point tiré *que* dans cette sortie
Il *n*'entraîne du mien la meilleure partie. (*Dép. am.* III. 3.)

Entrez dans cette porte,
Et sans bruit ayez l'œil *que* personne *n*'en sorte. (*Ec. des mar.* III. 5.)

Afin que personne, pour empêcher que personne n'en sorte.

Il n'avouera jamais qu'il est médecin,..... *que* vous *ne* preniez chacun
un bâton..... (*Méd. m. lui.* I. 5.)

Quin baculum sumas: A moins que vous ne preniez un bâton.

Je ne sais qui me tient, infâme,
Que je *ne* t'arrache les yeux. (*Amph.* II. 3.)

Quin oculos tibi eripiam.

Passe, mon pauvre ami, crois-moi,
Que quelqu'un ici *ne* t'écoute. (*Ibid.* III. 2.)

Sors vite, *que* je *ne* t'assomme. (*L'Av.* I. 3.)
Allez vite, *qu*'il *ne* nous voie ensemble. (*Pourc.* III. 1.)

— NE POUVOIR QUE... NE :

Dans le fond, je suis de votre sentiment, et *vous ne pouvez pas que* vous
n'ayez raison. (*L'Av.* I. 7.)

« Non possum quin exclamem. » (Cicer.) Je ne puis que
je ne m'écrie ; je ne puis m'empêcher de m'écrier.

— QUE, répondant au latin *quàm, prœterquàm, nisi,*
excepté, sinon :

Mais quoi ! que feras-tu *que* de l'eau toute claire ? (*L'Et.* III. 1.)

Ont-elles répondu *que* oui et non à tout ce que nous avons pu leur dire ?
(*Préc. rid.* 1.)

Où trouver, sire, une protection *qu*'au lieu où je la viens chercher ? et
qui puis-je solliciter..... *que* la source de la puissance et de l'autorité ?
(2ᵉ *Placet au roi.*)

Je vous crois trop raisonnable pour vouloir exiger de moi *que* ce qui
peut être permis par l'honneur et la bienséance. (*L'Av.* IV. 1.)

Descendons-nous tous deux *que* de bonne bourgeoisie? (*B. gent.* III. 12.)

« Je l'ai suivi (Planude), sans retrancher de ce qu'il a dit d'Ésope *que* ce
« qui m'a semblé trop puéril. »   (La Font. *Vie d'Ésope.*)

— QUE répondant au latin *cum*, lorsque, tandis que :

Il aime quelquefois sans qu'il le sache bien,
Et croit aimer aussi, parfois *qu'*il n'en est rien.   (*Mis.* IV. 1.)

Tandis qu'il n'en est rien.

Comment voudriez-vous qu'ils traînassent un carrosse, *qu'*ils ne peuvent
pas se traîner eux-mêmes?   (*L'Av.* III. 5.)

Lorsqu'ils ne peuvent pas.

Où me réduisez-vous, *que* de me renvoyer à ce que voudront permettre, etc....   (*Ibid.* IV. 1.)

Lorsque vous me renvoyez.

Et la raison bien souvent les pardonne,
Que l'honneur et l'amour ne les pardonnent pas.   (*Amph.* III. 8.)

— QUE *elliptique*; tel que, ou, adverbialement, tellement que, de telle sorte que :

Je suis dans une colère, *que* je ne me sens pas!   (*Mar. for.* 6.)

Telle, que je ne me sens pas.

J'ai une tendresse pour mes chevaux, *qu'*il me semble que c'est moi-même.   (*L'Av.* III. 5.)

Telle, qu'il me semble....

Suis-je faite d'un air, à votre jugement,
Que mon mérite au sien doive céder la place?   (*Psyché.* I. 1.)

D'un tel air que mon mérite, etc.

Et vous me le parez (1) tous deux *d'une manière,*
*Qu'*on ne peut rien offrir qui soit plus précieux.   (*Ibid.* I. 3.)

« Nous ne laissâmes pas toutefois de délier l'homme et la femme, que la
« crainte tenoit saisis *à un point qu'*ils n'avoient pas la force de nous re-
« mercier. »   (*Gil Blas.* liv. V. ch. 2.)

On lève des cachets, *qu'*on ne l'aperçoit pas.   (*Amph.* III. 1.)

De telle sorte que l'on ne l'aperçoit pas.

---

(1) Le choix qu'ils font d'elle.

Souvent on se marie,
Qu'on s'en repent après tout le temps de sa vie. (*Fem. sav.* V. 5.)

Tellement, de telle façon que l'on s'en repent.

— QUE, relatif après *ce que:*

Bon ! voilà ce *qu*'il nous faut *qu*'un compliment de créancier.
(*Don Juan.* IV. 1.)

— ET QUE... en relation avec *en :*

J'*en* suis persuadé ;
Et que de votre appui je serai secondé. (*Fem. sav.* IV. 6.)

— QUE DIABLE :

Que diable est-ce là? Les gens de ce pays-ci sont-ils insensés?
(*Pourc.* I. 12.)

Il faut écrire *quel diable*, qu'on prononçait *queu diable*, et qu'on a fini par écrire *que diable*.

(Voyez DIABLE.)

Si vous n'êtes pas malade, *que diable* ne le dites-vous donc!
(*Méd. m. lui.* II. 9.)

Dans cette construction, *que* répond au latin *cur*. Pourquoi (diable !) ne le dites-vous donc ? La véritable ponctuation serait d'isoler le mot *diable* : Que, diable! ne le dites-vous? *Quin, ædepol, illud, aperis?* (Voyez, p. 337, QUE suivi de *ne.*)

On pourrait encore expliquer *que diable* ne le dites-vous, *quel diable* ne le dites-vous ? c'est-à-dire, quel diable vous empêche de le dire? Ce serait une de ces constructions interrompues dont il y a des exemples dans toutes les langues, et surtout dans la nôtre.

— QUE NE, après *tarder :*

Adieu; *il me tarde* déjà *que je n*'aie des habits raisonnables, pour quitter vite ces guenilles. (*Mar. for.* 4.)

— QUE NON PAS, après *aimer mieux :*

Et tout ce que vous m'avez dit, je l'aime bien mieux une feinte *que non pas* une vérité. (*Pr. d'El.* V. 2.)

— QUE... QUI :

C'est vous, si quelque erreur n'abuse ici mes yeux,
Qu'on m'a dit *qui* vivez inconnu dans ces lieux. (*L'Et.* V. 14.)

Mais, pour guérir le mal *qu*'il dit *qui* le possède,
N'a-t-il pas exigé de vous d'autre remède ? (*Ec. des fem.* II. 6.)

Nous verrons si c'est moi *que* vous voudrez *qui* sorte. (*Mis.* II. 5.)

Et c'est toi *que* l'on veut *qui* choisisses des deux. (*Mélicerte.* I. 5.)

Je la recevrai comme un essai de l'amitié *que* je veux *qui* soit entre nous.
(*Sicilien.* 16.)

Mon Dieu, Scapin, fais-nous un peu ce récit *qu*'on m'a dit *qui* est si plaisant..... (*Scapin.* III. 1.)

Ce gallicisme n'est pas élégant, mais il peut souvent être commode ; c'est pourquoi il a été employé par de bons écrivains dans le style familier :

« Et que pourra faire un époux
« *Que* vous voulez *qui* soit nuit et jour avec vous ? »
(La Font. *Le Mal marié.*)

Ce tour, proscrit par la délicatesse raffinée des modernes, était encore d'usage au xviiie siècle ; Voltaire lui-même ne fait point difficulté de s'en servir :

« Voici cette épître de Corneille, *qu*'on prétend *qui* lui attira tant
« d'ennemis. » (*Comment. sur l'Ep. à Ariste.*)

Si l'on essaye d'exprimer la même idée en termes différents, on verra ce que la tournure de Molière et de Voltaire offre d'avantageux.

— QUE construit avec un adjectif ; dans le sens où les Espagnols disent *por* ; *por grandes que sean los reyes*... c'est-à-dire, encore que les rois soient grands, ou quels grands que soient les rois :

Ma crainte toutefois n'est pas trop dissipée ;
Et, *doux que soit le mal*, je crains d'être trompée. (*Sgan.* 22.)

Cette locution est elliptique ; c'est comme s'il y avait, *et, quel doux que soit le mal* (1). Pour l'euphonie et la rapidité, on avait fini par omettre *quel* ; mais dans l'origine il était exprimé. (Voyez QUEL pour *tel... que*, p. 341.)

On doit regretter que ce tour élégant et concis n'ait pas été conservé, au lieu de ce pénible et raboteux *quelque... que*.

(1) Sur cette tmèse de *quel...que*, seule forme usitée au moyen âge, et corrompue par l'ignorance de l'âge suivant, voyez *des Var. du lang. fr.*, p. 419, 420, 421.

— QUE pour *ce que*, archaïsme :

    Voilà, voilà *que* c'est de ne pas voir Jeannette,
    Et d'avoir en tout temps une langue indiscrète.   (*L'Et.* IV. 8.)

(Voyez ÊTRE QUE DE, SI (un adjectif) QUE DE, SI PEU... QUE DE... etc., et ENRAGER QUE, — ÉTONNÉ QUE, — FAIRE SEMBLANT QUE, — GARDER QUE, etc.)

QUEL, pour *tel... que* :

    Allez, allez, vous pourrez avoir avec eux (les médecins) *quel* mal il vous plaira.   (*L'Av.* I. 8.)

Les grammairiens sont unanimes à déclarer que c'est là *une faute grave*. Ils veulent : *tel* mal *qu*'il vous plaira.

Chez les Latins, *talis* et *qualis* étaient corrélatifs, ou se substituaient l'un à l'autre. Par exemple : *talis* pater, *qualis* filius ; ou bien : *qualis* pater, *talis* filius.

Le peuple s'obstine à dire : Prenez *lequel que* vous voudrez ; venez à *quelle* heure *qu*'il vous plaira. C'est la tradition de l'ancienne langue :

    « Parole a David, si lui dis que il elise de treis choses *quele que* il volt
    « mielz que je li face.

    « E li prophetes vint al rei, si li dist issi de part nostre seignur, e ruvad
    « (rogavit) que il eleist (qu'il choisit, élisit) *quel* membre *que* il volsist. »
                                                                                  (*Rois.* p. 217.)

Supprimez par euphonie le *que* relatif, vous avez la locution de Molière : Le prophète pria David de choisir *quel* membre il voudrait que Dieu frappât.

Mais au lieu de supprimer ce *que* relatif, qui déjà n'était pas indispensable, l'usage moderne le redouble, et dit, avec une harmonie réellement barbare, *quelque... que.*

(Voyez l'article suivant.)

— QUEL (un adj. ou un subst.) QUE, pour *quelque... que* :

    En *quel* lieu *que* ce soit, je veux suivre tes pas.   (*Fâcheux.* III. 4.)

C'est la véritable locution française, la seule qui ait du sens, et qu'autorisent les origines de la langue.

    « E Deu guardad David, *quel* part *qu*'il alast. »   (*Rois.* p. 148.)

    « E *quel* part *qu*'il (Saül) se turnout, ses adversaires surmontout. »
                                                                                (*Ibid.* p. 52.)

« De *quel* forfait *que* home out fait en cel tens..... »
(*Loix de Guillaume le Conquer.*)

Quelque forfait *que* l'on ait commis en ce temps, l'église y est un asile.

« *Quel* deul *que* j'en doie soufrir. » (*R. de Coucy*, v. 6151.)

« Je m'en vois, dame ! a Dieu le creatour,
« Comant vo cors, en *quel* lieu *ke* je soie. »
(*Chanson du sire de Coucy*, dans le roman, vers 7413.)

Les Anglais égorgent par surprise les Danois établis à Londres; des jeunes gens nobles, montés sur une nacelle, échappent à cette boucherie :

« Emmi se colent par Tamise,
« Ne lor nut tant nord est ne bise,
« Qu'en Danemarche n'arrivassent,
« *Queu* mer orrible *qu*'il trovassent. »
(*Benoist de S.-More. Chronique*, v. 27550.)

Le vent ne leur nuisit pas tellement qu'ils n'arrivassent en Danemark, *quelle* horrible mer *qu*'ils trouvassent.

« En *quel* oncques liu *que* je soie. » (*La Violette*, p. 44.)

« Avis li fu qu .I. angle de par Dieu li disoit
« Qu'aler lessast Flourence *quel* part *que* ele voudroit. »
(*Le dit de Flourence de Rome.*)

Froissart parlant de la cour du comte de Foix :

« Nouvelles de *quel* royaume ni (et) de *quel* pays *que* ce feust là dedans
« on y apprenoit. » (*Chron.* liv. III.)

Quelque... que est une locution dont il est impossible de rendre compte ; elle échappe à toute analyse par son absurdité. Pourquoi ces deux *que* l'un sur l'autre, et *quel* invariable ? Il appartenait à Molière de maintenir au milieu du xviie siècle la forme primitive.

Il serait bien à souhaiter qu'on reprît l'ancien usage, et qu'on purgeât notre langue de cet affreux *quelque... que*.

Nous avons vu Froissart, à la fin du xve siècle, employer encore la vraie locution. A la même époque, je trouve déjà la mauvaise forme installée dans un chef-d'œuvre, dans la farce de Pathelin :

A moy mesme pour *quelque* chose
Que je te die ne propose.......

> Dictes hardiment que j'affole
> Se je dis huy aultre parole
> A vous n'a quelque aultre personne,
> Pour *quelque* mot *que* l'en me sonne,
> Fors Bée que vous m'avez aprins.
>
> (*Pathelin.*)

Ainsi, dès la fin du xve siècle, les deux locutions étaient en présence, et luttaient. Selon la marche des choses d'ici-bas, la pire devait l'emporter, et son triomphe ne se fit pas attendre. Le xvie siècle, tant ses ardeurs de grec, de latin, d'italien et d'espagnol lui brouillaient la cervelle, n'entendait plus rien du tout à la première langue française ; je ne suis donc pas surpris de voir la forme *quelque que* mentionnée seule, et consacrée comme une règle dans la grammaire de Palsgrave (1530); c'est au folio 114 (*recto*), où l'auteur expose que l'on emploie indifféremment *quelque* et *quelconque*. Voici ses exemples :

« *Quelconque* ou *quelque* excusation *que* vous alleguez, elle ne vous servira de rien. »

« *Quelques* dieux, ou *quelconques* dieux *que* ils soient. »

« O deesse specieuse, *quelque* tu soies, si m'engarderay à faire à aultruy « mencion quel conques. »

Ces exemples sont pris dans quelque traduction du latin, faite par un célèbre écrivain de l'époque.

Vous observerez que Palsgrave recommande bien surtout de ne jamais faire accorder *quel* dans *quelque* ni *quelconque*. Si l'on trouve parfois dans les livres *quelle que*, *quelsconques* ou *quelles-conques*, c'est, dit-il, par une grosse méprise des imprimeurs : « that was done by the errour of the printers. » Il fait de cette invariabilité une règle formelle, que l'âge suivant, avec son inconséquence ordinaire, a gardée pour *quelconque*, et violée pour *quelque*. Nous écrivons : une femme *quelconque*, sans faire accorder *quel*, et en le faisant accorder : *quelle que* soit cette femme. Notre grammaire moderne ressemble à un écheveau mêlé.

— QUELQUE SOT, locution elliptique :

LÉLIE.
Tu te vas emporter d'un courroux sans égal.

MASCARILLE.
Moi, monsieur? *quelque sot!* la colère fait mal.   (*L'Et.* II. 7.)

C'est-à-dire, quelque sot s'emporterait; mais moi, non!

Certes je t'y guettois!—*Quelque sotte*, ma foi!   (*Tart.* II. 2.)

Quelque sotte y serait prise; mais non pas moi!

Hé, *quelque sot!* je vous vois venir.   (*G. D.* II. 7.)

QUÊTE, recherche; LA QUÊTE DE QUELQU'UN :

Si bien qu'à *votre quête* ayant perdu mes peines...   (*L'Et.* V. 14.)

A votre recherche.

C'est le sens primitif du mot : *la quête du S. Graal.*

QUI, se rapportant à un nom de chose, au lieu de *lequel*, que Molière et ses contemporains paraissent avoir évité autant que possible :

J'ai conçu, digéré, produit un stratagème
Devant *qui* tous les tiens, dont tu fais tant de cas,
Doivent sans contredit mettre pavillon bas.   (*L'Et.* II. 14.)

Et pourvu que tes soins, *en qui* je me repose...   (*Ibid.* III. 5.)

Et contre cet assaut je sais un coup fourré,
Par *qui* je veux qu'il soit de lui-même enferré.   (*Ibid.* III. 6.)

Et de ces blonds cheveux, *de qui* la vaste enflure
Des visages humains offusque la figure.   (*Ec. des mar.* I. 1.)

Je veux une coiffure, en dépit de la mode,
Sous *qui* toute ma tête ait un abri commode.   (*Ibid.*)

O trois ou quatre fois béni soit cet édit
Par *qui* des vêtements le luxe est interdit!   (*Ibid.* 9.)

Ce n'est pas que Molière ait sacrifié au besoin de la mesure :

Oui, oui, votre mérite, *à qui* chacun se rend....   (*Ibid.*)

Il ne lui en eût pas coûté davantage de mettre *auquel*, si ce terme eût été alors plus juste et plus conforme à l'usage.

Vous donner une main contre *qui* l'on enrage.   (*Fâcheux.* I. 5.)

Cette liberté pour *qui* j'avois des tendresses si grandes...
(*Princ. d'Él.* IV. 1.)

Une de ces injures pour *qui* un honnête homme doit périr.
(*D. Juan.* III. 4.)

C'est un art (l'hypocrisie) *de qui* l'imposture est toujours respectée.
(*Ibid.* V. 2.)

L'honneur vous apprend-il ces mignardes douceurs
Par *qui* vous débauchez ainsi les jeunes cœurs? (*Mélicerte.* II. 4.)

Mais les gens comme nous brûlent d'un feu discret,
Avec *qui* pour toujours on est sûr du secret.   (*Tart.* III. 3.)

Qui se rapporte à *feu*, et non pas à *gens* : avec lequel feu.

N'oubliez rien..... de ces caresses touchantes *à qui* je suis persuadé
qu'on ne sauroit rien refuser.   (*L'Av.* IV. 1.)

De grâce, souffrez-moi, par un peu de bonté,
Des bassesses *à qui* vous devez la clarté.   (*Fem. sav.* I. 1.)

— QUI *relatif*, séparé de son sujet :

Sans ce trait falot,
Un homme l'emmenoit, *qui* s'est trouvé fort sot.   (*L'Et.* II. 14.)

Ah! sans doute, *un amour* a peu de violence,
Qu'est capable d'éteindre une si foible offense.   (*Dép. am.* IV. 2.)

La tête d'une femme est comme une *girouette*
Au haut d'une maison, *qui* tourne au premier vent.   (*Ib.* IV. 2.)

N'allez point présenter *un espoir* à mon cœur,
Qu'il recevroit peut-être avec trop de douceur. (*Mélicerte.* II. 3.)

Nous perdons des *moments* en bagatelles pures,
Qu'il faudroit employer à prendre des mesures.   (*Tart.* V. 3.)

Il me faut aussi *un cheval* pour monter mon valet, *qui* me coûtera bien trente pistoles.   (*Scapin.* II. 8.)

C'est le cheval qui coûtera trente pistoles, et non le valet.

Vous avez *notre mère* en exemple à vos yeux,
Que du nom de savante on honore en tous lieux. (*Fem. sav.* I. 1.)

Nos pères sur ce point étoient gens bien sensés,
Qui disoient qu'une femme en sait toujours assez... (*Ibid.* II. 7.)

Cette construction était une des plus usitées :

« On ne parloit qu'avec transport de *la bonté* de cette princesse, *qui*,
« malgré les divisions trop ordinaires dans les cours, lui gagna d'abord
« tous les esprits. »   (BOSSUET. *Or. fun. de la duch. d'Orl.*)

Qui ne se rapporte pas à la princesse, mais à sa bonté, qui lui gagnait tous les esprits.

« Il a eu raison d'interdire *un prêtre* pour toute sa vie, *qui*, pour se dé-
« fendre, avoit tué un voleur d'un coup de pierre. » (PASCAL, 14º *Prov.*)

« Votre père Alby fit *un livre sanglant* contre lui (le curé de St.-Nizier
« de Lyon), *que* vous vendîtes vous-même, dans votre propre église, le jour
« de l'Assomption. »   (*Id.* 15º *Prov.*)

— QUI, répété disjonctivement pour *celui-ci, celui-là :*

Ils n'ont pas manqué de dire que cela procédoit *qui* du cerveau, *qui* des entrailles, *qui* de la rate, *qui* du foie. (*Méd. m. lui.* II. 9.)

« *Qui* lance un pain, un plat, une assiette, un couteau ;
« *Qui* pour une rondache empoigne un escabeau. »
(Regnier. *Le Festin.*)

QUITTER SA PART A (un infinitif) :

La mienne (ma main), quoiqu'aux yeux elle semble moins forte,
N'en quitte pas sa part à le bien étriller. (*Ec. des fem.* IV. 9.)

— **JE LE QUITTE :**

Ho ! poussez. *Je le quitte*, et ne raisonne plus. (*Dép. am.* II. 1.)
Oh ! *je le quitte.* (*B. gent.* IV. 5.)
Ah ! *je le quitte* maintenant, et je n'y vois plus de remède.
(*G. D.* III. 13.)

C'est-à-dire, je donne quittance du surplus ; j'en ai assez, j'y renonce. *Le* est ici au neutre, sans relation grammaticale.

« La police feminine a un train mysterieux ; il fault *le leur quitter.* »
(Montaigne. III. 5.)

(Le leur abandonner, ne s'en point mêler.

« Mon père, lui dis-je, *je le quitte*, si cela est. » (Pascal. 7e *Prov.*)

— **QUITTER A QUELQU'UN LA PLACE, LA PARTIE,** la lui abandonner :

Ma présence le chasse,
Et je ferai bien mieux de *lui quitter la place.* (*Tart.* II. 4.)
Mettez dans vos discours un peu de modestie,
Ou je vais sur-le-champ *vous quitter la partie.* (*Ibid.* III. 2.)

— « Adrian l'empereur, debattant avecques le philosophe Favorinus de
« l'interpretation de quelque mot, Favorinus *luy en quitta bientost la vic-
« toire.* » (Mont. III. 7.)

On disait aussi *quitter quelqu'un de quelque chose.*

Le baron de la Crasse, de Raymond Poisson, se vante de son talent à jouer la comédie ; et pour en donner sur-le-champ un échantillon :

« Autrefois j'ai joué dans les fureurs d'Oreste :
« Tiens, tiens, voilà le coup... — *Nous vous quittons du reste.* »

Et le pelletier vantant ses fourrures à Patelin :

« N'en payez ne denier ne maille,
« Se vous en trouvez qui les vaille;
« Je vous en quitte. »   (Le Nouv. Pathelin.)

QUOI, adjectif neutre, pour *lequel* :

Le grand secret pour *quoi* je vous ai tant cherché. (*Dép. am.* I. 2.)

Ce n'est pas le bonheur après *quoi* je soupire. (*Tart.* III. 3.)

Ces disputes d'âges, *sur quoi* nous voyons tant de folles. (*Am. magn.* I. 2.)

Voici de petits vers pour de jeunes amants,
Sur quoi je voudrois bien avoir vos sentiments. (*Fem. sav.* III. 5.)

.... La dissection d'une femme, *sur quoi* je dois raisonner.
(*Mal. im.* II. 6.)

Il est remarquable avec quel soin Molière fuit ce mot *lequel*. (Voyez LEQUEL évité.)

« Selon Vaugelas, *quoi*, pronom relatif, est d'un usage fort élégant et fort commode pour suppléer au pronom *lequel* en tout genre et en tout nombre. Et de ces deux locutions : le plus grand vice *à quoi* il est sujet, ou bien *auquel* il est sujet, il préférait la première. »   (M. AUGER.)

Vaugelas ne faisait ici que réduire en maxime l'usage de son temps. Pascal aime beaucoup à se servir de *quoi :*

« C'est donc la pensée qui fait l'être de l'homme, et sans *quoi* on ne le
« peut concevoir. »   (*Pensées.* p. 43.)

« Elles tiennent de la tige sauvage sur *quoi* elles sont entées. »
(*Ibid.* p. 153.)

« Une base constante *sur quoi* nous puissions édifier. » (*Ibid.* p. 296.)

« Je manque à faire plusieurs choses *à quoi* je suis obligé. »
(*Ibid.* p. 355.)

RACCROCHER (SE), absolument :

Cet homme me rompt tout ! — Oui, mais cela n'est rien;
Et de *vous raccrocher* vous trouverez moyen. (*Éc. des fem.* III. 4.)

RAGE; FAIRE RAGE, faire l'impossible :

Notre maître Simon.... dit qu'*il a fait rage* pour vous. (*L'Av.* II. 1.)

Ou au pluriel :

C'est un drôle qui *fait des rages !*   (*Amph.* II. 1.)

RAGOUT, figurément :

   Je voudrois bien savoir *quel ragoût il y a à eux ?*   (*L'Av.* II. 7.)
   Un amant aiguilleté *sera pour elle un ragoût* merveilleux.   (*Ibid.*)

Cette métaphore est mise dans la bouche de Frosine.

RAISON ; LA RAISON, pour *la justice, ce qui est raisonnable* :

   Je pense, Dieu merci, qu'on vaut son prix comme elles ;
   Que, pour se faire honneur d'un cœur comme le mien,
   Ce n'est pas *la raison* qu'il ne leur coûte rien.   (*Mis.* III. 1.)

Nous en usons honnêtement, et nous nous contentons de *la raison*.
   (*G. D.* II. 1)

— **RAISON EN DÉBAUCHE**, c'est-à-dire, égarée comme on l'est par la débauche :

   Une *raison* malade, et toujours *en débauche.*   (*L'Et.* II. 14.)

— **FAIRE RAISON**, venger équitablement :

   Une bonne potence *me fera raison* de ton audace.   (*L'Av.* V. 4.)

Faire raison, dans le langage bachique, tenir tête à un buveur qui vous provoque :

   « Tous trois burent d'autant : l'ânier et le grison
   « *Firent* à l'éponge *raison.* »
   (LA FONT. L *Ane chargé d'éponges.*)

RAISONNANT, adjectif, raisonneur :

Je vous trouve aujourd'hui bien *raisonnante !*   (*Mal. im.* II. 7.)

RAJUSTER (SE), se raccommoder :

   Ils goûtent le plaisir de *s'être rajustés.*   (*Amph.* III. 2.)

RAMASSER (SE) EN SOI-MÊME, au sens moral :

   Lorsque, *me ramassant tout entier en moi-même,*
   J'ai conçu, digéré, produit un stratagème…   (*L'Et.* II. 14.)

« Je prie Dieu, lorsque je sens que je m'engage dans ces prévoyances, « de me renfermer dans mes limites ; *je me ramasse dans moi-même*, et je « trouve que je manque à faire plusieurs choses….. etc. »
   (PASCAL. *Pensées.* p. 67.)

RAMENTEVOIR, archaïsme, remettre en l'esprit, rappeler :

Ne *ramentevons rien*, et réparons l'offense.   (*Dép. am.* III. 4.)

Le présent de l'indicatif est *je ramentois*, *tu ramentois*, etc.

« Ceste opinion me *ramentoit* l'experience que nous avons. »
(MONTAIGNE. II. 12.)

Les racines sont *ad mentem habere*, précédées du *re* itératif.

« Ménage le tire de *ramentaire*. » (TRÉVOUX.) Mais d'où tire-t-on *ramentaire*, et où le trouve-t-on ?

RANGER QUELQU'UN, avec ou sans complément indirect :

Il faut avec vigueur *ranger les jeunes gens*.   (*Éc. des fem.* V. 7.)
Et que je ne sache pas trouver le moyen de *te ranger à ton devoir* ?
(*Méd. m. lui.* I. 1.)
Ne vous mettez pas en peine : *je la rangerai bien*.   (*Mal. im.* II. 8.)

— **RANGER AU DESTIN**, réduire au destin :

Et *ne me rangez pas à l'indigne destin*
De me voir le rival de monsieur Trissotin.   (*Fem. sav.* IV. 2.)

RAPATRIAGE et **RAPATRIER** :

Veux-tu qu'à leur exemple ici
Nous fassions entre nous un peu de paix aussi,
Quelque petit *rapatriage* ?   (*Amph.* II. 7.)
Pour couper tout chemin à nous *rapatrier*,
Il faut rompre la paille.   (*Dép. am.* IV. 4.)

RAPPORTER; SE RAPPORTER, pour *s'en rapporter* :

Je veux bien aussi *me rapporter* à toi, maître Jacques, de notre différend.   (*L'Av.* IV. 4.)

RATE; DÉCHARGER SA RATE :

Il faut qu'enfin j'éclate,
Que je lève le masque et *décharge ma rate*.   (*Fem. sav.* II. 7.)

REBOURS; CHAUSSÉ A REBOURS, métaphoriquement :

Tout ce que vous avez été durant vos jours,
C'est-à-dire, un esprit *chaussé tout à rebours*.   (*L'Et.* II. 14.)

Rebours est un substantif comme *revers*; aussi dit-on, *au rebours de*... *A rebours* est une sorte d'adverbe composé, et, en cette qualité, ne reçoit point de complément.

Rebours était aussi un adjectif, faisant au féminin *rebourse* :

« Madame, je vous remercie
« De m'avoir esté si *rebourse*. » (Marot.)

De m'avoir été si farouche, si intraitable.

Enfin il y avait le verbe *rebourser*, qui existe encore sous la forme *rebrousser*; et je ne doute même pas qu'on ne l'ait toujours prononcé de la sorte, comme on a toujours dit *du fromage* et des *brebis*, lorsqu'on écrivait *du formage* et des *berbis*, à cause de *forma* et *verveces*. On a fini par transposer sur le papier l'*r* qu'on transposait dans la prononciation, pour éviter la double consonne. Ce point est développé dans les *Variations du langage français*, p. 30.

Mais *rebourser* ou *rebrousser*, d'où vient-il?

Je conjecture que l'*r* y est parasite, comme on en a des exemples dans plusieurs mots (1); et que *rebrousser* est le même que *reboucher*, qui signifie, dans la vieille langue, *émousser*, au propre et au figuré :

« Puisse être à ta grandeur le destin si propice,
« Que ton cœur de leurs traits *rebouche* la malice! » (Régnier.)

Que ton cœur émoussé leurs traits ; que leurs traits *rebroussent* sur ton cœur.

« Rechignée estoit, et froncé
« Avoit le nez et *rebourcé*. » (*Roman de la Rose*.)

Elle avait le nez rebroussé et comme émoussé.

Il peut être curieux d'observer que cette métaphore de la bouche, appliquée au tranchant de l'acier ou à la pointe d'une flèche, nous vient des Grecs :

Στόμα, bouche et tranchant du fer; στομόω, ouvrir la bouche et tremper le fer; στόμωμα et στόμωσις, ouverture de bouche, trempe de fer, le fil d'une lame tranchante.

Le sens propre et le figuré se trouvent réunis dans ces vers d'Œdipe à Créon :

Τὸ σὸν δ' ἀφῖκται δεῦρ' ὑπόβλητον στόμα,
πολλὴν ἔχον στόμωσιν. (Οἰδ. ἐπὶ Κολ. v. 828.)

« Et tu viens ici avec ta *langue* bien *affilée*..... »

---

(1) Chartre, registre, esclandre, chaufferette (chauffrette), de *charta, regestum, scandalum, chaufeta*, qui est dans Du Cange.

Les outils qui n'avaient plus de taillant étaient autrefois des outils sans bouche, des outils *rebouchés :*

« Kar *rebuchie* furent lur hustils de fer. »   (*Rois.* p. 44.)

Un outil *rebouché* rebrousse, et en rebroussant il va *à rebours.*

RECEVOIR, pour *souffrir* :

Cela ne *reçoit* point *de contradiction.*   (*L'Av.* I. 7.)

Ne voulant point céder, ni *recevoir l'ennui*
Qu'il me pût estimer moins civile que lui.   (*Éc. des fem.* II. 6.)

Quoi donc ! *recevrai-je la confusion.....*   (*Impromptu.* 9.)

RECONNU DE (ÊTRE)....., pour *récompensé :*

Voilà qui est étrange, et *tu es bien mal reconnu de tes soins.*
        (*D. Juan.* III. 2.)

RECULER A QUELQUE CHOSE :

Dès demain ? — Par pudeur tu feins d'*y reculer.*
        (*Éc. des mar.* II. 15.)

Hé bien, oui, puisqu'il veut te choisir pour juge, *je n'y recule point.*
        (*L'Av.* IV. 4.)

RÉDUIT ; AME RÉDUITE, soumise, résignée à son sort, comme on dit *réduire un cheval :*

Il faut jouer d'adresse, et, d'une *âme réduite,*
Corriger le hasard par la bonne conduite.   (*Éc. des fem.* IV. 8.)

— RÉDUIT EN UN SORT :

Que vous fussiez *réduite en un sort* misérable.   (*Mis.* IV. 3.)

RÉGAL, au sens propre, fête, plaisir :

D'où vient qu'il n'est pas venu à la promenade ? — Il a quelque chose dans la tête qui l'empêche de prendre plaisir *à tous ces beaux régals.*
        (*Am. magn.* II. 3.)

— DONNER UN RÉGAL :

Il m'a demandé si vous aviez témoigné grande joie au magnifique *régal que l'on vous a donné.*   (*Am. magn.* II. 3.)

— RÉGALS, au sens figuré :

> Et la plus glorieuse (estime) a *des régals peu chers*,
> Dès qu'on voit qu'on nous mêle avec tout l'univers. (*Mis.* I. 1.)

(Voyez CHER.)

Il faut avouer que cette expression, *a des régals peu chers*, manque de naturel, et laisse trop voir le besoin de préparer une rime à *univers*; nouvelle preuve que Molière commençait par faire son second vers. (Voyez CHEVILLES.)

« Une estime glorieuse est chère, mais elle n'a point des régals chers. Il fallait dire *des plaisirs peu chers*, ou plutôt tourner autrement la phrase. On dit, dans le style bas : *cela est un régal pour moi*; mais non pas *il a des régals pour moi*. »

(VOLTAIRE.)

RÉGALE, substantif féminin :

> Mais quoi ! partir ainsi d'une façon brutale,
> Sans me dire un seul mot de douceur pour *régale* ! (*Amph.* I. 4.)

La racine est *gale*, en italien *gala*. (Voyez p. 352, RÉGALER D'UNE PEINE.)

RÉGALER QUELQU'UN D'UN BON VISAGE :

> Je vous recommande surtout de *régaler d'un bon visage* cette personne-là..... (*L'Av.* III. 4.)

— RÉGALER D'UNE PEINE, indemniser de cette peine :

> Mais, pour vous régaler
> Du souci qui pour elle ici vous inquiète,
> Elle vous fait présent de cette cassolette. (*L'Et.* III. 13.)

Régaler est la forme itérative de *galer*, qui signifiait se réjouir, prendre du bon temps; ce qu'on dit en italien *far gala*. Nous avions aussi en français le substantif *gale*, racine de *régal*. Mener *gale*, ou *galer* :

« Lesquieulx respondirent qu'ils danceroient et meneroient *grant gale*. »
(*Lettres de rémission de* 1380.)

« Icelle femme dit à son mary : Vous ne faites que aler par pays, et *galer*
« par les tavernes..... Le suppliant s'en ala jouer et esbattre à la taverne,
« où il demoura buvant, mengeant et *menant gale* avec les aultres. »
(*Lettres de rém. de* 1409.)

(Voyez Du Cange, au mot *Galare*.)

Galer était aussi un verbe actif; *galer quelqu'un*, *le faire danser*, *le réjouir*.

« Çà, là, *galons-le* en enfant de bon lieu. »
(LA FONTAINE. *Le Diable de Papefig*.)

REGARDER ; NE REGARDER RIEN, ne regarder à rien :

Pour moi, *je ne regarde rien* quand il faut servir un ami.
(*B. gent.* III. 6.)

REGARDS CHARGÉS DE LANGUEUR :

Ces longs soupirs que laisse échapper votre cœur,
Et ces fixes *regards*, *si chargés de langueur*,
Disent beaucoup sans doute à des gens de mon âge. (*Pr. d'El.* I. 1.)

RÉGLER A... régler sur, d'après :

Que sur cette conduite à son aise l'on glose;
Chacun *règle la sienne au but* qu'il se propose. (*D. Garcie*. II. 1.)
Le douaire *se règle au bien* qu'on nous apporte.
(*Éc. des fem.* IV. 2.)
Vous savez mieux que moi qu'*aux volontés des cieux*,
Seigneur, il faut *régler* les nôtres. (*Psyché*. II. 1.)

REGRETS ; FAIRE DES REGRETS, comme *faire des cris* :

Nous voyons une vieille femme mourante, assistée d'une servante qui *faisoit des regrets*..... (*Scapin*. I. 2.)

RÉGULARITÉS, comme *règles* :

Je traiterai, monsieur, méthodiquement, et dans toutes les *régularités* de notre art. (*Pourc.* I. 10.)

RELATION au sens particulier d'un mot employé dans une locution faite :

Ayons un cœur dont nous soyons les maîtres. (*D. Juan*. III. 5.)
Qu'avez-vous fait pour *être gentilhomme* ? Croyez-vous qu'il suffise d'*en* porter le nom et les armes ? (*Ibid.* IV. 6.)

Corneille, à qui Molière a emprunté la pensée et presque l'expression de ce passage, a mis le verbe à l'indicatif après *que* :

« Croyez-vous qu'*il suffit* d'être sorti de moi ? » (*Le Ment.* V. 3.)

RELEVÉ ; de fortune relevée :

Elle n'a pas toujours été si *relevée* que la voilà !   (*B. gent.* III. 12.)

REMENER :

Remenez-moi chez nous.   (*Dép. am.* IV. 3.)

Et non pas *ramenez-moi*, comme on parle aujourd'hui. Le simple est *menez-moi*, et non *amenez-moi*.

Raconter, rapporter, et plusieurs autres, sont dans le même cas que *ramener* ; c'était autrefois *reconter, reporter*, etc.

« Si i alad, e *remenad* ses serfs. »   (*Rois.* p. 232.)

« Et li poples *recontad* que li reis ço e ço durreit a celi ki l'ociereit. »
(*Ibid.* p. 64.)

REMERCIER L'AVANTAGE, rendre grâce à l'avantage :

Certes, il peut *remercier l'avantage* qu'il a de vous appartenir.
(*G. D.* I. 5.)

REMETTRE (SE), verbe actif, pour *reconnaître*, se rappeler :

Vous ne vous remettez point mon visage ?   (*Pourc.* I. 6.)

Vous ne vous remettez pas tout cela ? — Excusez-moi, *je me le remets.*
(*Ibid.*)

REMONTRER A QUELQU'UN, lui en remontrer :

Que les jeunes enfants *remontrent aux vieillards.* (*Dép. am.* II. 7.)

REMPLACER DE QUELQUE CHOSE, avec quelque chose, par quelque chose :

Elle a suivi le mauvais exemple de celles qui, étant sur le retour de l'âge, veulent *remplacer de quelque chose* ce qu'elles voient qu'elles perdent.
(*Crit. de l'Éc. des fem.* 6.)

RENCHÉRI, adjectif, prude, austère :

Vous avez dans le monde un bruit
De n'être pas si *renchérie*.   (*Amph.* prol.)

RENDRE (SE) construit avec un adjectif, se montrer, devenir :

Bon ! voyons si son feu *se rend opiniâtre.*   (*L'Ét.* III. 1.)

Je les dauberai tant en toutes rencontres, qu'à la fin ils *se rendront sages.*   (*Crit. de l'Éc. des fem.* 6.)

Il *se rend complaisant* à tout ce qu'elle dit. (*Tart.* III. 1.)

Non, Damis, il suffit qu'il *se rende plus sage*. (*Ibid.* III. 4.)

Elle *se rendra sage;* allons, laissons-la faire. (*Fem. sav.* III. 6.)

— RENDRE DES CIVILITÉS :

Mais du moins sois complaisante aux *civilités qu'on te rend!*
(*Pr. d'El.* II. 4.)

— RENDRE DES DEHORS, observer les bienséances :

Mais quand on est du monde, il faut bien que l'on *rende*
Quelques *dehors civils* que l'usage demande. (*Mis.* I. 1.)

— RENDRE GRACE SUR QUELQUE CHOSE :

Et le mari benêt, sans songer à quel jeu,
Sur les gains qu'elle fait *rend des grâces* à Dieu. (*Éc. des fem.* I. 1.)

— RENDRE INSTRUIT, instruire :

Vous me direz : Pourquoi cette narration?
C'est pour vous *rendre instruit* de ma précaution. (*Ec. des fem.* I. 1.)

L'emploi de ce tour est fréquent dans Bossuet : « Plusieurs, « dans la crainte d'être trop faciles, *se rendent inflexibles* à la « raison. » (*Oraison fun. de la duchesse d'Orléans.*)

—RENDRE OBÉISSANCE A QUELQU'UN, lui obéir :

Nous vous avons *rendu*, monsieur, *obéissance.* (*Ibid.* V. 1.)

RENFORT DE POTAGE :

NICOLE. J'ai encore ouï dire, madame, qu'il a pris aujourd'hui, *pour renfort de potage*, un maître de philosophie. (*B. gent.* III. 3.)

« Le peuple dit d'un écornifleur, que c'est un *renfort-potage.* » (TRÉVOUX.)

Cette figure est naturellement de la rhétorique de Nicole, qui est cuisinière.

RENGAINER UN COMPLIMENT :

Hé! monsieur, *rengainez* ce compliment. (*Mar. for.* 16.)

Cette expression existait avant Molière :

« Le compliment fut court, le maire *le rengaine.* » (SENECÉ.)

Pascal a dit RENGAÎNER absolument, pour cesser d'attaquer, abandonner une manœuvre, une intrigue commencée :

« On *rengaina*, et promptement. » (*Pensées.*) (1)

— RENGAÎNER UNE NOUVELLE :

CLITIDAS (*bouffon.*)

Puisque cela vous incommode, *je rengaîne ma nouvelle*, et m'en retourne droit comme je suis venu.   (*Am. magn.* V. 1.)

† **RENGRÉGEMENT**, archaïsme :

Rengrégement de mal, surcroît de désespoir !   (*L'Av.* V. 3.)

La racine de ce mot est l'ancien comparatif de *grand*, *greignour*. Il y avait aussi le verbe *rengréger* (*re-en-greger.*)

« Chacun rendit par là sa douleur *rengrégée*. »
(LA FONT. *La Matrone d'Éphèse.*)

Rengrégement, *rengréger*, n'ont point d'équivalents dans la langue moderne. *Accroître*, *empirer*, remplacent mal le verbe ; *accroissement* est plus faible et moins harmonieux que *rengrégement* ; *empirement*, bien qu'il se trouve dans Montaigne, n'est pas français, et *agrandissement* blesserait l'usage dans cette acception, *un agrandissement de chagrin*.

RENTRER AU DEVOIR, dans le devoir :

Pour *rentrer au devoir* je change de langage.   (*Mélicerte.* II. 5.)

— RENTRER DANS SON AME :

Rappelle tous tes sens, *rentre bien dans ton âme*.   (*Amph.* II. 1.)

REPAITRE, verbe neutre, manger :

Mais, seigneur Trufaldin, songez-vous que peut-être
Ce monsieur l'étranger a besoin de *repaître* ?   (*L'Ét.* IV. 3.)

— REPAÎTRE, verbe actif, pris au sens figuré :

Pour souffrir qu'un valet *de chansons me repaisse*.   (*Amph.* II. 1.)

RÉPANDRE, distribuer :

Aux pauvres, à mes yeux, il alloit le *répandre*.   (*Tart.* I. 6.)

— RÉPANDRE (SE) DANS LES VICES :

C'est ainsi qu'aux flatteurs on doit partout se prendre
Des *vices* où l'on voit les humains *se répandre*.   (*Mis.* II. 5.)

---

(1) M. Cousin a omis d'indiquer la page où se trouve cette phrase, citée dans son vocabulaire de Pascal, au mot *Rengaîner*.

RÉPARER, restituer, rendre, et construit de même avec le datif :

> Je veux jusqu'au trépas incessamment pleurer
> Ce que tout l'univers ne peut *me réparer*. (*Psyché*. II. 1.)

REPART, substantif masculin, repartie :

> Il a le *repart* brusque et l'accueil loup-garou. (*Éc. des mar.* I. 6.)

RÉPONSE DE... réponse à... :

> J'attends avec un peu d'espérance respectueuse la réponse *de mon placet*.
> (3e *Placet au roi*.)

REPROCHE, tache, sujet de reproche :

> Si je ne suis pas né noble, au moins suis-je d'une race où il n'y a point de *reproche*. (*G. D.* II. 3.)

RÉPRÉHENSION, dans le sens de *réprimande*, mais d'une nuance moins forte :

> On souffre aisément des *répréhensions*, mais on ne souffre pas la raillerie. (*Préf. de Tartufe*.)

On dit *reprendre* et *répréhensible*; pourquoi ne dirait-on pas *répréhension*, comme l'on dit *comprendre*, *compréhensible*, *compréhension* ?

RÉPUGNANCE AVEC (AVOIR), se mal accorder avec, répugner à :

> Une passion...... dont tous les désordres *ont tant de répugnance avec la gloire de votre sexe*. (*Pr. d'El.* II. 1.)

RÉPUGNER ; LE TEMPS RÉPUGNE A... :

> M. CARITIDÈS.
> Monsieur, *le temps répugne à l'honneur de vous voir*.
> (*Fâcheux*. III. 2.)

Bien que M. Caritidès s'exprime en général correctement, il est probable que Molière a l'intention de lui prêter ici une expression ridicule par le pédantisme.

REQUÉRIR, quérir de nouveau :

> Va, va vite *requérir* mon fils. (*Scapin*. II. 11.)

RÉSOUDRE ; SE RÉSOUDRE DE (un infinitif), se résoudre à :

Sus, sans plus de discours, *résous-toi de me suivre*. (*Dép. am.* V. 4.)

Il faut attendre
Quel parti de lui-même *il résoudra de prendre*. (*Ibid.*)

La haine que pour vous *il se résout d'avoir*. (*D. Garcie.* II. 6.)

Je serois fâché d'être ingrat, mais *je me résoudrois* plutôt *de l'être que d'aimer*. (*Pr. d'El.* III. 4.)

RESPIRER LE JOUR, latinisme, vivre :

Je n'entreprendrai point de dire à votre amour
Si donc Ignès est morte, ou *respire le jour*. (*D. Garcie.* V. 5.)

RESSENTIMENT, en bonne part, sentiment profond, reconnaissance :

Mais apprenez. . . . . .
Que je garde aux ardeurs, aux soins qu'il me fait voir,
Tout le *ressentiment* qu'une âme puisse avoir. (*D. Garcie.* III. 3.)

Madame, je viens... vous témoigner avec transport le *ressentiment* où je suis des bontés surprenantes dont vous daignez favoriser le plus soumis de vos captifs. (*Pr. d'El.* IV. 4.)

Je n'ai point connu qu'elle ait dans l'âme aucun *ressentiment* de mon ardeur. (*Am. magn.* I. 2.)

ARISTIONE. En vérité, ma fille, vous êtes bien obligée à ces princes, et vous ne sauriez assez reconnaître tous les soins qu'ils prennent pour vous.
ÉRIPHILE. J'en ai, madame, tout le *ressentiment* qu'il est possible.
(*Ibid.* III. 1.)

Souffrez, mon père, que je vous en donne ici ma parole, et que je vous embrasse pour vous témoigner mon *ressentiment*. (*Mal. im.* III. 21.)

Ce mot, dont l'usage a déterminé l'acception en mauvaise part, ne signifiait jadis que *sentiment* avec plus de force, comme le *ressouvenir* exprime un souvenir qui date de plus loin.

RESSENTIR (SE) D'UNE OFFENSE, la sentir vivement :

Une offense dont nous devons toutes *nous ressentir*. (*Pr. d'El.* III. 4.)

RESSORT qu'on ne comprend pas, et qui sème un embarras :

Oui, c'est elle, en un mot, dont l'adresse subtile,
La nuit, reçut ta foi sous le nom de Lucile,

Et qui, par ce *ressort qu'on ne comprenoit pas*;
A semé parmi vous *un si grand embarras.* (*Dép. am.* V. 9.)

Il faut avouer que ce passage, et quelques autres pareils, justifieraient l'accusation de jargon et de galimatias portée par la Bruyère contre Molière, s'il était loyal ou seulement permis de caractériser le style d'un écrivain d'après quelques taches perdues au milieu de beautés excellentes.

(Voyez MÉTAPHORES VICIEUSES.)

RESSOUVENIR; SE RESSOUVENIR, *pour se souvenir :*

De cet exemple-ci *ressouvenez-vous* bien ;
Et quand vous verriez tout, ne croyez jamais rien. (*Sgan.* 24.)

Ressouvenez-vous que, hors d'ici, je ne dois plus qu'à mon honneur. (*D. Juan.* III. 5.)

Ah! je suis médecin sans contredit. Je l'avois oublié, mais *je m'en ressouviens.* (*Méd. m. lui.* I. 6.)

Attendez qu'on vous en demande plus d'une fois, et *vous ressouvenez* de porter toujours beaucoup d'eau. (*L'Av.* III. 2.)

Laissez-moi faire : je viens de me *ressouvenir* d'une de mes amies qui sera notre fait. (*Ibid.* IV. 1.)

Vous ne vous ressouvenez pas que j'ai eu le bonheur de boire avec vous, je ne sais combien de fois? (*Pourc.* I. 6.)

Molière emploie partout *se ressouvenir,* au lieu de *se souvenir.* C'est la même prédilection que pour *s'en aller* au lieu *d'aller* ; par exemple : il *s'en va* faire jour.

(Voyez EN construit avec ALLER.)

RESTE ; DONNER SON RESTE A QUELQU'UN :

Monsieur est frais émoulu du collége : il *vous donnera toujours votre reste.* (*Mal. im.* II. 7.)

Métaphore empruntée au jeu, où le plus fort, sûr de triompher, est toujours en mesure d'offrir à l'autre de jouer son reste.

RETATER QUELQU'UN SUR.... figurément comme *sonder :*

Je veux la *retâter sur ce fâcheux mystère.* (*Amph.* III. 1.)

RETENIR EN BALANCE, comme *tenir en balance :*

Oui, rien *n'a retenu* son esprit *en balance.* (*Fem. sav.* IV. 1.)

RÉTIF A (un substantif) :

Vous êtes *rétive aux remèdes*, mais nous saurons vous soumettre à la raison. *(Méd. m. lui.* II. 7.)

RETIRER, se retirer :

Les mauvais traitements qu'il me faut endurer
Pour jamais de la cour me feroient *retirer*. *(Fâcheux.* III. 2.)

Retirez-vous d'ici, ou je vous en ferai *retirer* d'une autre manière.
(Pr. d'El. IV. 6.)

Molière a supprimé la seconde fois le pronom réfléchi, pour n'avoir pas à mettre deux *me* ou deux *vous*, dont le rapprochement eût alourdi sa phrase : *me* feraient *me* retirer ; je *vous* ferai *vous* retirer. (Voyez PRONOM RÉFLÉCHI *supprimé.)*

RETRANCHER (un substantif) A, pour *borner, réduire à* :

Je *retranche mon chagrin aux appréhensions* du blâme qu'on pourra me donner. *(L'Av.* I. 1.)

RÉUSSIR, sans impliquer l'idée de bon ou de mauvais succès :

Et comme ton ami, quoi qu'il en *réussisse*,
Je te viens contre tous faire offre de service. *(Fâcheux.* III. 4.)

Voyons ce qui pourra de ceci *réussir*. *(Tart.* II. 4.)

M. Auger blâme cet emploi de *réussir* pour *résulter*, en se fondant sur l'usage. Il paraît se tromper. On dit : une réussite bonne ou mauvaise ; pourquoi le verbe n'aurait-il pas la même ampleur de sens que son substantif ? *Il a bien réussi, il a mal réussi*, personne ne songeait à blâmer cette manière de s'exprimer ; preuve que *réussir* n'emporte pas nécessairement l'idée d'heureux succès. Il reçoit souvent et très-bien cette dernière valeur, mais c'est par extension de sens. Il en est de même des mots *heur, succès, fortune, ressentiment*, qui sont indifférents par eux-mêmes et indéterminés.

REVENIR AU CŒUR, au sens figuré :

Ces coups de bâton *me reviennent au cœur* ; je ne les saurois digérer.
(Méd. m. lui. I. 5.)

RÉVÉRENCE ; PARLANT PAR RÉVÉRENCE pris adverbialement :

Ce damoiseau, *parlant par révérence*,
Me fait cocu, madame, avec toute licence. *(Sgan.* 16.)

— RÉVÉRENCE PARLER, comme *parlant par révérence* :

.... Que j'ai mon haut-de-chausses tout troué par derrière, et qu'on me voit, *révérence parler* ..... (*L'Av.* III. 2.)

REVERS DE SATIRE, un revirement, un retour de satire :

Pourtant je n'ai jamais affecté de le dire ;
Car enfin il faut craindre un *revers de satire*. (*Éc. des fem.* I. 1.)

REVOULOIR :

Mais si mon cœur encor *revouloit* sa prison ? (*Dép. am.* IV. 3.)

RHABILLER, figurément rajuster, couvrir, déguiser :

Combien crois-tu que j'en connoisse qui, par ce stratagème (l'hypocrisie), ont *rhabillé* adroitement les désordres de leur jeunesse......? (*D. Juan.* V. 2.)

RIDICULE, substantif ; UN RIDICULE :

Et l'on m'en a parlé comme d'*un ridicule*. (*Ec. des fem.* I. 6.)

Ne voyez-vous pas bien que c'est *un ridicule* qu'il fait parler ? (*Crit. de l'Ec. des fem.* 7.)

La constance n'est bonne que pour *des ridicules*. (*D. Juan.* I. 2.)

Parbleu, je viens du Louvre, où Cléonte, au levé,
Madame, a bien paru *ridicule* achevé. (*Mis.* II. 5.)

Dans une bourde que je veux faire à *notre ridicule*. (*B. gent.* III 14.)

RIEN, mot positif ; quelque chose :

..... Contre la coutume de France, qui ne veut pas qu'un gentilhomme sache *rien* faire. : (*Sicilien.* 10.)

C'est-à-dire, qui ne veut pas qu'un gentilhomme sache faire quelque chose.

Il ne sera pas dit que je ne serve *de rien* dans cette affaire-là. (*Ibid.*)

Que je n'y serve de quelque chose.

Pourquoi consentiez-vous à *rien* prendre de lui ? (*Tart.* V. 7.)

A prendre quelque chose.

Allons, vous dis-je, *il n'y a rien à balancer*. (*G. D.* I. 8.)

Il n'y a chose à balancer, il n'y a pas à balancer.

C'est le sens conforme à l'étymologie *rem*. (Voy. *des Var. du lang. fr.*, p. 500.)

RIEN, négatif :

> Et sa morale, faite à mépriser le bien,
> Sur l'aigreur de sa bile *opère comme rien*. (*Fem. sav.* II. 8.)

C'est que la négation est ici renfermée dans l'ellipse : sa morale opère comme rien (*n*'opère), comme chose qui n'opère pas.

— RIEN, surabondant, NE FAIRE RIEN QUE :

> Et plusieurs qui tantôt ont appris mon martyre,
> Bien loin d'y prendre part, *n'en ont rien fait que rire*. (*Sgan.* 16.)

N'en ont fait chose ou autre chose que rire.

— RIEN MOINS :

> Ma comédie n'est *rien moins* que ce qu'on veut qu'elle soit.
> (1er *Placet au roi*.)

Elle est tout, plutôt que ce qu'on veut qu'elle soit. Et les ennemis de Molière soutenaient qu'elle n'était *rien de moins* que ce qu'ils disaient.

> Un pédant qu'à tout coup votre femme apostrophe
> Du nom de bel esprit et de grand philosophe,
> D'homme qu'en vers galants jamais on n'égala,
> Et qui n'est, comme on sait, *rien moins que tout cela?*
> (*Fem. sav.* II. 9.)

Il n'est *rien moins* qu'homme d'esprit, c'est-à-dire qu'il ne l'est pas du tout. — Homme d'esprit ? il n'est rien moins que cela ; il est tout, plus que cela. S'il l'était, il faudrait dire : Il n'est *rien de moins* qu'homme d'esprit.

— RIEN QU'A ; N'AVOIR RIEN QU'A DIRE :

> Monsieur, *vous n'avez rien qu'à dire :*
> Je mentirai, si vous voulez. (*Amph.* II. 1.)

Expression elliptique : vous n'avez rien (à faire) qu'à dire, qu'à parler ; il suffira d'un mot de vous.

RIRE A QUELQU'UN :

> On l'accueille, on *lui rit*, partout il s'insinue. (*Mis.* I. 1.)

— RIRE A SON MÉRITE :

> Cet indolent état de confiance extrême,
> Qui le rend en tout temps si content de soi-même,
> Qui fait qu'*à son mérite* incessamment *il rit*. (*Fem. sav.* I. 3.)

RISÉE, rire. (Voyez ÉCLAT DE RISÉE.)

ROBINS, gens en robe, terme de mépris :

O les plaisants *robins*, qui pensent me surprendre ! (*L'Ét.* III. 11.)

Trufaldin s'adresse à une troupe de masques en dominos.

ROIDEUR DE CONFIANCE. (Voyez BRUTALITÉ.)

ROIDIR; SE ROIDIR CONTRE UN CHEMIN :

Des naturels rétifs, que la vérité fait cabrer, qui toujours *se roidissent contre le droit chemin de la raison.* (*L'Av.* I. 8.)

Cette métaphore représente le chemin de la raison comme escarpé et difficile à gravir.

ROMPRE, interrompre, empêcher ; ROMPRE UN ACHAT, DES ATTENTES :

Je sais un sûr moyen
Pour *rompre cet achat* où tu pousses si bien. (*L'Ét.* I. 10.)

Je ne m'étonne pas si *je romps tes attentes.* (*Ibid.* III. 5.)

— ROMPRE L'ORDRE COMMUN :

Il *rompt l'ordre commun,* et devance le temps. (*Mélicerte.* I. 4.)

— ROMPRE TOUT A QUELQU'UN, traverser toutes ses entreprises :

Cet homme *me rompt tout !* (*Ec. des f.* III. 4.)

— ROMPRE UN DÉPART, UN DESSEIN, UNE PENSÉE :

Elle vint me prier de souffrir que sa flamme
Puisse *rompre un départ* qui lui perceroit l'âme.
(*Ec. des mar.* III. 2.)

Et vous avez bien vu que j'ai fait mes efforts
Pour *rompre son dessein* et calmer ses transports. (*Tart.* IV. 5.)

J'en suis fâché, car cela *rompt une pensée* qui m'étoit venue dans l'esprit. (*L'Av.* IV. 3.)

— ROMPRE LA PAILLE :

Pour couper tout chemin à nous rapatrier,
Il faut *rompre la paille.* Une paille rompue
Rend entre gens d'honneur une affaire conclue. (*Dép. am.* IV. 4.)

Sur l'emploi d'un fétu de paille comme symbole, voyez Du Cange, aux mots *festuca, infestucare, exfestucare.*

ROUGE; un rouge, substantif, une rougeur :

Au visage sur l'heure *un rouge* m'est monté. (*Fách.* I. 1.)

RUDANIER :

LUBIN. Adieu, beauté *rudanière*. (*G. D.* II. 1.)

La première édition écrit en deux mots *rude asnière*.

« Terme populaire qui se dit des gens grossiers, qui rabrouent fortement les autres. Il est composé de *rude* et *ânier*, comme qui dirait un ânier qui est trop rude à ses ânes. »
(TRÉVOUX.)

RUER, verbe actif, prenant un régime :

Ah! je devois du moins lui jeter son chapeau,
Lui *ruer quelque pierre*, ou crotter son manteau. (*Sgan.* 16.)

On dirait ces vers composés tout exprès pour nous faire comprendre la différence entre *jeter* et *ruer*, et notre misère d'être aujourd'hui réduits exclusivement au premier. On *jetait* à quelqu'un son chapeau à bas, mais on lui *ruait* une pierre.

Cette nuance existait dès l'origine de la langue. Absalon percé par Joab, les soldats du parti de David décrochent son cadavre de l'arbre :

« Pois *ruerent* Absalon en une grant fosse de cele lande, e *jeterent*
« pierres sur lui. » (*Rois.* p. 187.)

Ils *ruèrent* le cadavre du fils rebelle avec passion, et *jetèrent* avec indifférence des pierres dessus pour le couvrir.

Plus loin, Joab assiége Abelmacha. Une *sage dame* vient parlementer aux créneaux, et, voyant qu'il ne s'agit que de livrer le révolté Siba, dit au capitaine :

« Nus vus frum *ruer son chief* aval del mur. » (*Rois.* p. 200.)

Nous dirions sans énergie : jeter sa tête du haut des murailles.

SABOULER :

Comme vous me *saboulez* la tête avec vos mains pesantes !
(*Comtesse d'Esc.* 3.)

SAGES PROUESSES, prouesses de vertu :

Ces honnêtes diablesses
Se retranchant toujours sur leurs *sages prouesses*.
(*Ec. des fem.* IV. 8.)

SAISIR LES GENS PAR LEURS PAROLES, les prendre au mot :

    Je suis homme à *saisir les gens par leurs paroles*. (*Ec. des f.* I. 6.)

SAISON ; temps, moment :

    En une autre *saison*, cette naïveté
    Dont vous accompagnez votre crédulité,
    Anselme, me seroit un charmant badinage. (*L'Ét.* II. 5.)

    .... Ce n'est pas *la saison*
    De m'expliquer, vous dis-je. (*Dép. am.* II. 2.)

    La lettre que je dis a donc été remise ;
    Mais sais-tu bien comment ? En *saison* si bien prise,
    Que le porteur m'a dit que, sans ce trait falot,
    Un homme l'emmenoit, qui s'est trouvé fort sot. (*L'Et.* II. 14.)

    Remettons ce discours pour une autre *saison* ;
    Monsieur n'y trouveroit ni rime ni raison. (*Fem. sav.* IV. 3.)

Saison pour temps était fort usité au XVIIe siècle.

    « Soit ; mais il est *saison* que nous allions au temple. »
                                (CORN. *Le Menteur.*)

    « Un homme entre les deux âges,
    « Et tirant sur le grison,
    « Jugea qu'il étoit *saison*
    « De songer au mariage. »
                       (LA FONTAINE. *L'Homme entre deux âges.*)

L'usage a maintenu *hors de saison* pour *déplacé*, *mal à propos*.

SALIR L'IMAGINATION, expression nouvelle en 1663, et raillée par Molière :

    CLIMÈNE (*précieuse ridicule*). Peut-on, ayant de la vertu, trouver de l'agrément dans une pièce qui tient sans cesse la pudeur en alarme, et *salit* à tout moment l'*imagination ?*

    ÉLISE. Les jolies façons de parler que voilà ! (*Crit. de l'Ec. des fem.* 3.)

SANGLIER, dissyllabe :

Partout, dans la *Princesse d'Élide* :

    Où pourrai-je éviter ce *sanglier* redoutable ? (I. 2.)

    J'ai donc vu ce *sanglier*, qui par nos gens chassé..... (*Ibid.*)

    Fuir devant un *sanglier*, ayant de quoi l'abattre ! (*Ibid.*)

(Voyez la remarque sur le mot OUVRIER, p. 276.)

SANS QUE (l'indicatif), archaïsme, pour *si* (un substantif)*ne*, suivi du conditionnel :

Sans que mon bon génie au-devant *m'a poussé*,
Déjà tout mon bonheur eût été renversé. (*L'Ét.* I. 11.)

Si mon bon génie *ne m'eût* poussé au-devant...

« *Sans que je crains* de commettre Géronte,
« Je poserois tantôt un si bon guet,
« Qu'il seroit pris ainsi qu'au trébuchet. »
(LA FONTAINE. *La Confidente sans le savoir.*)

Sans cette circonstance, savoir, que je crains, etc. Sans cette circonstance, que mon bon génie m'a poussé au-devant.... On doit regretter la perte de cette ellipse, pleine de naturel et de vivacité. Aujourd'hui l'on serait obligé de dire : *Si je ne craignois de commettre Géronte ; si mon bon génie ne m'eût poussé au-devant.* Quand il n'existe qu'une seule tournure pour exprimer les choses, la prose encore s'en accommode, étant tout à fait libre de ses allures ; mais, par la suppression des doubles formes et de certains idiotismes, c'est la poésie qu'on ruine, ou, si l'on veut, l'art de la versification.

SATISFAIRE A :

Je ne prétends point qu'il se marie, qu'au préalable il n'ait *satisfait à la médecine.* (*Pourc.* II. 2.)

« Notre grand Hurtado de Mendoza, dit le père, *vous y satisfera* sur
« l'heure. » (PASCAL, 7ᵉ *Prov.*)

SAVANTAS :

Et des gens comme vous devroient fuir l'entretien
De tous ces *savantas* qui ne sont bons à rien. (*Fâcheux.* III. 3.)

« Injure gasconne. Le baron de Fæneste se moquoit de tous les *savantas.* » (FURETIÈRE.)

SAVOIR ENROUILLÉ :

On s'y fait (à la cour) une manière d'esprit qui, sans comparaison, juge plus finement des choses que tout le *savoir enrouillé* des pédants.
(*Crit. de l'Éc. des f.* 7.)

— NOUS SAVONS CE QUE NOUS SAVONS :

SGANARELLE. Il suffit que *nous savons ce que nous savons*, et que tu fus bien heureuse de me trouver. (*Méd. m. lui.* I. 1.)

Formule de réticence du style familier; espèce de dicton populaire. (Voyez SUFFIT QUE.)

— SAVOIR QUELQU'UN, connaître quelqu'un :

Je sais un paysan qu'on appeloit Gros-Pierre. (*Ec. des fem.* I. 1.)

— SAVOIR SA COUR :

Laissez-moi faire : je suis homme qui *sais ma cour*. (*Am. magn.* II. 2.)

SCANDALE, au sens d'affront, esclandre; FAIRE UN SCANDALE A QUELQU'UN, lui faire un esclandre :

Trouves-tu beau, dis-moi, de diffamer ma fille,
Et *faire un tel scandale à toute une famille?* (*Dép. am.* II. 8.)

Scandale, outre le sens qu'il porte aujourd'hui, avait encore celui d'*outrage*. Nicot cite, au mot *Scandaliser*, cette explication de Budée : « Le peuple exprime quelquefois, par *scandali-« ser quelqu'un*, ce que les gens bien élevés rendent par *repro-« cher à quelqu'un une faute*. » Le Dictionnaire de l'Académie de 1694 consacre les deux acceptions de *scandale* et *scandaliser*; Trévoux les maintient encore en 1740.

Scandale est de formation moderne, c'est-à-dire, du XVIe siècle, lorsque l'oreille ne craignait plus les doubles consonnes. Le moyen âge avait tiré de *scandalum*, *esclande*, qu'on prononçait *éclande*, et qui persiste sous cette forme *esclandre*. L'usage s'est chargé d'attribuer à chacun de ces deux mots une nuance de signification qui rend l'un et l'autre utile; mais c'est une occasion de remarquer : 1° qu'en augmentant le nombre des mots, il a fallu restreindre leur signification, et faire aux nouveaux un apanage aux dépens des anciens; 2° que, selon les époques où ils ont passé dans notre langue, les mots latins ont subi l'empire d'une loi différente. De *spatium*, *spongium*, *spiritus*, le moyen âge avait fait les substantifs *espace*, *esponge*, *esprit* (l's ne sonnant point); plus tard, après la perte de la tradition primitive, et sous l'influence du pédantisme de la renaissance, on créa les adjectifs *spacieux*, *spon-*

gieux, *spirituel*, qui serrent de plus près la forme latine. Au lieu de *spirituel*, le moyen âge disait *espiritable*.

On peut à ce signe reconnaître tout d'abord si tel mot français est antérieur ou postérieur à la renaissance, car le moyen âge n'en avait pas un seul qui commençât par deux consonnes consécutives (1).

SE JOUER, sans complément, pour *jouer* :

On n'est point capable de *se jouer* longtemps, lorsqu'on a dans l'esprit une passion aussi sérieuse..... (*Comtesse d'Esc.* 1.)

On disait, avec ou sans la forme réfléchie, *jouer*, ou *se jouer*, comme *combattre*, ou *se combattre* ; *fuir, dormir, dîner, mourir*, ou *se fuir, se dormir, se dîner, se mourir*.

(Voyez ARRÊTER.)

SE METTRE SUR L'HOMME D'IMPORTANCE, sur le ton ou sur le pied d'homme d'importance :

Je veux *me mettre un peu sur l'homme d'importance*,
Et jouir quelque temps de votre impatience. (*Mélicerte.* I. 3.)

SE... NOUS, corrélatifs :

Se dépouiller entre les mains d'un homme qui ne *nous* touche de rien. (*Am. méd.* I. 5.)

SECOURS, au singulier, les auxiliaires :

Ah, tête! ah, ventre! que ne le trouvé-je tout à l'heure *avec tout son secours!* que ne paroît-il à mes yeux au milieu de trente personnes! (*Scapin.* II. 9.)

SEMBLANT DE RIEN (FAIRE, NE PAS FAIRE). Voyez à la fin de l'article PAS.

SEMBLER DE (un infinitif) :

Quand il m'a dit ces mots, il m'a *semblé d'entendre* :
Va-t'en vite chercher un licou pour te pendre. (*Dép. am.* V. 1.)

Pourquoi cette préposition? *Commencer de* est, par euphonie, pour *commencer à*, afin d'éviter quelque hiatus ; mais *sembler* se construit avec un second verbe, sans préposition intermédiaire.

---

(1) Les liquides ne comptent que pour demi-consonnes, comme, *plein, prendre*, etc.

Cependant c'est encore la raison d'euphonie qui lui a donné celle-ci ; ou, pour mieux dire, il n'y a pas réellement de préposition : il n'y a qu'un *d* euphonique, vestige de la prononciation primitive. Ce *d* ou *t* final armait autrefois toutes les terminaisons en *é*, soit des substantifs, soit du participe, comme on peut s'en convaincre en jetant les yeux sur les plus anciens monuments de notre langue. « J'ai peche*d* à lui seul, » qu'on lit dans saint Bernard, est comme « il m'a semble*d* entendre. »

Que l'oreille ait ensuite causé l'erreur de la main, et qu'on ait écrit : il me semble *de* voir, d'entendre, c'est ce qui est arrivé mainte autre fois. Par exemple, lorsqu'on a mis : Il y en a *d'aucuns*, pour il y en a*d* aucuns ; — Ma *tante* pour ma*t* ante ; *Ante*, d'*amita*, conservé dans l'anglais *aunt*.

(Voyez D euphonique.)

SEMENCES, figurément, principes ; SEMENCES D'HONNEUR :

Isabelle pourroit perdre dans ces hantises
Les *semences d'honneur* qu'avec nous elle a prises.
(*Éc. des mar.* I. 4.)

SEMONDRE, exhorter par un sermon, un avis :

De peur que cet objet qui le rend hypocondre
A faire un vilain coup ne me l'allât *semondre*.   (*L'Ét.* II. 3.)

M. Auger dérive *semondre* de *submonere*, à tort, selon moi. Il a pris cette étymologie dans Nicot, où il aurait fallu la laisser cachée.

La racine de *semondre* me paraît être *sermo* ; *semondre* serait alors une forme primitive de *sermonner*. L'*r* s'éteignait dans la prononciation, pour éviter deux consonnes consécutives : *sermonner, semoner, semonre*, enfin *semondre*, avec un *d* euphonique, comme dans *pondre* tiré de *ponere*, dans *moudre*, de *molere* (*moul(d)re*). Si l'on veut que *semondre* vienne de *monere*, il faudra expliquer d'où vient la syllabe initiale *se*. On ne peut admettre qu'elle représente le latin *sub* ; il n'y en aurait pas d'autre exemple.

On trouve dans Nicot SEMONNEUR, *vocator, monitor* ; n'est-ce pas le même mot que SERMONNEUR ? Celui qui fait des *sermons* et celui qui donne des *semonces*, n'est-ce pas tout un ?

Nous doutons; et nous soumettons nos doutes aux doctes capables de les dissiper.

S'EN RETOURNER, avec la tmèse de *en* :

> Et, dès devant l'aurore,
> Vous *vous en êtes retourné.* (*Amph.* II. 2.)

(Voyez EN construit avec un verbe, p. 150.)

SENS, au pluriel ; le sens, la signification :

> Et les *sens imparfaits* de cet écrit funeste
> Pour s'expliquer à moi n'ont pas besoin du reste. (*D. Garcie.* II. 4.)

Les sens imparfaits d'un écrit funeste qui n'ont pas besoin du reste pour s'expliquer, c'est là sans doute ce que la Bruyère appelait du jargon, et il n'y a pas moyen d'y contredire. Hormis quelques fragments, comme la scène de jalousie du ive acte, cette malheureuse pièce de Don Garcie est entièrement de ce style. Molière, pour cette fois, était sorti de son domaine habituel, la vérité, et il ne pouvait pas mettre un style vrai sur un sujet faux et romanesque.

SENSIBLE, clair, intelligible, qui tombe sous le sens :

> Mon malheur m'est visible,
> Et mon amour en vain voudroit me l'obscurcir ;
> Mais le détail encor ne m'en est pas *sensible.* (*Amph.* II. 2.)

SENTIMENTS OUVERTS ; PARLER A SENTIMENTS OUVERTS :

> Et je crois, *à parler à sentiments ouverts,*
> Que nous ne nous en devons guères. (*Amph. prol.*)

SENTIR, construit avec un pronom possessif, suivi d'un substantif ; SENTIR SON BIEN :

> A l'heure que je parle, un jeune Égyptien,
> Qui n'est pas noir pourtant et *sent assez son bien,*
> Arrive, accompagné d'une vieille fort hâve. (*L'Et.* IV. 9.)

Bien, dans cette locution, signifie *bonne* extraction ; sentir son bien né, son homme bien né :

— **SENTIR SON VIEILLARD, SON HOMME QUI :**

> Cela *sent son vieillard* qui, pour en faire accroire,
> Cache ses cheveux blancs d'une perruque noire. (*Ec. des mar.* I. 1.)

Votre conseil *sent son homme* qui a envie de se défaire de sa marchandise. (*Am. méd.* I. 1.)

« Mon languaige françois est alteré, et en la prononciation et ailleurs,
« par la barbarie de mon creu. Je ne veis jamais homme des contrées de
« deçà qui ne *sentist* bien evidemment *son ramage*, et qui ne bleceast les
« aureilles pures françoises. » (Montaigne. II. 17.)

« Il y a trop de somptuosité à votre habit : cela *ne sent pas sa criminelle*
« assez repentante. » (La Fontaine. *Psyché*. II.)

« Cybèle est vieille, Junon de mauvaise humeur; Cérès *sent sa divinité*
« *de province*, et n'a nullement l'air de cour. » (Id. *Ibid*.)

— SENTIR LE BATON, impersonnel :

C'est qu'il *sent le bâton* du côté que voilà. (*Dép. am.* V. 4.)

— SENTIR (SE), avoir la conscience de son être :

Petit serpent que j'ai réchauffé dans mon sein,
Et qui dès qu'il *se sent*, par une humeur ingrate,
Cherche à faire du mal à celui qui le flatte ! (*Ec. des fem.* V. 4.)

SERRER, verbe actif, en parlant d'une maladie, peste, fièvre, etc :

Que la fièvre quartaine puisse *serrer* bien fort le bourreau de tailleur ! (*B. gent.* II. 7.)

(Voyez FIÈVRE.)

SERVIR SUR TABLE :

GALOPIN. Madame, on a *servi sur table*. (*Crit. de l'Ec. des fem.* 8.)

C'était l'expression consacrée :

« Ainsi dit Gilotin, et ce ministre sage,
« *Sur table* au même instant fait *servir* le potage. »
(Boileau. *Le Lutrin*.)

— SERVIR DE QUELQUE CHOSE :

Et voilà *de quoi sert* un sage directeur. (*Ec. des fem.* III. 1.)

L'un fait beaucoup de bruit qui *ne lui sert de guères*. (*Ibid*. I. 1.)

—Dans cette façon de parler, NE SERVIR DE RIEN, on usait d'une inversion au participe passé :

Tout cela *n'a de rien servi*. (*Préf. de Tartufe* et 2ᵉ *Placet au roi*.)

24.

SES, pluriel, précédant deux substantifs au singulier :

Chacun, à *ses péril et fortune*, peut croire tout ce qu'il lui plait.
(*Mal. im.* III. 3.)

Cette façon de parler est tout à fait conforme à l'ancienne langue. Aussi je ne crois pas que la vraie locution soit : *à ses risques et périls*, mais *à ses risque et péril*, au singulier.

SEUL, faisant pléonasme avec *ne que* :

Notre sort *ne* dépend *que* de sa *seule* tête. (*Ec. des fem.* III. 1.)

Mais j'entends que la mienne
Vive à ma fantaisie, et non pas à la sienne ;
Que d'une serge honnête elle ait son vêtement,
Et *ne* porte le noir *qu'*aux bons jours *seulement*. (*Ec. des mar.* I. 2.)

Ce *n'est qu'*après moi *seul* que son âme respire. (*Ibid.* II. 14.)

Et je *n'ai seulement qu'*à vous dire deux mots. (*Tart.* III. 2.)

Ce *n'est que* la *seule* considération que j'ai pour monsieur votre père.
(*Pourc.* III. 9.)

Ce *n'est qu'*à l'esprit *seul* que vont tous les transports.
(*Fem. sav.* IV. 2.)

Ce tour, qu'on appellerait aujourd'hui un pléonasme, est très-familier aux écrivains du xviie siècle :

« Le roi son mari lui a donné jusqu'à la mort ce bel éloge, qu'il *n'*y
« avoit *que le seul* point de la religion où leurs cœurs fussent désunis. »
(Bossuet. *Or. f. de la r. d'A.*)

SI, pris substantivement ; UN SI, une condition :

Ces protestations ne coûtent pas grand'chose,
Alors qu'à leur effet *un pareil si* s'oppose. (*Dép. am.* II. 2.)

« Je te la rends dans peu, dit Satan, favorable ;
« Mais *par tel si*, qu'au lieu qu'on obéit au diable
  « Quand il a fait ce plaisir-là,
« A tes commandements le diable obéira. »
(La Fontaine. *La Chose impossible.*)

Cette locution est très-fréquente dans les poëtes du xiiie siècle: Le comte de Forest, le fanfaron Lisiard, se vante de faire en moins de huit jours la conquête de la belle Euriant, à condition qu'elle ne sera de rien prévenue :

« Et *par si* qu'on ne li voist dire. »
(Gibert de Montreuil. *La Violette.* p. 17.)

Par tel *si* qu'on n'aille le lui dire, la mettre sur ses gardes.

Il est très-important d'observer que nos pères avaient *se* et *si*; *se* exprimait seul un sens dubitatif, et venait du latin *si*; au contraire, *si* n'était jamais dubitatif, aussi venait-il de *sic*. Cette distinction est essentielle pour l'intelligence de certains archaïsmes.

Plus loin, Lisiard propose à Gérard un défi; Gérard l'accepte, mais en dicte les conditions, et les soumet à la demoiselle affligée qu'il s'agit de venger :

« Et *par si* soit fait li recors,
« S'il me puet ocire et conquerre,
« Que vous et toute vostre terre
« Serez à son comandement;
« Et *se* je le conquiers, ensement. » (*La Violette*. p. 84.)

« Et soit fait notre accord par tel *si*, que s'il me peut tuer et conquérir, vous lui appartiendrez avec toute votre terre; et de même, si c'est moi qui le conquiers. »

— SI (*sic*), toutefois; ET SI, et pourtant, et encore :

J'ai la tête plus grosse que le poing, *et si* elle n'est pas enflée. (*B. gent.* III.5.)

— SI FAUT-IL, encore faut-il :

MORON. *Si faut-il* tenter toute chose, et éprouver si son âme est entièrement insensible. (*Pr. d'El.* III. 5.)

Si faut-il bien pourtant trouver quelque moyen..... pour attraper notre brutal. (*Sicilien.* 5.)

« On m'a pourvu d'un cœur peu content de soi-même,
« Inquiet, et fécond en nouvelles amours :
« Il aime à s'engager, mais non pas pour toujours;
« *Si faut-il* une fois brûler d'un feu durable. » (LA FONT. *Elég.* III.)

— SI... COMME (*sic ut*) :

Je vous félicite, vous, d'avoir une femme *si* belle, *si* sage, *si* bien faite, *comme* elle est. (*Méd. m. lui.* II. 4.)

Sic pulchra ut est.

Comme, dans l'origine, était le complément naturel de *si*, *aussi*, *tant*.

« Li reis jurad : *Si* veirement *cume* Deus vit, David ne murrad. »
(*Rois.* p. 74.)

« Ki, entre tute ta gent, est *si* fidel *cume* David vostre gendre est ? »
(*Ibid.* p. 87.)

Ou sans séparation, *sicume* (italien, *siccome*) :

« E fud a curt *sicume* il out ested devant. » (*Rois.* p. 74.)

Comme se construisait de même avec *tel* :

« Deus te face *tel* merci *cume* tu m'as mustred ici. » (*Ibid.* p. 95.)

« Vous voulez vous guérir de l'infidélité, et vous en demandez les remèdes? Apprenez-les de ceux qui ont été *tels comme vous.* »

(Pascal. *Pensées.* p. 272.)

Comme suppléait *que*, au grand avantage de l'euphonie :

« Peut-être que tu mens *aussi bien comme* lui. »

(Corneille. *Le Menteur.* IV. 7.)

« Qu'il fasse *autant* pour soi *comme* je fais pour lui. »

(Id. *Polyeucte.* III. 3.)

Sur quoi Voltaire dit : « Ce vers est un solécisme ; on dit *autant que*, et non pas *autant comme.* » Mais pourquoi pas? L'usage? Il était du temps de Corneille en faveur d'*autant comme*. La logique? C'est un pur latinisme. Les Latins faisaient donc aussi un solécisme, de dire :

Haud ita vitam agerent *ut* nunc plerumque *videmus*? (Lucrèce. III.)

Il est fâcheux que Voltaire ait appuyé une réforme sans motif, qui appauvrit la langue, surtout celle des poëtes, et envieillit les écrivains faits pour rester modèles. J'ai dit que l'emploi de *comme* relatif avait jadis pour soi l'autorité de l'usage ; voici en preuve quelques exemples :

Marot demandant une haquenée à François Ier :

« Savez comment Marot l'acceptera?
« *D'aussi* bon cueur *comme* la sienne il donne
« Au fin premier qui la demandera. »
« Ma foi seule, *aussi* pure et belle
« *Comme* le sujet en est beau..... »

« Il n'est rien de *si* beau *comme* Calixte est belle. » (Malherbe.)

« Tant qu'a duré la guerre, on m'a vu constamment
« *Aussi* bon citoyen *comme* parfait amant. » (Corneille. *Horace.*)

Mais tout à coup cette façon de parler a déplu aux grammairiens-jurés de la fin du xviie siècle : ils l'ont réprouvée d'un commun accord. Ménage donne pour raison qu'« elle n'est pas naturelle. » (*Obs.* p. 348.) La nature est ici invoquée bien à propos! Mais est-il prouvé que ce mot *que* soit plus rapproché de la nature que le mot *comme* ? Est-il sûr que l'usage consacré par une longue suite de siècles, appuyé sur la logique, sur l'étymologie, et fortifié par l'exemple des meilleurs écrivains, doive céder au caprice de trois ou quatre pédants sans autorité que celle qu'ils s'arrogent avec insolence? Cela n'est pas naturel non plus, et pourtant, hélas ! cela se voit tous les jours.

Comme, à la place de *que*, est un archaïsme qui a de la grâce et de la naïveté :

    « Catin veut espouser Martin ;
    « C'est une très-fine femelle !
    « Martin ne veut pas de Catin :
    « Je le trouve *aussi* fin *comme* elle. »   (MAROT.)

— SI dubitatif (*si*), ... ET QUE... :

S'*il* ne vous suffit pas de toute l'assurance
Que vous peuvent donner mon cœur et ma puissance,
Et que de votre esprit les ombrages puissants
Forcent mon innocence à convaincre vos sens... (*D. Garcie*. IV. 8.)

Ce seroit une chose plaisante *si* les malades guérissoient, *et qu'*on m'en vint remercier !   (*D. Juan*. III. 1.)

« *Si* Babylone eût pu croire qu'elle eût été périssable comme toutes les « choses humaines, *et que* une confiance insensée ne l'eût pas jetée dans « l'aveuglement..... »   (BOSSUET. *Hist. un.* IIIe p.)

— SI, répondant au latin *an*, *utrum* :

Et je suis *en suspens si*, pour me l'acquérir ;
Aux extrêmes moyens je ne dois point courir.   (*L'Et*. III. 2.)

Je suis *dans l'incertitude si* je dois me battre avec mon homme, ou bien le faire assassiner.   (*Sicilien*. 13.)

— SI C'ÉTAIT QUE :

Et *si c'étoit qu'*à moi la chose pût tenir...   (*Mis*. IV. 1.)

— SI (un adjectif) QUE DE (*adeò... ut...*) ; tant ou tellement... que de... :

Et j'ai eu un aïeul, Bertrand de Sotenville, qui fut *si considéré* en son temps *que d'*avoir permission de vendre tout son bien pour le voyage d'outre-mer.   (*G. D.* I. 5.)

S'il étoit *si hardi que de* me déclarer son amour, il perdroit pour jamais ma présence et mon estime.   (*Am. magn*. II. 3.)

Ouais ! je ne croyois pas que ma fille fût *si habile que de* chanter ainsi à livre ouvert.   (*Mal. im.* II. 6.)

« Celui-ci le paya d'ingratitude, et fut *si méchant que d'oser* souiller le
« lit de son bienfaiteur. » (La Font. *Vie d'Esope*.)

SIÈCLE D'AUJOURD'HUI (AU) :
C'est une chose rare *au siècle d'aujourd'hui*. (*Mis.* IV. 1.)

SINGULIER ; SINGULIER A, particulier à :
Cette fermeté d'âme, *à vous si singulière*. (*Fem. sav.* V. 1.)

« On dit d'une chose qu'elle est *particulière à quelqu'un*, mais non pas qu'elle *lui est singulière.* » (M. Auger.)

Et pourquoi ne le dirait-on pas? On dit bien *singulier*, sans complément, pour *particulier*. M. Auger n'a rien repris à ces vers :

Et je ne veux aussi, pour grâce *singulière*,
Que montrer à vos yeux mon âme tout entière. (*Tart.* III. 3.)

Grâce singulière est pourtant bien là pour *grâce particulière*. Si on laisse au mot *singulier* le sens de *singularis* dans un cas, pourquoi ne pas le lui laisser dans l'autre? Pourquoi le permettre sans complément et le défendre, avec un complément?

En général, on critique beaucoup trop par cette formule : *cela ne se dit pas*. Ce qu'il faut montrer, c'est que cela ne doit pas, ne peut pas se dire, surtout quand cela a été dit par des gens comme Molière, Pascal ou Bossuet.

SINGULIER (verbe au) après un nombre pluriel :
Quatre ou cinq mille écus *est* un denier considérable. (*Pourc.* III. 9.)
Et deux ans, dans le sexe, *est* une grande avance. (*Mélicerte.* I. 4.)

(Voyez c'est ou est en accord avec un pluriel, et ce sont.)

SI PEU QUE DE (un infinitif) :
Vous êtes-vous mis dans la tête qu'un homme de soixante-trois ans..... considère *si peu* sa fille *que de la marier* avec un homme qui a ce que vous savez ? (*Pourc.* II. 7.)

(Voyez si (un adjectif) que de, p. 375.)

SIQUENILLES (*sic* dans l'édition originale ; Ribou, 1669), souquenilles :
Quitterons-nous nos *siquenilles*, monsieur ? (*L'Av.* III. 2.)

SITUÉ ; AME BIEN SITUÉE :
Non, non, il n'est point d'âme un peu *bien située*
Qui veuille d'une estime ainsi prostituée. (*Mis.* I. 1.)

L'expression est insolite; cependant nous disons chaque jour, avec l'autorité de l'usage : Avoir le cœur *bien placé*. C'est la même figure.

SŒURS D'INFORTUNE, comme *frères d'armes :*
> Nous nous voyons *sœurs d'infortune*. (*Psyché.* I. 1.)

SOI, où l'usage moderne emploie *lui, elle, eux :*
> Bien que de vous mon cœur ne prenne point de loi,
> Et ne doive en ces lieux aucun compte qu'à *soi*... (*D. Garcie.* II. 5.)

> C'est une fille à nous, que, sous un don de foi,
> Un Valère a séduite et fait entrer chez *soi*. (*Ec. des mar.* III. 5.)

Apud se, et non *apud illum.*

Agnès, dit Horace,
> N'a plus voulu songer à retourner chez *soi*,
> Et de tout son destin s'est commise à ma foi. (*Éc. des fem.* V. 2.)

> Je vous dis que mon fils n'a rien fait de plus sage
> Qu'en recueillant chez *soi* ce dévot personnage. (*Tart.* I. 1.)

> Toi, Sosie? — Oui, Sosie; et si quelqu'un s'y joue,
> Il peut bien prendre garde à *soi*. (*Amph.* I. 2.)

Ne voyez-vous pas qu'il tire à *soi* toute la nourriture, et qu'il empêche ce côté-là de profiter? (*Mal. im.* III. 14.)

> Cet indolent état de confiance extrême,
> Qui le rend en tout temps si content de *soi-même*. (*Fem. sav.* I. 3.)

> Ce sont choses, *de soi*, qui sont belles et bonnes. (*Ibid.* IV. 3.)

> Le savoir garde *en soi* son mérite éminent. (*Ibid.*)

> Il n'est pour le vrai sage aucun revers funeste;
> Et, perdant toute chose, à *soi-même* il se reste. (*Ibid.* V. 4.)

Tout le XVIIᵉ siècle a ainsi parlé. Les grammairiens se sont perdus en distinctions et en subtilités pour régler quand il fallait *soi,* et quand *lui.* Tout cela est chimérique. Les grands écrivains du temps de Louis XIV se sont guidés bien plus sûrement sur un seul point : partout où le latin mettrait *se,* ils ont mis *soi,*

> « Qu'il fasse autant pour *soi* comme je fais pour lui. »
> (CORNEILLE. *Polyeucte.* III. 8.)

Pro se ipso, et non *pro illo.*

> « Mais il se craint, dit-il, *soi-même* plus que tous. »
> (RACINE. *Androm.* V. 2.)

Timet se ipsum.

« Charmant, jeune, traînant tous les cœurs après *soi*. » (Id. *Phèdre*.)

Post se, et non *post illum*.

« Mais souvent un auteur, qui se flatte et qui s'aime,
« Méconnoît ses défauts et s'ignore *soi-même*. »   (Boileau.)

« Il n'ouvre la bouche que pour répondre...... Il crache presque sur
« *soi*. »   (La Bruyère.)

« Idoménée, revenant à *soi*, remercia ses amis. »   (Fénelon.)

« Tant de profanations que les armes traînent après *soi*! » (Massillon.)

« Dieux immortels, dit-elle en *soi-même*, est-ce donc ainsi que sont
« faits les monstres? »   (La Fontaine. *Psyché*. I.)

On voit qu'il n'est pas besoin de tant raffiner, à la suite de Vaugelas, d'Olivet et les modernes.

SOIENT, monosyllabe :

Et votre front, je crois, veut que du mariage
Les cornes *soient* chez vous l'infaillible apanage. (*Ec. des fem.* I. 1.)

« Qu'ils *soient* comme la poudre et la paille légère
« Que le vent chasse devant lui. »   (Racine. *Esther*. I. 5.)

SOIS-JE, dans une formule de souhait :

Sois-je du ciel écrasé si je mens !   (*Mis.* I. 2.)

Forme excellente, au lieu de *puissé-je être*.

SOLÉCISMES EN CONDUITE :

Le moindre *solécisme*, en parlant, vous irrite;
Mais vous en faites, vous, d'étranges *en conduite*. (*Fem. sav.* II. 7.)

SOLLICITER DE QUELQUE CHOSE :

J'ai cru faire assez de fuir l'engagement *dont j'étois sollicitée*.
(*Am. magn.* IV. 7.)

Ne me refusez point la grâce *dont je vous sollicite*.   (*L'Av.* II. 7.)

SON, SA, SES, se rapportant à un autre mot que le sujet de la phrase :

Je ne puis vous celer que ma fille Célie
Dès longtemps par moi-même est promise à Lélie,
Et que, riche en vertus, *son retour* aujourd'hui
M'empêche d'agréer un autre époux que lui.   (*Sgan.* 24.)

Son retour, c'est le retour de Lélie; *riche en vertus* se rapporte aussi à Lélie, quoique la construction de la phrase semble appliquer ces mots au retour. Il n'y a pas moyen d'excuser cette faute, source d'équivoques.

Jusqu'ici don Louis, qui vit à *sa prudence*
(La prudence de don Louis.)

Par le feu roi mourant commettre *son enfance*,
(L'enfance de don Alphonse.)

A caché *ses destins* aux yeux de tout l'État...
(Les destins d'Alphonse.)

Et bien que le tyran, depuis *sa lâche audace*,
(L'audace du tyran.)

L'ait souvent demandé pour lui rendre *sa place*,
(La place d'Alphonse.)

Jamais *son zèle ardent* n'a pris de sûreté
(Le zèle d'Alphonse.)

A l'appât dangereux de *sa fausse équité*.
(*D. Garcie.* I. 2.)
(La fausse équité du tyran.)

Il est difficile d'écrire avec plus de négligence.

On dit bien *la surveillance de l'État*, mais non *les yeux de l'État*. L'État est une abstraction, une idée complexe, qui ne saurait être personnifiée jusqu'à prendre des yeux ni des oreilles.

— SON, SA, rapportés à un nom de chose :

LYSIDAS (*parlant de sa pièce*). Tous ceux qui étoient là doivent venir à *sa* première représentation.   (*Crit. de l'Éc. des fem.* 7.)

— SON avec *sentir*. (Voyez SENTIR, p. 370.)

SONGER, actif, pour *imaginer, méditer* :

C'est une foible ruse;
J'en *songeois* une... — Et quelle? — Elle n'iroit pas bien.
(*L'Ét.* I. 2.)

J'avois *songé* une comédie où il y auroit eu un poëte, etc...
(*Impromptu.* 1.)

— SONGER DE (un infinitif); songer à :

> Et qu'ils s'étoient promis une foi mutuelle,
> Avant qu'il eût *songé de poursuivre* Isabelle. (*Éc. des mar.* III. 6.)

(Voyez p. 99, DE remplaçant A.)

SONT pour font, en style d'arithmétique :

> Je crois que deux et deux *sont* quatre. (*D. Juan.* III. 1.)

L'édition d'Amsterdam a corrigé, selon sa coutume, et mis *font*.

— SONT-CE :

> *Sont-ce* encore des bergers ? — C'est ce qu'il vous plaira. (*B. gent.* I. 2.)
> *Sont-ce* des vers que vous lui voulez écrire ? (*Ibid.* II. 6.)
> *Sont-ce* des visions que je me mets en tête ? (*Psyché.* I. 1.)

(Voyez CE SONT.)

SORTILÉGE ; DONNER UN SORTILÉGE A QUELQU'UN, lui jeter un sort :

> C'est *un sortilége qu'il lui a donné.* (*Pourc.* III. 9.)

SORTIR HORS :

> Tenez, voyez ce mot, et *sortez hors* de doute. (*Dép. am.* I. 2.)
> Mais lui fallant un pic, je *sortis hors* d'effroi. (*Fâcheux.* II. 2.)

SOT, terme adouci pour exprimer ce qu'ailleurs Molière appelle crûment un cocu :

> Elles font la sottise, et nous sommes les *sots*. (*Sgan.* 17.)
> Elle ? Elle n'en fera qu'un *sot*, je vous l'assure. (*Tart.* II. 2.)
> Épouser une sotte est pour n'être point *sot*. (*Éc. des mar.* I. 1.)
> « Il veut à toute force être au nombre des *sots*. »
> (LA FONT. *La Coupe enchantée.*)

— SOT, passionné au point d'en perdre le sens :

> Si bien donc ? — Si bien donc qu'elle est *sotte* de vous.
> (*L'Ét.* I. 6.)

— ÊTRE SOT APRÈS QUELQU'UN, en être assotté :

> MARINETTE.
> Que Marinette *est sotte* après son Gros-René ! (*Dép. am.* IV. 4.)

SOUCIER, verbe actif, comme *affliger*, *chagriner* :

Hé ! je crois que cela foiblement *vous soucie*. (*Dép. am.* IV. 3.)

« Penses-tu, lui dit-il, que ton titre de roi
« Me fasse peur, ni *mé soucie* ? »
(La Fontaine. *Le Lion et le Moucheron*.)

SOUFFRIR, absolument ; SOUFFRIR DE QUELQU'UN :

Ciel ! faut-il que le rang, dont on veut tout couvrir,
De cent sortes de sots nous oblige à *souffrir* ! (*Fâcheux.* I. 6.)

— SOUFFRIR QUELQUE CHOSE A QUELQU'UN :

De grâce, *souffrez-moi*, par un peu de bonté,
Des bassesses à qui vous devez la clarté. (*Fem. sav.* I. 1.)

« Mais le père Lemoine a apporté une modération à cette permission géné-
« rale ; car *il ne le veut point du tout souffrir aux vieilles*. »
(Pascal. 9ᵉ *Prov.*)

SOUFFRIR A QUELQU'UN DE (un infinitif), lui permettre :

. . . . *Souffrez à mon amour*
De vous revoir, madame, avant la fin du jour. (*Mis.* IV. 4.)

Si votre cœur me considère
Assez pour *me souffrir de disposer de vous*.... (*Psyché.* I. 3.)

Me est ici au datif, et non à l'accusatif.

SOUPÇON ; HORS DE SOUPÇON :

On ne reçoit plus rien qui soit *hors de soupçon*. (*L'Ét.* II. 6.)

Qui soit à l'abri du soupçon, qui ne soit suspect.

— SOUPÇONS DE QUELQU'UN :

Ce n'est pas d'aujourd'hui, Nicole, que j'ai conçu des soupçons *de* mon mari. (*B. gent.* III. 7.)

Molière dit *soupçons de quelqu'un*, comme *l'hymen, la vengeance, la jalousie de quelqu'un*, c'est-à-dire, relativement à quelqu'un.

— SOUPÇON ENTRE DEUX PERSONNES, qui porte sur deux personnes :

Cela ne vous offense point : *il ne tombe entre lui et vous aucun soupçon de ressemblance*. (*Scapin.* II. 7.)

SOUPÇONNER, suspecter :

On *soupçonne* aisément un sort tout plein de gloire ;
Et l'on veut en jouir avant que de le croire.   (*Tart.* IV. 5.)

SOUS, au lieu de *par* ou *avec* :

Enfin je l'ai fait fuir, et, *sous ce traitement*,
De beaucoup d'actions il a reçu la peine.   (*Amph.* I. 2.)

Ne prétendez pas vous sauver *sous* cette imposture.   (*L'Av.* V. 5.)

— SOUS COULEUR, sous prétexte :

Anselme, instruit de l'artifice,
M'a repris maintenant tout ce qu'il nous prêtoit,
Sous couleur de changer de l'or que l'on doutoit.   (*L'Ét.* II. 7.)

Voyez COULEUR et COLORÉ.)

— SOUS DES LIENS :

La fille qu'autrefois de l'aimable Angélique ;
Sous des liens secrets, eut le seigneur Enrique.   (*Éc. des fem.* V. 9.)

Ce n'est pas à mon cœur qu'il faut que je défère,
Pour entrer *sous de tels liens*.   (*Psyché.* I. 3.)

— SOUS DES SOINS :

Je ris des noirs accès où je vous envisage,
Et crois voir en nous deux, *sous mêmes soins nourris*,
Ces deux frères que peint l'École des maris.   (*Mis.* I. 1.)

L'idée de protection, enfermée dans le verbe *nourrir*, sauve cette métaphore :

« Parva *sub* ingenti matris se subjicit *umbra*. »   (VIRG.)

— SOUS L'APPAT DE... ; sous le prétexte de :

Ce marchand déguisé,
Introduit *sous l'appât* d'un conte supposé.   (*L'Ét.* IV. 7.)

— SOUS SA MOUSTACHE :

On n'est point bien aise de voir, *sous sa moustache*, cajoler hardiment sa femme ou sa maitresse.   (*Sicilien.* 14.)

— SOUS TANT DE VRAISEMBLANCE :

Quoi ! le premier transport d'un amour qu'on abuse
Sous tant de vraisemblance est indigne d'excuse !   (*Dép. am.* IV. 2.)

— SOUS UN DON DE FOI :

> C'est une fille à nous ; que, *sous un don de foi*,
> Un Valère a séduite et fait entrer chez soi. (*Ec. des mar.* III. 5.)

Dans toutes ces locutions, *sur* serait aussi bien venu que *sous*. Molière, pour l'emploi de l'un et de l'autre, paraît n'avoir suivi que le hasard, et l'usage l'y autorisait. (Voyez au mot SUR, où l'origine de cette confusion est exposée.)

SOUTENIR LE COURROUX, y persévérer :

> Pour vouloir *soutenir le courroux* qu'on me donne,
> Mon cœur a trop su me trahir. (*Amph.* II. 6.)

SPIRITUELLE, substantif ; UNE SPIRITUELLE :

> Moi, j'irois me charger d'*une spirituelle*
> Qui ne parleroit rien que cercle et que ruelle ? (*Ec. des fem.* I. 1.)

(Voyez RIDICULE, substantif.).

SUBJONCTIF qui en commande un autre, dans une place où nous mettrions aujourd'hui l'*indicatif* :

> J'aurois assez d'adresse pour faire accroire à votre père que ce *seroit* une personne riche, outre ses maisons, de cent mille écus en argent comptant ; qu'elle *seroit* éperdument amoureuse de lui, et *souhaiteroit* de se voir sa femme. (*L'Av.* IV. 1.)

Il est clair qu'en effet la forme conditionnelle est la meilleure dans tout ce passage, qui n'expose qu'une hypothèse.

— Construit avec un présent de l'indicatif :

> Que vient de te donner cette farouche bête ?
> — Cette lettre, monsieur, qu'avecque cette boète
> On prétend qu'*ait* reçue Isabelle de vous. (*Ec. des mar.* II. 8.)

On dirait en style moderne : on prétend qu'*a* reçue. Il est manifeste que le conditionnel est plus juste, puisqu'il s'agit encore ici d'une hypothèse.

(Voyez CONDITIONNELS, FUTURS.)

SUCCÉDER, arriver, réussir, *contingere* :

> Quelque chose de bon nous pourra *succéder*. (*Dép. am.* III. 1.)
> Ces maximes, un temps, leur peuvent *succéder*. (*D. Garcie.* II. 1.)

SUCCÈS, issue d'une affaire, dans le sens du latin *exitus*, sans impliquer l'idée de bien ni de mal :

    Ce qu'on *voit* de *succès* peut bien persuader
    Qu'ils ne sont pas encor fort près de s'accorder.   (*L'Ét.* V. 12.)
    J'en viens d'entendre ici le *succès merveilleux*.   (*Ibid.* V. 15.)
    Adieu ; nous en saurons le *succès* dans ce jour.   (*Dép. am.* I. 2.)
            Daignez, je vous conjure,
    Attendre le *succès* qu'aura cette aventure.   (*Ibid.* III. 7.)
    Hé bien ! ce beau *succès* que tu devois produire?   (*Ibid.* III. 9.)
    Vous vous tromperez. — Soit. J'en veux voir le *succès*.
    — Mais... — J'aurai le plaisir de perdre mon procès.   (*Mis.* I. 1.)

SUCRÉE (FAIRE LA), faire la prude, la renchérie :

    Elle *fait la sucrée*, et veut passer pour prude.   (*L'Ét.* III. 2.)
    — Qui, moi? — Oui ; vous *ne faites point tant la sucrée*. (*G. D.* I. 6.)

SUFFISANCE, en bonne part ; HOMME DE SUFFISANCE :

    Homme de suffisance, homme de capacité.   (*Mar. for.* 6.)

Dans le XVIIe siècle, *suffisant* et *suffisance* se prenaient en bonne part, au sens de *qui suffit à quelque chose*. Voici les exemples que donne Furetière : « Le roi a des ministres qui sont d'une grande *suffisance*, d'une grande capacité, d'une grande pénétration. » Et au mot SUFFISANT : « Se dit d'un grand mérite et de la sotte présomption. Le roi cherche des gens qui soient *suffisants*, et capables de remplir les prélatures et les grandes charges. »

— **SUFFISANT DE** (un infinitif), qui suffit ; qui suffit à, capable de :

        Bon Dieu ! que de discours !
    Rien n'est-il *suffisant d'en arrêter* le cours ?   (*Dép. am.* II. 7.)
    « Je me déchargerai d'un faix que je dédaigne,
    « *Suffisant de crever* un mulet de Sardaigne. » (REGNIER. *Sat.* VI.)

SUFFIT QUE, suivi d'un verbe à l'indicatif :

Il suffit que nous savons ce que nous savons, et que tu fus bien heureuse de me trouver.   (*Méd. m. lui.* I. 1.)

Nous savons ce que nous savons, cela suffit, c'est en dire

assez. *Il suffit que nous sachions* présenterait un sens tout autre.

SUITE ; EN SUITE DE. (Voyez ENSUITE DE.)

— SUITE, développement :

Don Alphonse dit à dona Elvire, qui vient de réciter trente-cinq vers sans interruption :

> J'ai de votre discours assez souffert *la suite*. (*D. Garcie.* V. 5.)

— D'UNE LONGUE SUITE, très-suivi :

> Et tâcher, par des soins *d'une très-longue suite*,
> D'obtenir ce qu'on nie à leur peu de mérite. (*Mis.* III. 1.)

— SUITE, conséquence :

> Un avis *dont la suite*
> Vous réduit au parti d'une soudaine fuite. (*Tart.* V. 6.)

> Les *suites* de ce mot, quand je les envisage,
> Me font voir un mari, des enfants, un ménage. (*Fem. sav.* I. 1.)

SUIVRE LE COURROUX DE QUELQU'UN, s'y associer :

> Assembler des amis qui *suivent mon courroux*. (*Amph.* III. 5.)

— SUIVRE QUELQU'UN AU DESSEIN DE (un infinitif) :

> Bon. — Et moi, pour *vous suivre au dessein de tout rendre*....
> (*Dép. am.* IV. 3.)

Pour vous imiter dans ce dessein.

— SUIVRE SA POINTE :

> Quel diable d'étourdi, qui *suit toujours sa pointe !* (*Scapin.* III. 11.)

SUJET à la première personne, et le verbe à la troisième. (Voyez PRONOM.)

SUJET SOUS-ENTENDU autre que le sujet exprimé :

> Elle vous diroit bien qu'elle vous trouve bon,
> Et qu'*elle* n'est point d'âge à *lui donner* ce nom. (*Tart.* I. 2.)

Elle n'est point d'âge à ce qu'*on* puisse lui donner.

Le besoin de brièveté, joint à la clarté de l'expression, paraît plus que suffisant à excuser cette légère inexactitude.

SUPERFLU DE LA BOISSON (LE), périphrase qui s'entend de reste :

Je m'étois amusé dans votre cour à expulser *le superflu de la boisson.*
(*Méd. m. lui.* III. 5.)

SUPPORT, dans le sens moral ; appui :

Elle n'a ni parent, ni *support*, ni richesse. (*Éc. des fem.* III. 5.)

L'éclat d'une fortune en mille biens féconde
Fera connoître à tous que je suis ton *support*. (*Amph.* III. 11.)

SUPPORTER QUELQU'UN DANS, comme nous disons *soutenir dans :*

Nous ne sommes point gens à *la supporter dans* de mauvaises actions.
(*G. D.* I. 4.)

SUPPRESSION ; A MA SUPPRESSION, en me supprimant, m'excluant :

A ma suppression il s'est ancré chez elle. (*Éc. des fem.* III. 5.)

Comme on dit *à mon profit, à mon dam.*
Bossuet a dit : « *Au grand malheur* des hommes ingrats. »
(*Or. fun. de la R. d'A.*)

SUR LE FIER ; SE TENIR SUR LE FIER :

Mais puisque *sur le fier vous vous tenez* si bien.....
(*Mélicerte.* I. 3.)

SUR PEINE DE, sous peine de :

On ne doit de rimer avoir aucune envie,
Qu'on n'y soit condamné *sur peine* de la vie. (*Mis.* IV. 1.)

Mais à condition......... que vous n'en ouvrirez la bouche à personne du monde, *sur peine de la vie.* (*Am. magn.* II. 3.)

« Madame, qui de tous poins veoit le seigneur de Saintré à combattre
« meu et desliberé, feloneusement luy dist : Sire de Saintré, nous voulons
« et vous commandons, *sur peine* d'encourir nostre indignacion, que incon-
« tinent tous deux vous desarmez. » (*Le Petit Jehan de Saintré.*)

« Les seigneurs de Carthage, voyants que leur pays se despeuploit peu
« à peu, feirent desfense expresse, *sur peine de mort*, que nul n'eust plus
« à aller par là. » (MONTAIGNE. I. 30.)

« Si mon fils a jamais des enfants, je veux qu'ils étudient au collége de
« Clermont, *sur peine* d'être déshérités. »

(St.-Évremond. *Convers. du P. Canaye.*)

« Est-ce un article de foi qu'il faille croire, *sur peine* de damnation? »

(Pascal. 18ᵉ *Prov.*)

On écrivait originairement *sor* et *soz*; quand la consonne finale était muette, comme l'o sonnait le plus souvent *ou*, la prononciation confondait pour l'oreille *sour* et *souz*; de là l'emploi indifférent de l'un ou de l'autre dans certaines locutions consacrées, comme *sur peine* et *sous peine*.
(Voyez *des Var. du lang. fr.*, p. 430.)

— SUR LE PIED DE (un infinitif) :

Et veulent, *sur le pied de nous être fidèles*,
Que nous soyons tenus à tout endurer d'elles. (*Ec. des fem.* IV. 8.)

Sous prétexte qu'elles nous sont fidèles; s'appuyant sur ce qu'elles nous sont fidèles.

— SUR UN SEMBLANT :

Quoi! *sur un beau semblant* de ferveur si touchante... (*Tart.* V. 1.)

Mauvaise leçon. L'édition originale de 1669 porte: sous *un beau semblant*. (voy. la Préface.)

SURPRENDRE AU DÉPOURVU :

Mais je vous avouerai que cette gayeté
Surprend au dépourvu toute ma fermeté. (*D. Garcie.* V. 6.)

SURSÉANCE ; FAIRE SURSÉANCE A... surseoir :

Et jusques à demain *je ferai surséance*
A l'exécution, monsieur, de l'ordonnance. (*Tart.* V. 4.)

SUS ; SUS DONC :

Oui? *Sus donc*, préparez vos jambes à bien faire. (*L'Et.* II. 14.)

Sus n'est autre chose que *sur*. La consonne finale étant inarticulée dans l'origine, il arrivait souvent que l'écriture notât une consonne pour une autre. *Courir sus à quelqu'un*, c'est courir sur quelqu'un ; mais *sur*, dans la première de ces locutions, est aujourd'hui employé comme adverbe ; il est préposition dans la seconde. *Sus, sus*, c'est-à-dire, Allons, debout!

Mais pourquoi n'a-t-on pas dit *courir sus à quelqu'un?* l'euphonie y trouvait aussi bien son compte. Voyez, à l'article CHAISE, ce qui est dit du zézayement parisien.

Nicot : « Sus ou sur, *super.* »

Le langage de la jurisprudence a conservé *susanner*, qui est une autre prononciation de *suranner*, réduit lui-même aujourd'hui à son participe passé.

« Une prise de corps ne se *susanne* jamais. »   (DE LAURIÈRE.)

C'est-à-dire, ne perd pas sa vertu, faute d'avoir été exécutée dans l'année ; ne se *suranne* pas, *non antiquatur.*

Vous observerez que les Latins employaient déjà *sus* pour *super* en composition. *Suspendere* est pour *superpendere.*

SUSPENS SI (ÊTRE EN)... : (Voyez SI répondant au latin *an, utrùm.*)

SYLLEPSE qui suppose un nominatif non exprimé :

> Cet arrêt suprême,
> Qui décide du sort de mon amour extrême,
> Doit m'être assez touchant *pour ne pas s'offenser*
> Que mon cœur par deux fois le fasse répéter. (*Ec. des mar.* II. 14.)

Pour ne pas s'offenser, c'est-à-dire *pour qu'on ne s'offense pas.* Le sujet de la phrase est *l'arrêt* ; ce n'est point l'arrêt qui s'offensera, c'est Sganarelle.

Il semble que, quand le sens est aussi évident, on peut dans un dialogue familier, et pour l'amour de la concision, tolérer ces inexactitudes, et laisser dormir la rigueur de certaines lois grammaticales.

D. PÈDRE. Et, cette nuit encore, on est venu chanter sous nos fenêtres.

ISIDORE. Il est vrai. La musique *en* étoit admirable!   (*Sicilien.* 7.)

En se rapporte à l'idée de *concert, sérénade*, éveillée par la phrase précédente, où pourtant ce mot ne se trouve pas, ni aucun semblable.

Ah! *les menuets* sont ma danse, et je veux que vous me *le* voyiez danser.
(*B. gent.* II. 1.)

Que vous me voyiez danser *le menuet.*

Racine a dit, par un tour semblable :

« Entre *le pauvre* et vous vous prendrez Dieu pour juge;
« Vous souvenant, mon fils, que, caché sous ce lin,
« Comme *eux* vous fûtes pauvre, et comme *eux* orphelin. »
(*Athalie.* IV. 4.)

(Voyez, p. 147, EN par syllepse.)

SYMÉTRIE DES TEMPS. (Voyez aux mots CONDITIONNELS, SUBJONCTIF, et FUTURS.)

T EUPHONIQUE :

Voilà-*t*-il pas monsieur qui ricane déjà ? (*Tart.* I. 1.)

Nos anciens eussent écrit *voilat il pas*, ou bien *voila il pas*, laissant à l'usage le soin d'indiquer la consonne euphonique.

La seconde manière était celle du XVIe siècle ; mais Théodore de Bèze nous avertit de prononcer un *t* intercalaire : — « Cette lettre offre une particularité curieuse, c'est qu'on la prononce là où elle n'est pas écrite. Vous voyez écrit *parle il*, et vous prononcez, en intercalant le *t*, *parle til*. On écrira *va il, ira il, parlera il*, et l'on prononcera *va til, ira til, parlera til.* » (*De fr. ling. rect. pron.* p. 36.)

Ainsi, n'ayant au cœur nul dessein pour Clitandre,
Que vous importe-*t*-il qu'on y puisse prétendre? (*Fem. sav.* I. 1.)

Va, va-*t*'en faire amende honorable au Parnasse. (*Ibid.* III. 5.)

TABLER, tenir table :

Et, pleins de joie, allez *tabler* jusqu'à demain. (*Amph.* III. 6.)

TACHER A (un infinitif), tâcher de :

La mémoire du père, à bon droit respectée,
Joint au grand intérêt que je prends à la sœur,
Veut que du moins l'on *tâche à lui rendre* l'honneur.
(*Ec. des mar.* III. 4.)

Tâchons à modérer notre ressentiment. (*Ec. des fem.* II. 2.)

Que votre esprit un peu *tâche à se rappeler*. (*Mis.* IV. 2.)

Il suffit qu'il se rende plus sage,
Et *tâche à mériter* la grâce où je m'engage. (*Tart.* III. 4.)

Je vois qu'envers mon frère on *tâche à me noircir*. (*Ibid.* III. 7.)

TAIRE (SE) DE QUELQUE CHOSE :

C'est bien la moindre chose que je vous doive..., que de *me taire* devant vous *d'une personne* que vous connoissez.   (*D. Juan.* III. 4.)

C'est avoir bien de la langue, que de ne pouvoir *se taire de ses propres affaires.*   (*Scapin.* III. 4.)

« Je *m'en tais*, et ne veux leur causer nul ennui. »
(La Font. *Le Geai paré des plumes du Paon.*)

« Dame, si vous faictes nulle mention de celle avenue, vous serez
« deshonorée. *Taisez-vous-en*, et je *m'en tairai* aussi pour vostre hon-
« neur. »   (Froissart. *Chron.* III. ch. 49.)

(Voyez DE répondant au latin *de*, touchant ; et MENTIR.)

TANT devant un adjectif, pour *si*, *tellement :*

Voilà une malade qui n'est pas *tant dégoûtante*.   (*Méd. m. lui.* II. 6.)
Elle n'est point *tant sotte*, ma foi, et je la trouve assez passable.
(*Scapin.* I. 3.)

— TANT DE (un substantif), QUE DE (un infinitif) :

Qui donc est le coquin qui prend *tant de licence*
Que de chanter et m'étourdir ainsi ?   (*Amph.* I. 2.)

TARARE !

GEORGE DANDIN. Je te donnerai.....
LUBIN. *Tarare!*.....   (*G. D.* II. 7.)

L'emploi de ce mot paraît remonter très-haut dans les origines de notre langue. *Tarare* serait une tradition de *taratara*, parole dépourvue de sens, espèce d'onomatopée pour exprimer le son émis d'une bouche qui ne peut articuler. « La peste lui avait ôté la parole ; au lieu de parler il sifflait, et, voulant crier, ne faisait entendre que *taratara* » (ou *tarare*).

(*Vie de St. Augustin.* Du Cange; *in Taratara.*)

TARTUFIER :

Non, vous serez, ma foi, *tartufiée*.   (*Tart.* II. 3.)

Ce verbe, de la création de Molière, n'a point passé dans la langue commune, comme *tartufe* et *tartuferie*.

Molière a composé de même *désosier* et *désamphitryonner*.

TATÉ, tâtonné, cherché; DES TRAITS NON TATÉS :

> Une main prompte à suivre un beau feu qui la guide,
> Et dont, comme un éclair, la justesse rapide
> Répande dans ses fonds, à grands *traits non tâtés*,
> De ses expressions les touchantes beautés.
>
> (*La Gloire du Val-de-Grâce.*)

— EN TATER, mis absolument, avec un sens elliptique; mais sans relation grammaticale :

> Voilà ce que c'est d'avoir causé. *Vous n'en tâterez plus*, et je vous laisse sur la bonne bouche. (*G. D.* II. 7.)

TAXER DE (un infinitif); comme *accuser de* :

> Je m'offre à vous y servir, puisqu'*il m'en a déjà taxée.* (*G. D.* I. 7.)

TEMPÉRAMENT, dans le sens du latin *temperare*, modérer, ménager, régler :

> Vous ne gardez en rien les doux *tempéraments*. (*Tart.* V. 1.)

Dans la vieille langue, on disait *tremper une harpe*; c'était, avec l'*r* transposée, *temprer*, *tempérer* cette harpe, l'accorder, *temperare*. Dans Ovide : « Temperare citharam nervis. » On accorde les pianos par *tempérament*; c'est-à-dire, en tempérant les quintes, qui, dans les instruments à clavier, ne peuvent s'accorder avec une rigueur mathématique; puisque le bémol s'y confond avec le dièze.

Tempérament, dans le vers de Molière, exprime la même idée.

TEMPLE.

On n'osait pas, au XVIIe siècle, faire prononcer sur le théâtre le mot *église* : c'eût été regardé comme une profanation. On se servait du mot païen :

> Et vous promets ma foi... — Quoi? — Que vous n'êtes pas
> Au *temple*, au cours, chez vous, ni dans la grande place.
>
> (*Dép. am.* I. 2.)

> « Soit; mais il est saison que nous allions *au temple*. »
>
> (CORNEILLE. *Le Menteur.*)

TEMPS; LE BON TEMPS; ironiquement, l'âge d'or :

> Pour une jeune déesse,
> Vous êtes bien *du bon temps!* (*Amph.* prol.)

Dit Mercure à la Nuit.

— UN TEMPS, adverbe; quelque temps :

Je souffrirai *un temps*, mais j'en viendrai à bout. (*B. gent.* III. 10.)

TENDRE, verbe neutre; TENDRE A, *tendere ad*, se diriger vers... :

> Où *tend* Mascarille à cette heure? (*Dép. am.* I. 4.)

Molière emploie ici au sens propre une expression qui se dit tous les jours au sens figuré : Où tend cette conduite? où tend ce discours? Si on le dit bien au figuré, à plus forte raison est-il permis de le dire au propre, puisque l'image suppose toujours la réalité, et le sens étendu le sens restreint.

— TENDRE, adjectif; substantivement, LE TENDRE DE L'AME :

> C'est me faire une plaie *au plus tendre de l'âme.* (*L'Et.* III. 4.)

— TENDRE A (un substantif) :

> Vous pensiez bien trouver quelque jeune coquette
> Friande de l'intrigue, et *tendre à la fleurette.* (*Ec. des mar.* II. 9.)
> Vous êtes donc bien *tendre à la tentation?* (*Tart.* III. 2.)

TENIR; EN TENIR, être pris, être attrapé :

> Quoi, peste? le baiser!
> Ah! *j'en tiens!* (*Sgan.* 6.)
> Il *en tient*, le bonhomme, avec tout son phébus,
> Et je n'en voudrois pas *tenir* cent bons écus. (*Ec. des mar.* III. 2.)

Il en tient signifie *il est attrapé*. Je ne voudrais pas *en tenir* cent écus, c'est-à-dire, je ne voudrais pas, au lieu de cette aventure, tenir cent écus; je ne la donnerais pas pour cent écus. *En* joue ici le même rôle que dans cette locution : Combien *en* voulez-vous? — Je n'*en* voudrais pas tenir ou recevoir cent écus. Dans l'une et l'autre formule, *en* marque l'échange.

Sganarelle, plus loin, exprime la même idée en d'autres termes :

> Allez, mon frère aîné, cela vous sied fort bien !
> Et je ne voudrois pas, pour vingt bonnes pistoles,
> Que vous n'eussiez ce fruit de vos maximes folles.
> (*Ec. des mar.* III. 6.)

SGANARELLE. Je ne voudrois pas *en tenir dix pistoles !* Hé bien, monsieur ? (*D. Juan.* III. 6.)

Hé bien, monsieur, votre incrédulité est-elle assez confondue ? Je ne voudrais pas, pour dix pistoles, que la statue n'eût baissé la tête.

— TENIR., retenir :

> Je ne sais qui me *tient*, infâme,
> Que je ne t'arrache les yeux ! (*Amph.* II. 3.)

— TENIR, verbe actif, estimer, juger :

On *la tenoit morte* il y avoit déjà six heures. (*Méd. m. lui.* I. 5.)
On la tenait pour morte.

Fort bien. — Et *je vous tiens mon véritable père.*
(*Éc. des fem.* V. 6.)

> Je *le tiendrois* fort misérable,
> S'il ne quittoit jamais sa mine redoutable. (*Amph.* prol.)

Je n'ignore pas qu'à cause de votre noblesse *vous me tenez* fort au-dessous de vous. (*G. D.* II. 3.)

« Je *tiens* impossible de connoître les parties sans connoître le tout. »
(PASCAL. *Pensées.* p. 300.)

« On a véritablement recueilli les vies de ces deux grands hommes (Ho-
« mère et Ésope), mais la plupart des savants *les tiennent toutes deux fa-*
« *buleuses.* » (LA FONT. *Vie d'Esope.*)

— TENIR A (un substantif), même sens :

Il n'y a personne sans doute qui ne *tint à beaucoup de gloire* de toucher à un tel ouvrage. (*Sicilien.* 12.)

« Le magistrat, *tenant à mépris et irrévérence* cette réponse, le fit me-
« ner en prison. » (LA FONT. *Vie d'Esope.*)

Molière a dit, par la même tournure, *être à mépris* :

> Et toi, pour te montrer que *tu m'es à mépris,*
> Voilà ton demi-cent d'épingles de Paris. (*Dép. am.* IV. 4.)

— TENIR (SE) A QUELQUE CHOSE, pour *s'en tenir* :

Je puis fermer les yeux sur vos flammes secrètes,
Tant que *vous vous tiendrez aux muets interprètes*. (*Fem. sav.* I. 4.)

— TENIR AU CUL ET AUX CHAUSSES ; c'est empoigner solidement ; métaphore triviale que Molière met dans la bouche de maître Jacques :

On n'est pas plus ravi que de *vous tenir au cul et aux chausses*, et de faire sans cesse des contes de votre lésine. (*L'Av.* III. 5.)

— TENIR DES CHARGES, les occuper :

Je suis né de parents sans doute qui *ont tenu des charges* honorables.
(*B. gent.* III. 12.)

— TENIR DES PAROLES, comme *tenir un discours, un propos* :

Je vous trouve fort bon de *tenir ces paroles!* (*Fâcheux.* I. 8.)
Qui ose *tenir ces paroles?* Je crois connoître cette voix. (*D. Juan.* V. 5.)

— TENIR LA CAMPAGNE :

Nous nous voyons obligés, mon frère et moi, à *tenir la campagne* pour une de ces fâcheuses affaires qui..., etc. (*D. Juan.* III. 4.)

« Lui (Napoléon); bravant tous les dangers,
« Semblait *tenir seul la campagne*. » (BÉRANGER.)

— TENIR SA FOI, comme on dit *tenir sa parole* :

Valère a votre foi: la *tiendrez-vous*, ou non? (*Tart.* I. 6.)

— TENIR SON QUANT-A-MOI :

Elle m'a répondu, *tenant son quant-à-moi* :
Va, va, je fais état de lui comme de toi. (*Dép. am.* IV. 2.)

« Quand nous avons quelque différend, ma sœur et moi, si je fais la froide
« et l'indifférente, elle me recherche ; si elle *se tient sur son quant-à-moi*, je
« vas au-devant. » (LA FONTAINE. *Psyché.* II.)

« Dans les phrases à la troisième personne, comme celle-ci, on dit aussi, et avec plus de raison peut-être, *quant-à-soi* : il a tenu son *quant-à-soi*. » M. AUGER.

Du moment que ce groupe de mots ne forme plus qu'un substantif composé, les éléments doivent en être fixes et invariables. Il semble qu'on doit adopter *quant-à-moi,* comme ont fait Molière et la Fontaine; car on ne pourrait pas dire : *je garde mon quant-à-soi*, tandis qu'on dira bien : *il garde son quant-à-moi.*

A propos de cette locution *quant à moi*, signifiant quant à ce qui me regarde, Ménage déclare qu'elle n'est plus *du bel usage*. « M. de Vaugelas, dit-il, permet *quant à nous, quant à vous*, et condamne seulement *quant à moi*. Je suis plus sévère : toutes ces façons de parler ont vieilli, et ne sont plus du bel usage. »

Rien n'est plus propre que cette observation de Ménage à faire voir combien, dans les études grammaticales de ce temps-là, le caprice tenait lieu de raison. En effet, quelle raison pouvait avoir Vaugelas de permettre *quant à nous* et d'interdire *quant à moi*? Où prenait-il le prétexte de cette distinction ? Il fallait qu'il fût bien sûr de l'autorité de son nom pour oser rendre de semblables arrêts ! Au reste, la docilité du public se chargeait de justifier la tyrannie de Vaugelas. Ménage du moins était plus conséquent, qui supprimait tout.

— TENIR UN EMPIRE, le posséder, en être investi :

Cet empire que *tient* la raison sur nos sens
Ne ferme point notre âme aux douceurs des encens.
(*Fem. sav.* III. 5.)

TERMES ; EN ÊTRE AUX TERMES DE :

La chose *en est aux termes de* n'en plus faire de secret. (*D. Juan.* III. 4.)

TIRÉ, forcé :

Et toutes vos raisons, monsieur, sont trop *tirées*. (*Tart.* IV. 1.)

Par abréviation, pour *tiré par les cheveux*.

« Il y a (dans l'Ancien Testament) des figures qui ont pu tromper les « Juifs, et qui semblent un peu *tirées par les cheveux.* »
(PASCAL. *Pensées.* p. 177.)

Port-Royal, par révérence du beau langage, a substitué : *peu naturelles.*

TIRER, attirer :

Sa grâce et sa vertu sont de douces amorces
Qui pour *tirer* les cœurs ont d'incroyables forces. (*L'Et.* III. 2.)

— TIRER, prendre son chemin ; métaphore prise du cheval, qui tire à droite ou à gauche :

Tirez de cette part; et vous, *tirez* de l'autre. (*Tart.* II. 4.)

— TIRER SA POUDRE AUX MOINEAUX, perdre sa peine :

Croyez-moi, c'est *tirer votre poudre aux moineaux*.

(*Ec. des mar.* II. 9.)

— TIRER SES CHAUSSES, s'enfuir :

Donnez-moi vitement quelques coups de bâton,
Et me laissez *tirer mes chausses* sans murmure. (*Dép. am.* I. 4.)

MORON.

Il m'a fallu *tirer mes chausses* au plus vite. (*Pr. d'El.* V. 1.)

La Fontaine dit, d'une manière moins triviale, *tirer ses grègues* :

« Le galant aussitôt
« *Tire ses grègues*, gagne au haut,
« Mal content de son stratagème. » (*Le Coq et le Renard.*)

Les *grègues* étaient une espèce particulière de chausses à la mode grecque. Le moyen âge écrivait et prononçait *segretaire* ; nous prononçons *segond* tout en écrivant *second*, par égard pour l'étymologie *secundus* ; nous écrivons et prononçons *cigogne*, qui vient de *ciconia* ; et nous articulons aussi durement que possible le féminin de *grec, grecque*. Ce sont les effets du temps et du progrès.

— TIRER UNE AFFAIRE DE LA BOUCHE DE QUELQU'UN :

Je pense qu'il vaut mieux que *de sa propre bouche*
Je *tire* avec douceur *l'affaire* qui me touche. (*Ec. des fem.* II. 2.)

Je tire le détail de l'affaire. La pensée va toujours à l'économie des paroles, surtout la pensée d'un homme agité par la passion, comme est Arnolphe.

TOMBER DANS L'EXEMPLE, en venir aux exemples :

Et, pour *tomber dans l'exemple*, il y avoit l'autre jour des femmes....

(*Critique de l'Ec. des fem.* 3.)

— TOMBER DANS UNE MALADIE :

Monsieur, j'ai une fille qui est *tombée dans une étrange maladie*.

(*Méd. m. lui.* II. 3.)

TON, métaphoriquement, joint à *frapper*, pris au propre :

Il *frappe un ton* plus fort ! (*Amph.* I. 2.)

Comme on dirait : il chante un ton plus haut.

TORRENT EFFRÉNÉ :

C'est battre l'eau, de prétendre arrêter
Ce *torrent effréné*, qui de tes artifices
Renverse en un moment les plus beaux édifices. (*L'Ét.* III. 1.)

Peut-on dire un *torrent effréné ?* Le frein se met à la bouche ; un torrent peut-il recevoir un frein ? Racine a bien dit :

« Celui qui met un *frein* à la fureur des flots...; »

mais il y a le mot *fureur* qui sauve l'excès de la métaphore en la préparant, puisque la fureur est le propre des êtres animés.

TOUCHANT A..., important pour... :

Et cet arrêt suprême,
Qui décide du sort de mon amour extrême,
Doit *m'être assez touchant* pour ne pas s'offenser
Que mon cœur par deux fois le fasse répéter. (*Ec. des mar.* II. 14.)

TOUCHER, métaphoriquement, parlant des ouvrages d'esprit :

La tragédie sans doute est quelque chose de beau quand elle est bien *touchée*. (*Crit. de l'Ec. des fem.* 7.)

— TOUCHER DE RIEN (NE) :

Se dépouiller..... entre les mains d'un homme qui ne nous *touche de rien*. (*Am. méd.* I. 5.)

TOUR DE BABYLONE. (Voyez BABYLONE.)

TOURNER, pour *se tourner :*

Aussi mon cœur d'ores en avant *tournera-t-il* toujours vers les astres resplendissants de vos yeux adorables. (*Mal. im.* II. 6.)

— TOURNER LA JUSTICE :

Le poids de sa grimace, où brille l'artifice,
Renverse le bon droit et *tourne la justice*. (*Mis.* V. 1.)

« L'expression *tourne la justice* n'est pas juste. On tourne la roue de fortune, on tourne une chose, un esprit même, à un sens ; mais *tourner la justice* ne peut signifier *séduire, corrompre la justice*. » (VOLTAIRE.)

Cette remarque paraît sévère. Pourquoi ne dirait-on pas

tourner pour *retourner, détourner? Tourner le visage, tourner la tête, tourner le dos,* c'est *retourner* ou *détourner* le dos, la tête, le visage. De même *tourner la justice,* c'est la détourner de son cours naturel.

— TOURNER UNE AME :
>Ainsi que je voudrai, *je tournerai cette âme.* (*Éc. des fem.* III. 3.)

TOUT, invariable devant un adjectif :
>Mais enfin je connus, ô beauté *tout aimable,*
>Que cette passion peut n'être point coupable. (*Tart.* III. 3.)
>Et, traitant de mépris les sens et la matière,
>A l'esprit, comme nous, donnez-vous *tout* entière. (*Fem. sav.* I. 1.)

« Je crains que cette censure....... ne donne, à ceux qui en sauront
« l'histoire, une impression *tout opposée* à la conclusion. »
>(PASCAL. 1re *Prov.*)

Tout signifie ici *tout à fait.* Il est donc adverbe. Molière cependant l'a fait quelquefois adjectif, s'ajustant en cela aux inconséquences de l'usage.

On remarquera que, dans tous ces exemples, l'adjectif uni à *tout* commence par une voyelle, en sorte que si l'on écrivait *toute,* il y aurait élision. Il a dépendu de l'imprimeur de supprimer l'*e* de *toute,* et ces textes ne sont pas des preuves irrécusables pour l'invariabilité ; au lieu que pour le cas contraire ils ne peuvent avoir été falsifiés.

(Voyez TOUT, variable.)

— TOUT, *variable* devant un adjectif :
>La fourbe a de l'esprit, la sotte est *toute bonne.* (*Mis.* III. 5.)
>Oui, *toute* mon amie, elle est, et je la nomme,
>Indigne d'asservir le cœur d'un galant homme. (*Ibid.* III. 7.)

« Ils y en ont trouvé de *toutes contraires.* » (PASCAL. 1re *Prov.*)

. Des propositions tout à fait contraires aux cinq attribuées à Jansénius.

« La Grèce, *toute polie et toute sage* qu'elle étoit... »
>(BOSSUET. *Hist. univ.*)

Il est manifeste que dans ces exemples *tout* représente *tout à fait*; il devrait donc être invariable comme l'adverbe dont il tient la place. Cependant il ne l'est pas, soit à cause de l'euphonie à qui tout cède, soit par un autre motif, ou peut-être par une pure inconséquence. Quoi qu'il en soit, les grammairiens, bien empêchés par l'usage, ont posé à cet égard une plaisante règle : *Tout,* disent-ils, mis pour *tout à fait,* est adverbe devant les adjectifs féminins *commençant par une voyelle,* et, au contraire, il devient adjectif devant les adjectifs *commençant par une consonne.*

C'est-à-dire, pour parler vrai, que dans le premier cas on profite de l'élision pour escamoter sur le papier l'*e* final de *toute,* par exemple, *tout aimable, tout entière, tout opposée.* Cela passe, parce que l'oreille n'a rien à y réclamer ; mais réellement il y a toujours accord.

— TOUT, invariable devant un nom de ville :

C'est moi qui suit Sosie, et *tout Thèbes* l'avoue. (*Amph.* I. 2.)

Vous parlez devant un homme à qui *tout Naples* est connu. (*L'Av.* V. 5.)

« *Tout Smyrne* ne parloit que d'elle. » (La Bruyère.)

Les Italiens observent la même règle : *tutto Napoli, tutto Siviglia :*

« *Tutto Siviglia*
« Conosce Bartolo. » (*Le Nozze di Figaro.*)

— TOUT, TOUTE, adjectif, avec le sens de l'adverbe latin *totidem :*

Ce sont *toutes* façons dont je n'ai pas besoin. (*Tart.* I. 1.)

Ces visites, ces bals, ces conversations,
Sont du malin esprit *toutes* inventions. (*Ibid.*)

— TOUTE-BONTÉ, comme *toute-puissance :*

Que le ciel à jamais, par sa *toute-bonté,*
Et de l'âme et du corps vous donne la santé ! (*Tart.* III. 3.)

— TOUT CE QUE... SONT :

On m'a montré la pièce ; et comme *tout ce qu'il y a d'agréable sont* effectivement des idées qui ont été prises de Molière..... (*Impromptu.* 3.)

(Voyez CE QUE.... SONT.)

— TOUT DE BON, pour tout de bon, sérieusement :

Mais j'aime *tout de bon* l'adorable Henriette. (*Fem. sav.* V. 1.)

« Je ne le disois pas *tout de bon*, repartit le père; mais parlons plus sé-
« rieusement. » (PASCAL. 8ᵉ *Prov.*)

« *Tout de bon*, mes pères, il seroit aisé de vous tourner là-dessus en
« ridicule. » (ID. 12ᵉ *Prov.*)

— TOUT DOUX, adverbe, comme *tout doucement* :

Je crains fort pour mon fait quelque chose approchant,
Et je m'en veux *tout doux* éclaircir avec elle. (*Amph.* II. 3.)

— TOUT D'UN TEMPS, en même temps :

Bonsoir; car *tout d'un temps* je vais me renfermer.
(*Ec. des mar.* III. 2.)

— TOUT MAINTENANT, subitement, à l'instant même :

Il m'est dans la pensée
Venu *tout maintenant* une affaire pressée. (*Éc. des fem.* III. 4.)

— TOUT VIEUX, sans ajouter *qu'il est* :

Le bonhomme, *tout vieux*, chérit fort la lumière. (*L'Ét.* III. 5.)

De même, dans le *Misanthrope* :

Oui, *toute mon amie*, elle est, et je la nomme,
Indigne d'asservir le cœur d'un galant homme. (*Mis.* III. 7.)

Sur ce passage, voici la remarque de Voltaire :

« Il faut dire *toute mon amie qu'elle est*, et non pas *toute mon*
« *amie elle est*. »

à *Et je la nomme*; cet *et* est de trop. *Je la nomme* est vicieux; le terme propre est *je la déclare*; on ne peut nommer
qu'un nom : je *le nomme* grand, vertueux, barbare; je *le déclare* indigne de mon amitié. » (*Mélanges.* T. III. p. 228.)

Il est manifeste que Voltaire n'a pas saisi le sens de ce passage. Il a supposé une inversion très-dure, et compris : Elle est
toute, c'est-à-dire, tout à fait, mon amie, et je la nomme indigne d'asservir, etc.; tandis que le sens véritable est celui-ci :
Toute mon amie qu'elle est, elle est (et je ne crains pas de la
nommer, et je le dis tout haut), elle est indigne, etc.

Il est probable que Voltaire avait sous les yeux un texte mal
ponctué :

> Oui, toute mon amie elle est ; et je la nomme
> Indigne d'asservir, etc..... (1).

C'est ce qui a causé son erreur, qu'un peu de réflexion eût promptement dissipée. Il est bien fâcheux que Voltaire eût si peu de patience, et qu'il ait mis tant de précipitation à condamner des hommes comme Corneille et Molière. On l'accuse de perfidie calculée envers le premier ; je suis persuadé qu'il n'est coupable que de légèreté et d'impétuosité dans sa critique : mais c'est déjà beaucoup trop quand on est Voltaire, et qu'on juge Corneille devant l'Europe attentive.

TRACER L'IMAGE DES CHANSONS, danser aux chansons :

> Et *tracez* sur les herbettes
> *L'image de vos chansons.*
> (*Am. magn.* 3e *intermède.*)

Métaphore outrée. On sait comment la parodie de Benserade en faisait ressortir le ridicule :

> « Et tracez sur les herbettes
> « L'image de vos *chaussons*. »

(Voyez MÉTAPHORES VICIEUSES.)

TRADUIRE EN RIDICULE (SE) :

J'enrage de voir de ces gens qui *se traduisent en ridicule* malgré leur qualité. (*Crit. de l'Éc. des fem.* 6.)

TRAHIR SON AME :

Non pas dans le sens où l'on dit *trahir sa pensée*, c'est-à-dire la révéler involontairement ; mais, au contraire, dans le sens de la contraindre, la contenir, lorsqu'elle voudrait s'échapper ; véritable trahison contre la nature et la vérité :

> Morbleu ! c'est une chose indigne, lâche, infâme,
> De s'abaisser ainsi jusqu'à *trahir son âme !*
> Et si, par un malheur, j'en avais fait autant,
> Je m'irois de regret pendre tout à l'instant. (*Mis.* I. 1.)

TRAINER, entraîner :

Don Juan, l'endurcissement au péché *traîne* une mort funeste ! (*D. Juan.* V. 6.)

---

(1) C'est effectivement ainsi que le vers est ponctué dans la citation.

TRAIT, atteinte ; DONNER LE PREMIER TRAIT, figurément :

> Je m'en vais là-dedans *donner le premier trait.* (*L'Et.* IV. 1.)

C'est-à-dire, entamer l'affaire.

— TRAIT, épigramme, parole mordante. Orgon dit à Dorine :

> Te tairas-tu, serpent, dont les *traits effrontés*... (*Tart.* II. 2.)

Premièrement, un serpent ne lance point de traits ; ensuite des traits n'ont point de front, par conséquent ne peuvent être effrontés. C'est Dorine qui est un serpent et une effrontée, et dont les mots sont autant de traits. Ces trois expressions, qui sont justes prises séparément, fondues en une seule métaphore sont fausses, à cause de l'incohérence des images, qui devraient former un ensemble.

— JOUER UN TRAIT :

> Et sans doute il faut bien qu'à ce becque cornu
> Du trait qu'elle a joué quelque jour soit venu. (*Ec. des fem.* IV. 6.)
> Et vous avez eu peur de le désavouer
> Du *trait* qu'à ce pauvre homme il a voulu *jouer.* (*Tart.* IV. 3.)

— TRAIT D'AVENTURE :

> Ah ! fortune, ce *trait d'aventure* propice
> Répare tous les maux que m'a faits ton caprice. (*Ec. des fem.* V. 2.)

« Molière dit souvent *jouer un trait* et *faire un tour.* L'usage actuel est inverse ; on dit communément *faire un trait* et *jouer un tour.* » (M. AUGER.)

— TRAITS, traits de plume, l'écriture :

> Jetez ici les yeux et connoissez vos *traits :*
> Ce billet découvert suffit pour vous confondre. (*Mis.* IV. 3.)

Et reconnaissez votre écriture.

TRAITER, mis absolument comme *agir, se conduire* :

> On détruiroit par là, *traitant de bonne foi,*
> Ce grand aveuglement où chacun est de soi. (*Mis.* III. 5.)

Bossuet dit fréquemment *traiter avec quelqu'un*, pour avoir des relations avec quelqu'un :

« Sous un visage riant.......... elle cachoit un sérieux dont ceux
« qui *traitoient avec elle* étoient surpris. »   (*Or. f. de la duch. d'Orl.*)

« Quand quelqu'un *traitoit avec elle*, il sembloit qu'elle eût oublié son
« rang..... »   (*Ibid.*)

— TRAITER DE MÉPRIS, D'ÉGALITÉ, avec mépris, avec égalité :

Et, *traitant de mépris* les sens et la matière,
A l'esprit, comme nous, donnez-vous tout entière. (*Fem. sav.* I. 1.)

Ils sont insupportables avec *les impertinentes égalités dont ils traitent* les gens.   (*Comtesse d'Esc.* 11.)

Cette façon de parler me paraît de celles qu'il n'est pas bon de prendre à Molière.

(Voyez DE exprimant la cause, la manière.)

— TRAITER DU HAUT EN BAS :

Ces honnêtes diablesses,
Se retranchant toujours sur leurs sages prouesses,
Qui, pour un petit tort qu'elles ne nous font pas,
Prennent droit de *traiter les gens du haut en bas*.
(*Éc. des fem.* IV. 8.)

(Voyez DE exprimant la manière, la cause.)

— TRAITER LES CHOSES DANS LA DOUCEUR :

Mais nous sommes personnes à *traiter les choses dans la douceur*.
(*Mar. forc.* 16.)

TRANCHER AVEC QUELQU'UN, en finir tout net avec lui :

Car, *tranchant avec moi* par ces termes exprès......
(*Éc. des fem.* III. 4.)

— TRANCHER SON DISCOURS D'UN APOPHTHEGME :

PANCRACE. *Tranchez-moi votre discours d'un apophthegme* à la laconienne.   (*Mar. for.* 6.)

Soyez bref, supprimez les longs discours au moyen d'un apophthegme laconique.

TRAVAILLÉ DE :

De quel démon est donc leur âme *travaillée ?* (*Dép. am.* I. 6.)

« Êtes-vous *travaillé de la lycanthropie ?* » (Regnier.)

TRAVAUX D'UN VOYAGE, pour *les fatigues :*

Ce sensible outrage,
Se mêlant aux *travaux d'un assez long voyage...* (*Sgan.* 10.)

TREDAME ! par apocope, Notre-Dame !

Tredame, monsieur, est-ce que madame Jourdain est décrépite ?...
(*B. gent.* III. 5.)

TREUVE, archaïsme, pour *trouve :*

Mais, encore une fois, la joie où je vous *treuve*
M'expose à la rigueur d'une trop rude épreuve. (*D. Garcie.* V. 6.)

Non, l'ardeur que je sens pour cette jeune veuve
Ne ferme point mon âme aux défauts qu'on lui *treuve*. (*Mis.* I. 1.)

Il était de règle, dans l'origine de la langue, que tout verbe ayant à l'infinitif la diphthongue *ou*, la changeait en *eu* à l'indicatif. — *Mouvoir, mourir, pouvoir, couvrir, secourir, se douloir,* etc., faisaient à l'indicatif *je meus, je meurs, je peux, je cueuvre, je sequeurs, je me deuls,* etc.

Je n'ai jamais vu, dans les monuments primitifs de notre langue, d'exemple de l'infinitif *treuver*; c'est toujours *trover, trouver*. (Voy. *des Var. du lang. fr.*, p. 179.)

Au XVIe siècle, que déjà les traditions originelles commençaient à se perdre, on rencontre quelquefois *treuver*. Olivier de Serres, par exemple, n'emploie pas d'autre forme ; mais elle est évidemment déduite, par erreur, de celle du présent. C'est ainsi que, de la forme contractée *ci-gît*, certains lexicographes modernes ont conclu l'infinitif cir, au lieu de césir. (Voyez le Dict. de M. N. Landais.)

TRIBOUILLER, patois, agiter, secouer violemment :

Lubin. — Je me sens tout *tribouiller* le cœur quand je te regarde.
(*G. D.* II. 1.)

Racines, *brouiller* et *tri*, pour *tres*, communiquant la force du superlatif au verbe ou au nom avec lequel il se compose.

Tribouiller, tribouilleur, ont été jadis des mots d'un français très-correct:

« Tapez, trompez, tourmentez, trondelez,
« Brisez, riflez, tempestez, *triboulez.* » (Cités dans BOREL.)

TRIBUTS, tribut d'hommages :

Le plus parfait objet dont je serois charmé
N'auroit pas *mes tributs*, n'en étant point aimé. (*Dép. am.* I. 3.)

TRIOMPHER DE QUELQUE CHOSE, à l'occasion de quelque chose :

Jamais on ne m'a vu *triompher de ces bruits*. (*Éc. des fem.* I. 1.)

« Et, d'autre part aussi, sa charmante moitié
« *Triomphoit d'être inconsolable.* »
(LA FONTAINE. *Joconde.*)

(Voyez DE exprimant la manière, la cause.)

Vous *ne triompherez pas*, comme vous le pensez, *de* votre infidélité.
(*B. gent.* III. 10.)

C'est-à-dire, votre indifférence ne vous procurera pas le triomphe que vous espérez. Mais cette phrase, dans les usages de la langue moderne, signifierait : vous ne surmonterez pas votre infidélité, vous ne pourrez la vaincre, en triompher.

Probablement l'équivoque de cette locution est ce qui a déterminé à l'abandonner.

On disait aussi *triompher sur*, c'est-à-dire *au sujet de* :

« Ils *triomphoient* encor *sur cette maladie.* »
(LA FONT. *Les Médecins.*)

« Mais, poursuivit-il, notre père Antoine Sirmond, qui *triomphe sur cette matière...* » (PASCAL. 10ᵉ *Prov.*)

TRIQUETRAC, onomatopée ; UN TRIQUETRAC DE PIEDS :

Puis, outre tout cela, vous faisiez sous la table
Un bruit, un *triquetrac de pieds* insupportable. (*L'Et.* IV. 5.)

Le nom du jeu de *trictrac* n'a pas d'autre origine.

TROP DE (LE), substantivement :

Il s'en est peu fallu que durant mon absence
On ne m'ait attrapé par *son trop d'innocence*. (*Ec. des fem.* III. 3.)

« Dorante, arrêtons-nous ; *le trop de promenade*
« Me mettroit hors d'haleine et me feroit malade. »
(Corn. *Le Menteur*. II. 5.)

Ce n'est que restituer à *trop* sa qualité originelle : *turba, truba*, ou *trupa ; troupe* ou *trop*; puis on l'a employé adverbialement comme *mie, pas, point, goutte*, etc.

TROUBLÉ D'ESPRIT, expression moins forte que *aliéné* :

C'est moi, monsieur, qui vous ai envoyé parler les jours passés pour un parent un peu *troublé d'esprit*... (*Pourc.* I. 9.)

TROUSSER BAGAGE :

Prenez visée ailleurs, et *troussez-moi bagage*. (*Ec. des mar.* II. 9.)

Trousser, dans sa primitive acception, signifie *charger*.

« D'or e d'argent quatre cens muls *trussez*. » (*Roland*. st. 9.)

Quatre cents mulets *troussés* d'or et d'argent.

« De sul le fer fust un mulet *trusset*. » (*Ibid*. st. 227.)

Du seul fer de cette lance on eût *troussé* un mulet.

Trousser en malle, c'est charger à la façon d'une malle, en guise de malle.

Trousser bagage, c'est charger son bagage pour déménager, décamper.

Bagage est la réunion, l'ensemble des *bagues*. *Bagues* sont les meubles, vêtements, ustensiles, etc.

Baga, dans le latin du moyen âge, un coffre, un sac. Les Anglais appellent encore *bag-pipe* (tuyau à sac), une musette, à cause de son sac plein de vent. On disait *baguer* et *débaguer*, pour *garnir* et *dévaliser*. (Voyez Du Cange, au mot *Baga*.)

TROUVER QUELQU'UN A DIRE. (Voyez DIRE.)

TURQUERIE :

Il est turc là-dessus, mais d'une *turquerie* à désespérer tout le monde.
(*L'Av*. II. 5.)

— UN CHACUN, archaïsme, chacun :

Un chacun est chaussé de son opinion. *(Ec. des fem.* I. 1.)

D. LOUIS. Leur gloire est un flambeau qui éclaire, aux yeux d'un chacun, la honte de vos actions. *(D. Juan.* IV. 6.)

Voilà par sa mort un chacun satisfait. *(Ibid.* V. 7.)

Hautement d'un chacun elles blâment la vie. *(Tart.* I. 1.)

UN PETIT, pour *un peu*, archaïsme :

Qu'avez-vous? Vous grondez, ce me semble, *un petit ?*
(Ec. des fem. II. 6.)

J'ai, devant notre porte,
En moi-même voulu répéter *un petit,*
Sur quel ton et de quelle sorte
Je ferois du combat un glorieux récit. *(Amph.* II. 1.)

Peu, qu'on dérive habituellement de *parum*, me semble n'être que la première syllabe de *petit*, comme *mi* de *milieu*, *prou* de *profit*, etc., etc. *Un petit* ne serait alors que l'expression complète, au lieu de l'expression abrégée.

UN PEU construit avec BEAUCOUP, BIEN, DOUCEMENT :

Mais, mon oncle, il me semble que vous vous jouez *un peu beaucoup* de mon père? *(Mal. im.* III. 22.)

Je trouve *un peu bien* prompt le dessein où vous êtes. *(Mis.* V. 1.)

La déclaration est tout à fait galante;
Mais elle est, à vrai dire, *un peu bien* surprenante. *(Tart.* III. 3.)

Voilà une petite menotte qui est *un peu bien* rude. *(G. D.* III. 3.)

Cela m'est sorti *un peu bien vite* de la bouche. *(D. Juan.* I. 1.)

Hé! là, là, madame la Nuit,
Un peu doucement, je vous prie. *(Amph.* prol.)

« Depuis qu'elles (les femmes) sont du tout rendues à la mercy de nostre
« foy et constance, elles sont *un peu bien hazardées.* » (MONTAIGNE. III. 5.)

— UN PEU PLUS FORT QUE JEU :

Je crains que le pendard, dans ses vœux téméraires,
Un peu plus fort que jeu n'ait poussé les affaires. *(Ec. des fem.* II. 6.)

Un peu plus fort que les règles du jeu ne le permettaient.

UN TEMPS. (Voyez TEMPS.)

UN, UNE, *supprimé* :

    O ciel ! *c'est miniature ;*
Et voilà d'un bel homme une vive peinture !   (*Sgan.* 6.)
Tu vois si *c'est mensonge*, et j'en suis fort ravie.   (*Ibid.* 22.)

— UN, répété surabondamment :

Une action d'*un* homme à fort petit cerveau.   (*Dép. am.* V. 1.)
Et l'on sait ce que c'est qu'*un* courroux d'*un* amant.   (*Mis.* IV. 2.)
Ceux qui me connoitront n'auront pas la pensée
Que ce soit *un* effet d'*une* âme intéressée.   (*Tart.* IV. 1.)
† Plus, *une* peau d'*un* lézard de trois pieds et demi, remplie de foin.
               (*L'Av.* II. 1.)

On dirait aujourd'hui une action d'homme ; — un courroux d'amant ; — l'effet d'une âme : — une peau de lézard.

— UN, surabondant devant *le plus* :

Que deux nymphes, d'*un* rang *le plus haut* du pays,
Disputent à se faire un époux de mon fils.   (*Mélicerte.* I. 4.)
Voilà une belle merveille que de faire bonne chère avec de l'argent !
¥ C'est *une* chose *la plus aisée* du monde !   (*L'Av.* III. 5.) ¥
Je suis dans *une confusion la plus grande* du monde, de voir une personne de votre qualité..., etc.   (*B. gent.* III. 6.)
« *Une* si illustre princesse ne paroîtra dans ce discours que comme *un*
« *exemple le plus grand* qu'on se puisse proposer. »
         (BOSSUET. *Or. fun. de la duch. d'Or.*)

VACHE ; LA VACHE EST A NOUS, sorte d'adage :

S'il ne tient qu'à battre, *la vache est à nous.*   (*Méd. m. lui.* I. 5.)

— VACHE A LAIT, figurément :

Cet homme-là fait de vous une *vache à lait.*   (*B. gent.* III. 4.)

VAILLANTISES :

Que je vais m'en donner, et me mettre en bon train
De raconter nos *vaillantises !*   (*Amph.* III. 6.)

VALOIR QUE, suivi d'un verbe au subjonctif :

Et vous *ne valez pas que* l'on vous considère.   (*Mis.* IV. 3.)
Le choix est glorieux, et *vaut bien qu'*on l'écoute.   (*Tart.* II. 4.)
Je *vaux bien que* de moi l'on *fasse* plus de cas.   (*Fem. sav.* V. 4.)

VASTE DISGRACE :

Par où pourrois-je, hélas! dans ma *vaste disgrâce*,
Vers vous de quelque plainte autoriser l'audace? (*D. Garcie*. V, 3.)

VENEZ-Y-VOIR, substantivement ; UN VENEZ-Y-VOIR :

D'un panache de cerf sur le front me pourvoir,
Hélas, voilà vraiment *un beau venez-y-voir!* (*Sgan.* 6.)

VENIR, impersonnel ; IL VIENT FAUTE DE :

S'il vient faute de vous, mon fils, je ne veux plus rester au monde.
(*Mal. im.* I. 9.)

VENTRE ; AVOIR DANS LE VENTRE..., en parlant du temps qui reste à vivre :

C'est un homme qui mourra avant qu'il soit peu, et qui *n'a tout au plus que six mois dans le ventre*. (*Mar. for.* 12.)

VENUE, substantif ; UNE VENUE DE COUPS DE BATON :

Tu vas courir risque de t'attirer *une venue de coups de bâton*.
(*Scapin.* III. 1.)

« On dit proverbialement qu'un homme *en a eu d'une venue*, pour dire qu'il a fait quelque perte, qu'il a été obligé de faire quelque dépense. » (TRÉVOUX.)

Venue, dans la phrase de Molière, est au sens de *récolte, bonne récolte*, parce que le grain de l'année est bien venu. Nicot, au mot *venir*, donne pour exemples : « Grande *venue* de brebis et abondante, *bonus proventus*. »

Venue pour *bonne venue*, *ample venue*, comme *heur*, *succès*, *fortune*, pour *bon heur*, *bon succès*, *bonne fortune*.

Une *volée* de coups de bâton ; métaphore prise des oiseaux qui voyagent par troupe : une *volée* de perdreaux, une *volée* de pigeons, etc. Trévoux cite cet exemple : « Il vint une *volée* de cailles dans le désert, qui réjouit fort les Israélites, dégoûtés de la manne. »

VÊPRE ; LE BON VÊPRE, archaïsme, le bon soir :

M. BOBINET. — Je donne *le bon vêpre* à toute l'honorable compagnie.
(*Comtesse d'Esc.* 17.)

Vespre, contracté de *vesp(e)ra*, le soir. On disait aussi *la vesprée*.

« Venir *sur le vespre*; — préparez pour *le vespre*. » (Nicot.)

VERBE RÉFLÉCHI perd son pronom étant précédé d'un autre verbe :

Faites-la *ressouvenir* qu'il faut se rendre de bonne heure dans le bois de Diane. (*Am. magn.* I. 2.)

Qu'on me laisse ici *promener* toute seule. (*Ibid.* I. 6.)

(Voyez ARRÊTER, et PRONOM RÉFLÉCHI.)

VÉRITABLE ; véridique, sincère :

Nous en tenons tous deux, si l'autre est *véritable*. (*Dépit. am.* I. 5.)

J'ai monté pour vous dire, et d'*un cœur véritable*,
Que j'ai conçu pour vous une estime incroyable. (*Mis.* I. 2.)

C'est l'ancienne valeur du mot.

« Longarine n'a point accoutumé de celer la vérité, soit contre homme
« ou contre femme. — Puisque vous m'estimez si *véritable*, dit Lon-
« garine..... » (La R. de Nav. *Heptaméron*, nouvelle 14.)

« Mais, mon père, si le diable ne répond pas la vérité, car il n'est
« guère plus *véritable* que l'astrologie, il faudra donc que le devin res-
« titue, par la même raison ? » (Pascal. 8e *Prov.*)

« Si elles (les précieuses) sont coquettes, je n'en dirai rien ; car je fais
« profession d'être un auteur *fort véritable*, et point médisant. »
(Mlle de Montpensier, *Portrait des Précieuses*.)

VÉRITÉ ; DIRE VÉRITÉ :

Si je vous faisois voir qu'on vous *dit vérité* ? (*Tart.* IV. 3.)

VERS, pour *envers* :

J'ai tardé trop longtemps
A m'acquitter *vers toi* d'une telle promesse. (*Dép. am.* I. 2.)

Ah ! madame, excusez un amant misérable,
Qu'un sort prodigieux a fait *vers vous* coupable. (*D. Garcie.* II. 6.)

Par où pourrois-je, hélas ! dans ma vaste disgrâce,
Vers vous de quelque plainte autoriser l'audace ? (*Ibid.* V. 3.)

..... Ah ! gardez de me faire un outrage,
Et de vous hasarder à dire que *vers moi*
Un cœur dont j'ai fait cas ait pu manquer de foi. (*Ibid.* V. 5.)

> Votre flamme *vers moi* ne vous rend pas coupable. (*Ibid.*)
> Si ce parfait amour que vous prouvez si bien
> Se fait *vers* votre objet un grand crime de rien. (*Fâcheux.* I. 1.)
> Et pouvez-vous le voir sans demeurer confuse
> Du crime dont *vers* moi son style vous accuse? (*Mis.* IV. 3.)
> Ce monarque, en un mot, a *vers* vous détesté
> Sa lâche ingratitude et sa déloyauté. (*Tart.* V. 7.)
> Oui, c'est lui qui sans doute est criminel *vers vous*. (*Amph.* II. 6.)

Je trouve une espèce d'injustice bien grande à me montrer ingrate *vers* l'un ou *vers* l'autre. (*Am. magn.* III. 1.)

On pourrait supposer, à ne considérer que quelques exemples, que Molière a fait céder l'exactitude de l'expression à la mesure. Il n'en est rien, puisqu'il emploie *vers* dans la prose, où rien ne le contraignait, et dans des vers, où l'élision lui permettait l'une ou l'autre forme à son choix.

Vers est la plus ancienne. *Envers* et *devers* sont venus ensuite. Le livre des *Rois* emploie constamment *vers* :

« Si hom peche *vers* altre, a Deü se purrad acorder, e s'il peche *vers* Deu, ki purrad pur lui preier? » (*Rois.* p. 8.)

« Pur ço que la guerre *vers* les enemis Deu maintenist (1). » (*Ibid.* p. 71.)

Beaumanoir ne connaît que la forme *vers* :

« Li baillis qui est deboneres *vers* les malfesans. » (*Cout. de Beauv.* I. p. 18.)

« Li baillis qui *vers* tos est fel et cruels. » (*Ibid.* I. 19.)

Racine a dit encore :

« Et m'acquitter *vers* vous de mes respects profonds. » (*Bajazet.* III. 2.)

« La libéralité *vers* le pays natal. » (CORNEILLE. *Cinna.* II. 1.)

VERS A LA LOUANGE DE QUELQU'UN, ironiquement, et par antiphrase :

Nous avons entendu votre galant entretien, et *les beaux vers à ma louange* que vous avez dits l'un et l'autre ! (*G. D.* III. 8.)

---

(1) *Envers* et *devers* se rencontrent déjà dans le livre des Rois :
« Ore l'aparceif ke felenie n'ad en mei, ne crime *envers* tei. » (*Rois.* p. 95.)
(Jéroboam) « pis que nuls ki devant lui out ested *devers* N. S. uverad. » (*Ibid.* p. 309.)

VERS BLANCS :

Tous les commentateurs ont remarqué, l'un après l'autre, que le début du *Sicilien* est en vers blancs d'inégale mesure :

> Il fait noir comme dans un four ;
> Le ciel s'est habillé ce soir en Scaramouche,
> Et je ne vois pas une étoile
> Qui montre le bout de son nez.
> Triste condition que celle d'un esclave... *etc.*

Ils auraient pu ajouter que la remarque s'applique à toute la pièce, et à beaucoup d'autres de Molière. En effet, la prose de Molière est souvent remplie de vers non rimés, au point qu'il est difficile de ne pas reconnaître là un parti pris, ou une nature pourvue d'un instinct du rhythme vraiment extraordinaire.

Et ce qui semble confirmer le premier soupçon, c'est la différence qui se montre d'une pièce à une autre. Par exemple, le *Festin de Pierre*, qui est de la plus belle prose de Molière, et qui par l'élévation des pensées, en plusieurs parties, semblait appeler la versification, le *Festin de Pierre* n'en présente que des traces fort rares, qui ne valent pas qu'on en tienne compte.

Il en est de même de la *Critique de l'École des femmes* : on sent que Molière s'y est surveillé. Au contraire, l'*Avare* est presque tout en vers libres, comme *Amphitryon*. L'auteur n'a pas eu le temps d'y attacher les rimes, mais la mesure y est déjà (1).

Il n'y a qu'à ouvrir au hasard :

> VALÈRE.
> Vous voyez comme je m'y prends,
> Et les adroites complaisances
> Qu'il m'a fallu mettre en usage
> Pour m'introduire à son service ;
> Sous quel masque de sympathie
> Et de rapports de sentiments
> Je me déguise pour lui plaire,
> Et quel personnage je joue
> Tous les jours avec lui,

---

(1) « Si Molière ne versifia pas l'*Avare*, c'est qu'il n'en eut pas le temps. »(LA HARPE). La Harpe ici, comme souvent ailleurs, n'est que l'écho de l'opinion de Voltaire, exprimée dans les *Questions encyclopédiques* à l'article *Art dramatique ; comédie.*

Afin d'acquérir sa tendresse.
J'y fais des progrès admirables! etc. (I. 1.)

Transportons-nous ailleurs :

CLÉANTE.

Il est vrai que mon père, madame,
Ne peut pas faire un plus beau choix,
Et que ce m'est une sensible joie
Que l'honneur de vous voir;
Mais, avec tout cela,
Je ne vous assurerai point
Que je me réjouis
Du dessein où vous pourriez être
De devenir ma belle-mère;
Le compliment, je vous l'avoue,
Est trop difficile pour moi ;
Et c'est un titre, s'il vous plaît,
Que je ne vous souhaite point.
Ce discours paroîtra brutal
Aux yeux de quelques-uns;
Mais je suis assuré
Que vous serez personne
A le prendre comme il faudra;
Que c'est un mariage,
(Madame),
Où vous vous imaginez bien
Que je dois avoir
De la répugnance ;
Que vous n'ignorez pas, sachant ce que je suis,
Comme il choque mes intérêts,
Et que vous voulez bien enfin que je vous dise.... etc.
(III. 11.)

C'est à peine si, de loin en loin, un mot vient déranger le rhythme.

MARIANNE.

Mais que voulez-vous que je fasse?
Quand je pourrois passer sur quantité d'égards
Où notre sexe est obligé,
J'ai de la considération
Pour ma mère.
Elle m'a toujours élevée

> Avec une tendresse extrême,
> Et je ne saurois me résoudre
> A lui donner du déplaisir.
> Faites, agissez auprès d'elle;
> Employez tous vos soins à gagner son esprit;
> Vous pouvez faire et dire
> Tout ce que vous voudrez.
> Faites, agissez auprès d'elle;
> Je veux bien consentir
> A lui faire un aveu moi-même
> De tout ce que je sens pour vous. (IV. 1.)

Est-il possible, est-il vraisemblable que le hasard produise de pareils résultats? Qui pourra le croire, s'il manque de goût, ne manquera pas de foi.

Je me borne à ces trois échantillons. La lecture de la pièce entière, à ce point de vue, convaincra, je pense, les plus incrédules.

Les farces de Molière, comme *Pourceaugnac*, les *Fourberies de Scapin*, la *Comtesse d'Escarbagnas*, même le *Bourgeois gentilhomme*, semblent écrites dans un autre système, et, comme destinées à rester en prose, ne renferment presque point de vers. Mais il s'en rencontre beaucoup dans *George Dandin*; ce qui porterait à croire que, dans la pensée de Molière, la forme sous laquelle cette pièce est parvenue n'était point sa forme définitive.

> GEORGE DANDIN.
> Ah! qu'une femme demoiselle
> Est une étrange affaire!
> Et que mon mariage
> Est une leçon bien parlante
> A tous les paysans qui veulent s'élever
> Au-dessus de leur condition,
> Et s'allier, comme j'ai fait,
> A la maison d'un gentilhomme!
> . . . .
> Et j'aurois bien mieux fait,
> Tout riche que je suis,
> De m'allier en bonne et franche paysannerie (1),

---

(1) *Paysannerie* de quatre syllabes, comme *paysan*, de deux. C'est encore ainsi que l'on prononce partout en Bretagne.

> Que de prendre une femme
> Qui se tient au-dessus de moi,
> S'offense de porter mon nom,
> Et pense qu'avec tout mon bien
> Je n'ai pas assez acheté
> La qualité de son mari.
> George Dandin, George Dandin,
> Vous avez fait une sottise..., etc.   (l. 1.)

La leçon donnée dans George Dandin valait la peine d'être présentée en vers, autant que celle qui résulte de l'*École des femmes* et de l'*École des maris*. Celle-ci eût été l'*École des bourgeois*.

> Si c'étoit une paysanne,
> Vous auriez maintenant toutes vos coudées franches
> A vous en faire la justice
> A bons coups de bâton.
> Mais vous avez voulu tâter de la noblesse,
> *Et il* vous ennuyoit d'être maître chez vous.
> Ah! j'enrage de tout mon cœur!
> Et je me donnerois volontiers des soufflets!   (*G. D.* I. 3.)

Dirigé dans ce sens, un examen attentif et délicat du style de Molière conduirait peut-être à des inductions intéressantes sur la manière de travailler de ce grand génie, et sur les intentions que la mort ne lui a point permis de réaliser.

Vaugelas le premier s'est avisé de signaler, comme un grand défaut, les vers que le hasard seul, et non l'intention de l'écrivain, a répandus dans la prose. La pratique de presque tous nos grands auteurs condamne l'opinion de Vaugelas. Les orateurs grecs et les Latins rencontraient souvent des ïambes tout faits sans les chercher. Il y a des alexandrins dans la prose de Cicéron, dans Tacite et dans Tite-Live. Il s'est glissé des vers dans la traduction des Psaumes de David et jusque dans les formules du droit romain (1). Et Ménage remarque assez plaisam-

---

(1) Les *Annales* de Tacite débutent par un hexamètre : « Urbem Romam a principio reges habuere. » Le *Miserere* finit par un pentamètre :
Imponent super altare tuum vitulos.
Semper in obscuris quod minimum est sequimur. (*De regulis juris.*)

ment que Vaugelas s'est pris lui-même dans sa propre sentence, en écrivant, du mot *sériosité :*

> Ne nous hâtons pas de le dire,
> Et moins encore de l'écrire:
> Laissons faire les plus hardis,
> Qui nous frayeront le chemin.

Il est certain que l'affectation d'écrire en vers blancs, telle qu'on la voit dans les *Incas,* par exemple, serait une chose insupportable. En cela, comme en tout, c'est le goût qui décide et marque la limite.

VERSER LA RÉCOMPENSE D'UNE ACTION :

> Pour montrer que son cœur sait, quand moins on y pense,
> *D'une bonne action verser la récompense.* (*Tart.* V. 7.)

Un cœur qui verse la récompense d'une bonne action ne paraît pas d'un style digne de Molière.

(Voyez l'examen de tout ce passage à l'article II, p. 210.)

— VERSER L'HONNEUR D'UN EMPLOI :

> Madame, vous avez cent personnes dans votre cour sur qui vous pourriez mieux *verser l'honneur d'un tel emploi.* (*Am. magn.* I. 2.)

L'usage qui permet de *déverser l'outrage, l'ignominie* sur quelqu'un; de *verser* sur lui *des faveurs,* ne permet pas de *verser un honneur* ni *des honneurs.*

VERTU, efficacité :

> Le théâtre a une grande *vertu* pour la correction. (*Préf. de Tartufe.*)

—. VERTU, dans le sens plus large du *virtù* italien : le mérite, la bravoure :

> Plus l'obstacle est puissant, plus on reçoit de gloire;
> Et les difficultés dont on est combattu
> Sont les dames d'atour qui parent *la vertu.* (*L'Et.* V. 11.)

VÊTIR UNE FIGURE :

> Adieu; je vais là-bas dans ma commission
> Dépouiller promptement la forme de Mercure,
> Pour y *vêtir la figure*
> Du valet d'Amphitryon. (*Amph.* prol.)

VIDER, verbe neutre, dans le sens de *sortir*; VIDER D'UN LIEU :

M. LOYAL.

Monsieur, sans passion,
Ce n'est rien seulement qu'une sommation,
Un ordre de *vider d'ici* vous et les vôtres. (*Tart.* V. 4.)

« *Vuyde dehors*, fol insensé;
« Car il est temps que tu t'en partes. » (*Le Nouveau Pathelin.*)

Montaigne l'emploie activement, dans la réponse des sauvages américains aux Espagnols :

« Ainsi, qu'ils se despeschassent promptement de *vuider leur terre*. »
(*Essais.* III. 6.)

— **VIDER**, v. actif, figurément, au sens de *purgare* :

Adieu ; *videz* sans moi tout ce que vous aurez. (*Fâcheux.* III. 4.)

Videz tous vos différends.

On disait *vider un procès, vider une cause, vider toutes les difficultés, vider ses intérêts.*

Laissez-moi, madame, je vous prie,
Vider mes intérêts moi-même là-dessus. (*Mis.* V. 6.)

VIN A FAIRE FÊTE, digne d'être bu dans une fête :

Était-ce *un vin à faire fête?* (*Amph.* III. 2.)

VISAGE, au figuré, en parlant des actions :

Cet amas d'actions indignes, dont on a peine, devant le monde, d'adoucir le mauvais *visage*. (*D. Juan.* IV. 6.)

Le visage d'une action est une métaphore qui ne saurait être admise aujourd'hui, mais qui paraît l'avoir été autrefois ; car Montaigne a dit *le visage d'une entreprise*. C'est en parlant du dessein qu'il a formé d'écrire ses Essais :

« Si l'estrangeté ne me saulve et la nouvelleté, qui ont accoustumé de
« donner prix aux choses, je ne sors jamais à mon honneur de cette sotte
« entreprinse ; mais elle est si fantastique, et a *un visage* si esloingné de l'u-
« sage commun, que cela luy pourra donner passage. » (*Essais.* II. 8.)

Cela montre qu'il faut être très-circonspect à condamner Molière, lors même qu'il paraît le plus clairement avoir tort.

Ce tort, tout réel, peut n'être pas le sien, mais celui de ses contemporains, ou de ses prédécesseurs les plus dignes de servir de modèles.

VISÉE; METTRE SA VISÉE A... :

Votre *visée* au moins n'est pas mise à *Clitandre?* (*Fem. sav.* I. 1.)

J'ai grand regret, monsieur, de voir qu'à vos *visées*
Les choses ne soient pas tout à fait disposées. (*Ibid.* IV. 6.)

(Voyez PRENDRE VISÉE.)

VISIÈRE; ROMPRE EN VISIÈRE:

Je n'y puis plus tenir, j'enrage; et mon dessein
Est de *rompre en visière* à tout le genre humain. (*Mis.* I. 1.)

Qu'un cœur de son penchant donne assez de lumière,
Sans qu'on nous fasse aller jusqu'à *rompre en visière*. (*Ibid.* V. 2.)

VISIONS, idées folles, rêves :

Et dans vos *visions* savez-vous, s'il vous plaît,
Que j'ai pour Henriette un autre époux tout prêt?
(*Fem. sav.* IV. 2.)

— VISIONS CORNUES :

Peut-être sans raison
Me suis-je en tête mis ces *visions cornues*. (*Sgan.* 13.)

« Égaré dans les nues,
« Me lasser à chercher des *visions cornues*. » (BOILEAU.)

Des visions effrayantes ou simplement chimériques ; mais, dans la bouche du pauvre Sganarelle, l'expression de *visions cornues* a une double portée.

— VISIONS DE NOBLESSE :

Ce nous est une douce rente que ce monsieur Jourdain, avec les *visions de noblesse et de galanterie* qu'il est allé se mette en tête. (*B. gent.* I. 1.)

VOICI VENIR :

Mais *les voici venir*. (*L'Ét.* V. 14.)

Voici venir Ascagne. (*Dép. am.* V. 8.)

Voici est pour *vois ici* : vois ici venir Ascagne. On disait au pluriel *veez-ci*, voyez ici. L'union intime des deux racines a depuis fait perdre de vue le sens de la première; *voici* n'est plus qu'un adverbe invariable. Messieurs, *voici* le roi, si l'on se reporte au sens exact de ces mots, est absurde : il faudrait dire, Messieurs, *vez-ci* le roi : (voyez-le ici.)

Vécy est resté, chez les paysans et dans quelques provinces, comme une forme corrompue de *voici*, et aussi invariable.

VOILA QUE C'EST, pour *ce que c'est :*

Voilà, *voilà que c'est* de ne pas voir Jeannette. (*L'Ét.* IV. 8.)

— VOILA, NE VOILA PAS, pour *ne voilà-t-il pas :*

Eh bien ! *ne voilà pas* de vos emportements ! (*Tart.* V. 1.)
Voilà pas le coup de langue ! (*B. gent.* III. 12.)

(Voyez IL supprimé après VOILA.)

VOIR A (un infinitif):

Parlons à votre femme, et *voyons à la rendre*
Favorable.... (*Fem. sav.* II. 4.)

— VOIR DE (un infinitif), elliptiquement, voir, chercher le moyen de.... :

Parlons à cœur ouvert, et *voyons d'arrêter*... (*Mis.* II. 1.)

— VOIR PARLER ;

Vous à qui j'ai tant *vu parler* de son mérite. (*Ibid.* V. 1.)

VOUDRIEZ, *dissyllabe :*

Monsieur votre père
Est un autre vilain qui ne vous laisse pas,
Comme vous *voudriez* bien, manier ses ducats. (*L'Ét.* I. 2.)
Vous me *voudriez* encor payer pour précepteur. (*Ibid.* I. 9.)
Vous êtes généreux, vous ne le *voudriez* pas. (*Ibid.* V. 9.)

(Voyez SANGLIER.)

— VOUDRIEZ, en trois syllabes :

Hé quoi! vous *voudriez*, Valère, injustement....(*Dép. am.* II. 2.)

VOULOIR (SE) MAL, OU MAL DE MORT DE QUELQUE CHOSE :

Laissez, je me *veux mal* de mon trop de foiblesse. (*Amph.* II. 6.)
Je me *veux mal de mort* d'être de votre race. (*Fem. sav.* II. 7.)

VOUS, indéfini et général comme *soi*, en relation avec ON :

> Ah! que pour ses enfants un père a de foiblesse!
> Peut-on rien refuser à leurs mots de tendresse?
> Et ne se sent-on pas certains mouvements doux,
> Quand *on* vient à songer que cela sort de *vous*? (*Mélicerte.* II. 5.)

(Voyez NOUS.)

VOYENT, dissyllabe :

> Et *voyent* mettre à fin la contrainte où vous êtes. (*Dép. am.* III. 7.)

(Voyez PAYENT, PAYSAN, SANGLIER, VOUDRIEZ, etc.)

VRAI ; DE VRAI, *véritablement*, comme *de léger*, *légèrement* :

> Le ciel défend, *de vrai*, certains contentements. (*Tart.* IV. 5.)

VUE DE PAYS (A) :

> Non pas; mais, *à vue de pays*, je connois à peu près le train des choses. (*D. Juan.* I. 1.)

Au premier coup d'œil jeté sur l'ensemble des choses.

— VUES DE LA LUMIÈRE, l'aspect, le jour, en parlant d'une peinture :

> Voici le lieu le plus avantageux, et qui reçoit le mieux *les vues favorables de la lumière* que nous cherchons. (*Sicilien.* 12.)

Y.

L'emploi de *y*, dans Molière, est fort étendu. C'est le terme corrélatif de *à, lui, leur*, qu'il s'agisse de choses ou de personnes.

Y représente également *dans* et *avec*.

Y se construit encore avec un verbe, et souvent représente elliptiquement l'idée exprimée par une phrase.

(Voyez OÙ.)

Y en relation avec un nom de personne ou de chose, pour *à, lui, leur* :

> Quoi! Lucile n'est pas sous des liens secrets
> A mon maître? — Non, traître, et n'*y* sera jamais. (*Dép. am.* III. 8.)

A Lucile.

Ils comptent les défauts pour des perfections,
Et savent *y* donner de favorables noms. (*Mis.* II. 5.)

Aux défauts.

Ils ne manquent jamais de saisir promptement
L'apparente lueur du moindre attachement,
D'en semer la nouvelle avec beaucoup de joie,
Et d'*y* donner le tour qu'ils veulent qu'on *y* croie. (*Tart.* I. 1.)

Aux lueurs d'attachement.

Je ne distingue rien en celui qui m'offense;
Tout *y* devient l'objet de mon courroux. (*Amph.* II. 6.)

Tout en lui devient, etc.

Quoi! écouter impudemment l'amour d'un damoiseau, et *y* promettre de la correspondance! (*G. D.* I. 3.)

A l'amour du damoiseau. Nous dirions aujourd'hui : et lui promettre.

C'est la belle Julie, la véritable cause de mon retardement; et si je voulois *y* donner une excuse galante..... (*Comtesse d'Esc.* 1.)

Oui, oui, je te renvoie à l'auteur des Satires.
— Je t'*y* renvoie aussi. (*Fem. sav.* III. 5.)

— Y représentant *avec* :

Je romps avecque vous, et j'*y* romps pour jamais. (*Dép. am.* IV. 3.)

Vivez, vivez contente, et bravez ma mémoire
Avec le digne époux qui vous comble de gloire.
— Oui, traître, j'*y* veux vivre. (*Sgan.* 20.)

— Y répondant à *en*, *dans*, *à* :

Et, pour se bien conduire en ces difficultés,
Il *y* faut, comme en tout, fuir les extrémités. (*Éc. des fem.* IV. 8.)

Je veux vous *y* servir, et vous épargner des soins inutiles.
(*D. Juan.* III. 4.)

Il faut toujours garder de grandes formalités, quoi qu'il puisse arriver.
— Pour moi, j'*y* suis sévère en diable. (*Am. méd.* II. 3.)

A garder de grandes formalités.

Comment, mon gendre, vous en êtes encore là-dessus? — Oui, j'*y* suis; et jamais je n'eus tant sujet d'*y* être. (*G. D.* II. 9.)

— Y corrélatif d'un verbe :

> Je me vois, ma cousine, ici persécutée
> Par des gens dont l'humeur *y* paroit concertée.   (*Mis.* V, 3.)

Concertée à me persécuter.

— Y, à cela, sur ce point :

> CLITANDRE. Promettez-moi donc que je pourrai vous parler cette nuit.
>
> ANGÉLIQUE. J'*y* ferai mes efforts.   (*G. D.* II. 10.)

Je ferai mes efforts à ce que vous puissiez me parler cette nuit.

> Vous me haïssez donc ? — J'*y* fais tout mon effort.   (*Amph.* II. 6.)

A vous haïr.

> Vous devez éclaircir toute cette aventure.
> — Allons, vous *y* pourrez seconder mon effort.   (*Ibid.* III. 4.)

A éclaircir cette aventure.

— Y rapporté au sens de toute une phrase :

> HENRIETTE.
> Je me trouve fort bien, ma mère, d'être bête ;
> Et j'aime mieux n'avoir que de communs propos,
> Que de me tourmenter à dire de beaux mots.
>
> PHILAMINTE.
> Oui ; mais j'*y* suis blessée, et ce n'est pas mon compte.
>   (*Fem. sav.* III. 6.)

Je suis blessée à ce que vous soyez dans cette opinion.

— Y redondant avec *où* :

> C'est une chose *où* il *y* va de l'intérêt du prochain.   (*Pourc.* II. 4.)

Molière n'a pas cru qu'on pût altérer cette forme, *il y va*, et mettre *il va*.

— Avec *en* :

> Nous vous *y* surprenons, *en* faute contre nous !   (*Sgan.* 6.)

— Y avec *contredire* :

> Accablez-moi de noms encor plus détestés,
> *Je n'y contredis point* ; je les ai mérités.   (*Tart.* III. 6.)

— Avec *marchander* :

Si j'étois en sa place, je n'*y* marchanderois point. (*G. D.* I. 7.)

— Avec *s'en aller* :

Laissez-moi faire, je m'*y* en vais moi-même. (*D. Juan.* IV. 11.)

(Voyez où, dont toutes les constructions correspondent dans Molière à celle de Y.)

— Y A, *pour il y a* :

Et quels avantages, madame, puisque madame *y* a? (*G. D.* I. 4.)

— QU'IL Y A, surabondant :

Et pensez-vous qu'on soit capable d'aimer de certains maris *qu'il y a*?
(*G. D.* III. 5.)

De certains maris comme il en existe au monde.

Cette locution était jadis du commun usage :

« Ainsy beaucoup de femmes *qu'il y a* se desbattent avec leurs maris
« quand ils leur veulent oster l'affeterie, la braveté, et la despense. »
(LA BOÉTIE, *Trad. de Plutarque*, p. 281.)

YEUX ; METTRE AUX YEUX, mettre devant les yeux, représenter, remontrer :

Mais votre conscience et le soin de votre âme
Vous devroient *mettre aux yeux* que ma femme est ma femme.
(*Sgan.* 21.)

(Voyez METTRE AUX YEUX, p. 246.)

— DE NOUVEAUX YEUX, de nouveaux regards :

Et mon esprit, jetant *de nouveaux yeux* sur elle.... (*Pr. d'El.* I. 1.)

— YEUX DE L'AME, figurément :

Il m'est venu des scrupules, madame; et j'ai ouvert *les yeux de l'âme*
sur ce que je faisois. (*D. Juan.* I. 3.)

FIN.

LETTRE

A

MONSIEUR A. FIRMIN DIDOT,

SUR QUELQUES POINTS

DE PHILOLOGIE FRANÇAISE.

Monsieur et cher éditeur,

Le livre *Des variations du langage français*, que j'ai publié chez vous il y a quelques mois, a été vivement attaqué dans la *Bibliothèque de l'École des chartes*, également sortie de vos presses.

Si ces attaques n'atteignaient que mon amour-propre, je ne répondrais pas une syllabe; mais l'intérêt de la science s'y trouve et mêlé et compromis; il s'agit surtout d'un point de grammaire curieux et fondamental : dès lors je suis tenu de défendre ce que je crois la vérité. Cette considération vous fera, j'espère, excuser l'étendue de cette lettre, qui eût pris bien d'autres développements encore, si j'eusse voulu suivre la critique pas à pas, et la combattre à toute occasion. Il suffira de toucher quelques détails saillants; on jugera du reste par analogie.

J'ai refusé de reconnaître, par rapport à l'étude de la vieille langue dans ses monuments, l'importance exagérée qu'on a faite aux patois sous le nom pompeux de *dialectes*. J'ai dit : Il y avait un centre du royaume, une langue française constituée; les écrivains de la province visaient tous à écrire la langue du centre. S'il en est autrement, qu'on me montre dans ces écrivains les expressions en dehors de la langue commune, caractéristiques de tel ou tel dialecte. Bien entendu, je n'accepte pas comme autant de mots à part les différences d'orthographe qui se rencontrent souvent dans la même page d'un manuscrit.

Mais comme un élève de l'École des chartes, feu M. Fallot, d'estimable et regrettable mémoire, a laissé un gros volume sur ces dialectes, dont il a plus que personne préconisé l'importance, il fallait bien *a priori* que mon opinion fût erronée, absurde, monstrueuse et révoltante. Après toutes les vaines déclamations possibles, M. Guessard en vient enfin à m'opposer le témoignage d'un texte.

Je laisse parler mon adversaire :

« Que le trouvère fît *parfois* effort pour écrire en fran« çais de France, et qu'il y réussît tant bien que mal, c'est pos« sible ; mais qu'il le voulût toujours, ou que toujours il y
« parvînt, *ce n'est pas vrai* (1).

« Voyez plutôt ce qui arriva au trouvère Quenes de Bé« thune (2), ce grand seigneur poëte et guerrier, qui mieux

---

(1) *Parfois* est bon, comme *c'est possible*. Lisez, au lieu de *parfois*, *toujours*, et au lieu de *c'est possible*, *c'est certain*, en attendant que M. Guessard fournisse *une* preuve du contraire. Un démenti n'en est pas une, si grossier qu'il soit.

(2) M. Guessard écrit toujours *Quènes de Béthune*, avec un accent grave sur l'*e*, ce qui force à prononcer *caine* de Béthune. La vraie prononciation est *cane* de Béthune (comme *femme*, *fame*); et lorsqu'on rencontre ce mot écrit en une syllabe *quens*, *cuens*, il faut prononcer *can*. Les Italiens disent de même : *can-grande*, *can-francesco*; *facino-cane*; *can della scala*. C'est un titre de dignité répondant à celui de bailli. Ce radical *can* appartient à la langue tartare, où il signifie *roi*, *prince*, *chef*: le grand *khan* de Tartarie commandait aux *khans* inférieurs; Gengis-khan. Les Huns et les Avares ont laissé chez nous ce curieux vestige de leur passage en Europe, au v⁰ siècle : les chroniqueurs latins du moyen âge ont traduit *khan* par *canis*, *caganus*, *canesius* : « Rex Tartarorum, qui et *magnus canis* dicitur. » (Chron. Nangii, ann. 1299.) — « Rex Avarorum, quem sua lingua *cacanum* appellant. » (Paul Warnefried, *de Gest. Langob.* IV, 39); « constituerunt *canesios*, id est baillivos, qui justitiam

— 427 —

« que tout autre pouvait s'instruire du beau langage. Il était
« Artésien, comme l'indique son nom, et il composait en arté-
« sien ou en picard ; ce qui était tout un. Vers l'an 1180, il
« vint à la cour de France, où la régente Alix de Champagne,
« et le jeune prince son fils, qui depuis régna sous le nom de
« Philippe-Auguste, lui exprimèrent le désir d'entendre quel-
« qu'une de ses chansons. Quenes de Béthune récita donc des
« vers très-intelligibles pour ses auditeurs, *mais fortement
« empreints d'un cachet picard ;* aussi fut-il raillé par les sei-
« gneurs de France, repris par la reine et par son fils :

> Mon *langage* ont blasmé li François
> Et mes chaucons, oyant les Champenois,
> Et la comtesse encoir (dont plus me poise).
> La roïne ne fit pas que cortoise
> Qui me reprist, elle et ses fiex li rois :
> Encor ne soit ma *parole* françoise,
> Si la puet on bien entendre en françois ;
> Ne cil ne sont bien appris ne cortois
> Qui m'ont repris se j'ai dit *mot d'Artois*,
> Car je ne fus pas norriz a Pontoise (1). »

Voilà le passage fondamental, unique, dont on argumente pour prouver l'emploi des dialectes dans la littérature.

Il est facile de répondre à M. Guessard.

Observez d'abord qu'il s'agit ici d'une pièce *récitée*, et non de vers *écrits*. La distinction est essentielle.

---

facerent. » (Magister ROGERIUS, ap. CANG. in *Caganus*.) De là est venu le français *quens*, l'italien *can*, et peut-être l'anglais *king*.

On voit, par cet exemple, de quelle importance est la recherche et le maintien de la prononciation véritable. Ce travail offre déjà bien assez de difficultés, sans y en ajouter encore comme à plaisir. Je me suis élevé souvent contre cette barbare manie d'introduire des accents dans les vieux textes : l'unique résultat possible est d'égarer le lecteur philologue, et d'effacer les dernières traces d'étymologie. Il serait si simple et raisonnable d'imprimer les manuscrits comme ils sont ! Mais précisément par ce motif il est à craindre qu'on ne l'obtienne jamais des savants éditeurs. On vient encore de publier *la Mort de Garin*, où les mots *que*, *ce*, *ne*, sont figurés *qué*, *cé*, *né*, même lorsque l'*e* s'élide. Il faut bien être possédé de la fureur des accents !

(1) *Bibliot. de l'Ec. des chartes*, t. II (1846), p. 192.

Que le premier venu, en lisant ce couplet, comprenne qu'il est question des *mots*, c'est une erreur excusable : il est étranger à ces études, et habitué à la précision de notre langue moderne. Mais que M. Guessard s'y trompe, c'est ce que je ne saurais expliquer, s'il n'était bien connu que la passion fait arme et ressource de tout. Lorsque Quenes de Béthune dit qu'on a raillé *sa parole, son langage*, il entend sa prononciation, son accent picard. Au douzième siècle, ces mots *accent, prononciation*, n'étaient point encore dans la langue ; il fallait, pour en rendre la pensée, se servir d'équivalents approximatifs. *J'ai dit mot d'Artois* signifie : j'ai parlé à la mode du pays d'Artois ; cette dernière expression représente exactement l'équivoque de l'autre : *j'ai parlé*, s'agit-il des mots que vous avez employés, ou de votre manière de les prononcer ?

Ces deux vers, où les mots soulignés par M. Guessard semblent renfermer ma condamnation,

> Encor ne soit ma parole *françoise*,
> Si la puet on bien entendre en *françois*,

— signifient, selon M. Guessard : Encore que je parle picard, les Français peuvent bien me comprendre.

Et, selon moi : Encore que je récite avec un accent de province, on peut me comprendre parfaitement dans l'Ile de France ; ou, en d'autres termes : Comme je parle d'ailleurs bon français, mon mauvais accent n'empêche pas qu'on ne me comprenne très-bien à Paris.

Ainsi ce passage établit précisément la pureté du style de Quenes de Béthune. M. Guessard, croyant me perdre sans retour, a fait comparaître un témoin dont la déposition m'absout et le condamne.

M. Guessard peut m'en croire : je sais assez le picard pour lui attester 1° que ni les poésies de Quenes de Béthune, ni celles d'Eustache d'Amiens, ni celles de tous les trouvères de la Picardie et de l'Artois, ne sont écrites dans ce dialecte, puisque dialecte il y a ; 2° que des poésies picardes, surtout récitées, défieraient l'intelligence de tous les Français, sans en excepter M. Guessard lui-même. La Picardie a fourni, au moyen âge, un nombre de trouvères très-considérable : tous ont écrit en *français*, Quenes de Béthune comme les autres. Au surplus, ses poésies sont là : que M. Guessard ait la bonté de m'y montrer du picard, ou de m'expliquer en quoi consiste le *cachet picard* des vers de Quenes de Béthune, si ce n'est pas dans l'*accent parlé*.

La Picardie n'est pas si loin de l'Ile de France, pour qu'un grand seigneur, qui faisait des lettres sa principale occupation, ne parvînt pas, malgré ses efforts, à posséder à fond le français littéraire. Aujourd'hui même que notre langue est bien autrement fixée et vétilleuse qu'au moyen âge, la critique pourrait signaler des provincialismes dans des vers composés à Bordeaux ou à Strasbourg; mais on n'en rirait pas. Ce qui ferait rire inévitablement, ce serait l'accent gascon ou alsacien du déclamateur; et si les vers étaient d'ailleurs purement écrits, le poëte aurait le droit de s'écrier, comme Quenes de Béthune : Vous n'êtes ni justes ni polis : ce n'est pas ma faute si je n'ai pas été nourri près de Pontoise. On peut exiger d'un écrivain qu'il sache le français, mais non qu'il soit exempt de l'accent de sa province. Ce qui est indélébile, ce n'est pas l'ignorance, c'est l'accent natal.

Je maintiens que voilà le sens du passage de Quenes de Béthune; pour l'entendre différemment, il faut y apporter toute la bonne volonté de M. Guessard.

Une dernière observation : M. Guessard place l'anecdote de Quenes de Béthune vers 1180. C'est le plus tard possible, puisque Philippe-Auguste parvint à la couronne en 1180, et qu'à l'époque de la visite du trouvère il était encore sous la tutelle de la régente. Il n'avait donc pas quinze ans. Je crois qu'à cet âge les petits princes du douzième siècle n'étaient pas si grands puristes, et n'auraient pas remarqué, dans une pièce de vers français, un ou deux termes sentant la province. Mais un accent provincial frappe d'abord les enfants comme les grandes personnes; et le petit Philippe dut s'en amuser aussi bien que sa mère Alix, peu renommée, du reste, entre les savantes et les beaux esprits de son temps.

Je crois, sauf erreur, que M. Guessard aurait bien fait d'y

regarder à deux fois avant de me crier, de sa grosse voix, CE N'EST PAS VRAI ! car je lui répondrai, comme Quenes de Béthune : Vous n'êtes ni juste ni poli.

La question des *dialectes* demeure donc, jusqu'à nouvel ordre, un système, sans autre appui que des théories arbitraires. L'étai emprunté à Quenes de Béthune ne vaut rien ; on fera bien d'en chercher un plus solide.

Passons à un autre point, dont M. Guessard fait le point capital.

J'avais posé ce principe pour la prononciation du moyen âge : « Dans aucun cas l'on ne faisait sentir deux consonnes « consécutives, soit au commencement, soit au milieu d'un « mot, soit l'une à la fin d'un mot, et l'autre au commencement « du mot suivant. »

J'avais été conduit à cette règle par la comparaison des vieux textes. Il me sembla rencontrer un dernier vestige de cette loi primitive dans un écrit de Théodore de Bèze sur la prononciation du français, traité en latin publié en 1584, c'est-à-dire fort avant dans la renaissance, et par conséquent fort loin de l'époque où ma règle aurait été en vigueur. Voici ce passage : *Curandum etiam ne qua (littera) putide et duriter sonet, imo ut omnes molliter et quasi negligenter efferantur, omnem pronuntiationis asperitatem usque adeo refugiente francica lingua, ut, exceptis* cc, *ut* accès (*accessus*), mm *ut* somme, nn *ut* annus, rr *ut* terre, NULLAM GEMINATAM CONSONANTEM PRONUNTIET.

On prétendit que j'avais fait sur le texte de Th. de Bèze *un incroyable contre-sens ;* que *geminatam consonantem* signifiait, non pas deux consonnes consécutives quelconques, comme je l'avais entendu, mais seulement deux consonnes consécutives jumelles, la même consonne redoublée.

On en concluait que la règle de M. Génin était fausse, imaginaire ; qu'elle n'avait jamais existé. On alla même plus loin : on soutint que le principe était *d'une absurdité manifeste :* —

« Le contre-sens de M. Génin, disait-on, est vraiment in-
« croyable! Plein de confiance dans une traduction signée par
« un professeur de faculté, je me suis mis l'esprit à la torture
« pour m'expliquer comment Th. de Bèze avait pu écrire
« une pareille règle, etc., etc. » Je répondis sommairement,
par une lettre insérée dans la *Revue indépendante*, du 10
avril 1846. Un second article de la *Bibliothèque de l'École
des chartes* rend nécessaire une seconde réponse. Je la ferai
plus explicite; et, pour mettre le lecteur mieux à même d'en
suivre l'argumentation, je reproduis ici les principaux passages
de ma première lettre :

« Je consens, disais-je, à examiner un des points attaqués
par *la Bibliothèque de l'École des Chartes*. Je choisis le plus
important, de l'aveu du critique lui-même. C'est la règle de
ne prononcer jamais deux consonnes consécutives (sauf les liquides), que j'ai donnée comme la clef de voûte de tout le système d'orthographe et de prononciation de nos ancêtres. — « Elle
« est, dit mon adversaire, elle est en réalité la clef de voûte,
« non de la prononciation de nos ancêtres, mais du système
« de M. Génin; et, par conséquent, si je la fais fléchir, tout
« le système tombera, sans que j'aie besoin de le prendre pièce
« à pièce. »

« J'accepte de bon cœur le défi, à condition, bien entendu,
que, réciproquement, si l'on ne fait pas fléchir la clef de voûte,
mon système entier subsistera, sans que j'aie besoin non plus
de le défendre pièce à pièce.

« Ainsi la discussion de ce point capital me dispensera de
toute autre, et je veux bien qu'on juge par cet échantillon de
la valeur de tout le reste, tant pour l'attaque que pour la
défense.

« S'il était vrai que j'eusse commis sur le texte de Th. de
Bèze *un incroyable contre-sens*, il ne s'ensuivrait pas encore que j'eusse posé une règle fausse et imaginaire; car cette
règle, je ne l'ai point empruntée à Théod. de Bèze. Tout
au plus aurais-je invoqué à l'appui de mon principe une auto-
torité illusoire; mais il resterait toujours à établir que ce
principe, étranger à Th. de Bèze, est lui-même une illusion.

Mon critique l'affirme de sa propre autorité. Il croit, en m'ôtant Th. de Bèze, m'avoir enlevé toute ressource, m'avoir ruiné, mis à sec. Erreur !

« Depuis la publication de mon livre, il m'est venu entre les mains plusieurs ouvrages rares, que je n'avais pu consulter plus tôt. De ce nombre est la grammaire de Jean Palsgrave, l'aînée de toutes les grammaires françaises. Ce Jean Palsgrave était Anglais de naissance, mais il avait longtemps vécu à Paris, où il avait même pris ses degrés. Chargé, comme le plus habile de son temps, d'enseigner le français à la sœur de Henri VIII, veuve de Louis XII, remariée au duc de Norfolck, il composa sa grammaire sur le plan de la grammaire du célèbre Théodore de Gaza. Ce livre, qui n'a pas moins de 900 pages in-folio, est rédigé en anglais, avec un titre en français et une dédicace à Henri VIII (Londres, 1530); il est doublement précieux par le savoir exact et minutieux de l'auteur, et par l'abondance des exemples, toujours puisés dans les meilleurs écrivains, Jean Lemaire, Alain Chartier, l'évêque d'Angoulême, etc., etc. Palsgrave débute par un Traité fort détaillé de la prononciation : or voici ce que j'y ai lu, je le confesse, avec la vive satisfaction d'un homme qui, ayant deviné une énigme difficile, s'assure, par le numéro suivant de son journal, qu'il avait rencontré juste.

« Les Français, dans leur prononciation, s'appliquent à trois
« choses qu'ils recherchent principalement : 1° l'harmonie du
« langage ; 2° la brièveté et la rapidité en articulant leurs
« mots ; 3° enfin, de donner à chaque mot sur lequel ils ap-
« puient son articulation la plus distincte.

(*Ici un long développement du premier point.*)

. . . .

« Maintenant, sur le second point, qui est la brièveté et la
« rapidité du discours, quel que soit le nombre des consonnes
« écrites pour garder la véritable orthographe, ils tiennent
« tant à faire ouïr toutes leurs voyelles et leurs diphthon-
« gues, que, *entre deux voyelles* (soit réunies dans un même
« mot, soit partagées entre deux mots qui se suivent), *ils
« n'articulent jamais qu'une consonne à la fois ; en sorte que*

« *si deux consonnes différentes*, *c'est-à-dire*, N'ÉTANT PAS
« TOUTES DEUX DE MÊME NATURE, *se rencontrent entre deux*
« *voyelles, ils laissent toujours la première inarticulée* (1). »

« Y a-t-il rien de plus positif? Comprenez-vous bien qu'il est question là des consonnes consécutives en général, et non des jumelles en particulier? *Nat beyng both of one sorte?* Comprenez-vous enfin ce que c'est que la *geminata consonans* de Th. de Bèze (2)? Comprenez-vous que cette règle a existé, que je ne l'ai pas tirée de mon imagination? Cette règle impossible, monstrueuse, absurde, sur laquelle vous demandez qu'on juge tout mon livre; cette règle que j'avais posée pour le douzième siècle, la voilà encore dans un grammairien du commencement du seizième, antérieur de soixante-quatre ans à Th. de Bèze! En vérité, quand j'aurais chargé ce bonhomme Jean Palsgrave de plaider ma cause, il n'eût pu s'en acquitter mieux. Il a deviné, trois siècles d'avance, la chicane que me fait aujourd'hui l'École des chartes, et s'est donné la peine d'y répondre de manière à ne laisser aucune ressource à la mauvaise foi la plus subtile. Je mets son véné-

---

(1) The Frenche men in theyr pronunciation do chefly regard and cover thre thynges : to be armonious in theyr spekyng; to be brefe and sodayne in sounding of theyr wordes, avoyding all maner of harshnesse in theyr pronunciation; and thirdly, to gyve every worde that they abyde and reste upon theyr most audible sounde. ....

And now touching the second point whiche is to be brefe, *etc.* .. what consonantes soever they write in any worde for the kepyng of trewe orthographie, yet so moche covyt they in reding or spekyng to have all theyr vowelles and diphthongues clerly herde, that betweene two vowelles (whether they chaunce in one worde alone, or as one worde fortuneth to folowe after an other), they never sounde but one consonant at ones, in so moche that if two different consonantes, that is to say, *nat beyng both of one sorte* come together betweene two vowelles, *they leve first of them unsounded.* PALSGRAVE. *Introd.* (non paginée).

(2) Pour peu que mon critique eût été de bonne foi, aurait-il pu s'y tromper en lisant ce que Bèze écrit dix lignes plus loin de la prononciation des Français, qu'elle est NULLO CONSONANTIUM CONCURSU CONFRAGOSA? D'où vient que ce texte que j'avais traduit, il a pris soin dans sa citation de l'écarter?

rable texte au bas de la page, afin que monsieur le chartrier, grand éplucheur de textes, puisse s'assurer si je n'y ai pas fait quelque incroyable contre-sens, et si je n'ai pas, encore cette fois, pris le contre-pied de la pensée, comme il déclare que c'est ma coutume habituelle.

« Qu'il vienne à présent m'alléguer qu'à la fin du seizième siècle on articulait, dans certains mots, les consonnes consécutives : que me fait cela? ce n'est point mon affaire; ou plutôt, si vraiment ce l'est, puisque j'ai dit que le seizième siècle avait perdu la tradition de l'ancien langage. Il va chercher dans Pierre Fabri ou Lefebvre une phrase dont il prétend m'accabler, en prouvant que, dès 1534, on prononçait des consonnes consécutives. — « Il est, dit Fabri, un barbare de rude langage à ouïr, qui s'appelle *Cacephaton* ou *Clipsis* (1), comme *gros, gris, gras, grant* et *croc, cric, crac;* et *évangélistes, stalle, stille...* » Premièrement, il s'agit là d'un assemblage cherché de consonnances étranges ; et ensuite Fabri lui-même déclare ce langage *barbare;* donc ce n'est pas le langage ordinaire. Les vieux grammairiens rangent ce *Cacephaton* parmi les figures de mots : quel rapport d'un trope ridicule avec la prononciation? C'est bien de l'érudition perdue.

— « Après avoir cité une règle qui n'a jamais existé, l'au« teur en cite une autre qui n'a aucun rapport à la question. En « effet, il s'agit de prouver qu'on n'a jamais prononcé deux « consonnes de suite; et M. Génin s'évertue à établir qu'au « seizième siècle on n'en prononçait pas trois, ce qui serait « encore contestable. »

« Il s'agit de prouver qu'on ne prononçait pas les *consonnes consécutives;* et après avoir montré qu'on n'en prononçait pas deux, je montre qu'on n'en prononçait pas trois. Si nous avions des groupes de quatre et de cinq consonnes, j'aurais eu à les examiner à leur tour. C'est être, assurément, dans la question ; et il faut tout le parti pris de mon critique pour déclarer que cela n'y a nul rapport.

« Çà, maître Jehan Palsgrave, avancez de nouveau; car

---

(1) Apparemment il faut lire *Eclipsis*. Je cite d'après mon adversaire.

c'est vous, aussi bien que moi, qui êtes en cause, vous qui, après avoir parlé des doubles consonnes consécutives, avez aussi battu la campagne en parlant tout de suite des triples consonnes. Cette coïncidence est vraiment merveilleuse! mais la découverte si à propos de ce volume ne l'est pas moins. O bon Palsgrave, sans vous j'étais perdu! l'École des chartes me foudroyait!... Je reprends la citation au dernier mot où je l'ai laissée : — « Et si trois consonnes sont rassemblées,
« ils (les Français) en laissent toujours les deux premières
« inarticulées, ne faisant, je le répète, aucune différence si
« ces consonnes sont ainsi groupées toutes dans un seul mot,
« ou réparties entre des mots qui se suivent; car souvent leurs
« mots se terminent par deux consonnes, à cause du retran-
« chement de la dernière voyelle du mot latin : par exemple,
« *corps, temps*, etc. (1). »

« Palsgrave ajoute que cette distinction entre les consonnes purement étymologiques qu'on éteint et celles qu'on doit faire sonner, est la grande difficulté pour les Anglais : *hath semed unto us of our nation a thyng of so great difficulty*.

« Monsieur mon contradicteur trouve-t-il encore contestable cette proposition, qu'on ne prononçait pas trois consonnes consécutives?

« Quant à n'en prononcer qu'une sur deux, admettra-t-il enfin cette monstruosité, qui lui a mis l'esprit à la torture ?
« Je me suis mis l'esprit *à la torture* pour m'expliquer com-
« ment Th. de Bèze avait pu écrire une pareille règle, et en
« quel sens il fallait l'entendre; car, de la prendre à la lettre,
« *je n'en voyais pas le moyen!* » J'espère qu'il en voit le moyen à cette heure? En général, il répète souvent: *Je ne puis m'imaginer, je ne puis comprendre;* il prend cela pour un argument irrésistible!

---

(1) And if the thre consonantes come together, they ever leve two of the first unsounded, putting here, as I have said, no difference whether the consonantes thus come together in one worde alone, or the wordes do folowe one another; for many tymes theyr wordes ende in two consonantes, bycause they take awaye the last vowell of the latine tong, as *corps, temps.*

Id., *ibid.*

« Voilà comment ce fort Samson fait fléchir les clefs de voûte. Je le prie de recevoir mes remercîments : un principe fondamental, qui pour moi n'était pas douteux, mais qui peut-être pouvait le sembler à d'autres, croyant le renverser, il m'a fourni l'occasion d'y revenir, et de le mettre, j'espère, au-dessus de toute contestation.

« De toutes les prétentions, la plus folle serait celle de plaire à tout le monde. Je ne vise pas si haut : je me contente de l'assentiment des meilleurs juges, *principibus placuisse viris*. S'agit-il de l'érudition ? Quels noms plus imposants que ceux de MM. Victor le Clerc, Naudet, Littré, Augustin Thierry ? Parlez-vous de cet heureux instinct, de ce génie de la langue qui éclate si vivement dans la Fontaine et dans Molière ? Où le trouver plus complet et plus profond que dans notre Béranger ? Quels plus illustres suffrages serait-il possible d'ambitionner ? Et quand on les a réunis, est-on bien à plaindre d'avoir manqué celui de M. Guessard ?

Et qu'importe à mes vers que Perrault les admire ? »

Telle fut en abrégé ma réponse au premier article de M. Guessard ; voici maintenant ma réponse au second :

Le procès continue sur la *geminata consonans* de Th. de Bèze. Je suis obligé de défendre jusqu'au bout ma traduction, puisque M. Guessard fait dépendre de ce mot l'estime de tout mon ouvrage, et que j'ai accepté son défi. Au surplus, je vous dirai, en passant, que M. Guessard n'a pas son pareil pour trouver de ces alternatives. Son esprit net et concis aime à réduire toutes les questions à deux termes. Vous en verrez plus d'un exemple dans cette réponse. J'avais, dans la première, cru tirer autorité de quelques suffrages imposants, tels que ceux de MM. Augustin Thierry, Victor le Clerc, Naudet, Littré, Béranger ; mais me voilà bien loin de compte ! M. Guessard exige, pour se rendre, « un arrêt en bonne forme, » signé de ces messieurs ; il dresse, le plus sérieusement du monde, un formulaire en trois articles, dont le dernier doit attester « qu'*une seule* des assertions de mon livre *est restée debout*, après l'examen que M. Guessard en a fait. » J'irai présenter ce formulaire à la signature des illustres juges par moi invoqués; et si je ne le rapporte à M. Guessard, revêtu de toutes les formalités authentiques, je suis déclaré vaincu aux yeux du monde savant (page 362).

M. Guessard a bonne opinion des effets de sa dialectique; mais on ne voit pas où il prend le droit d'exiger des certificats de ses erreurs. S'il n'y veut pas croire à moins, d'autres ne seront pas si difficiles. Ne nous dérangeons pas, et ne dérangeons personne, pour si peu.

Geminata consonans, voilà donc la grande énigme. Est-ce, au sens le plus large, deux consonnes consécutives? ou bien, dans un sens beaucoup plus restreint, la même consonne redoublée? Je défends la première interprétation, qui contient la seconde, puisque les consonnes redoublées sont consécutives; M. Guessard soutient la seconde, qui exclut la première. L'un de nous fait un contre-sens, mais lequel des deux?

Avant tout, je dois reconnaître à M. Guessard un merveilleux talent pour embrouiller les questions les plus nettes, dissimuler les parties d'un texte qui lui nuisent, et mettre en relief, au contraire, celles qui paraissent le servir. Au nom de la logique, il assemble d'épais nuages; et puis, quand tout est noir partout, quand on n'y voit plus goutte, il s'écrie, du ton le plus naturel et le plus persuadé : *Est-ce clair?... Est-ce encore clair?...* Le pauvre lecteur serait bien tenté de lui répondre : Ma foi, non! Mais tant d'assurance intimide; on se dit : Apparemment que c'est bien clair pour les gens au fait de la matière. Allons, accordons-lui ce point, et suivons. On avance, et il vous conduit de l'analogie dans l'amphibologie, de l'amphibologie dans la battologie, de la battologie dans la tautologie et la macrologie : de la macrologie à la périssologie il n'y a qu'un pas; la périssologie mène infailliblement à l'acyrologie, qui produit la cacologie, d'où vous tombez dans la céphalalgie, et de la céphalalgie dans un profond sommeil, pendant lequel M. Guessard chante **victoire tout à son aise!**

Voyons toutefois qui sera le plus habile, lui à condenser le brouillard, ou moi à le dissiper.

J'ai aussi la prétention de m'appuyer sur la logique pour déterminer le sens de l'expression *geminata consonans*. Le passage où elle se trouve est complété, éclairci jusqu'à l'évidence par un autre passage voisin du premier. Il paraît que M. Guessard n'avait pas aperçu ce second passage. Je le lui ai mis sous les yeux dans ma réponse, et pour cette fois j'ose affirmer qu'il l'a très-bien vu et en a compris la portée; car sa réplique n'en souffle mot. Il bat la campagne à côté. Puisque cette partie de mon argumentation l'embarrasse, je vais la reprendre.

C'est à la page 9 que Th. de Bèze explique l'euphonie du parler français, par l'attention de ne prononcer *nullam geminatam consonantem*.

A la page 10, il revient sur ce caractère général de notre langue (1).

« La prononciation des Français, mobile et rapide comme
« leur génie, ne se heurte jamais au concours des consonnes,
« ni ne s'attarde guère sur des voyelles longues. Une consonne
« finit-elle un mot? elle se lie à la voyelle initiale du mot
« suivant, si bien qu'une phrase entière glisse comme un mot
« unique. »

Ces deux passages évidemment se rapportent à la même idée, et renferment le vrai sens de *geminata consonans*. Il s'agit de les expliquer en les conciliant.

J'ai fait observer que les consonnes jumelles sont très-coulantes, et sont toujours placées au cœur des mots. J'ai demandé comment l'extinction de ces jumelles pouvait favoriser la liaison d'un mot à un autre.

---

(1) Francorum enim ut ingenia valde mobilia sunt, ita quoque pronuntiatio celerrima est, *nullo consonantium concursu confragosa*, paucissimis longis syllabis retardata.... consonantibus (si dictionem aliquam terminarint) sic cohærentibus cum proximis vocibus a vocali incipientibus, *ut integra interdum sententia haud secus quam si unicum esset vocabulum efferatur*. (De recta Linguæ francicæ pronunt.)

Au contraire, que les consonnes consécutives, autres que jumelles, sont très-dures, munissent ordinairement les extrémités des mots, et, si on les veut articuler toutes, hérissent la phrase d'aspérités, et font un obstacle considérable à la liaison de ses éléments.

M. Guessard veut qu'il ne soit question que des consonnes jumelles. Je l'ai prié d'accorder son interprétation avec le texte *complet*, de m'aplanir ces difficultés. Il garde le silence.

Examinons, ai-je dit ensuite, la logique des idées de Bèze, et leur enchaînement, en prenant le sens de mon adversaire : le français est si antipathique à toute rudesse de prononciation, qu'il n'articule jamais les consonnes jumelles (*qui sont très-douces*); mais il a grand soin d'articuler les autres consécutives, comme st, sp (*qui sont très-rudes*); d'où il résulte que la prononciation des Français est pleine de mollesse, et que dans leur bouche une phrase entière glisse comme un seul mot.

Profond silence de M. Guessard.

Il se contente de dire, en termes vagues : « M. Génin sue « sang et eau à défendre un contre-sens. » (Page 357.) Non, je ne sue ni sang ni eau ; je cite en entier un texte que vous aviez tronqué. Je vous dis d'un grand sang-froid que votre sens mène à l'absurde. Que me répondez-vous ?

Au lieu de me répondre, il cherche à opérer une diversion, et à me faire paraître dans la position fâcheuse où lui-même se sent arrêté. Voici comme il s'y prend : il va chercher un passage où Bèze avertit que *ct*, à l'intérieur des mots, se prononce entièrement. Ce sont là, dit M. Guessard, des consonnes consécutives, ou jamais ; donc elles n'étaient pas muettes. — « Voilà cet illustre savant, qui pose une règle, qui en ex« cepte quatre cas, ni plus ni moins, et qui, vingt pages plus « loin, dans un petit livre de quarante-deux feuillets seule« ment, oublie sa règle et ses quatre exceptions, pour se « contredire lui-même, en m'apprenant que *ct* se prononce en« tièrement!.... Mais alors votre illustre savant n'est plus « qu'un illustre radoteur, ou bien c'est vous qui ne l'avez pas

« compris, et qui me le rendez tel. Il n'y a pas de milieu entre
« ces deux propositions, et le choix n'est pas douteux. Sortez
« de là : JE VOUS EN DÉFIE RÉSOLUMENT !.... »(Page 358.)

M. Guessard prend toujours des tons incroyables pour les choses les plus simples du monde : *Je vous en défie résolûment !* On dirait un paladin de Charlemagne ! *Résolûment* est superbe ! Comment n'être pas convaincu par *résolûment ?*

Oui, Bèze remarque que *b* se prononce dans *absent*, *obsèques*, *objet* ; que *ct* sonne pleinement dans *acte*, *actif*, *affection*, *détracteur* ; que *st*, *sp* se prononcent quelquefois en double, et plus souvent en simple. Et puis, vous prétendez que c'est là un argument en votre faveur ? Vous n'y songez pas. Quelle est la règle générale, selon vous ? Que les consécutives ne s'éteignaient jamais. Alors pourquoi Bèze relève-t-il des mots où elles ne s'éteignent pas ? Qu'y a-t-il là d'extraordinaire ? Nous sommes dans la règle. Ah ! si la règle était ce que j'ai dit, de ne prononcer pas les consonnes consécutives, la remarque de Bèze serait toute naturelle ; mais ici, ce qu'il aurait fallu signaler, au contraire, ce seraient des mots où ces consécutives non jumelles se seraient éteintes, car c'est seulement alors que votre règle eût été violée.

Voilà votre thèse, et voici la mienne, dans laquelle je résume et concilie tout ce qu'a dit Th. de Bèze.

Il est de règle, pour obtenir une prononciation molle et coulante, de ne point faire sentir deux consonnes consécutives.

Nous en exceptons quatre cas de consonnes jumelles ; *ct*, à *l'intérieur des mots*, et quelques autres, comme le *b* dans *absent*, *objet*, *obsèques*.

Toute l'argumentation diffuse de M. Guessard repose sur ce que Bèze n'a point réuni sous sa règle tous les cas d'exception, et n'a mentionné d'abord que les jumelles. Bèze ne peut avoir signalé plus loin d'autres exceptions, ou bien il se serait rendu coupable d'oubli de ses propres paroles, de contradiction, de radotage. Mais les gros mots ne prouvent rien, et nous avons déjà vu que le fort de M. Guessard est de poser des alternatives qui n'en sont pas, des dilemmes ouverts de toutes

parts. C'est alors que, dans la joie de son cœur, il s'écrie:
Sortez de là, je vous en défie résolûment!.....

Je l'ai dit et redit à satiété : au xvie siècle, la tradition du langage primitif est considérablement altérée : on n'y peut plus recueillir que des vestiges et des débris. On avait oublié les anciennes règles du xiie siècle. Les vieux mots restaient sous l'empire du vieil usage ; mais les mots nouveaux, qui s'introduisaient en foule, entraient avec la marque de l'usage nouveau. Les grammairiens se transmettaient encore l'ancienne règle ; mais ils étaient obligés d'y signaler des exceptions à chaque pas. Leur procédé, à cet égard, est empirique. Tel mot se dit ainsi. — Pourquoi ? — Il se dit ainsi ; n'en demandez pas davantage. — Mais cela semble contredire une règle que vous venez de poser. — Que voulez-vous que je vous dise ? Je suis le greffier de l'usage.

En voici un pourtant qui a mis un pied hors de ce cercle étroit; c'est Jacques Dubois (d'Amiens), qui, sous le nom de Sylvius, imprimait sa Grammaire chez Robert Estienne en 1531. Il avertit que « s devant t et quelques autres consonnes se pro-
« nonce rarement en plein dans le corps des mots ; on l'obscurcit
« ou la supprime, pour la rapidité du langage. » Et, tout de suite, il cite des mots exceptionnels où *st* sonne en plein : *domestique, fantastique, organiste, évangéliste*, etc...;
« probablement, ajoute-t-il, parce que ces mots ont été depuis
« peu puisés par les doctes aux sources grecques et latines (1). »

---

(1) « *S* ante *t* et alias quasdam consonantes in media dictione raro ad plenum sed tantum tenuiter sonamus, et pronuntiando vel elidimus vel obscuramus, ad sermonis brevitatem.... Quem (sibilum) in quibusdam perfecte cum Græcis et Latinis servamus, ut *domestique, phantastique, scholastique....* etc., forte quod hæc haud ita pridem a doctis in usum Gallorum ex fonte vel græco vel latino invecta sunt. » (Sylvius, p. 7.)

Pendant que je tiens Sylvius, je ne le laisserai point aller sans en tirer un autre témoignage. J'ai mis en principe que la consonne finale d'un mot était muette, et se réservait à sonner sur la voyelle initiale du mot suivant. (Des Var., p. 41.) C'était la conséquence rigoureuse de la règle des consonnes consécutives. M. Guessard, qui a nié la première règle, nie égale-

Voilà la raison bien simple de ces exceptions. Si Th. de Bèze ne la donne pas, Sylvius supplée à Th. de Bèze. On prononçait avec les deux consonnes *objet, absent, obsèques, détracteur, action*, parce que c'étaient des mots nouveaux.

Observez un point essentiel dans le passage de Bèze invoqué par M. Guessard: *ct*, y est-il dit, sonne pleinement *dans le corps des mots*; c'est assez dire qu'aux extrémités il ne sonnait pas. Ainsi le *c* s'entendait dans *affection, détracteur*, mais non à la fin de *subject, object*. Cette *geminata consonans* eût empêché la liaison des mots. On ne disait pas *un objecte divin*, mais on disait, comme aujourd'hui, *objet divin*, sans faire soupçonner ni le *c* ni le *t*. Sur trois consonnes consécutives, on effaçait les deux premières. Leur rôle se bornait à ouvrir le son de l'*e* précédent, comme s'il y eût eu *objait*.

On voit combien il importe, dans les exemples que l'on crée pour rendre une théorie sensible par l'application, de n'admettre que des mots contemporains de la règle. C'est un soin que M. Guessard, soit hasard ou calcul, néglige toujours : il puise sans scrupule dans la langue du XIXe siècle des exemples qu'il soumet aux lois du XIIe, et ne manque pas de trouver l'effet ridicule. Il ne peut se persuader qu'on ait jamais prononcé, sous Henri III, *teme* et *pete* pour *terme* et *perte*; *tenir* pour *ternir, la chaleté* pour *la chasteté*, un *atrologue*, etc. Mais ces mots *terme, perte; ternir, chasteté, astrologue*, les avez-vous jamais rencontrés dans un texte du XIIIe siècle? S'ils sont entrés dans la langue après la désuétude de l'ancienne règle et sous l'empire de la règle nouvelle, qui était l'opposé de l'autre, quel argument pouvez-vous en tirer par rapport à un principe qui concerne le moyen âge exclusivement? C'est là pourtant l'artifice le plus habituel de M. Gues-

---

ment la seconde. Je lui ai montré la première écrite dans Palsgrave ; voici la seconde dans Sylvius :

« In fine quoque dictionis nec illam (*s*) nec cæteras consonantes eadem de causa (ad sermonis brevitatem) ad plenum sonamus; *scribimus tantum*, nisi aut vocalis sequetur, aut finis clausulæ sit, etc. » (P. 7.)

sard. Qu'on y regarde, et l'on verra que les trois quarts de ses objections seraient réduites à néant par cette distinction bien simple de l'âge des mots. Si cette tactique fait briller l'esprit de M. Guessard, c'est aux dépens de sa loyauté.

Au xve siècle, deux systèmes étaient en présence, l'ancien et le moderne. C'est ce que les grammairiens constatent par leurs règles et leurs exceptions. J'ai invoqué subsidiairement les règles pour constater le règne de l'ancien système avant le xvie siècle; M. Guessard s'appuie des exceptions du xvie siècle pour soutenir que le système moderne a toujours régné seul.

Dans l'intervalle écoulé depuis mon ouvrage et la critique de M. Guessard, j'ai découvert, chez un grammairien du commencement du xvie siècle, ma règle des consonnes consécutives, mais formelle, précise, ne laissant pas la moindre prise aux distinctions, aux mille arguties de mon adversaire. J'ai cité Palsgrave : à Palsgrave M. Guessard oppose Fabri. Qu'est-ce que c'est que Fabri ? C'est l'auteur d'un *grant et vray art de plaine rhetorique,* «qu'il écrivait» (notez ces mots) « à la fin du xve ou au commencement du xvie siècle. » C'est le même Fabri qui avait fourni à M. Guessard ce triste argument du *Cacephaton,* dont il est (je l'en loue) si confus qu'il n'ose pas y revenir. Eh bien! voyons votre Fabri; que dit-il?

— « Le lecteur a pu le voir dans mon précédent article : *st*
« se profère après *a*, comme *astuce, astrologue, astrolabe;*
« après *i*, comme *histoire*, etc.... On ne disait donc pas *atro-*
« *logue, châteté,* etc.; par conséquent Palsgrave et Fabri se
« contredisent, juste à la même époque, sur la même ques-
« tion ! » (P. 260.)

M. Guessard ajoute que, dans le doute, il aime mieux s'en rapporter au témoin français qu'à l'anglais.

L'autorité comparative de ces deux écrivains diffère autant que leurs matières. L'un écrivait *ex professo* sur la grammaire ; l'autre ne traite que la rhétorique. C'est seulement à propos de la rime que Fabri écrit, sur la prononciation de l'*s* devant le *t*, quatre lignes sans profondeur comme sans portée. Il remarque que tantôt l'*s* est articulée et tantôt ne l'est pas.

Il cite une vingtaine d'exemples pour et contre, et recommande, pour bien rimer, de consulter l'usage. Voilà ce que M. Guessard présente comme un témoignage grave sur la question des consonnes consécutives. Je récuse Fabri, non pas comme curé, ni même comme Normand, mais comme faux témoin (1).

Après avoir nié la justesse de ce rapprochement, je dirai à M. Guessard qu'il n'y a entre Fabri, Palsgrave et Sylvius, aucune contradiction. Palsgrave a posé la règle générale; Sylvius en a donné le motif; Fabri n'a rien donné, que quelques faits bruts, avec cette note, que, « dans les mots orthogra- « phiés par art, les doubles consonnans tantost se proferent, « tantost s'escripvent et ne se proferent point. » Palsgrave a-t-il méconnu les exceptions à sa règle générale? Il les a si peu méconnues qu'il a pris la peine d'en dresser un catalogue complet, spécialement pour le groupe *st* (2). Cette prétendue con-

---

(1) Il était natif de Rouen, et curé de Meray. M. Guessard tire même de cette circonstance une allusion bien fine et bien malicieuse : « Mais, va dire M. Génin, que m'importe Fabri, un homme inconnu, un clerc, *un curé?* (car Fabri fut curé!) » (P. 203.) Cette épigramme dénonciatrice sent furieusement les bureaux de l'*Univers*, où M. Guessard compte des partisans et des admirateurs si chauds. Il est zélé pour eux, ils sont zélés pour lui ; rien de plus juste.

(Voyez le *post-scriptum* de cette lettre).

(2) Voici ce catalogue de Palsgrave : c'est un document inestimable dans la question qui nous occupe.

CHAPITRE XIV du 1er livre.

« Mots qui articulent distinctement leur *s* dans les syllabes médiantes, « contrairement aux règles générales ci-dessus énoncées (*) :

apostat	asteure	bestialité	conspirer
astrologie	astruser	bistocquer	constellation
aspirer	astuce	—	consterner
agreste	—	cabestan	constituer
assister	bastille	chaste	construire
aspic	bastillon	consistoire	circumspection
administrer	bastiller	constant	custode

(*) Cap. XIII. The wordes whiche sounde their *s* distinctely, comyng in the meane syllables, contrarie to the generall rules above rehersed. (The fyrst Boke. Fol. XIV.)

tradiction n'est donc aussi qu'un fantôme évoqué par M. Guessard, qui abuse un peu de son talent de magicien.

	escorpion	instrument	peste
désister	espécial	investiguer	pestilence
désespérer	espèce	investiture	perspicacité
destinée	espagne	(mais ni le verbe	postérieur
destruction	espérer	*vestir* ni *vestement*)	prosterner
(mais non pas *destruire*)	espirit		postille
détestable	estimer	majesté	prédestiner
digestion	estomaquer	miste	prospérer
digeste	estradiot	mistère	pronostiquer
discorder	existence	mission	—
discret	—	molester	questionner
discuter	fastidieux	monastère	questueux
dispenser	(festival)	—	question
disparser ⎫ (*sic*)	festivité	« Je n'en trouve	—
disparer ⎭	(mais non *feste*)	point dans les mots	recrastiner
disposer	frisque	qui commencent	resister
disputer	frustrer	par *n* »	restituer
distincter (*sic*)	—	—	robuste
distance	histoire	obstant	rustre
distinguer	illustrer	obstination	—
distraire	indistret (*sic*)	obscurcir	sinistre
distribuer	industrie	offusquer	substance
domestique	instruire	ostenter	substencacle (*sic*)
—	instance	ostruce	
escabeau	instant	obstacle	testament
esclave	instituer	—	triste.

Voilà donc une liste de cent neuf mots qui étaient de formation récente en 1530, ou qui en très-petit nombre, comme *festival*, *espirit*, venus du fond de la langue, subissaient la loi de la mode et des lettres modernes. On en remarquera dans le nombre qui n'ont pas vécu, par exemple, *astruser*, *estradiot*, *frisque*, *miste*, *ostenter*, *questueux*, *recrastiner*; — d'autres qui se sont modifiés, comme *espécial*, *escorpion*, à qui l'on a ôté l'*e* initial, cachet de leur antique origine; — d'autres, enfin, qui suivent une loi différente de celle qui régit leur racine, par exemple, *destruction* avec l's, quoiqu'on prononçât *détruire* sans *s*; *fête* et *festivité*; *vêtir*, *vêtement* et *investiture*. Les uns étaient les types anciens, résistant à la mode; les autres, les dérivés frappés au coin de l'époque. C'est pourquoi j'ai tant insisté dans mon livre sur la nécessité d'avoir l'acte de naissance de chaque mot.

Palsgrave a fait le même travail sur chaque consonne de l'alphabet, mais aucune n'approche de l's pour le nombre des exceptions. Les autres en présentent environ trois ou quatre exemples chacune.

Après cela on ne peut accuser Palsgrave d'ignorance ni de contradiction. S'il a posé et maintenu sa règle générale, *On ne prononce jamais deux*

Venons à la dernière fin de non-recevoir de M. Guessard contre Palsgrave. C'est que Palsgrave était Anglais. — Fort bien ! Vous le récusez. — « J'aurais moi-même produit le passage de Palsgrave...... » == Vous l'admettez donc ?..... Vous comprenez, lecteur : il l'admettra s'il trouve jour à le tourner contre moi. Alors Palsgrave sera un savant nourri en France, gradué en l'université de Paris, le plus habile maître de français que le roi Henri VIII ait pu rencontrer pour sa sœur; enfin, une autorité irrécusable. Autrement, ce ne sera qu'un Anglais, et on l'immolera au bonhomme Fabri sur l'autel du *Cacephaton*. M. Guessard tient d'une main le couteau, et de l'autre l'encensoir : *in utrumque paratus*. Mais laissons-le poursuivre son propos : — « J'aurais moi-même produit ce passage de Palsgrave, et *d'autres qui en donnent le vrai sens et la portée*, si j'avais eu l'exemplaire. » — Cela sent un peu son Gascon : vous ne savez pas ce qu'il y a dans Palsgrave, et vous vous vantez de le mettre en contradiction avec lui-même ! — « J'opposerai Palsgrave à Palsgrave. Dès aujour-
« d'hui cela me serait possible, rien qu'à l'aide des textes cités
« par M. Génin. » — Voyons donc ! Faites. — « Mais je ne
« veux pas être incomplet. » — Cela vaudrait toujours mieux que de rester muet. — « Il suffit d'ailleurs, pour ma thèse, de
« lui avoir opposé Fabri et le bon sens. » — Vous ne m'avez pas opposé Fabri, car cette opposition n'est qu'illusoire ; vous ne m'avez pas opposé le bon sens, car lorsque je vous montre que votre manière d'interpréter le passage mène droit à l'absurde, vous ne répondez rien.

Une preuve réellement curieuse de l'aveuglement obstiné de mon adversaire, c'est qu'il m'apporte, comme argument décisif en sa faveur, un texte que j'ignorais, et que je ne dois pas négliger de recueillir. Le lecteur jugera de quel côté ce texte fait pencher la balance.

consonnes consécutives, » c'est qu'il avait pour le faire de bonnes raisons ; c'est qu'en présence de deux usages contraires, il savait bien, lui, versé dans le commerce des savants de son âge, Alain Chartier, Jean Lemaire, l'évêque d'Angoulême, distinguer la tradition ancienne de l'innovation, le principe originel du principe de la renaissance.

« Si un mot finit par une consonne, et que le mot suivant
« commence aussi par une consonne (sans aucun intermédiaire,
« s'entend), la consonne finale du premier mot *est toujours*
« *effacée dans le langage*, ce qui donne beaucoup de grâce
« et de légèreté. Mais on est tenu d'écrire ces consonnes.....
« Devant *t, l, m* (1), l'*s*, encore qu'elle soit écrite, *ne sonne*
« *presque jamais*. Par exemple : *mon host*, prononcez *mon*
« *ôte*. — Ung enfant *masle*, prononcez *enfant malle*; dans
« ce dernier cas, on double l'*l* pour remplacer l'*s*, qui se mange.
« On écrit *abysme* avec une *s*, et l'on prononce sans *s*, *abîme*.
« Toutes ces règles sont sujettes à beaucoup d'exceptions et
« de commentaires ; il y faut beaucoup d'étude. » (*Docum.
inéd. sur l'hist. de France. Relations des ambassadeurs vénitiens*, t. II, p. 586.)

Cette pièce est de 1577. Rapprochez ce que dit ici Jérôme Lippomano, ou son secrétaire, de la règle donnée en 1530 par Jean Palsgrave ; joignez-y le témoignage de Sylvius, et dites si le sens de Th. de Bèze peut être un moment douteux.

Mais M. Guessard est inébranlable : — « Vous soutenez avec
« Palsgrave qu'en 1530 on n'articulait jamais qu'une consonne
« sur deux ; moi je soutiens le contraire contre vous, et au be-
« soin contre Palsgrave (il n'est plus aussi sûr que tout à l'heure
« de mettre Palsgrave de son côté). Je le soutiens avec Fabri. »
(P. 359).

Dites donc que vous le soutenez tout seul et contre tout le monde, et contre l'évidence.

Au surplus, il y a dans cette dernière phrase de M. Guessard une finesse que je ne veux pas laisser aller inaperçue. « Vous
« soutenez que, *en* 1530, on n'articulait *jamais* deux con-
« sonnes de suite. » Un moment, s'il vous plaît ! Je n'ai dit cela nulle part. Vous falsifiez ma proposition en y glissant la date de 1530. J'ai posé le principe pour le moyen âge, pour le XIIe siècle, si vous voulez une date. J'ai eu bien soin au contraire de mettre à part le XVIe siècle, comme époque d'altéra-

---

(1) L'imprimé porte « devant *li, lo, o, m,* » ce qui n'offre point de sens. J'ai rétabli le texte à l'aide des exemples.

tion, d'ignorance même des lois primitives. Si j'ai cité les paroles de Bèze, c'est comme vestige de l'ancienne tradition. Je vous ai toujours reproché de vouloir attirer le débat sur le XVIe siècle, et l'y fixer. Je vous ai dit qu'il n'y avait aucune bonne foi à me représenter comme empruntant ma règle à Th. de Bèze (p. 11 de ma réponse). J'ai signalé la perfidie de votre manœuvre, lorsqu'il s'agit du moyen âge, de faire tout dépendre du témoignage d'un écrivain qui touche au XVIIe siècle. Vous n'avez pas laissé de continuer : — « M. Génin, *à l'en-«tendre*, a voulu prouver ce principe pour le XIIe siècle, et non « pour le XVIe. » A m'entendre ou à ne m'entendre pas, c'est ainsi ; et pour peu que j'eusse du style matamore, je pourrais à mon tour vous *défier résolument* d'élever là-dessus l'ombre d'un doute. — « Ce qui ne l'empêche pas d'invoquer encore un « grammairien qui écrivait en 1530 (1). » — Et s'il n'y en a pas de plus ancien, qui voulez-vous donc que j'invoque en fait d'autorité dogmatique, puisque vous en demandez? Je vous cite le XVIe siècle, par surabondance de droit ; et il se trouve à présent que, battu par la logique, vous l'êtes encore par toutes les autorités, même du XVIe siècle. Vous le sentez, et vous vous préparez un petit faux-fuyant par cette phrase : « Vous « soutenez *qu'en* 1530 on ne prononçait *jamais* deux conson-« nes de suite. » Vraiment, vous auriez trop beau jeu à me prouver qu'on les prononçait quelquefois *en* 1530. Mais ce n'est point là la question, et je ne vous laisserai pas nous donner le change en feignant de le prendre. A d'autres, Monsieur, à d'autres ! J'ai fait la guerre contre les Jésuites.

Ce que vous avez à établir par preuves bonnes et loyales, ce n'est pas qu'au XVIe siècle il y avait diversité, c'est que ma règle *« n'a jamais existé, »* et qu'elle est *« d'une absurdité manifeste. »* C'est là votre thèse : ne reculez pas.

Réflexion faite, l'autorité de Palsgrave a paru inquiétante à M. Guessard ; et, ne comptant pas trop sur ces passages contradictoires dont il se vante par anticipation, il a jugé plus prudent de l'atténuer pour le moyen âge, tout en l'admettant pour le XVIe siècle : « L'observation de Palsgrave, *géné-*

(1) P. 259.

« *ralement vraie pour le temps où elle a été écrite*, le devient
« beaucoup moins si on la reporte à trois ou quatre siècles en
« arrière. » — C'est bientôt dit ; mais où est la preuve ? Le critique espère se sauver ici à la faveur du vague de l'expression.
Ce qu'il veut dire, le voici nettement : Eh bien! soit : il se
peut, après tout, qu'au seizième siècle on ne prononçât pas
deux consonnes consécutives ; mais plus on s'enfoncera dans
le passé, moins cette règle sera juste. En d'autres termes,
M. Guessard affirme que plus notre langue vieillit, plus elle
tend à s'amollir, et à se dépouiller de consonnes. Cela ne mérite pas qu'on y réponde.

Dire, au contraire, que par les influences extérieures notre
langage va chaque jour se durcissant et se chargeant de consonnes, c'est émettre une vérité si vulgaire qu'elle en est triviale. On ne manque jamais aujourd'hui à prononcer les consonnes consécutives (1). En sorte que, pour appliquer le
raisonnement par induction, on dira : La règle actuelle est
d'articuler les consonnes consécutives ; au seizième siècle,
on ne les articulait que la moitié ou le quart du temps, et seulement dans les mots nouveaux ; donc, *plus on recule* vers l'origine de la langue, *moins* ces consonnes devaient être prononcées. Mais M. Guessard, qui a une logique à lui tout seul,
conclut au contraire : *plus* elles étaient prononcées.

Prenez le chemin que vous voudrez, le raisonnement, les
faits, l'autorité des grammairiens, vous arrivez toujours au
même résultat, savoir : que ma règle est juste, et que j'ai
donné le vrai sens de Théodore de Bèze. Et quand je dis que
M. Guessard a fait un contre-sens, il a beau me crier sa démonstration favorite : CE N'EST PAS VRAI ! (p. 358) ; s'il ne
veut pas avouer son erreur, parce qu'il est désagréable de
s'être trompé si arrogamment, cela ne l'empêchera pas d'en
être convaincu aux yeux de tout lecteur impartial.

---

(1) La preuve en est qu'on a pris le parti de les chasser de l'écriture
dans tous les mots où la tradition trop continue ne permettait pas au langage de les recevoir.

Ce second article de M. Guessard se compose surtout d'observations détachées en forme de glossaire. Il est beaucoup plus long que le premier; et pour peu qu'il fallût établir sur chaque article une controverse pareille à celle qu'a soulevée le mot *geminata*, vous sentez où cela nous mènerait! Deux ou trois échantillons suffisent à faire voir avec quelle légèreté (non pas de style!), avec quelle témérité passionnée M. Guessard se lance dans la contradiction (1). A tout prendre, j'en suis humilié; car enfin, je croyais valoir la peine qu'on y fît un peu plus de façon.

J'ai fait venir *âge* de la forme ancienne *aé*, qui touche à *œtas*. Il faut voir là-dessus l'érudition et les dédains de mon critique! Je passe sa dissertation, d'après Robert Estienne, pour venir au vrai point : — « Quant à la forme *eage* qu'on « écrivait aussi *aage*, elle suppose un mot de basse latinité, « comme *œtagium* ou *aagium*. Je ne trouve ni l'un ni l'autre « dans Du Cange, mais j'y rencontre *aagiatus*, qui implique « *aagium*. » (P. 291.)

Voilà donc sur quoi l'on me condamne en termes si durs : *âge* ne vient pas d'*aé*, mais d'*aagium*, qu'à la vérité l'on ne rencontre nulle part, mais *qui a dû exister*, puisqu'on trouve *aagiatus*. La raison est admirable!

Aagiatus, que Du Cange cite dans un acte du temps de Charles V, c'est-à-dire de la fin du quatorzième siècle, est la traduction du français *aagié*, et Du Cange lui-même en avertit. Comme les actes publics, jusqu'à l'ordonnance de Villers-Cotterets (1539), se faisaient en latin, on y rencontre à chaque instant des mots de la langue vulgaire, qui n'ont que la terminaison latine. On trouve aussi dans le Glossaire de Du Cange, *grossus*, *blancus*, *blancheria*, *borgnus*, *avan-*

---

(1) On ne doit rien avancer que sur de bonnes raisons, mais il en faut deux fois plus pour contredire. Celui qui affirme n'est tenu que d'avoir de quoi fonder sa conviction; celui qui contredit doit avoir en outre de quoi renverser celle de l'autre. Un pareil nombre de raisons opposées ne produirait que l'équilibre.

Il y a souvent des raisons philosophiques de contredire; mais il ne parait pas y en avoir jamais de contredire de parti pris.

tagium, et une infinité d'autres semblables. Prétendre en conclure que ces mots ont existé les premiers, et ont donné naissance aux mots français correspondants, serait se moquer du monde, et c'est ce que fait M. Guessard : c'est avec un aplomb imperturbable qu'il donne la copie pour le modèle, le mot calqué pour le prototype. Pour croire à son *aagium*, j'attendrai qu'il nous donne de meilleures preuves qu'*aagiatus*, et, en attendant, je garderai mon étymologie du mot *âge* par *aé*.

« *Port* signifie *défilé*, et non *porte d'un défilé*, comme l'a « traduit M. Génin.... *Port* a ici le même sens que *puerto* en « espagnol, et l'un et l'autre ont pour racine commune, non « pas *porta*, mais *portus*, *un port*, qui est en effet une sorte de « défilé. » (P. 342.)

Si M. Guessard eût pris la peine d'ouvrir Du Cange, il se fût convaincu à peu de frais de la fausseté de sa critique. Il y eût vu *pors* traduit en latin par *portæ* ; *portæ, angustiæ itinerum*; et en grec par *pylaï*; il se fût assuré que Jornandès et Othon de Frisingue emploient constamment ces expressions, *portas caspias, armenicas, cilicas; porta mœsia;* que les *pors d'Espagne* sont, dans Roger de Hoveden, *portæ hispaniæ*; qu'ainsi l'expression se tire de l'analogie d'un défilé avec une *porte*, et non avec un *port*. Le dictionnaire espagnol-italien de Franciosini explique nettement que *puerto* est un passage étroit entre deux montagnes, *una strettezza o passo chiuso tra un monte e l'altro*.

Au reste, que *port* vienne de *porta* ou de *portus*, cela n'importait guère ; mais M. Guessard ne voulait rien perdre de ce qui pouvait ressembler à une critique. Il ramasse jusqu'aux miettes, et puis à la fin il se donne des airs de me faire grâce : « Voilà *une faible partie des observations* auxquelles ce livre « a paru donner lieu. »—Cela me rappelle ce bon M. Gail, qui, au frontispice de ses livres, imprimait avec une exactitude rigoureuse la liste de ses titres et dignités : cela ne faisait guère moins de vingt lignes ; et puis quand il avait tout passé en revue, quand il avait épuisé la nomenclature des académies françaises et étrangères, des sociétés savantes, des cordons, croix et distinctions de toute espèce, il mettait, *etc., etc., etc...* J'avais trouvé le premier article de M. Guessard un peu long, et je l'avais dit ingénument. Le second dépasse le premier, et on lit à l'avant-dernière page : « M. Génin me reproche d'être trop « long ; M. Génin est un *ingrat :* il me devrait *des remerci-* « *ments* pour n'avoir fait que la moitié de la besogne qu'il a « taillée à la critique. » Comment trouvez-vous ce trait final d'une diatribe de cent trente-sept pages ? C'est la meilleure plaisanterie du recueil.

J'avais demandé d'où vient que l'Académie, contrairement à l'usage primitif et à la logique, a consacré le mot *fort* invariable dans cette locution : *se faire fort* (des *Var. du lang. fr.*, p. 369).

« Cet article a tout lieu de surprendre dans la bouche de « M. Génin. Il raisonne là comme un de ces grammairiens de « profession qu'il aime tant à railler, et l'occasion était belle « de donner à l'Académie une leçon d'ancien français. M. Gé- « nin aurait pu dire : L'Académie veut que *fort* soit invaria- « ble, mais elle ne sait pas pourquoi. Moi, je vais vous l'expli- « quer. C'est encore un archaïsme : jadis tous les adjectifs, « comme *grand, fort, vert,* n'avaient qu'une seule et même « forme pour le masculin et le féminin, comme en latin « *grandis, fortis, viridis.* »

Il est vrai que je n'ai point pris le ton de cette prosopopée avantageuse ordonnée par l'impérieux M. Guessard : MOI, *je vais vous expliquer...!* J'ai des habitudes moins altières. Mais, sans ouvrir une si grande bouche, j'ai dans mon ouvrage exposé cette théorie des adjectifs sur les mots *grand, fort, vert,* et plus complétement que ne fait ici M. Guessard (1). J'y montre comment l'adjectif, invariable en genre, ne l'était qu'à la condition de précéder immédiatement son substantif. Qu'ainsi l'on disait : « Moult y ot *grant noise* et *grant presse ;* » et : « Or fut au lit *grande* la *noise,* » à cause de l'article interposé ; qu'on disait une *grant cave,* et : « Saül trouva une cave *grande.* »

Or, quand on dit *cette femme se fait fort pour son mari,*

(1) Voy. *des Var. du lang. fr.*, p. 226 et suiv.

l'adjectif *fort* suit son substantif *femme;* donc il doit varier. Guillemette, après avoir récité à son mari, *l'Avocat Patelin,* la fable du renard happant le fromage du corbeau, ajoute :

> Ainsi est-il, *je m'en fais forte*,
> De ce drap vous l'avez happé
> Par blasonner, et attrapé.
> (*Pathelin.*)
> « Nous nous faisons *fortes* pour luy. »
> (*Petit Jehan de Saintré.*)

Les exemples cités par M. Guessard lui-même confirment la règle que j'ai posée, et qui reste debout, quoique M. Guessard ait affirmé, au début de sa diatribe, que *pas une* de ces règles ne pourrait lui résister. — « D'une *fort fievre* dont il « avoit esté menacé. » (*Recueil des histor. de France,* III, 284.) — « Deux *citez* des plus *forz* de soz le ciel. » (VILLEHARDOUIN) (1).

M. Guessard propose donc ici une fausse application du principe, et réclame comme à faire ce que j'ai fait et au delà. Je ne puis supposer qu'il n'ait pas lu mon livre ; par conséquent il n'ignorait pas la distinction que j'ai établie ; puisqu'il ne la combat pas, il l'admet : alors que signifient et l'étonnement qu'il affecte, et sa manière de résoudre la difficulté par une erreur ?

Ce passage n'est pas le seul qui réduisît M. Guessard à l'alternative fâcheuse de s'avouer étourdi ou de mauvaise foi. Si j'avais seulement la moitié de sa témérité, je n'hésiterais pas à lui soutenir qu'il n'a pas lu ce qu'il critique ; et les preuves à l'appui de cette assertion ne me manqueraient pas, car il me pose souvent comme invincibles des objections que j'avais prévues et résolues d'avance.

Par exemple, sur le mot *rien.* J'ai mis en principe que cet adverbe, affirmatif en soi, n'avait de valeur négative qu'en

---

(1) On se tromperait de croire que, dans ce second exemple, l'adjectif suit son substantif ; il faut tenir compte de l'ellipse : deux citez des plus *forz citez* de France.

vertu d'une négation adjointe. Que fait M. Guessard ? Il m'allègue des exemples où *rien* nie évidemment, sans être accompagné d'aucune négation exprimée ; cela semble péremptoire :

> Et sa morale, faite à mépriser le bien,
> Sur l'aigreur de sa bile opère comme *rien*.
> (Molière.)

Mais ici, et dans une foule de cas semblables, la négation est enfermée dans l'ellipse, sans laquelle il est impossible d'analyser la phrase, ni même d'entendre la pensée : Sa morale opère comme *rien n'opère.*

Est-il venu quelqu'un ? — *Personne.* Voyez-vous beaucoup de monde ? — *Ame qui vive.* Il serait trop plaisant qu'on vînt soutenir que *personne*, *âme*, sont des mots négatifs par eux-mêmes, sous prétexte qu'ils servent à nier sans l'addition de *ne*. *Ne* est dans l'ellipse : il *n*'est venu *personne* ; je *ne* vois *âme* qui vive. La vivacité du dialogue fait que l'on court aux derniers mots ; mais grammaticalement les premiers sont toujours supposés.

Autre exemple : — Ce critique a-t-il de la bonne foi ? — *Guère.* Tout le monde comprend cela : il *n*'en a *guère* ; c'est évident ! Bien que la négation soit encore dans l'ellipse, personne ne s'y trompera, et n'ira comprendre que le critique a beaucoup de bonne foi.

Tout cela est bien expliqué aux pages 504 à 505 de mon livre ; mais M. Guessard, cette fois encore, n'a point voulu voir. Seulement il montre un moment cette explication comme de lui, et comme une conjecture possible de son antagoniste ; et il se hâte de déclarer « qu'il serait *prodigieux* de sous-en-« tendre dans une phrase négative ce qui lui donne précisé-« ment sa force négative, à savoir la négation. » (Page 345.) Dans une phrase complète, soit ; dans une elliptique, non ; et voilà toute la finesse : elle n'est pas grande ! Si cela est *prodigieux*, il faut que M. Guessard se résigne à ce prodige, ou à soutenir que *personne* et *âme* sont des négations.

Par une autre malice aussi ingénieuse, il affecte de confondre dans ses exemples *rien*, adverbe, avec *un rien*, substantif, afin de les soumettre à une loi commune. Sa discussion est un mélange d'éléments hétérogènes, qui déroutent le lecteur peu habitué, et l'entraînent d'un principe faux à une conséquence fausse. Une autre encore de ses adresses, est de réfuter en termes généraux ce qu'il ne pourrait attaquer d'une manière directe et de front, en citant, le texte. Quoi de plus simple que ce que je viens de dire sur la négation tantôt exprimée, tantôt elliptique ? Un enfant le saisirait. Aussi M. Guessard s'est-il bien gardé de le reproduire ! il n'aurait pas ensuite pu brouiller quatre pages sur *rien*. Voici donc comment il s'exprime :

« C'est une chose curieuse que de considérer *les artifices*
« *d'analyse* auxquels M. Génin se livre, *les subterfuges*, *les*
« *faux-fuyants* où il s'engage pour échapper à l'évidence qui
« le poursuit, et surtout pour se donner le plaisir de fustiger
« l'Académie. » (Page 344.)

Me voilà réfuté sans avoir été cité. Tous ces artifices d'analyse, ces subterfuges, ces faux-fuyants, vous avez vu à quoi cela se réduit. Et comme M. Guessard ne peut supposer dans autrui moins que le mensonge, et le mensonge dans des vues odieuses, il prend sur lui d'affirmer que je m'efforce d'*échapper à l'évidence qui me poursuit*; et pourquoi ? Pour *me donner le plaisir de fustiger l'Académie !* M. Guessard estime bien haut le plaisir de fustiger !

C'est qu'il faut savoir que M. Guessard a résolu de se faire accepter pour le vengeur de l'Académie, et de réduire en poudre les censures que j'ai osé porter contre la dernière édition du célèbre Dictionnaire (1). A voir le zèle singulier qu'il apporte dans cette tâche, on croirait volontiers que toute sa

---

(1) Un des moyens de M. Guessard pour innocenter l'Académie consiste à dire que son dictionnaire *est un almanach*. « Il fallait négliger les vieilles « expressions (celles de Molière) dans un almanach de la langue. Le Dic- « tionnaire de l'Académie, tel qu'il a été conçu et exécuté, est cet almanach. » (P. 314.) C'est le cas de lui citer deux vers des *Ménechmes* :

Monsieur, une autre fois, ou bien ne parlez pas,
Ou prenez, s'il vous plaît, de meilleurs almanachs.

polémique n'a été entreprise que pour en venir là. Si ce zèle est sincère, s'il est pur de toute vue intéressée, je n'ai, sauf les conclusions grammaticales, rien à y reprendre. Mais jusqu'ici, je l'avoue, je n'ai pas cru que l'excès de générosité fût le défaut de M. Guessard. Comment donc M. Guessard, habituellement si farouche, si ardent à mordre, devient-il tout à coup si doux, si indulgent, si tendre, quand il s'agit de l'Académie? Comment tout son fiel s'est-il changé en miel? Quelle ardeur à défendre les choses les moins défendables, par exemple : *rien*, donné pour adverbe de négation ! S'il eût trouvé cette erreur dans mon livre, eût-il amoncelé cinq pages d'arguments pour la défendre? J'en doute fort. « M. Génin « rit de l'Académie ! L'Académie aurait beau jeu pour *ren-* « *voyer la balle* à son aristarque !..... L'Académie pourrait « rendre à M. Génin *la monnaie de sa pièce!* » (P. 332 et 335.) Comme on reconnaît dans ces nobles métaphores le langage exalté de la passion ! C'est que M. Guessard peut bien plaisanter quand il ne s'agit que de la science; mais blesser l'Académie, c'est le blesser lui-même à l'endroit le plus sensible ; alors il s'irrite, il s'indigne, il s'échauffe jusqu'à la prosopopée, sa figure favorite. Voici comme il fait parler l'Académie, se justifiant d'avoir reçu *mie* substantif tronqué, pour *amie* (1) :

— « Jugez un peu de son embarras! L'infortuné jeune homme « eût été capable de le confondre avec *mie de pain* ; et si par « ma faute il était tombé dans une telle erreur, il n'aurait pas « eu assez de tout son esprit pour me railler; dans son dépit, « Monsieur, il eût encore emprunté le vôtre ; et alors c'eût été « fait de moi ! on eût bientôt lu, sur le monument élevé à ma « mémoire : Ci-gît l'Académie française, morte des traits d'es- « prit que lui décochèrent un jour M. Génin et un jeune Prus- « sien. Priez pour elle ! » (P. 333.)

Je ne pense pas que l'Académie se reconnaisse à ce langage. Elle sera touchée, comme elle doit l'être, de la protection

---

(1) Je ne lui reprochais pas l'admission de ce mot, mais de n'y avoir pas joint un avertissement. J'avais supposé un jeune étranger cherchant inutilement dans le Dictionnaire de l'Académie certains mots de Molière.

que lui accorde M. Guessard ; mais je suis bien trompé, si jamais elle lui donne chez elle la charge d'orateur. Si elle couronne quelque chose de M. Guessard, ce ne sera pas ce discours-là (1).

Mon adversaire a manqué d'art, sinon d'artifice, dans son procédé. Sa manœuvre est trop à découvert; les tons de son tableau sont trop crus et trop heurtés; il a trop négligé les ombres et les voiles, *partes velare tegendas*. Le contraste perpétuel qu'il a soin d'établir sous les yeux de l'Académie entre sa conduite et la mienne, entre mes censures et ses apologies, pourra choquer la délicatesse de ceux-là même qui se sont montrés offensés de mes critiques. M. Guessard s'alarme avec trop de faste d'un danger qui n'a point d'apparence; il s'empresse trop de jeter des cris de détresse et de voler au secours. Il voudrait faire croire que l'Académie a peur de moi, et *par conséquent* besoin de lui. C'est se faire de fête où l'on n'est point nécessaire, et l'Académie est assez forte toute seule. Apparemment M. Guessard trouve dans son rôle de grands sujets d'espérance : je ne vois dans le mien aucun sujet d'inquiétude. Ainsi nous avons tous deux bonne confiance en l'Académie, mais par des motifs diamétralement opposés. En cet endroit, si l'on me trouve obscur, c'est que j'aime mieux manquer de clarté que de pudeur. Avant peu, l'on connaîtra le secret de cette polémique, et l'on pourra dignement apprécier le bon

---

(1) M. Guessard et moi concourions alors pour le prix sur la langue de Molière. L'Académie l'a partagé entre nous deux ; mais les amis et admirateurs de M. Guessard écrivent, dans l'*Univers*, qu'une fausse couleur de voltairianisme répandue dans mes écrits « a trompé le goût émoussé de « quelques vieillards, et qu'ainsi s'expliquent les récents succès de « M. Génin à l'Académie française. » (L'*Univers* du 24 octobre 1846.)

C'est de la part des amis de M. Guessard un vote de confiance contre moi, car je ne suppose pas que l'Académie ait communiqué mon manuscrit aux abbés de l'*Univers*. Mais je le publie, et ils pourront désormais me déchirer sans trahir l'excès de leur passion par l'excès de leur maladresse. Si mon travail resserré en un volume est incomplet, il sera complété par la publication de celui de M. Guessard, bien autrement important, puisque, au su de tout le monde, le manuscrit ne formait pas moins de *dix volumes in-folio*. (Note écrite au mois d'octobre.)

goût, l'élévation d'âme qui a combiné cette défense de l'Académie auprès de ces attaques contre mon ouvrage. Je ne sais quel en sera le dernier succès ; je sais seulement qu'en certaines circonstances données, les flatteries me sembleraient plus injurieuses que les censures. Les raisons de M. Guessard en faveur de l'Académie se présentent avec une négligence qui provoque l'attaque par l'appât d'une victoire aisée. Le piége est bien grossier ! Je l'ai vu, je le méprise, et je passe.

La lecture de cette immense diatribe m'a pourtant appris quelque chose dont, je l'avoue, je ne me doutais pas : c'est que je n'ai pas fait mon livre ; je l'ai pillé de tous côtés. Si j'en crois la formidable mémoire de mon critique, il n'est personne parmi les vivants ou les morts qui n'ait à revendiquer son bien dans ce que je croyais mon ouvrage. M. Raynouard, M. Ampère, M. Paulin Paris, M. Francis Wey, M. Francisque Michel, M. Guessard lui-même (*proh pudor!*), Robert Estienne, Fabry, Roquefort, Du Cange, l'*inappréciable Du Cange* (Du Cange n'attendait plus que cette épithète de M. Guessard), tous ces noms ne forment pas la moitié de la litanie des savants dépouillés par mes larcins : larcin est le mot, car M. Guessard ne suppose jamais qu'on ne sache point par cœur ses écrits et ceux de ses amis ; il n'admet pas de rencontre fortuite, ce sont toujours des vols prémédités : or, il ne reçoit dans un livre de philologie que des idées toutes neuves, absolument inédites ; ou bien, chaque fois qu'on passe devant une idée précédemment effleurée ou entrevue par un autre, il faut tirer son chapeau et rendre hommage. C'est ainsi qu'on en use dans les coteries du jour : — Je suis redevable de ce mot au savant M. un tel, dont l'inépuisable érudition égale l'obligeance infatigable. Je le prie de recevoir ici mes remercîments. — Le lendemain, M. un tel fait imprimer à son tour, et n'oublie pas de mettre en note dans le bel endroit : — Je saisis cette occasion d'offrir le tribut de ma reconnaissance publique à mon savant ami M. tel autre, dont les vastes lumières sont d'un si grand secours à tous ceux qui s'occupent de ces questions. — La France s'honore de ses travaux ! — l'étranger nous l'envie! etc., etc. C'est ainsi qu'à propos de tout et de rien, d'un manuscrit indiqué, d'une syllabe restituée, d'une virgule rectifiée, on sonne des fanfares mutuelles, on se fait connaître réciproquement, on se tient, on se pousse, on arrive à quelque chose, ne fût-ce qu'à la croix d'honneur; on obtient le grand résultat, le résultat unique qui se poursuive aujourd'hui, et n'importe par quel chemin : paraître, faire du bruit, être quelqu'un, *esse aliquis !*

Nous avons continuellement sous les yeux la scène de Trissotin et Vadius : ils n'en ont retranché que la fin ; ils ne déposent plus l'encensoir pour se gourmer et se prendre aux cheveux ; l'art de donner le coup de poing et le croc-en-jambe ne s'exerce plus qu'envers les membres d'une coterie adverse ; et, naturellement, qui n'appartient à aucune les a toutes contre soi.

De même que dans les salles d'escrime chaque maître bretteur a sa botte secrète et favorite, de même ici j'observe que cette accusation de plagiat paraît être la botte secrète, le moyen victorieux de M. Guessard. Voici la formule fondamentale mise à nu : Ce qui est de vous est détestable ; ce qui est bon n'est pas de vous. Lorsque M. Ampère publia son *Histoire de la formation de la langue française,* le même M. Guessard précipita sur ce livre son avalanche de petites critiques pointues, nébuleuses, douteuses, entortillées, auxquelles le lecteur a plus tôt fait de se rendre sans conviction que de les examiner à la loupe, avec la certitude de plusieurs migraines. Ce n'est point faire un grand compliment à M. Ampère que de répéter ici que sa science est hors de doute. Écoutez cependant M. Guessard :

« L'ouvrage de M. Ampère *n'est pas original, il s'en faut!* Il ne l'est ni dans la théorie générale, ni dans les détails. M. Ampère *a emprunté son système sur la formation des langues néo-latines à Scipion Maffei,* l'a habillé d'un surtout indo-européen, et l'a présenté au lecteur ainsi déguisé. A côté de ce système s'élevait celui de *M. Raynouard ;* M. Ampère l'a attaqué et renversé *avec les armes de M. Fauriel...* »

Le reste de ce long passage constitue M. Ampère débiteur

de M. Dietz, de M. Schlegel, de M. Orell, de M. Lewis; et quand il est à bout de noms propres, M. Guessard fait arriver les complaisants *et cætera* de M. Gail, qui du moins ne les employait, lui, qu'à se louer, et non pas à diffamer les autres.

Un petit détail entre mille, pour faire apprécier la méthode et la sincérité de M. Guessard. M. Ampère n'a pas cru devoir reconnaître aux dialectes l'importance que leur attribuait le livre de Fallot, en quoi je suis parfaitement de son avis; de sorte que M. Ampère, ni moi, ne nous en sommes point occupés. M. Guessard trouva que c'était une impardonnable lacune dans M. Ampère. — « Une grande question et neuve, « celle des dialectes, offrait à l'historien de la langue française « l'occasion de déployer toute sa sagacité philologique; mais « il n'existait sur ce sujet qu'un livre, un seul, imparfait, « inexact même. L'analyser était imprudent; (pourquoi?) « pour le refaire il fallait du temps, *et le reste*. M. Ampère a « nié l'importance du problème, et par là il s'est évité de le « résoudre. » (*Bibliot. de l'Éc. des chartes*, octobre 1831, p. 100.)

Maintenant il s'agit de blâmer le même tort chez moi, et surtout de l'aggraver le plus possible :

« Tout autre que M. Génin, qui aurait pris pour sujet l'his- « toire de la formation de la langue française, *aurait pu, sans* « *trop d'inconvénient, négliger les dialectes;* cette négligence « n'était pas permise dans un livre sur la prononciation. » (*Biblioth. de l'Éc. des chartes*, janvier 1846, p. 198.)

Ainsi, en 1841, M. Guessard déclare le péché de M. Ampère irrémissible : Négliger les dialectes dans une *histoire de la formation de la langue !* ô ciel !.....

En 1846, je comparais à mon tour au tribunal de la pénitence. Aussitôt M. Ampère se trouve innocent, et l'anathème passe de sa tête sur la mienne : On pourrait sans inconvénient négliger les dialectes dans une *histoire de la formation de la langue;* mais dans les *Variations du langage français*, c'est impardonnable.

Cela ressemble un peu à la casuistique des révérends pères Jésuites, qui prisent si haut dans leur journal l'esprit charmant et la vaste érudition de M. Guessard. Comme eux, M. Guessard a ses principes de rechange, selon les temps et les gens ; ce système n'est pas moins commode en critique qu'en morale, et je ne suis pas surpris que cette théologie prête la main à cette philologie : ce sont des sœurs qui s'embrassent : *geminata consonans.*

On vient de voir comment M. Guessard juge une moitié du livre de M. Ampère, la moitié d'emprunt ; quant à l'autre partie, celle qui appartient en propre à l'auteur, écoutez le ton dogmatique de M. Guessard, président du haut de son tribunal infaillible :

— « Je vois un mauvais système mal appliqué, au fond ; « dans la forme, nul enchaînement, nulle suite, nul ordre ri- « goureux. Beaucoup de lecture et d'acquit, mais peu ou point « d'intelligence directe du sujet. Du métier, de la science, *si* « *l'on veut*, mais point d'études mûres et profondes sur les faits « (*des études mûres et profondes!*); *des généralisations in-* « *discrètes* (1) ; trop de détails puérils ou faux. »
(*Bibl. de l'Éc. des ch., octobre* 1841, p. 101.)

En d'autres termes : Ce qui est de vous est détestable ; ce qui est bon n'est pas de vous.

M. Guessard a-t-il, comme il y visait, détruit le livre de M. Ampère? Pas le moins du monde.

Dans les citations précédentes, substituez mon nom à celui de M. Ampère, vous aurez la critique que M. Guessard a faite de mon livre, la seule apparemment qu'il sache faire. Quand M. Guessard publiera des travaux philologiques, ces travaux seront tous *di prima intenzione* ; il ne s'appuiera sur rien ni sur personne ; il tirera tout de son imagination et de son génie. Mais quand en publiera-t-il ? quand luira ce grand jour ?

---

(1) C'est aussi le principal grief de M. Guessard contre mon ouvrage. M. Guessard paraît nourrir des prétentions extrêmes au titre de personnage discret ; c'est pour y arriver qu'il écrit des articles de 137 pages, ayant soin d'avertir, il est vrai, que ce n'est là qu'une faible partie de ce qu'il a sur le cœur.

Gare qu'on ne puisse appliquer trop justement à M. Guessard l'épigramme de J. B. Rousseau :

> Petits auteurs d'un fort mauvais journal,
> Pour Dieu, tâchez d'écrire un peu moins mal,
> Ou taisez-vous sur les écrits des autres.
> Vous vous tuez à chercher dans les nôtres
> De quoi blâmer, et l'y trouvez très-bien ;
> Nous, au rebours, nous cherchons dans les vôtres
> De quoi louer, et nous n'y trouvons rien.

J'avais déclaré ne travailler que pour la recherche de la vérité; M. Guessard m'exhorte à ne travailler désormais que pour l'argent, parce que la vérité, dit-il, me fuira toujours. Je ne crois pas plus à cet oracle qu'aux autres sortis de la même bouche, et je renvoie le conseil à son auteur, qui seul de nous deux est digne de le suivre, ayant été capable de le donner.

Veuillez recevoir, Monsieur et cher Éditeur, l'assurance de mes sentiments les plus distingués et affectueux.

Paris, le 30 octobre 1846.

F. GÉNIN,
Professeur à la Faculté des lettres de Strasbourg.

P. S. On vient de me montrer, dans un journal *religieux* (1), deux articles où je suis diffamé, travesti, calomnié, insulté, *etc.*, pour la plus grande gloire de M. Guessard et de saint Ignace de Loyola. Depuis la publication de mes *Jésuites*, l'*Univers* s'efforce charitablement d'appeler sur moi les rigueurs du pouvoir ; depuis notre concours sur la langue de Molière, M. Guessard sollicitait *discrètement* contre mes travaux le ressentiment de l'Académie ; tous deux travaillent à me perdre dans l'opinion publique. Aimable concert ! pieuse collaboration ! association honnête et morale ! M. Guessard con-

(1) L'*Univers* du 24 et du 25 octobre 1846.

naît sans doute l'écrivain anonyme qui le porte aux nues, et reproduit si affectueusement ses doctrines et ses objections contre mon livre (sans dire un mot de mes réponses). Pour moi, je ne le connais ni ne veux le connaître. Je vois seulement que M. Guessard a pour soi l'*Univers;* mais comme c'est l'*Univers* qui loge rue du Vieux-Colombier, n° 29, je ne m'en inquiète guère : j'ai depuis longtemps renoncé à l'espoir d'être canonisé par les jésuites ; au contraire, je suis ravi de voir les opinions de M. Guessard soutenues par la Société de Jésus : d'une et d'autre part l'orthodoxie me semble égale, et j'espère que les deux causes, unies dans la défense, ne seront point séparées dans le succès définitif.

www.ingramcontent.com/pod-product-compliance
Lightning Source LLC
Chambersburg PA
CBHW070838230426
43667CB00011B/1848